创新与战略路线图

——理论、方法及应用

周　源　Robert Phaal　Clare Farrukh　David Probert　著

科 学 出 版 社

北　京

内 容 简 介

近些年，路线图得到了广泛研究和应用。本书从路线图的基础理论出发，介绍了路线图的方法和工具、应用案例以及大数据时代下的路线图创新，为相关学者和产业界从业人员提供参考。本书为读者展示了一个未来图景，即在大数据与人工智能算法的支撑下，路线图可以结合主观价值主张和理性解决方案，作为一种方法平台，促进路线图制定专家交换意见、分享观点，最终更好地形成群体性共识并促进新观念的萌发，减少创新政策与战略规划中的风险与困境。本书从理论、应用等角度翔实地阐述了路线图的概念、目的、应用价值、基础案例、发展历程、主要分类、研究趋势，丰富了路线图的研究，开拓了路线图的新方向。

本书可作为管理学及工程等专业本科生和研究生的教材，也可供相关专业研究人员阅读参考。

图书在版编目（CIP）数据

创新与战略路线图：理论、方法及应用 / 周源等著. —北京：科学出版社，2021.4

ISBN 978-7-03-063083-4

Ⅰ. ①创… Ⅱ. ①周… Ⅲ. ①地方政府－行政管理－研究－中国 Ⅳ. ①D625

中国版本图书馆 CIP 数据核字（2019）第 244583 号

责任编辑：王丹妮 / 责任校对：贾娜娜
责任印制：张 伟 / 封面设计：无极书装

科学出版社出版
北京东黄城根北街 16 号
邮政编码：100717
http://www.sciencep.com
北京捷迅佳彩印刷有限公司 印刷
科学出版社发行 各地新华书店经销
*
2021 年 4 月第 一 版 开本：720 × 1000 1/16
2022 年12月第二次印刷 印张：31 3/4 插页：5
字数：620 000

定价：152.00 元

序　言 1

创新是一个国家兴旺发达的不竭动力。党的十八大以来，中国把创新驱动发展作为面向未来的一项重大战略，将科技创新摆在国家发展全局的核心位置。在2018 年中国科学院第十九次院士大会、中国工程院第十四次院士大会上，习近平总书记强调要把握好世界科技发展大势，敏锐抓住科技革命方向，注重发挥智库和专业研究机构作用，完善科技决策机制，提高科学决策能力。

“工欲善其事，必先利其器。”研究方法的持续创新是稳定产出高质量政策建议、高效支撑科学决策的基础，也是战略规划与咨询研究的核心竞争力。中国工程科技发展战略研究院（简称战略院）由中国工程院和清华大学联合共建，是中国科技智库体系重要的建设者与参与者，并力争建成中国工程科技一流思想库。长期以来，围绕战略咨询研究中对研究方法提出的新要求，战略院构建了系统的咨询工作“研究方法平台”。并且通过“研究方法平台”的长期建设与不断完善，逐渐将咨询服务、理论构建、学术引领与人才培养整合为一个有机的整体，有力地推动了战略院持续成长与不断壮大。

在前期建设“研究方法平台”的基础上，此书作者于 2015 年起开始承担国家自然科学基金委员会的工程科技路线图系列研究项目，并参与中国工程院的工程科技战略咨询支持平台建设的系列研究项目。项目旨在将大数据理念与方法引入战略咨询流程，提高咨询服务质量。在这期间，作者带领研究团队持续收集与积累资料，系统建设“研究方法平台”，不断完善工程科技管理领域中所使用的咨询方法，成功支撑了工程科技中长期发展战略、制造强国、战略性新兴产业等中国工程院重大咨询项目。为各个行业与领域的专家提供了卓有成效的情报与信息支撑，也为中国工程科技发展做出了自己应有的贡献。

路线图的设计与编制是整个战略规划中最重要的环节，也是咨询工作的核心关键。它有效地衔接了战略管理理论与日常的咨询实践。此书作者在设计、建设“研究方法平台”的过程中，将路线图作为一个重要的研究议题，进行了长期而深入的探索，不但结合了剑桥大学、清华大学等国际化的学术研究基础，还在此基础上进一步消化、吸收、创新，并构建出了适合中国国情，适合大数据发展趋势，具备丰富产业发展特征的路线图编制方法，为我国工程科技的战略咨询研究做出了有益的探索与扎实的积累。

《创新与战略路线图——理论、方法及应用》一书是作者多年在该领域的沉淀与思考的成果，也是清华大学和剑桥大学研究团队长期深入合作的成果。本书为路线图研究做出了里程碑式的贡献。在未来，相信作者还会不断吸收、总结国际经验，结合国家发展的需要，持续提升我国路线图的制定水平，实现以科学咨询支持科学决策，以科学决策引领科学发展的发展目标。

中国工程院院士　钟志华

2021 年 2 月

序　　言 2

当前，全球创新竞争格局面临重构，世界各主要国家纷纷开展技术预见活动，力图把握科技发展的新趋势和新机遇，针对战略技术和通用新技术进行前瞻和布局。技术预见已经成为世界各国创新政策制定中的重要工具，用来加强宏观科技管理、改善战略规划能力、提升创新资源配置效率。同时，技术预见方法也面临重要的政策范式转变，其目标不再局限于识别及选择可能产生最大经济效益和社会效益的战略领域和关键技术，同时也包括对我们面临的未来多种可能性进行培育、塑造，并协同科技、经济、社会发展中的多元利益主体进行综合认知、动态规划、战略协调，从而更好地探索未来、沟通未来。

面对上述转变和挑战，路线图理论和方法聚焦支撑技术创新与战略规划，为产业创新与政策规划研究工作者提供了一种适应新目标和体系的视角和框架。第一，路线图理论和方法能够有效满足技术预见多维度整合和多元主体协同的需要。路线图理论和方法能够对技术、产品、市场、政策等不同维度进行整合，提供一种跨维度的综合分析框架，从而搭建一个容纳多元主体参与创新治理的平台。技术和产业的创新路径不是创新主体对某个技术的选择，而是技术主体、政策主体及社会主体等多个主体之间相互影响及互动协同而形成的发展路径。路线图框架能够帮助产业规划与创新政策围绕“技术创新-市场机会-制度设定”等多重维度进行综合考虑，并强调企业、政府、协会、民众等不同利益主体之间的互动、沟通及协同，并协调不同主体之间的目标平衡。

第二，路线图理论和方法能够有机整合包括大数据与人工智能在内的新兴分析工具和计算方法。路线图作为一个整合平台，可以在资料收集、专家研讨、成果展现等多个环节吸纳和整合人工智能分析工具与大数据计算方法，充分利用文献、专利、基金、互联网等多源数据，构建集成主客观/定性定量信息的综合性智能决策支持框架。路线图理论和方法在人工智能技术、计算机技术与互联网技术的支撑下，能够强化数据信息对专家的决策支持作用，加速实现路线图开发的无纸化操作，并为各方利益相关者探索和选择未来提供沟通、协商与交流的渠道，进而实现对未来发展趋势的动态修正，帮助决策者更好地把握科技与产业的发展方向和发展路径。

第三，路线图理论和方法能够深入支撑国家中长期科技发展规划、重大工程等国家科技发展战略。路线图理论和方法能够优化宏观科技管理，提升科技战略分析与规划水平，优化科技资源组合与配置，在国家中长期科技发展规划、重大工程等国家科技发展战略中发挥重要支撑作用。具体来看，路线图方法在政策制定过程中有四项重要功能。首先，路线图能够促使各方专家了解国家科技战略需求，并系统集成各方专家的智慧对未来的发展方向和发展路径进行探索与选择，提高政策制定的科学性和合理性；其次，路线图通过集成技术、市场、产业、政策等方面专家对影响决策的重要因素的判断，勾勒出一幅具有优先顺序与相互关联的未来发展图谱，旨在将集体过程的结果转换为政策定义和政策实施的具体选择以支持政策界定；再次，路线图方法能够集成各方专家的建议遴选产业重大关键共性使能平台，重构产业创新政策体系，优化政府产业政策选择和创新资源配置，引导全社会的力量聚焦产业重大关键共性使能平台的突破，以迎接和适应长期挑战；最后，路线图能够作为公众信号向社会公众传递产业创新政策目标和过程的科学性，强化社会公众对当前形势和未来挑战的理解，培育社会公众对未来发展的愿景，促进产业创新政策的实施。

路线图方法在企业、产业与国家的长期规划中发挥越来越重要的作用，也需要更加深入、系统的理论研究进行支撑。该书主要作者来自清华大学公共管理学院和剑桥大学制造管理研究院，他们在路线图研究上已进行了十余年的深度跨国合作，而该书是作者团队长期研究的总结与精炼。本书将理论与实践深度结合；不仅仅强调普适性的理论构建，更是立足于中国产业实践，在理论、方法及应用方面都实现了重要创新。尤其是该书将大数据技术、机器学习、专利分析等方法引入了路线图的制定，支撑了路线图的态势扫描、体系构建、路径识别等核心步骤，推进了路线图理论方法的进展。该书还应用路线图对生物信息、煤化工产业、风电设备、机器人与高档数控机床等新兴产业创新规律进行深入探讨，为路线图支撑产业与国家战略规划和政策制定提供了实例。

该书作为路线图研究的理论探索与实践总结，在技术预见与战略规划领域凝聚了中国智慧，提出中国方案，可以为国际同行提供借鉴，是关注路线图方法的学者必备之书，我向大家积极推荐！

清华大学文科资深教授　薛澜

2021 年 2 月于清华园

前　言

习近平总书记指出："科技是国家强盛之基，创新是民族进步之魂。"

在全球新一轮科技革命和产业变革孕育发展背景下，经济发展将面临新的重大机遇和挑战，科技在经济和国家综合竞争力中的核心作用逐渐凸显，世界各国均高度重视科技战略的研究与制定，并以科技战略支撑宏观战略的制定，因此亟须对未来科技发展方向和重点领域进行准确预判与战略布局。在科技发展日益增加的不确定性和复杂性下，路线图方法为确保多方的广泛参与并协助其达成共识提供了强有力的支撑。路线图作为一种灵活的技术与战略管理工具，支持产业与国家层面的战略规划流程，协同不同机构之间的沟通交流，促进各方创新主体对未来的战略发展路径达成共识，是实现技术发展路径预判和产业战略研究的重要环节之一。

路线图有助于发挥技术与战略规划的引领作用，促进我国工程科技更好地服务于国家的重大需求，对加快经济社会发展具有重要意义。2015 年始，中国工程院和国家自然科学基金委员会联合组织开展了"中国工程科技 2035 发展战略研究"项目，在该项目的持续支持下，笔者及研究团队结合路线图方法的概念特征与基本规律，研究路线图对国家、产业与企业发展绩效的作用机制，针对工程科技发展战略不断推进路线图的理论、方法与应用研究，力图建构系统性与前沿性结合的路线图研究体系，为我国的工程科技发展贡献绵薄之力。

笔者及研究团队在路线图理论与方法等研究成果的基础上，制定了工程科技战略研究中的路线图绘制流程，并开发了路线图绘制工具。自 2015 年起，在中国工程科技知识中心建设项目的持续支持下，面向工程科技战略研究的路线图绘制流程与工具已经上线于工程科技战略咨询智能支持系统（intelligent support system，iSS），为工程科技战略研究工作者在国家级产业技术路线图的制定工作中提供了有效支撑。

本书由四篇 18 章组成。首先，前两篇分别介绍路线图方法的基础知识。第一篇主要讨论路线图的基础理论，包含了路线图方法的定义、目的、价值、历史发展沿革与近期发展情况，同时对 1997～2018 年国际学术期刊中的 115 篇路线图文章的相关研究主题进行了系统的总结与回顾；第二篇对路线图的开发方法和相应工具进行了更为详细的介绍，重点讨论了路线图方法的研究视角，跨层次路线图的设计流程与框架，快速启动路线图方法以及技术成熟度、项目组合管理等管理工具与路线图方法的结合。本书的后两篇，主要聚焦中国产业的路线图研究以及数字时代对路线图方法带来的启示，尤其是对中国的风电、智能制造和纳米发电机等新兴产业的发展以路线图的方式进行了详细描述，并提供了深入分析。最后，本书使用一个独立的篇章深入探讨了大数据及机器学习为路线图方法创新带来的启迪，并详细论述了新兴技术识别、创新差距分析、路径分析和态势分析等大数据时代路线图方法中的新主题。

本书的撰写基于长期与深入的实证经验。除了上述提到的中国工程院和国家自然科学基金委员会支持的系列项目之外，研究团队还深度参与并支持了“全球工程前沿”“战略性新兴产业发展战略研究”“制造强国发展战略研究”等中国工程院重大咨询项目与国家中长期科技发展规划的路线图支持工作，通过干中学的方式，持续完善路线图理论、工具与平台。在此基础上，研究团队也广泛参与国际交流，把中国的路线图研究经验与全球的学者分享，合力推进路线图理论的前沿创新。

感谢华中科技大学机械科学与工程学院刘怀兰副教授、北京邮电大学经济管理学院许冠南副教授领导的研究团队参与本书的写作和编撰。先后参与本书成果贡献、资料收集以及内容整理的专家学者与工作人员共有 34 人，他们是刘宇飞、苗仲桢、孔德婧、季桓永、臧冀原、陈璐怡、冯姣姣、杜俊飞、潘美娟、王柏村、王子鸿、Tim Minshall、文震、董放、李昭甫、廖岭、童小林、陈晓红、智强、张芳、林亨、刘盛、朱宗环、伍思远、王霄川、黎凌峰、谢力、周蓉、褚恒、曹雪华、胡晨阳、陈子婧、潘晟、邓凡康。

本书在研究、写作和编撰的过程中得到了来自各个高校、各个领域的专家学者的指导和支持，在本书出版之际，致以最衷心的感谢。对于本书存在的不足与缺陷，也请各位读者不吝指正。

本书受到以下项目的支持：国家自然科学基金项目（71974107，91646102，71872019，L1924058，L1924062，L1824039，L1824040，L1824043，L1724034，L1724030，L1624045，L1624041，L1524015）、中国工程科技知识中心建设项目“工程科技战略咨询智能支持系统建设”(CKCEST-2020-2-5，CKCEST-2019-2-13，CKCEST-2018-1-13，CKCEST-2017-1-10，CKCEST-2015-4-2)、中国工程院战略重大咨询项目“面向 2035 推进制造强国建设战略研究”（2019-ZD-9）、国家科技重大专项课题“高档数控机床与基础制造装备”（2016ZX04005002）、北京市自然科学基金项目（9182013）、英国牛顿基金项目（UK-CIAPP\260）、清华大学绿色经济与可持续发展研究中心研究项目（20153000181，20183910020）、清华大学-剑桥大学自主科研国际合作专项项目（2019Z02CAU）。

笔　者

2021 年 2 月

目　录

第一篇　路线图的基础理论

第二篇　路线图的方法与工具

第三篇　路线图的应用案例

第四篇　大数据支持的路线图

第一篇　路线图的基础理论

20世纪90年代以来，路线图（Roadmapping）的理论方法得到了进一步拓展。路线图这个概念，已经超越了早期的技术路线图，其在企业、机构、产业、政策等层面的创新管理、战略规划等多个方面都得到了积极的应用。因此，本书对路线图的内涵和外延做了系统化梳理，并统一使用“路线图”这一术语。

本篇主要介绍路线图的基础理论，共有四章内容。第1章是路线图导论，基于对路线图内涵和外延的梳理，讨论路线图的定义、目的和价值。第2章是路线图基础案例，介绍早期路线图在摩托罗拉和桑迪亚国家实验室等机构中的应用。第3章是路线图发展沿革与分类，路线图概念及其应用的演变比较复杂，该章特别从历史的角度追溯路线图的起源及其发展，并将种类繁多的路线图根据不同的分析视角进行分类，从而厘清路线图概念的理论基础，并帮助读者了解路线图如何在不同情境下发挥作用。第4章在前三章的基础上，选取了1997~2018年的115篇路线图重要文献，对其研究方法与研究主题进行总结与回顾。

第1章　路线图导论

1.1　路线图概述

新兴技术的迅速发展对人类社会产生了持续且深远的影响，技术管理变得越来越重要。根据熊彼特对创新的定义（“生产要素的重新组合”），创新不仅仅是技术创新，更是产品、市场、资源配置、组织与制度创新，因此，创新管理的概念内涵更为丰富，外延更为广泛。其中，创新管理的一大挑战是如何让企业或机构的创新产出能够更契合当前和未来的市场需求。这要求创新管理人员开发更有效的流程和系统模型，并且需要更深入地了解技术和市场（包括了解颠覆性技术和变化迅猛的市场）变革所带来的影响。例如，随着技术变革越来越快，其成本、复杂度不断增加，技术资源的竞争和共享越来越全球化，这些潜在的威胁和机会变得越来越重要。

当前，创新管理（包括技术管理）领域充满挑战，领域专家需要应对各种创新难题，如系统的复杂性、未来市场和技术发展的不确定性、企业部门之间的协调问题、跨组织合作行动的障碍等。针对这些挑战，现有研究开发了一系列创新管理和战略分析的分析框架、工具及流程，包括 SWOT（优势 Strengths、劣势 Weaknesses、机会 Opportunities、威胁 Threats）分析，项目组合评估（portfolio assessment，PA）、情景规划（scenario planning）、质量功能展开法（quality function deployment，QFD）、价值链分析（value chain analysis）等，以及更为系统化、结构化、可视化的路线图方法。

21 世纪以来，路线图的理论方法得到了广泛拓展和深入应用。路线图这个概念超越了传统的技术路线图，其在企业、机构①、产业、国家各层面的创新管理、战略规划等领域都得到了积极的应用。路线图分析方法可以在基础框架上进行灵活的设计，因此可以用于解决各种不同的技术管理与创新管理问题。此外，路线图方法还用于整合现有资源以解决面对复杂的和不确定未来的战略规划问题，并聚焦于决策和执行。最重要的一点，路线图方法能够支持不同部门、不同领域专家之间的沟通，并协助他们达成共识。

① 本书中的机构指的是除企业之外的高校、科研院所、公益组织等。

1.2　路线图用途

路线图可以解决不同问题，其应用形式也多种多样。通常来说，路线图为探索并沟通战略规划提供了一个可视化的框架，它由一个基于时间的分层的图表组成（图 1-1）。路线图方法将市场与项目、产品和技术信息连接起来，从而使得企业或机构能够识别市场机会和技术差距。在此基础上，路线图也广泛应用于宏观的、多方协同的创新管理、战略规划，并以简洁的图表可视化形式呈现相关的技术战略、项目规划、商业战略以及更宏观层面战略的制定。具体而言，路线图可以帮助实现以下目标。

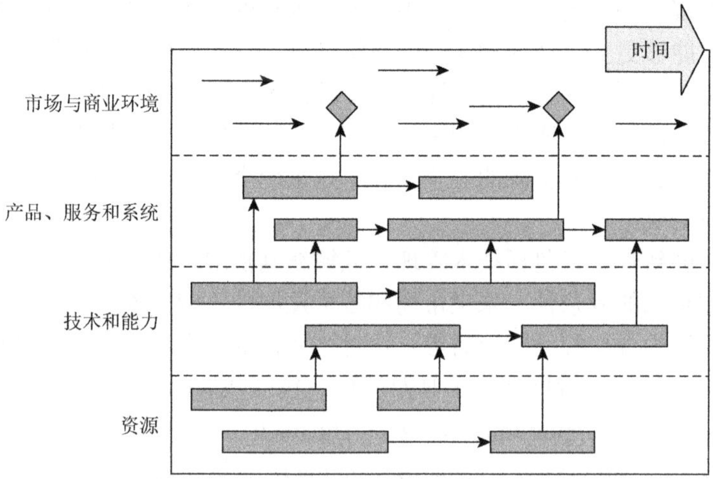

图 1-1　路线图的基本框架：结构化与可视化

资料来源：改编自 Phaal 等（2010）的研究内容

第一，协同技术战略与商业战略，促进新兴技术与商业需求的融合。在 20 世纪 90 年代曾掀起一股制定路线图的高潮，这主要是因为大量企业与机构面临着不断缩短的产品开发周期需求，这对市场、技术和产品部门之间协作提出了更高要求。在当时“快鱼吃慢鱼”的环境下，推出新产品的速度变得至关重要。因此，企业或机构都希望尽可能快地将先进的技术应用到产品中，通过加快产品推向市场的速度，从而加快“从知识到收入”的转换过程，而路线图有助于深入了解商业需求并定义产品和技术特性（Groenveld，2007），使之更好地获得竞争优势。

第二，识别新的商业机遇，基于市场动态来监测、评估和把握创新机会。对于企业或机构来说，盲目将不合适的技术或产品推向市场，比迟迟不能发布新产品更加危险，甚至会产生灾难性的后果（Phaal et al.，2013）。因此，如何做出正确的战略决策，尤其是面对动态的市场变化或快速产业周期更迭时能做出正确决策，显得尤为重要。因此需要对创新机会进行充分而深入的监测、评估和把握。路线图方法有助于解决这些问题，因而这促进了路线图在 20 世纪 90 年代的广泛应用。

第三，识别市场需求和技术供给中的关键缺口，并据此制定技术战略和商业战略。路线图能够帮助识别企业或机构、产业或区域存在的知识缺口，解释其在市场、业态、产品和技术上的差距，并在特定的创新生态、产业体系等情境下，将这些关键知识缺口进行战略优先级的排序分析（Albright and Kappel，2003；Probert and Radnor，2003）。在此基础上，路线图能够帮助制定适当的技术战略和商业战略，通过自行开发、建立联盟或者收购来获得核心知识（如关键技术），从而不断地提升创新能力。

第四，促进企业和机构内部的沟通交流，并建立跨部门的合作团队。路线图制定有利于提高企业和机构内部各部门间的沟通合作和协同发展（Probert and Radnor，2003；Strauss and Radnor，2004；Groenveld，2007）。在机构内部，路线图能够帮助推进战略、市场、产品和技术等不同部门之间的沟通，并促成对未来方向的共识和理解。路线图制定过程能够使得各部门加强互相交流学习，以便更有效地推进创新合作。

第五，支持宏观层面（如产业与国家）或机构层面的战略规划流程，协调不同机构之间的创新战略，促进创新生态网络、供应链上下游企业和机构之间的战略协同及共识。路线图能够提升不同机构间的沟通交流（Groenveld，2007），如龙头企业、核心供应商、关键客户、协会机构以及政府机关之间的沟通（Albright and Kappel，2003；Probert and Radnor，2003；Strauss and Radnor，2004），提供技术和市场方向的研判，支持资源配置、风险管理和投资决策。不同机构之间达成共识是非常困难的，而宏观层面的路线图有助于促进创新生态网络、供应链上下游企业和机构之间的战略协同。其在路线图制定过程中能够充分了解彼此之间的战略差异，并逐步建立合作所需要的信任共识（Probert and Radnor，2003）。

第六，提供整体的战略分析集成框架，进行顶层规划、绩效管理，设计并推进复杂创新项目。在机构内部层面，路线图能够帮助更好地分析动态的外部环境，使其处于行业发展的前沿；而在更宏观的层面，路线图能够促使协会、产业、区域、国家等各层次决策者对未来整体战略进行更深刻的思考。通过路线图进行顶层规划以及周期性更新，这些不同层次的决策者能够进行更广泛、更深入的学习，而且跨机构、跨部门间的联系沟通能得到进一步巩固和加强。

1.3 路线图基本框架与概念

图 1-1 展示的是路线图的基本框架，该框架具有结构化和可视化两大特点。一方面，其采用结构化的框架，由基于时间的多层次表格组成；另一方面，其可视化地呈现了创新管理和战略规划的要素。路线图提供了一个多维视角（产品、技术、市场等）来描绘未来的发展和期望，并可以进一步展示这些视角之间的关系。路线图可以分析市场、产业、技术和资源等不同层面，它可以看作一个多维度创新系统的动态分析框架。基于此，路线图方法可以探索绘制多维度创新系统的演化路径，从而支撑团队、企业、机构、产业、国家等不同层级的创新战略的开发与部署。路线图的层次化结构可展示不同层级的关联，以及不同颗粒度的信息。

近 20 年来，路线图的理论方法和应用得到了快速发展。路线图种类繁多，分析的层次涵盖企业、机构、产业、国家等。但归根结底，路线图旨在探寻三个基本问题：①现在在哪？（Where are we now？）②要去哪？（Where do we want to be？）③如何去那里？（How can we get there？）这三个问题看起来简单，但却并不容易解答。尤其是路线图面对的技术创新与战略规划存在着复杂性、不确定性、知识差距和信息不对称等种种难题，探究上述问题就显得尤为困难。路线图方法提供了一个直观且逻辑清晰的框架，可用来描绘潜在的和首选的技术或创新发展路径，基于此整合各种创新管理的方法工具，从而能有效地帮助解答这些问题。

现有研究对路线图有各种不同的理解，其定义主要分为两类。第一类看法认为路线图是一种创新管理的工具（即工具论），例如，路线图把研究计划、发展计划、能力目标和需求明确联系起来，是一种很形象的可视化工具（Kostoff and Schaller，2001）。路线图为创新管理和战略规划提供了一套功能强大的方法，这种方法的特殊贡献在于在机构目标、技术资源和变化环境之间建立了动态的联系（Phaal et al.，2004）。第二类看法认为路线图不仅仅是一种工具，更是一个整合不同视角和意见的交互过程（即过程论）。例如，路线图是对某一领域未来发展的看法，而且这些看法集中了该领域中集体的智慧和顶尖研究人员的研判；路线图一般采用绘图的形式，一方面考虑创新的路径依赖，另一方面考虑未来的不确定性影响，从而为这一领域可能的发展方向提供指南（Galvin，1998）；路线图的制定（或称为开发）过程整合了该领域发展的所有利益相关者，而这些利益相关者会基于各自的立场，充分表达他们的意见。路线图集合了该领域最顶尖专家和群体的研究成果，对某个具体领域的创新发展与需求变化进行分析与规划。如同该领域的地图一样，路线图有助于描绘从一个目标到另一个目标的路径（Probert and Radnor，2003）。

在三十多年的发展中，路线图衍生出很多相关概念，包括技术路线图、产业路线图、科学路线图、创新路线图、战略路线图等。一般来说，文献里最常用的“技术路线图”是比较早期的名称，其主要关注于企业或机构层次的核心技术和产品的发展（详见第 5 章）。传统的“技术路线图”聚焦于整合市场信息、客户情报等层面的外部信息，并与产品路径、技术研发等企业或机构内部活动进行关联，进而将其技术战略和产品规划有机结合（Albright and Kappel，2003；Probert and Radnor，2003；Richey and Grinnell，2004；Groenveld，2007）。在此基础上，路线图逐渐扩展到了更广泛、更宏观的层面。20 世纪 90 年代末，许多产业快速发展，具有很大的不确定性，亟须对产业方向的战略理解和业内研判，因此产业层面的路线图开始得到广泛的重视。1991 年，大约 600 名专家参与了美国半导体产业技术路线图绘制，由此开启了产业路线图或公共领域路线图（public domain roadmapping）的快速发展窗口。1998 年，高尔文（Galvin）在 *Science* 上发表《科学路线图》一文，开拓了路线图在科学预见和科技政策领域的广泛应用，为科学路线图的发展奠定了基础。近年来，由于颠覆性创新异军突起，有研究学者强调路线图应该更加重视对现有市场的创新颠覆，由此提出了创新路线图的概念（Zheng and Kammen，2014）。而针对这些科学、技术、创新问题，路线图更关注其中的战略方向和发展机遇，因此有研究也提出了战略路线图的概念，具体可见第 5 章的内容，本章不再赘述。对于科学路线图、技术路线图、产业路线图等各种路线图概念，本书统一使用“路线图（roadmapping）”这一术语，将其视为“路线图”方法在某些具体层面的应用。

1.4 本章小结

本章主要对路线图的外延和内涵做了深入梳理。在外延方面，路线图具有协调技术和商业战略、识别新的商业机遇、识别创新缺口、协同企业和机构内部之间创新战略、支持企业和机构间合作、改进战略规划流程及提供战略分析集成框架等功能。在内涵方面，本章对路线图的主要定义和概念做了区分与梳理。

基于对路线图的内涵和外延的深入梳理，本书统一使用“路线图”这一概念。而上面所述的科学路线图、技术路线图、产业路线图等概念，本书都将其归为“路线图”方法在某些具体层面的应用。

参考文献

Albright R E, Kappel T A, 2003. Roadmapping in the corporation. Research Technology Management, 46(2): 31-40.

Galvin R, 1998. Science roadmaps. Science, 280(5365): 803a-803.

Groenveld P, 2007. Roadmapping integrates business and technology. Research Technology Management, 50(6):

49-58.

Kostoff R N, Schaller R R, 2001. Science and technology roadmaps. IEEE Transactions on Engineering Management, 48(2): 132-143.

Phaal R, Farrukh C J P, Probert D R, 2004. A framework for supporting the management of technological knowledge. International Journal of Technology Management, 27(1): 1-15.

Phaal R, Farrukh C J P, Probert D R, 2010. Roadmapping for Strategy and Innovation: Aligning Technology and Markets in a Dynamic World. Cambridgeshire:Institute for Manufacturing.

Phaal R, Farrukh C J P, Probert D R, 2013. Technology management and roadmapping at the firm level. Technology Roadmapping for Strategy and Innovation. Berlin, Heidelberg: Springer.

Probert D, Radnor M, 2003. Frontier experiences from industry academia consortia. Research Technology Management , 46(2): 27-30.

Richey J M, Grinnell M, 2004. Evolution of roadmapping at Motorola. Research Technology Management, 47(2): 37-41.

Strauss J D, Radnor M, 2004. Roadmapping for dynamic and uncertain environments. Research Technology Management, 47(2): 51-58.

Zheng C, Kammen D M, 2014. An innovation-focused roadmap for a sustainable global photovoltaic industry. Energy Policy, 67: 159-169.

第 2 章　路线图基础案例

路线图作为一种实用的方法，在众多企业或机构中被开发和应用。本章以两个早期使用该方法的机构（摩托罗拉和桑迪亚国家实验室）为例，对路线图的制定流程做基本说明。本书第 6 章会更为详尽地介绍路线图基本制定流程。

2.1　摩托罗拉路线图案例

20 世纪 70 年代晚期 80 年代早期，美国摩托罗拉（Motorola）公司开创性地开展了路线图开发工作（Richey and Grinnell，2004）。摩托罗拉开发的路线图称为“技术路线图”，主要以开发产品技术为导向，由八个部分组成：业务描述、技术预测、技术路线图矩阵、资源分配、专利资料、产品描述、现状报告和总结图表。摩托罗拉开发路线图的关键动因是他们认为产品和技术开发的复杂性与日俱增，而开发路线图能够为企业决策者提供一个基本分析框架，以构建和呈现关于未来产品和技术开发的关键信息，保证企业内部不同部门之间的沟通交流，从而厘清和规划未来发展所需的技术。另外，摩托罗拉还建立了“少数派报告”①机制用来克服“群组思考”（或从众效应）所产生的危险，这保护了一些受到巨大争议的技术，或是有颠覆性潜能但并不为主流专家看好的技术。在这一方面，摩托罗拉走在了前列，直到 21 世纪初期其他公司才开始引入“少数派报告”的机制（Probert and Radnor，2003）。

第一个公开的由摩托罗拉绘制的路线图如图 2-1 所示。该路线图对摩托罗拉的产品（汽车收音机）进行了未来十年的规划，突出了消费者在未来可能重视的产品功能，以及相应的所需开发和获取的关键技术。

图 2-1 展示了路线图的以下主要特征。

第一，不同层次战略可在一张图上展示。路线图方法能将复杂集成的战略总结在一张图上，确保了以统一的格式呈现最重要的问题，有助于促进摩托罗拉内部不同部门间的理解和沟通。

① 少数派报告：委员会的报告至少有两个委员会成员书面正式表明他们在这一个问题上与大多数委员秉持不同的立场。

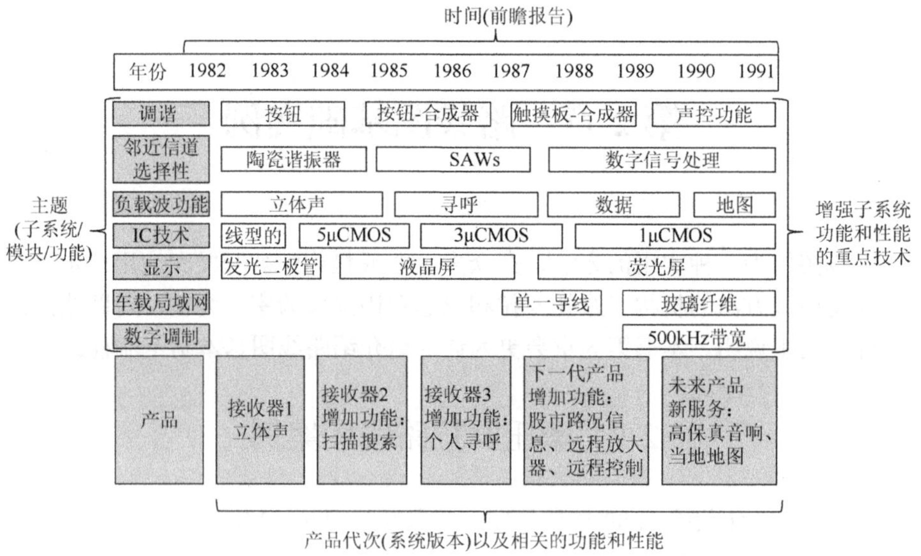

图 2-1　摩托罗拉路线图矩阵

资料来源：改编自 Willyard 和 McClees（1987）的相关研究

注：IC 为集成电路（integrated circuit）的英文缩写；CMOS 为互补金属氧化物半导体（complementary metal oxide semiconductor）的英文缩写；SAW 为声表明波（source surface wave）的英文缩写

第二，具有时间维度，强调发展的不同阶段和重要节点，协同现有研发活动与未来发展方向。该路线图将十年时间分成几个不同的时间阶段，并对应各代产品，从短期的逐步改善到实现长期的战略愿景（例如，从 1982 年的立体声到 1991 年的地理信息服务）。

第三，将复杂系统切分成多个主题，如将产品按照功能区分为不同子模块，并根据每一模块的主题分别对所需关键技术进行规划。例如，1982～1991 年，规划 LED（发光二极管，light emitting diode）、液晶和荧光技术来改进收音机的显示功能。

摩托罗拉高度重视信息的共享，尤其是要确保企业的合伙人、雇员和合作伙伴在做出决策的时候能够及时有效地共享信息。为此，摩托罗拉建立了路线图管理系统（enterprise roadmap management system，ERMS），旨在为摩托罗拉所有的员工和合作伙伴在技术、产品和战略愿景等方面进行信息共享。

为更好地支持路线图管理系统，摩托罗拉建立了路线图数据库；该数据库收集整理了一系列路线图，包括摩托罗拉自己绘制的，也包括其他机构（如工业协会、行业协会、客户、供应商和竞争对手等）所绘制的路线图。该数据库为摩托罗拉提供了以下能力。

（1）建立不同路线图间的关联。

（2）对不同路线图进行比较分析。

（3）生成有代表性的战略组合。

（4）针对不同特定领域确定投资水平和投资优先级。

（5）监控产业发展趋势。

（6）评估潜在技术需求。

（7）识别当前业务所面临的竞争。

这些路线图增强了企业预见未来的能力，尤其是在很大程度上降低了颠覆性技术“突袭”的风险。颠覆性技术出现和兴起的速度通常很快，会使得没做好准备的企业猝不及防，且一旦形成，便具有很强的颠覆性，甚至深刻改变现有市场规则。总的来说，建立路线图管理系统数据库为摩托罗拉提供了更强的战略部署能力，并通过将企业战略、产品规划和技术规划关联起来，减少战略决策失误发生的可能性。

2.2　桑迪亚国家实验室路线图案例

1997 年，美国桑迪亚国家实验室（Sandia National Laboratories）积极开发了面向未来技术的路线图，旨在实现三大目标：第一，帮助机构内部在未来技术开发方面达成共识；第二，支持关键领域的技术预测；第三，为企业和产业层面的技术发展规划与协调提供基本分析框架。该路线图的主要优点是通过识别关键技术或技术缺口来提高管理者对技术投资决策的信心，并有助于通过协调机构内和机构间的研究活动来调整技术投资。

桑迪亚国家实验室的路线图开发是一个不断迭代的过程，而这个路线图不仅仅是关于技术分析本身，也嵌入到更加广泛的机构战略规划、技术规划和产品开发规划中。其中，机构的战略规划由机构愿景所驱动，包含三个相互关联的核心要素：市场、产品和技术需求。这个路线图很好地解决了各种挑战，如技术投资决策存在挑战性、替代方案不明确、时间不确定以及在机构内部或机构间需要战略协调等。

桑迪亚国家实验室路线图的制定过程分成了三大阶段，共 13 个步骤，见表 2-1。

表 2-1　桑迪亚国家实验室路线图制定流程

阶段	步骤	备注
I. 准备活动	I. 1 满足必要条件	启动流程时应该考虑的成功因素： 制定路线图的具体需求，及所需的合作资源； 所有相关机构的参与和投入（相关机构包括内部职能部门、客户、供应商、合作伙伴、政府和大学等）； 明确路线图使用边界
	I. 2 确定领导者/发起人	从关键决策者和路线图参与者中，选定路线图绘制的领导者及工作组成员
	I. 3 定义路线图的范围和边界	理解路线图的主要内容，包括机构愿景，路线图的目标、范围和边界，详细程度和时间表

续表

阶段	步骤	备注
II. 路线图开发流程	II. 1 识别产品：路线图的核心	产品开发需求和开发目标应协调一致。如果产品需求存在较大的不确定性，可以使用情景规划法
	II. 2 识别产品开发关键流程	明确产品开发关键流程，包括基于时间节点的目标（尽可能量化）。这些关键流程与产品的功能和性能相关。产品的功能和性能指标是路线图开发流程的核心
	II. 3 明确主要技术领域	调研并明确支撑关键产品开发需求的主要技术领域
	II. 4 详细说明技术驱动因素及目标	产品开发需求与开发目标应该与主要技术领域的技术驱动因素和技术目标协调一致
	II. 5 识别技术备选清单及时间表	要实现创新性较强的产品开发目标，往往需要在多个技术领域上取得突破。同时，单项技术的开发通常具有多种实现路径/驱动因素。因此，需要明确有助于实现产品开发目标的技术备选清单，也需要明确相应技术从开发到成熟的时间表
	II. 6 选择并推荐备选技术	通过平衡成本、开发时间、风险，选择最好的备选技术以实现期望的产品开发目标。可用多种方法和工具来帮助技术选择决策（详见第 8 章）
	II. 7 撰写路线图报告	集成上述步骤中的有关信息，形成报告。其内容主要包括产品目标、技术现状、主要风险和阻碍、差距、方法和实施建议等
III. 后续活动	III. 1 评估并验证路线图	第一版路线图通常仅涉及了有限的参与者。而更大范围内的讨论则有助于提升其有效性。广泛的讨论一方面可以丰富路线图信息，另一方面能够使得路线图在应用过程中得到更多的认同和支持。在此过程中，路线图也可以得到修订及更新
	III. 2 制订实施计划	路线图的实施和应用需要有计划性地调动、分配和协调相应资源
	III. 3 检查与更新	在实施路线图时，需要根据情境和应用过程中所产生的经验，适时地检查和更新路线图

资料来源：改编自 Garcia 和 Bray（1997）的相关研究

2.3 本章小结

本章以摩托罗拉和桑迪亚国家实验室所开发的路线图为例，对路线图的基本制定流程做了初步说明，以期读者在阅读第 1 章的基础上，对路线图的概念和应用形成更为清晰的认知。

参考文献

Garcia M L, Bray O H, 1997. Fundamentals of technology roadmapping. Office of Scientific and Technical Information.

Probert D, Radnor M, 2003. Frontier experiences from industry-academia consortia. Research Technology Management, 46(2): 27-30.

Richey J M, Grinnell M, 2004. Evolution of roadmapping at Motorola. Research Technology Management 47(2): 37-41.

Willyard C H, McClees C W, 1987. Motorola's technology roadmapping process. Research Management, 30(5): 13-19.

第3章 路线图发展沿革与分类

3.1 路线图发展沿革

很多文献都提到美国摩托罗拉公司是路线图方法的先行者（Richey and Grinnell，2004）。但实际上，路线图概念的诞生却要早得多。目前，最早已知的路线图可追溯至20世纪40年代（Massel，1945），而其大规模应用始于20世纪90年代。

最早已知的路线图是1939～1944年绘制的，是一张有关美国联邦政府债务情况的简单图示（Massel，1945）。在之后的三十多年里，还有企业或机构零星地将路线图应用于其技术和产品开发中，但这些简单应用并不系统，还不能称为一个路线图分析框架（Beeton，2007）。

20世纪70年代开始，摩托罗拉开展了一系列的路线图开发工作，主要以开发产品技术为导向。1987年，摩托罗拉首次公开提出系统性的路线图制定方法（Willyard and McClees，1987）。该路线图通过整合客户、供应商和竞争对手的信息，使企业战略与竞争环境相匹配，指导企业做出合理有效的商业决策。摩托罗拉在路线图领域的早期实践非常重要，为后来路线图在不同领域的广泛应用奠定了基础（Strauss and Radnor，2004）。

20世纪90年代，技术创新节奏不断加快，产品开发周期不断缩短，企业或机构内部对市场、技术和产品部门之间协同工作的需求大大增加。另外，不断变化的市场环境也加剧了未来产业、国家竞争的不确定性。因此，路线图在科技、经济等领域的应用呈现爆发性增长。相应地，路线图概念的内涵和外延也在迭代与应用中不断丰富，其在20世纪90年代后演进的关键事件梳理如下。

1991年，美国半导体工业协会（Semiconductor Industry Association，SIA）编写了美国国家半导体技术路线图（National Technology Roadmap for Semiconductor，NTRS），该路线图的发布标志着路线图的应用正式从企业层面延伸至产业层面。

1996年，美国国家制造科学中心（National Center For Manufacturing Sciences，NCMS）资助美国西北大学凯洛格商学院建立了加速技术创新管理网络（Management of Accelerated Technology Innovation，MATI），主要进行路线图的理论研究和应用推广。该网络成员主要包括通用汽车（General Motors，GM）、柯达（Kodak）、朗讯科技（Lucent）、罗克韦尔自动化（Rockwell Automation）和西屋（Westinghouse）等五家企业。这五家企业组成的加速技术创新管理网络称为MATI

I。1999 年，由美国 16 个行业内业绩最佳的企业组成的 MATI II 成立，进一步研究和推广包括路线图在内的一系列技术管理工具。

1997 年，欧洲工业研究管理协会（European Industry Research Management Association，EIRMA）和飞利浦（Philips）联合发布了一份路线图（Groenveld，2007）。该路线图使用了现在应用最为广泛的多层次图示形式（详见第 6 章）。

1998 年，国际路线图委员会（International Roadmap Committee，IRC）成立。该组织于 1999 年发布第一版国际半导体技术路线图（International Technology Roadmap for Semiconductors，ITRS）。截至目前，国际半导体技术路线图的开发机构已扩展至 17 个国际工作组，旨在为 15 年后的半导体技术演进和研发需求提供最佳预测。

2001 年，剑桥大学技术管理中心（The center for Technology Management within the Institute for Manufacturing at Cambridge University）开发的快速启动路线图绘制方法指南（the T-plan“fast-start”roadmapping guide，详见第 7 章）公布（Phaal et al.，2001），出版著作 *T-Plan Technology Road Mapping*：*Planning Your Route to Success*[①]，并建立了技术路线图用户支持团队（Technology Roadmapping User Group，TRMUG）。

2003 年，联合国发布“中东和平路线图”。这一事件标志着路线图从商业领域向政策领域延伸。同年，美国产业研究协会（the US Industrial Research Institute，IRI）组织了《技术管理研究》[Research Technology Management，SSCI（社会科学引文索引，social science citation index）检索期刊] 的两期特刊（分别是 46-2 卷和 47-2 卷），介绍了属于不同产业的路线图绘制观点（如通用汽车、朗讯科技、摩托罗拉、罗克韦尔自动化等）。

2004 年，著名创新管理学术期刊《技术预测与社会变革》（Technology Forecasting and Social Change）（71 卷）介绍了一系列关于路线图的学术前沿研究成果。

2008 年，国际学术期刊《国际技术情报与规划》[International Journal of Technology Intelligence and Planning，EI（工程索引，engineering index）检索期刊]（4-2 卷）以飞利浦和西门子（Siemens）绘制的路线图为例，介绍了路线图的学术前沿和重要产业应用。

2007～2009 年，中国科学院开展“中国至 2050 年重要领域科技发展路线图战略研究”，并公开出版了一系列科学路线图报告，为我国的科技政策、科技发展战略和科技规划的制定提供了重要支持。

2010 年、2013 年，剑桥大学技术管理中心分别出版著作《路线图的创新与战略》以及《技术路线图的创新与战略研究》论文特辑，讨论了路线图方法在创新与战略中的研究及应用进展。剑桥大学技术管理中心还将前期建立的技术路线图用户支持团队改为“可视化战略网络研究团队”，并建立了国际路线图研究学会（本书

① 该书曾于 2009 年翻译为中文并由清华大学出版社出版《技术路线图：规划成功之路》（苏竣等译）。

主要作者均为该国际路线图研究学会成员)。2013 年，著名创新管理学术期刊《技术预测与社会变革》(80 卷) 发表了路线图理论发展的研究综述。

2015 年，中国工程院与国家自然科学基金委员会合作开展了“中国工程科技 2035 发展战略研究”，其中重点应用路线图方法，结合德尔菲法、专利文献分析等方法和工具，为我国工程科技发展战略规划提供重要支撑。

路线图广泛应用于不同产业、区域，以满足企业与机构、产业与国家等不同层面的应用。大量路线图文献（见附录 B）和公开的路线图案例（部分见附录 C）都突显了路线图的广泛应用。由于企业与机构层级的路线图具有保密性，相关资料很难追踪。而产业与国家层面的路线图通常由行业协会、政府部门和其他机构制定，一般是公开发表的，可在线上资料库中获得，因此公开可查资料较为丰富。目前发现的产业与国家层级路线图已超过 1500 个（见附录 C），覆盖科学、技术、产业和政策等领域。例如，在能源方面，已知路线图业已涉及电力、化石燃料、核能、氢能和燃料电池等多个细分领域。

3.2　路线图分类

随着路线图的应用越来越广泛，其内涵也日趋丰富，相应地，出现了多种形式的路线图。因此，为确保路线图在不同场景下的合理应用，有必要对其进行分类。早期，根据应用目的和形式，路线图有两种基本的分类方式（图 3-1)。相应内容如表 3-1 所示。

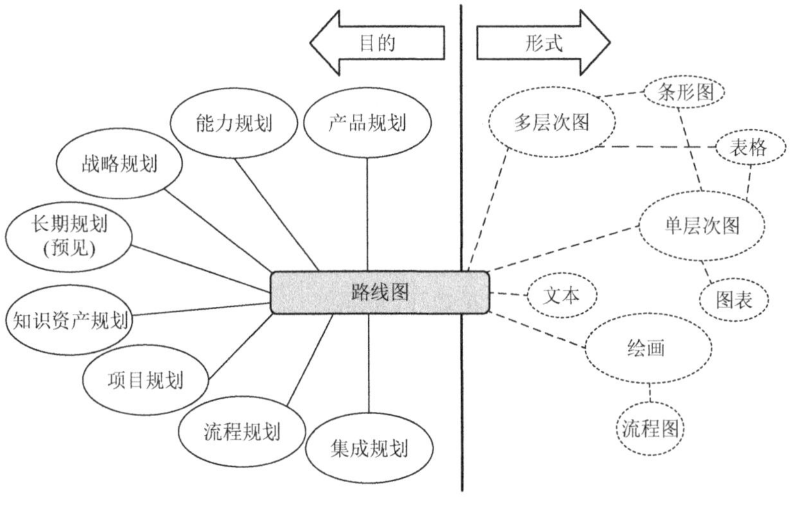

图 3-1　路线图类型

资料来源：改编自 Phaal 等（2001）的相关研究

表 3-1 路线图的种类

	类型	说明
目的	产品规划	最常用的路线图形式，用于调整技术和产品战略，通常包括若干代的产品规划
	能力规划	更适用于服务型企业，关注于如何将技术能力融入企业的组织能力中
	战略规划	常用于企业层面对机会或威胁进行评估
	长期规划（预见）	一般是由产业或国家制定的长期规划（如产业、科学、政策“预见”路线图）
	知识资产规划	专注于将知识资产和知识管理计划与企业目标相结合
	项目规划	关注于战略的实施，以支持产品研发管理
	流程规划	支持知识管理，关注于知识的流向，用于支持具体的流程领域，如新产品开发
	集成规划	关注于技术的整合和/或变革，以及各种技术如何整合以形成新技术
形式	多层次图	路线图最常用的形式，由多个层级构成，如技术、产品和市场层级等。路线图对每个层级的演变及其之间的关联进行了探索和描绘，有助于对技术、产品和市场的整合
	条形图	许多路线图采用这种形式，通常由多组条形图组成，有利于简化和统一所需的结论，从而有助于路线图的交流和整合以及相应的路线图软件的开发
	表格	一般按照时间顺序，从产品和技术性能的角度列表。这种形式通常适用于产品和技术性能易于量化的场景
	图表	当产品或技术性能可以量化时，路线图可以简单地表示为一个图示，通常一个图示表示一个层级（技术或产品）。这类图有时也称为经验曲线，与 S 曲线技术密切相关
	绘画	一些路线图采用更富创意的图片来表达技术的集成和规划。有时可能会使用图画进行展示（比如，树状图可以表示产品或技术的演变过程）
	流程图	可以有效地描绘目标、问题、行动和产出之间的关系
	单层次图	多层次图形式的子集，仅关注于单一层级。这种路线图比较简单，但缺点是未能展现各层级间的关系
	文本	一些路线图采用全文本或大部分文本的形式，与传统图形化的路线图所描述的问题相同，通常还伴有文字报告

后来，有学者根据路线图的应用目的进行分类（Kappel，2001；Kostoff and Schaller，2001）。如支持科学技术发展的路线图、支持产业和国家技术发展的路线图、支持机构产品技术发展的路线图等。由于路线图应用领域广泛，以应用目的和形式对路线图分类过于庞杂，有学者对路线图按照应用层级和目的做了进一步分类（Beeton，2007），具体包括以下两类。

（1）企业/机构层面路线图，指的是在企业或机构内部出于支持战略规划的目的而开发的路线图。

（2）产业/国家层面路线图，指的是由政府机构、商贸集团和行业协会等机构用于支持前瞻性研究而开发的路线图。

而从预见的方法学视角来看，路线图还可以划分为强调“技术路径”的规范性路线图，以及强调“产业与行动计划”的探索性路线图（详见第 9 章）。其中，规范性路线图是指在明确战略发展目标的情况下，关注于为实现该目标而规划相应行动及措施的路线图。其研究问题主要聚焦于“想去哪？”（Where do we want to go？）或者“应该去哪？”（What ought to be？）这种路线图强调对未来的市场与社会需求进行系统分析，然后引导企业或机构的技术产品、创新能力等方面的发展规划。探索性路线图是基于现有路径的发展趋势，以外推的方式探索未来可能的发展方向而开发的路线图。其研究问题主要聚焦于“现在在哪？”（Where are we now？），并基于此进行外推分析。该种路线图强调对机构知识储备的拓展。

本书综合使用了上述两种分类方式，即企业与机构层面路线图和产业与国家层面路线图，以及规范性路线图与探索性路线图。这两种路线图的分类方式均有助于研究人员清楚地认知路线图在不同情境下的使用方式和开发目的。基于上述分类方式，第 6 章将详细介绍企业与机构层面以及产业与国家层面路线图的具体内容和开发案例；第 9 章将详细阐述规范性和探索性路线图的相关内容及应用案例。

3.3　本 章 小 结

本章首先对路线图的发展历史做了初步梳理，以时间进程为线索，回顾了路线图演进过程中的代表性历史事件。然后，进一步梳理了路线图的主要分类方式，旨在让读者了解路线图在不同情境下的不同作用。

参 考 文 献

Beeton D A, 2007. Exploratory Roadmapping for Sector Foresight. Cambridge：University of Cambridge.

Kappel T A, 2001. Perspectives on roadmaps: How organizations talk about the future. Journal of Product Innovation Management, 18(1): 39-50.

Kostoff R N, Schaller R R, 2001. Science and technology roadmaps. IEEE Transactions on Engineering Management, 48(2): 132-143.

Massel M S, 1945. Reappraisal of depreciation and obsolescence. Harvard Business Review, 24(1): 85-96.

Phaal R, Farrukh C J P, Probert D R, 2001. T-Plan: The fast start to technology roadmapping-planning your route to success. University of Cambridge: Institute for Manufacturing.

Richey J M, Grinnell M, 2004. Evolution of roadmapping at Motorola. Research Technology Management, 47(2): 37-41.

Strauss J D, Radnor M, 2004. Roadmapping for dynamic and uncertain environments. Research Technology Management, 47(2): 51-58.

Willyard C H, McClees C W, 1987. Motorola's technology roadmapping process. Research Management, 30(5): 13-19.

第 4 章　路线图研究综述

4.1　研 究 背 景

近年来，路线图作为创新管理和战略规划的重要方法，在创新管理和战略规划等方面发挥了越来越重要的作用。在国家层面，路线图可用于规划某一产业或多个产业的未来发展方向，并辅助战略决策与政策制定。在产业层面，路线图可用于规划愿景、确定共同需求，并从技术、政治和商业等多个方面评估产业发展的障碍、差距和风险，进而做出统一部署与规划（Amer and Daim，2010）。在企业与机构层面，路线图提供了一种可视化分析框架，将技术问题与新兴市场问题，战略决策与运营管理联系在一起，从而为业务决策提供有价值的支持（Petrick and Provance，2005）。

本书前三章简要介绍了路线图的发展历史与基础概念。为进一步厘清路线图的学术理论与发展脉络，系统梳理并识别路线图的方法前沿，本章选取了 1997～2018 年 115 篇路线图的国际期刊文献，聚焦其研究方法与研究主题进行综述。

4.2　研 究 方 法

文献计量学是利用数学和统计学对文献中的历史数据进行探索、整理和分析，以帮助研究人员识别可能有助于其决策的隐藏信息，从而对文献和信息数据进行分析的学科（Daim et al.，2006）。文献计量学对科学技术研究提供了重要的帮助，它能根据已分类的信息，如作者、关键词、研究机构、国家、引用与被引帮助研究人员识别大量文献资料背后的潜在信息（Li et al.，2015）。为了系统梳理路线图研究，本章采用文献计量学方法对路线图的核心机构、核心作者、研究主题与研究方法进行讨论与分析。本章主要使用 Web of Science（WoS）数据库，对科学引文索引（Science Citation Index，SCI）论文数据和 SSCI 论文数据进行文献计量分析。

WoS 数据库提供了最为全面的有关文献的其他信息，如作者、摘要、期刊、引用的参考文献、引用与被引用数量等，这些信息对于后续的文献计量分析必不可少（Kostoff and Schaller，2001）。因此，本章借助 WoS 数据库收集文献。首先，以"'technology roadmapping*' or 'technology roadmap*' or 'roadmapping*' or 'roadmap*'"为关键词，在 WoS 核心文集引文索引数据库进行检索（Carvalho et al.，

2013），检索时间段为 1997～2018 年，获得 194 篇路线图文献。通过阅读文章标题、摘要、作者、关键词等，过滤掉其中和技术路线图无关的文献，最后取得相关文献 115 篇。

本章首先借助德温特数据分析工具（Derwent Data Analyzer，DDA）对路线图领域的作者与发文期刊进行了梳理，并对路线图领域近几年的研究趋势做了概括与总结。为了进一步识别路线图领域的研究主题与研究方法，结合软件工具与专家经验，对该 115 篇路线图涉及的研究方法与研究主题进行了详细的梳理。

4.3　分析与讨论

4.3.1　研究趋势分析

利用 DDA 软件对输入的文本格式的路线图文件进行处理，在关键词字段中选择频次出现最高的前 10 个关键词。由图 4-1 可以看出大多数关键词与路线图相关，如 roadmap，technology roadmap，motion planning，path planning，innovation 等。1997～2018 年各个主题词都呈现增长趋势，其中 roadmap 出现的频次最高。1997～2003 年路线图研究处于早期发展阶段，虽然此时路线图已经在某些企业（如摩托罗拉、朗讯科技）和产业（如欧洲工业研究管理协会）取得了成功的应用，但是还未在理论和方法研究上实现重要突破；2004～2014 年，路线图研究呈快速

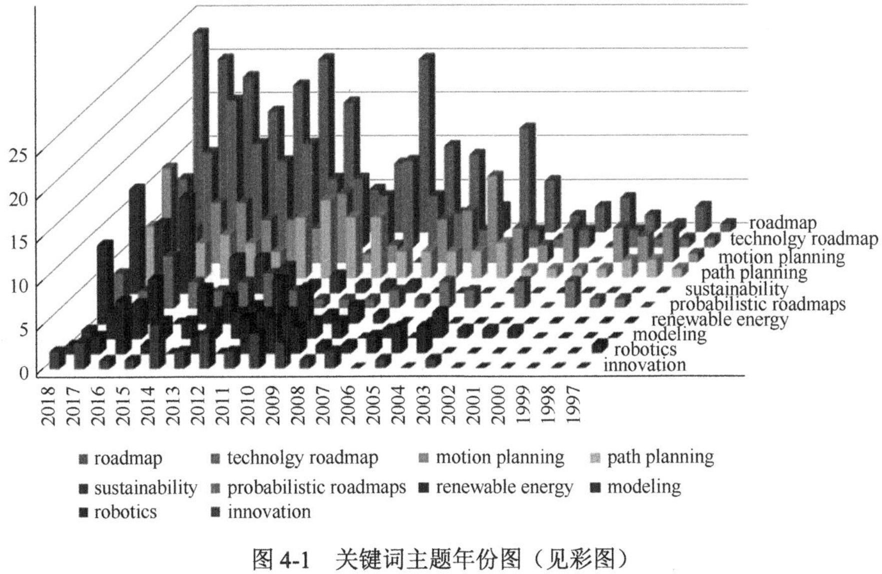

图 4-1　关键词主题年份图（见彩图）

增长趋势，研究主题也逐年增多，说明随着路线图应用逐渐广泛，路线图的学术理论和方法研究也得到了长足的发展；2015～2018 年，出现了更多的研究主题，增长速度也逐年加快，从侧面反映出路线图研究在各个不同研究领域取得了较为明显的成功，也引起了更多学者的研究与关注。

路线图的跨学科研究也发展迅速，已深入理论经济学、应用经济学、科学技术史等多个学科，并衍生出多个交叉学科主题，如图 4-2 所示。其中在理论经济学领域，路线图的研究主题有产业规划、战略性新兴产业、产业集群等，而这些研究主题也反映出路线图在产业层面的应用逐渐增多。

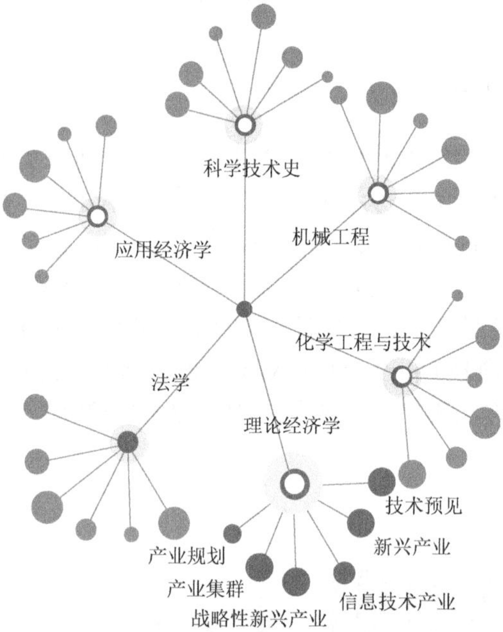

图 4-2　路线图相关学科交叉渗透

对所选文献的作者进行分析，选取发文量排名前 30 的作者利用 Ucinet 软件绘制了作者合作网络图和作者引用网络图，如图 4-3 和图 4-4 所示。1997～2018 年发表路线图文章数量最多的学者是 Phaal 教授（本书作者之一），其在路线图领域的研究取得了十分丰硕的成果，后续很多学者对路线图的研究都是建立在 Phaal 教授提出的路线图框架和流程之上的，从图 4-4 也可以看出 Phaal 教授的被引量最高，此外，本书的其他两位作者 Probert 和 Zhou 均出现在该高被引网络图上。

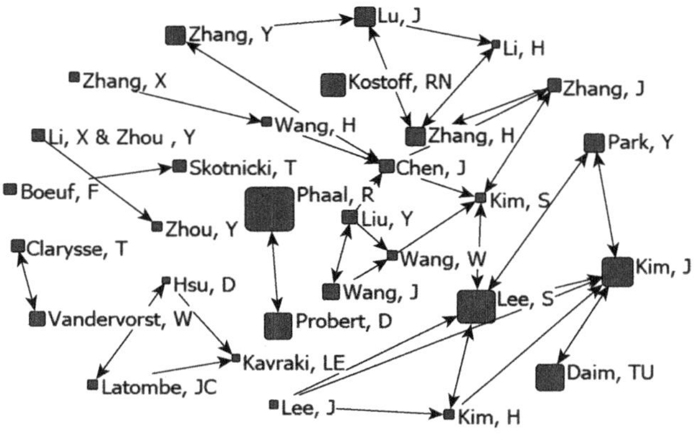

图 4-3　作者合作网络图

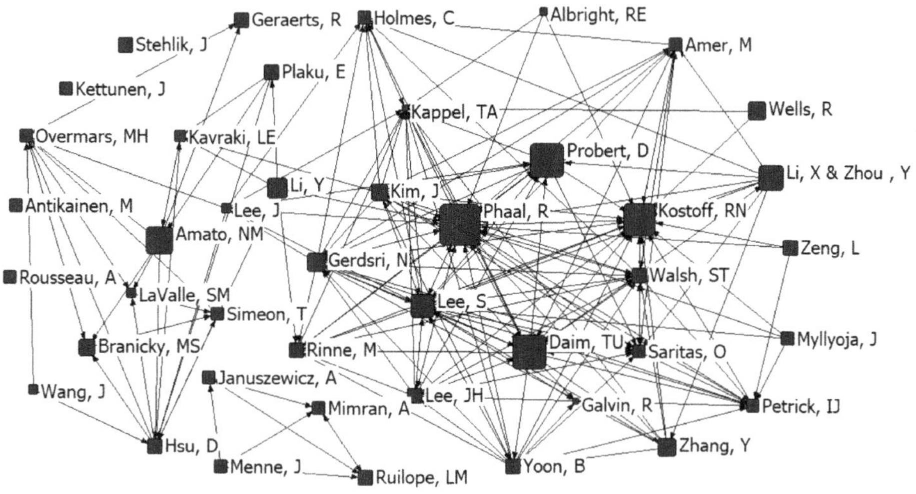

图 4-4　作者引用网络图

本章在 115 篇路线图文献中选取了发文数量排名前 13 的 SSCI/SCI 期刊，并统计了不同时间段期刊的发文数量。由表 4-1 可知，发表路线图文章数量最高的是 Technological Forecasting and Social Change 期刊（1997～2018 年在 Technological Forecasting and Social Change 期刊总共发表了 42 篇路线图文献），其次是 Energy Policy 期刊。2009～2018 年是路线图发文数量最多的时间段。上述期刊均是创新管理与政策领域的顶级或重要期刊，由此可见路线图研究在创新学术界取得了较高的关注度。

表 4-1　不同期刊与不同年份论文发表数量统计表

期刊	年份				
	1997～2002 年	2003～2008 年	2009～2014 年	2015～2018 年	总计
Technological Forecasting and Social Change		8	16	18	42
Energy Policy		2	8	3	13
Science	1	3	2	6	12
Lancet		3	2	3	8
R & D Management	1	2	3	1	7
Technology Analysis and Strategic Management		1	3	2	6
Renewable and Sustainable Energy Reviews		1	2	2	5
Technovation		1	3	1	5
Expert Systems with Applications	1		1		2
Nature Communications			1	1	2
IEEE Transactions on Engineering Management	1				1
Strategic Management Journal		1			1
Nature Medicine				1	1
总计	4	22	41	38	105

资料来源：部分参考 Carvalho 等（2013）的相关研究

4.3.2　研究主题与研究方法分析

1. *研究主题*

本章使用已获取的 115 篇路线图文献，借助 Cite Space 软件绘制了路线图领域关键词关联网络图，如图 4-5 所示。从关键词关联网络中可以看出 1997～2018 年路线图主要研究热点集中在产业创新管理（industry innovation management）、路线图框架（roadmap framework）、基础科学研究（research and development）、颠覆性技术（disruptive technology）、可持续发展（sustainability）等领域和主题上。

图 4-5　关键词关联网络图

2. *研究层面与研究方法*

本章将路线图研究分为三个层面，分别是企业层面、产业层面与国家层面，并统计了不同时间段，不同层面的路线图文章数量，如表 4-2 所示。

表 4-2　不同研究层面与研究方法路线图文章数量统计

项目		阶段				
		1997～2002 年	2003～2008 年	2009～2014 年	2015～2018 年	总计
研究层面	企业层面	0	5	8	3	16
	产业层面	2	5	38	31	76
	国家层面	1	2	15	5	23
	总计	3	12	61	39	115
研究方法	调查问卷	2	10	13	2	27
	定性案例分析	1	13	27	15	56
	科技文献计量	1	3	9	2	15
	大数据与机器学习	0	2	10	5	17
	总计	4	28	59	24	115

资料来源：部分参考 Carvalho 等（2013）的相关研究

早期路线图研究应该主要集中在企业层面。例如，摩托罗拉是第一个将路线图工具应用于产品规划的企业，并引起了其他企业的广泛关注，对路线图工具的推广与应用做出了重要贡献。但在实际情况中，企业层面路线图应用虽多，但发表的期刊论文较少，主要是因为大部分企业都将路线图作为自身的商业机密而不愿意公开出版。

由表 4-2 可以看出，2003～2018 年聚焦于产业层面的路线图数量逐渐增多，一度超过了企业层面的路线图。在产业与国家层面，路线图作为一种战略规划工具被产业机构广泛采用（Phaal and Muller，2009）。因此，某种程度上产业层面与国家层面路线图具有一定相似性，在本书中，若只研究单个产业则将其归为产业层面路线图；若研究多个产业，涉及政策制定，以及由政府机构主导开发则将其归为国家层面路线图。国家层面的路线图更为宏观，侧重于规划较长时间范围内的产业发展前景，但开发国家层面的路线图需要组织更多的专家学者参与路线图研讨会，研究对象的颗粒度更大但考虑的因素更为全面，所需的时间成本和人力成本更大，需要克服的阻碍也更多，进行理论创新更困难，因此研究国家层面路线图的论文数量从 1997～2018 年均少于研究产业层面路线图的论文数量。

在文献梳理过程中，本章不仅划分了路线图研究层面，而且对这 115 篇路线图涉及的研究方法也进行了总结与归类。本章将路线图研究方法划分为四类，分别是调查问卷、定性案例分析、科技文献计量、大数据与机器学习。由表 4-2 可以看出，在路线图研究的前期阶段（1997～2008 年），运用调查问卷和定性案例分析研究方法的路线图文章数量较多，而运用科技文献计量和大数据与机器学习研究方法的路线图文章数量较少，主要是因为在早期阶段大数据与机器学习方法发展得并不成熟。在路线图研究的后期阶段（2009～2018 年），应用科技文献计量和大数据与机器学习研究方法的路线图文章数量增多，但应用定性案例分析研究方法的也不在少数。一方面是因为大数据时代的到来，路线图数据的获取更加容易，且数据量更大，因此有学者考虑用大数据与机器学习研究方法去挖掘这些路线图的资料以获得更深层次的知识。例如，有很多路线图资料是以图形形式存在的，如何将图片信息转化为知识将会是一个重要研究点。此外，已经有学者利用文本挖掘的方法抽取路线图资料中的关键词并结合语义分析，挖掘更深层次的路线图资料。科技文献计量主要是指利用论文、专利数据提取一些指标如关键词、共词并结合文献计量法挖掘某项技术或产品的发展趋势，进一步支持路线图的开发，该方法目前已发展得比较成熟，对制定路线图也提供了较大的帮助。另一方面，定性案例分析是应用最多的路线图研究方法，因为有很多学者对路线图制定流程、路线图框架以及开发路线图的工具和方法进行了创新，所以会选择一些案例去支撑和验证这些流程、方法与框架。此外，研讨会作为最常用的路线图开发方法也被归入定性案例分析研究方法中。

表 4-2 总结的研究方法比较全面，但不够细致，表 4-3 列出与路线图方法结合使用的研究方法与工具，以及用到这些研究方法与工具的文献。一类是经典方法与工具，另一类是新兴方法与工具。经典方法与工具包括常用的管理工具与方法，如 SWOT 分析法、层次分析法（analytic hierarchy process，AHP）、德尔菲法以及项目组合管理法等。新兴方法与工具主要包括文献计量分析、专利计量分析、文本挖掘与主题建模、社会网络与知识图谱、机器学习、深度学习等方法。由表 4-3 可知，应用最多的经典方法与工具是情景分析法，应用较多的新兴方法与工具是文献计量分析方法、文本挖掘与主题建模方法，可明显看出暂时还没有应用深度学习方法的文献，但深度学习作为一种新兴方法与工具对未来路线图研究会提供很大的帮助，如数据挖掘、机器学习、自然语言处理等方法对于挖掘潜在的路线图知识会提供很大的帮助。

表 4-3　路线图研究方法与工具

研究方法与工具		文献
经典方法与工具	战略分析之 SWOT	Schwery 和 Raurich（2004）；Rubin 等（2012）；Akyildiz 等（2014）；Kumar 和 Jain（2014）
	战略分析之 PEST 与五力模型	Fenwick 等（2009）
	层次分析法	Gerdsri 和 Kocaoglu（2007）；Lee 等（2013，2011）；Jeon 等（2011）；Lee 和 Geum（2017）
	德尔菲法	Saritas 和 Oner（2004）；Vishnevskiy 等（2016）；Gonzalez-Salazar 等（2016）
	项目组合管理法	Oliveira 和 Rozenfeld（2010）
	DFD	Fenwick 等（2009）；Lee 等（2013）；Panda 和 Tseng（2013）
	情景分析	McDowall 和 Eames（2006）；Saritas 和 Aylen（2010）；Bui 等（2012）；Sutou 等（2012）；Powell 等（2013）；Liu 等（2013）；Lee 等（2015）；Divakaruni 等（2014）；Amorim 等（2014）；Connolly 等（2016）；Siebelink 等（2016）；Cheng 等（2016）
	技术发展包络法	Fenwick 等（2009）；Hofmann 等（2014）
	技术管理工具	Prieto 和 de Carvalho（2011）；Aharonovich 和 Neu（2014）
新兴方法与工具	文献计量分析	Li 等（2015）；Wang 等（2018）；Carvalho 等（2013）；Deng 等（2014）；Putnik 等（2013）；Saad 等（2012）；Uzuner 等（2012）；Tzoulaki 等（2014）；Kostoff 等（1998）
	专利计量分析	Lee 等（2009）；Suh 和 Park（2009）；Karvonen 和 Kãssi（2013）；Zheng 和 Kammen（2014）

续表

研究方法与工具		文献
新兴方法与工具	文本挖掘与主题建模	Lee 等（2008）；Yoon 等（2008）；Geum 等（2015）；Agrell 等（2016）；Yoon 和 Phaal（2013）；Ceyhan 和 Naeemi（2013）；Fong 和 Lee（2012）；Goodrich 等（2013）
	社会网络与知识图谱	Cocolin 等（2013）；Jain 和 Hudait（2014）；Robinson 等（2013）
	机器学习	McCollough 等（2012）；Chun 等（2013）
	深度学习	

注：PEST 分析是指宏观环境的分析，宏观环境又称一般环境，是指一切影响行业和企业的宏观因素，对应政治（political）、经济（economic）、社会（social）和技术（technological）这四大类影响；DFD 为数据流程图方法（data flow diagram）的英文缩写

4.4 本章小结

本章主要研究了路线图的理论方法与研究发展脉络。经过文献关键词搜索与人工阅读筛查，本章以 1997～2018 年发表的 115 篇核心路线图文献（SSCI/SCI 检索）为数据源，使用文献计量学方法分析、梳理了路线图研究的发展脉络、研究趋势、研究主题和研究方法与工具，并探索了未来可用于路线图研究的新兴方法。

参考文献

Agrell E, Karlsson M, Chraplyvy A R, et al., 2016. Roadmap of optical communications. Journal of Optics, 18(6): 063002.

Aharonovich I, Neu E, 2014. Diamond nanophotonics. Advanced Optical Materials, 2(10): 911-928.

Akyildiz I F, Jornet J M, Han C, 2014. Tera Nets: Ultra-broadband communication networks in the terahertz band. IEEE Wireless Communications, 21(4): 130-135.

Amer M, Daim T U, 2010. Application of technology roadmaps for renewable energy sector. Technological Forecasting and Social Change, 77(8): 1355-1370.

Amorim F, Pina A, Gerbelová H, et al., 2014. Electricity decarbonisation pathways for 2050 in Portugal: A TIMES(The Integrated MARKAL-EFOM System)based approach in closed versus open systems modelling. Energy, 69: 104-112.

Bui N, Castellani A P, Casari P, et al., 2012. The Internet of energy: A web-enabled smart grid system. IEEE Network, 26(4): 39-45.

Carvalho M M, Fleury A, Lopes A P, 2013. An overview of the literature on technology roadmapping(TRM): Contributions and trends. Technological Forecasting and Social Change, 80(7): 1418-1437.

Ceyhan A, Naeemi A, 2013. Cu interconnect limitations and opportunities for SWNT interconnects at the end of the roadmap. IEEE Transactions on Electron Devices, 60(1): 374-382.

Cheng M N, Wong J W K, Cheung C F, et al., 2016. A scenario-based roadmapping method for strategic planning and forecasting: A case study in a testing, inspection and certification company. Technological Forecasting and Social

Change, 111: 44-62.

Chun K C, Zhao H, Harms J D, et al., 2013. A scaling roadmap and performance evaluation of in-plane and perpendicular MTJ based STT-MRAMs for high-density cache memory. IEEE Journal of Solid-State Circuits, 48(2): 598-610.

Cocolin L, Alessandria V, Dolci P, et al., 2013. Culture independent methods to assess the diversity and dynamics of microbiota during food fermentation. International Journal of Food Microbiology, 167(1): 29-43.

Connolly D, Lund H, Mathiesen B V, 2016. Smart energy europe: The technical and economic impact of one potential 100% renewable energy scenario for the European Union. Renewable and Sustainable Energy Reviews, 60: 1634-1653.

Daim T U, Rueda G, Martin H, et al., 2006. Forecasting emerging technologies: Use of bibliometrics and patent analysis. Technological Forecasting and Social Change, 73(8): 981-1012.

Deng S, Wang R Z, Dai Y J, 2014. How to evaluate performance of net zero energy building: A literature research. Energy, 71: 1-16.

Divakaruni A S, Paradyse A, Ferrick D A, et al., 2014. Analysis and interpretation of microplate-based oxygen consumption and pH data. Methods in enzymology. Amsterdam: Elsevier: 309-354.

Fenwick D, Daim T U, Gerdsri N, 2009. Value driven technology road mapping (VTRM) process integrating decision making and marketing tools: Case of Internet security technologies. Technological Forecasting and Social Change, 76(8): 1055-1077.

Fong K F, Lee C K, 2012. Towards net zero energy design for low-rise residential buildings in subtropical Hong Kong. Applied Energy, 93: 686-694.

Gerdsri N, Kocaoglu D F, 2007. Applying the analytic hierarchy process(AHP)to build a strategic framework for technology roadmapping. Mathematical and Computer Modelling, 46(7/8): 1071-1080.

Geum Y, Lee H, Lee Y, et al., 2015. Development of data-driven technology roadmap considering dependency: An ARM-based technology roadmapping. Technological Forecasting and Social Change, 91: 264-279.

Gonzalez-Salazar M A, Venturini M, Poganietz W R, et al., 2016. Development of a technology roadmap for bioenergy exploitation including biofuels, waste-to-energy and power generation & CHP. Applied Energy, 180: 338-352.

Goodrich A, Hacke P, Wang Q, et al., 2013. A wafer-based monocrystalline silicon photovoltaics road map: Utilizing known technology improvement opportunities for further reductions in manufacturing costs. Solar Energy Materials and Solar Cells, 114: 110-135.

Hofmann D C, Roberts S, Otis R, et al., 2014. Developing gradient metal alloys through radial deposition additive manufacturing. Scientific Reports, 4:5357.

Jain N, Hudait M K, 2014. III-V multijunction solar cell integration with silicon: Present status, challenges and future outlook. Energy Harvesting and Systems(Materials, Mechanisms, Circuits and Storage), 1(3/4): 121-145.

Jeon J, Lee H, Park Y, 2011. Implementing technology roadmapping with supplier selection for semiconductor manufacturing companies. Technology Analysis and Strategic Management, 23(8): 899-918.

Karvonen M, Kässi T, 2013. Patent citations as a tool for analysing the early stages of convergence. Technological Forecasting and Social Change, 80(6): 1094-1107.

Kostoff R N, Schaller R R, 2001. Science and technology roadmaps. IEEE Transactions on Engineering Management, 48(2): 132-143.

Kostoff R N, Eberhart H J, Toothman D R, 1998. Database tomography for technical intelligence: A roadmap of the near-earth space science and technology literature. Information Processing and Management, 34(1): 69-85.

Kumar L, Jain S, 2014. Electric propulsion system for electric vehicular technology: A review. Renewable and Sustainable

Energy Reviews, 29: 924-940.

Lee C, Song B M, Park Y, 2015. An instrument for scenario-based technology roadmapping: How to assess the impacts of future changes on organisational plans. Technological Forecasting and Social Change, 90: 285-301.

Lee H, Geum Y, 2017. Development of the scenario-based technology roadmap considering layer heterogeneity: An approach using CIA and AHP. Technological Forecasting and Social Change, 117: 12-24.

Lee J H, Phaal R, Lee S H, 2013. An integrated service-device-technology roadmap for smart city development. Technological Forecasting and Social Change, 80(2): 286-306.

Lee S, Yoon B, Lee C, et al., 2009. Business planning based on technological capabilities: Patent analysis for technology-driven roadmapping. Technological Forecasting and Social Change, 76(6): 769-786.

Lee S, Mogi G, Lee S, et al., 2011. Prioritizing the weights of hydrogen energy technologies in the sector of the hydrogen economy by using a fuzzy AHP approach. International Journal of Hydrogen Energy, 36(2): 1897-1902.

Lee S, Lee S, Seol H, et al., 2008. Using patent information for designing new product and technology: Keyword based technology roadmapping. R & D Management, 38(2): 169-188.

Li X, Zhou Y, Xue L, et al., 2015. Integrating bibliometrics and roadmapping methods: A case of dye-sensitized solar cell technology-based industry in China. Technological Forecasting and Social Change, 97: 205-222.

Liu L T, Lu Y, Guo J, 2013. On monolayer MoS_2 field-effect transistors at the scaling limit. IEEE Transactions on Electron Devices, 60(12): 4133-4139.

McCollough C H, Chen G H, Kalender W, et al., 2012. Achieving routine submillisievert CT scanning: Report from the summit on management of radiation dose in CT. Radiology, 264(2): 567-580.

McDowall W, Eames M, 2006. Forecasts, scenarios, visions, backcasts and roadmaps to the hydrogen economy: A review of the hydrogen futures literature. Energy Policy, 34(11): 1236-1250.

Oliveira M G, Rozenfeld H, 2010. Integrating technology roadmapping and portfolio management at the front-end of new product development. Technological Forecasting and Social Change, 77(8): 1339-1354.

Panda D, Tseng T Y, 2013. Growth, dielectric properties, and memory device applications of ZrO_2 thin films. Thin Solid Films, 531: 1-20.

Petrick I J, Provance M, 2005. Roadmapping as a mitigator of uncertainty in strategic technology choice. International Journal of Technology Intelligence and Planning, 1(2): 171-184.

Phaal R, Muller G, 2009. An architectural framework for roadmapping: Towards visual strategy. Technological Forecasting and Social Change, 76(1): 39-49.

Powell D M, Winkler M T, Goodrich A, et al., 2013. Modeling the cost and minimum sustainable price of crystalline silicon photovoltaic manufacturing in the United States. IEEE Journal of Photovoltaics, 3(2): 662-668.

Prieto V C, de Carvalho M M, 2011. Strategic alignment and performance: Brazilian companies in the medical diagnostics sector. The Service Industries Journal, 31(9): 1405-1427.

Putnik G, Sluga A, ElMaraghy H, et al., 2013. Scalability in manufacturing systems design and operation: State-of-the-art and future developments roadmap. CIRP Annals, 62(2): 751-774.

Robinson D K R, Huang L, Guo Y, et al., 2013. Forecasting Innovation Pathways(FIP)for new and emerging science and technologies. Technological Forecasting and Social Change, 80(2): 267-285.

Rubin E S, Mantripragada H, Marks A, et al., 2012. The outlook for improved carbon capture technology. Progress in Energy and Combustion Science, 38(5): 630-671.

Saad R, Rizkallah M R, Aziz R K, 2012. Gut Pharmacomicrobiomics: The tip of an iceberg of complex interactions between drugs and gut-associated microbes. Gut Pathogens, 4(1):16.

Saritas O, Aylen J, 2010. Using scenarios for roadmapping: The case of clean production. Technological Forecasting and Social Change, 77(7): 1061-1075.

Saritas O, Oner M A, 2004. Systemic analysis of UK foresight results: Joint application of integrated management model and roadmapping. Technological Forecasting and Social Change, 71(1/2): 27-65.

Schwery A, Raurich V F, 2004. Supporting the technology-push of a discontinuous innovation in practice. R & D Management, 34(5): 539-552.

Siebelink R, Halman J I M, Hofman E, 2016. Scenario-Driven Roadmapping to cope with uncertainty: Its application in the construction industry. Technological Forecasting and Social Change, 110: 226-238.

Suh J H, Park S C, 2009. Service-oriented technology roadmap (SoTRM) using patent map for R&D strategy of service industry. Expert Systems with Applications, 36(3): 6754-6772.

Sutou Y, Kamada T, Sumiya M, et al., 2012. Crystallization process and thermal stability of $Ge_1Cu_2Te_3$ amorphous thin films for use as phase change materials. Acta Materialia, 60(3): 872-880.

Tzoulaki I, Ebbels T M, Valdes A, et al., 2014. Design and analysis of metabolomics studies in epidemiologic research: A primer on-omic technologies. American Journal of Epidemiology, 180(2): 129-139.

Uzuner H, Bauer R, Fan T P, et al., 2012. Traditional Chinese medicine research in the post-genomic era: Good practice, priorities, challenges and opportunities. Journal of Ethnopharmacology, 140(3): 458-468.

Vishnevskiy K, Karasev O, Meissner D, 2016. Integrated roadmaps for strategic management and planning. Technological Forecasting and Social Change, 110: 153-166.

Wang B C, Liu Y F, Zhou Y, et al., 2018. Emerging nanogenerator technology in China: A review and forecast using integrating bibliometrics, patent analysis and technology roadmapping methods. Nano Energy, 46: 322-330.

Yoon B, Phaal R, 2013. Structuring technological information for technology roadmapping: Data mining approach. Technology Analysis and Strategic Management, 25(9): 1119-1137.

Yoon B, Phaal R, Probert D, 2008. Morphology analysis for technology roadmapping: Application of text mining. R & D Management, 38(1): 51-68.

Zheng C, Kammen D M, 2014. An innovation-focused roadmap for a sustainable global photovoltaic industry. Energy Policy, 67: 159-169.

[illegible]

[illegible]

[illegible]

[illegible]

[illegible] Technological Forecasting and Social Change, [illegible]

[illegible]

第二篇　路线图的方法与工具

第一篇对路线图的基本理论、概念框架、应用价值、基础案例、发展历程、主要类别、研究趋势等做了全面介绍，既让读者对路线图理论形成了初步认识，也为读者理解后续篇章进行了基础铺垫。第二篇将进一步讨论路线图的制定方法和主要工具，以便读者对掌握和应用路线图方法形成更为清晰的认知。

第 5 章　路线图的分析视角

5.1　路线图的分析视角综述

第 1 章指出，路线图的关键作用在于使用结构化、可视化的框架分析技术创新过程和趋势，并支撑战略规划。路线图提供了一个系统而灵活的分析框架，用于应对各种各样的创新和战略挑战。路线图的系统性大大拓宽了路线图的应用范围，而路线图的灵活性在作为其优势的同时，也对参与路线图制定者的流程设计和目标规划能力提出了更高的要求。路线图应用范围十分广泛，从技术、产品层面延伸到产业、国家层面。因此，开发制定路线图应该充分考虑路线图的目标及应用背景。基于其目标和应用背景，路线图制定者需要从技术、创新、战略、产业等不同的分析视角进行选择，进而设计路线图的框架并设定其制定流程。

路线图的制定流程既包括可视化图示的开发，又包括将路线图整合到不同层面的技术创新和战略规划。但是，很多路线图制定工作的任务边界并不清晰，通常难与技术创新和战略规划等业务流程进行明晰的划分。路线图的具体制定流程主要包含路线图框架的设计、修订，以及在具体技术创新与战略规划案例中的应用。路线图制定工作不仅包括解决具体的商业和运营问题，还强调创新与战略层面的对话。

图 5-1 展示了路线图制定的三个层次（Hillier，2001）：技术层面、企业层面、产业与国家层面。针对不同层次，路线图整合了技术、创新、战略、产业等不同视角。

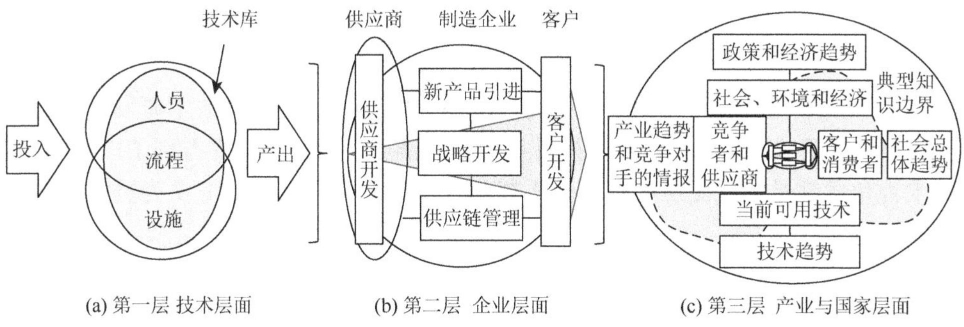

图 5-1　路线图制定的三个层次

资料来源：改编自 Hillier（2001）的相关研究

第一层，即技术层面。将路线图视为一个在技术、产品层面整合资源（人员和设施等）的过程，本章将其归纳为技术视角。路线图的制定面向某个特定发展目标，规划整合这些人员和设施等资源，从而能够将资金、人力等方面的投入转化为技术、产品等所需的产出。企业或机构的技术创新基础可以作为这些资源的子集。5.2 节着重讨论技术视角，并重点回答了两个问题：什么是技术？什么是技术管理？之所以要关注技术，不仅是因为路线图强调技术应用，还因为我们能从路线图的早期称呼（即技术路线图）看出技术的重要性。当然，路线图不仅仅关注技术，还应考虑实现战略目标的其他重要因素。

第二层，即企业层面。路线图可以扩展到企业层面，本章将聚焦创新和战略两个分析视角。路线图不仅仅关注企业内部的组织层面，还涉及跨企业（机构）的组织间关联，如连接供应商、制造企业和客户的供应链等。这一层次的路线图工作更加关注企业的业务流程，包括战略制定、供应链管理、产品创新以及开发供应商和客户群[①]。5.3 节讨论企业层面的创新管理问题，包括如何开发有价值的产品、服务和系统，如何使这些产品、服务和系统为企业提供创新资源（包括技术），并为企业创新、新产品开发和研发过程提供指导。5.4 节介绍包括企业层面在内（当然还包括产业与国家层面）的战略规划问题。在路线图制定过程中，最重要的工作之一是战略规划，包括设定战略方向、规划和开发新产品以及引入各种创新流程。需要特别注意的是，这些创新流程在形式和内涵上差别很大，包括形成正式制度及非正式却灵活的流程。因此，制定路线图之前，需要明确其应用背景和目标，并据此调整设计创新流程。

第三层，即产业与国家层面。路线图能够涵盖比技术、企业更宏观的层面，如产业与国家层面。这种路线图需要考虑企业或组织外部的宏观环境要素，包括产业竞争格局、产业技术态势、经济与市场环境、制度环境等。5.5 节将针对企业或组织外部的创新与发展环境介绍产业层面的路线图分析视角。

5.2 技术视角

基于技术视角的路线图一般称为技术路线图。它可以帮助技术研发团队与商业、战略等团队进行高效沟通，提升技术管理能力，因此在业界得到了广泛应用。技术视角通常是路线图中的主要分析视角之一，而路线图已经演变为技术管理中的一种重要方法。

---

① 针对这个过程，Porter（1985）提出了价值链概念。价值链概念包括企业为开发、生产、营销、交付和支持其产品和服务而进行的一系列增值活动：主要活动（包括进货物流、运营、出货物流、营销、销售和服务）及辅助活动（包括企业基础设施、人力资源管理、技术开发和采购）。

5.2.1　从资源观视角分析技术

现有研究对“技术”有许多不同的定义（Floyd，1997；Whipp，1991；Mitchell，1989），这些定义突出了诸多技术要素。这些要素可以是某些特定类型的知识，而这些知识可能会嵌入在具体物品中，如机器、组件、系统或产品等。基于此，有研究建议把技术当作一种知识进行管理，即知识管理。例如，知识一般由显性（explicit）技术知识和隐性（tacit）技术知识两类组成。前者是已经（或可以）被明确表达出来的知识（如报告、程序、用户指南），同时还有技术的实体表现（如设备）。后者是一种无法轻易表达的知识，这种知识依赖训练和经验（如焊接、设计技能）。

但是技术又区别于一般的知识，其关键特征在于以应用为主，并且非常关注know-how（技术诀窍）。技术通常与科学和工程“硬技术”（hard technology）相关；另外，支持硬技术有效应用的流程和基础设施也至关重要，如新产品开发和创新流程、组织结构和沟通、知识支持网络等，而这些可以称为“软技术”（soft technology）。

技术常常被视为极具价值的核心资源，而且非常有必要评估这些核心资源（技术）的价值。有学者梳理了十个关键问题，用于进行技术评估（Ford and Saren，1996）。

（1）拥有什么技术？

（2）技术来源于哪里？

（3）技术类型有哪些？

（4）技术适用于哪个范畴？

（5）技术水平怎么样？

（6）技术新兴度如何？

（7）技术处于生命周期的哪个阶段？

（8）获取技术的能力如何？

（9）开发技术的能力如何？

（10）管理技术的能力如何？

评估一项技术的价值时需要特别注意，技术资源的价值并非一成不变，因为随着时间推移和技术竞争的加剧，现有技术价值将逐渐降低。如果替代技术出现并颠覆现有技术范式，那么现有技术的价值甚至可能归零。

技术 S 曲线这一分析模型应用非常普遍，用于理解某类技术的演进过程，如图 5-2 所示。某种技术会随时间不断演进，经历萌芽、成长、成熟、衰退等四个阶段（又称为技术生命周期）。同时，其技术性能也会不断成长，在成熟阶段达到顶点（可能是技术发展的物理或自然极限）后，将来也可能被新技术颠覆。整个技术发展过程离不开时间、投资和技术人员的工作投入。

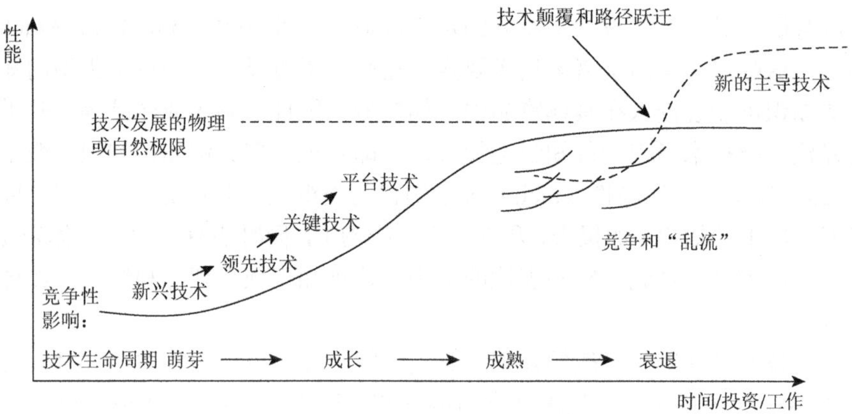

图 5-2 技术 S 曲线

资料来源：改编自 Twiss（1992）以及 Bower 和 Christensen（1996）的相关研究

萌芽阶段是技术发展的早期阶段，这个阶段通常在研究实验室进行，主要的关注点是论证技术功能的可行性，即概念验证。第二个阶段为成长阶段，此阶段随技术飞跃，技术性能实现快速增长，同时也会吸引更多投资。第三个阶段即成熟阶段，技术发展受到基础物理理论或其他自然极限的限制，技术进程减慢，且不会因为投资而改变（收益递减法则）。第四个阶段为衰退阶段，此阶段中原有技术可能被全新的技术颠覆，也可能保持平稳发展而不会再呈现大幅增长。技术 S 曲线的形状或弯曲程度受市场需求、科学知识、技术能力、资源投资的综合影响。图 5-2 是一个常见的概念化的平滑型 S 曲线，但在具体技术演进中可能会因为各种影响因素而出现重要拐点或重大变化。

除了技术 S 曲线（或技术生命周期）中萌芽、成长、成熟和衰退等重要阶段，识别技术本身的特质也非常重要，其特质甚至会显著影响技术的未来发展潜力。根据不同的技术特质，咨询公司 AD Little 提出了以下四种具有不同特征、不同发展潜力的重要技术类别。

（1）新兴技术：处于早期萌芽阶段，时常出现在不同产业并跨界发展，技术竞争力不明显，但很可能存在巨大发展潜力。

（2）领先技术：具有改变技术竞争规则的潜力，但是仍未形成市场主流产品或流程，竞争具有高度的不确定性。

（3）关键技术：竞争力很强，已经体现在创新产品和流程中，是取得差异化竞争优势的核心基础。

（4）平台技术：对技术的商业化发展至关重要，被广泛使用和共享。因此，企业或组织无法获取独占性的竞争优势。

技术 S 曲线是一种有效的技术预测模型，它可预测技术发展阶段（以发展阶段为因变量做对数，建立线性预测）和技术发展局限。例如，仙童半导体公司（Fairchild Semiconductor）的 Moore 使用 S 曲线对集成电路上的元件密度进行了著名的预测，即摩尔定律（Moore，1965）。根据摩尔定律预测，计算机运算速度将每隔 18 个月翻倍，而且这个呈指数级增长将持续数十年。这个预测在集成电路领域的高速成长阶段非常有效。然而，当集成电路进入成熟阶段，由于各种物理极限的存在，如量子效应的作用、热管理的问题、硅基技术的微型化问题等的阻碍，摩尔定律正在逐渐失灵，这个例子充分证明了 S 曲线的有效性。另外，S 曲线还被很多其他企业和机构（如朗讯科技等）所采用，应用于制定路线图过程的核心分析环节（详见第 6 章）。

技术竞争贯穿于整个技术生命周期。在 S 曲线早期阶段，不同技术路线就开始了竞争。随着替代技术的发展，这种竞争将会加剧。在这一混乱时期，无法确定到底哪种技术可能替代现有技术而发展为一种新的主导技术。颠覆性技术是现有技术的一个特殊而巨大的威胁。颠覆性技术很特别，其在关键性能方面不一定具有优势，但却呈现新的技术特征（如早期计算机产品较少考虑的便携性）。这些技术特征在开始阶段可能不会引起主流市场关注，但会在特殊市场（如利基市场）大受欢迎，这将帮助这些新技术获得立足点，有机会进一步改善性能，并最终有能力与现有主流技术直接竞争。这些新技术称为颠覆性技术（disruptive technology）。Bower 和 Christensen（1996）以计算机磁盘驱动器市场为例，描述了光盘驱动器在短时间内颠覆传统磁盘驱动器的案例，由此说明颠覆性技术具有巨大潜力，能够赢得竞争并取代现有技术或产品。

5.2.2　技术管理框架

与技术相似，“技术管理”也有诸多定义（Gaynor，1996）。本书采用了欧洲技术和创新管理协会（European Institute of Technology and Innovation Management，EITIM）给出的定义：技术管理是对技术（产品、过程和基础设施）的有效识别、选择、获取、应用和保护，它能够根据战略目标明确市场竞争地位并规划技术战略方向。

欧洲技术和创新管理协会的定义强调了两个重要的技术管理主题。

（1）使企业目标与支持创新的技术资源保持同步发展。这对很多企业都是一个重大而持续的挑战。这需要合适的工具和流程的支持以进行有效的沟通与知识管理。尤其重要的是，需要在企业的商业和技术部门间建立良好的沟通渠道。

（2）良好的技术管理流程至关重要。Gregory（1995）提出的技术管理流程模型应用非常广泛，包括五个关键步骤：技术的识别、选择、获取、利用和保护。这些技术管理步骤一般分布在企业的一系列业务流程中，如战略、创新和运营（strategy，innovation，and operations，SIO）等。

本书的技术管理框架如图 5-3 所示。该框架突出强调了技术和商业知识的结合，以及在企业内部和外部环境中充分支持战略、创新和运营等核心业务流程（Phaal et al.，2004）。该框架能够帮助我们深入理解技术管理系统，尤其是当许多战略、创新和运营等核心业务流程都与企业具体环境和目标下的技术管理实践相关，如技术战略、技术预测、技术转让、技术选择、研发管理、制造或购买等。该技术管理框架包括如下五个要素。

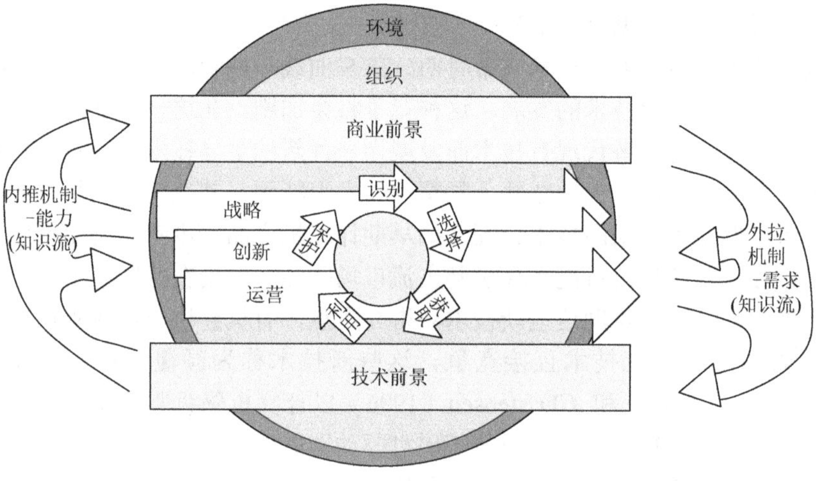

图 5-3　技术管理框架

1. 技术管理五步骤 ISEAP 和技术平台

技术管理框架关注的核心是企业的技术平台，它代表了企业的技术知识、竞争实力、发展能力以及相关能力。围绕着技术平台，Gregory（1995）定义了如下五个技术管理步骤（简称 ISAEP），这些步骤（或流程）可帮助企业或机构建立及开发自己的技术库（Zhou et al.，2017）。

（1）技术识别（identification）：识别当前未纳入企业技术库但未来可能很重要的技术，具体方法可涵盖参加会议、阅读期刊、参观交易会、询问供应商和进行文献研究等。

（2）技术选择（selection）：选择企业未来产品需要的技术，具体方法可涵盖专家研判、试点研究、投资组合管理等（详见第 8 章）。

（3）技术获取（acquisition）：通过研发、许可、装备购买、招募员工和收购企业等方法获取被选定的技术。

（4）技术利用（exploitation）：通过销售产品和服务或授权技术等方法充分应用已经获取的技术。

（5）技术保护（protection）：保护企业技术资产，具体方法包括法律手段（如专利、合同、商标、版权等），以及做好保密措施和保留关键人员等。

2. 组织层面的商业流程

ISAEP 这一技术管理流程作为一个整体运转，不能与其他战略、创新和运营等分割开来。技术管理的各项工作往往嵌入在其他业务流程中，如关键技术选择决策是在商业战略和新产品开发过程中进行的。尤为重要的三个核心业务流程有战略、创新和运营，它们在企业的不同层级上进行。这些核心业务流程非常重要，是企业管理和行动的核心，也是确保企业可持续高产的方法。有效的技术管理旨在确保技术问题适当地整合到这些流程中，使之形成一个技术管理系统以协调和整合战略、创新和运营业务流程及具体的相关工作。

3. 连接技术视角和商业视角的机制

如果要使技术管理有效，就必须在企业的商业拓展和技术研发等部门之间建立动态的知识流动，并将其与战略、创新和运营过程关联。市场拉动（需求）和技术推动（能力）之间必须取得协调及平衡。可使用不同机制连接商业视角和技术视角，包括传统的沟通渠道（如讨论和电子邮件）、跨职能团队和会议、管理工具（如路线图和项目组合管理方法）、人员调动和培训等。

4. 内部及外部环境

企业面临的具体技术管理问题取决于具体环境（内部环境和外部环境），内部环境包括组织结构、系统、基础设施和企业文化，外部环境包括企业所处的市场环境和外部制度等。

5. 时间

时间是技术管理的一个重要维度。市场、技术等环境不断演变，因此技术、产品开发能力也需要与环境保持同步。尽管图 5-3 并没有明确地描绘出时间，但它隐含在不同的战略、创新和运营业务流程以及 ISAEP 技术管理过程中。

以上所有五点要素都与路线图的概念和应用相关，且将在第 6 章进行讨论。路线图方法的突出特点在于它对战略的可视化呈现，这有助于跨部门（特别是技术和商业部门）、跨机构的沟通。通常认为，路线图制定过程比路线图本身更重要，因为它能将关键利益相关者聚集在一起，促成共识，调整战略，并提高决策质量。

5.2.3　技术管理系统示例

图 5-4 描绘了一家大型工程企业在航空和汽车市场的技术管理系统中应用 ISAEP 流程模型的情况。此技术管理系统是该企业战略的一部分，而图 5-4 中呈现的是管理企业技术平台的核心流程，包括技术识别、技术选择、技术获取、技术利用和技术保护等。

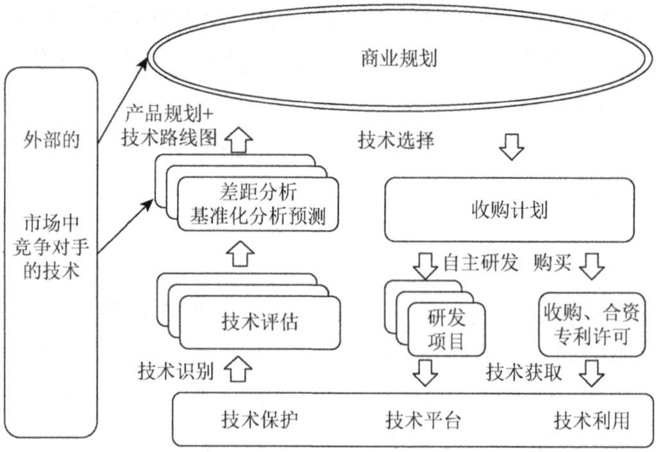

图 5-4　技术管理系统

技术识别的主要目的在于识别新兴技术、关键技术等重要技术，具体工作包括内部技术评估和外部技术情报的收集与分析等。技术选择是商业规划流程的一部分，以产品规划和技术路线图等方式进行技术与商业部门之间的信息沟通与战略协调。技术获取可以通过内部自主研发完成，也可以通过外部的商业收购、合资或专利许可完成。这一过程补充了企业的技术库。技术利用是指通过出售产品和服务，充分利用企业的专有技术。技术保护可以通过一系列的方法来进行，如专利、合同、安全措施、保密、人力资源管理等。

图 5-5 展示了某医药企业的技术管理系统（Farrukh et al.，2004）。这个技术管理系统的主要输入是商业战略，而这些战略涵盖面广，如产品、研发、信息技术（information technology，IT）等。制定技术战略，是该案例技术管理系统的第一步。

如图 5-5 所示，该技术管理系统的第二步是创新、搜索和调查，第三步是评

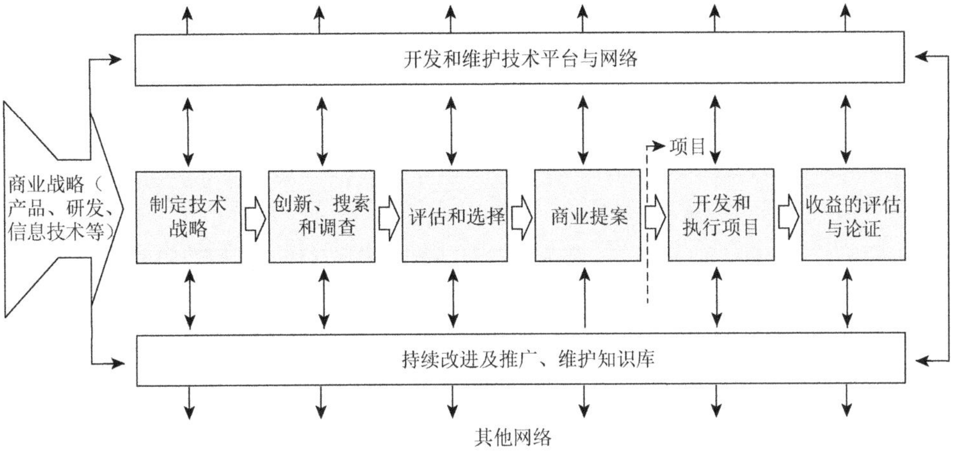

图 5-5　某医药企业的技术管理系统

资料来源：改编自 Farrukh 等（2004）的相关研究

估和选择。这两步就是 ISAEP 流程模型中的技术识别和技术选择步骤。创新、搜索和调查步骤旨在调查研究具备商业潜力的创新产品及项目，而评估和选择步骤则是评估上述创新产品及项目的潜力，并根据评估结果进行技术选择。第四步是商业提案，这些提案会针对创新性的产品提出计划的研究开发项目。一般来说，研发项目提案会被系统而审慎地评估，尤其是这些研发项目一方面需要大量投资，另一方面却可能打造核心技术优势。平衡风险与收益是技术评估和选择中非常重要的考量要素。进行技术选择后，第五步是开发和执行项目，而第六步是收益的评估与论证。

需要注意的是，这六步工作并非完全单向且线性，每一步均会产生反馈，并且这个反馈回路包含在整个技术管理系统中。另外，该企业拥有一系列技术平台和知识支持网络，负责在不同的技术领域实施技术管理系统。这些知识支持网络与企业的其他网络（包括信息技术）相结合，为知识管理和组织学习的传播与交流提供基础设施支持。

该案例的技术管理系统由一个跨领域的技术管理专家小组花费数月制定。具体的技术管理方案当然比图 5-5 更加详细，但此处只是向读者简要介绍一个得到实际应用的技术管理系统的例子，不再赘述具体细节。这个系统在类似企业中应用广泛，为技术管理系统的框架构建提供了良好借鉴。

图 5-6 展示了对技术管理系统中商业流程的简化和解构（Muller，2000）。此图示强调市场拉动和技术推动之间的动态关系，并呈现出技术、人员、资金、信息等资源和流程。为了促进企业可持续发展，企业在设计技术管理系统时需要关注如何运用短期、中期和长期的战略规划，打造以客户为中心的产品，满足市场

和客户需求。这一系列过程通常需要相关资源和基础设施作为支撑，包括对人力和技术的管理。如果要维持整个技术管理系统有效运作，那么这些流程就需要根据人员、信息和资源的变动进行动态调整。

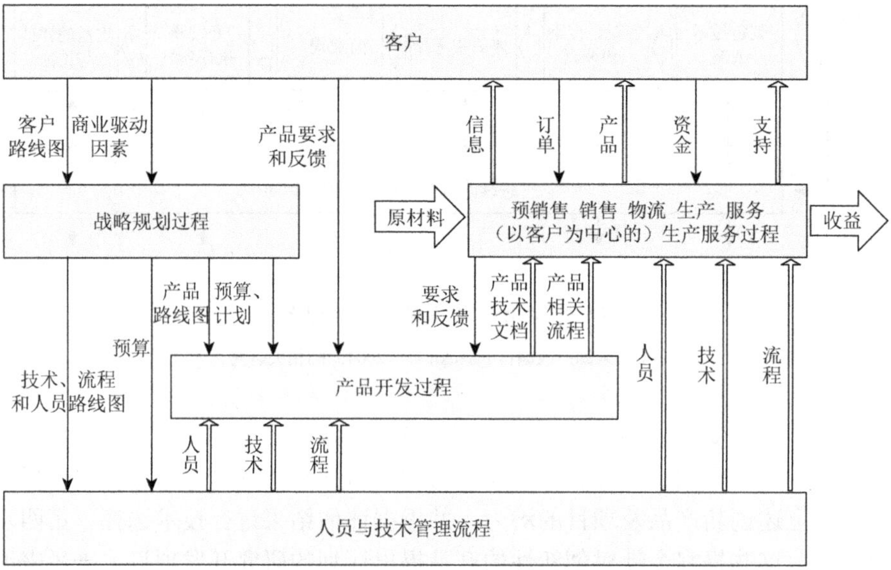

图 5-6 技术管理系统中的商业流程

资料来源：改编自 Muller（2000）的相关研究

上面的案例阐释了不同企业的技术管理系统。相比之下，图 5-3 中的技术管理框架概念化、通用化程度较高。因此，不同的企业或机构需要根据自身的特点，调整通用的技术管理系统，从而设计和实施各自的技术管理系统。这种调整涉及前面提到的技术管理的五要素，即技术平台、组织层面的商业流程、连接技术视角和商业视角的机制、内部及外部环境和时间。

5.3 创新视角

在技术视角之外，路线图还需要着眼于更广泛意义上创新视角的分析（根据熊彼特对创新的定义，创新不仅仅包括技术创新）。从创新视角出发，路线图通过对技术、能力和其他资源的分析聚焦于如何规划开发出满足客户和市场需求的产品、服务及系统，从而为企业创造和获取价值。面对市场竞争，企业或机构需要源源不断地增值创新，抓住机遇，应对对手威胁并保持市场竞争力。

创新通常可以表现为一个漏斗状的过程（图 5-7）。图 5-7 参考了 Cook

（1994）、Cooper（2001）、Badawy（2004）等对创新过程的剖析，该过程表现为：创新可能起步于一些潜在想法，而这些想法之后会经历被激发、探索、评估、过滤、发展和实施等步骤。应当认识到，从创意到风险评估再到控制实现，漏斗左边（创新模糊前端，Fuzzy Front-end）与漏斗右边情况迥异。

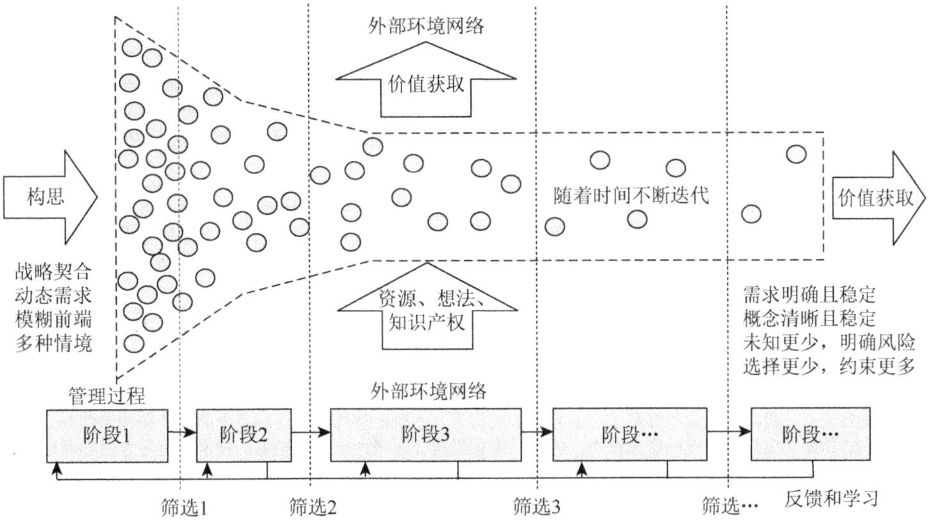

图5-7 概念化的创新过程

在图5-7多孔的“漏斗”的边界孔洞中，知识通过内外部的创新合作而发生流动，进而形成开放式创新的基础（Badawy，2004）。基于这些知识流动，开放式创新进一步建立知识和技术交流的网络，并体现在整个产业价值链环节中。这反映出在整个价值创造和获取的过程中，企业或机构会有许多与外部机构合作的机会。因此，企业或机构的创新战略制定常常采用类似于漏斗状的创新视角和过程模型，5.4节将进行详细讨论。

Cooper（2006）为新产品开发设计的Stage-Gate™模型（阶段-关卡流程模型）应用广泛，为管理和引进创新产品的流程建立了框架。表5-1总结了Stage-Gate™模型的结构化框架，该框架以线性过程模型的形式呈现，能够帮助提高创新产品开发设计的有效性，同时降低风险。当然，创新在实践中应该是一个迭代往复而非单一线性的过程，而该模型也特别强调其阶段-关卡流程模型的重点在于突出创新产品开发设计时间节点，从而在重要关卡（或时间节点）审定产品开发的进展，而不忽略创新中的回馈和迭代。

表 5-1 Stage-Gate™ 新产品开发流程

阶段	注释
战略构想	本阶段结合产品的市场战略和技术战略，需要考虑：①产品开发的目标以及它们如何支持更广泛的商业目标和战略；②市场、技术和产品的战略聚焦及优先级；③资源的配置包括资金和人力；④每个领域的竞争战略和战术
探索	本阶段通过市场和技术研究，识别并获取机会和产生设想（或构思）。之后，本阶段将一系列潜在的有价值设想或构思输入新产品开发和引进流程中。很多企业和机构将本阶段列为正式开发流程中的一步
关卡 1： 设想筛选	一个良好的探索过程会产生很多设想或构思，但并非所有设想或构思都能够进入正式研发阶段。本关卡会筛选这些设想或构思以缩小选择范围。本关卡通常采用简明扼要的加权打分办法，其中包括关键的“必须有”和“应该有”等标准，从而对这些想法或构思进行评价和排序
阶段 1： 范围确定	关卡 1 的初始筛选获得了很多有益的设想或构思，但不能仅仅考虑其技术方面的潜力，还需要考虑商业发展等更长远的潜力。本阶段采用一种以划定市场机遇（规模、潜力）范围为目标的快速初步调查，明确概念并使概念满足客户需求，评估生产产品的创新挑战，识别其他关键部分（如监管和法律问题）
关卡 2： 第二次筛选	本关卡进行第二次筛选，其与关卡 1 的第一次筛选相似，但是更加严格和详细。本关卡评估在阶段 1 收集的信息，包括初步财务分析、销售因素、客户反应、潜在法律法规问题等
阶段 2： 产品开发立项	关卡 2 的第二次筛选挑选出最有潜力的设想或构思，并将其带入本阶段，即产品开发立项阶段，可以说“打开了产品开发的大门”。本阶段将详细分析项目中的市场和技术部分，包括前几个阶段的研究在内，综合考虑项目设计（考虑市场、产品、技术和财务方面）和项目立项支撑条件，并为其立项
关卡 3： 准备开发	本关卡是产品开发（以及大量的相关资源投资）前的最后一个时间节点。本关卡不仅考虑前面几个阶段的筛选标准，还要对阶段 2 进行评估，其中特别强调财务分析与论证。本关卡综合评估上述一系列问题，包括开发规划，尤其还要考虑跨部门合作的协同机制等
阶段 3： 开发	本阶段开始实施开发规划，包括进行详细的产品设计和新产品开发，并协同运营部门和生产部门，完成一个实验室测试的产品原型。重大项目通常需要确定中期目标和评估重点。本阶段重点关注产品的技术开发方面，但同时也需要协同市场和运营等部门
关卡 4： 准备测试	本关卡旨在评估开发项目的进展和成果，并从商业和市场的角度确定这个项目（和产品）是否仍然有吸引力，从而为测试和校验达成一致的计划。本关卡促进改进新产品的财务模型，并评估未来的市场营销和经营计划
阶段 4： 测试和校验	本阶段旨在计划投入大量制造和运营资源之前确认整个项目（产品和支持功能）的可行性。这部分可能包括实验室和现场试验、试生产和市场测试，从而形成一个经过修订的商业及财务计划
关卡 5： 准备启动	本关卡是最后一个关卡，是“打开了通往完全商业化的大门”的重要一步。本关卡评估阶段 4 的产出，并批准营销和运营计划，妥善筹备所有运营任务（制造、物流、分销和销售）的市场启动
阶段 5： 启动	本阶段将实施市场营销、制造和经营计划。如果产品开发流程运行良好，就能很好地理解并尽量降低项目风险，从而得到一个平稳的启动过程
启动后审核	在新产品开发项目结束后，即产品已推向市场且开发项目组解散时，应该组织一场最终评审会，通过会议总结获得的知识，从而改进后续的开发项目，包含项目中所有的重要环节（如财务绩效和时机选择），还要分析流程和管理中的优势与劣势

资料来源：改编自 Cooper（2001）的相关研究

Cooper 的 Stage-Gate™ 模型通过实现以下七个目标以更好地支持创新产品开

发：①提高开发任务的执行质量；②实现更精准的聚焦和更好的开发项目排序；③通过并行研发加快创新速度；④通过跨部门合作小组加强技术-商业部门之间的协同；⑤引入市场信息（如加入“客户的声音”）加强创新的需求分析；⑥明晰创新产品开发进程，并筹备下一阶段的资源投入；⑦（严格地）保证产品流能提升企业竞争力并创造收益。

像 Stage-Gate™ 这种流程化的模型对产品开发的管理是非常必要的，并且现有研究和实践中也有很多类似的模型。然而实际应用也采用很多粗放的模型，如图 5-8 所示，因为并非每个企业或机构都能够完全应用这样逻辑和组织严密的流程，路线图制定者必须意识到这一点。

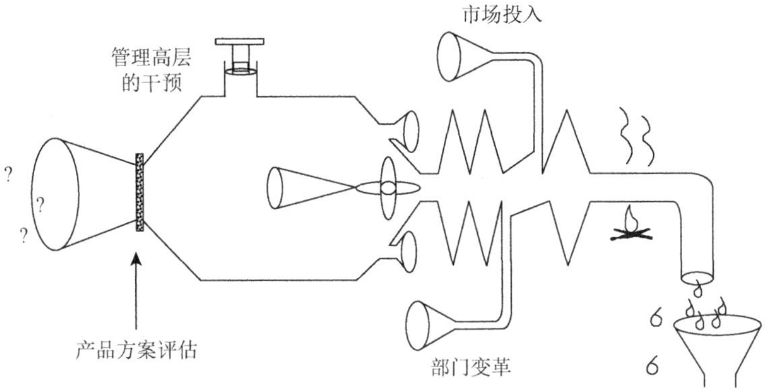

图 5-8　某医疗电子企业的“开发漏斗”实例草图

资料来源：改编自 Wheelwright 和 Clark（1992）的相关研究

Cooper 认为，就不确定性、风险和持续时间而言，技术开发与新产品开发十分不同。所以他对 Stage-Gate™ 模型进行了扩展，将早期技术开发包括在内（表 5-2）。他在改进模型中加入了更多依据财务指标的量化分析法，用以加强对创新产品的开发任务的评价和管理。这个模型将技术视角和产品创新视角区分开来，可以在将技术与产品、服务和系统整合前降低风险；因此，该模型可以更好地应用于路线图框架之中。

表 5-2　Stage-Gate™ 技术开发流程

阶段	注释
探索	成功的技术方案依赖于高质量想法的产生，这些可能来自大量的设想或构思的探索活动，包括战略规划、预测、路线图、情景规划、与客户和供应商的互动、头脑风暴以及意见征集
关卡 1：初始筛选	本关卡的第一个决策是：是否应该投资一个有限的探索性研究？该关卡主要依靠定性的判断标准，如战略协同性、颠覆潜力、现有的资源支持、技术和商业成功的可能性、商业回报的潜在规模

续表

阶段	注释
阶段 1：项目范围	本阶段旨在为开发项目建立基础，确定范围并规划路径。本阶段主要考虑人力投入、资金投入、项目开发周期，还包括对技术问题和相关层面的思考，如知识产权、文献、竞争和资源
关卡 2：准备技术评定	本关卡基于与关卡 1 相似的标准，对试验性的技术工作进行评定和决策
阶段 2：技术评定	本阶段的目标是在理想状态下验证设想的技术或实验可行性。这一过程一般要持续数月，包括技术分析、初步实验工作、影响因素评估、资源规划以及合作团队的建设
关卡 3：准备详细调查	关卡 3 开始更耗费资源，需要更广泛的调查，也比前面关卡的评估更严格。这些关卡的评估标准可能是相似的，但这里涉及更细化的子项目问题，因此评估时需要召集包括商业和运营部门代表在内的高级管理人员参与
阶段 3：详细调查	本阶段的目标在于制定一个完整的实验方案来提高技术可行性，并确定技术的应用范围以及其对企业的价值。本阶段需要更高的投资水平、更多的资源耗费、更长的持续时间，需要同时考虑技术和商业调查，其中包括市场、生产和颠覆潜力评估，进而得到一个开发立项的项目。由于本阶段会获得很多甚至包括颠覆之前设想或构思的信息，因此可能重新回到关卡 3。本阶段对开发项目的评估和管理非常重要
关卡 4：应用路径	本关卡是新产品或过程开发项目的“看门人”。本关卡会重点评估技术工作，以评估技术的适用性、应用范围和颠覆前景

资料来源：改编自 Cooper（2006）的相关研究

路线图框架可以与创新漏斗式的过程模型深度结合，从而为创新产品开发提供一种通用性更高的分析框架。例如，引入创新产品开发流程阶段-关卡中的时间节点，可以为路线图提供一个创新过程的定位工具，帮助分析路线图中创新过程中的某一个特定阶段的特定问题。基于这样的结合，路线图可以针对不同创新阶段采用不同的分析方法，例如，在漏斗左边更偏于开放探索的方法（存在更多的不确定路径），而在漏斗的右边使用更流程化的分析方法，如 Stage-Gate™ 等阶段-关卡式的项目规划方法。

在创新“漏斗”的早期阶段，路线图的战略预见作用更为明显。该阶段需要识别、探索机遇并做出战略决策，也更强调所谓创新模糊前端的探索、创造和塑造。这个阶段的路线图方法更倾向开放探索，例如，第 6 章会展示飞利浦进行的“下一代创新路线图”方法研究。在前期预见的基础上，路线图开始进入创新漏斗的右边，从而使用 5.2 节所描述的技术管理流程和系统，聚焦产品开发流程。

第 6 章的企业路线图示例和第 7 章的 T-Plan 方法都与创新产品（也可应用于创新服务、流程和系统）路线图相关，目的在于链接技术和市场以开发创新产品等，使其能满足应用和市场需求。路线图也可以应用于投资决策、商业决策等战略制定方面，5.4 节将讨论这些问题。

5.4 战略视角

路线图在战略问题中应用广泛，其经过定制化改进后（详见第 6 章），可解决以下战略相关的问题。

（1）商业问题：应该遵循怎样的商业模式？应该如何配置供应链？

（2）产品问题：什么样的产品特性具有竞争优势？应为市场开发什么样的产品和服务？

（3）技术问题：应该投资什么技术？在机构内部开发技术，还是从外部获取技术？

另外，战略对应许多不同的层面，从企业层面的运营战略到国家层面的宏观政策与战略。Johnson 和 Scholes（1988）确定了企业层面的一系列战略。

（1）企业或机构战略：企业或机构应该从整体层面考虑，明确其商业战略的边界。

（2）竞争或商业战略：关注如何在特定市场中竞争。

（3）运营战略：关注具体的运营功能及制度，使其有助于实现企业或机构的战略目标。

（4）人力资源战略：关注人力资本培养和职业路径。

5.4.1　战略态势

在制定详细的战略之前，需要进行一些针对长期或宏观战略的分析，如预期的投资回报水平、将采用的商业模式以及关键技术的有效性程度。5.2 节介绍了技术 S 曲线，Courtney 等（1997）基于技术 S 曲线模型识别并提出了三种战略态势（图 5-9）。

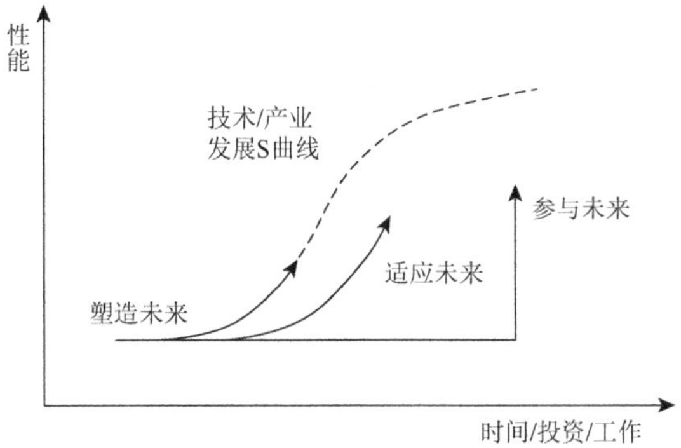

图 5-9　战略态势

资料来源：改编自 Courtney 等（1997）的相关研究

（1）塑造未来战略：在技术或产业发展初期发挥领导作用，如制定技术或产业标准，或创造市场需求。

（2）适应未来战略：在已有市场中快速、充分地识别、抓住机会，通过速度、敏捷性和灵活性取胜。

（3）参与未来战略：参与到市场竞争中，但要避免在形成核心竞争力前贸然投入过多资源。

Porter（1985）认为，成为技术引领者还是技术追随者取决于以下三个要素。

（1）技术领先地位的可持续性：取决于技术的原创性、技术本身的竞争优势水平、企业或机构对应的资源、能力、竞争优势以及技术扩散的速度。

（2）先发优势：包括声誉、有吸引力的产品或市场地位的持续性、更换供应商的转换成本、特有的准入渠道、独有的学习曲线、获取稀缺资源的有利方法、标准定义、制度障碍（如专利或特殊关系）以及早期收益。

（3）先发劣势：包括创业成本过高、需求不确定性、买方需求变化太快、对早期技术的投资要求过高、技术不连续性以及低成本仿制品竞争。

战略的决策和执行都应考虑不确定性与风险。Courtney 等（1997）使用情景分析的视角，指出了测量未来不确定性的四个测度：①完全模糊的未来情景；②一系列可能的未来情景；③主要和可替代的未来情景；④非常清晰的未来情景。针对这些不同的不确定性未来，可以使用不同的方法和分析工具，如预测、决策树、实物期权和情景规划等方法适用于非常清晰的未来情景、主要和可替代的未来情景及一系列可能的未来情景等后三种情况（详见第 8 章）。而针对完全模糊的未来情景，战略制定就需要有远见、灵活性和一定程度的运气。

同时，针对上述不同未来预测中的不确定度，Courtney 等（1997）提出了三种战略决策的类型。第一种是确定方向并坚定推进，该战略方向在任何情况下都有正回报的战略决策；第二种是面临众多选择方向，且大多数战略方向都有显著的正回报；第三种是押注式决策，即关注在一个或多个情景下正回报的战略，但其他的负回报不予以关注。

制定有效的企业或机构战略非常重要。有效的战略能帮助企业或机构明晰其愿景、使命和目标，并使其运营和资源投入与前者保持一致。这需要充分认识未来可能影响企业或机构的外部市场、制度等环境，包括外部环境的变化趋势。战略制定者应根据企业或机构内部的优势和劣势，评定由这一系列趋势和驱动带来的机遇与威胁，这样才能确定和评估企业或机构面临的战略选择（Zhou et al., 2017）。当然，与战略制定同等重要的还有战略实施，以及保障战略实施的流程和管理制度。

5.4.2 作为流程的战略

越来越多的企业认识到技术在传递价值和维持竞争优势中的战略重要性。

在全球竞争日益加剧的环境下，随着成本、复杂性日益增强和技术革新速度加快，这些问题变得更加重要。对许多企业来说，整合技术战略与商业战略是获取成功的关键。

战略制定和实施需要一个概念化的过程框架，以帮助企业或机构了解如何实施战略管理。Johnson 和 Scholes（1988）指出了战略管理的三个基本要素，如图 5-10 所示。

（1）要素一——战略分析：分析企业目前的状况，包括企业的使命和目标、竞争环境（机遇和威胁）以及企业现有的资源（优势和弱点）。

（2）要素二——战略选择：梳理可选战略的选项，并对其进行评估，以及思考备选战略。

（3）要素三——战略实施：付诸实践已选定的战略，包括规划资源投入以及需要的人员和系统。另外，战略实施时要注意应对可能发生的变化，而这些变化可能涉及组织结构和文化的调整。

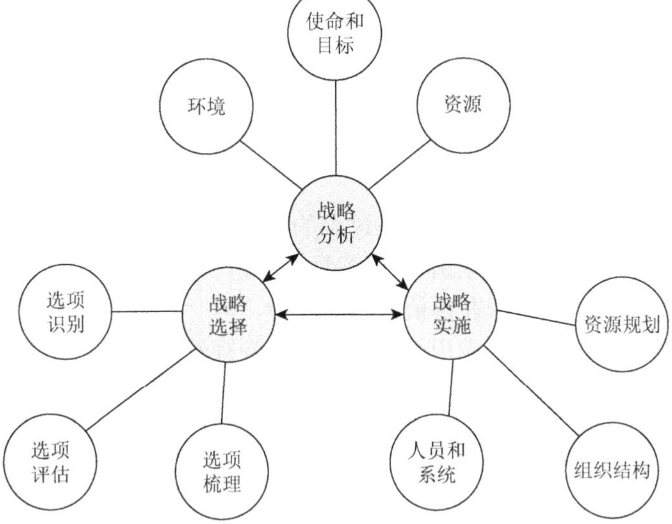

图 5-10　战略管理的三要素

资料来源：改编自 Johnson 和 Scholes（1988）的相关研究

很多商业战略和技术战略流程模型均适用于战略分析，如前面介绍的漏斗状的创新过程模型（图 5-7）；漏斗模型也可以用于识别、探索、选择和实施战略选项。对比分析这些战略的流程模型，发现它们有许多相似特征，本章将其总结为如下几个方面。另外，这些相似的特征都在经典战略分析流程模型中得到体现（图 5-11）。

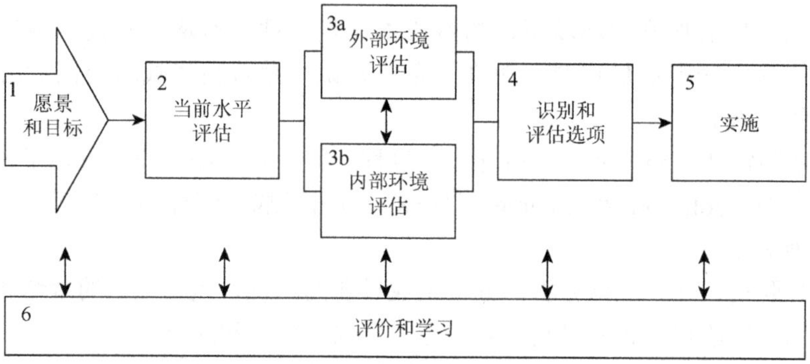

图 5-11　经典战略分析流程模型

（1）愿景和目标：根据未来商业愿景和相关目标确立一个明确方向。

（2）当前水平评估：基于明确的愿景和目标，整理和评估（审计）当前可用的信息（如企业报表、战略文件、预算、程序和项目），同时评估当前的商业模式，以及历史战略、活动和表现。

（3a）外部环境评估：收集并评估影响兴趣领域的有关外部因素、问题和驱动因素的信息（如市场调查、竞争者分析、技术趋势和供应商），以识别机遇和威胁。

（3b）内部环境评估：收集并评估有关内部资源、能力（包括核心竞争力）和限制的信息，根据上述机会和威胁确定优势和劣势。步骤（3a）和（3b）相结合就是著名的 SWOT 分析法。

（4）识别和评估选项：根据上述讨论的机会、威胁、优势和劣势，确定资源或绩效方面的差距，为机构创造开放的战略选择。评估和选择选项，以制订战略计划，反映与选项相关的潜在价值和可能风险。

（5）实施：将战略规划应用于实践，包括管理结果系统、流程、方案、项目以及其他活动。

（6）评价和学习：联系企业组织进行学习和知识管理实践，评估成果和结果的传播情况。

上述经典战略流程看似单向、线性，实际上存在着复杂的反馈和迭代。例如，当可用信息和资源非常有限时，战略制定者常常需要做出决策（任何决策均优于没有决策）；但若下一步有意外情况发生，需返回到上一个（甚至是几个）步骤重新讨论。此外，还有很多其他复杂要素会在过程中施加影响，如企业行为的组织结构和文化也可能影响决策，导致决策结果并非理性最优化，在具体实施中也可能会产生问题并造成往复迭代。然而，基于过程思维的结构化战略过程模型对战略制定者进行系统思考裨益良多，能使他们更好地掌握内外部环境的动态性和复杂性，从而优化决策。

技术战略不应该脱离商业战略而独立制定，这点非常关键（虽然图 5-10 没有明确提到技术），尤其是作为核心资源的技术资源应该被视为战略规划过程的一个重要组成部分。技术战略可以成为企业或机构整体发展战略中的一环，与商业战略、运营战略等紧密联系，从而在战略层面形成协同，以促进技术与市场等部门的交流，更好地支持技术战略的实施。Matthews（1992）提供的一个框架将技术战略集成到商业战略中，并强调思考以下关键问题。

（1）整体商业战略：应该做什么？（从事何种商业活动？竞争优势在哪里？机构的类型是什么？）

（2）战略背景：如何实现成功？（怎样吸引和维持客户？怎样改进工作？怎样提高竞争地位？）

（3）技术问题：发生了什么？（技术能做什么？技术优势在哪里？趋势和预测如何？）

（4）战略意义：意味着什么？（机遇在哪儿？什么变化可能是必要的/需要的？需要哪些投资？）

（5）技术战略：如何将技术作为战略资源进行管理？（应该应用什么样的技术？技术源自哪里？何时应引进新技术？）

图 5-12 展示了商业战略和技术战略之间的关系（EIRMA，1997），强调了制定整体战略需要协调的各种功能视角：商业战略结合市场、财务和技术视角，技术战略结合制造、工程和研发视角。路线图可以为这一战略整合过程提供平台框架，整合这些观点，促进技术战略与商业战略之间的对话，协调各种战略制定和实施。图 5-12 特别突出了技术战略及其关注点，为制定路线图（包括战略、技术路线图）提供了基础。

关于技术战略规划，有学者提出了一种结构化的流程模型（Stacey and Ashton，1990）。这个技术战略的流程模型包括六个环节：评估（assess）、明确（specify）、选择（selection）、执行（execute）、转移（transfer）、保护（secure）。组合这六个环节的英文首字母，即称为 ASSETS 流程模型，如图 5-13 所示。特别需要强调的是，当技术战略对整体商业战略带来积极影响时，技术战略才有价值，正如 Gregory（1995）指出的，当技术战略的执行和更新机制能支持整体商业战略时，这一战略才有价值。

现实中的很多战略并没有达到期望值，甚至有研究者认为多达 90%的战略为无效战略（Mintzberg，1994）。许多战略未能获得期望效果的一个重要原因在于战略实施与战略制定迥异，战略实施受约束而收敛（强调听从命令与遵守规则），而战略制定更加开放而发散。战略实施更注重实际，要求能够适应企业或机构内部的组织架构和制度文化，需要注重细节和沟通。而战略制定则更注重外部环境的挑战，以及外部对内部组织现状和文化的影响。后者更注重宏观层面而常常忽略实践上的细节问题。

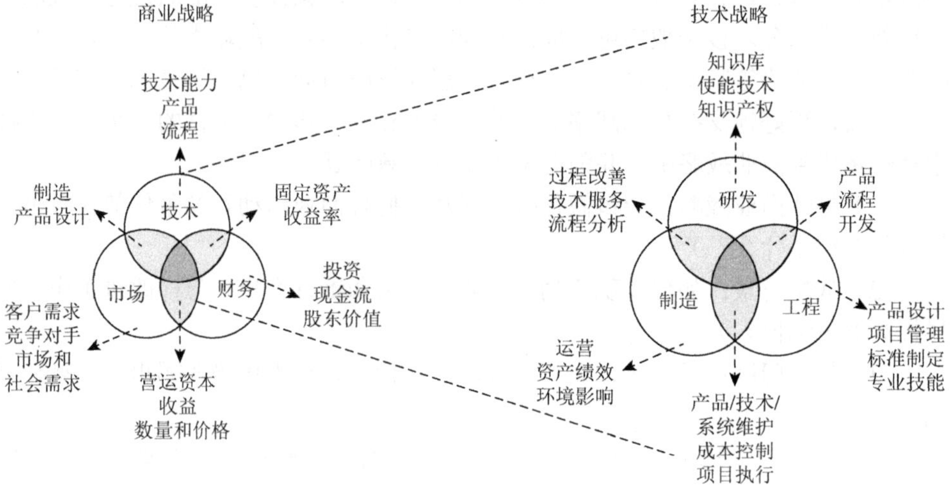

图 5-12　技术战略是商业战略的子集

资料来源：改编自 EIRMA（1997）的相关研究

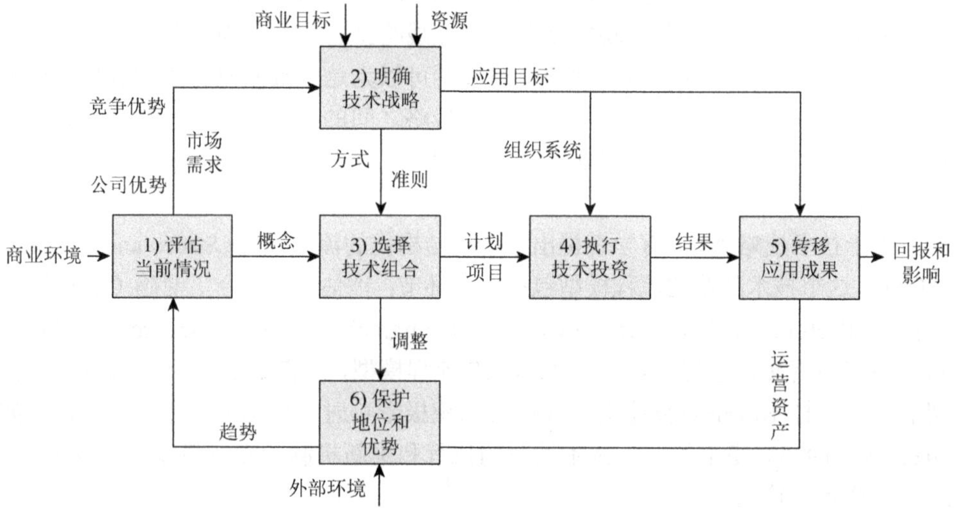

图 5-13　技术战略规划之 ASSETS 流程模型

资料来源：改编自 Stacey 和 Ashton（1990）的相关研究

较之普通的战略制定，Mintzberg（1994）强调了应急战略（emergent strategy）的重要性。在大多数战略规划过程中，应急战略在很大程度上被忽视了。应急战略的制定基于以下原因：组织变革、当前商业活动的多样性，商业环境的不断变化，预测的不确定性，以及非集中决策的影响。另外，战略的路径依赖性也是制定未来战略的重要考量（Burgleman et al.，1996）。过去的战略制定、实施及其相关经验可影响未来战略的制定。因此，学习了解过去战略相关事件及活动也对战略制定大有裨益（Mills et al.，1998）。5.5 节的案例研究将描述如何使用路线图框架描绘历史经验，从而支持这一学习过程。

战略学习非常重要，而找到高质量的战略作为学习目标更为关键。因此，战略质量评估也是一个重要的研究方向。现有研究已经提出了一系列用于战略评价的系统方法（Kaplan and Norton，1996；Neely et al.，1996；Kerssens-van Drongelen and Cook，1997），而这些评估方法可直接应用于战略制定和实施。

5.5　产 业 视 角

一个企业或机构并不是独立运行的，它们只是更大的动态产业系统中的一部分。这个产业系统包含它们的客户、竞争者、供应商和政府机构。产业也不是独立发展的，一个产业的技术发展对其他产业存在潜在影响。因此，制定企业或机构的战略必须有更宏观的考量，也就是要从一个（甚至多个）产业系统的层面综合考虑，如此才能制定有效的战略。这需要对外部社会、经济、环境、产业、技术以及政策趋势进行分析，探析它们之间的交互影响，以及它们如何影响战略制定。另外，产业投资者、金融机构和政府部门也对产业系统兴趣浓厚，它们比单个企业或机构视角更为宏观，并且能更多地从产业及以上宏观层面考虑投资和决策。

对于路线图来说，其第一层就应该清晰地表现出影响企业或机构创新发展的关键宏观外部因素，具体包括以下几个方面。

（1）宏观发展趋势和驱动因素，包括社会（social）、科技（technological）、经济（economic）、环境（environmental）、政治（political）、法律（legal）和基础设施（infrastructural）等因素，影响绝大多数产业的发展。本章总结了广泛应用的分析工具，这些工具都以英文首字母缩写词命名，如 STEEPI（social，technological，economic，environmental，political，infrastructural）、STEEP（social，technological，economic，environmental，political）、PESTLE（political，economic，social，technological，legal，environmental）、STEP（social，technological，economic，political）和 PEST（political，economic，social，technological）等。

（2）行业特有驱动因素，如法规和标准的影响，竞争者的行为和供应链动态趋势。

（3）消费群体、社会公众的价值倾向和需求变迁直接影响广大消费者或商务用户的购买决策。

这些要素也可以根据 Porter（1980）提出的五力模型进一步分析。五力模型主要关注企业或机构如何通过构建竞争力在产业中占据领先地位。这些竞争力可以总结为几种基本类型：进入壁垒，替代威胁，买方和供应商的议价能力以及行业现有企业之间的竞争（传统竞争）。这些竞争力定义了企业或机构所在的动态产业环境，以及产业视角下的技术战略发展的背景。

在产业层面，企业或机构不仅仅存在竞争关系。在现实中，很多企业或机构形成产业生态系统，可以共同进化。这一产业“生态系统”复杂性和适应性兼具。很多企业或机构都是基于对该系统及其未来的研判形成它们自己的战略决策；因此，这些战略决策可以实现互相依存或共同演化。产业的出现、成长、成熟和衰退，也都是由这些企业或机构形成的共同战略驱动的。

产业层面也存在类似于技术 S 曲线（5.2 节）的产业发展模型。图 5-14 就是一个描述技术密集型产业的 S-T-A-M（science-technology-application-market）生命周期模型，重点强调了产业发展过程中的不同阶段及其变迁。该模型将产业发展划分为四个阶段，包括科学、技术、应用、市场等，突出了其中的关键里程碑和转折点，尤其是强调了产业发展的早期阶段。图 5-14 所示的生命周期模型借鉴了其他几个早期的模型。

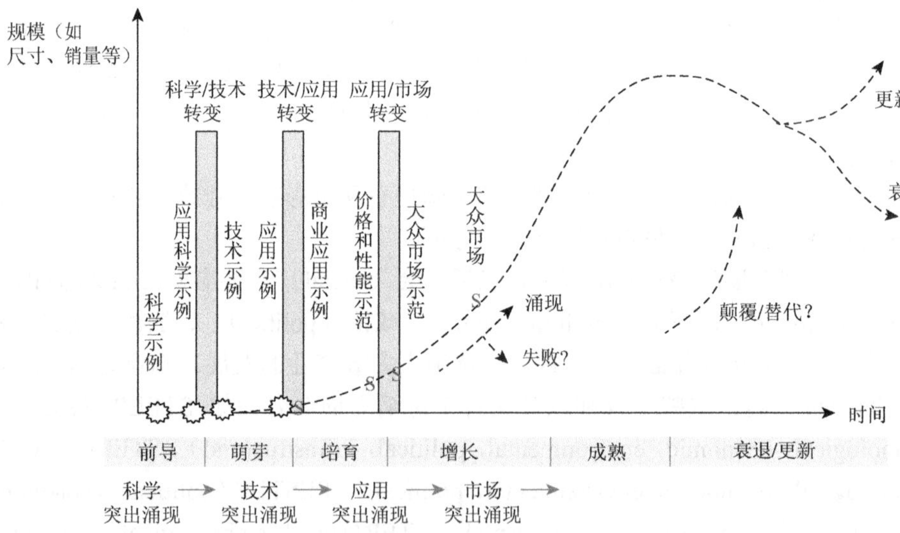

图 5-14　技术密集型产业的 S-T-A-M 生命周期模型

资料来源：改编自 Phaal 等（2009）的相关研究

（1）Twiss（1992）提出的生命周期模型，包括孵化、多样性、细分、成长、成熟和衰退等六个发展阶段。但是，Porter（1980）质疑这种模型对不同产业的适应性，因为模型的形成和发展阶段取决于特定的产业背景。相反，Porter 更关注驱动产业系统演化的要素（“为变革创造激励或压力的力量”），例如，行业增长的长期变化、产品和流程创新、政府政策、买方行为和专有知识的学习、积累和扩散。总体来说，产业生命周期模型有利于理解产业，有利于决策和行动，因而应用广泛。

（2）Rogers（2003）在创新扩散过程中提出，扩散指随着时间的推移，社会系统成员之间通过某种渠道进行创新交流的过程。Rogers 采用了百分比的模式划分产业发展不同时期的技术采纳者，并将这些人的创新水平归为五类：创新者（2.5%）、早期采纳者（13.5%）、早期主流采纳者（34%）、晚期主流采纳者（34%）和落后者（16%）。Moore（1998）认为，Roger 创新扩散模型存在着边界不清晰的问题，应该聚焦早期采纳者到早期主流采纳者之间的鸿沟（chasm），但跨越这个鸿沟极富挑战性。

图 5-14 展示了产业发展的不同阶段。首先，产业发展早期的市场需求通常比较专业（如航空航天和国防），而早期阶段的技术存在高度不确定性，技术性能低下，可靠性差且成本高，即不知道如何转化为市场需求（Twiss，1992）。之后，技术的不断发展将驱动产业发展到以应用为重点的阶段。在这个阶段，产品的迭代周期快，企业间竞争激烈且淘汰率高；在这些激烈的竞争中，主导设计（dominant design）脱颖而出，从而驱动产业进入下一个阶段，即以市场为主的阶段。在这个阶段，随着市场的增长，技术相对于产业发展来说会变得不那么重要，而非技术方面的创新日益增多，市场在行业内被分割和整合（洗牌）。成熟的（商品化的）行业往往是产量大、利润率低的行业，企业或机构都注重提高运营效率以降低成本。在最后的成熟及衰退阶段，技术的发展重新变得非常重要，因为它有可能促使这个产业重新焕发活力或导致该行业彻底陷入消亡。

图 5-14 中的 S-T-A-M 生命周期模型特别强调各个阶段之间的转变和过渡期，这些转折点实际就是整个产业发展的里程碑。这个框架也可以应用到评价产业主导技术发展的阶段，从宏观上审视具体技术所处的生命周期。路线图在制定产业未来战略时，可以结合 S-T-A-M 模型，诊断产业技术发展的生命周期，从而为战略制定提供支撑（评估当前的产业技术发展趋势及潜力，见图 5-11 和图 5-15）。路线图使用 S-T-A-M 框架的示例可见图 5-15，图中采用 S-T-A-M 框架结构，描绘了人造金刚石行业的出现和发展过程（Phaal et al.，2011）。

图 5-15 展示了人造金刚石的产业发展路线图。人造金刚石由于其独特的力学性能、热性能、化学性能和光学性能，广泛应用于磨削、加工和切割等领域。

图 5-15 是基于对 De Beers[①]（戴比尔斯）工业钻石部门的一位高级经理（已退休）的采访制作的，该经理参与了 20 世纪 50 年代到 90 年代的早期研究，并见证了企业和产业的后续发展历程。另外，人造金刚石行业发布的早期科学进步的历史信息也可补充他的观点（Hazen and Bundy，2000）。

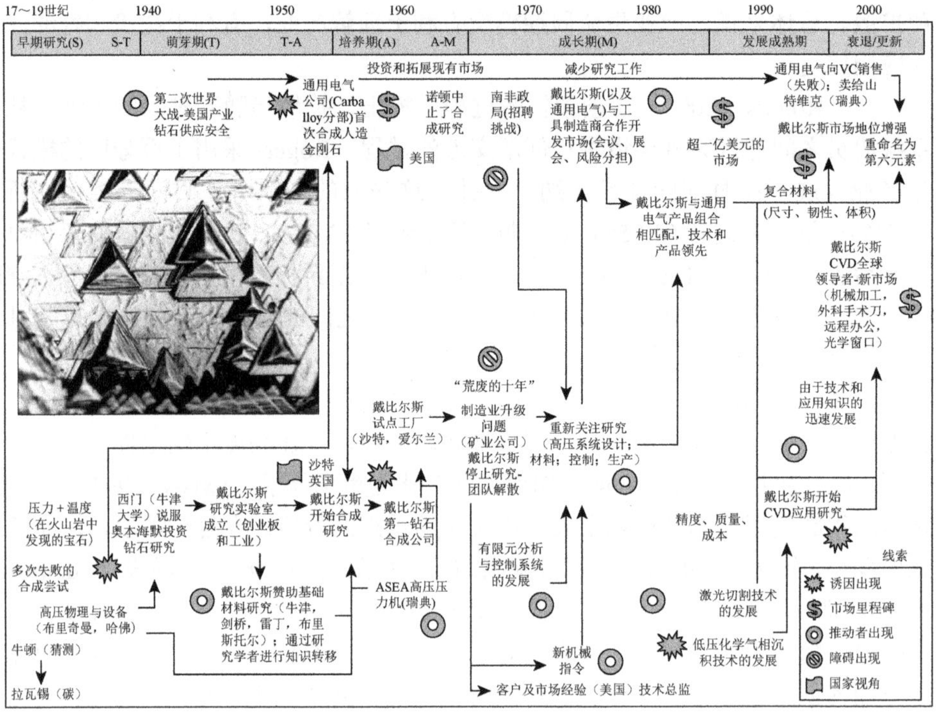

图 5-15 人造金刚石的产业发展路线图

注：CVD 为化学蒸汽沉积（chemical vapor deposition）的英文缩写；ASEA 即 Asea Corporation，阿西亚公司，瑞典最大的电工企业，也是世界十大电工企业之一

人造金刚石的产业发展路线图突出了技术创新的长期性和非线性这两个特点，并回顾分析了产业发展历程中需要解决的各种市场、产品、技术和资源问题。这个路线图表明，产业发展存在 S-T-A-M 的演化路径，需要在战略制定中考虑产业生命周期的长期性。另外，鉴于技术到市场各个阶段之间的转变存在众多不确定性，又需要保持战略上的灵活性。因此，产业发展战略的制定，需要兼顾长期性和灵活性，而路线图正可以提供这样的支持。

① 戴比尔斯是全球最大的钻石开采公司。自 1888 年创立以来，戴比尔斯便成为钻石的代名词。早在六十多年前，戴比尔斯就建立了销售机构，分销占世界大多数的宝石级钻坯，确保发展迅速的世界钻石市场稳定。

5.6 本章小结

路线图方法是一种灵活的战略规划框架，此框架可以应用于技术、企业或机构、产业或国家等各个不同层面。针对不同的战略规划，路线图的结构和开发流程需要进行适应性的修订。本章主要讨论了路线图的技术、创新、战略、产业等不同的视角，也特别说明了诸多路线图的开发出于不同的目的：针对技术及其管理，针对产品创新及其开发，针对战略的制定和实施，以及针对产业发展和政策制定。

图 5-15 中人造金刚石的产业发展路线图案例融合了上述不同视角，表明这些分析视角并不是孤立的。这个案例还说明，在产业发展的演化路径中，从科学到市场的发展路径并非单向、线性的。另外，鉴于 S-T-A-M 等不同阶段的转变及过渡期，战略应当保持足够灵活以应对变化并适应不确定性。

图 5-16 展示了在资源，技术和能力，产品、服务和系统，市场与商业环境等不同视角下，创新过程中的价值创造-价值捕获与路线图的链接。此路线图框架强调，技术和能力提供“推动力”，市场和需求创造“拉动力”，而产品/服务创新环节则进行了核心的价值创造和价值捕获。此路线图框架适用于不同层面，如关键技术、新产品、商业战略或产业系统。第 6 章和第 7 章将详细讨论这些应用，包括企业和产业层面的案例，以及如何在路线图研讨会中将这些纳入路线图的制定。

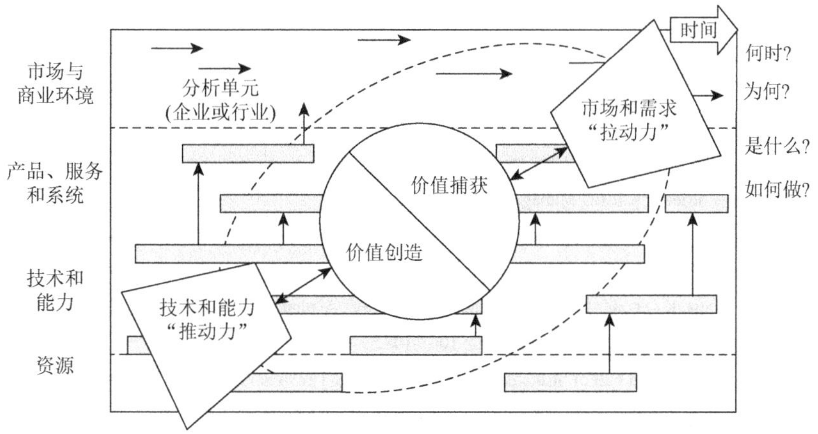

图 5-16 价值创造-价值捕获与路线图的链接

资料来源：改编自 Zhou 等（2017）和 Phaal 等（2011）的相关研究

参考文献

Badawy A M, 2004. Open Innovation: The new imperative for creating and profiting from technology. Journal of Engineering and Technology Management, 21(3): 241-244.

Bower J L, Christensen C M, 1996. Disruptive technologies: Catching the wave. Journal of Product Innovation Management, 13(1): 75-76.

Burgleman R A, Maidique M A, Wheelwright S C, 1996. Strategic Management of Technology and Innovation. 2nd Ed. Chicago: Irwin.

Cook A, 1994. Revolutionizing product development-quantum leaps in speed, efficiency, and quality. R&D Management, 24(3): 298-300.

Cooper R G, 2001. Winning at New Products-Accelerating the Process from Idea to Launch. 3th Ed. New York: Basic Books.

Cooper R G, 2006. Managing technology development projects. Research Technology Management, 49(6): 23-31.

Courtney H, Kirkland J, Viguerie P, 1997.Strategy under uncertainty. Harvard Business Review, 75(6): 66.

EIRMA, 1997. Technology roadmapping-delivering business vision.Working Group Report.Paris, European Industry Rescarch Management Association.No.52.

Farrukh C, Fraser P, Hadjidakis D, et al., 2004.Developing an integrated technology management process. Research Technology Management, 47(4): 39-46.

Floyd C, 1997. Managing Technology for Corporate Success. Aldershot: Gower.

Ford D, Saren M, 1996.Technology Strategy for Business.London: International Thomson Business Press.

Gaynor G H E, 1996.Handbook of Technology Management.New York: McGraw-Hill.

Gregory M J, 1995.Technology management: A process approach. Proceedings of the Institution of Mechanical Engineers, Part B: Journal of Engineering manufacture, 209(5): 347-356.

Hazen R M, Bundy F P, 2000.The diamond makers. Physics Today, 53(11): 58-59.

Hillier W, 2001.The Manufacturing Business Audit. University of Cambridge: Manufacturing Leaders' Programme.

Johnson G, Scholes K, 1988. Exploring Corporate Strategy.2nd Ed. New York：Prenüce-Hall International.

Kaplan R S A, Norton D P, 1996.Using the balanced scorecard as a strategic management system. Harvard Business Review, 74(2): 75-85.

Kerssens-van Drongelen I C, Cooke A, 1997.Design principles for the development of measurement systems for research and development processes. R&D Management, 27(4): 345-357.

Matthews W H, 1992.Conceptual framework for integrating technology into business strategy. International Journal of vehicle Design, 13(5/6): 524-532.

Mills J, Neely A, Platts K, et al., 1998. Manufacturing strategy: A pictorial representation. International Journal of Operations and Production Management, 18(11): 1067-1085.

Mintzberg H, 1994.The Rise and Fall of Strategic Planning.New York: The Free Press.

Mitchell G, 1989.Managing technology the strategic view. Journal of Engineering and Technology Management, 6(2): 193-195.

Moore G A, 1998.Crossing the Chasm-Marketing and Selling Technology Products to Mainstream Customers.2nd Edition.North Mankato, MN: Capstone

Moore G E, 1965.Cramming more components onto integrated circuits. Electronics, 38(8)：114-117.

Muller G, 2000.Positioning the system architecture process. http://www. extra. research. philips. com/natlab/sysarch/index. html.

Neely A, Mills J, Gregory M, et al., 1996.Getting the Measure of Your Business. London: Works Management.

Phaal R, Farrukh C J P, Probert D R, 2004.A framework for supporting the management of technological knowledge. International Journal of Technology Management, 27(1): 1-15.

Phaal R, O'Sullivan E, Routley M, et al., 2011. A framework for mapping industrial emergence. Technological Forecasting and Social Change, 78(2): 217-230.

Porter M E, 1980.Competitive strategy: Techniques for analyzing industries and competitors. Social Science Electronic Publishing, (2): 86-87.

Porter M E, 1985.Competitive Advantage: Creating and Sustaining Superior Performance. New York: The Free Press.

Rogers E M, 2003.Diffusion of Innovations. 5th Edition. New York: The Free Press.

Stacey G S, Ashton W B, 1990.A structured approach to corporate technology strategy. International Journal of Technology Management, 5(4): 389-407.

Twiss B C, 1992.Managing Technological Innovation. 4th Edition. London: Pitman Publishing.

Whipp R, 1991.Managing technological changes: Opportunities and pitfalls. International Journal of Vehicle Design, 12(5/6): 469-477.

Zhou Y, Phaal R, Minshall T, et al., 2017. Engineering and Technology Management. Value Creation through Engineering Excellence. Cham: Springer International Publishing: 11-48.

第 6 章　路线图经典案例与框架流程

6.1　企业与机构层面路线图

第 5 章概述了路线图分析的不同层面，主要包括技术、企业与机构、产业与国家等。这些不同层面的路线图均由企业层面演化而来，例如，早期经典的路线图应用（摩托罗拉技术路线图）侧重于技术的路径分析，并基于此进行产品的研发规划。在此之后，路线图的应用范围逐渐扩展，涉及新产品设计、流程开发、技术引进等其他更广泛的创新活动。尽管路线图重点仍然是围绕着技术创新展开，包括技术投资与创新的价值创造，但其已经在多个领域展开更广泛的应用。如第一篇所述，本书中出现的“技术路线图”指路线图在技术视角下的应用，其更多地关注技术与产品本身；而本书中的“路线图”则是一个更广泛的概念，包含了技术、产品、市场、商业、战略等视角，也包括了企业、机构、产业、国家等层面。由于关注对象和层级的不同，早期文献对各种路线图的命名有所差异，而本书则统一定义为路线图。

6.1.1　欧洲工业研究管理协会案例

据本书第一篇所述，基于飞利浦、LucasVarity、Asea Brown Boveri（ABB）和 Hoogovens 等企业在路线图方面的实践经验，欧洲工业研究管理协会于 1997 年公布了关于路线图实践的工作报告（EIRMA，1997）。这一里程碑式的路线图报告提供了开发路线图的通用指南（基于此报告，本书设计了图 6-1 展示的路线图通用框架）。该报告为绝大多数路线图的基础，即基于时间的多层次图表。

欧洲工业研究管理协会报告（简称 EIRMA 报告）中使用的“技术路线图”这一概念偏重技术与产品本身的分析，而本章统一使用“路线图”来定义（读者需要注意这一点，即本案例为传统的“技术路线图”）。欧洲工业研究管理协会总结了路线图的以下优点：（技术）路线图为职能部门沟通交流提供了一个框架（如市场营销、制造和技术），有意识地将技术的各个方面整合到商业战略中。在整合关键业务流程的过程中，路线图可以帮助实现更高效的决策，

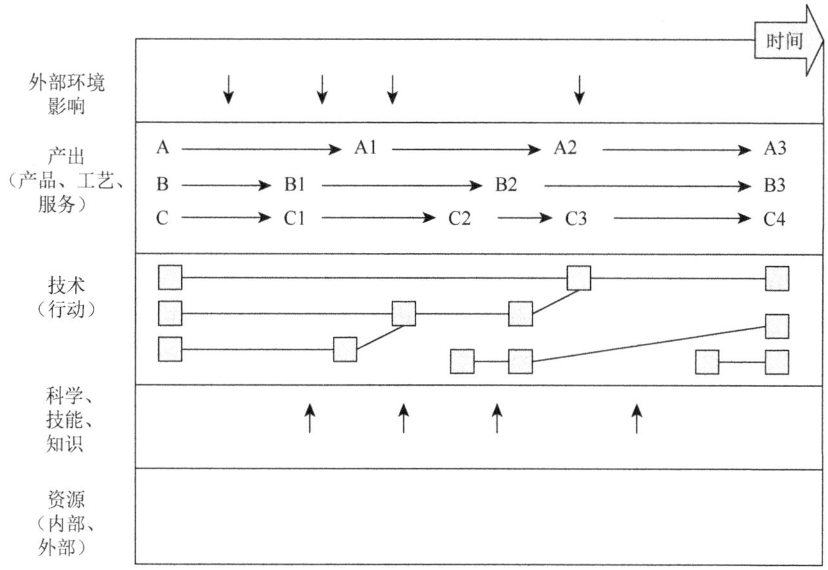

图 6-1　基于 EIRMA 报告制定的路线图通用框架

资料来源：改编自 EIRMA（1997）的相关研究

并提高这些决策成功的可能性。这个机制促使整个机构参与战略制定，让机构内每一分子都肩负使命感。

欧洲工业研究管理协会的路线图案例说明，路线图的最大价值在于建立开发实施流程，而非拥有路线图本身。因此，路线图既不可能从咨询机构直接购买，也不可能由某个人单独开发。它必须依靠高层支持的团队协同工作才能获得成果。路线图制定流程和路线图实施方案有时会嵌入在机构特质及其文化之中。但是更好的路线图应该体现出通用性，从而让更广泛的受众从中获益。

如第 5 章所述，路线图的本质在于探索未来可能的场景，并识别、量化和最小化未来的风险与不确定性，从而发现机会并及时制定发展战略。这不仅涉及技术层面，且与运营、生产、战略、外部环境等息息相关。基于内外部环境的综合分析，路线图可以帮助识别科学技术的缺口并突出其需求。因此，路线图可以帮助更好地规划未来的技术路径，从而帮助制定长期的技术战略规划（当然不局限于技术战略，见第 5 章）。

欧洲工业研究管理协会路线图报告强调，路线图融合技术、运营、生产、战略等方面，有助于向利益相关者沟通传达企业或机构的目标和宗旨，有助于促进与客户或合作伙伴互信，还可以用于企业或机构内部研发项目的优先级制定和资源的合理分配。另外，报告还强调，路线图是动态的，随着环境变化而不断变化，这与传统的项目计划（类似甘特图）大不相同。项目计划的动态性更低，其里程碑和目标不会轻易改变，在完成项目之前，均会按照指定的计划按部就班进行。

欧洲工业研究管理协会提供了早期路线图的概念框架和指南，并将其作为企业的核心战略管理工具。本书将进一步修订该框架，聚焦专家驱动的高效决策，制定了本书的路线图通用性框架（图 6-1），并基于此框架开发了路线图研讨会快速启动方法（第 7 章）。

欧洲工业研究管理协会路线图报告中的关键创新点在于强调路线图制定流程、专家决策和不同分析视角的集成，尤其是综合市场、金融和技术三个视角与技术本身相结合，并在技术视角中强调与制造、工程和研发相结合。这里面出现了两种截然不同的路线图绘制方法（即市场拉动、技术推动），但欧洲工业研究管理协会的路线图报告并没有具体解释它们的区别。图 6-1 综合了两种路线图共同的基本形式，但读者仍需特别注意这两种路线图的重点和流程的不同之处：①市场拉动——那些接近消费者的产业因响应市场需求而设定发展目标（需求驱动）；②技术推动——那些远离消费者的产业由于创造了新的科学知识而设定发展目标（需求探索）。

欧洲工业研究管理协会路线图报告总结了（技术）路线图制定流程的八个步骤。需要注意的是，这个流程并非单向线性的，而是包含了迭代和反馈回路。八个步骤具体如下。

（1）路线图开发的准备阶段。这一阶段首先剖析项目组关注的战略问题，据此定义开发工作的焦点和范围，包括适当的时间表、指定项目负责人和确定可用的信息。

（2）建立团队。整合跨职能部门的资源（包括人力、技术等），吸收外部资源，填补领域知识缺口；选定路线图项目的核心推动者（roadmap facilitator）。

（3）路线图的初步设计和前期分析，包括以下考量：技术需求、市场和产品演变、消费者趋势、环境因素、SWOT 分析、竞争对手情报、技术分类和趋势、路线图的愿景和范围以及与其他路线图的关联。

（4）对前期分析结果及相关信息进行收集整理，收集来自技术、市场、运营等不同部门的相关信息及业务分析，基于路线图的通用框架（图 6-1）识别路线图的关键驱动因素、关键节点和可能的技术发展路径。这一阶段需要将上述各种信息及分析结果归纳总结到一个初步的路线图框架中，所涉及的数据量及分析工作量巨大。

（5）整合形成路线图草案。综合企业或机构的整体战略，选择最有潜力和风险最低的技术发展路径，聚焦其路径发展的关键节点，汇集相关信息及分析结果；基于这些信息和分析结果，开发一个综合性的路线图草案（凝练了重点关键信息），而这个过程通常会重新审视前期工作。这个路线图草案的方法和形式取决于采用市场拉动（从路线图的右上角开始）还是技术推动（从路线图的左下角开始）。该路线图草案需要清楚地阐明范围和目标，以及关键的驱动因素、关键路径、推荐路径的标准、论点摘要、资源的应用、推荐路径的描述和备选方案。

（6）对路线图草案进行检查、咨询和沟通，与高级管理人员和其他重要利益相关者深入沟通交流路线图草案，鼓励他们参与路线图的实施，并根据其需求修改路线图。

（7）发布路线图报告（并基于此支持相关战略决策）。路线图报告将根据具体需求从关键部门进一步收集整理信息，支持高层管理人员的决策。

（8）路线图的定期更新，确保可行的流程机制用于定期更新路线图。

欧洲工业研究管理协会的路线图方法是基于产业经验共享的路线图方法的首次尝试。在此基础上，大量的企业和机构开始应用企业与机构层面的路线图，其中很多都出现在以产品为基础的制造企业，如 6.1.3 节和 6.1.4 节所示。这些路线图成功地帮助企业和机构制定了包括技术战略在内的企业与机构层面的战略规划。

6.1.2　飞利浦企业案例

飞利浦制定的（产品-技术）路线图是一个绝佳案例，其过程很好地整合了商业战略和技术战略（Groenveld，2007），并改进了产品研发的前期过程，尤其是产品概念和设计过程。本节中的“产品”一词是广义的，可指称任何组件、系统、应用、生产过程或具体产品。与摩托罗拉路线图案例相比，飞利浦更强调产品-技术的融合，而不仅仅是技术本身的发展路径，由此增强了路线图方法的通用性。

Groenveld 将（产品-技术）路线图流程定义为通过展示时间维度上产品与技术的相互影响，制定技术战略并促进技术和产品融合的过程。原理如图 6-2 所示，与图 6-1 所示的路线图通用性框架有部分相似。（注：飞利浦也参与了欧洲工业研究管理协会路线图的绘制，并作为核心成员做出了重要贡献。）

如 6.1.1 节所述，路线图有两种绘制方式：市场拉动（或需求驱动）和技术推动（或需求探索）。用于无线电话的飞利浦路线图绘制方法主要是需求驱动的方式（无线电话是典型的市场大众消费品），如图 6-3 所示。值得注意的是，虽然图 6-3 中路线图强调市场拉动，但其实也强调平衡市场拉动、技术推动及其相互影响：（产品-技术）路线图要求熟悉市场和产品应用，以便根据客户需求设计产品，从这些需求出发，确定产品功能以及能实现这些功能的关键技术。

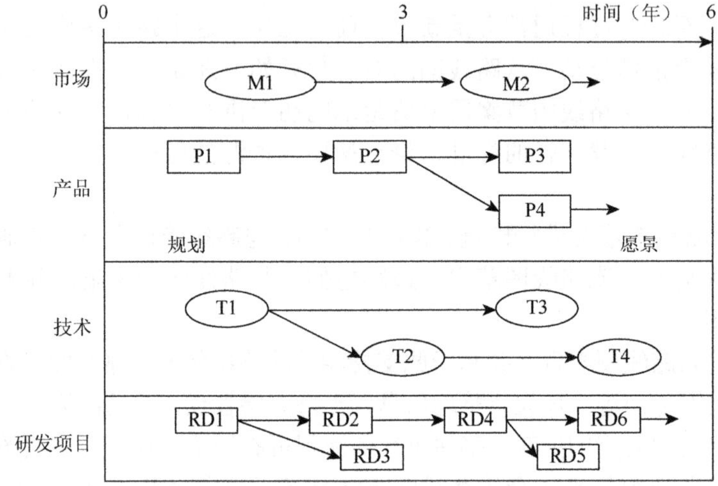

图 6-2　产品-技术路线图通用框架

资料来源：改编自 Groenveld（2007）的相关研究

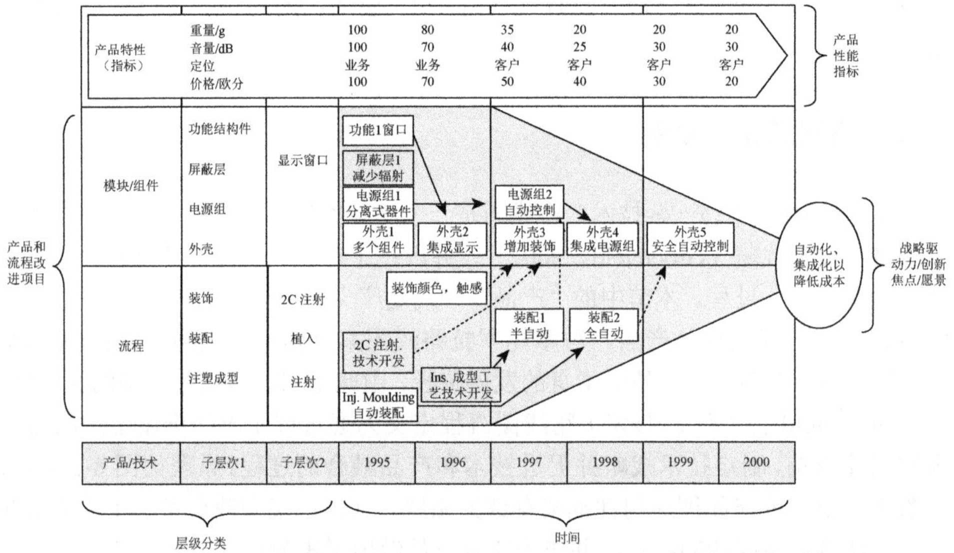

图 6-3　飞利浦路线图——无线电话塑料部件的低成本生产

资料来源：改编自 Groenveld（2007）的相关研究

飞利浦路线图的制定过程特别强调团队合作、机构整体参与和良好的沟通。这些对于有效制定路线图尤为重要，好处如下（Groenveld，2007）。

（1）建立协同的产品战略与技术战略。

（2）协同长期产品、技术规划和愿景建设。

（3）改善跨职能部门间的沟通效果。

（4）缩短产品上市和资金周转时间，从而获得更好的竞争优势。

（5）改进产品规格设计流程。

飞利浦路线图的制定过程还使用了其他一些重要的创新管理工具，如 QFD、项目组合管理、SWOT 分析和创新矩阵，用以分析技术可行性与当前开发过程面临的不确定性（图 6-4）。这些管理工具并非本节的重点，此处不一一叙述，在第 8 章将进一步展开讨论。

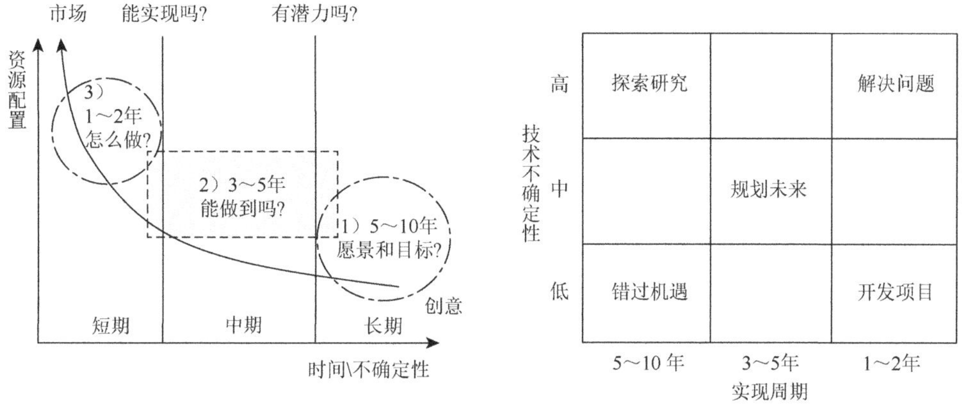

(a)“蓝盒”创新模式　(b) 创新矩阵

图 6-4　飞利浦创新框架

资料来源：改编自 Groenveld（2007）的相关研究

基于飞利浦路线图制定经验，识别了路线图制定过程中的一些障碍和挑战。

（1）如果一个企业或机构的组织架构采用传统的垂直式管理，则市场、技术、运营、战略等部门往往各自独立而缺乏沟通。在此情况下，各部门以各自业务为导向，缺乏与其他部门的沟通和配合，很难开发整体或综合的路线图（包含技术、产品、市场、战略、愿景等信息）。因此，管理层的统筹协调对促进多职能部门的协同合作至关重要。

（2）如果仅仅将路线图视为改善战略制定和沟通过程的方法或工具，使用更简单的 SWOT 等分析工具也能解决问题，那么路线图制定工作就很难获得管理层的大力支持。因此，路线图制定流程要能够有效动员管理层，让他们一开始就意识到重要性并全力投入到路线图制定工作中。

（3）制定路线图所需的时间和精力通常被低估。如果仅将路线图视为现有问题而非长期性、战略性问题的快速解决方案，那么路线图制定工作会被严重低估。

（4）企业或机构的重组可能会打乱路线图制订计划；但是，路线图也可以保证企业或机构的发展战略在重组过程中具备一定的延续性。

飞利浦路线图案例证明路线图是一种灵活的方法，对于处于模糊前端的创新过程尤其如此（Phaal et al.，2008）。因为在这个创新的模糊前端阶段中，前进方向模糊，需要大量的探索，这时把握整体战略方向比执行具体工作更为重要（图 6-5）。飞利浦路线图的另一项创新是图 6-6 所示的“年度业务时钟”，它将路线图制定过程与商业战略及年度预算联系起来。

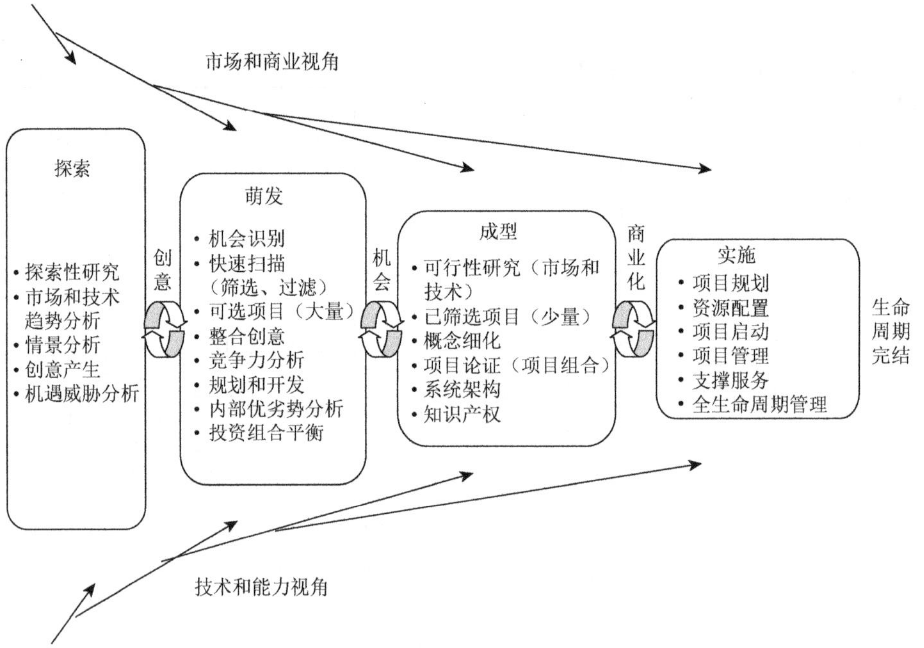

图 6-5　飞利浦的“下一代创新路线图”流程

资料来源：改编自 Phaal 等（2008）的相关研究

6.1.3　朗讯科技企业案例

朗讯科技在 2003 年开发的路线图包括产品、技术等子路线图，而其开发过程中也强调了“产品-技术”的关联：在企业中部署路线图有助于达成一些关键性目标。路线图将市场战略、产品规划和技术战略相关联。产品层面的路线图构成了企业技术战略的基础，这种路线图简明扼要地指出了需求、差距、优势和劣势。路线图有助于企业聚焦于长期战略规划，促进跨部门交流，并提高路线图制定者对战略规划的主观能动性。最后，路线图制定过程可以帮助团队在整个战略规划中聚焦最高优先级事项，提高规划工作效率（Albright and Kappel，2003）。

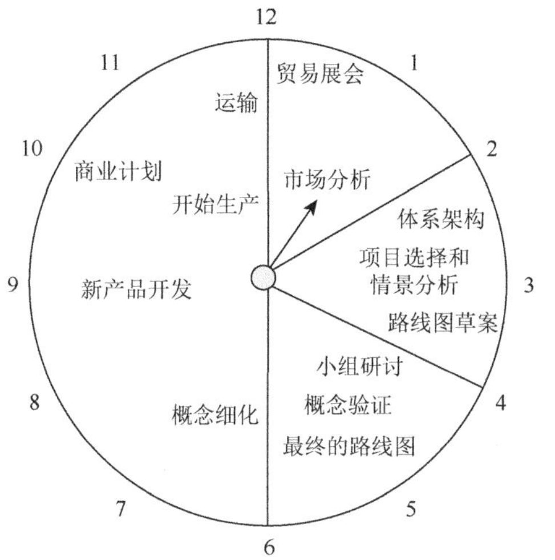

图 6-6　飞利浦“年度业务时钟”：路线图中新产品开发流程与市场分析的联系

资料来源：改编自 Phaal 等（2008）的相关研究

朗讯科技路线图的制定过程中总结了五个工作要素。

（1）将市场战略与产品规划、技术战略联系起来，而它们通常由企业内部不同的职能部门制定。

（2）基于产品层面子路线图的汇总归纳，制定企业层面的技术战略。

（3）通过将愿景规划扩展到现有战略框架之外，着眼于长期战略规划。

（4）通过跨部门沟通讨论达成基于共识的目标与路径，并将其体现在路线图中。

（5）归纳总结各个部门负责的子战略，将其汇总提升到整体战略层面，并将路线图集中在整体战略中最高优先级的任务上。

一般来说，产品层面的路线图开发工作可以由产品开发和市场相关的职能部门负责。但是有研究认为，将路线图制定流程的管理权上升到企业层级（而不是部门层级）更为合理（Albright and Kappel，2003）。因为在并购、重组和人员流动的情况下，企业层级的管理权保证了路线图制定过程的连续性，而且也使得高级管理层能够更加深入地了解市场和技术的调查结果，从而调配合适的资源，更加全面地制定路线图。上升到企业层级，还可以将路线图聚焦于更高回报率的领域，企业通过技术与资源分析可以识别和跟踪更具战略意义的关键技术发展和市场方向等趋势。

图 6-7 是朗讯科技的路线图制定流程，图中有一系列流程模板指导如何制定路线图，并确保关键信息的收集和汇总。路线图流程的第一步是市场分析，主要分析客户需求和竞争对手。第二步则是将这些信息与商业战略整合，并进入下一流程，即关注产品本身。这个阶段的工作主要包括预测客户需求和产品性能，确定关键开发节点，形成产品子路线图（图 6-8）。第三步，路线图必须考虑技术能力的

发展，因为技术能力与产品的功能、性能紧密相关。在这一步中，路线图将技术战略连同相关成本、方法和风险，进行综合分析并总结形成技术子路线图（图 6-9）。第四步则是总结和规划整体的行动计划。

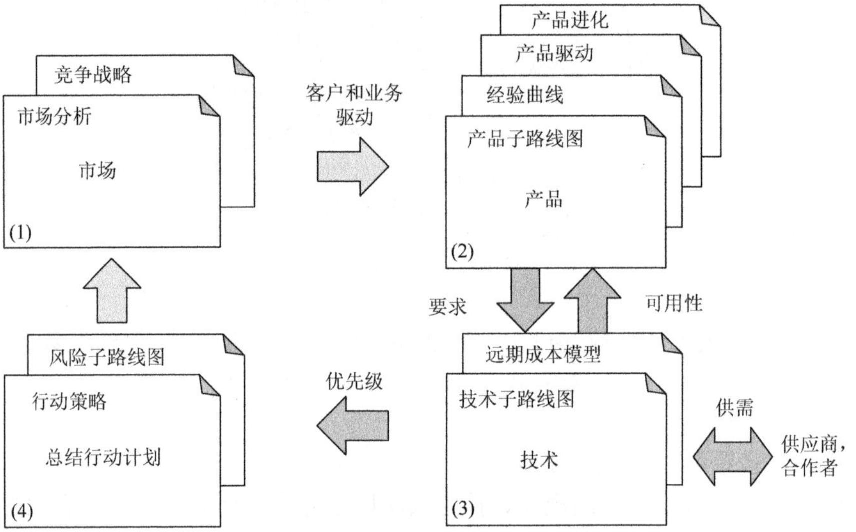

图 6-7　朗讯科技的路线图制定流程

资料来源：改编自 Albright 和 Kappel（2003）的相关研究

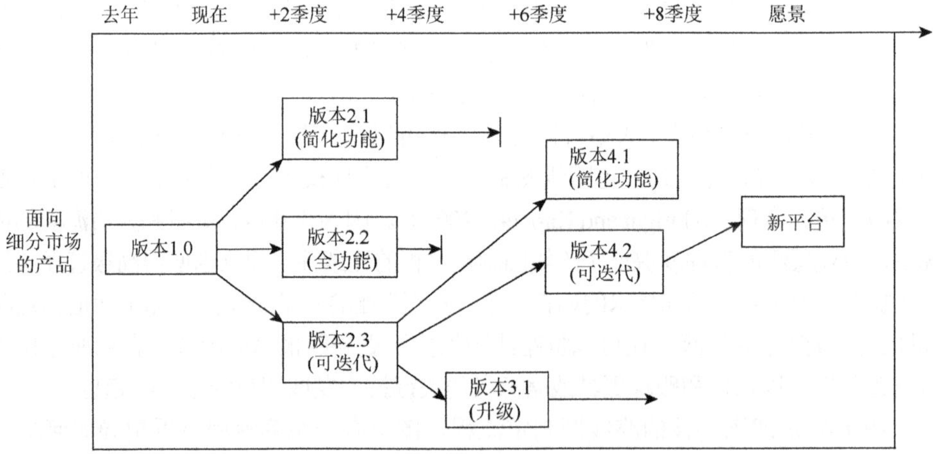

图 6-8　朗讯科技的产品子路线图

资料来源：改编自 Albright 和 Kappel（2003）的相关研究

朗讯科技的技术子路线图形式具有如下关键特征。

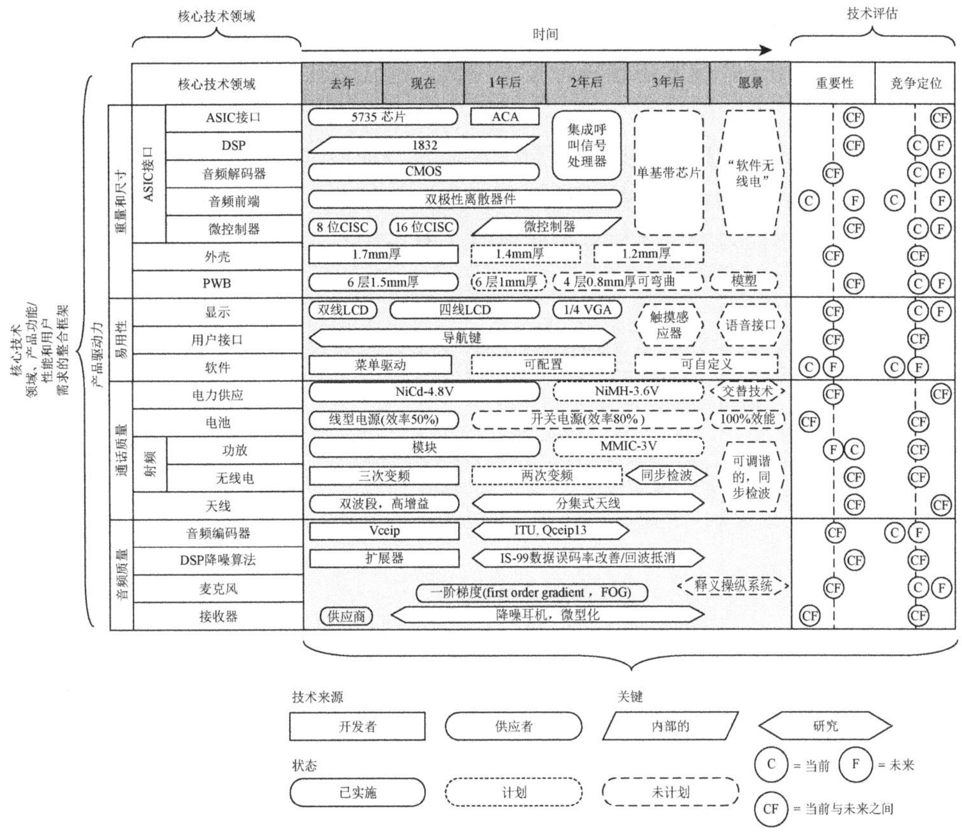

图 6-9　朗讯科技的技术子路线图

资料来源：改编自 Albright 和 Kappel（2003）的相关研究

注：ACA 为自动电路分析器（automatic circuit analyzer）的英文缩写；ASIC 为专用集成电路（application specific integrated circuit）的英文缩写；DSP 为数字信号处理器（digital signal processor）的英文缩写；CISC 为复杂指令集计算机（complex instruction set computer）的英文缩写；PWB 为印刷线路板（printed wiring boards）的英文缩写；LCD 为液晶显示屏（liquid crystal display）的英文缩写；VGA 为视频图形阵列（variable gain amplifier）的英文缩写；MMIC 为单片式微波集成电路（monolithic microwave integrated circuit）的英文缩写；ITU 为国际电信联盟（International Telecommunication Union）的英文缩写

（1）时间。包括过去（去年）、现在、未来短期-中期-长期视角。如图 6-9 中的 1 年、2 年、3 年时间表与移动电话这一快速发展的产品相关联。

（2）纵轴由产品的关键特性组成（如重量和尺寸、易用性和音频质量），将客户需求和自身技术优势关联，细分客户需求到可以满足这些特征和功能的技术领域，借以实现需求-技术之间的关联。

（3）技术领域、客户需求与技术项目共同构成了该技术子路线图的主要部分。其中使用不同的标志显示技术资源及其成熟度（内部技术资源、外部技术供应商资源，相应的技术研究、开发状态）和技术项目资助状况（已雇人员数量、已有扩展计划、预期之外的扩展计划）。

（4）针对每一个技术主题进行技术评估，包含评估技术现在、未来的重要性及竞争地位。

另外，朗讯科技的路线图还整合了经验学习曲线（learning-curve）这一管理分析工具，用以预测未来产品的性能开发目标。其中，产品性能开发目标是综合市场需求和技术能力分析之后总结而得的（图 6-10）。

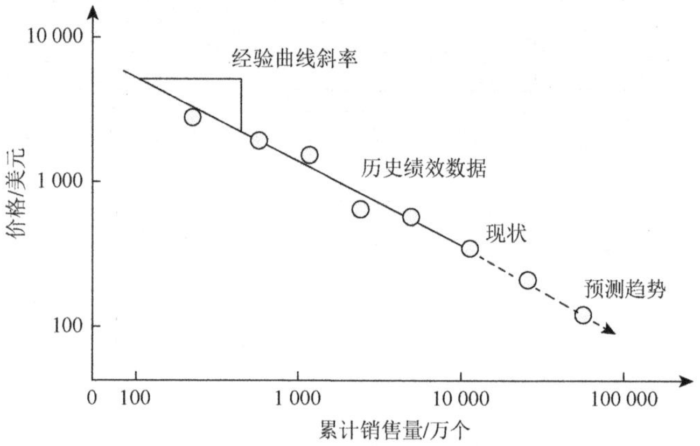

图 6-10　无线电话价格的经验学习曲线

资料来源：改编自 Albright 和 Kappel（2003）的相关研究

朗讯科技路线图的成功经验表明，路线图可以促进跨领域业务的大型企业改进其战略规划流程、识别不同商业活动间共同的需求和机会、支持跨部门的协同合作（例如，将多个产品组合起来应对新的市场需求）、与客户和供应商协调战略。路线图能够使参与的部门和人员共享大量关键信息，包括产品特征、产品演化路径、共性技术等，为整体战略决策提供有力支持。

最后，朗讯科技的路线图经验显示，为了突出项目优先级，路线图一定要简洁明了（Albright and Kappel，2003）。一些路线图除了列出市场供应情况外，还冗长地罗列了所有技术项目并标明具体研发周期，使路线图降级成一个项目管理的甘特图工具，而不是一个创新与战略规划工具。如果制定出来的路线图不能如期实现阶段性战略目标，而机构又欠缺良好的管理和行政支持，路线图本身的管理也会成为负担。

6.1.4　罗克韦尔自动化企业案例

罗克韦尔自动化企业路线图（McMillan，2003）的成功经验在于以商业战略作为驱动，并平衡市场拉动和技术推动（图 6-11）。该路线图成功地整合入罗克韦尔自动化企业的整体年度战略规划，并突出强调了路线图制定中市场部门对整体企业战略规划产生的影响。有趣的是，这个路线图并非由罗克韦尔自动化企业内部制定的，而是在先进技术集团（Advanced Technology Group，ATG）的帮助下完成的。

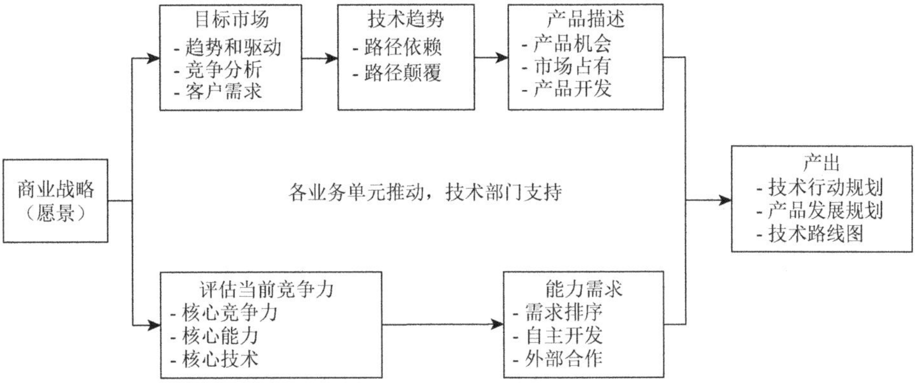

图 6-11　罗克韦尔自动化企业路线图

资料来源：改编自 McMillan（2003）的相关研究

McMillan（2003）详细描述了罗克韦尔自动化企业制定路线图的过程，特别强调了其内部如何引入路线图，以及路线图制定过程在数年时间里的演变。1995 年，罗克韦尔的高级管理人员访问了摩托罗拉。之后，在技术总监和技术委员会的强烈建议与大力支持下，先进技术集团咨询机构参与进来，开始推进罗克韦尔自动化企业路线图的制定。

这个路线图的制定过程展示了重要职能部门参与的重要性，这也是路线图应用的重点所在。其制定流程强调了如下关键问题。

（1）识别核心竞争力：使用 QFD 等矩阵模型来识别当前和未来对企业最重要的关键技术和前沿研究。

（2）建立产业和技术标准：这是影响创新成功的一个关键因素。

（3）设计专利所有权：设计一个流程来审查现有专利，并为未来制定战略，关注颠覆性技术。

（4）项目组合管理（portfolio management）：规划企业的技术能力和产品组合，用于支撑关键技术的识别和选择。

罗克韦尔自动化企业路线图的成功经验显示，该类型企业的技术管理更偏向商业驱动而不是技术驱动。路线图可以是企业或机构的知识管理工具，帮助识别对商业发展至关重要的“信息金矿”（information nuggets），并使这些信息和知识能够转化为商业价值。此外，通过路线图工作整合技术管理流程也是至关重要的，而其中最重要的是识别出同一个商业战略下市场、产品、技术等之间的联系。

另外，企业的高级管理层也需要培训如何应用路线图，以保证全流程参与和资源投入，从而确保路线图开发的时间节点和成果产出。最后，在完成路线图流程（成稿、发布、维护、修订和实现）的基础上，应该形成一个标准工作方案，供内部将来制定路线图参考，也可供别人学习。

McMillan（2003）总结如下：如果没有路线图，我们将浪费大量时间和资源在重复性发明创造之上，而且我们不能及时认识到关键性产业技术变革以及核心竞争力与前沿的差距。最后，如果没有路线图，机构内部缺乏共识，很可能无法识别和应用关键技术知识。

6.1.5　通用汽车企业案例

通用汽车不仅自己制定路线图，还建立了一个专门的战略咨询机构帮助开发路线图。该咨询机构的情况如下（Grossman，2004）：1999 年通用汽车创建了国际技术管理集团（Technology Management Group，TMG）这一机构，主要负责识别关键的先进技术，设定开发优先级，优化开发项目组合，为技术研发配置资源；加快新技术面市时间，并防止通用汽车内部的开发项目出现冗余和重复等。该机构成功地促进了通用汽车内外部的交流，增加了投入生产的项目数量，并提高了效率，取得了巨大成功。通用汽车路线图的成功经验表明，路线图作为非常直观的可视化工具，能够帮助减少技术管理中的官僚主义，帮助化繁为简、快速反应。

如图 6-12 所示，通用汽车的路线图就是这样一个简单的可视化工具，其将信息聚焦显示在最关键的部分。该路线图开发基于一个在线数据库，该数据库

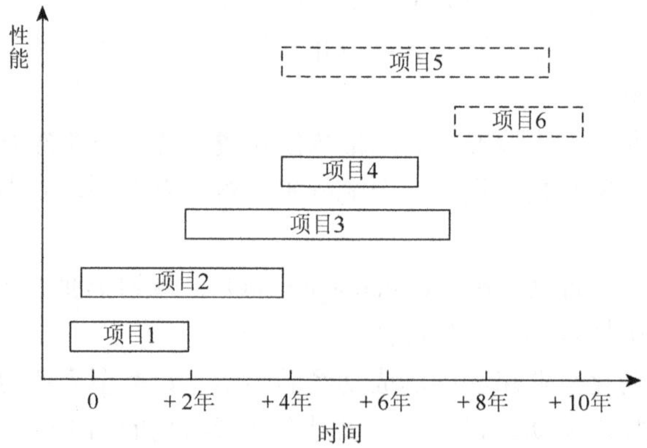

图 6-12　通用汽车的路线图

资料来源：改编自 Grossman（2004）的相关研究

最初只收集最高优先级研发项目的技术细节，后来扩展到财务信息、预算、营销、计划、工程、采购和制造等方面。一开始，该路线图通过手工绘制完成，并未直接通过软件链接到数据库中。路线图流程成熟后，就采用软件辅助生成路线图。

通用汽车在路线图制定过程中也出现过一些执行和组织架构上的障碍，路线图制定在通用汽车集团内部遭遇过比较激烈的抵制（Grossman，2004）。反对者给出的首要理由就是他们的工作负荷已经很沉重，并且看不出路线图能直接给集团带来什么好处。这明确反映出，在某些情况下，工作量是一个障碍；然而，在绝大多数情况下，更深层次的原因在于各部门或下属机构的职能范围划分。首先，对于一些反对路线图工作的部门和集团下属机构，其路线图上绘制的规划显然都是短期规划，缺少明显的未来愿景。对这些部门或集团下属机构而言，缺乏长远规划无疑是能力缺失的体现。其次，路线图制定的目的之一是将先进技术组合合理化和确定优先级，导致有些部门担心其开发项目优先级不够，担心使用路线图后会被削减预算。

从通用汽车的路线图制定过程中汲取的经验教训如下（Grossman，2004）：

（1）路线图必须有大量的资源投入，并获得高级管理人员的支持。

（2）路线图流程必须根据机构需求的变化而不断更新。

（3）沟通、意见交换和路线图制作过程比路线图本身更富有意义。

（4）确保路线图创建者和使用者都能从流程中获益至关重要。

（5）简洁明了的可视化展示对沟通至关重要，可避免烦琐和冗余细节。

（6）数据来源需常见且准确，以确保有效性和可信度。

6.1.6　强调“产品-技术”关联的路线图剖析

6.1 节主要讨论了一系列企业与机构层面路线图，这些路线图都非常强调“产品-技术”之间的关联。图 6-13 展示的是一个经典的强调“产品-技术”关联的路线图，这个路线图是在 2004 年针对某航天部门内的一个复杂技术系统制定的。当时，该航天部门需要开发一个新的技术系统，以淘汰旧系统，因此打算制定一个路线图指导开发工作。

1. 路线图的整体框架

图 6-13 所示路线图包含三层：市场、产品和技术。该路线图面对一个特定的市场目标，详细梳理了技术战略以及产品规划，并一一列出。该市场目标在图上被总结为客户需求清单。

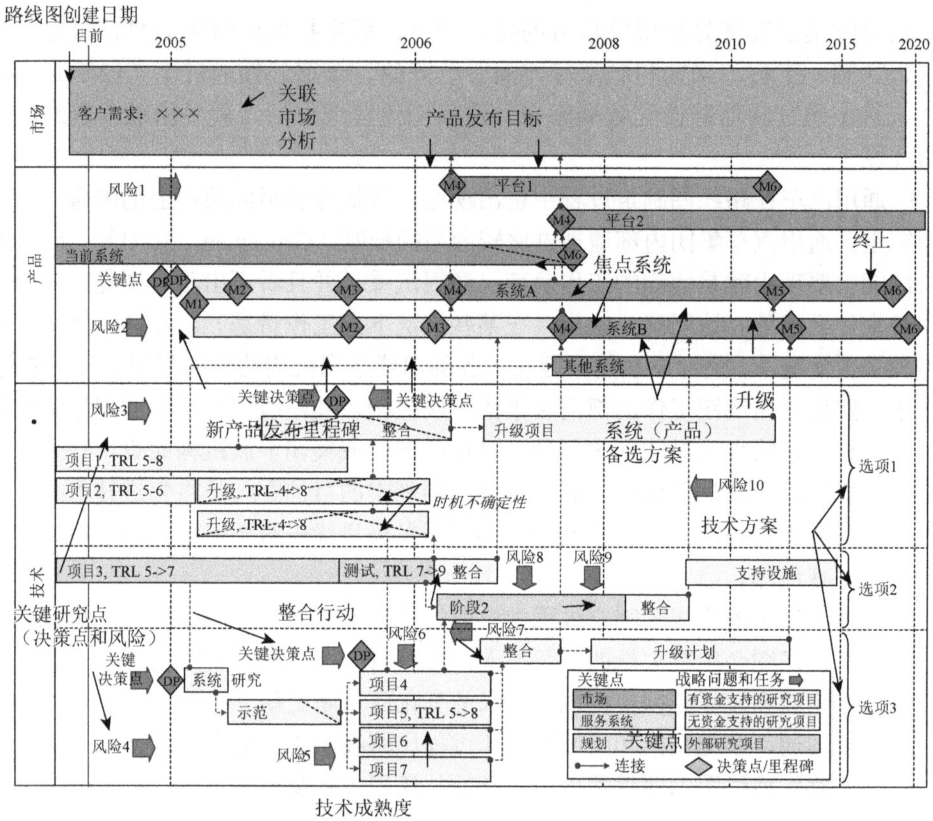

图 6-13　强调“产品-技术”关联的路线图剖析

注：DP 为决策点（decesion point）的英文缩写

该路线图规划的时间跨度漫长（15 年），侧面反映了航天部门产品的长生命周期。该路线图使用非线性时间标尺，可为近期活动提供更精细的时间颗粒度。

2. 路线图的细节特征

（1）新技术系统开发的里程碑（关键节点）在该路线图中有明确显示：采用全生命周期视角，为技术开发提供基于时间的清晰目标，包括预算分配（M1）、用户需求（M2）、技术规格（M3）、系统上线日期（M4）、整合新技术的升级节点（M5）和系统下线日期（M6）。另外一些和综合方案有关的关键节点也同样在路线图中得到显示。

（2）该路线图与很多传统路线图不同，它有明确的（产品或系统的）可选项；是该路线图的一大创新点。许多传统路线图的结果过于局限、趋同化，缺乏对未来不确定性的思考，为此这个路线图基于情景分析做出了改进。图中决策点的标注强调路线图计划并非机械不变的，而是路线图创建时刻思想的一种表示（在图中已经用“目前”表明了这一点）。该路线图准备了两个关键关卡（或评审会，见第 5 章），可以基于评审关卡的意见更新路线图。在开发阶段，许多的系统可能性已经被缩减到两种（A 和 B），同时确定了三个具体技术选项。路线图绘制了三种未来可能出现的结果供决策者参考，以支持决策过程。第 5 章强调了路线图和创新过程（创新漏斗模型）之间的关系：首先，创新早期存在很多不确定性因素，因此路线图存在很多针对不确定性的探索性流程；随着创新进入一个相对稳定和成熟的阶段，而路线图则变成一个有明确目标导向的实施型路线图。如图 6-13 所示，路线图可以沿着创新漏斗的路径，在创新变得相对成熟的时间点，筛选技术备选方案，最终凝练为 2～3 种。

（3）该路线图确定了需要在系统中开发或引进的技术管理任务，包括制订研究计划、说明、项目整合和升级。

（4）该路线图使用了技术就绪指数（technology readiness levels，TRL）衡量技术开发项目成熟度和风险度。第 8 章将进一步讨论 TRL。

（5）该路线图的一个关键点在于利用不同颜色标识路线图中的不同活动，使之更加明晰易懂。例如，显示不同层级的活动（如内部和外部技术发展），利用实线和虚线显示项目当前投资是否到位。

（6）该路线图可以在一个活动栏内利用斜虚线强调行动最早开始、最迟结束的时间节点，以及其不确定因素，用以强调路线图内的关键路径。

除路线图本身之外还有一些需要注意的重要事项。例如，未在路线图上显示的很多内容却可能是路线图制定流程中重要的收获，因此高级管理人员需要重视这些制定过程中的意见交流、知识分享及达成共识。

最后，路线图开发工作所需时间是个问题，即开发路线图要花费多长时间？答案主要取决于现有战略思考的成熟度和清晰程度。一个路线图最多只能展示现在的认识，包括差距和不确定性。如果战略规划流程不成熟，认识存在重大欠缺，在上述问题未解决的情况下，难以开发出一款出色的路线图。在战略思路不成熟和认识不清楚的情况下，路线图开发可能要花费数月甚至数年的时间。

然而，如果企业或机构的战略思路已经足够清晰（如图 6-13 所示的路线图），在创建路线图时仅需要整理、联系、表达清楚整体与局部的战略思路。在本节的案例中，从参与研讨会的专家处收集数据大约需要三小时。同时，路线图还可以用作战略诊断工具，因为在路线图制定过程中，战略是否清晰或混乱显而易见，当某方面战略不够清晰时，路线图工作需返回到具体战略分析的层面，厘清思路后再继续进行。

6.2　产业与国家层面路线图

路线图不仅用于分析技术和产品，也不局限于企业与机构层面。20 世纪 90 年代，路线图方法已经开始应用于研究产业层面和国家层面。产业与国家层面的路线图一般是公共性的，因此很多路线图文献中都称为公共领域路线图（public domain roadmap）。本书沿用路线图文献中的习惯称呼，将产业与国家层面的路线图称为产业与公共领域路线图，或产业路线图、公共领域路线图，而不称国家路线图。本书主要梳理了产业与公共领域路线图，这些路线图大多数是产业层面的，有些也是由各国行政部门牵头制定的。

本书对这些路线图进行了梳理，收集整理了超过 1500 个产业与公共领域路线图（见附录 C）。这些产业与公共领域路线图应用广泛，涉及与科学、技术、工业、政策相关的诸多领域，包括航空航天、天文学、化学、建筑、国防、地球科学、电子、能源、卫生、生命科学、机械制造、材料学、物理、软件和运输等。较之企业与机构层面路线图，产业与公共领域路线图具有以下特征：

（1）涉及范围更广，比企业与机构层面的路线图复杂程度更高。

（2）时间跨度更长，往往聚焦于政策、研发战略、基础设施、规则、标准、技能和其他一些宏观或公共利益议题。

（3）多方利益相关者的参与，通常包括政府、产业和学术界参与，需要协调多方主体之间存在矛盾的出发点和目标。

产业与国家层面的路线图通常由政府机构、行业协会和学术团体出资并组织开发。这些路线图通常称作预见研究或未来研究，主要采用一些如情景规划和德尔菲法等流程方法，用于收集专家对于发展目标、未来路径、重大行动等方面的研判和观点。路线图可以很好地整合情景规划和德尔菲法等方法和管理工具，这将在第 8 章介绍。

现有的大部分产业与公共领域路线图（见附录 C）使用图表作为可视化的重要手段。第 4 章已经讨论过，可视化表达是路线图的主要优点之一。当然也有纯文本的路线图，例如，《和平路线图》（The Roadmap for Peace）在向更广泛的受众传播“和平路线图”一词的过程中发挥了重要作用。不过，路线图越来越被等同于“战略规划”；如果不以可视化形式展示流程和框架，路线图较之普通战略规划的优势将大打折扣。

表 6-1 是早期公布的产业与公共领域路线图，可以看出路线图方法在不同领域迅速扩散。例如，最早期（1993～1994 年）的路线图涉及电子、航空等部门；1995～1996 年的路线图应用扩展至软件、国防、交通、林业、政府机构、市场和法律领域。

表 6-1　早期公布的产业与公共领域路线图

年份	路线图文件
1993	联邦航空局机载数据链人员因素研究计划
1994	国家半导体路线图 协作本体工程支持工具的路线图
1995	计量路线图：国家半导体路线图的一个补充 电子工业环境路线图 战略营销跟踪 面向 2000 年的路线图（能源部档案管理计划） 一系列旨在帮助社区、法官和律师实施司法制度改革的路线图 品质之旅：一份公共交通的全面质量管理路线图
1996	气候路线图：预见 2025 年的天气 电子工业环境路线图 21 世纪光电-超大规模集成（VLSI）电路技术路线图 设计流程路线图，作为构建和支持设计活动的通用工具 科学与工业研究理事会（CSIR）2001 年愿景与战略路线图 加拿大森林管理技术路线图 实施团队风险管理的协作（软件）路线图
1997	国际半导体产业技术路线图 从超导涂层中实现的先进路线图 实施系统工程的路线图 商业计划——通往成功的路线图：示范和自主活动 通往成功的路线图——（无能为力 vs 力学笃行） 采用地区共同体可持续战略的路线图 为人类在太空中提供支持的先进技术路线图 重型车辆办公室（OHVT）技术路线图

和企业与机构层面的路线图一样，产业与国家层面的路线图也缺少一个标准模板、流程或格式。制定相关的路线图都会借鉴前人经验，并开发出针对特定目标和需求的解决方案。产业与国家层面的路线图一般是公共性的，其报告通常也公开发表，获取方便。产业与国家层面的路线图被视为一种重要资源，可以影响产业、政府和其他一些利益相关者。

6.2.1　国际半导体产业技术路线图

根据路线图文献，最早的产业与国家层面的路线图是国际半导体产业技术路线图。1991 年，由美国半导体企业积极推动，半导体工业协会大力支持，美国国家半导体技术路线图发布了首个版本，成为国际半导体产业技术路线图的前身。之后，伴随着产业全球化的兴起，这一产业路线图获得来自欧洲半导体工业协会、日本电子信息技术协会、韩国半导体协会和美国半导体产业协会等的赞助。1998 年，国际半导体产业技术路线图扩大了范围，纳入其他国家。自 1991 年起，半导体产业路线图定期更新，到现在为止已经有超过 15 个路线图发布，均可公开下载，涵盖了半导体设备从设计到生产的各个方面。

图 6-14 展示了国际半导体产业技术路线图（2007 年版本）的一小部分内容，它展望了光刻技术未来 15 年的技术需求。该路线图使用表格形式、不同颜色来强调应该集中攻关的关键领域。路线图的格式成熟，且高度规整和定量化。这是一个难得的产业路线图案例。值得注意的是，这个产业路线图在某种意义上并不特别关注特定技术及其应用，而更关注半导体需求端（计算）性能提升幅度的规律，这和著名的摩尔定律的预测一致，数十年来已经成为计算机的产业特征。国际半导体产业技术路线图的成功已经验证了路线图在制定标准和提高创新率方面的重要作用（DoE，2004）。

年产量 ⟶

	2007	2008	2009	2010	…	…	…	2021	2022
DRAM half-pitch (nm)	65	57	50	45	…	…	…	13	11
Flash half-pitch. un-contacted poly (nm)	54	45	40	36	…	…	…	10	9
Contact in resist (nm)	72	62	55	50	…	…	…	14	12
Contact after etch (nm)	65	57	50	45	…	…	…	13	11
Overlay, 3 sigma (nm)	13	11.3	10.0	9.0	…	…	…	2.5	2.3
……	…	…	…	…	…	…	…	…	…
Gate CD contro. 3 sigma (nm)	2.6	2.3	2.1	1.9	…	…	…	0.5	0.5
……	…	…	…	…	…	…	…	…	…
Number of mask levels DRAM	24	24	24	26	…	…	…	26	26
Wafer size , diameter (nm)	300	300	300	300	…	…	…	450	450

已有及正在优化的生产方案　计划中的临时方案

计划中的生产方案　未知的生产方案

图 6-14　国际半导体产业电路板印刷技术需求

资料来源：改编自 ITRS（2007）的相关研究

6.2.2　美国能源部

美国能源部资助过许多路线图项目，且这些路线图绝大多数由 Energetics 咨询机构承担并推动。该机构开发了一个适用于不同应用和部门的路线图框架。例如，该企业根据 2003 年华盛顿举办的为期两天的研讨会发表了一份关于北美电力输送的路线图报告。图 6-15 展示了该产业路线图的方法，其中包含展示关键结果的图表，以及形成路线图报告的总体流程与框架。

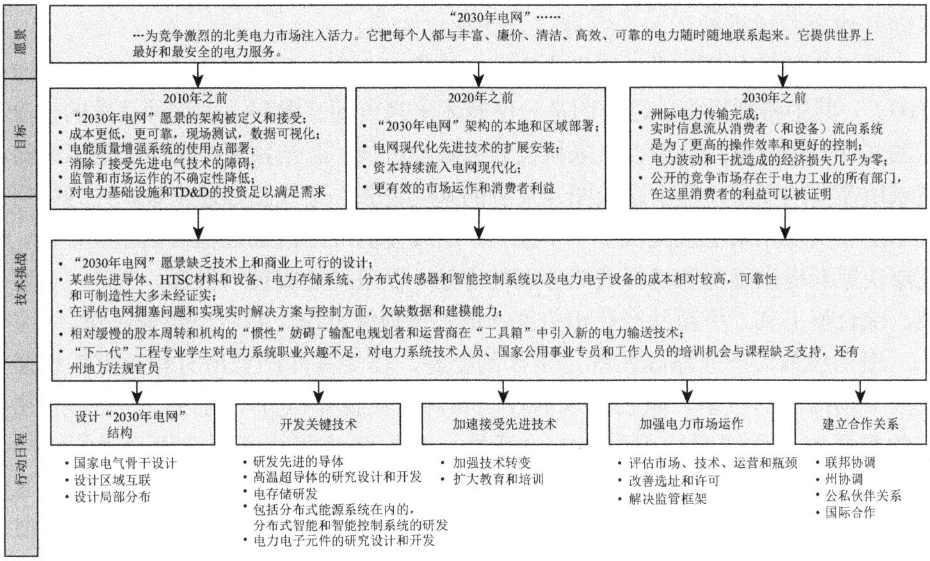

图 6-15　能源领域产业与国家层面的路线图绘制方法

资料来源：改编自 DoE（2004）的相关研究

6.2.3　加拿大工业部

自从 20 世纪 90 年代后期以来，加拿大政府（尤其是加拿大工业部）已经资助了关键部门或领域的一系列路线图开发工作，包括森林作业；航空器设计、制造、维修和大修；木质仪表盘生产；测绘学；金属铸造；木料与附加木料产品；铝业；医学影像；智能建造；功能性食物和滋补药；船舶和海洋工业；精益物流；燃料电池商业化；生物原料、燃料、工业产品；亚太经合组织区域未来燃料；清洁煤；焊接和连接；语言产业；CO_2 采集和地质储存；生物制药产业；铝转换；航空航天复合材料和飞机客舱管理系统集成，等等。

有超过 1000 位产业人员参与了这些路线图的制定，他们来自超过 600 家企业和 100 家其他机构（大学、研究机构和协会）。这些路线图广受欢迎的原因如下。

（1）企业意识到长期的项目研发代价高昂，因而未来研发项目立项则非常关键。什么项目更有潜力？什么项目存在重大风险？什么项目应该排在最高优先级？在路线图制定过程中，充分交流和深入讨论这些问题，比单独一个企业或机构组织调研更为有效。

（2）联合开发路线图有助于建立企业、机构与政府之间的合作，并能够协同梳理和识别未来产业需求趋势及发展机会。

（3）在路线图制定过程中，企业与机构有机会通过交流活动分享经验，还可以向其他企业或机构学习，并建立合作伙伴关系。

基于上述路线图工作，已经为产业和政府发布了一系列指南（Canada Industry，2007），其中特别提到，路线图是一份概述未来市场需求和满足这种需求的建议方法的文件。路线图并不预言未来科技的突破性进展；而是预见并阐明满足未来技术需求所需要的要素。基于路线图开发者的共同愿景，路线图描述未来，并为如何从技术层面实现未来愿景提供了一个框架。路线图的战略规划过程可由企业牵头，为高层决策者提供确定和选择战略方案的方法，以最终达成技术目标。这是一个协作型、综合型工具，可帮助产业相关主体更好地理解市场，并做出合理决策。

根据加拿大产业路线图制定工作的经验，需要关注产业所有相关方的权益、关注市场需求的拉动、重视需求的行动导向、重视知识分享的益处、理解保密事宜的重要性、强调路线图方法的灵活性、重视路线图的流程迭代（“常绿”，evergreen）、把握整体路线图的方向（不仅仅关注技术）。表 6-2 总结了加拿大工业部产业路线图的流程，它和第 4 章美国桑迪亚国家实验室的流程相类似；表 6-3 为加拿大工业部路线图报告模板。读者制定路线图、撰写报告时，需注意针对各自特定需求，酌情修改流程和报告模板。

表 6-2 加拿大工业部产业路线图流程

步骤	说明
1. 定义路线图的范围和边界	确定适当的分析内容至关重要，应关注该部门广泛利益相关者感兴趣的关键问题。如果讨论过于宽泛（例如，在一个部门中覆盖了太多的技术），那么结果可能不集中，过程可能低效；如果焦点太窄，那么技术之间难以关联起来，无法阐明来龙去脉
2. 建立愿景	早期的一个关键步骤就是建立路线图的长期愿景，为未来所需的产品和技术类型提供一个方向。在高层广泛磋商的基础上，建立一个现实、可信、易于理解的愿景是非常重要的，以保证行业参与
3. 确定目的和目标	愿景必须转换为具体的基于时间的目标和目的，它为实现愿景提供了“奠基石”，通常与满足市场需求的功能和性能相关
4. 识别未来的焦点产品和使能技术	在关注产品最重要的需求和使能技术方面，这是一个关键步骤。这可能是路线图制定路程中一个具有挑战性的阶段，因为如果路线图要获得广泛接受，就必须达成协议。如果不确定性很高，情景规划可能会有帮助（见第 8 章），一些领域可能需要工作组同时探讨
5. 识别未来产品或技术的目的和属性	它们通常与两个方面相关： ①未来产品和应用相关的关键功能； ②满足市场、社会和监管要求所需的相关性能目标
6. 确定待探索技术的主要领域	需要商定能够满足关键产品或应用的功能所需的重要技术领域以及性能
7. 明确何时需要该技术以满足未来的客户需求	需要考虑技术领域所需的和可能的开发时间框架，以便确定何时技术才能足够成熟，可以纳入产品和应用。技术发展的速度既取决于市场需求拉动和技术发展推动的速度，也取决于资源投入水平及产业部门和技术的性质。一般来说，部门产业路线图制订计划的重点是“竞争前技术”的开发和研究。技术成熟度提供了有参考价值的度量（参见第 8 章）

续表

步骤	说明
8. 如何在技术间进行选择	通常有许多技术有潜力满足目标产品、应用的功能和性能，路线图需要一个流程选择哪些技术最具投资潜力。需要制定标准（如成本、环境影响以及国家或地区的优势和劣势），并根据所需的产品和应用需求制定目标。第8章将详细讨论技术选择的方法
9. 列出其他备选技术和它们的发展时间表	需要探索可能实现目标的特定技术的开发路径，考虑备选方案及组合。需要注意的是，实现目标可能需要不止一项技术，而且一项特定技术可能满足多种需求
10. 遴选备选技术	基于上述信息，需要遴选“最佳”技术备选方案，评估成本、性能、时间表、风险和其他因素，权衡性能与风险、成本和开发时间。产品上市时间通常很重要
11. 明确该产业未来劳动力所需的技能和知识	技术发展是一项知识密集型活动，如果要实现路线图的社会和经济成果，那么确保政府、工业和大学实施适当的教育、培训政策和计划是成功的一个关键因素
12. 制定路线图报告	大多数部门的路线图制定活动都会产生一份公开的报告（见表6-3中建议的模板）。虽然这部分内容来自上述每一个步骤的产出，但将这些内容整合成一份连贯的报告是一项重要的最终任务，包括考虑其他问题，如成功的关键因素和风险

表6-3　加拿大工业部路线图报告模板

章节	子章节
1. 引言和背景	任务/愿景 项目目的、目标和预期结果 路线图制定工作的范围和边界 产业现状：产品、顾客、供应商和制造流程 市场趋势和预测 相关约束（监管，利益相关者、预算等）
2. 技术需求和能力	目标产品 功能和性能要求 当前的科技能力 差距和障碍 发展战略和目标
3. 技术发展战略	技术评估和优先级 推荐的技术
4. 技能发展战略	评估目前推荐的技术所需的技能 针对未来可能的技能需求变化制订培训计划
5. 决策点和时间表	预算汇总
6. 总结	建议 实施建议
附录	路线图流程 路线图制定工作参与者

开发路线图仅仅是第一步，如图6-16所示，加拿大产业路线图指南报告中确定了路线图的三个阶段，展示如下：①开始制定产业路线图；②开始应用产业路

线图；③不断进行产业路线图迭代。特别需要注意的是，随着市场需求的变化和产业创新能力的发展，路线图需要阶段性的回顾和更新。

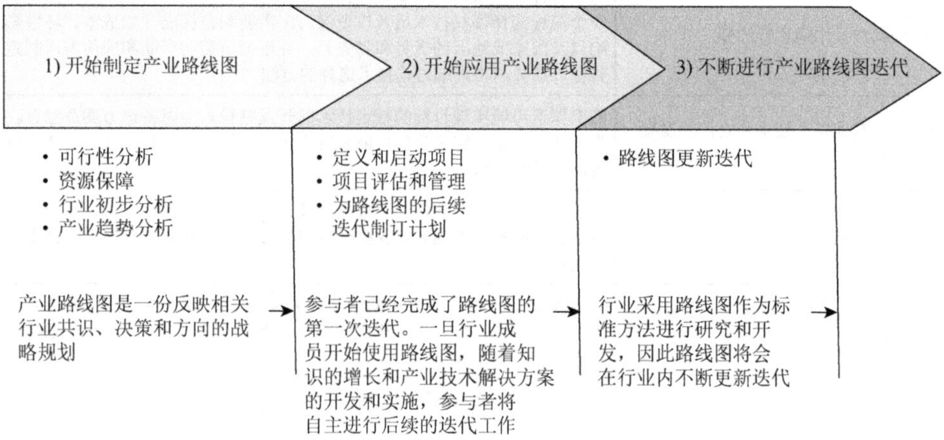

图 6-16　产业路线图的三个阶段

资料来源：改编自 Canada Industry（2007）的相关研究

最后，总结和评估路线图产出（包括路线图制定过程中的经验）也非常重要，对未来路线图的制定非常关键。为了评估路线图的产出，加拿大工业部发布了一个评估框架（图 6-17）。评估框架和路线图流程指导紧密相连，它将路线图工作的每

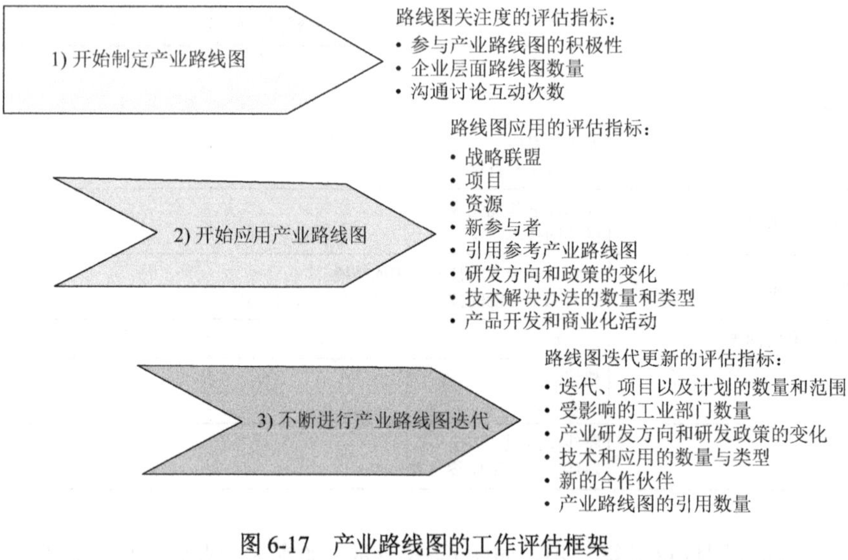

图 6-17　产业路线图的工作评估框架

资料来源：改编自 Canada Industry（2007）的相关研究

一步分解成可被监控和评估的输入、活动、产出和预期结果。度量标准主要与参与、资源投入、活动、沟通、交互、使用、变更和迭代等因素相关。

6.2.4　日本经济产业省

在日本经济产业省的指导下，日本开展了大量服务于国家级战略的路线图项目，目的在于关注研发项目投资，促进企业、学术界和公共机构之间的合作，提高公共研发项目投资的公众认知和共识（Fukuda et al.，2008；Phaal et al.，2008）。2005 年日本经济产业省公布了第一版路线图，并且每年都会更新，2008 年的版本已有超过 500 位参与者，覆盖了 25 个不同的技术领域，这些领域在日本产业战略和宏观经济发展中均处于领先地位。

日本经济产业省制定的路线图非常成功，为路线图实践提供了国际标准，尤其是其将众多不同领域一致、整体性地协调起来。每一个领域子路线图使用一致的流程和框架，并最终从众多领域中归纳总结提升为整体路线图（图 6-18）。其中，能源领域子路线图已经译成英语（METI，2006）。值得注意的是，这一领域路线图强调了对 2100 年的能源技术的展望，反映了能源动力的长期性质和相关挑战。

如图 6-19 所示，日本经济产业省路线图框架包括三个主要方面和层次。

（1）技术扩散：通过促进公私部门的研发投资和宏观政策工具（例如，执行《京都议定书》的经济政策）之间的交流，促进企业、研发机构、产业协会等相关机构与政策决策者和其他政府部门的对话。

图 6-18　日本经济产业省的产业路线图（见彩图）

资料来源：改编自 METI（2006）的相关研究

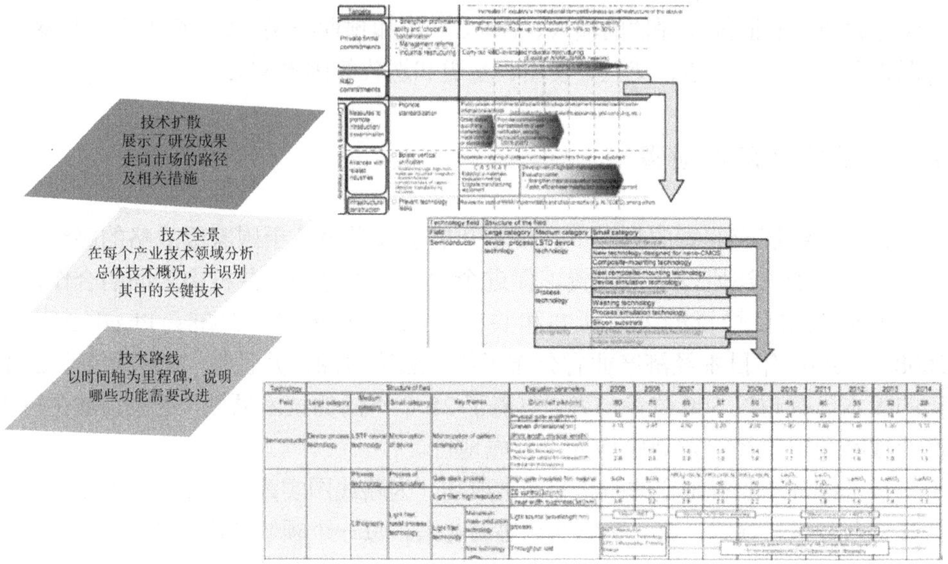

图 6-19　日本经济产业省的三层路线图框架和方法（信息和通信领域）（见彩图）

资料来源：改编自 Yasunaga 等（2009）的相关研究

（2）技术全景（地图）：描述了优先的关键技术，技术挑战、技术领域和不同技术选择之间的关系，以及满足市场和社会需求所需的功能。

（3）技术路线：在研发投资的支持下，列出了关键技术领域的性能、功能里程碑和开发时间表。

日本经济产业省的路线图方法包含诸多成功要素。

（1）建立不同科技领域的动员参与制度，结合核心利益相关者设定路线图任务小组。小组成员中包含来自企业、大学、公共研究机构以及重点社区用户的代表。为了鼓励更广泛的参与和知识分享，任务小组成员会根据需求更新。参与制度的另一重要作用在于推动技术政策和投资的广泛认同。技术潜在影响的可视化表达作用显著，它通过小册子进行宣传，同时也可作为高校学生的教材（图 6-20）。

（2）路线图迭代（更新）计划。在制度上保障路线图定期更新（每年进行微调，每两三年进行大规模更新），这保证了路线图的时效性和路线图制定团队的积极性，并保持产业路线图与私营部门和学术界的沟通交流渠道畅通。这在机制上能够确保日本经济产业省拥有持续制作更新路线图的能力。每次路线图迭代的更新重点在于扩大路线图应用范围并保证流程运转。例如，第一年关注路线图的使用和内部讨论，第二年侧重于外部群体，第三年侧重于探索技术的融合。

（3）建立路线图方法监督指导委员会。建立监督指导委员会非常重要，特别是建立按季度举行的讨论政策问题的研发项目政策委员会（咨询委员会）。这一

图 6-20　METI 未来生活的视觉图解示例（见彩图）

资料来源：改编自 Yasunaga 等（2009）的相关研究

委员会指导路线图制定方法，确保流程与政策周期同步，特别是对预算方案、研发项目计划的实现和评估。

基于日本经济产业省路线图的成功经验，路线图方法在很多方面进行了扩展，包括探索和推广技术融合 C-Plan，支持商业创造的 IS-Plan（特别是对中小型企业），还有识别“非主流”（off-road）技术的流程。这并不是本节的重点，因此不再一一赘述。

6.2.5　荷兰经济事务研究所

2003 年，荷兰经济事务研究所公布了一份关于产业与国家层面的路线图综述（de Laat and McKibbin，2003）。这一研究旨在理解如何用路线图支持荷兰的创新政策，以及更广泛地支持国家创新系统的建设计划。该研究围绕以下两个基本问题展开。

（1）路线图对技术创新和产业发展有何重要价值？

（2）路线图成败的关键因素是什么？

荷兰经济事务研究所的这项研究识别了美国、加拿大、日本和欧洲的 78 个路线图项目，涉及广泛的领域和技术。该研究指出，除了加拿大工业部门的倡议，国际上没有一个路线图制定的标准。早期的路线图一般由所涉及的特定产业机构推动，过程和格式都是根据需求定制化的。

路线图被归类为一种技术预见方法（de Laat and McKibbin，2003），但呈现出某些与普通技术预见不同的显著特征：它是协调产业相关人士的一种手段，强调所有相关利益者的参与；它始于这样一个假设：未来是可以构建的，而不是简单的“发生”。它对所期望的未来采取积极态度且强调迭代的重要性。路线图总结了一些良好的实践和学习要点，列出了在准备、实施和后续阶段需要考虑的关键因素清单。

1. 准备阶段

（1）路线图的开发应该与宏观战略和政策背景相结合。

（2）由一个成员众多的机构（如产业协会或学术团体）来推进路线图开发工作会更加容易。

（3）要充分调动路线图的利益相关者参与，给予他们足够的紧迫感。

（4）来自高层的支持至关重要，在流程中需要把高层决策者加入其中。

（5）愿景和目标设定至关重要。

（6）产业的领先企业或机构对产业层面的路线图制定非常重要。

（7）如果路线图要产生政策影响，非常有必要与政策决策者开展紧密合作。

2. 实施阶段

（1）路线图并没有一个标准模板，因此需要及时调整流程以适应不同的目标和需求。

（2）要建立合适的机制以确保利益相关者的参与。

（3）在路线图制定过程中，可能需要调整计划，以面对突发情况——路线图的灵活性很重要。

（4）确定由路线图发起者和参与机构共同承担路线图工作资助与开销。

3. 后续步骤

（1）路线图的迭代更新很重要，可对路线图及时修正，并更好地保证路线图的时效性。

（2）需要充分地评估路线图的产出、更新和影响，以总结经验。

基于荷兰经济事务研究所路线图的经验，de Laat 和 McKibbin（2003）总结认为，路线图为未来愿景定义了一套解决方案。人们应该意识到路线图并非一成不变的，需要通过后续的迭代更新加强。值得注意的是，路线图不是为了创造多样性和多元性（这可能是某些预见研究的目标），而是旨在通过减少技术选项筛选正确技术路径的一种典型工具。事实证明，它作为社会学上一个有意义的发明，是促成共识的一个非常有力的工具，比任何其他工具都更为重要。当然，极度趋同也可能意味着集体选错了方向，但是这并不能说明该份路线图存在问题或者质量不好，因为：“我们可能会因为无知而堵在停车场……但是，我们将在未来找到出口。”（de Laat and McKibbin, 2003）因此我们需要认真地制定路线图，将其应用在需要实际愿景、详细方向和精确选择的地方。

6.3　路线图的经典框架与流程

路线图在不同领域应用广泛，表明它在支持战略制定和确定创新目标方面具有灵活性。这种灵活性既是优点，也是挑战。路线图及其开发过程必须保持灵活性，以适应不断变化的新情况，并支持其适应特定的环境和所关注的问题。但是，如果路线图过于灵活，则会对路线图的延续性产生挑战。因此，路线图需要有通用的框架以便学习和推广，同时应保持其定制化特色。

路线图制定过程的诸多环节都具有灵活性，当设计和筹划路线图任务时需要充分考虑这种灵活性。

（1）路线图方法既可以展示未来，也可以描绘过去（例如，第 5 章介绍的人造金刚石案例），使得以往的经验能被展示并学习。路线图中的时间非常重要，时间框架能够体现出与主题相关的变化速度，以及重要的时间范围。

（2）基于时间框架，路线图应提供一个整体、通用的框架方案，以支持路线图工作参与者和其他利益相关者之间的交流沟通。路线图应该是“通透的”，即所有参与者都容易获得、分享并理解信息，这样相关方就可以了解彼此的目标、方案、战略等，并启发必要的战略对话以形成共识。

（3）要针对特定的开发目标开发和更新路线图，其开发和更新可以是简单的和非正式的，也可以是更复杂的和正式的。

（4）根据不同需求，路线图可视化的图形化表达形式可根据特定情况进行调整（参见第 8 章）。

在发挥路线图灵活性优点的同时，也需要对其进行一些限制。路线图应该与其他相关的战略、创新、新产品开发（参见第 5 章）、运营等工作结合起来，而不是自己独立做一套。当然，有些时候路线图工作面对的是一个全新的探索领域，如一个新的“绿色领域”（green field）或“空白领域”，那么路线图则可以充分发挥其灵活性的优势。

如前所述，除了灵活性优点之外，路线图还应该有其通用性框架，使其能易于学习和推广。基于前人的案例和研究，本书总结了路线图制定中通用性较强的六项基本战略问题，其贯穿于上述章节中描述的各种路线图制定过程，而且适用于各种不同层次的路线图任务。这六项基本战略问题中有三个与纵轴（不同的视角层级）有关，三个与横轴（时间）有关。

（1）横轴（时间）：去哪儿？现在在哪儿？怎么去？

（2）纵轴（不同的视角层级）：为什么行动？做什么？怎么做？

Smith（2007）详细阐述了路线图制定过程中应提出的问题，并为此提供了一个有用的清单。

（1）现在处于什么位置？

①现在的顾客是哪些人？

②现在的趋势是什么？

③主要驱动因素是什么？

④和谁在竞争？

⑤商机在哪里？

⑥这一领域现在的领头人是谁？

⑦技术上的差距有哪些？

⑧是否有合适的技能？

⑨资金是否充足？

（2）想去哪里？

①未来愿景是什么？

②为了实现利益最大化，应该做什么？

③是否对有些新出现的事物重视不够？是否应该摒弃某些事物？

④哪些技术会影响商业活动？

⑤应该致力于研究哪一新领域？

⑥有没有机会创建一个衍生企业（spin-out）？

（3）是什么阻止到达那里？

①技术差距是什么？

②是否拥有需要的技术人才？

③资金是否充足？

④是否有必要的基础？

（4）为了克服障碍，需要做什么？

需要采取哪些短期、中期和长期方法？

6.3.1 路线图的经典框架

如第 3 章所述，路线图已经拥有一系列基础框架。其中，最常见的路线图框架是欧洲工业研究管理协会路线图框架（图 6-1），还有一些与其相似的框架。这些框架都是基于时间的多层视角，例如，附录 C 中的路线图案例，大约一半模板的路线图都采用这种形式。我们建议制定路线图时参考这种路线图框架，同时根据具体需求进行定制化的改进（更多讨论见第 8 章）。

6.3 节总结的路线图制定的六项基本战略问题（图 6-21）非常重要，它能指导绝大部分的路线图框架和流程的设计。接下来，本节要讨论具体机构或产业的内外部环境如何影响路线图框架。图 6-22 展示了一个应用更广泛的路线图通用框架，它是基于通用的欧洲工业研究管理协会格式和图 6-21 中的六个基本问题构建出来的，强调了典型层次、机构视角和对“为什么、是什么和怎么做”做出的回应类型。

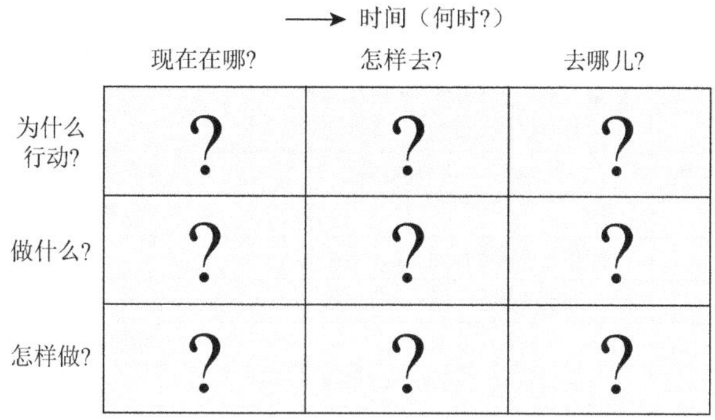

图 6-21　路线图制定的六项基本战略问题

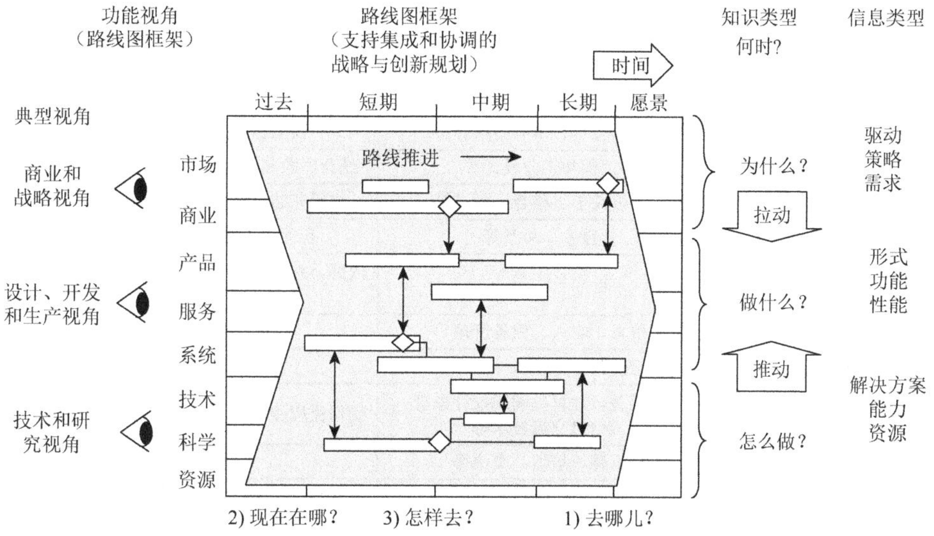

图 6-22　一个应用更广泛的路线图通用框架

本书认为，不论是在企业与机构层面还是产业与国家层面，路线图最好结合商业和战略、设计与生产、技术与研究等不同的基本视角（如图 6-22 所示，具体路线图视角可以参见第 5 章的讨论）。表 6-4 梳理总结了路线图分析视角和问题清单，可以将其整合到路线图的框架和内容中。在同一个路线图制定过程中，尽管所有路线图开发者可能在讨论同一产品或服务，但因为其视角、经验和动机不同，他们见解不一。

表 6-4　路线图分析视角和问题清单

层级 1	层级 2	层级 3	描述
市场			需求侧驱动因素——具有强有力的外部影响要素，但存在有限制的控制（如果有）
	趋势和驱动因素	社会、技术、经济、环境、政策、法律等	宏观层面的外部驱动，包括当前趋势和方法、干扰
	管理和标准	排放控制、健康和安全、质量、国际半导体路线图等	特定的监管框架和标准（国际、国家和产业）
	产业动态	规模、分布、结构、关键参与者、整合、竞争对手、关系等	企业所在产业的特定因素
	应用市场/顾客	地理、品牌发展等	客户类型/部门——需求和机遇
商业应用			高级别的商业战略和情景
	背景	规模、营业额、地缘、结构等	商业总体特征
	战略	战略、政策、商业模式等	愿景、商业模式、战略和目标
应用			向顾客输送利益（获取价值）
	服务	经济服务、咨询、租赁等	非实物价值传递机制
	产品	商品、设备、装备等	实物价值传递机制
技术与创新能力			创造价值的流程、活动和商业系统
	售后支持	维护、诊断、服务等	确保在产品或服务的全生命周期内带来效益
	分配	物流、运输、信息技术系统等	优化商品和服务配送渠道
	销售和市场	市场分析、推广、销售等	理解市场和客户需求，推广和销售
	生产	制造、装配、质量控制等	将材料和性能结合到最终的应用形式
	采购和供应	供应链、供应网络等	供应链网络、核心的生产资料
	设计	工程和工业设计等	结合需求和性能以建立“价值创造系统”
	开发	阶段关卡、整合、测试等	将研究结果的开发和整合并入功能系统
	研究	技术、科学等	在创造价值的地方产生知识产权
资源			内部、外部资源以及支持价值创造和产业形成的其他供给侧推动者
	经济	资本、收入、债务管理等	货币资源
	设施	建筑、停车场、道路等	基础设施建设
	实现技术	生产装备、计算机辅助设计系统、信息交流技术等	确保流程技术和设备能创造价值并且可执行
	技能	招聘、培训、交流等	人的技能和竞争力
	组织、管理和工业流程	人力资源管理、经济管理、工作绩效考核等	确保管理流程和工作机制能创造价值和可执行
	合伙人和团体	学术团体、合资企业等	建立机构之间的互惠关系
	需求侧推动者	游说、参与标准委员会、市场开发等	可能影响市场的行动和机制

（1）高级管理人员和市场部门人员往往考虑市场趋势、顾客需求、经济回报和企业成长等因素。

（2）负责产品设计、开发、生产和维护的人员思维更加务实，他们关注产品或系统的外形、功能、性能和系统的其他特质。

（3）技术专家和科学家更倾向从技术视角看待产品，从他们的专业知识角度分析如何交付和改进功能与性能。

图 6-22 展示了一个应用更加广泛的路线图框架。基于图 6-22 和表 6-4，我们可以总结出路线图框架包括三个主要层级，而这三个层级对应图 6-22 所示的商业和战略，设计、开发和生产，技术和研究这三个视角。

（1）路线图顶层：这一层通常与战略目标、发展趋势、宏观驱动要素有关。这些要素通常包括外部市场、产业趋势和驱动力（社会、技术、环境、经济、政治和基础设施），还包括客户和竞争对手的看法、内部商业趋势和驱动力、里程碑、目标和障碍。总的来说，路线图顶层包含的信息类型常常涉及未来宏观趋势，因此很多来自专家研讨等的规范性分析（关于规范性分析，在第 9 章有进一步讨论），可视为路线图的隐性知识或知识原理（know-why）维度。

（2）路线图中间层：这一层需要根据路线图顶层的分析（宏观趋势、需求变化等）进行设计。一般情况下，路线图中间层与产品的开发（功能、特性和性能）密切相关，但也可以代表服务、基础设施，或其他可以整合技术、能力、知识和资源的机制。路线图中间层最为关注如何创造价值，如创新产品、新型服务或工程系统。总的来说，路线图中间层可以看作路线图的知识概念（know-what）维度。

（3）路线图底层：这一层主要涉及内部和外部的资源（以及其整合），用来支持路线图中间层的产品、服务和工程系统。这些资源可能包括物力、财力以及合作关系，还涉及基于知识的资源，如技术、技能和能力。总的来说，路线图底层是路线图的知识诀窍（know-how）维度。

路线图的三层基础框架可以帮助解构复杂（技术、产品、市场、产业等）系统，这也使得路线图能够有能力分析下至技术本身、上至产业与国家层面这样复杂的大型创新系统（Phaal and Muller，2007）。例如，一个产业的路线图可以观测一组（10 的指数倍）不同产业趋势，旨在把这些趋势与单个领域的科技发展相关联。数百个产业复杂系统可能在该领域发挥作用，单个复杂系统的行为由成百上千万个细节（10^7）决定。而挑战就在于找到与产业趋势最为相关的技术细节，从而将需要分析的技术细节数量减少几个数量级。然而，路线图的目的在于使科技研发与产业趋势保持一致。路线图方法为解决这种复杂问题提供了一种手段。

路线图方法可以应用于复杂系统（下至技术，上至产业与国家）中的不同的颗粒度，并且颗粒度可以调整以反映焦点问题和分析单元（图 6-23）。针对不同问题的焦点和范围，路线图需要提供一个用来沟通和达成共识的通用框架，但也必须进行合理的定制化配置。路线图需要整合通用性和定制化两种特征，以更好地推进创新、战略或政策。这需要“软”“硬”结合的系统思维，它能够为复杂业务的处理和创新系统提供概念性与实用性框架。工程师广泛应用硬系统方法探索如何理解和设计基于技术的系统，然而软系统方法提供了一个可整合人类视角和观点的框架，这一点对于应用产业和企业机构的路线图至关重要（Checkland，1981）。

如图 6-23 所示，路线图框架的主层和子层（通常是纵轴）表示一个基于系统的分层分类法，它可以展示不同程度的细节。这一点确保了路线图可以展示不同的颗粒度。开发路线图时可以聚焦于系统中最重要的问题和领域。路线图框架的“片段化”（fractal）特性使该方法具有可伸缩性，这也是路线图方法的关键优势，这种特性允许定制该方法以适应特定的关注点，如图 6-24 和图 6-25 所示。

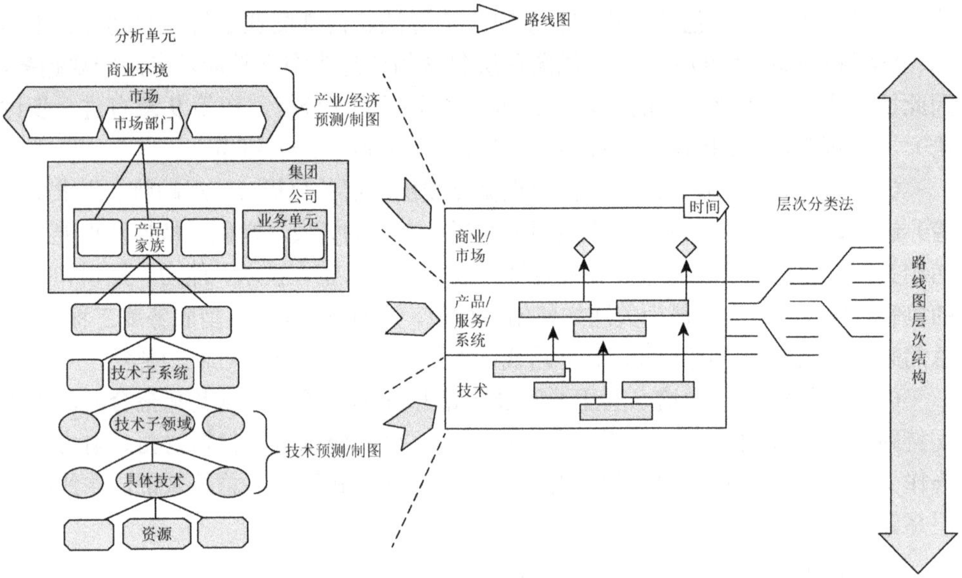

图 6-23　分析单元和层次路线图体系框架

图 6-23 展示了路线图的三层基础框架，这也是图 6-22 中路线图通用性框架的基础核心。基于这三层框架，时间维度是路线图通用性框架的另一个核心要素。具有时间维度的路线图才是动态的，复杂系统的演化和发展能够根据时间进行计划与开展。另外，时间维度使路线图的主层和子层代表了利益相关者的多个方面，是路线图方法灵活性和可拓展性的关键。在路线图制定过程中，需要明确得到战略上的共识和统一，而这意味着随着时间的推移进行整合，路线图明确地将时间作为一个维度（一般是水平轴），并关注明确的远景和目标（去哪儿？），评估当前的位置（现在在哪？）以确定机构将要面临的战略挑战的性质和规模（怎么去？）。

路线图时间维度上的跨度并非一成不变的，而取决于市场、技术、产业等系统的变更速度。在一些快速发展的产业中，如软件或电子产业，时间跨度会更短，如软件产业的时间跨度为 2～3 年；而航空航天系统或基础设施的时间跨度更长，如能源系统的时间跨度约为 100 年。然而，对于大多数路线图来说，10 年左右的

图 6-24　路线图框架示例（商业层-参照表 6-5）

市场	趋势和驱动（宏观层面） - 社会的 - 环境的 - 经济的 - 技术的 - 政治的（法律，管理）	
商业推动者和障碍	（如市场接受度，监管）	
应用、产品和服务	医疗　（治疗：药物发现与开发；疫苗；诊断；设备） 仪器 环境服务 农业/食物 ICT/软件 其他	
技术推动者和障碍	（如技术标准、配套技术）	
技术(应用知识-知道怎么做)	临床/药物生产 传感器 仪器 工程学 软件/ICT 纳米科技 材料 自动化 其他	（组织工程；表现；发酵；净化） （影像学） （电力的，化学的，机械的） （表面材料） （机器人）
理论的推动者和障碍	（如数学方法，复杂系统行为）	
科学(纯技术-理解)	生物学/医学 （分子/微生物学；杂种细胞；遗传学；新陈代谢；神经学；病理学；免疫学；干细胞；生物催化等） 物理学 化学　（生物/有机/无机） 认知 纳米科技　（硬件/软件） 计算机科学 其他	
基础设施的推动者和障碍	（如技能发展，资金来源）	
基础设施和资源	合作关系，网络，知识产权技能，教育，设施，基础设施，财政，资助单位（英国、欧盟等），政府政策，条规，标准数学和其他学科	

(a)

趋势和驱动	• 社会的 • 技术的 • 经济的 • 环境的 • 政治和法律的 • 汽车生产商视角 • 全球的和当地的 • 供应基地视角 • 本地和全球竞争对手定位
供应基地部门	• 主体：- 气候控制　- 非能动安全性 　　　　- 内部装饰　- 门和天窗 　　　　- 车身壳体　- 外部装饰 • 底盘：- 平台　- 转角 　　　　- 地板/发动机支架　- 驱动装置 　　　　- 前部装置/排气　- 中断/转向 • 驱动系统：- 发动机　- 传动装置 　　　　- 加油/冷却　- 离合器/变速箱 　　　　- 去污染/阻塞　- 轴/驱动轴 • 电学：- 非集成电路　- 分布 　　　　- 生成/存储　- 照明/信号 　　　　- 管理　- 其他 • 控制：- 发动机管理　- 信息/通信 　　　　- 角落管理　- 主动安全性 　　　　- 气候控制　- 娱乐 • 工程服务：- 技术　- 测试与批准 　　　　- 造型　- 设计 • 制造和物流服务：- 自动化/流程　- 分布装配 　　　　- 物流　- 性能提升 • 终身支持：- 尺寸　- 备件和服务 　　　　- 事故维修　- 生命终止/循环
关键成功因素	• 操作性：- 质量 　　- 消费 　　- 交付 　　- 响应能力/敏捷性 • 技术：- 创新/ N.P.I.速度 　　- 性能 • 策略：- 风险/财务安全 　　- 资源存取 　　- 网络与供应链 　　- 技能/人/文化 • 其他：
资源	• 基础设施 • 技能/教育 • 财政 • 政府支持/管理 • 联盟/学术机构 • 其他

(b)

趋势和驱动	社会的 技术的 经济的 环境的 政治的 其他
市场和供应	公共客户 商业客户 区域性代工厂 跨国公司 供应商
产品和服务	终端用户产品 终端用户服务 企业对企业产品 企业对企业服务 新工艺 新应用程序 其他
技术能力	机械工程 电子技术 化学与工艺 能源与环境 生物技术与医学 食品技术 先进材料
科学基础	生命科学（生物学） 物理学（纳米技术） 化学（制药公司） 信息与通信 其他研究
资源	基础设施，技能， 财务，网络，标准等

(c)

图 6-25　路线图框架示例（产业与国家层-参照表 6-5）

时间跨度是合适的，这展示了影响该产业的所有长期趋势和驱动因素，这个时间跨度也代表着开发新技术并将其市场化所需要的时间。建议路线图应包括五个大致的时间段。

（1）过去（和目前状况）：很多路线图不重视过去，更乐意关注未来。但是，将过去纳入考虑范围有助于理清导致目前状况的关键影响因素和行为（我们现在在哪？），有助于未来规划的成功。

（2）短期：一般是一年期。路线图这一部分的产出最为重要，因为它可转换为战略实施所需的具体计划和方法。因为需要整合一定的资源保证方法能被落实，这一时间跨度可作为“预算范围”。

（3）中期：一般是三年期，它和战略规划周期相关，强调发展的主要方向和可影响短期决策和计划的因素，是连接长期目标和愿景的桥梁。

（4）长期：一般是十年期，在该阶段设定最终目标，阐明战略目标或使命。此外还应明确关键的不确定性和情景，并探索技术、商业和市场环境的长期变化。该阶段的工作模式类似于一个“雷达”，它能够捕捉与评估影响当前决策和计划的远期问题。

（5）愿景：树立未来的前进方向至关重要（图 6-22 中强调了这一关键问题）。明确机构的长期愿景和任务大有裨益，如同在前进的道路上设置了灯塔。这些机构愿景接着被转换为短期、中期、长期的目标和里程碑。

图 6-24 和图 6-25 提供了一些经典的产业与国家层面的路线图框架案例，表 6-5 和表 6-6 有其说明注解。路线图框架设计需铭记以下几点。

表 6-5　路线图框架（商业层-参照图 6-24）

图表	目标和背景	时间框架	结构特征
图 6-24（a）	为越野车辆企业制定的业务单元层级的创新战略	过去 +1 年 +3 年 +10 年 愿景	经典的商业结构（市场、商业、产品/服务、技术、资源）。 典型业务时间跨度（+1 年预算，+3 年战略，+10 年愿景）。 产品/服务维度细化到产品线层级。 技术维度细化到技术领域层级
图 6-24（b）	专注于电子产业产品（流程）平台的高科技创业战略	+1 年（Q1-4） +2 年（Q1-4） +3 年（Q1-4） +4 年（Q1-4） +5 年（Q1-4） 愿景	企业距离价值链上的终端客户较远，因此靠近顶层的路线图包含了额外的层级，以确保描述、认识需求侧的需求和驱动。 产品层（以及相关的制造过程）可展开为两个视角，展示主要的项目以及产品开发计划的过程绩效指标。 构成产品的组件，包括相关的活动和服务可以在其中展示。 供应商实现商业目标至关重要，因此商业环境层重要性更加突出。 五年规划按季度制定，着重反映该产业的快速变化和财务目标。

续表

图表	目标和背景	时间框架	结构特征
图 6-24（c）	航空航天企业的制造子系统的技术研发战略	过去 +5 年 +10 年 +15 年 愿景	使用了复杂框架表达整个企业战略，重点关注特定子系统和相关的制造设备。 突出技术和商业应用的驱动因素与阻碍因素。 （企业）产品层细化为具体的产品系列。 产品中的其他子系统被合并成一个层（来识别影响重点子系统的关键开发点）。 路线图的主要部分将重点子系统分解为各个元素，包括设计端制造系统（包括技术）。 时间跨度相对较长，反映了与空间系统相关的典型开发时间。

表 6-6　路线图框架（产业与国家层-参照图 6-25）

图表	目标和背景	时间表	结构特征
图 6-25（a）	生物科学研究网络联盟	过去 +5 年 +10 年 +20 年 愿景	由于生物科学研究网络联盟包含了不同类型的参与人员，所涉及的应用范围、产品和服务类别都较为广泛。 因为参与者的兴趣广泛，所以涉及的技术和科学领域范围较广。 为保障路线图的灵活性，不在产品层和技术层构建冗余的子层。路线图主层作用在于识别关键促进和阻碍因素（如基础设施、理论、技术和商业环境），而子层为主层提供了支撑信息
图 6-25（b）	英国汽车供应链的关键成功因素	过去 +5 年 +10 年 +15 年 愿景	除宏观趋势和驱动因素（STEEP 因素）之外，还应囊括汽车生产商和供应商的观点。 供应基础会根据汽车子系统进行分类。 操作性、技术性和战略性的视角等有助于掌握供应基础的关键因素
图 6-25（c）	地区性的产业链网络	过去 +2 年 +5 年 +10 年 愿景	分析宏观及微观层面的趋势和驱动因素，并识别特定的客户群体（市场层和供应层）。 由于图中企业和产业覆盖范围较广，所以产品和服务定义较宽泛

（1）图 6-21 的六个基本问题很关键，因为这些问题提供了支撑路线图框架的整体逻辑。另外，路线图的可视化功能是区别于其他技术管理、战略分析工具的关键要素。更重要的是，路线图并非一成不变的，而是不断迭代和更新的。

（2）如图 6-22 所示，路线图需要使用一个统一的基准框架，可以帮助参与者更好地沟通和达成共识；在此基础上也必须进行合理的定制化配置。路线图需要整合与协调好其通用性和定制化两种特征。

（3）如图 6-23 所示，路线图可以使用主层和子层的层次框架，允许为不同层级的细节开发一系列的路线图，允许“向下挖掘”（挖掘子层）和“向上滚动”（归纳主层）。图 6-25（c）展示了一个这样的示例，该示例聚焦于一个复杂的航空航天制造项目的子系统，展示了其主层和子层的框架。

（4）路线图各层应该尽可能地采用代表不同视角（商业和战略、设计与生产、技术与研究等）的独立视图，以减少界面和不同观点之间联系的复杂性（这与系统思维中的模块化原则一致）。

（5）路线图的每一层都应该代表一条“通向未来的路线”。各条路线可以展示各种发展阶段、关联关系和发展障碍。

（6）不同的路线图采用不同的子层设计。例如，企业或机构层面路线图可能将产品线作为产品层的子层；而技术、产品层面的路线图可能将技术能力、产品功能作为产品层的子层。

（7）路线图空间有限，因此要选择最重要的问题和信息进行展示，为重要问题提供更多空间，必要时可以使用非线性时间跨度（留给重要问题更多空间）。

（8）判断路线图框架是否合适的最佳方法就是在开发路线图过程中检验它（路线图框架是否合适？）。

6.3.2　路线图的制定流程

很多研究者认为，路线图制定过程比路线图本身更有价值，因为它可促进不同部门和机构之间的交流与联系，并帮助达成共识。路线图想要发挥更重要的作用，就必须与机构中的其他业务流程相关联（包括整体战略规划、新产品开发等），最好能够将这些基于路线图的框架加以整合。本节主要介绍路线图制定流程的基本步骤，而第 7 章将详细地介绍各种路线图的制定流程。

以下是两个不同层级的路线图制定流程。

（1）宏观层面，一般需要花费数周或数月才能开发一份合格的路线图（表 6-1 和表 6-2）。路线图“质量”指的是路线图制定流程中决策和共识的置信度，而不是路线图预测的准确度。当然，所有路线图都希望更准确，但事实上我们必须考虑到未来存在的诸多不确定性，而这些不确定性一定会影响路线图预测的准确性。

（2）微观层面，这和路线图开发的研讨会日程相关（第 7 章）。这些研讨会构成路线图制定流程的关键组成部分。这些研讨会需要来自不同部门、持不同观点的专家深度参与，以促进不同视角之间的沟通、讨论，从而提升创造力、激发灵感或达成共识。

路线图制定流程应该是可迭代的。因此，路线图的制定应该提倡一种基于迭代的快速原型设计理念。在开始时就快速迭代有很多好处，如可以在几天内创建一个路线图初稿。路线图初稿可以为下一步工作提供大量指引，如迅速发现问题的本质（提供战略诊断），产生认同并达成共识（通过少数人的观点来平衡），发现知识的关键缺口，并同意立即采取行动。

路线图制定流程常遵循发散、收敛、整合的模式，又可称为“分→收→总”模式。发散和收敛模式本质不同，发散模式得益于头脑风暴法和情景规划的不同视角。收敛模式需遵循一些规则，以确保所付出的努力均用于解决最重要的问题。整合是收敛过程中的重要一环，通过总结和归纳创造不同要素互相关联整合的路线图。基于这些整合的信息，采用演示和书面描述的形式有助于阐明路线图的逻辑及其可视化表示形式。

限制时间和空间是快速原型设计方法的一个重要原则，其挑战是在几天内根据现有信息和专业知识生成一个简洁并可用一页完全展示的可视化视图。尽管结果可能并不完善，但是这些约束促使参与者关注最重要的问题，而不是分心于必然出现的复杂性和不确定性情况（这些可以留到路线图制定流程的中后期）。尽管随着流程的推进，路线图本身需要保持可视化，并且进行不断的审查和更新，第一个迭代版本路线图的关键产出应包括认知、关键问题、差距和方法的改善与提升，而不是路线图本身。

路线图制定流程参与者人数的规模决定该流程的复杂度。如 6.3.1 节所述，路线图通常需要多个视角分析复杂系统和问题，这可能会导致路线图制定流程的管理具有挑战性。但是，我们必须认识到，路线图需要更多的专家参与；一个人确实可以制作出灵巧的路线图，但这仅代表一种观点（见图 6-26，来自一个培训研讨会），而我们需要更多的参与者，否则路线图很难对组织层面或产业层面产生显著影响。此外，制定连贯的路线图（见图 6-27，来自一个企业战略研讨会）

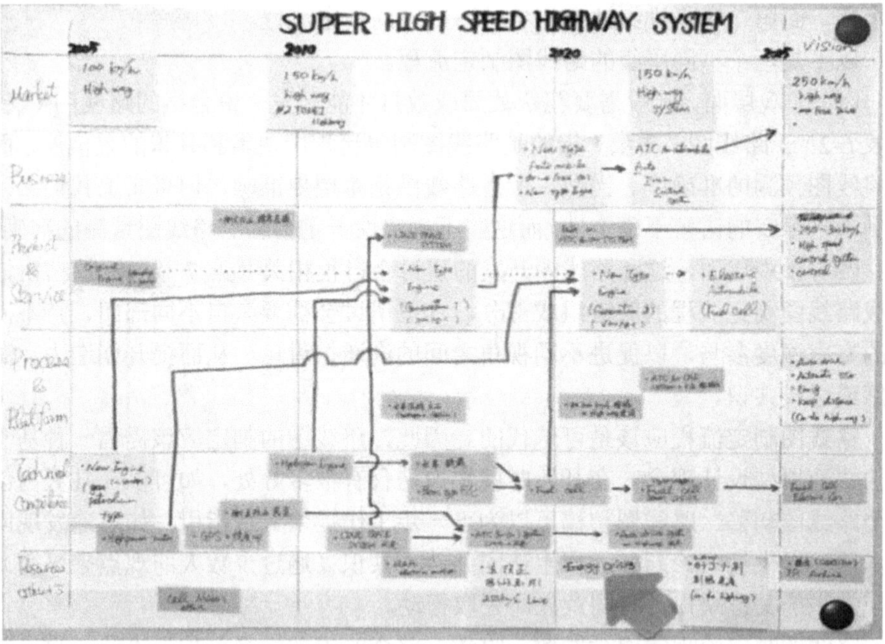

图 6-26　路线图-个人视角（培训研讨会）（见彩图）

图 6-27　路线图研讨会（企业战略研讨会）

需要组织更大的团队，以利用路线图框架指导活动并获取观点。第 7 章将进一步介绍“快速启动”路线图方法的简易技巧，这些技巧需要根据参与专家的规模进行调整。这些技巧包括制定企业与机构、产业与国家层面不同路线图的 25 条指导意见。

如前所述，路线图制定流程通常采用专家研讨会的形式。研讨会为整合不同观点提供了一个理想机制。图 6-28 和图 6-29 展示了根据研讨会成果（在培训课程中，制定关注技术、产品、市场的自行车企业发展战略）绘制的路线图。这种综合路线图的绘制是路线图制定过程中的关键一步，应确保逻辑清晰，其格式可采用图 6-22 中的路线图通用性的基准框架，以更好地支持沟通讨论并获得反馈。

路线图的制定流程要适应其在产业或技术发展生命周期（或创新漏斗，见图 5-7）中的不同位置。如果产业或技术仍处于早期阶段，路线图应该采用更具探索性和创造性的方法；当产业或技术处于成熟期甚至衰退期时，路线图应该采用更确定、更聚焦的方法。路线图制定流程还包括一些关键要素。

（1）成功的路线图需要决策者参与并获得高层的支持。只有与路线图内容相关的预算和资源管理人员都参与其中，路线图才能产生较大的影响力。

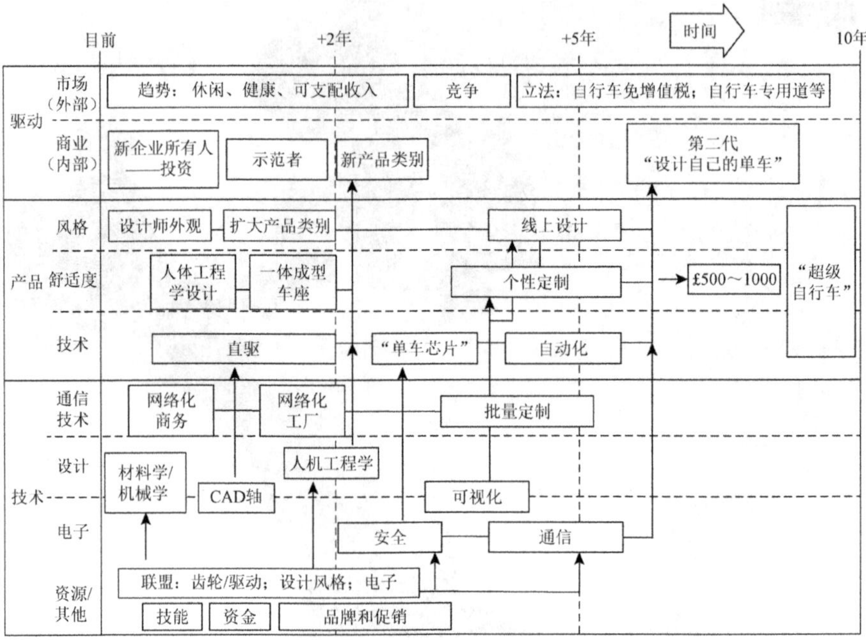

图 6-28　处理后的路线图研讨会产出-产品层面

注：CAD 为计算机辅助设计（computer aided design）的英文缩写

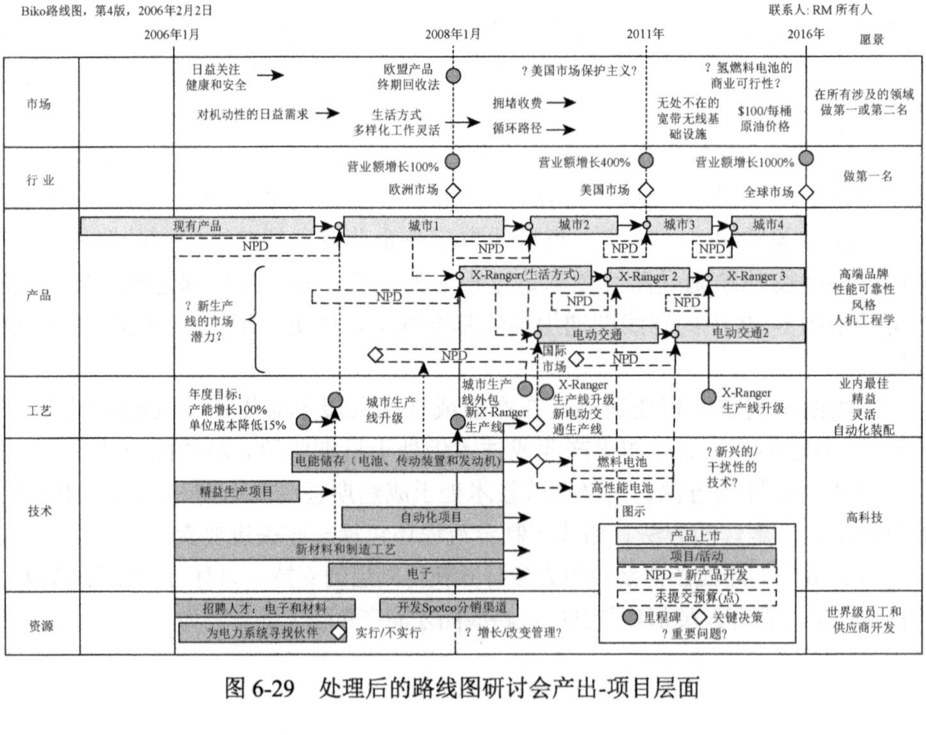

图 6-29　处理后的路线图研讨会产出-项目层面

（2）路线图的最大好处在于路线图制定过程中产生的沟通和交流，而不是路线图本身，制定路线图需要大量视角不同的利益相关者参与。

（3）“好”的路线图在形式上很“简单”（尽管开发起来并不简单），精简甚至“只用一页”的原则能够保证将注意力集中在重要问题上。

（4）路线图制定流程也应该保证灵活性。针对不同的需求和制度，路线图制定流程可能不同；即便是同一个机构，其内部情况也可能会发生改变。

（5）路线图应该与机构中的其他业务流程相关联（包括整体战略规划、新产品开发等），最好能够将这些都基于路线图框架加以整合。

6.4 本章小结

本章对路线图的应用和概念进行了更深入的探讨，讨论了一系列企业与机构、产业与国家层面的路线图案例，包括飞利浦案例、通用汽车案例、国际半导体案例以及日本经济产业省案例等；这些案例能帮助读者更好地、系统地了解路线图在不同层面的应用。另外，本章还从路线图的经典框架和流程这两方面深入探讨了这些不同案例路线图的制定原则。

本章强调，路线图制定过程比路线图本身更具价值，因为它促进不同部门和机构之间的相互联系与交流，并帮助达成共识。在制定路线图的过程中，路线图的通用性框架和制定流程无疑是核心关键的两个方面。第 7 章将会介绍用于制定路线图的“快速启动”方法，它以研讨会的方式高效地将利益相关者聚集在一个创造性环境中，从而有效地探索关键问题，协调参与者的想法并促使其快速达成共识。这一方法强调了快速迭代的优势，目的是在路线图复杂流程中的第一步就能有所产出，并以此为基础推进后续的工作。第 8 章将讨论路线图制定流程中的一些重要工作，包括与其他管理工具和框架的联系，以及如何开发用于沟通的路线图。

参考文献

Albright R E, Kappel T A, 2003.Roadmapping in the corporation. Research Technology Management, 46(2): 31-40.

Canada Industry, 2007.Technology roadmapping in Canada-a development guide.

Checkland P B, 1981.Systems Thinking, Systems Practice. Chichester, UK: John Wiley & Sons Ltd.

de Laat B, McKibbin S, 2003.The effectiveness of technology road mapping: Building a strategic vision. Ministry of Economic Affairs.

DoE, 2004. National electric delivery technologies roadmap-transforming the grid to revolutionalise electric power in North America.US Department of Energy, Office of Electric Transmission and Distribution.

EIRMA, 1997.Technology Roadmapping-delivering business vision.Working Group Report.Paris, European Industry Rescarch Management Association.No.52.

Fukuda K, Watanabe M, Korenaga M, et al., 2008.The progress of the strategic technology roadmap of METI(Ministry of Economy, Trade and Industry of Japan): Practical business cases and sustainable manufacturing perspective.Portland International Conference on Management of Engineering and Technology: 2102-2114.

Groenveld P, 2007. Roadmapping integrates business and technology. Research Technology Management, 50(6): 49-58.

Grossman D S, 2004. Putting technology on the road. Research Technology Management, 47(2): 41-46.

ITRS, 2007.International technology roadmap or semiconductors. Semiconductor Industry Association. http://www. itrs. net.

McMillan A, 2003. Roadmapping-agent of change. Research Technology Management, 46(2): 40-47.

METI, 2006.Strategic technology roadmap(energy sector)-energy technology vision 2100, tentative translation.Japan, Ministry of Economy, Trade and Industry.

Phaal R, Muller G, 2007.Towards visual strategy: An architectural framework for roadmapping. Portland International Conference on Management of Engineering and Technology ： 1584-1592.

Phaal R, Simonse L, Ouden E D, 2008.Next generation roadmapping for innovation planning. International Journal of Technology intelligence and Planning, 4(2): 135-152.

Smith A, 2007.Technology roadmapping: An opportunity for the environment? Science Report, UK Environment Agency.

Yasunaga Y, Watanabe M, Korenaga M, 2009.Application of technology roadmaps to governmental innovation policy for promoting technology convergence. Technological Forecasting and Social Change, 76(1): 61-79.

第 7 章　路线图快速启动流程

7.1　概　　述

如第一篇所述，路线图内涵丰富且应用广泛。虽然路线图相关的研究论文很多（第 4 章），也有很多的路线图应用或案例公开发布（附录 C），但是指导路线图开发的详细方法却很少。本书梳理以往研究，总结了以下几个重要的路线图开发方法。本章重点讨论路线图快速启动研讨会的方法，包括：①常用于技术和产品方面路线图的 T-Plan 方法；②在战略和政策领域应用更为普遍的 S-Plan 方法。

（1）加拿大工业部发布的路线图开发指南，其中包括一个评估国家层面路线图预测结果的分析框架（Canada Industry，2007a，2007b）。如第 6 章所述，加拿大工业部从 1995 年至今已完成 20 多个应用案例，而这个框架是基于这些应用案例构建的。

（2）澳大利亚工业、科学与资源部（新兴产业科）发布的路线图开发指南用于支持行业和政府的战略决策（ADISR，2001）。

（3）美国能源部（环境管理办公室）提供了环境保护方面的科技路线图指导手册（DoE，2000）。

（4）剑桥大学技术管理中心为制定“产品-技术”路线图开发了 T-Plan 指南（Phaal et al.，2001），即本章将介绍的快速启动研讨会技巧。

（5）新兴产业技术路线图开发框架（Smith，2007；Tolfree and Smith，2009）。

（6）基于专利文献等大数据分析的产业技术路线图开发框架和流程（Li et al.，2015；Wang et al.，2018）。这一部分将在第 13 章详细讨论。

上述方法都为路线图的制定和实施奠定了良好基础，其中剑桥大学技术管理中心（本书的主要作者均来自于此）的 T-Plan 方法为路线图研讨会的设计和实施提供了详细指导。如前所述，很多研究认为，路线图的开发过程可能比路线图本身更重要（至少一样重要），因为路线图制定过程中的沟通交流和建立的关系网让开发机构受益匪浅。在路线图制定过程中，专家研讨会发挥十分关键的作用，因为研讨会为与会专家及各利益相关方提供了互动机会，令其发现共同感兴趣的关注领域，继而探讨路线图方案，并就未来发展方向达成共识。

本章重点讨论路线图快速启动研讨会的方法，其中包括 T-Plan 方法和 S-Plan 方法。本章介绍的路线图快速启动方法能够快速构建互动研讨会，并通过这些研讨会将多元化的参与者聚集在一起，沟通和探讨不同的观点，聚焦并探索各种选项和机遇，做出决策且付诸行动，并基于此开发了一个初步的路线图（图 7-1 描绘的便是一个典型的路线图研讨会）。这些路线图快速启动方法，包括早期的 T-Plan 方法以及后来开发的 S-Plan 方法，是剑桥大学技术管理中心经过近 20 年的研究总结出来的，包括了其在产业、政府和学术界领域的 200 多个应用案例中获取的宝贵经验。这两个方法看似不同，但都采用相同的路线图基本概念和基础问题框架（第 6 章）构建，介绍如下。

图 7-1　典型的路线图研讨会（S-Plan）

（1）S-Plan（7.3 节）：此路线图方法应用于整体战略规划、宏观政策等领域，特别适用产业、政策、市场等层面。这个方法将各界的利益相关方聚集在一起，通过 1～2 天的研讨会来探索战略问题，并确定后续工作的优先级，对未来发展方向达成共识，并基于此制定产业、创新等发展战略（Phaal et al.，2007）。

（2）T-Plan（7.4 节）：此路线图方法聚焦于“产品-技术”路线图，将一定规模的跨部门利益相关者聚集在一起，通过四个研讨会（每个持续半天）来探讨和规划技术与产品的创新（Phaal et al.，2001）。

图 7-2 展示了 S-Plan 和 T-Plan 这两种路线图方法的区别与联系。这两种路线图方法及其中的模块都可单独使用，也可以作为其他路线图方法流程的核心模块。S-Plan 覆盖范围（特别是产业、政策、市场层面）较广，借助该方法能迅速获取战略观点，为探索未来方向和推进行动计划制定优先级。而当聚焦于产品、服务或技术时，T-Plan 将为制定产品、技术和资源战略计划提供一套更加详细的方案。S-Plan 可以在路线图制定流程的宏观层面或起始点发挥关键作用，如图 7-2 漏斗的左侧部分；而当发展方向更为确定时，T-Plan 更为合适。

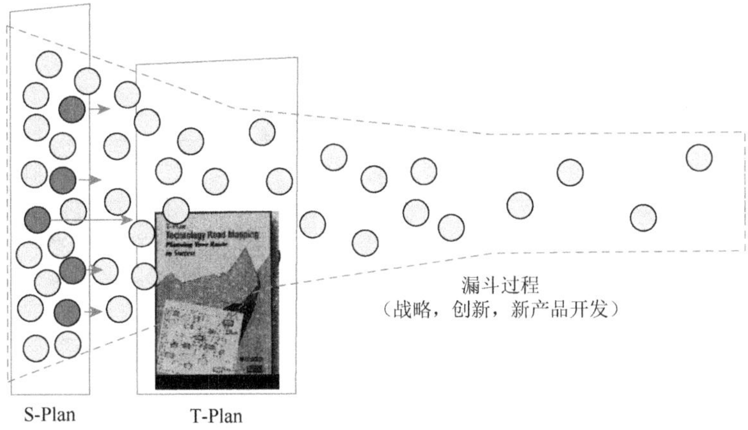

图 7-2　S-Plan（战略、政策领域）和 T-Plan（产品、技术层面）路线图方法

注：图中的深灰色与浅灰色圆圈分别代表不同的思想、观点和想法

7.2　路线图的快速启动研讨会方法

如前所述，路线图制定过程中经常采用专家研讨会的方法，路线图快速启动方法也是以多功能、跨组织的研讨会作为快速开始路线图的手段。路线图快速启动方法设计灵活，并且高速、高效且可扩展。路线图制定过程可能时日漫长，但快速启动方法可以帮助我们在短时间内创建一个路线图初稿，并基于此开始进行迭代开发。通常来说，第一次迭代的主要产出是战略决策和行动计划，并在迭代过程中学习路线图的开发过程，这可以出色地指引下一步工作。本节总结了快速启动路线图的常规方法，7.3 节和 7.4 节将提供更多关于 S-Plan 及 T-Plan 的细节与实例。

7.2.1　快速启动研讨会的作用

正如前面章节所述，路线图开发方法并非一成不变的，而需要针对特定的情况做出调整。但对大多数路线图来说，其制定流程可以分为三大阶段：准备阶段、开发实施阶段和后续工作阶段。图 7-3 所示的框架展示了这三个阶段。值得注意的是，图 7-3 所示的框架是基于产业与国家层面的应用而提出的（de Laat and McKibbin，2003），但是这些路线图制定流程和其中的大部分要素也适用于企业与机构层面。

如图 7-3 所示，路线图准备阶段的工作非常关键，需要高度重视。无论是基于战略、政策还是创新视角下的路线图，都会设定主要的时间节点（就像第 5 章提到的过程阶段-关卡模型），而这些时间节点（或里程碑）又会体现在路线图的具体工作当中。图 7-3 展示了这样一个路线图整体工作和其中的路线图研讨会的时间节点。

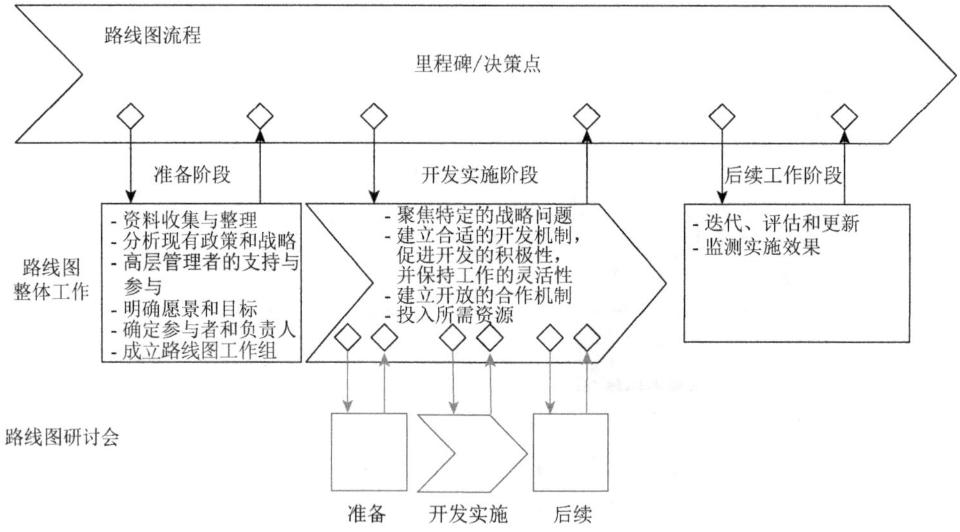

图 7-3 路线图整体工作和其中的路线图研讨会

资料来源：改编自 de Laat 和 McKibbin（2003）的相关研究

在开发实施阶段，路线图研讨会继续发挥作用。其每个研讨会像一个小型路线图，包含计划、实施和后续跟进等流程，其输入和产出又与路线图整体工作一致。研讨会前期、中期和后期都需要进行更细化的工作，如收集数据、分析结果以及绘制路线图和编写相关报告，以便确保路线图整体工作能够更有效地向前推进。

快速启动路线图研讨会充分地利用可视化的路线图结构，使得关键利益相关者能够高效地获取、讨论、排序、探究和交流各种问题，从而高效地制定规划战略方向。基于快速原型设计法（rapid prototyping approach）的路线图方法是一种有效的诊断工具——对知识体系的梳理能快速识别知识缺口，以及识别相关的问题和所面对的风险。这种“灵活”的方法避免了路线图制定过程中的过度复杂化和官僚化问题，而这种复杂化和官僚化是路线图开发的通病，也是许多路线图设计难以实现的主要原因。总体路线图和子路线图的制定都需要针对机构的不同特征和需求进行定制化改进，以适应机构中特殊的文化和制度流程，而在路线图制定过程中使用快速启动研讨会方法能帮助实现路线图的定制化改进。

在设计路线图制定流程时，如何保证和提升路线图的质量呢？第一，路线图的质量不一定是其所涉及预测结果的评价，因为未来存在太多的不确定性，而路线图支持的长远预测不一定完全准确；在路线图帮助参与者达成共识方面，我们应该更好地突出路线图的应用，尤其是在决策支持方面，这点更能体现出路线图的质量。第二，路线图还要保证预测（如商业预测或技术预测）的可靠性和准确性；参与制定路线图的领域专家的专业技能、知识和经验对保证预测的质量至关重要（Zhou et al.，2017）。另外，随着大数据分析的兴起，第四篇将介绍很多数据分析方法，可以有效地支持领域专家决策，帮助提高路线图的质量。

本章提到的 S-Plan 与 T-Plan 只是提供了一个可参考的路线图开发方法，基于对所要解决问题的清晰认知，在应用过程中可以根据具体需求进行改进，也可以集成其他框架和工具，如技术评估和情景规划；这些框架和工具将在第 8 章进行讨论。本章提到的 S-Plan 和 T-Plan 方法，也集成了其他框架和工具，具体可参见 7.3 节和 7.4 节。

7.2.2　快速启动研讨会的设计

路线图快速启动研讨会召开之前，做好其流程设计非常重要。首先，如图 7-4 所示，路线图快速启动研讨会一定要围绕其核心参与者进行设计，如路线图的制定者（希望用路线图解决战略问题的人或机构）和流程的推进者（协调和推进实施流程的人或机构）。路线图快速启动研讨会需要根据路线图的目标和内外部环境进行设计，因此路线图制定者和推进者协同合作十分重要。其次，还应该考虑快速启动研讨会本身的管理机制。在企业或机构中，这个机制比较简单，通常由一个高层领导和流程协调人员构成的小组来控制及评估快速启动研讨会的过程与成果。但是，对于产业或宏观层面的路线图，由于参与人员众多，影响更大，则需要更正式的管理机制。

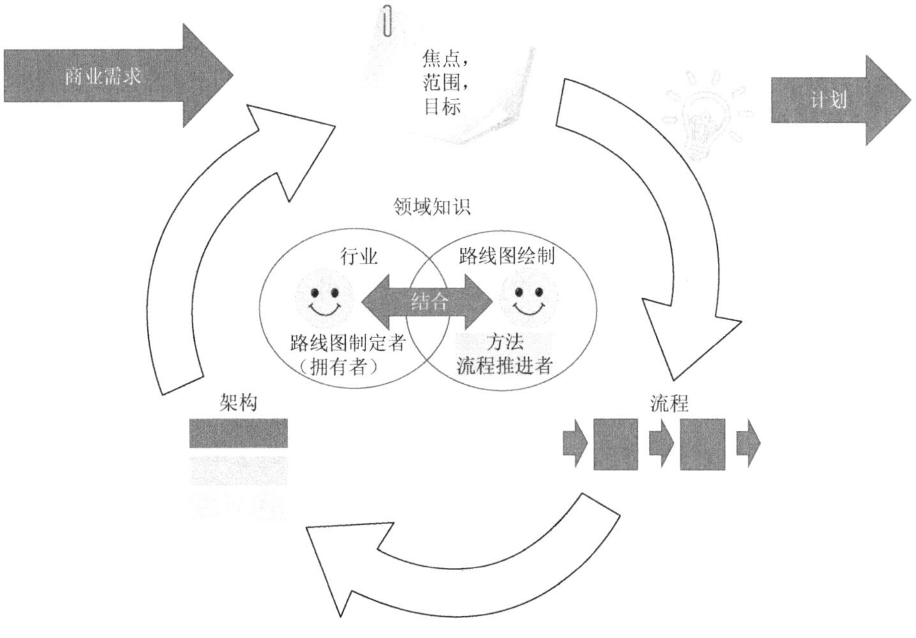

图 7-4　路线图流程工作的协同设计方案

路线图快速启动研讨会开始前，需要进一步明晰路线图目标、核心关注点，这些对路线图设计中的结构和开发流程非常重要。其中，要考虑的关键问题包括：

（1）路线图的关键目标是什么？

（2）哪些问题需要重点解决？

（3）最感兴趣和重要的主题可能是什么？

（4）需要考虑的时间表是什么？

（5）已知内容有哪些？

（6）与该路线图相关的其他过程、方法和系统是什么？

（7）路线图产出可能是什么样的？它能满足目标吗？

（8）什么分析单元是合适的（广度和深度的平衡）？范围有多大？边界在哪里？

（9）如何解析主题（如何破题）？

路线图快速启动研讨会开始前，一些需要注意的具体事项如下。

第一，确定路线图框架结构十分关键，路线图框架及可视化结构对开发流程和研讨会都非常重要。在设计路线图框架结构时，应考虑第 6 章提出的原则，路线图框架的结构受六个基本问题约束：①想达成什么目标？②现有的资源有哪些？③如何实现目标？④为何需要行动？⑤需要采取哪些行动？⑥应该如何行动？

另外，路线图框架结构应该在快速启动研讨会之前或期间决定。例如，在 S-Plan 方法中，路线图框架结构作为路线图开发计划的一部分，通常在快速启动研讨会之前就已设计好；而在 T-Plan 方法中，路线图的框架结构在研讨会期间产生。由于路线图每一层空白空间的大小反映其相对重要性和大概的信息密度，所以需要确定层次和子层次，以表达所有重要观点和各个层次应当包含的内容。需要特别注意的是，路线图框架结构最好在研讨会之前进行“试运行”，因为这样可以确定结构中的关键内容，并且还可以在研讨会中更好地帮助厘清各层之间的逻辑关系。

第二，在路线图框架结构中，很重要的一点在于为路线图框架制定合适的时间表，包括过去、现在、短期、中期、长期和远景。时间表中的时间跨度取决于行业及行业的变化速率，例如，软件产业的时间跨度可达 2 年（周期短），而国家能源系统的时间跨度可达 100 年（周期长）。一般来说，路线图可以采用如下的时间跨度：1 年短期涉及具体预算；3 年中期关注战略规划；10 年长期“雷达”式远景探索。这些路线图时间跨度往往以非线性标度表示，这是由于短中期时间信息密度最大，一般需要更多的空间。

第三，路线图框架结构应该能够提供一个初步的问题讨论清单，以确保研讨会参与者能够表达出所有重要的观点。首先，对企业与机构层面的路线图来说，路线图的结构一般包括产业、市场、产品和技术功能。如果路线图要产生影响并且保证参与者拥有适当的优先级，高层管理者的参与至关重要。研讨会日期取决于关键参与者的日程，一般需要提前 4～8 周准备。在研讨会开始两周前，应该将邀请函、简单的材料寄送给参与者，并告知需要提前进行的准备工作。路线图质量很大程度上取决于研讨会参与者的专业程度，因此在研讨会之前应该仔细考虑这一点。商业和技术人员的沟通，以及运用外部视角来开展分析也很重要。多方位的视角对研讨会讨论大有裨益。然后，要让行业、学术和政府部门参与产业与国家层面的路线图。研讨会参与者的召集工作富有挑战性，需要付出大量努力。应在研讨会流程开始前确定好合适的参与者。根据以往经验，每个参与者邀请成功的概率在 30%～50%，私下的个人联系和持续沟通能够提高成功率。研讨会当天可能会有少数参与者无法到场，为了应对这种紧急情况，最好多邀请几个参与者。

第四，路线图快速启动研讨会需要合适的会议场地，还需要足够的空间以满足研讨会的互动环节。在参会人数相同的情况下，进行全体研讨会的场地大约是一般会议的两倍。如果场地设施可改进，最好采用移动式桌椅，这对互动讨论的进行将会更有帮助。为方便参与者之间的互动，会议房间中的桌子应摆放成“U 形”或“岛屿形”。应在研讨会开始之前预定场地并安排会场。更重要的是，应保证图表可以张贴在墙上，如果会场不允许，就要准备合适的海报板。

第五，采用路线图的框架模板指导整个研讨会流程，应使用专业打印机打印研讨会所需的图表，还要给予足够的时间打印和检查路线图框架模板。此外还可以借助白板纸、胶带和笔来绘制图表，在需要重新聚焦和调整流程时，它们能保持研讨会的灵活性。除了路线图的框架模板，路线图快速启动研讨会中还需准备以下文具：

（1）大量不同大小、形状、颜色的便利贴。使用不同颜色的便利贴可以让参与者更清楚地观察到图表上的内容，以及用不同的颜色区分不同的业务单元。在研讨会活动中，不同形状的便利贴（如箭头状）则可以帮助强调特定的主题和问题。

（2）圆形贴纸有助于快速投票，多种颜色的贴纸大有用处，如有助于对回报和风险的选项进行排序。

（3）使用胶带在活动挂图中构建图表，以及在研讨会最后固定便利贴。

（4）使用封口胶带或其他方法将图表粘贴到墙上。

（5）其他文具，如活页图纸、剪刀和便于在便利贴上书写的笔。

7.2.3　快速启动研讨会的召开

召开路线图快速启动研讨会对研讨会主持人来说比较简单，因为研讨会主要由与会专家发表意见和参与讨论。在这些研讨会中，与会专家的经验和知识十分重要。研讨会的主要活动包括针对路线图结构化框架（图表）的讨论、基于框架各视角的讨论互动、按照路线图制定流程逐步推进，以及获取、分享、组织与会专家观点的方法（如使用便利贴、软件辅助等）。整体研讨会日程的安排要满足会议目标并且留出足够的时间，从而将目标分解成富有逻辑的步骤。

组织会议的方法、研讨会可能取得的成果一般都取决于会议的规模，如图 7-5 所示。

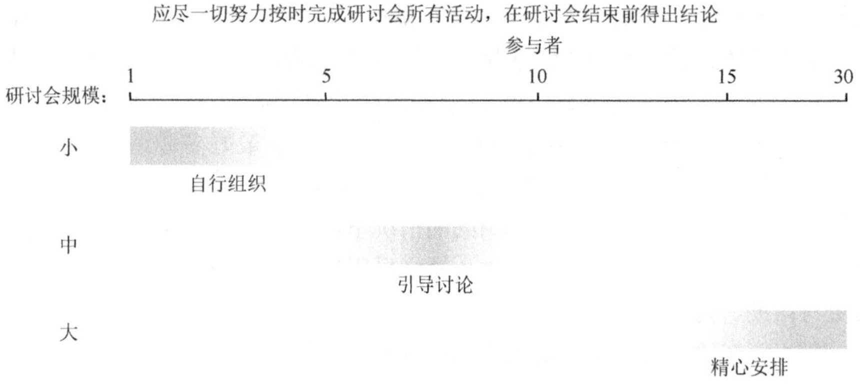

图 7-5　研讨会规模与组织方法

小规模会议（少于 5 人）可在资源有限的情况下自行组织，不过要注意个人视角与大众视角的差异。一个人可以画一个简洁的路线图，但这只能代表个人观点，但如果个人观点独特，可能会有重要创新，因而对解决复杂问题和开放性问题大有助益。在有外部专家参与评估的情况下，小规模会议的结果是可信的。

中等规模会议（5～10 人）需要主持人，而且需要一些让人感兴趣的专业性问题引起讨论，推动大家积极参与。对于这种规模的会议，通过主持者和路线图框架图表信息的引导，可以遵循一个结构化、逻辑化的讨论方式。

大规模会议（超过 10 人）需要更加正式专业的推进方法，一般通过研讨会组织小组（由 15～20 个参与者组成）对活动进行精心策划和专业管理。大规模会议因为人数众多，议程和讨论环节的安排可能有些机械，所以需要适当借鉴小规模会议的做法以增强灵活性。

从路线图推进者的角度来说，时间节点为管理要点。路线图开发研讨会非常注重参与者的热情和他们之间的互动，由于要思考一些复杂的问题且参与者较多，会议时间很有可能延长。大规模会议总需要更长时间完成，因此严格的时间控制至关重要，但是因为路线图固有的探索性（因而有不确定性），所以也需要灵活地调整时间。为了在研讨会结束时能获得一个满意的结果，每一项工作都应按时完成。

研讨会召开时需要注意意外事件。研讨会议程要设置适当的时间节点，以确保流程已经步入正轨，并且在必要情况下，通过临时性暂停解决出现的关键问题。当出现问题时，必须判断讨论这个问题所需的时间。一旦清晰判断了问题的本质，并确定它不影响研讨会进程，通常可将这个问题记录在挂图板上留待讨论，以保证会议的进程。如果发现开始时会议进展比预想慢，那么要让参与者知情，然后加快会议进程。

指定两个路线图推进者对于召开研讨会大有助益，他们的角色可以拆分和轮换，从而管理相对复杂的团体活动。建立一个支持小组同样有益，他们可以在会议间隙总结会议内容，并确保会议按计划进行，同时担任应急小组的角色，处理紧急情况。这个小组包含路线图活动的发起者或代表（二者也可同时参与），以及相关的协调人员。

7.2.4　快速启动研讨会的后续工作

路线图快速启动研讨会的后续工作主要是记录整理并总结成报告。在研讨会结束后，要将所有产出完整记录，基于此理解和总结路线图研讨会产出形成报告，然后提供给与会专家进行评论。对中小规模研讨会来说，小组活动应由小组成员记录和总结，为了提高效率和一致性，小组应使用统一模板（图 7-6）。对于大规模研讨会来说，一般由路线图推进人员完成这项任务。快速启动研讨会产出的报告也可以提供给更多的外部专家，用于验证和传播路线图研讨会产出。

图 7-6　展示战略全景和战略主题的典型 S-Plan 研讨会

虽然很多人认为快速启动研讨会只能解决一次性问题，但它是整个路线图制定流程中至关重要的一步。另外，路线图快速启动研讨会的后续工作还包括路线图的定期更新（研讨会最后讨论内容的一部分）。如前所述，路线图的更新非常重要。例如，对企业或机构来说，路线图的更新与其他核心商业流程相关，如年度战略计划或预算周期，或者是新产品研究开发过程中的关注点。

7.3　战略与产业视角路线图流程（S-Plan）

路线图的 S-Plan 流程主要从战略与产业视角出发，研究创新战略、产业发展、宏观政策等。S-Plan 流程涉及广泛的战略问题，例如，识别、排序和探索战略性问题、梳理战略选项以及创新机会，指导战略决策和行动。S-Plan 流程适用于产业、政策、大型企业或机构层面，或者其他大型项目，并且适用于战略制定和创新流程的前期（front-end）（图 7-2）。S-Plan 流程一般包括 15～20 个参与者（当然在有足够资源支持的情况下完全可以更多）。S-Plan 流程可以独立存在，也可以作为更全面的路线图工作的第一步，帮助参与者在宏观认识上促进沟通学习，并建立联系。

7.3.1　S-Plan 流程

本节描述 S-Plan 流程中单日（一天）研讨会的参考议程（根据剑桥大学技术管理中心的路线图开发经验而得），也是最常见的研讨会形式。当然，S-Plan 流程也可以举行较长时间的多系列研讨会，具体根据所要解决问题的范围和复杂度来定。本节主要讨论单日研讨会的经验，是因为它可以作为其他研讨会的基础，在必要时加以扩展。作为最基础的形式，单日研讨会的形式较为高效，对机构来说它可以降低路线图的实施成本和风险，特别是当研讨会用于解决当前所关注的具体战略问题时。在一定程度上，路线图研讨会的结构、活动和时间安排要与特定的组织环境、目标相适应。S-Plan 流程的单日研讨会通常包含以下几步。

（1）战略全景（strategic landscape）：考虑整个战略分析的范围。路线图框架（见图 7-6 中贴在墙上的路线图模板）可以帮助确定这个范围，还可以作为底板帮助促进交互式讨论，获取和分享所有参与者（关于战略全景）的观点。其中重点是识别需优先考虑的战略主题（或称为地标，如关键性政策、重大市场变化、重要产业转折等），进一步探索并建立战略主题之间的关键联系。

（2）（战略）主题探索（strategic topics）：针对不同的战略主题，研讨会进行分组讨论。在小组讨论中，路线图框架（图 7-6）用于阐明战略主题的性质（问题、选择或机会）和相关愿景、目标，并确定如何实现这些目标，另外还需明确关键战略主题的分析点（如驱动要素、障碍、风险、决策重点和知识缺口）。

（3）评价和审查（review）：研讨会参与者通过不同的分析视角讨论关键战略主题，并就重点分析、推进哪一主题，以及如何实现达成一致（通常需要与整体的商业战略和创新过程协同考虑）。

下面的日程表可作为 S-Plan 单日研讨会流程设计的参考。值得注意的是，在具体组织研讨会时，应该结合需求和组织背景进行适当的调整。

08：45 到场、休整

09：00 目标、会议流程介绍

09：30 参与者观点陈述（简短介绍）

10：30 茶歇

10：45 战略全景讨论（全体参与）

①市场趋势和驱动要素

②产品和服务

③技术和资源

13：00 午餐

13：45 战略主题探索讨论（分小组）

15：30 茶歇

15：45 反馈与讨论

17：00 评价和审查，并明确下一步行动计划

17：30 结束

S-Plan 研讨会的时间非常紧张，需要提前做好准备工作，以帮助提高研讨会效率。比较好的办法是，鼓励参会专家在研讨会之前仔细思考感兴趣的战略主题，并做简单准备。研讨会开始之前应该发送参会指南给各位专家，这些指南应简明扼要，并包括研讨会的背景、目标、地点、时间和要求等关键信息，以完成前期工作。

下面是提高研讨会效率的两个实用方法。

（1）在研讨会开始之前，给每位参会专家发送一页幻灯片模板以便在研讨会开始时进行简短的介绍，这不仅是鼓励参会专家认真思考的好方法，也是在研讨会中获取有效信息的好方法。路线图框架的设计通常以此模板为基础，仅用一页（幻灯片）有利于高度概括信息，并且节省大部分时间用于准备和展示——研讨会通常以一系列简短的观点展示开始（通常是 3～5 分钟）。鼓励参会专家在研讨会开始前展示观点，在研讨会进行过程中，这些观点可以补充到路线图图表上。

（2）在会前收集并预处理一些信息，并将其填入路线图框架的模板（类似图 7-6）中，还可以收集以往的、相关的路线图，并整理出有用信息，填入路线图框架之中。对企业或机构来说，这些信息可用在战略规划、市场调研、技术和其他文档中。对产业与国家层面的路线图来说，附录 C 中的公共领域路线图以及其他宏观产业、政策、国家战略报告等提供了绝佳的市场、政策和技术数据来源，

这些资料覆盖了众多行业和技术领域，分析、总结这些信息并纳入路线图框架的模板中，可大大提高路线图的研讨会效率。

路线图框架模板（图 7-6）是研讨会成功的另一个关键因素，可为与会专家提供适当的路线图模板以指导讨论并获取讨论结果，这是路线图研讨会的一个技巧。

①在研讨会前半部分，战略全景路线图模板打印尺寸应该很大，通常是 A0 纸尺寸的 4 倍。如果用电子屏幕或投影显示，也需要足够的尺寸供与会专家站起身来讨论。

②在下午小组讨论会上，采用的具体战略主题的路线图模板通常用 A0 或 A1 大小的纸张打印（如果用电子屏幕或投影显示，则需要在小组讨论中清楚显示）。这个模板基于路线图的结构，通常只展示少量信息。根据所讨论主题的性质和范围，可以采用其他结构引导讨论，但必须保证该结构足够简单，通常还提供反馈模板总结活动中的研讨重点。应将一张路线图想象成“一张会讲故事的图”，并鼓励参与者在反馈过程中表达观点，这将提高路线图的质量和逻辑性。

基于剑桥大学技术管理中心的路线图经验，本节总结了如下 S-Plan 研讨会的关键推进问题和组织技巧，并结合 S-Plan 研讨会的标准日程，具体描述如下。

09：00 目标、会议流程介绍

研讨会很少准时开始，一般允许 10 分钟的延误。通常由研讨会组织者介绍路线图研讨会的背景和目标，然后由协调小组介绍研讨会流程，还应留出一定时间让参与者进行简单的自我介绍。

09：30 参与者观点陈述（简短介绍）

理想情况下，所有与会者都应该使用开会前提供的一页模板做一个简单演示。如果时间有限，就挑选一些特定视角进行演示（如技术和商业环境）。严格控制时间非常重要，根据参会人数，每人 3～5 分钟，高度提炼每一个观点。建议由会议主持人控制计算机演示端，每位参与者在各自位置上陈述观点。同时，每个写有观点的纸张应被复制后放到总布局图表中。会议开始时，组织者应为每位参与者提供便利贴，方便他们记录演示过程中的想法，作为下一部分会议的输入。

10：30 茶歇

会议主持人和路线图推进者（辅助主持人）可以在这个时间审查流程，处理紧急情况。

10：45 战略全景讨论（全体参与）

①市场趋势和驱动要素

②产品和服务

③技术和资源

制作“战略全景图”旨在获取参与者在所有相关主题和时间段中的重要观点及知识。S-Plan 研讨会一般采用市场拉动（需求驱动，具体见第 5 章）的方法，尽管还有其他选择（如技术推动或远景引导）。根据市场拉动的方法，会议一般分成三个部分，依次是布局中的“为什么”、“是什么”和“如何做”。每一层流程都非常相似，从头脑风暴开始获取观点，然后识别其中最重要的部分。获取的每个观点和上面的层次存在关键联系，在第二、第三层的参与者需要确定出这种关键联系。借助这种方式获取关键技术的发展与重要应用领域以及外部驱动因素的关联情况，可以将战略全景图逐渐补充完整。

就下一场研讨会的需求而言，战略全景研讨的主要成果是一组基于专家共识的优先级战略主题。在适当情况下，可以结合以下策略确定感兴趣的主题。

（1）通过路线图（层次和时间表）模板上观点的展示，将相似观点聚集在一起。主持人或路线图推进小组处理（贴在模板上）便签上记录的信息，可以在当前层级中按组细分观点。同时参与者也要遵守一定的规则，确保日期和时间准确记录在便利贴上，从而保证对便利贴上观点进行分类时不丢失信息和不改变本意。

（2）为每位参与者提供 1～2 张箭头状便利贴，使他们可以用箭头表示受关注的重点问题以及感兴趣的主题（如用箭头状便利贴来确定关键机遇和挑战）。

（3）按优先级排序大家关注的主题，从而得到一个排序表。完成排序表最快的方法是“点投票”：即给每位参与者大量的彩色圆点贴纸，基于一定的公认标准让他们对最重要的主题投票。如果采用更严谨的选择方法，那么可以采用加权评分和关联分析矩阵的方法（这将在第 8 章详细介绍），但同时将花费更多的时间，所以就可能需要缩短或减少其他活动以节省更多的时间，或者延长研讨会时间。

13：00 午餐

主持人或路线图推进小组可以在午餐时间检查会议进度，解决紧急情况，为下次小组讨论准备适当主题，还要将一些特定主题细化或分组，或选择一个特定集合进行组合（如渐进式和激进式创新组合）。另外，研讨会主题应该和参会者的专业知识相匹配。提出的建议和方法应在下次研讨会开始时进行讨论。

13：45 战略主题探索讨论（分小组）

这一部分会议以小组讨论形式展开，旨在更深入地探讨上一步识别出的关键主题。S-Plan 研讨会通常利用战略主题路线图模板支持这一过程。战略主题路线图模板的结构与战略全景路线图模板相同，但是只包括如图 7-7 所示的较为宽泛的层次。此外，为了便于反馈和汇报，根据企业案例和研究建议，还应提供第二个模板总结研讨会要点。由于主题性质、可用时间和团体大小的不同，还可能会有其他合适的结构。对战略主题讨论来说，理想的参与者数量为 3 个（2 个或 4 个也可以接受，这取决于参与者的数量和多样性）。对于创造性和开放性的问题，这种规模的研讨小组可以自发组织——最好能保证研讨小组成员的多样性（如来自不同的职能部门或领域）。

战略主题路线图研讨会主要是一种探索的流程方式，这种流程借助便利贴以

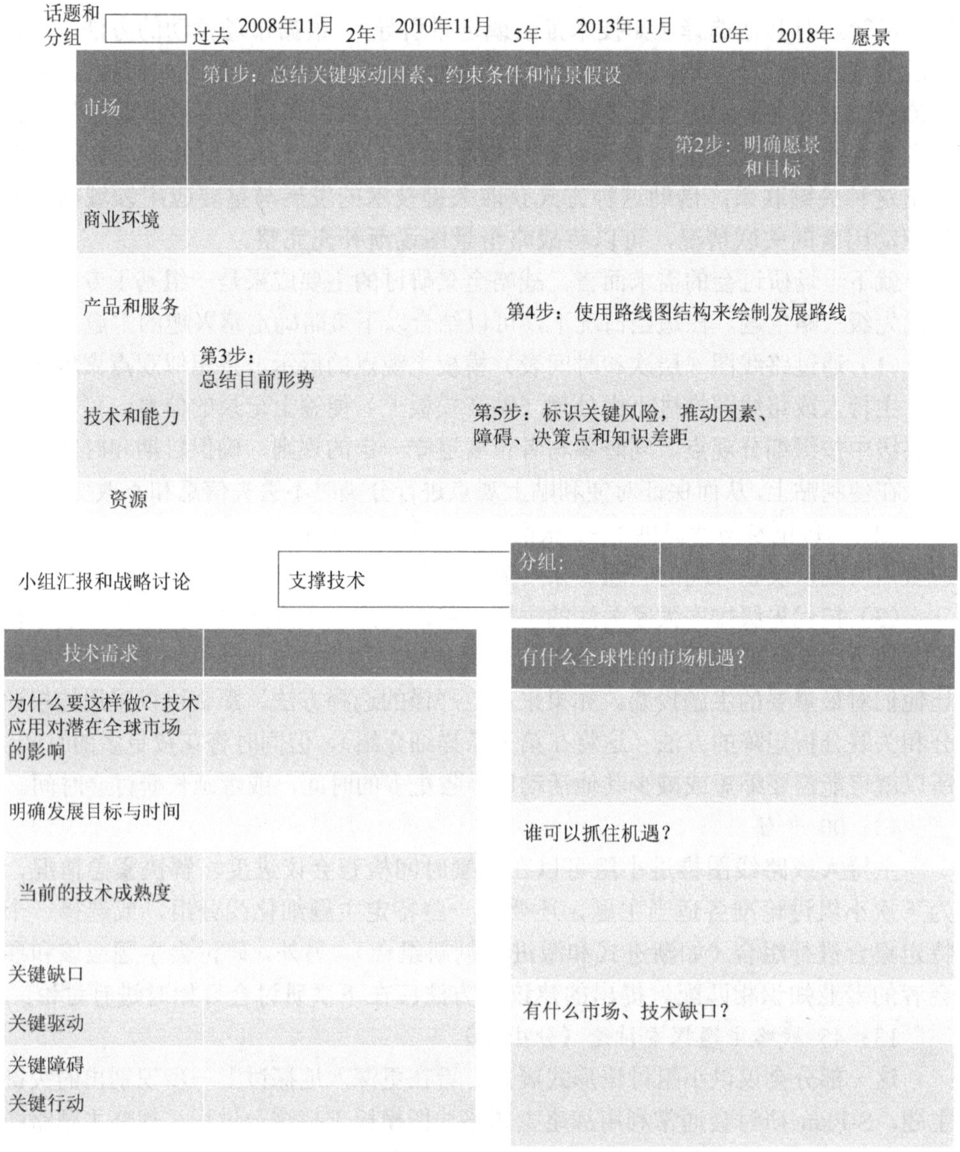

图 7-7　典型 S-Plan 路线图及专家意见模板

及路线图模板来引导讨论，从而帮助参与者更好地理解关键主题，并确定关键的研讨要点和行动规划。各小组要对各自的战略主题负责，随着对流程和问题的深入了解，如果他们认为有必要、有帮助，可有权细分、扩展或者回测战略主题。以战略全景图为基础，如遇任何问题或约束，研讨会小组成员应该重新审查影响主题的关键驱动因素以及其他层次之间的联系。研讨小组应该基于对当前相关市场、产品、技术和资源状态的评价以及相关问题的思考，建立中期目标。评价和审查关键战略主题的核心要素是重要的收尾工作，如标识关键风险、推动因素、障碍、决策点和知识差距以及需要采取的行动。

15：30 茶歇

主持人或路线图推进小组可以在这个时间检查会议进度，解决紧急情况。

15：45 反馈与讨论

每个小组应当分享介绍其讨论后的产出和关键要点，以与其他小组的思考产生碰撞或认同，并促进反馈和讨论。与研讨会的其他部分一样，反馈与讨论阶段也要控制好时间，否则此阶段常常超时。

17：00 评价和审查，并明确下一步行动计划

在整个研讨会流程第一次迭代或解决一个单独问题时，最后必须产生决策和下一步的行动计划，这是快速启动方法的重要原则。

17：30 结束

为保证研讨报告准确反映与会专家的观点，应当尽快整理总结，完成整个报告草案并提供给参与者。战略全景分析的后续处理极富挑战，因为相关信息范围广、密度大、种类多。解决这一难点的关键在于做好排序和关联工作，这也是战略全景分析的关键组成部分，通过排序和关联能识别重要信息与战略主题之间的联系。我们的目标一般是从布局中提取出两份一页式总结性图表：第一份关注层次和主题间的关系（使用 QFD 样式的关联矩阵），第二份关注时间维度（使用路线图结构）。

在研讨会后，深度挖掘路线图可以获得更多信息。例如，深挖流程中产生的共识或另类的挑战性的观点（与第 2 章提到的摩托罗拉的少数派报告相似）。还可以描述关键战略主题（甚至子主题），可以基于图形和文本的格式呈现，以总结每个战略主题的预期发展和关键问题。

7.3.2 S-Plan 案例

下面是四个 S-Plan 案例，分别介绍 S-Plan 研讨会方法在产业和大型机构层面的应用。这四个案例运用了相同的研讨会方法，但每一个案例的整体流程和模板结构都是根据具体应用背景定制的。

1. 案例 A——制造业务重组（机械设备）

该 S-Plan 案例关注的是一家欧洲大型制造企业（图 7-8），其主要业务是开发、制造精密注塑成型机械设备。当时该企业计划通过大幅增加科研投入，促进企业技术创新，从而提高其竞争力和盈利能力。因此，该企业决定制定 S-Plan 路线图指引相关战略。

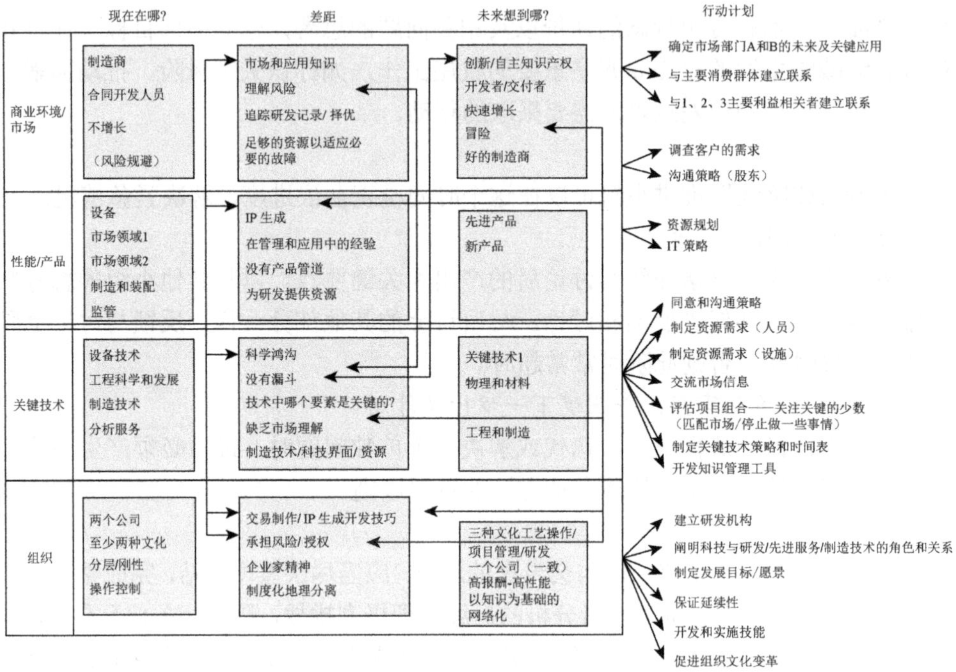

图 7-8　案例 A：S-Plan 路线图视角、状态、差距和行动计划

首先，该企业组织了为期一整天的 S-Plan 路线图研讨会，共有包括资深商业和技术代表在内的约 15 位高级经理参加了这次研讨会。这场研讨会旨在确定该企业的整体战略方向，其中包括各个职能方面（商业环境/市场，性能/产品，关键技术，组织等）的子战略。当这些战略都确定时，企业的整体阶段和战略方向也就确定了。并且，研讨会还着重将战略挑战（创新差距和短板）一一梳理并呈现出来，从而为下一步的行动规划奠定基础（可称为补短板行动）。

然后，该企业在一年后举行了第二轮 S-Plan 研讨会，此次研讨会耗时整整两天。在这两天的研讨会上，来自全企业的 25 位参会者评价和审查了战略及实际发展进度。这次研讨会旨在重新审视和调整市场、产品、技术等具体战略计划及总体商业战略。在这次研讨会中，参会者从商业战略中提取了关键的方向和战略主题，并预先填充了路线图框架模板，然后用市场拉动的方式探索每个分析视角。第二天，参会者被划分到不同功能小组，评价和审查第一天的产出，并进行修订和改进（第二次循环）。这些信息将反馈给主持人和路线图推进小组，并综合这些小组讨论，总结归纳为该企业的整体战略与行动计划。

在这个案例中，该大型制造企业使用了 S-Plan 路线图帮助制定战略规划，而定期召开研讨会以修订、反馈前期的 S-Plan 路线图。

2. 案例 B——国际企业研发网络（包装）

这个 S-Plan 案例关注的是一家大型国际包装企业的国际研发网络。该企业在欧洲拥有中央研发机构（中央实验室），而其业务单元广泛分布于世界各地，形成了国际研发网络，其按照地理位置和产品线进行管理（图 7-9）。各地业务单元按项目向中央实验室提供资金，由中央实验室对产品开发和故障诊断提供支持。同时，各业务单元的部分利润将上缴中央实验室用于长期研发，包括新材料、产品开发和生产流程开发等方面。

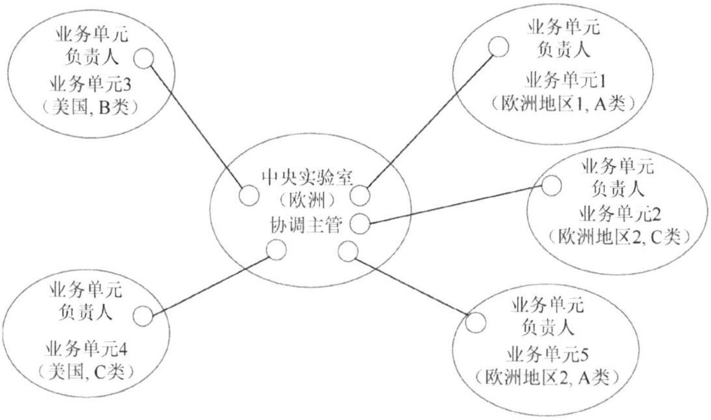

图 7-9　案例 B：企业研发组织框架

这个国际企业研发网络面临的主要问题是各个业务单元目标不一致，这些目标往往侧重于各部门短期、中期的问题，而中央实验室侧重于长期研发投入。因此，常常有一些（长期）价值重大的技术或产品未能被业务单元选择，而这导致大家质疑中央实验室的价值以及相关预算问题。

为了协调这种矛盾并制定一个有共识的长期战略规划，该机构举办了一系列为期两天的 S-Plan 路线图研讨会，每个研讨会都关注特定的业务单元。研讨会将来自各个不同部门的专家组织在一起，针对特定商业活动进行不同视角的探讨，包括业务单元的商业视角和中央实验室的技术视角。该 S-Plan 研讨会首先在一个业务单元中进行试点，然后应用到其他关键商业活动和技术领域。

这个 S-Plan 流程的每场研讨会由三个关键人员计划和实施，并且保证在业务单元和中央实验室都能得到产出，进而促进研究管理的流程重组，以更好地支持一系列新产品、生产流程的开发。

（1）由中央实验室的高级研发经理负责推进 S-Plan 研讨会流程。高级研发经理负责与各业务小组对接，联络并获得帮助和支持，并确保研讨会中有合适的技术研发人员参与，以保证研讨会产出可以在中央实验室进行实验研究。

（2）业务单元经理需要参与 S-Plan 研讨会。业务单元经理要确保业务目标能被清晰理解，要组织合适的商业战略、市场和运营部门人员参加研讨会，以确定研讨会产生的路线图能运用于上述各部门的业务中；主要关注业务单元的创新机遇和战略选择，为 S-Plan 研讨会路线图的关键执行者。

（3）路线图推进者或小组要帮助设计和协调 S-Plan 流程，并推动研讨会进程。这一角色最初（如头三场研讨会）可以由外请的路线图专家担任，当研讨会积累一定经验后，可以转为由中央实验室人员担任。

每场 S-Plan 研讨会的主要产出，是为各个业务单元提供一组优先考虑的创新机会和战略选择，并结合这些创新战略所需的关键技术，得到达成共识的中央实验室研发规划。在路线图制定过程中，S-Plan 研讨会需要将路线图流程中建立的优先级与现有研发组合相比较，强调与业务单元优先事项相匹配的研发项目，重新分配预算商业需求与技术供给不匹配的方面，并停止与商业需求没有直接关联的项目。

就长远来看，S-Plan 路线图的制定使得相关业务单元重新制定并实施创新战略，识别和追求新的机遇。在重新调整研发预算后，该企业国际研发网络的研发项目都与企业未来的业务需求紧密相连，这一过程使得业务单元与中央实验室之间的关系更加牢固，业务单元能最大化地利用企业已有技术。

3. 案例 C——国家重点研究的新兴技术（测量学）

新兴技术测量与标准（Measurement and Standards for Emerging Technologies）系列路线图于 2006 年制定，旨在为英国一些重点行业确定测量技术的需求和相关研究主题。为此，英国标准委员会（British Standards Institution，BSI）举办了一系列为期一天的 S-Plan 研讨会，每场研讨会都针对不同的领域：环境友好型运输、环境安全、可持续消费和生产、新能源技术、卫生和生物科学、智能互联世界、设计、工程与高端制造、建筑环境工程。除了国家测量系统（National Measurement System），还有 100 多位各界专家参加了研讨会，包括产业（各个规模的企业）、贸易联合会、高校以及公共部门（政府部门机构、学术界）。

其中一场 S-Plan 研讨会的主要产出如图 7-10 所示，图中展示了战略全景研讨环节产生的关键战略主题（以及它们之间的关联），并且将其通过时间维度呈现。在研讨会结束后，该路线图还被发送给更广泛的未与会专家进行评价和审查，使该路线图结果更加准确、精炼。最终路线图的可视化结果在网络上进行公布，并被扩散传播以鼓励更多专家参与评论。

其中，第九场 S-Plan 研讨会利用八个行业的研讨会成果，讨论了跨领域交叉主题及其组合的作用。由于这八个行业研讨会使用相同的流程结构以及研讨会方法，因此第九场 S-Plan 研讨会能顺利进行。除了常见的测量问题，八场研讨会中发现的行业驱动因素有很大程度的共性，该项目重新聚焦和调整英国的测量研究项目。

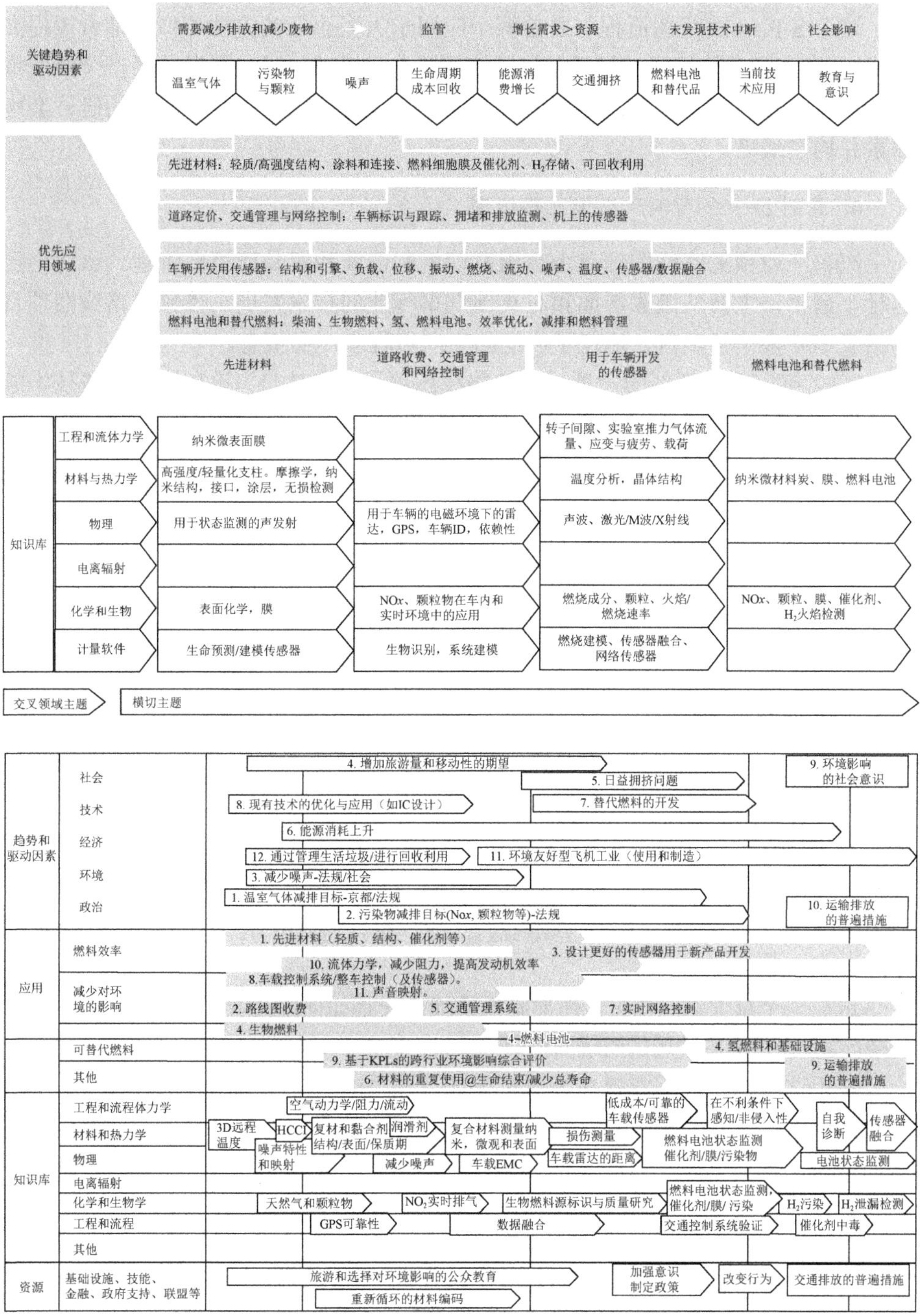

图 7-10　案例 C：MSET“环境友好型交通”路线图概览

这个 S-Plan 路线图流程与之前两个应用于大型企业的方法相似，都希望提高（行业）整体战略和各分部门子战略的协同性与一致性。路线图提供了一个集成框架，不论是产业还是企业，均可以借助该框架在跨领域、多业务部门的研讨会中探索并构建战略。

4. 案例 D——汽车产业预见路线图

汽车产业预见路线图项目由英国发动机制造商和贸易商协会管理。该协会已运行十余年，主要从国家层面预见英国汽车行业的技术发展。该预见路线图项目包括了 100 多个子项目，涵盖了广泛的生产流程和产品概念。

2002 年该协会开展的一项重要的路线图项目（图 7-11）旨在确定哪些技术领域可以从相关机构团体中受益。第一版路线图的形成历经十几个月的十场研讨会，来自 60 个机构（包括产业界、学术界、政府）的 130 余位参与者参会。

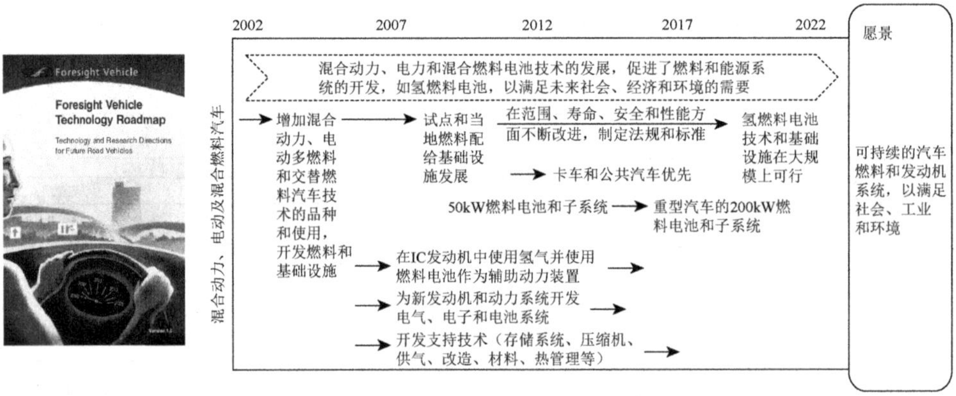

图 7-11　案例 D：汽车产业预见路线图报告（第一版）：混合动力、电动和替代燃料汽车

这样一个重大路线图报告所面临的挑战之一是如何使读者容易理解大量信息和复杂问题。研讨会中使用的路线图框架为报告内容的构建提供了基础，如图 7-12 所示。

使用这种路线图框架旨在为研讨会涉及的 28 个战略主题各形成一个详细的一页式图表，以作为报告附录的一部分。研讨会的产出为制作这些图表提供了基本的资料，并辅以已发布的文件补充其趋势和驱动因素层。为了清楚地表达某项战略主题的发展预期，需要整合和审查通过这种方法获取的信息并形成战略描述文档。这些战略描述文档可构成报告的主干部分。创建战略描述文档的新图表来展现内容的高度概要，然后回顾报告主体，进而获得战略规划摘要。报告的层次结构基于统一的路线图框架设计，因此读者能够更容易和快速地浏览路线图报告文档，并选择感兴趣的特定领域阅读。

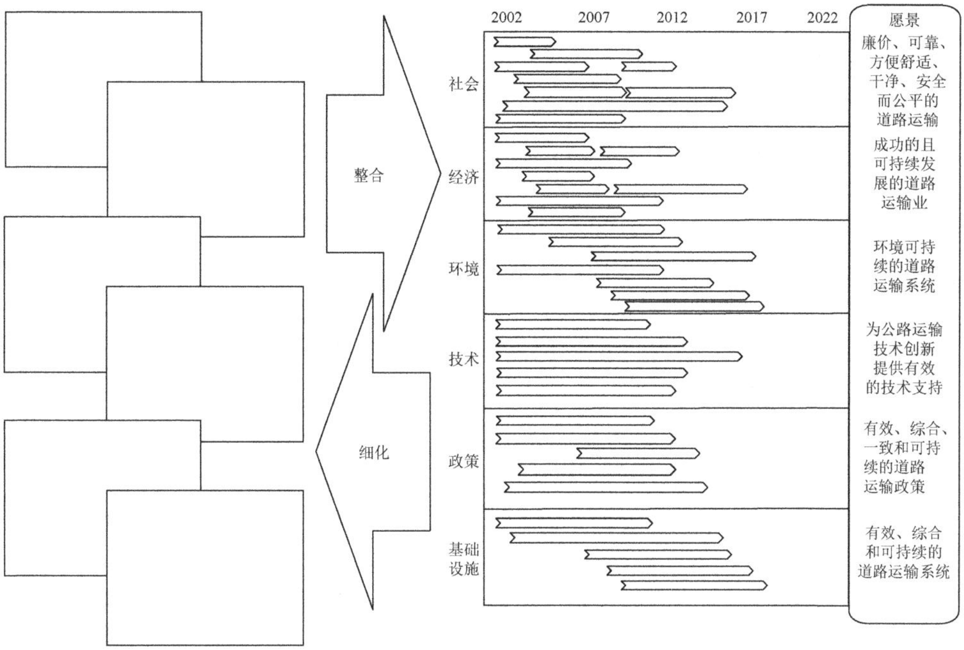

图 7-12　案例 D：汽车产业预见路线图的趋势和驱动因素：总图与六个子图

汽车产业预见路线图项目已成为一个非常成功的路线图项目，其在国际上也广为传播，成为英国汽车业（乃至国际汽车业）的一个重要战略参考。发动机制造商和贸易商协会在 2004 年更新了该路线图并在 2009 年发布了第三版路线图，证明了该路线图的 S-Plan 方法是成功的。

7.4　技术与产品视角路线图流程（T-Plan）

路线图 T-Plan 流程主要聚焦产品和技术的发展规划。路线图 T-Plan 流程一般是将 8～12 位（这个规模是基于剑桥大学技术管理中心的经验总结的）来自不同机构或部门的参与者组织起来，通过四个为期半天的研讨会制定出一个产品（或产品系列）的路线图草案。其中，四个 T-Plan 研讨会分别如下。

（1）市场：识别、分类、排序外部市场和内部业务驱动因素，优先排序需要细分的关键市场因素，同时审查关键技术和确定知识缺口。

（2）产品：依据市场需求识别、排序产品特征、功能和属性，同时审查产品策略和识别知识缺口。

（3）技术：识别和排序支持产品开发的备选技术方法，同时识别知识缺口。

（4）绘制路线图：根据前三个研讨会的产出，制定初始路线图，将市场、产品和技术观点联系起来，达成共识并制定规划。

T-Plan 流程总结如下，并通过两个企业案例具体说明。为了获得更好的指导和简化方法，读者可以参考 T-Plan 指南（Phaal et al.，2001）。①

7.4.1 T-Plan 流程

S-Plan 流程和 T-Plan 流程的基础路线图原则相同，但 T-Plan 更关注产品层面（包括市场和技术）。主要区别如下。

（1）T-Plan 对单个产品或系列产品的关注颗粒度比 S-Plan 更精细，特别是在市场驱动因素（客户购买动机）及产品功能、性能和特征方面。对于更高层次的战略问题，使用 S-Plan 方法更合适。

（2）应该选择产品领域的专业人士作为 T-Plan 研讨会的参与者，通常可能需要 8～12 位商业和技术领域的专家参加四场研讨会。

（3）T-Plan 整个流程被划分为四个为期半天的研讨会，依次是市场、产品和技术领域，然后在最后一场研讨会上绘制路线图草案。

（4）与 S-Plan 不同的是，T-Plan 一般在研讨会中讨论确定路线图框架，而不需要在研讨会前设计好框架模板（S-Plan 是在研讨会之前确定，见 7.3.1 节）。

（5）市场-产品-技术之间的跨层连接，通常可以用 QFD 等风格的关联矩阵式分析工具来体现，探索和呈现市场、产品和技术之间的关系，并确定优先顺序。

图 7-13 总结了路线图 T-Plan 流程方法，下面详细介绍 T-Plan 研讨会流程。

1. 第一场 T-Plan 研讨会：市场

09：00 介绍

研讨会尽量保证准时开始，但一般允许有 10 分钟左右的延误。通常由路线图发起者介绍背景和目标，然后由路线图推进者介绍流程，还要留出一些时间让参与者进行简单的自我介绍。

09：30 性能维度

第一场研讨会的主题是市场，主要是客户需求和购买动机。直接完成这一讨论目标较为困难，对关键产品的性能维度（如易用性、成本和大小）进行一次快速头脑风暴将会是一个良好开端。此外，还应特别强调产品的关键性能维度。

10：00 市场/商业驱动

对外部市场驱动因素（客户购买动机）进行头脑风暴，以前一部分得到的产品性能驱动为起始点（一种“升级”，解决“为何这些性能维度有价值”的问题）进行分组（通常为十个或更少）。分析内部商业驱动因素时重复一遍刚才的流程，

---

① 需要介绍的是，T-Plan 指南这本书最早在 2001 年于英国出版，之后曾经于 2009 年翻译成中文并由清华大学出版社出版，其中文版书名为《技术路线图：规划成功之路》。

以获取影响企业创新选择的战略因素。

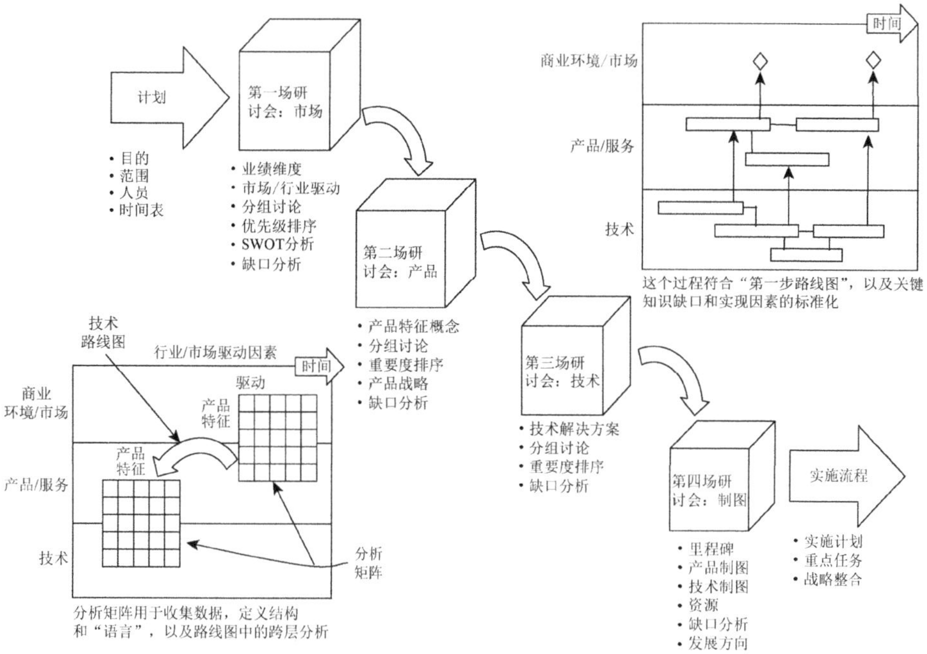

图 7-13　产品技术战略规划的 T-Plan 流程

11：00 茶歇

研讨会主持人或路线图推进小组可以在这个时间审查流程，解决紧急情况。

11：15 驱动因素排序

识别潜在细分市场，并选择其中最感兴趣的深入讨论，将每个市场（客户）驱动因素按相对重要程度进行排序。

11：45 SWOT 分析

回顾有关产品创新的战略环境，用 SWOT 框架和头脑风暴法分析外部的机会、威胁和内部的优势、劣势。

12：15 差距

识别关键市场知识缺口（如客户、竞争和法规），其中一些问题应该在第二场研讨会前解决。

12：30 结束

向参与者发放研讨会纪要，并根据研讨会的结果采取下一步行动。

2. 第二场 T-Plan 研讨会：产品

09：00 介绍

简单总结第一场研讨会的产出，并引导参与者回忆路线图制定的目标、方法和议程。

09：15 提出产品特征的概念

基于第一场研讨会识别的市场（客户）驱动因素，对尽可能多的产品特征、功能和性能、产品服务进行头脑风暴。重要的是，在这个阶段避免讨论技术，而聚焦于未来的产品或服务。整个研讨会应当分成不同的小组（通常为十个以下）来识别潜在创新领域，以便在第三场研讨会中评估市场驱动的潜在影响，而这些产品领域用来确定路线图子层（第四场研讨会）。

10：45 茶歇

研讨会主持人或路线图推进小组可以在这个时间审查流程，解决紧急情况。

11：00 产品特征的影响因素

这一部分运用 QFD 风格的关联矩阵，如图 7-13 以及案例 E、F 所示。以市场驱动因素作为矩阵行，以产品特性作为矩阵列，建立关联矩阵。带着“如果我来投资这个领域，我会重视哪些市场驱动因素？”这一问题（一个“推动”问题），依次填写每一行，并为每个市场（商业）驱动因素对每个产品特性的相关影响排名。带着“如果我想满足某个市场需求，哪个产品特性最具潜力？”的问题（一个“拉动”问题），审查每一列，平衡关联矩阵，并适当地调整评分。根据市场驱动因素的相对重要性确定加权值，然后计算每个产品特性的总体得分。

12：00 产品战略

如果时间允许，可回顾产品战略，例如，关键差别是什么？什么价位更合适？应该开发哪个产品平台？系列产品可能是什么样？

12：15 缺口

识别关键产品的知识缺口（如客户需求与关键产品是否不匹配？是否缺少相关的客户需求知识），这些应该在第三场研讨会前讨论清楚。

12：30 结束

向参与者发放研讨会纪要，并按研讨会的结果采取行动。

3. 第三场 T-Plan 研讨会：技术

09：00 介绍

简单总结前两场研讨会的产出，并引导参与者回忆路线图制定的目标、方法和日程。

09：30 技术解决方案

基于第二场研讨会确定的产品特征概念、功能和性能需求，对尽可能多的技术解决方案进行头脑风暴。整个研讨会应当分成不同的小组（通常为十个或更少）来确定技术能力范围，这样就可以在第四场研讨会评估它们对产品驱动的潜在影响。这些技术领域将用于确定路线图子层（第四场研讨会）。

11：00 茶歇

研讨会主持人或路线图推进小组可以在这个时间审查流程，解决紧急情况。

11：15 技术解决方案的影响因素

这里运用第二个 QFD 风格的关联矩阵，如图 7-13 和案例 E 所示，分别用产品领域和技术领域确定列和行，结合第二场研讨会中确定的产品驱动因素（优先级），利用相同流程评估每个技术领域的影响因素。

12：15 差距

识别关键技术知识缺口（如分析最新技术、未来技术等，然后比较分析现有技术能力是否与最新技术、未来技术相比有缺口），其中一些问题应该在最后一场研讨会前解决。

12：30 结束

向参与者发放研讨会纪要，并按研讨会的结果采取下一步行动。

4. 第四场 T-Plan 研讨会：绘制路线图

09：00 介绍

简单总结前三场研讨会的产出，并引导参与者回忆路线图制定的目标、方法和议程。

09：15 路线图

确认路线图关注点、范围和形式，使其与挂图上准备好的大模板一致。产品和技术子层由第二场和第三场研讨会中识别的群组确定，需要足够长的时间表描绘 2～3 个创新周期。审查产品愿景和战略需求，通过详细描述每个版本的产品功能和性能，建立关键时间里程碑。这需要通过协调市场/商业环境和技术/资源等不同视角的观点，协调“技术推动”和“需求拉动”。前三场研讨会评估的市场、产品和技术影响因素为指导讨论提供了理论基础。

10：30 茶歇

研讨会主持人或路线图推进小组可以在这个时间审查流程，解决紧急情况。

10：45 继续讨论路线图

在路线图框架引导下，明确技术研发项目设计，并讨论其与创新战略的其他部分（如市场驱动、竞争、客户、商业战略、服务、经营和资源）的联系。绘制关键联系，明确决策点并评估风险。

12：00 产出和行动计划

再一次评估和审查路线图的关键产出与行动计划。

12：30 结束

向参与者发放研讨会纪要，保证在研讨会过程中提到的行动计划能够顺利执行。

7.4.2　T-Plan 案例

下面介绍两个企业案例来说明 T-Plan 方法。

1. 案例 E——新产品开发（软件）

英国一家小型软件企业欲占据医药行业这一新获利市场，所以对一款旧软件产品进行二次开发（Phaal et al.，2001）。技术路线图可以评估拟开发产品的可行性，并提供产品规划方法。

遵循标准的 T-Plan 流程，来自技术和商业部的 12 位高级经理参加了这次为期四天半的研讨会。图 7-14（a）和图 7-14（b）展示了第二场、第三场（产品和技术）研讨会的主要产出——市场产品和产品技术关联矩阵。这些关联矩

	市场								Softco							
优先级：医药研发外包	9	10	7	6	1	2	6	5	5	7	9	6	10			
(10级)　大型制药	9	10	10	2	8	4	7	7								
	市场/商业驱动因素															
产品特征概念	1. 药物上市时间	2. 试验完整性	3. 实验成本	4. 全球化	5. 前沿	6. 易用性	7. 连通性	8. 未来证明	A. 可重用性	B. 第一	C. 上市时间	D. 激励员工	E. 发布底线发布后一年	大型制药	CRO	Softco
1. 安全		√√√√	√✓	√					√	√√	X		√	5.5	4.8	4.5
2. 验证软件		√√√	√	√				√	√	√√	XXXX	√√	√	4.7	4.2	1.1
3. 服从	√√	√√√√	√√	√√	√	√√				√√√	Xʌ*	X	√√	8.7	8.3	4.9
4.服务	√✓	√	√	√√		√	√			√√	Xʌ	√	√	5.0	4.1	3.8
5. 日期管理	√√√	√√	√√	√√√	√√	√√	√√	√	√√	√√	XXX	√	√	10.0	10.0	3.0
6. 打印功能	√√√	√√√	√√✓	√√	√√	√√		√	√√√	√√	X	√√	√√	9.6	9.9	9.5
7. 全球解决方案	√		√	√√√√	√√	√	√	√√	√√	√√	X	√	X**	5.9	5.8	2.5
8. 灵活实施	√	√	√	√√	√√	√	√√	√√√	√√	√√	XX	√√√	√√	6.8	7.5	10.0
9. Softco 需求			√						√		X	√	√	0.7	0.8	2.7
10. 用户友好性	√	√	√		√	√√√			√	√√	XX	√√	√	3.2	4.2	5.2

等级
√=1　X=−1
✓=0.5　ʌ=−0.5
Σ每格分数x 驱动优先级
标准化：最高分数＝10

*困难，**收益慢

(a) 案例E：市场-产品关联矩阵

优先级：-从格子1（10级）	1	2	3	4	5	6	7	8	9	10
大型制药1:	5.5*	4.7*	8.7*	5.0	10.0	9.6	5.9	6.8	0.7	3.2
CRO:	4.8	4.2	8.3	4.1	10.0	9.9	5.8	7.5	0.8	4.2
Softco	4.5	1.1	4.9	3.8	3.0	9.5	2.5	10.0	2.7	5.2

技术：√=1　X=−1　r=0.5

Σ每格分数x 驱动优先级

标准化：最大分数 = 10

技术领域	产品特征概念												
	1. 安全性	2. 验证软件	3. 顺从	4. 服务	5. 日期管理	6. 印刷	7. 全球性解决方案	8. 灵活实施	9. Softco 需求	10. 用户友好性	大型制药	CRO	Softco
1. 联合			√√√	√√	√r		√√	√	√√	√	7.8	7.6	7.2
2. 系统架构	√√	√	√r		√√	√√	√√	√√	√	r	10.0	10.0	10.0
3. 设计		√√√	√		√		√√	√√√		√	7.1	7.2	7.1
4. “软技”术		√√√	√√	√√	√		r		√√r	√√√	6.9	6.8	6.5
5. 输出技术	√√				√	√√√	√√				6.4	6.4	6.3
6. 安全技术	√√√		√√		√√	√√	√	√		X	8.6	8.4	7.6
7. 核心技术（重用）	√√	X√√**		r	√√	√√√	√√		√		8.3	8.2	7.5

*必须，**过去已经重用，+ 未来重用

(b) 案例E：产品-技术关联矩阵

图 7-14　案例 E：关联矩阵

阵概括了客户和企业驱动者、主要产品和技术领域以及它们之间的关系。根据它们对市场和商业驱动的贡献，加权评分系统可以对产品和技术领域进行优先级排序。

图 7-15 是最终研讨会产出的路线图，该图将商业和技术视角并列，借助相关技术发展制定详细的产品战略。研讨会部分主要争论与软件功能的发布时机有关，体现在软件版本和发布日期两方面。这是市场对产品特性的需求和企业技术能力之间的缺口。前三场研讨会的产出为解决这个问题奠定了基础，它有助于对产品开发特征进行排序，并实现市场、产品和技术策略的统一。

根据路线图结果，企业决定不再继续产品研发，因为对于企业现在的发展规模来说，对员工和设施的投资过于巨大。这是一个值得肯定的结果，它避免了大量工作和冗余管理。随后，该企业在其他商业领域再次应用了技术路线图方法，支持核心产品的开发。

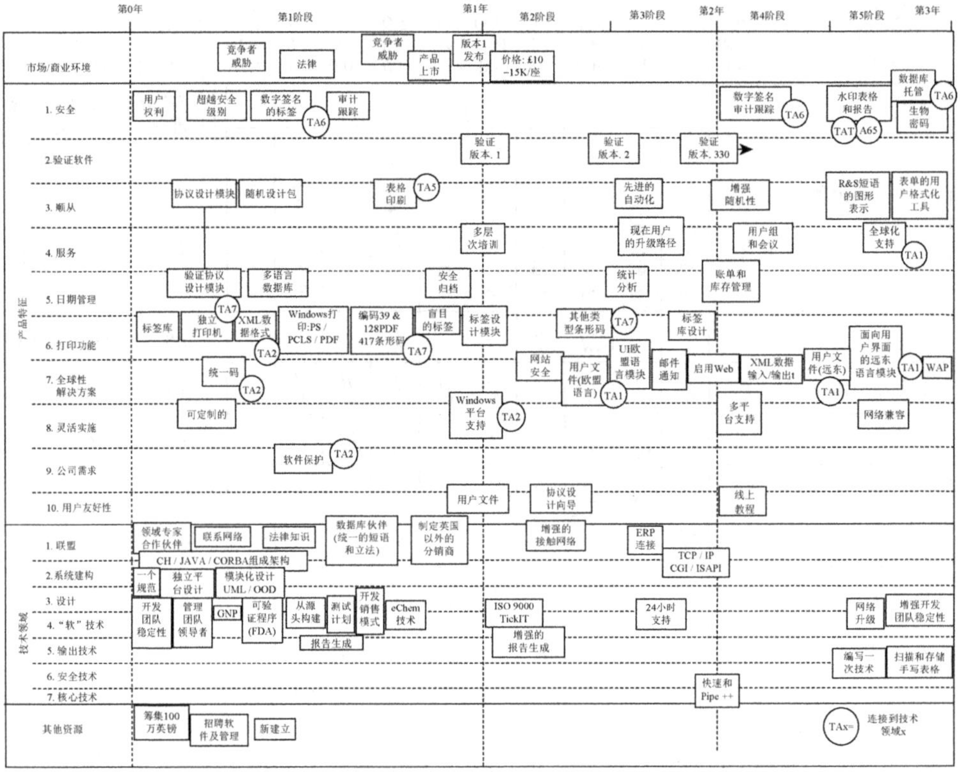

图 7-15　案例 E：初版路线图

2. 案例 F——协调技术和产品开发（工业印刷）

本案例介绍了一家为工业应用提供印刷方案的中型企业（有 1500 名员工）如何在数年时间里实施路线图方法（Phaal et al.，2008）。

该企业总部、设计部和制造部位于欧洲，在 150 多个国家设有区域中心和销售机构。该企业已经成立了 30 年，并且拥有强大的技术背景。随着企业规模越来越大，组织结构日益复杂，企业获得了新技术并扩大了产品开发范围，这就需要一种方法管理技术，并将其融入新的核心产品的开发过程。

作为一家以技术为基础的企业，该企业非常清楚，只有开发新技术（或其他技能）才能走得长远。该企业拥有将试验完善的新技术应用到产品开发项目中的经验。但结果总是延迟，令人失望。为规避这一问题，企业需要一个一致的产品-技术战略，这样才可以提前创新，并在需要时快速且安全地应用到市场中，而路线图被认为是最合适的方法。

路线图方法最先应用于规模最大、历史最久的业务部门，该部门具备成熟的连续喷墨打印技术。这次路线图方法的主要产出是认识到该部门开展的项目太多，并且缺乏改进产品技术的信心。为此进行了一次市场调研，重新修订了路线图，并开始跟进一系列新产品项目。基于这次经验，企业在其他业务部门也启动了路线图方法。

第二场（产品）研讨会中得到的市场-产品关联矩阵如图 7-16 所示，它将市场和产品特性的商业驱动因素（功能和特征）连接起来。这一活动的核心产出以及第三场研讨会中得到的产品-技术关联矩阵促进了参与者、相关市场和产品及技术前景之间的交流。

优先权(P)：10个

得分 = ∑ticks x P
(N) = 标准化

	市场								公司				得分			
优先权(P)	7	3	0	2	6	5	1	10	8	9	5	10				
	市场/商业驱动															
产品特征概念	1. 市场驱动1	2. 市场驱动2	3. 市场驱动3	4. 市场驱动4	5. 市场驱动5	6. 市场驱动6	7. 市场驱动7	8. 市场驱动8	A. 商业驱动1	B. 商业驱动2	C. 商业驱动3	D. 商业驱动4	市场	(N)	公司	(N)
1. 特征领域1	?						√		√√			√	1	0	25	4
2. 特征领域2	√√						√√		√	√√√		√	16	4	39	6
3. 特征领域3		√√√	√√√		√				√	√√	√		15	4	35	5
4. 特征领域4	?					√√	√√	√	√√√	√√			20	5	37	6
5. 特征领域5	?					√√√	√	√√√	√	√	?		40	10	18	3
6. 特征领域6	?	√			√	√	√√		√	√√		√	16	4	31	5
7. 特征领域7	√√	√		√	√	√	√√		√	√	√√		32	8	36	6
8. 特征领域8		√√		√	√		√		√	√			8	2	9	1
9. 特征领域9					√√√	√√√	√√		√√	√√			35	9	27	4
10. 特征领域10	√√	√√							√√√	√	√√√		20	5	65	10
11. 特征领域11		√	√	√	√	√√	√√		√√	√		√	23	6	33	5
12. 特征领域12		√√		√	√		√√		√√	√√			9	2	27	4
13. 特征领域13	√	√√	√		√√	√√	√√		√√√	√√		√	36	9	59	9

图 7-16 案例 F：市场-产品的关联矩阵

图 7-17 展示了其中一个业务部门应用路线图方法时制作的第一张路线图，它为定期审查和更新路线图奠定了一个迭代基础。图 7-18 展示了这个路线图的最新版本，说明了该方法在数年内是如何演进的。图 7-18（a）是基础的路线图，图 7-18（b）叠加展示了产品特性和性能的发展。

T-Plan 快速启动流程应用于企业所有业务部门，并且提供了一个快速高效制定初始路线图的有效方法。在所有案例中，第一份路线图表现出现有计划和意图过于不切实际，不得不相应缩减原计划——这件事情本身就是对路线图开发早期阶段有利的成果。

尽管如此，很多人（经理和员工）通常会对第一版路线图持谨慎态度，并且在经过多次迭代之后才真正信任它们。六个月一次的例行评价审查非常重要，因为它能给出时间将路线图参与专家聚集在一起反思既定的决定。但在反复讨论过程中，路线图不可避免地发生改变，同时随着讨论的进行，大家对路线图的理解逐渐加深，路线图支持战略规划的作用也逐渐增强。

路线图成为向董事会和企业内其他人员传达新战略的有效工具。将不同业务单元的路线图整合在一起，有助于保证协同效应，从而进一步提高工作效率。

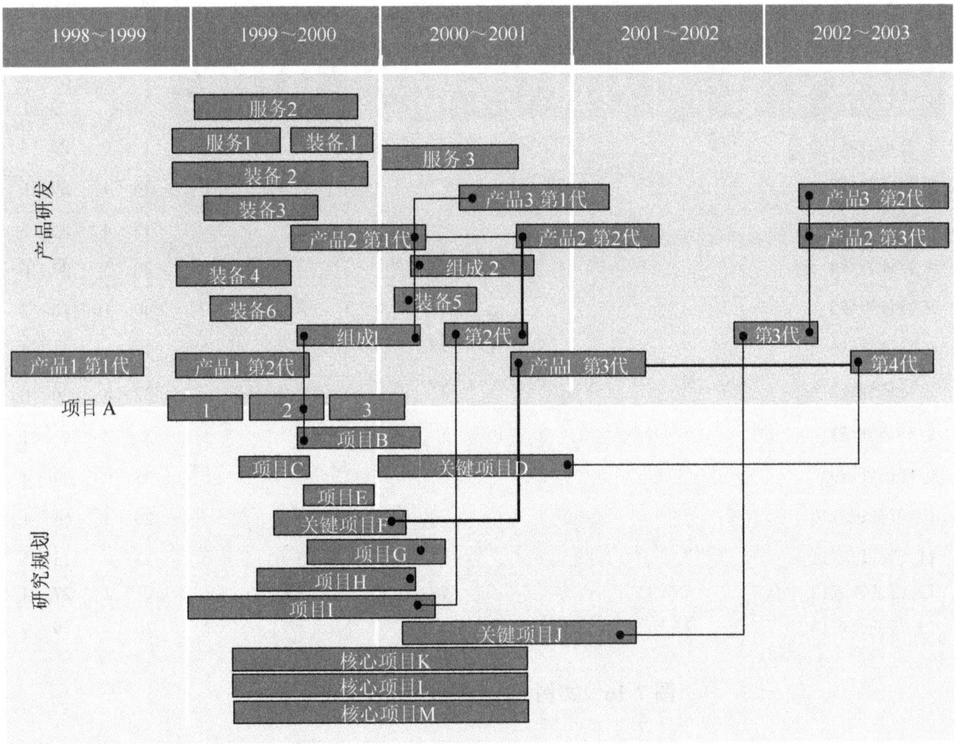

图 7-17　案例 F：初版产品-技术路线图

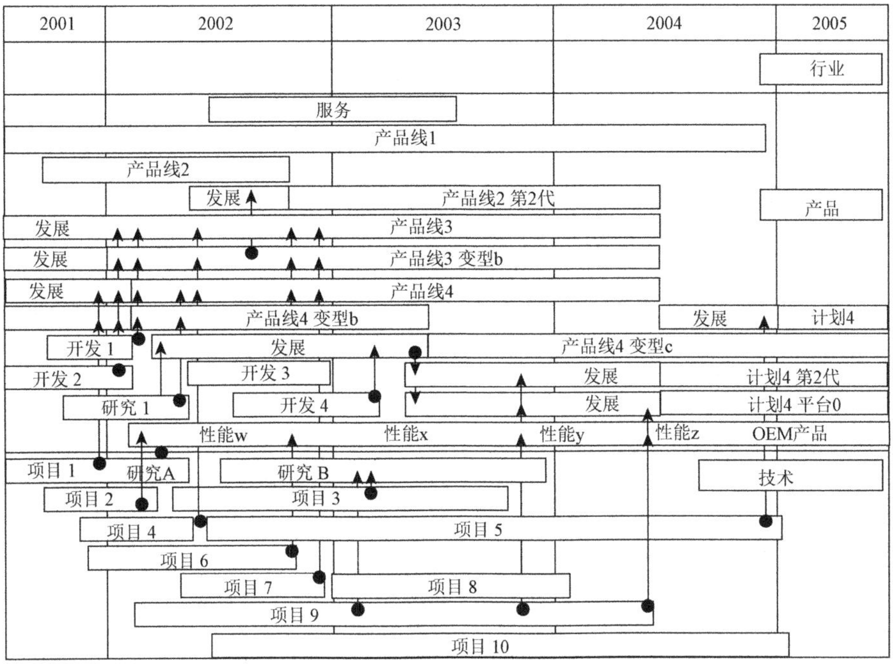

(a) 案例F：修订版产品-技术路线图示意图（项目）

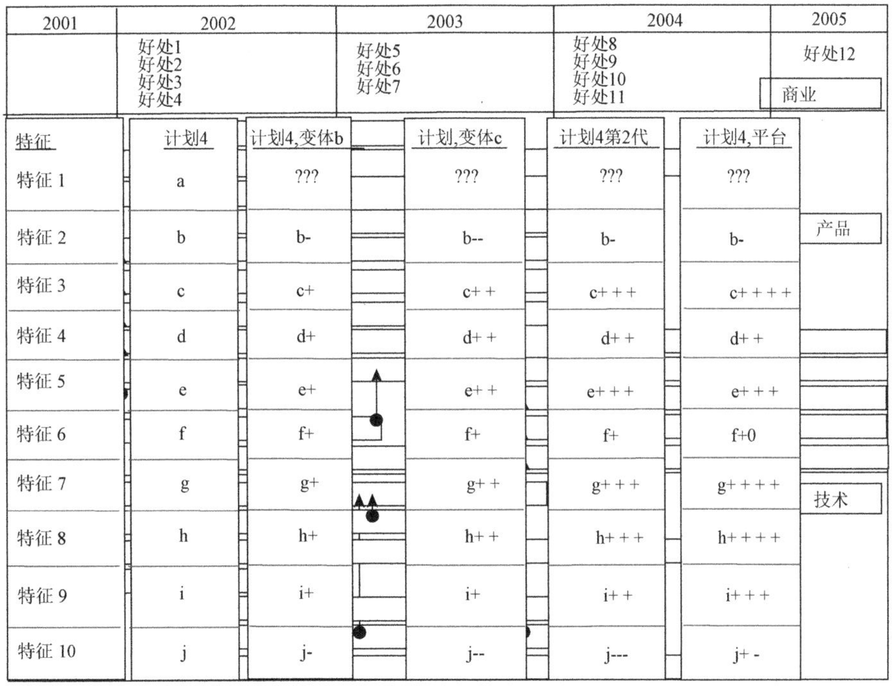

(a) 案例F：修订版产品-技术路线图（产品特征-性能）

图 7-18　两个案例

7.5 本章小结

路线图快速启动研讨会能够有效地通过路线图制定过程，来促进不同视角之间的战略对话。S-Plan 或 T-Plan 的路线图框架可指导快速启动研讨会，有助于获取观点、探索概念和总结产出（图 7-19）。在推进快速启动研讨会时，应允许参与者充分参与讨论和沟通互动（可以使用便于表达观点的形式，如便利贴）。整个研讨会过程应允许发表不同观点，从而促进观点的碰撞以产生创新，有利于充分沟通后达成共识。

图 7-19　S-Plan 研讨会现场照片

S-Plan 和 T-Plan 路线图流程方法可分别用于战略-产业和产品-技术视角的研究。不管是 S-Plan 还是 T-Plan，路线图快速启动研讨会方法都能够灵活、快速地聚焦问题，在大、小规模组织中均适用。第 8 章将介绍路线图实施过程中的问题，包括路线图如何与不同的管理流程和其他管理工具框架相联系，以及可视化的路线图如何促进沟通和交流。

参考文献

ADISR, 2001.Technology planning for business competitiveness-a guide to developing technology roadmaps.Australian Department of Industry, Science and Resources, Emerging Industries Section.

Canada Industry, 2007a.Evaluating technology roadmaps – a framework for monitoring and measuring results.

Canada Industry, 2007b.Technology roadmapping in Canada – a development guide.

de Laat B, McKibbin S, 2003.The effectiveness of technology road mapping: Building a strategic vision, Dutch Ministry of Economic Affairs. Research Management Association, Paris, Working Group Report, 52.

DoE, 2000.Applying science and technology roadmapping in environmental management.Office of Environmental Management, US Department of Energy.

Li X, Zhou Y, Xue L, et al., 2015.Integrating bibliometrics and roadmapping methods: A case of dye-sensitized solar cell technology-based industry in China. Technological Forecasting and Social Change, 97: 205-222.

Phaal R, Farrukh C J P, Probert D R, 2001.T-Plan: The fast-start to technology roadmapping-planning your route to success.Institute for Manufacturing, University of Cambridge.

Phaal R, Farrukh C J P, Probert D R, 2007.Strategic roadmapping: A workshop-based approach for identifying and exploring strategic issues and opportunities. Engineering Management Journal, 19(1): 3-12.

Phaal R, Mitchell R, Probert D, 2008.T-Plan and S-Plan fast-start roadmapping approaches. Introduction and Application of Roadmapping in R&D Management: 73-89.

Smith A, 2007.Technology roadmapping-an opportunity for the environment？.UK Environment Agency.

Tolfree D, Smith A, 2009.Roadmapping Emergent Technologies-Planning the Future. Wellington，NewZealand：Troubador Publishing Ltd.

Wang B C, Liu Y F, Zhou Y, et al., 2018.Emerging nanogenerator technology in China: A review and forecast using integrating bibliometrics, patent analysis and technology roadmapping methods. Nano Energy, 46: 322-330.

Zhou Y, Phaal R, Minshall T, et al. 2017. Engineering and Technology Management. (eds.), Value Creation through Engineering Excellence. Cham: Springer International Publishing: 11-48.

第 8 章　路线图主要分析工具

8.1　概　　述

路线图的基础概念比较简单，即结构化和可视化的创新与战略分析框架。但基础概念简单并不代表开发实施起来就容易，由于创新与战略分析很复杂，路线图的开发实施具有相当的难度。通过对英国3000家制造企业的调查（1999年的调查结果），图 8-1 梳理总结了 1999 年路线图开发实施面临的主要挑战。26%的受访者认为启动路线图工作是最大的挑战，47%的受访者认为更新并迭代路线图是最大的挑战。

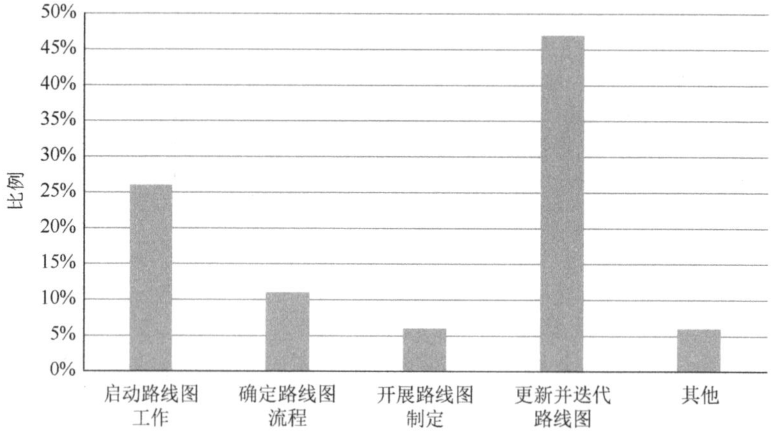

图 8-1　关于开发实施路线图的挑战（1999 年的调查结果）

本书第 7 章着重介绍了路线图快速启动研讨会的方法。该方法可以有效应对上述路线图开发实施过程中的挑战。在涉及与当前战略相关的关键决策与行动时，快速启动路线图方法能保证快速取得成果。大多数情况下，路线图开发计划过于复杂而难以推进，且开发流程不够灵活，最终导致路线图开发失败；而快速启动路线图方法可以在保持灵活性的基础上降低路线图的复杂度，从而解决上述问题。

本章 8.1 节讨论路线图开发实施中的问题。8.2 节主要介绍路线图与商业流程及其他管理工具和方法的融合。8.3 节介绍几种常用的与路线图相结合的管理方法，包括技术成熟度、关联分析矩阵项目组合评估、情景规划、技术情报与评估方法等。8.4 节重点讨论路线图制定流程（特别是专题研讨会）中的沟通交流环节，路线图本身就是一种为参与者提供的重要沟通交流渠道，通过沟通交流获取的知识也很可能是路线图工作最大的收获。

8.2　系统视角下的路线图平台构建

路线图开发的首要任务是制定第一版路线图，以保证尽快获取成果。在此基础上，许多机构根据其长期战略目标，持续、系统地构建路线图平台（并整合其他相关管理分析工具），以支持其战略规划、创新活动及进程迭代。

8.2.1　路线图平台的构建和演进

路线图平台的构建是将路线图的开发与实施嵌入某一机构的运行当中，以形成持续稳定的机制的过程。路线图平台的构建并非一蹴而就。有学者建议在一个组织内应该采取小步骤、分阶段（即“小步快跑”）的策略逐步开发实施路线图，其口号是“大处着眼，小处着手”（think big，act small）（Muller，2008）。Muller 提出了一种名为“拔靴法”（bootstrapping）的路线图平台构建流程，该流程的关键在于快速、持续地获取成果（从而鼓舞士气），但实际上此流程需要 2～4 年才能实现。该方法基于迭代螺旋前进的模式，包括以下四个重复迭代的步骤：①收集现状数据；②综合分析现状并提出愿景；③沟通；④应用并获取信任（为下一次迭代创建认同感）。

路线图开发实施是一项长期工作。如果将路线图开发实施嵌入某一机构的运行中并成为路线图平台，则需要更多的工作。第 7 章提出的快速启动路线图方法，以及本节提到的“拔靴法”，都是为实现“小步快跑”策略，从而更好地完成这项长期工作。这两种方法能够确保快速取得成果以鼓舞士气，从而为持续的路线图行动与计划提供支持；迭代螺旋前进的模式为路线图工作提供了一个学习和调整的机会，从而更好地将路线图方法融入机构的运行当中。为实现上述目标，应时刻牢记图 8-2 提出的成功因素。

然而，有些机构会采用更短期的“运动式”的方法开发实施路线图；当现有的战略思考和路线图流程不够成熟时，“运动式”方法很容易失败。为谨慎起见，应该采取渐进式、迭代式的方法，以实现阶段性的效益，突显其实用性，建立认同感，并调整该方法以适应组织的需求、结构和流程。许多路线图采用“点对点”（ad-hoc）的方式开发与实施，即每组子路线图之间相互独立，缺乏联系，这可能使得各子路线图之间并不兼容，从而难以总结归纳为整体路线图。在路线图开发的早期阶段，应努力识别差异并分享经验，并尽快在子路线图之间建立紧密的联系。

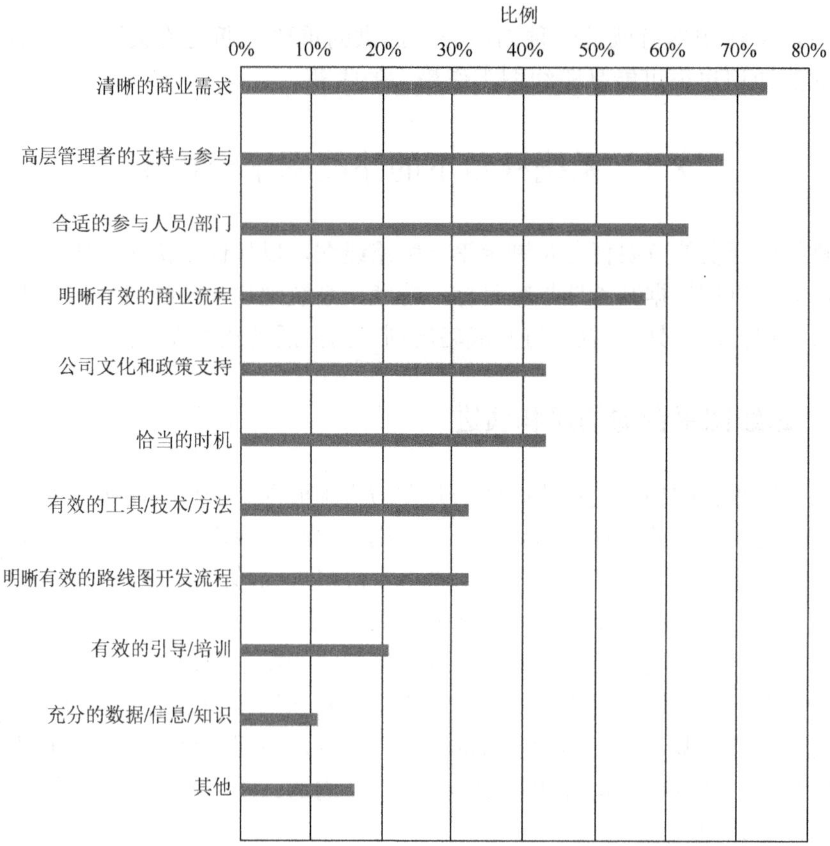

图 8-2　路线图成功的因素（1999 年的调查结果）

Kappel（2001）总结了两种路线图的实施方法。

（1）标准化扩散。倾向于在整个组织内使用标准化方法。目前已发现三种扩散策略：①教育，提供课程、研讨会和资料；②强制政策，强制采用路线图；③学习模仿，学习组织内部和外部（包括竞争对手）的案例。

（2）选择性试点。在更局部的层面上实施路线图，允许采用不同的方法满足特定需求。目前的四种选择策略：①干预，根据需求提供培训和便利服务；②咨询，借助外部咨询服务；③催化剂，突出显示重大威胁，并将其作为催化剂，以推动路线图的开展；④人事调动，将有路线图经验的工作人员调动到关键岗位上，并发挥出他们的技能。

图 8-3 展示了在机构内循序渐进开发实施路线图的方法，其包括三个阶段。

（1）试点阶段。这个阶段测试各种路线图方法以适应不同机构的需求。试点阶段需要投入大量精力，尤其是设计路线图框架及评价机制等工作可能无法直接产生商业利益，但这些实验性工作对路线图开发实施过程非常重要。

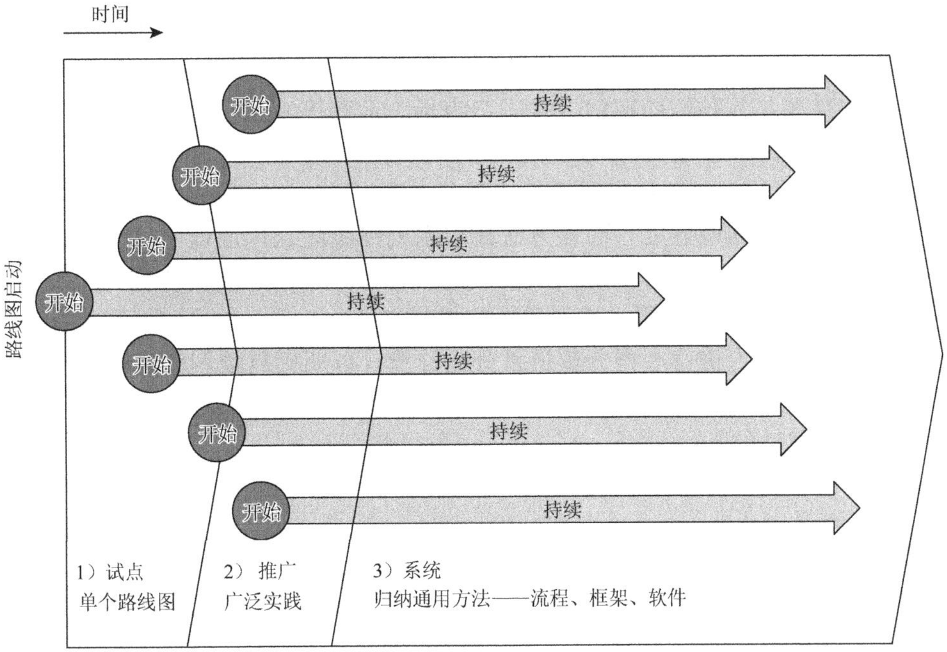

图 8-3　路线图系统开发方法的演化

（2）推广阶段。总结归纳试点阶段路线图开发实施中获得的重要经验。可以创建一个经验讨论社区，用于分享路线图开发实施的经验。同时，该社区还可以促进跨领域或部门的沟通学习（如识别共同的问题和产生协同效应）。另外，路线图的推广还受其他因素影响，如权威度、活跃度、影响范围等。第 6 章总结的加拿大工业指南为此提供了基础，强调需要通过合理的调整以适应各种情况。

（3）系统阶段。一旦有足够的动力、经验和支持，就可以根据战略创新及运营等业务流程和知识管理系统的成熟度，建立一个机构范围内的路线图系统平台，以便正式联结各核心业务流程（如年度战略、预算及新产品开发流程）。在平台建设过程中，既要解决标准化的问题，又要考虑不同机构的差异化需求，在通用性流程、框架的基础上，该平台可以自由调整（路线图的优点之一在于其灵活性）。该阶段需要数据管理软件，以满足路线图计划的数据管理需求，执行通用标准，并支持与运营管理系统的集成（下面将进一步讨论）。

路线图开发实施还有另一种三阶段方法：启动、开发和集成（Gerdsri et al., 2009）。其中，集成阶段将路线图制定流程与正在进行的各种战略规划联系起来，这样就可以及时地对路线图进行审查和更新，使得路线图开发实施成为一个持续过程。这个阶段的关键措施包括：明确路线图和各种战略规划之间的联系，以及使用现有的战略规划支持路线图开发实施。这就需要建立一个平台来整合

“想法生成机制”、路线图推进团队和积极持续参与的各种战略单元。随着路线图的实施，不同利益相关者的参与程度也将发生变化。“想法生成机制”在起始阶段至关重要，各种职能部门（技术、市场、运营等）在开发阶段扮演着重要角色，而路线图推进团队在集成阶段发挥着重要作用。

Albright 于 2003 年提出了“价值积分卡”（value scorecard）方法，它可以用来评估路线图的成熟度，而该方法在一系列路线图迭代过程中也渐臻成熟。价值积分卡方法为加权清单提供依据，并在每次路线图迭代时判断其进展（使用 1～5 级标准判断），用于捕获重要的战略市场、产品、技术和行动信息。价值积分卡的总体价值信心得分依据百分比计算，以明确路线图的完整程度。在制定一个开发项目或战略计划时，应考虑到关键要素。Albright 确定的四个关键的要素（清单）如下。

（1）市场竞争策略：市场的定义、客户驱动因素、竞争格局和竞争策略。

（2）产品路线图：对应产品驱动因素/目标、经验曲线、产品结构和功能演进计划。

（3）技术路线图：技术要素及其演进路径，并基于此提出成本估算。

（4）总结和行动计划：行动计划总结、技术投资和风险路线图。

路线图最重要的产出往往是决策和行动，以及实现这些决策和行动所达成的共识。路线图的成功与否取决于是否能有效地支持机构实现战略目标，以及其影响范围（Kappel，2001）。下面介绍几种目标明确的路线图。

（1）“普及介绍性”的路线图：通常只有较小的影响范围，主要供机构内部使用。这样的路线图试图把整体战略定位及各个商业活动嵌入其所处环境，以加深相关人员的战略理解。这类路线图的衡量标准是检测路线图制定流程和路线图上所包含信息（如预测和竞争分析）的准确度，以及路线图表述关键战略问题的清晰度。

（2）“广泛说服性”的路线图：具有更大的影响力，旨在说服外部听众（如高级管理人员、职能部门和研究机构），并促使其采取行动。沟通是该类路线图的一个重要方面，其目标在于促进对将要完成的事情达成共识。这类路线图通常用于应对产品规划、资源分配和项目管理等挑战，其衡量标准主要是对优先级和决策的影响程度。

（3）“协调同步性”的路线图：该路线图影响范围最大，通常会组织并协调机构之间网络和跨部门的工作（如产品管理、企业策划和组合管理）。对于这一类路线图来说，其衡量标准是这种复杂（但极具价值）的协调的持续时间。

有学者探讨了一个大型机构开发和执行路线图系统所面临的复杂挑战，他们强调机构内不同部门成员都必须以利益相关者的身份参与到路线图迭代过程中（Cosner et al.，2007）。他们总结的路线图成功要素如下。

（1）集团管理：支持长期发展计划的路线图；在新产品的开发过程中，广泛传达企业战略；支持远程技术开发；成立企业技术规划小组。

（2）路线图平台系统：建立共同的路线图绘制流程和报告模板；为新产品开发和路线图绘制制定度量标准。

（3）职能部门管理：制定并传达与公司目标一致的远大战略，成立技术规划小组；为每个待开发路线图指定归属。

（4）路线图评价审查：确保指定路线图得到开发和验证；根据需求更新路线图；监控风险事件。

（5）业务单元的技术战略：交叉审查路线图，制订行动计划，以发挥和利用业务单元内部的协同效应；监控路线图的开发和风险事件。

（6）路线图流程管理：将路线图纳入企业的长期计划；向公司管理层提交长期计划。

（7）集团战略规划：完成所有业务单元发展蓝图的交叉路线图审查；制订行动计划，获取并利用跨业务单元的边界技术；监控技术开发工作和风险事件。

如何使用软件支持路线图的开发实施是经常遇到的问题。软件既可以解决与路线图相关的数据管理难题，也可以帮助用户深入思考并整合路线图任务。在路线图开发的早期阶段，简单的图形演示、文本处理和电子表格软件实用性强、用途广且处理便捷。这些软件系统灵活，使得路线图的实施有了规范的格式。然而，随着路线图经验的积累以及路线图绘制流程和路线图形式的不断稳定，复杂软件系统的开发成为可能。基于软件的路线图可实现动态应用，根据企业背景可显示不同观点和信息，并且还能实现其他情报功能（例如，自动突出关键路径，或者链接到其他信息系统）。

目前有几个可用的商业路线图开发软件，有些机构也会使用可编程的电子表格开发自己的路线图软件系统，而本书作者也开发了公开版的路线图软件，分线上和线下两个版本（具体可见附录 A）。

读者应留心所需软件的关键特性和功能。基于对路线图用户的一个小调查（Lupini，2002），图 8-4 提供了一份基本的路线图软件需求清单，主要为图形显示需求（易用性、展示形式和可操作性）和数据库方面的需求（数据结构、远程操作和数据管理）。调查结果表明，路线图软件的需求量很大，这具有现实意义，表明软件系统开发意义重大。

路线图开发与实施过程中人的因素至关重要，而路线图流程中的沟通和互动环节往往被认为是路线图的主要优点之一。滥用软件增加数据量如果不经过“人”的仔细控制，可能会导致数据激增，路线图复杂性增加，潜在削弱路线图软件优势并增加管理负担。路线图软件开发应重点注意灵活性，需要在基础模板上，针对不同的情况，进行路线图框架和流程的设计，然后进行不断迭代、测试，促进平台化和系统化。

无论是路线图本身（为实现目标所需做出的改变），还是路线图开发实施过程（涉及组织变革），变革和变革管理是任何路线图开发实施都需考虑的基本因素，如果不能解决变革管理中存在的重大风险挑战，那么路线图中所包含的目标将无法实现，路线图开发实施将陷入困境。

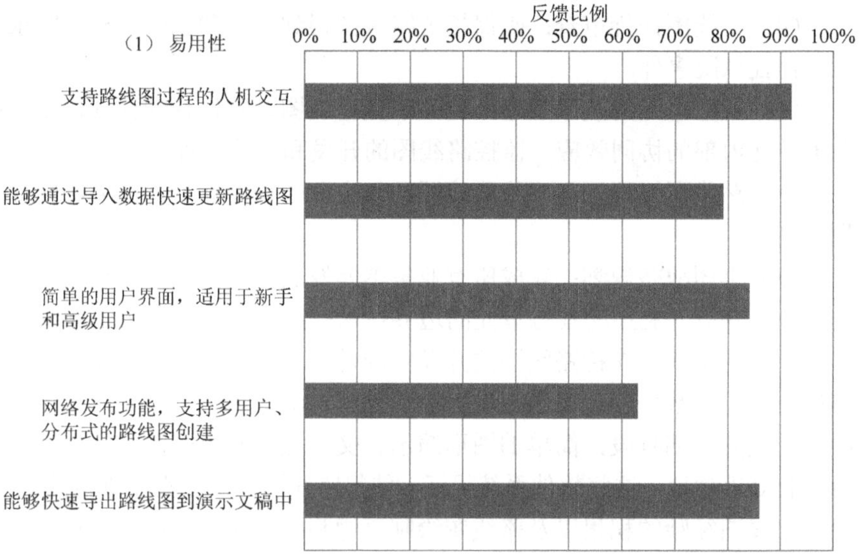

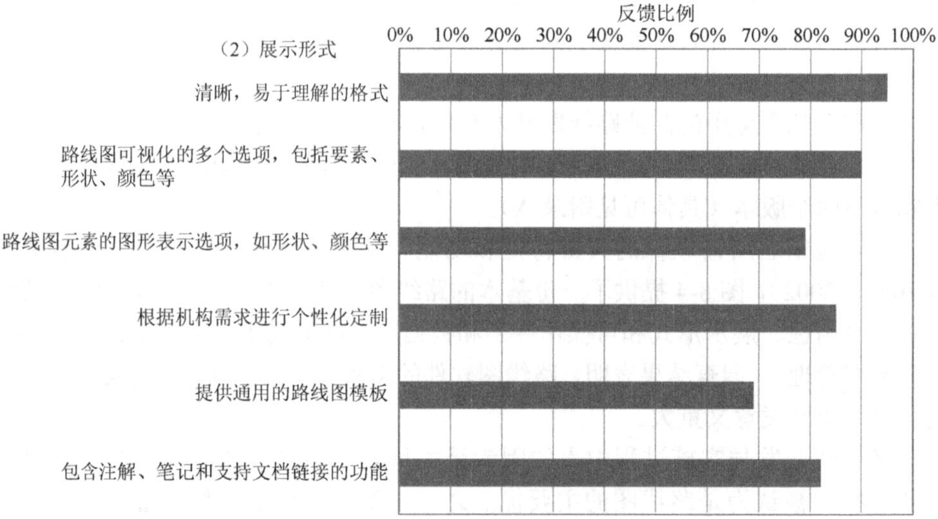

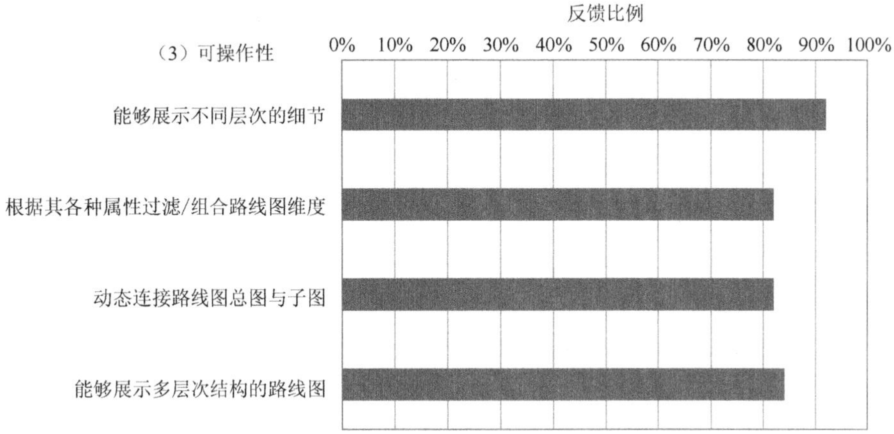
反馈比例
（3）可操作性
0% 10% 20% 30% 40% 50% 60% 70% 80% 90% 100%
能够展示不同层次的细节
根据其各种属性过滤/组合路线图维度
动态连接路线图总图与子图
能够展示多层次结构的路线图

(a)

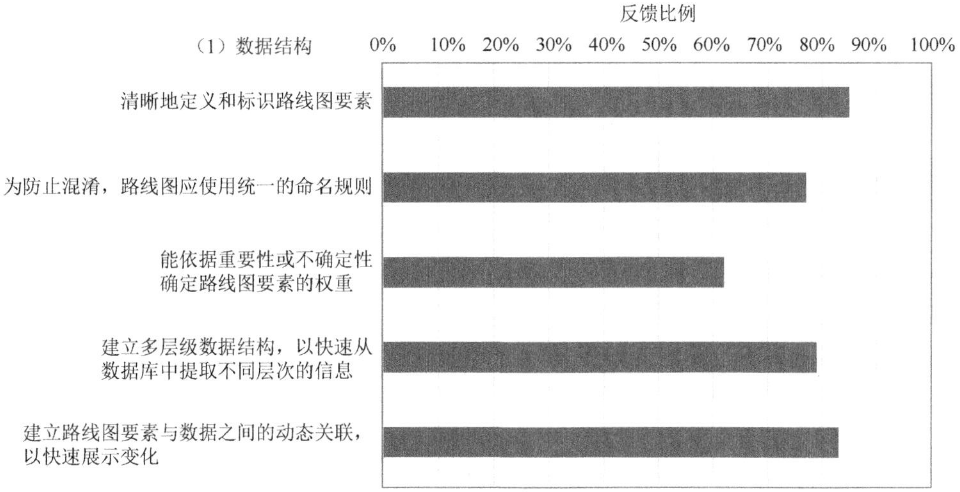
反馈比例
（1）数据结构
0% 10% 20% 30% 40% 50% 60% 70% 80% 90% 100%
清晰地定义和标识路线图要素
为防止混淆，路线图应使用统一的命名规则
能依据重要性或不确定性确定路线图要素的权重
建立多层级数据结构，以快速从数据库中提取不同层次的信息
建立路线图要素与数据之间的动态关联，以快速展示变化

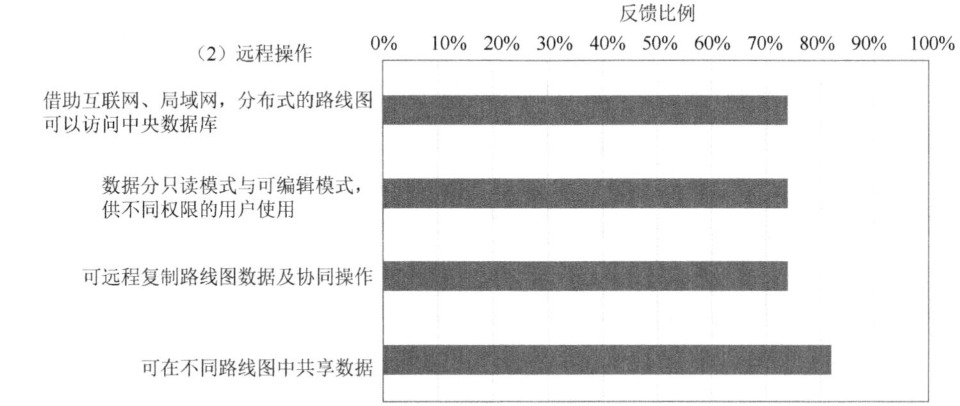
反馈比例
（2）远程操作
0% 10% 20% 30% 40% 50% 60% 70% 80% 90% 100%
借助互联网、局域网，分布式的路线图可以访问中央数据库
数据分只读模式与可编辑模式，供不同权限的用户使用
可远程复制路线图数据及协同操作
可在不同路线图中共享数据

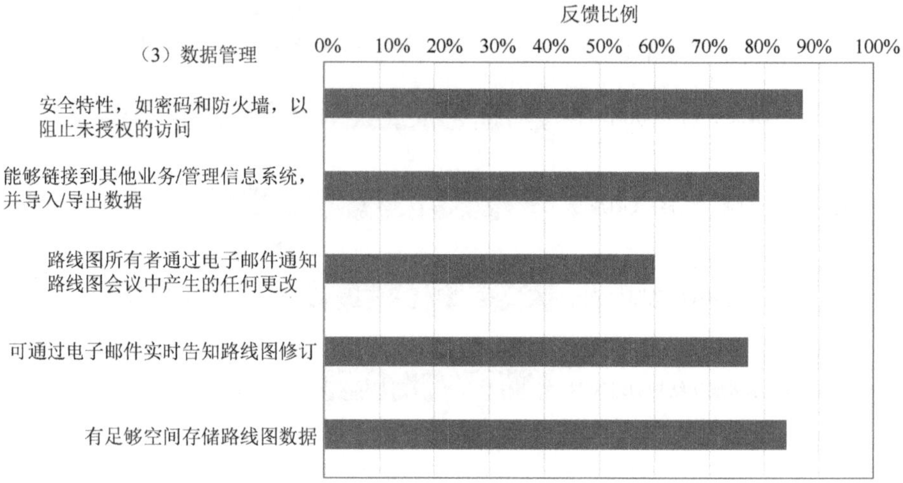

(b)

图 8-4　路线图软件之可视化需求

资料来源：改编自 Lupini（2002）的相关研究

有些学者强调指出，必须将路线图的开发实施视为一个变革管理的过程，尽管这些变革可能会巨大，足以影响战略、创新、运营等业务流程的方方面面（Muller，2008）。他建议分几个小步骤引入路线图，突出显示了变革管理的四种启发式方法：

（1）相比被动改变，人们更愿意主动改变。

（2）工作方式的转变需要很多年。

（3）同时在多个方面开展工作（如管理、运营、战略）。

（4）通过展示有益和有用的结果获取信任。

对“变革”的管理是一个广泛而复杂的话题，超出了本书的研究范围，但下面的“变革方程式”（Goffin and Mitchell，2005）提供了一个有用的框架，可以确定实际行动，帮助克服变革阻力：

$$不满意度 \times 愿景 \times 过程 > 成本$$

该变革方程式聚焦于个体改变的影响——组织是个体的集合，如果一个组织发生改变，便需要在个人层面上采取行动。公式的右边是变革成本，所有的变化（即使是好的改变）都会涉及个人成本，包括努力、压力和地位的丧失等因素。为了实现有效变革，等式左边三个因素的乘积必须超过变革成本。如果忽略了其中任何一个因素，那么变革就不太可能发生。这些因素代表了管理者可能遇到的各种情况，包括以下几个方面：

（1）不满意——如果当前情况下没有任何不满意，将不会有动力去改变。例如，当应对外部威胁时路线图规划成功的可能性就会增加（如出现新竞争的时候）（Kappel，2001）。

（2）愿景——为了变革更有效，需要有一个清晰的未来发展愿景，这个愿景不仅是鼓舞人心的，而且是现实可行的。

（3）路径——拥有一条从现状向愿景迈进的清晰路径将减少变革阻力。

这几个“变革方程式”里的要素与路线图框架中的要素一致。路线图制定过程的关键一步是建立一个统一的愿景及目标，并将其显示在路线图右侧（我们要达成什么目标？）。当前的形势需要显示在路线图的左侧，突出关键问题和挑战不满意度（我们在何种处境？）。路线图的主体部分（中间）与从现状走向目标和愿景所建立的路径相关（我们如何实现目标？）。在路线图中要强调反映在障碍和风险上的感知变革成本与资源需求，虽然这些通常不会在个人层面表达。

基于上述的“变革方程式”及其与路线图的关联，我们认为路线图开发实施过程中需要考虑的因素包括以下几方面：

（1）不满意度——激励路线图开发人员积极参与，强调关注需求和急需解决的威胁性问题。

（2）愿景——展示路线图如何在机构内外部或宏观层面应用的案例。

（3）制定和传达一个清晰的路线图开发方法和流程。

（4）了解积极参与路线图开发工作带来的回报以及不参与路线图开发工作所要承担的后果。

8.2.2　流程和工具的集成

正如第 6 章所讨论的，路线图不应该被视为一个独立于战略和创新的工作，而应被视为一个结构化、可视化的战略创新分析框架。路线图嵌入战略与创新之中，如路线图迭代通常要与战略制定和创新流程协同一致，包括战略方面的年度战略规划和预算过程，以及创新中的新产品开发过程的各个阶段。

为了使路线图与机构的战略、创新与运营等业务流程保持一致，路线图需显示出可以支持的业务流程和关键的战略信息。图 8-5 以示意图的形式展示了机构的各个战略规划过程是如何与路线图相关联的。该路线图是针对全球电信公司开发实施路线图软件系统而开发的。针对贯穿整个机构、各业务单元和职能部门的战略规划目标，在路线图开发实施的开始阶段就应该建立一套层级化的战略规划流程。路线图被认为是支持这些流程的“可视化数据平台”，从各个商业流程收集的信息汇聚并显示在路线图上，然后，根据商业活动的周期及时更新和维护路线图。

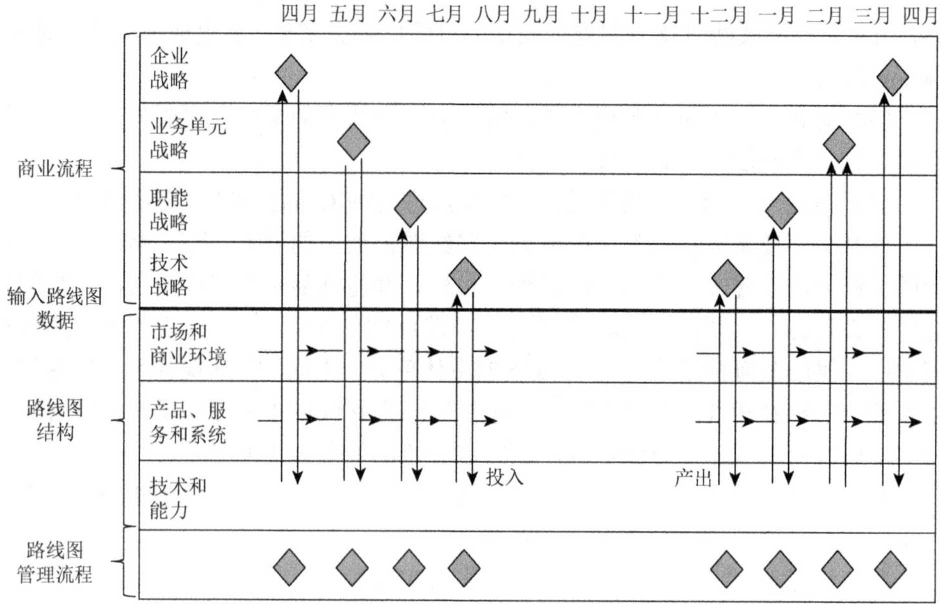

图 8-5　全球电信公司的年度商业战略路线图

资料来源：改编自 Lupini（2002）的相关研究

路线图将战略主题、目标、行动计划等关联起来，虽然其本身不足以完全支持战略创新过程中所有的决策，但在开发高质量路线图时，它可以整合其他的管理分析框架、工具和技巧，与路线图平台配套使用，共同支持上述决策。图 8-6

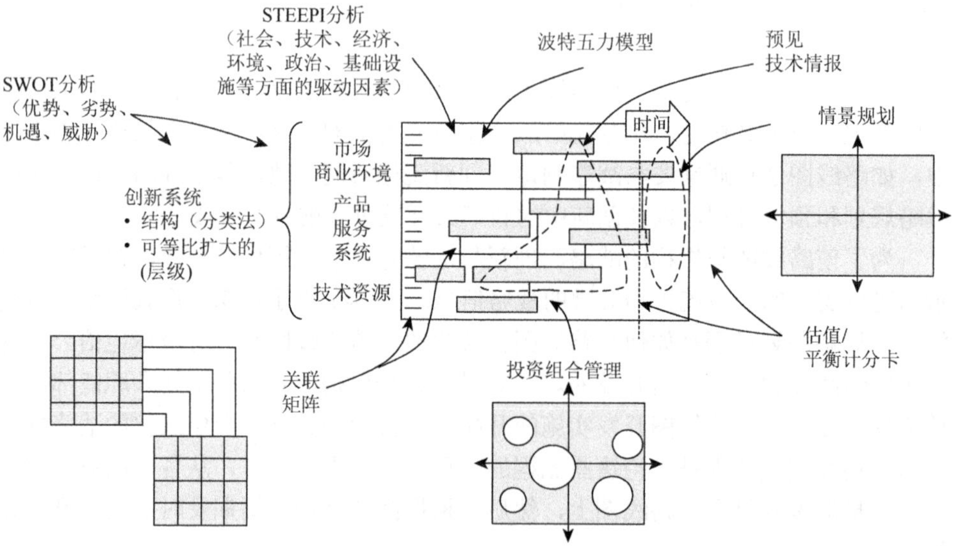

图 8-6　路线图可整合的各种管理工具

展示了一些常用的方法工具与路线图之间的关系，为我们提供一个实用的战略开发与部署工具集成机制。

参照图 8-6，经常与路线图配套使用的重要管理分析工具包括以下几种，本节只做简单概述，8.3 节将做更详细的讨论。

（1）项目组合管理方法，提供了一个结构化的方法以选择路线图的关键关注点，也有助于评估战略选项。一些其他相关方法也可对战略选择提供指导，如哪些组件和技术需要进行内部开发或外包（自制或外购决策）（Probert，1997）。

（2）情景规划方法，该结构化方法有助于探索更长远的未来（其中的不确定性很高）并理解目前决策和行动的影响。

（3）关联分析矩阵方法，该方法可用于映射和理解路线图中不同主题及观点之间的关键关系与交互，协调市场拉力和技术推力。

（4）技术情报方法，提供了一个机制来确保高质量信息能够输入路线图制定流程，包括市场、竞争分析和技术情报预见。

（5）商品价值评估方法，如期权方法，提供了一种评估战略选择和相关技术价值的方法以及整个路线图的性能和目标度量。

（6）其他通用战略分析工具，如 SWOT 分析法、STEEPI 因素和波特五力模型（Porter's five forces），为分析竞争环境及其对组织的影响提供了结构化方法。

当然，还包括其他众多有用的工具。一般来讲，这些方法工具和路线图方法都是相互兼容的。图 8-6 展示了如何将各种工具和技巧与路线图相结合，这与第 7 章描述的战略与产业视角下的 S-Plan 研讨会方法的应用有关。图 8-7 展示了各种工具及其与研讨会流程的逻辑关系，强调了每个工具的功能以及这一过程中的投入和产出。

参考图 8-7，本节总结了 S-Plan 研讨会方法在多业务单元的应用。

（1）S-Plan 研讨会前，需确定趋势和驱动因素，并使用路线图框架模板进行整理和呈现。这些驱动因素包括社会、技术、经济、环境、政治等不同维度。这些趋势和驱动因素的识别与初步分析是路线图研讨会的重要输入，所以要确保其质量。在研讨会前，应将这些趋势和驱动因素纳入路线图框架中，以供路线图研讨使用。

（2）S-Plan 方法采用了一种自上（宏观）而下（微观）的市场拉动分析方式，主要识别关键市场趋势和驱动因素、应用机会和各业务单元的技术以及它们之间的关系。使用路线图框架组织和呈现信息，可提供一系列具有潜在价值的技术机会和战略选择，包括具体的职能部门和跨领域单元（企业）主题列表。

（3）关联矩阵由战略全景分析中获取的关键信息构成，它能突出重点趋势和驱动因素、应用和技术领域，联同这些视角之间的关系以及协同效应（例如，与多个业务单元相关的技术领域）。

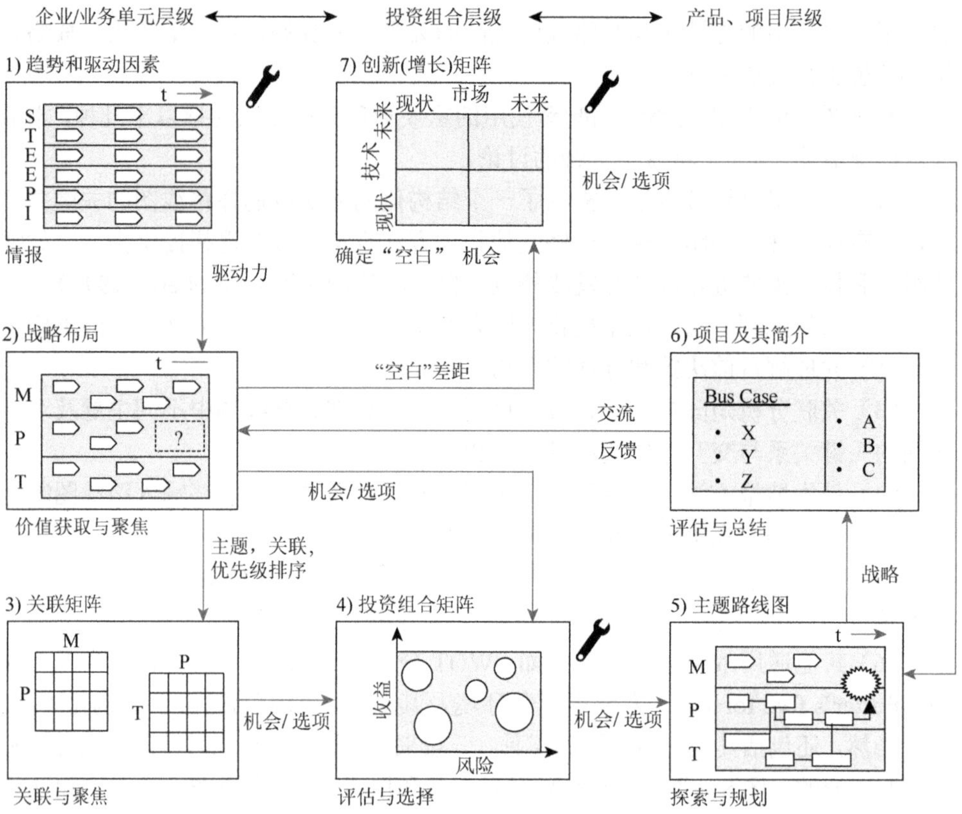

图 8-7　S-Plan 研讨会中的主要工具

（4）投资组合选择过程用于评价审查一系列机会和选项，以便更好地了解它们，并根据与它们相关的潜在价值和挑战进行排名，最终参照排名结果列出一份更详细的优先主题列表。

（5）S-Plan 路线图的战略主题识别方法被用来深入探索优先机会和选项，确定前进的目标和愿景以及关键学习点（如障碍、推动者、决策点和风险）。这涉及业务单元内部和跨部门的小组工作。

（6）“路线图总结与汇报”模板用来概括总结每个战略主题路线图的调查结果，以支持有效的反馈、讨论和报告。各类主题的调查结果将被重组到路线图全景中，以开发整体层面的路线图。

（7）Ansoff 在 1957 年提出的创新增长矩阵（innovation growth matrix）曾被视为一个单独的研讨会流程。这是因为在战略全景（landscape）图的制作过程中技术“空白”（white space）变得非常明显，通过路线图 S-Plan 战略主题方法加以识别，可为技术、市场两者带来全新机会。

如第 6 章所讨论的，定制化是路线图设计过程中的一部分，可以选取试点案例来测试和改进（第一次迭代）。在这种情况下，路线图制定流程应该考虑整体层面的战略，为不同职能部门提供通用一致的框架和流程。图 8-7 强调了第 7 章描述的 S-Plan 流程，定制化地设计了可以识别突破性创新机会的子模块。这种典型改进有利于构建一个具有良好通用性的平台，以更好地整合其他管理工具和资源框架，特别是战略与创新方面的管理工具，以适应特定的目标和组织环境。

8.3　路线图工具和应用技巧

8.3.1　技术成熟度

技术成熟度（表 8-1）识别是路线图的主要功能之一。TRL 是一种实用的度量方法，用于合理地评估和比较技术在发展过程中的成熟度，它与第 5 章介绍的 S 曲线概念相连。该方法基于 9 分制，从 TRL = 1（在实验室中观察到的基本原理）到 TRL = 9（在该领域已得到证实的完整系统）。将技术成熟度合并到路线图中可进行风险管理，确保技术足够成熟时再将其集成到产品和系统中，有助于确定关键路径以及管理和技术工作的重点。

表 8-1　技术成熟度

技术成熟度	定义	发展阶段
1	明确基本原理	基础研究阶段
2	提出技术概念及应用设想	可行性研究阶段
3	完成概念和应用的可行性验证	技术开发阶段
4	在实验环境中验证功能部件以及基础子系统	
5	在模拟环境中验证功能部件以及基础子系统	技术示范阶段
6	在模拟环境下对技术系统/子系统模型或原型进行验证	技术系统/子系统开发阶段
7	在典型使用环境下进行技术系统原型示范	
8	在多种使用环境下对技术系统产品进行测试和验证	系统测试、检验、操作阶段
9	在真实应用环境下，使用技术系统产品成功完成特定任务	

TRL 概念最初由美国航空航天局 Mankins（1995）提出，随后广泛运用于国防、航空航天等领域，解决了复杂的工程系统开发过程中遇到的种种难题。

该方法已用于不同的组织和技术环境中，包括系统工程、制造业（DoD，2008）和软件（Smith，2005）。

有学者曾尝试将 TRL 概念扩展到系统级别——即系统成熟度（system readiness levels，SRL），特别是用于解决集成问题，其中以嵌入系统思维的 TRL 概念最为重要。当多种不同技术整合到复杂的工程系统中时，只有在证实系统具有完整性的基础上，每种技术才能被视为达到 TRL＝9 的水平。因此，尽管这些在技术水平标准定义中并不明确，更高水平的技术也必须能够整合组件、模块、子系统、系统因素和集成策略方面。因此，SRL 的开发应运而生，以补充 TRL 系统的整体准备水平，如图 8-8 所示。

8.3.2　关联分析矩阵

路线图活动的主要目的之一在于了解不同视角之间的重要关系，包括协同作用关系和关键依赖关系。这些关系可以用线条和箭头表示，如技术是如何支持产品开发的。路线图不同层之间的关系，如产品与技术之间的关系难以确定。为此，关联分析矩阵常用于支持路线图层间关系的识别与分析。

技术-产品-市场（TMP）（Lindsay，2000）关联分析矩阵可以映射技术、产品和市场前景之间的关系，包括当前和未来的视图。如果关联矩阵的行和列分别表

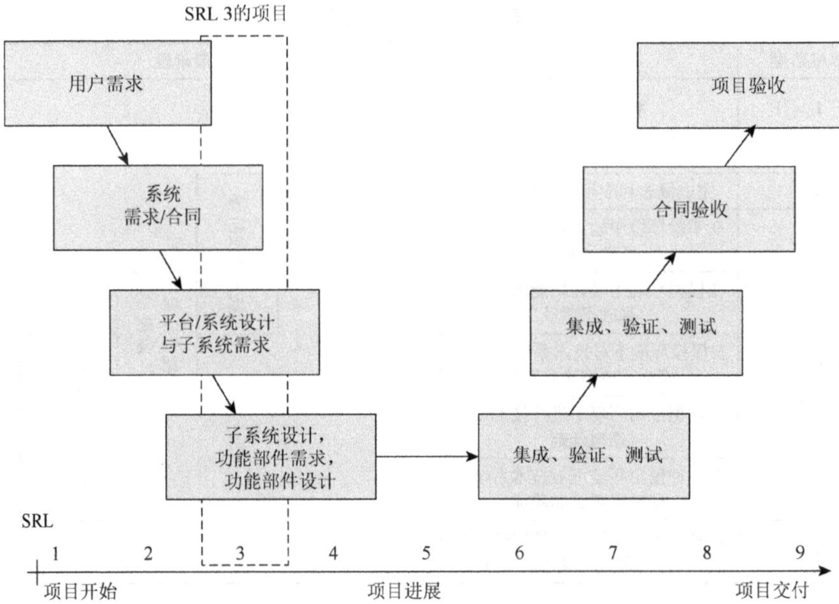

图 8-8　系统成熟度

资料来源：改编自 MoD（2006a，2006b）的相关研究

示路线图的不同层，那么关联矩阵和路线图就可协同使用，进行层间关系的分析（图 8-9）。此方法可用于第 7 章描述的 S-Plan 和 T-Plan 快速启动研讨会方法（包括实例）。类似于路线图，基于构建路线图的相同层次分类，关联矩阵适用于产品和投资组合/商业层面（第 6 章）。关联分析矩阵与路线图的关系如图 8-10 所示。

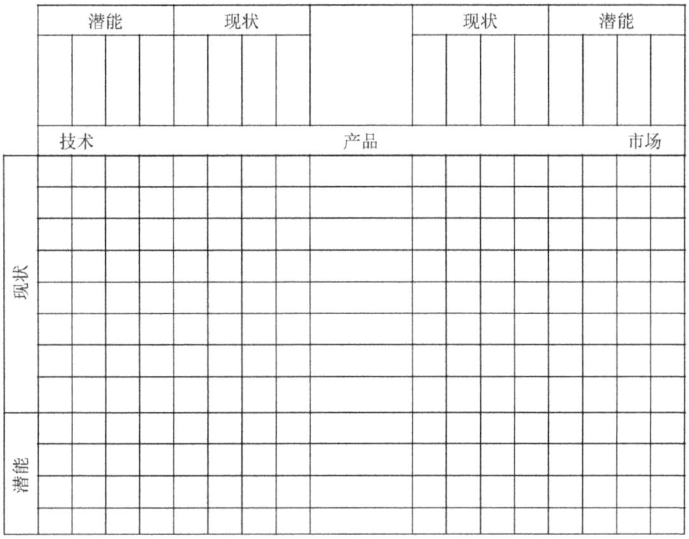

图 8-9　技术-产品-市场关联分析矩阵

资料来源：改编自 Lindsay（2000）的相关研究

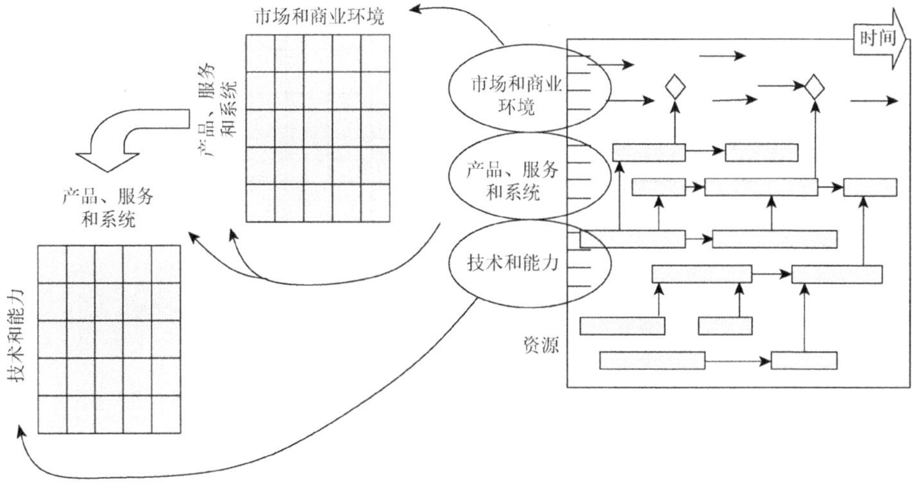

图 8-10　关联分析矩阵与路线图的关系

关联矩阵可以支持技术创新管理及一般商业活动。图 8-11 展示了最广为人知的 QFD 矩阵，常用于分析客户需求与技术属性之间的关系（Lager，2005）。QFD 展示了基本关联矩阵如何进一步扩展应用于其他领域，如竞争地位和客户需求的重要性分析，性能和技术属性的重要性分析，以及这些重要性之间的协同和权衡（“质量之屋的屋顶”，the roof of the house of quality）。图 8-12 技术损益表显示了如何从流程、技术分析和财务方面，进一步调整和扩展关联矩阵，突出其灵活性。关联矩阵分析在对关系强度进行打分时，可以用 0/1 打分，也可以使用“高、中、低”或定量得分（李克特七级量表）对关系进行排序。除了用分数表示关系强度，还可以用描述性的方式对关系进行说明。通过检查关联矩阵可以理解产品的哪些功能对应哪些需求，哪些技术能够支撑产品的哪些功能，前者是需求导向分析，后者是技术推动分析。逐列查看网格有助于理解哪些功能可以满足特定需求（pull），而逐行查看网格有助于理解在何处可以应用特定功能（push）。

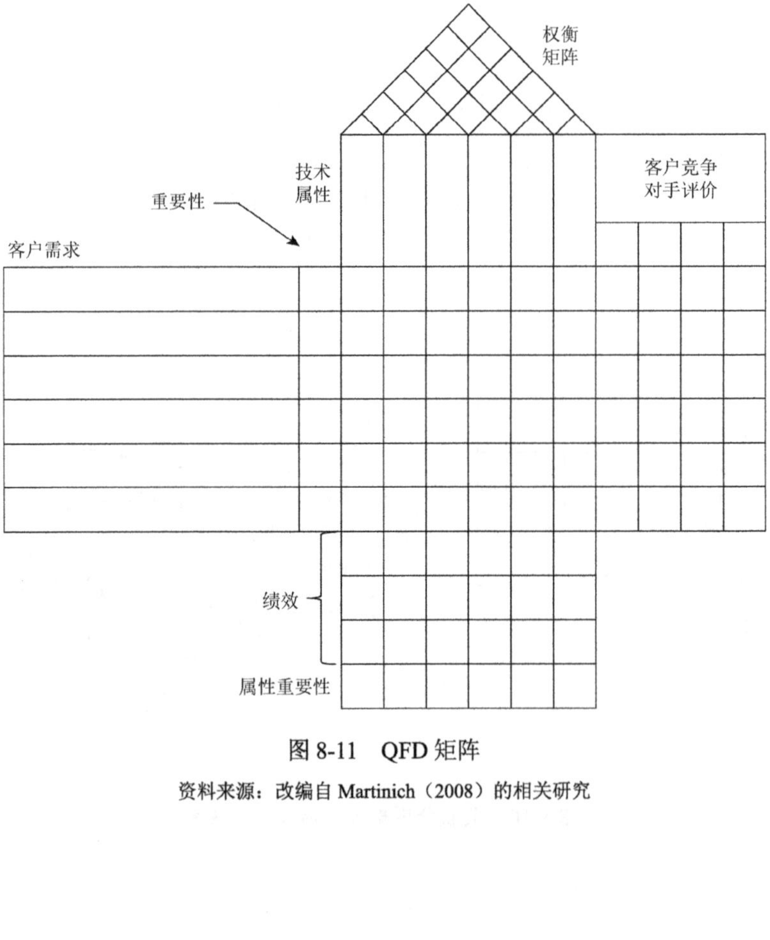

图 8-11　QFD 矩阵

资料来源：改编自 Martinich（2008）的相关研究

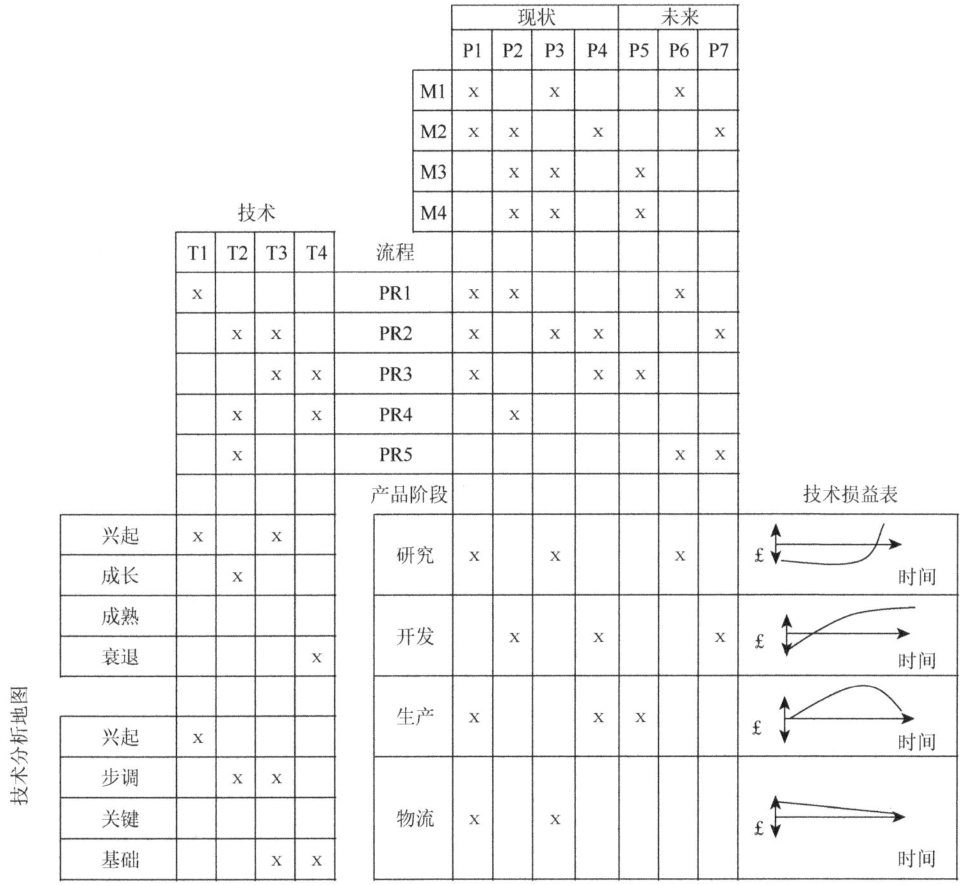

图 8-12　技术损益表

资料来源：改编自 de Wet（1996）的相关研究

8.3.3　项目组合管理

路线图内容与战略决策密切相关，而战略决策制定过程中需要评估各种选项和项目的优点或其他方面，项目（产品、投资等）组合管理为合理支持战略评估和决策提供了一种手段。加权计分和 2×2 矩阵（图 8-13）的组合通常用于支持决策制定，其中矩阵的可视化特性为决策制定提供了有用的信息支持。

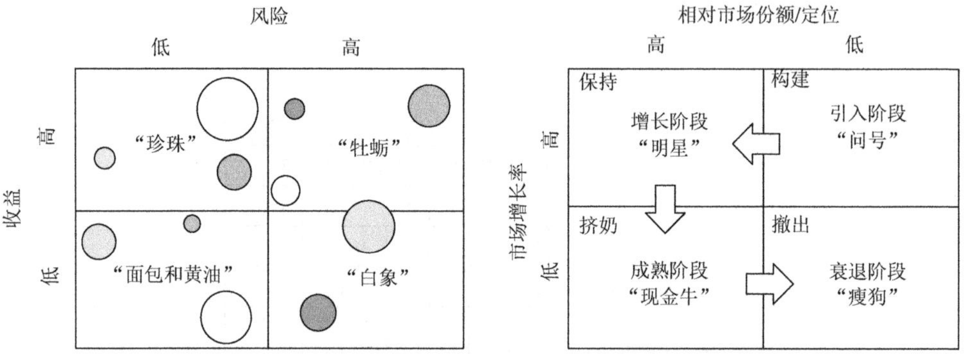

(a) 风险收益矩阵(Cooper et al.，1997)　(b) 波士顿咨询集团(BCG)关联分析矩阵(Johnson and Scholes，1988)

图 8-13　关联分析矩阵示例

二维矩阵是一个备受青睐的管理工具，在管理文献和 MBA 课程中普遍使用。该方法之所以风靡，一方面是因为其可视化结构能够很好地支持和引导对话；另一方面是因为它具有支持一系列管理目标的良好灵活性。

（1）在市场、产品和技术层面，对不同战略选项和机会进行比较与选择。

（2）指导确定合适的特定战略行动，如是自行生产还是外包。

（3）资源的均衡配置。

（4）项目投资绩效考核。

Cooper 等确定了产品组合管理的三个主要目标，具体如下。

（1）为最大限度地提高新产品项目投资组合的价值（针对一个或多个商业目标，如盈利能力、战略、可接受的风险），生成一个有次序的项目列表。方法包括金融措施，如净现值（net present value，NPV）（获得更多的利润或价值）、预期商业价值（expected commercial value，ECV）、生产指数（productivity index，PI）、期权定价理论、清单、根据多个标准加权评分。

（2）实现一个新产品项目的平衡组合（如在规模、时机、市场服务、客户需求、商业领域、风险/回报和产能利用率方面）。关联分析矩阵或“气泡图”（bubble diagrams）提供了一个有用的方法来实现这一点。这些方法通常包括一个 2×2 矩阵，矩阵的轴线由得分方法确定，包括风险与回报、市场与技术风险、外部和内部影响等维度。

（3）确保与企业使命、愿景和战略保持一致，确保公司战略在上述两个领域的考虑因素中能得到明确体现。战略一致性可以通过自上而下或者自下而上的方法（或两者的组合）来实现。

①自上而下的方法向每个商业目标或领域按一定的比例分配资源，或者简单地将资金分配给特定的战略计划，从一开始就确定愿景、目标和战略、合适的产

品计划和资源分配计划，如产品路线图或“战略桶”（strategic buckets）。

②自下向上的方法在项目选择过程中给予战略标准较高的权重，部署一个项目选择方法，以筛选已识别的机遇。

Goffin 和 Mitchell（2005）认为，项目组合管理的目的是确保企业的创新项目在任何时候都能够充分利用其资源，并能够随着时间的推移为企业创造最大的价值。该观点强调了资源分配和时间这一关键问题，是创新战略管理的基础。管理人员面临的两个主要挑战与创新项目资源配置有关，因为在产品生命周期的不同阶段，存在不同程度的不确定性。两个挑战的内容如下。

（1）确定哪些项目值得做（评估问题）。

（2）选择一个最能满足组织整体需求的项目或项目组合（平衡问题）。

在战略层面的分析中，项目价值评估主要取决于机会规模和利润独占性（Phaal et al.，2009）。粗略地说，该活动的吸引力是这两个因素的乘积：

$$\text{吸引力}=\text{机会}\times\text{利润独占性}$$

$$A_t = O\times A_p$$

乘号表明这两个因素必须同时出现才能使机会变得可行（有吸引力）——任何单一因素是不够的。这两个因素可进一步被分解成构成要素。

（1）机会：市场规模、市场增长、技术成熟度、竞争、行业盈利能力、行业成熟度和市场吸引力。

（2）利润独占性：技术实力、市场实力、竞争实力、企业实力、市场份额和执行的难易度。

结合上述两种观点，形成了如图 8-13 所示的广义关联分析矩阵。就选择而言，这类关联分析矩阵能够提供直观、生动的视觉展示。因为这个矩阵的对称性，当两者均高时吸引力高，两者均低时吸引力低，两者适中时吸引力适中。除了按照 $O\times A_p$ 的顺序排列的活动列表所提供的内容，这两个维度没有添加额外的选择信息。然而提高竞争力（通过提高组织能力）往往比改变机会的固有大小更容易，所以在某些情况下金融约束可能导致 $O\times A_p$ 矩阵不对称。

显然 $O\text{-}A_p$ 图与著名的 SWOT 分析框架相关。优势和劣势分别代表竞争力的积极和消极因素，机会和威胁分别代表评估机会时的积极和消极因素。

大多数矩阵管理工具包括双向图这样的组成因素。由于数轴变量本身通常是相当复杂的，所以假设这些值是通过某种多因素评分系统获得的，如表 8-2 所示。即使是市场份额或预期利润等可获得的数值型数据，通常也会涉及多因素分析，如跨市场部门或产品类型。除非评分或估值体系明确，否则在任何情况下矩阵工具的价值都会出现偏差，如图 8-14 所示。

表 8-2 加权评分——工业机械公司项目收益评估

因素	分数				总计
	0	4	7	10	
在推出后的三年内销量增加（或销量降低）	无	200 万美元（如 100 多台机器）	400 万美元（如 200 多台机器）	200 万美元（如 100 多台机器）	
成本降低（节省三年以上）	无	40 万美元	80 万美元	120 万美元	
目标市场毛利润率	比主营业务非常差	比主营业务更差	比主营业务稍好	比主营业务更佳	
独特的客户利益（顾客影响）	未提供独特的客户利益	提供部分独特的客户利益	重要的独特客户利益	很明显，较高的客户利益	
渠道成本或效率（质量）	难以出售或服务；需要重大的新培训或投资	相比现存产品，稍稍难以出售或服务	相比现存产品，较为容易出售或服务	对渠道有显著的好处	
技术能否提供增长平台	死胡同	可引用在其他产品上，或者用于业务扩张	使用于商业转移的可能性	开拓一个全新市场	
评论：					
汇总：					

一般来说，关联分析矩阵可能导致不对称，因此当用于分析抽象级别较低的两个因素时，它的用途不仅仅在于可视化。策划因素可能来自机会或者竞争力列表，或者分别来自两者。显然，每一个构成因素都可以解析出子成分，从而形成一个加权评分系统，它整合了与机会规模和组织把握机遇能力相关的因素，用来寻找合适的机会，评估项目或战略选择的相对吸引力。

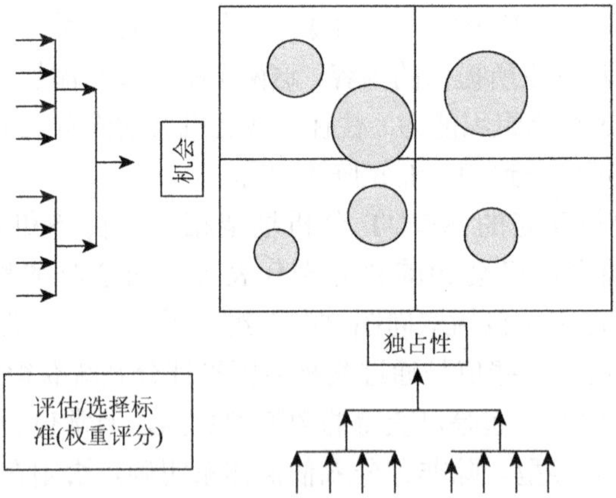

图 8-14 关联分析的选择矩阵

$$A_t = \sum O \times \sum A_p$$

路线图和关联分析矩阵之间的一般关系如图 8-15 所示，在路线图提供的可伸缩的框架基础上，也可应用在产品/项目/选项和商业项目/组合层面上（图 6-28 和图 6-29）。

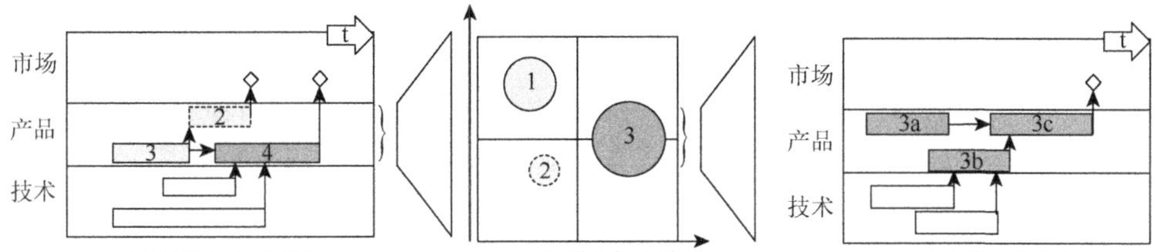

(a) 投资组合路线图
通常应用于业务单元或企业层级，该路线图在更高层面呈现项目投资组合如何支持战略规划

(b) 关联分析矩阵
在关联分析矩阵中呈现一系列技术、产品或商业项目，以进行投资组合选择

(c) 选项路线图
在路线图中呈现更细化层级的项目选项

图 8-15　投资组合方法与路线图的关系

（1）投资组合路线图指一个公司在可能投资的项目、产品和选项范围内如何实现其战略目标的高层次（业务单元或企业）可视化表示。例如，Albright（2003）描述了路线图如何构成平衡投资组合管理的核心部分。

（2）关联分析矩阵显示了描绘在投资组合路线图内的相同项目和选项（在产品或技术层面的项目和选项），但强调选择标准或其他措施/观点来支持决策。

（3）选项（或项目）路线图是低水平路线图，它显示了关联分析矩阵中每个“气泡”后的细节。

加权评分——工业机械公司项目风险评估见表 8-3。

表 8-3　加权评分——工业机械公司项目风险评估

因素		分数				总计
		0	4	7	10	
技术风险	技术进步程度（至少包含一个参数）	新概念或突破性改进	较大程度的技术进步，或重要的新方法	低于 50%的改变，缺乏重大创新	增量改进	
技术风险	技术不确定性	技术不确定性较高，复杂性较高	技术不确定性较高，复杂性较高	给出了技术解决方案，但依然存在不确定性	有明确而直接的技术风险	
	论证可行性	还没能证明其可行性	取得有限的示范	几乎论证，有完整的演示计划	充分清晰地证明了技术可行性	

续表

因素		分数				总计
		0	4	7	10	
商业风险	市场规模	纯粹猜测	粗略估计，但还没有具体的研究	具体研究完成但需要做更多的工作（如已知市场的两倍）	市场规模定义良好；不需要未来再做工作（如 +/–20%）	
	市场成熟度	需要大力开发市场，无明显需求	客户需求不够明确	客户需求较清晰	客户需求清晰	
	渠道功能	在渠道方面没有经验	在渠道方面有相关经验或专长	在渠道方面有可获取的资源	充分利用现有技能和资源	
评论：						
汇总：						

注：此评分系统是为加强产品改进而设计的，因此低风险选项很重要，最后分数会很高

8.3.4　情景规划

情景规划是一种技术，可以用来长期探索未来前景，并了解不确定性对当前战略决策的影响。该方法由能源公司壳牌（Shell）开发，预测了 20 世纪 70 年代石油危机的后果，并将这种方法作为公司战略流程的关键部分。目前，该方法已广泛应用于产业和国家层面，以支持前瞻性活动。

情景规划方法侧重于更长远的未来，不依赖具体的预测。通过情景规划方法，可以预见特定场景下未来可能出现的结果，并将这些结果组合在一起。情景是“未来可能结果的内部一致看法——不是预测，而是可能的未来成果”（Porter，1985）。“内部一致性”是指团队内部成员对未来预测结果的一致性看法。例如，在未来环保意识增强和油价上涨的情况下，推出燃油效率低的汽车。通常会设置不同的情景，以代表未来可能出现的不同情况。一般来说，情景参照情景矩阵构建，如图 8-16 所示。情景矩阵通常包括两个维度，每个维度都描述了影响组织未来的一个关键因素。这些因素与外部趋势和驱动因素（组织无法控制）有关，它们至关重要，但高度不确定。除了外部趋势和驱动因素之外，还应考虑“百搭牌（wildcards）（突发事件）”。当情景在未来出现之后，就可以使用先前制定的战略规划流程探索其对机构的影响。

图 8-17 展示了情景规划和路线图之间的关系。如果路线图的制订计划出于对预测准确性和未来不确定性（路线图的右边）的担忧而受阻，那么情景规划将提供一个结构化流程来探索未来结果，为路线图开发提供参考。情景规划至少可以通过以下两种方式支持路线图的开发。

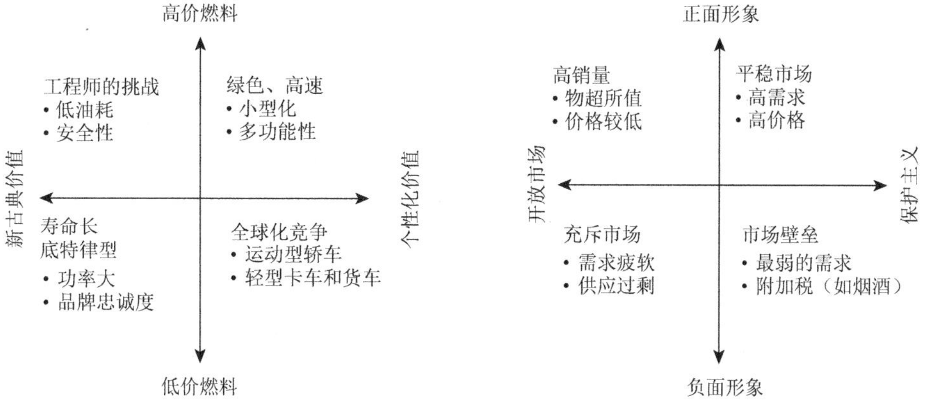

(a) 汽车设计情景矩阵　　　　(b) 加州葡萄酒产业发展情景矩阵

图 8-16　场景矩阵示例

资料来源：改编自 Lloyd（1998）的相关研究

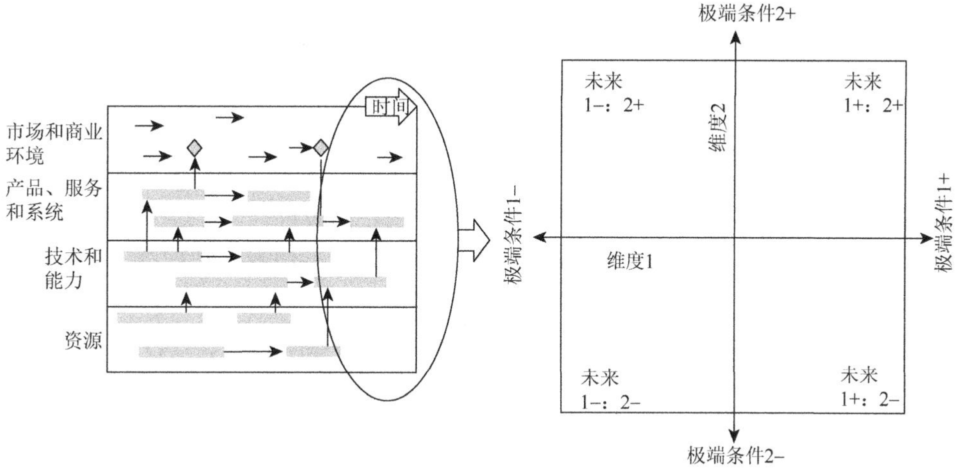

图 8-17　情景规划与路线图的关系

（1）情景主导路线图，在流程开始阶段投入大量的精力开发情景，然后根据每个情景制定相应路线图，明确情景对当前决策和未来的影响。

（2）路线图主导情景，路线图用来创设一个理想的未来，情景规划用来检验路线图所提出的假设，它是风险管理和敏感性分析流程阶段的一部分。

Wilk（1991）曾参与壳牌方案的开发过程，提出了一种详细的情景规划方法应用流程。

（1）应清楚地理解和阐述激发情景规划兴趣的焦点问题或决策，以确保充满探索性和发散性的规划过程不偏离主题。

（2）应探索焦点问题，找出当前环境中影响成功和失败的关键因素。这些因素通常与特定问题相关（如组织、客户、竞争对手和供应商），并提供当前问题的背景。

（3）应确定影响焦点问题和系统的更广泛的宏观力量。这些宏观力量通常与外部社会、技术、经济、环境、政治和基础设施（STEEPI）因素相关，这些因素对组织影响较大，但未能显著地控制组织。

（4）应就重要性（对焦点问题或决策的影响）和不确定性两方面（预测未来情况的信心）来对上述各项因素（微观和宏观层面）进行排序。

（5）具有高度重要性和高度不确定性的因素是构建情景矩阵的理想对象。出于简单和经济的考虑，通常会选择两个因素，因此应注意在评估各种矩阵中可能的行和列的组合时，要选择焦点问题或决策背景中最具见地和最为裨益的两个因素。

（6）应充实由情景轴定义的情景集合，这样就可以对未来世界有一个清晰的认识。情景通常被赋予一个令人难忘的标题，以清晰表达未来世界的特征，这些特征可能与其他情景共享，以获得不太确定的因素。通常情况下，每个情景都由一个叙述或者一个图形表示，以帮助理解和沟通与之相关的未来世界。例如，第 6 章日本 METI 描述的有关“未来生活”（future life）的场景，西门子的《未来前景》（Pictures of the future）和 Wired 发表的《来自未来的文物》（Found-Artefacts from the Future）。

（7）应使用所有适当的战略规划过程（包括路线图制定）来考虑每个情景对焦点问题或决策的影响，并采取一系列措施，其中一些措施对所有情景都是通用的，还有一些针对特定情景，以应对未来相关的不确定性。

（8）应识别趋势发展方向的早期预警指标以及支持情景驱动程序的指标，以便在事件发生和知识可获取的情况下采取适当的行动。

情景规划是一种强大的技术方法，可以处理与长期未来相关的具有不确定性和风险性的问题。然而，在考虑是否使用以及如何使用这种方法时，需要注意一些潜在缺陷。情景规划需要花费大量的时间和精力，此时需要推荐一种快速原型方法，如第 7 章介绍的快速启动路线图方法。快速迭代在效率和学习过程（与焦点问题和情景规划方法本身相关）方面都有很大的好处。情景通常代表极端的观点，每种观点本身都不太可能出现。应该将情景视为一种集合，这些情景共同给出了机构面临的关键不确定性。情景规划过程中的参与者需要“暂停怀疑”（suspend disbelief），充分分析每种情景对未来的影响，然后把所有情景组合起来作为不同战略方向的选项。

情景维度通常与宏观级别的 STEEPI 因素有关，这些因素可能与特定问题或感兴趣的决策稍稍背离，并且可能很容易将预先存在的（已发布的）情景作为起点。该技术的大部分优势在于可开发特定问题的情景，并且做出相应的努力，确保所使用的坐标轴与所关心的问题和决策直接相关。图 8-18 是一家关注打印机喷头收购策略的工业印刷公司开发的示例情景矩阵。情景矩阵选择的维度与决策直接相关：①打印机喷头性能的重要性；②未来打印机喷头供应商的数量（整合程度）。

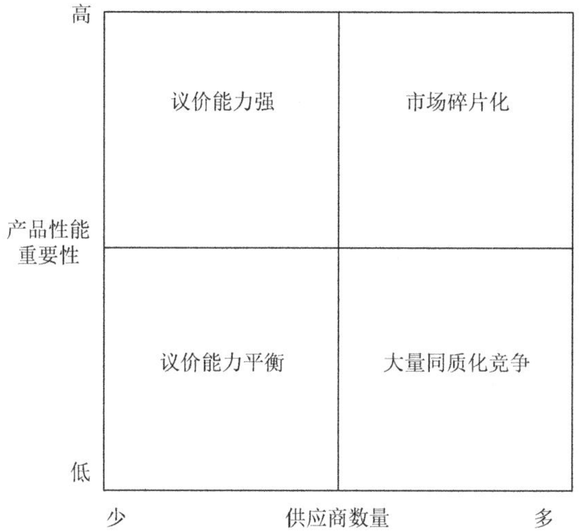

图 8-18　情景矩阵示例

8.3.5　技术情报

路线图的早期产出/优势主要在于识别商业和技术知识差距，并确定差距产生的背景（这是它们受到足够重视的原因）。另一个常见的产出是，一旦发现组织欠缺系统的流程和制度，便提供高质量的信息（情报）支持战略进程与决策的实现。

情报很容易与路线图相连接，如图 8-19 所示。不同类型的情报活动涉及路线图的不同层次。市场情报涉及路线图的市场层，竞争对手情报涉及产品层，

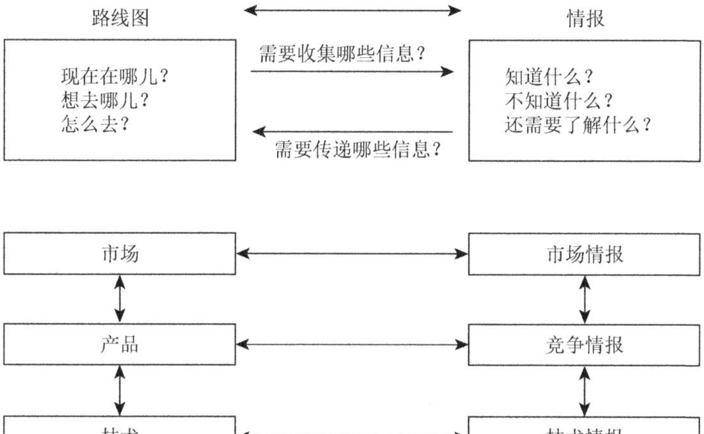

图 8-19　商业情报与路线图的关系

资料来源：改编自 Kerr 等（2006）的相关研究

技术层面的情报涉及技术层，分别解决为什么、是什么、怎么办的问题。此外，技术层面情报的关键问题直接关系到基本的路线图问题：我们现在的情况？（知道什么？）我们要实现什么目标？（不知道什么？）我们如何才能实现目标？（还需要了解什么？）

Kerr 等（2006）为技术情报开发了一种三层模型，总结如下。技术情报可以定义为“组织在了解技术威胁和机遇的过程中所捕获和提交的技术信息”。该模型还适用于其他形式的情报（如市场和竞争对手情报）。

情报框架（图 8-20）将情报购买者与情报经纪人联系在一起，由需求（我想知道）和供应（你需要知道）循环驱动。该框架包括五层，前两层与情报消费者有关，而底下三层则与情报机构有关，并通过中央层进行链接。

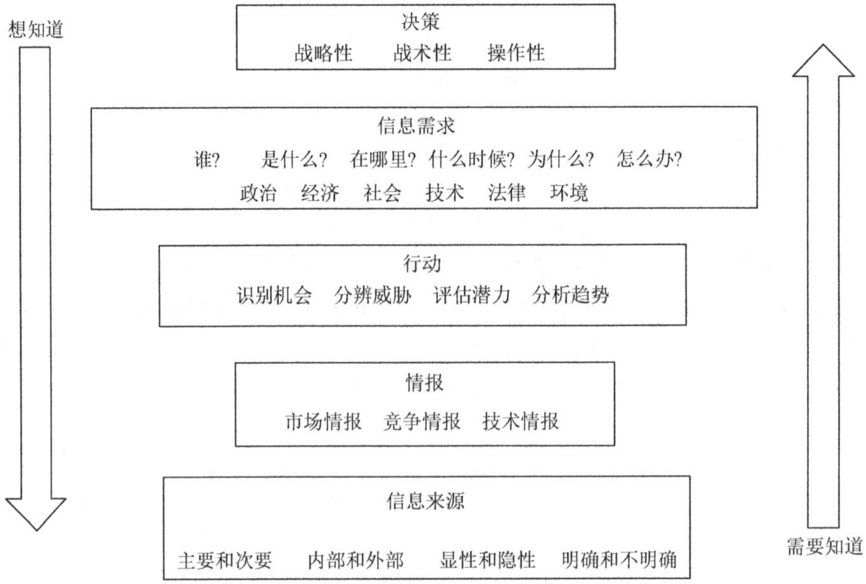

图 8-20　情报框架

资料来源：改编自 Kerr 等（2006）的相关研究

（1）情报决策：战略、战术、操作为战略、创新与运营等关键业务流程提供情报链条。

（2）情报需求：政治、经济、社会、技术、法律和环境领域（political，economic，social，technical，legal，environment，PESTLE），以及关键问题——谁，是什么，在哪里，什么时候，为什么和怎么办。

（3）情报经纪人操作：识别机会，分辨威胁，评估潜力，分析趋势。

（4）情报活动：市场情报、竞争情报和技术情报，这涉及不同的路线图层

（图 8-20）。

（5）情报来源：主要和次要来源、内部和外部来源、显性和隐性来源、明确和不明确来源。

作为评估和设计情报系统的基础，以上框架为情报提供了一个共同的结构和语言。基于此，Kerr 等（2006）提出了包含四种操作的系统模型，如图 8-21 所示。

①梳理（我们知道我们所了解的信息）。

②挖掘（我们不知道我们所知道的信息）。

③瞄准（我们要知道我们不知道的信息）。

④扫描（我们不知道我们是否知道我们需要的信息）。

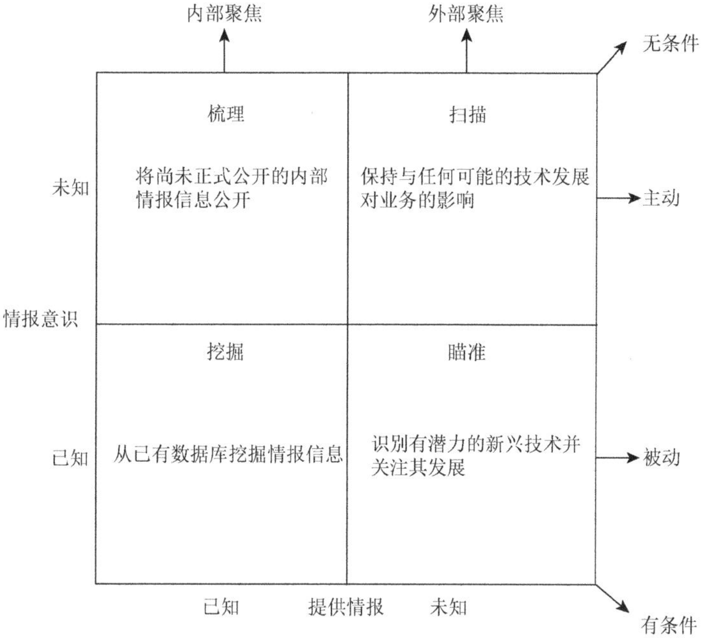

图 8-21　情报系统模式

资料来源：改编自 Kerr 等（2006）的相关研究

前两种模式（梳理和挖掘）有一个内部焦点，信息和知识存在于组织内部，包括已知或未知的存储库。后两种模式（瞄准和扫描）有一个外部焦点，与获得知识的努力程度或信息搜索范围有关。许多方法如数据挖掘、开放式搜索等都可以支持情报活动。对于大多数的管理工具，具体的使用配置和方法需根据组织特定的决策需求进行定制。

图 8-22 所示的情报处理过程周期提供了一种实施情报系统的方法架构，其流程是通用的，但需要为每个情报系统模式和组织进行定制。相关学者制定了指导

方针（Mortara et al.，2007），以支持技术情报系统的评估和开发，包括一个可用于填充挖掘、搜索目标和扫描系统模式的元素工具包（人员和基础设施用于支持协调、搜索、连接功能）。

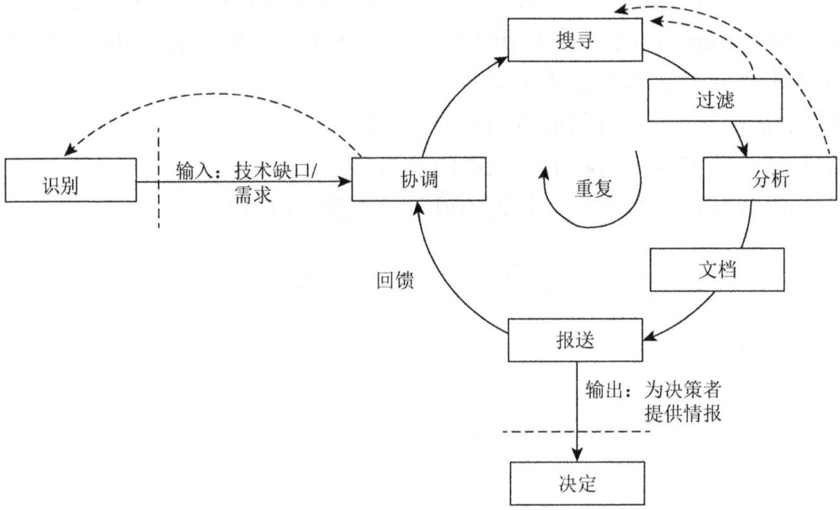

图 8-22　情报处理过程周期

资料来源：改编自 Kerr 等（2006）的相关研究

8.3.6　商品价值评估

制定一项技术战略需要判断各种技术方案的绝对性和相对价值。这意味着，未来投资的潜在价值与开发和实施该技术相关的资源、成本和风险是平衡的。然而，这种预估带来了一些根本性的挑战，尤其是涉及早期新工艺和与市场相关的新的应用，原因如下。

（1）由于新应用和新市场不确定性很高，为了预测未来的收入和成本，需要进行财务估算。这些不确定性可能导致战略制定出现偏差，如果处理不当，会降低对创新产品和服务的投资热情。

（2）复杂的创新系统涉及技术、应用、组织和市场。即使这些信息可用，它的收集、分析和决策也需要成本，并且经常需要在不完善的知识条件下做出决策。

（3）成功的产品可能包含许多技术，而成功是技术之外多因素的综合结果。因此，很难或不可能分解出某一特定技术对这种成功的贡献。

一个稳健的评估过程应该支持投资决策者和技术专家的沟通与理解，并判断决策和投资的合理性。随着新一代信息技术的出现，所采用的评估方法也应趋向成熟。整个商品价值的评估过程可以采用多种评估技术，创新漏斗的早期阶段（第

5 章）和前端方法应该通常支持定性或半定量性的探索。后期阶段将转向更健康、更广泛和更量化的方法，这些方法的选择与投资建议或商业案例的发展相关联。

有效的决策应该对成本投入和产出进行综合评估，尤其在早期阶段的研究和技术开发过程中，不能仅仅考虑技术因素，而应该考虑包括财务方面在内的一系列因素（Hunt et al.，2004）。如加权评分、投资组合分析和路线图等方法可以共同为技术评估和决策提供多种视角。调查表明，这些仅基于财务指标的投资决策的企业比使用多种方法决策（如检查表、评分模型、关联分析矩阵以及商业战略一致性）的公司表现更为逊色（Cooper，2001）。

折现现金流、净现值、投资收益率（return on investment，ROI）、内部收益率（internal rate of return，IRR）和盈亏平衡点（time to break-even，TBE）等方法广泛用于财务评估。这些技术具有相对简单、应用广泛和易于操作的优点。例如，净现值可以通过从收入中减去预计的未来成本来计算，两者都可以根据货币的时间价值进行适当的折现。财务评估过程中出现的不确定性通常以收入乘以实现目标的概率来计算的。

当考虑复杂的非线性开发和与技术相关的开发路径时，使用该评估方法相对简单，但是会出现一定的误差。首先，该方法假设所有项目相似，而实际上许多公司的项目组合数量少，相似度低。其次，这种计算假定项目将按照计划进行，而随着项目的不断进展和新信息的获取，项目计划会发生改变，创新研究和探索阶段尤其如此。

决策树提供了一种可视化的方法来映射项目的可能路径，以一种与路线图兼容的格式更好地理解潜在的结果和决策点。与决策树相联系的“实物期权”（real options）法提供了一种基于与金融期权类比的金融价值计算方法。与标准净现值型计算方法相比，图 8-23 说明了决策树（实物期权法）如何提供一个迥异的视角（Faulkner，1996）。该方案是一个研究项目，旨在推出一款新产品，研发投资估计为 600 万美元（一年），启动成本为 1500 万美元，预计两年后的收入将达到 1000 万美元。净现值的计算方法如下，假设贴现率为 12%：

$$\text{NPV} = (-600) - (1500/1.12) + (1000/1.12^2) \approx -1140\text{（万美元）}$$

这种方法将整个项目视为一个单独的选项，在做出最初决定之后，无论如何都要继续进行。随着项目的进展，情况可能会更加复杂，会出现一些新的选项和决策。例如，一开始可能并不确定这项研究的成功前景如何。一个优秀的结果可能会带来更高的收入，一个糟糕的结果可能会带来更少的收入，根据这些结果可以选择继续或停止项目。可以通过以下计算示例来说明是否继续项目开发，假设有 30%、60%和 10%的置信水平，以及分别为 + 6000 万美元，+ 1000 万美元和–6000 万美元的收入水平，用于优秀、良好和糟糕的研发结果，假设项目只有在取得优异成绩的情况下才会启动：

选项价值 =（–600）–（0.3×1500/1.12）+（0.3×6000/1.12^2）≈ 430（万美元）

考虑到可供管理层使用的决策点和选项，估值计算的产出已从损失 1140 万美元变为盈利 430 万美元，使该项目显得更具吸引力，至少值得迈出投资项目研发的第一步。因此，如果研究成功，"购买一个选择"（purchasing an option）就可以继续进行商业化。但前提是，如果研究结果不佳，管理层应准备停止该项目。

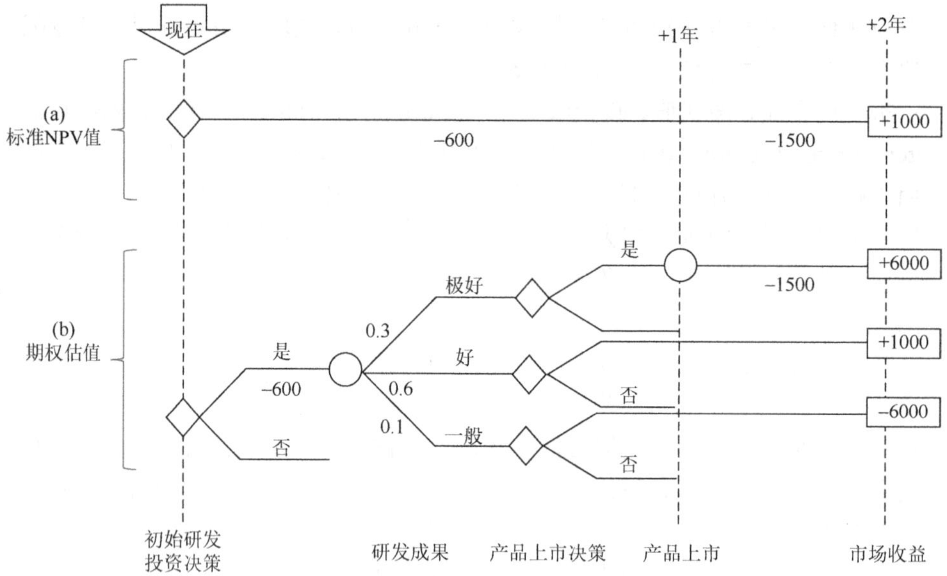

图 8-23　净现值与期权估值示例

资料来源：改编自 Faulkner（1996）的相关研究

通过蒙特卡洛（Monte-Carlo）方法，根据每个决策和结果的假设概率分布，聚合多种计算结果（Goffin and Mitchell，2005），得到基于概率分布的项目价值，为管理人员提供了比单个点值更多的信息，但存在一定的偏差。这些分布的上界和下界呈现了一些有用的迹象，表明乐观的（最好的情况）和悲观的（最坏的情况）情景，以确定如何采取管理行动。选择思维（和决策树）的一个关键在于灵活性和敏捷性，借以关注重点，提高资源利用率，并将稀缺资源重新投入更具前景的项目。

8.3.7　其他工具

为了支持创新战略规划，已经制定了许多框架和方法。原则上，没有理由认为其中任何一项与路线图的一般原则不相容，因为假定所使用的任何方法都应在需要时能够调整以适应特定的情况和背景。路线图框架有潜力支持战略创新的综合方法，为工具链接提供了一个参考点（8.2.2 节）。

虽然本章总结了几个常用于路线图的关键方法，但是对这些方法的详细叙述超出了本书的范围，读者可以参考以下战略创新的标准教科书。

（1）技术战略和管理（Betz，2011；Dussauge et al.，1992；Floyd，1997；Ford and Saren，1996；Roussel et al.，1991；Mitchell，1989；Twiss，1992）。

（2）商业战略（Cavana，2007；de Wit and Meyer，2004；Johnson and Scholes，1998；Porter，1980）。

（3）创新管理（Betz，2011；Brown，1997；Cooper，2001；Goffin and Mitchell，2005；Tidd and Bessant，2018）。

此外，一些网络工具目录也是有用的资源。

（1）矩阵工具：www.ifm.eng.cam.ac.uk/ctm/t_cat

（2）决策支持工具：www.ifm.eng.cam.ac.uk/dstools

（3）创新和设计管理：www.ifm.eng.cam.ac.uk/ctm/idm/tools

（4）创新管理：www.managing-innovation.com

（5）新产品研发：www.npd-solutions.com

（6）基于价值的管理方法：www.valuebasedmanagement.net

（7）思维工具（mind tools）：www.mindtools.com

另有广泛使用的方法如下。

（1）SWOT 分析法，包括评估和比较外部机会与威胁，内部优势和劣势。SWOT 为顶层战略评估提供了一个有用的方法，以识别战略选择，利用潜在机会，应对威胁，利用优势，弥补弱势。机会与威胁通常与路线图顶层相关（know-why，技术原理），优势和劣势与路线图的较低层相关（know-how，技术诀窍）。所采取的行动（know-what，技术概念）反映了这两个观点之间的平衡（拉与推，pull vs.push）。SWOT 框架可以用于指导路线图发展（Tolfree and Smith，2009）：优势和劣势，我们现在的处境如何？机会，我们想要实现何种目标？威胁，是什么阻止我们实现目标？行动，如何克服阻碍？

（2）障碍分析，通常与路线图顶层关联，包括识别与评估影响该组织的外部趋势和驱动因素。STEEPI 是社会、技术、经济、环境、政治和基础设施等因素的缩写。其他广泛应用的类似的缩略语还有 STEEP、STEEPLE、STEP、PEST 以及 PESTLE，其中多出的 E 指道德因素，L 指法律因素。分析外部趋势和驱动因素应该包括对商业的影响和不确定性的评估（作为风险评估和前景规划的潜在输入）。

（3）波特五力模型框架，提供了一个结构化的方法来理解影响企业的竞争力量，通常与路线图的顶层相关联。根据波特理论，有五个通用类型的竞争对手：①与现有企业之间的竞争有关的行业竞争对手；②供应商的议价能力；③买家的议价能力；④新进入者的潜在威胁；⑤替代产品或服务的威胁。

（4）波特价值链，提供了一种通用的商业模式，有助于理解企业中有创造价值的各种活动（Porter and Advantage，1985）。价值链框架包括五个主要活动（入厂物流、生产流程、出境物流、营销和销售、服务），连同四个辅助活动（采购、人力资源管理、技术开发、基础设施）。考虑将何种观点与图层进行合并时，这样的价值和供应链模型可用于构建路线图。

（5）平衡计分卡是一种管理系统，它对决定长期战略成功的绩效指标采用平衡的测量方法，与专注于短期绩效的财务方法相对（Kaplan and Norton，1996）。平衡计分卡包括四个方面：客户（客户如何看我们？）、金融（我们如何看待股东？）、创新和学习（我们可以继续改善和创造价值吗？）、内部（我们必须擅长什么？）。目标和措施需要建立适当的平衡，需要考虑到每一个视角，在路线图绘制和描述过程中也需要考虑这些观点。

（6）创造性工具，如 TRIZ（发明问题解决理论，theory of the solution of inventine problem）（Moehrle，2004；Schuh and Grawatsch，2004）。

8.4 促进沟通交流的路线图

无论是对参与到路线图制定过程中的利益相关者而言，还是利用路线图传播关键战略信息，并与更多的群体（如高级管理、技术团队、供应商和客户）接触者而言，促进沟通交流通常被视为路线图的主要优点之一。

前面几章提到的多种方法给路线图开发提供了支持。基于多层框架的路线图结构，展现与复杂战略和创新挑战相关的信息，可以对整个战略或创新系统和子系统如何演进、交互呈现出来，并整合成一个整体视图。然而，特别要注意的是，路线图应该仔细考虑要传达的信息以及受众的沟通需求和偏好，确保所选择的图形格式符合特定情况。

可视化是路线图特征之一，但这一方面的研究相对较少。如图 8-24 所示，路线图在战略视角的信息呈现包括两层：信息结构、可视化，观察到的各种信息均是这两个层次的呈现。

根据预期目标、系统性质、系统复杂性以及开发者和用户的偏好，路线图可以采取多种形式，图 8-25 显示了一个共有 48 个示意图的图形路线图（关注非多层格式），展示了已有路线图的各种各样的可视化表达形式。路线图模板的选择既有益又富有挑战性，因为这种格式可以适应特定的情况，但需要仔细思考和设计，并且提供一定的指导。

许多路线图由技术团队主持开发，旨在更好地与商业团体进行交流，尽管技术人员可能没有足够的图形化呈现技能。图 8-25 的例子可以作为一种资源激发设计促进沟通交流的路线图的想法。

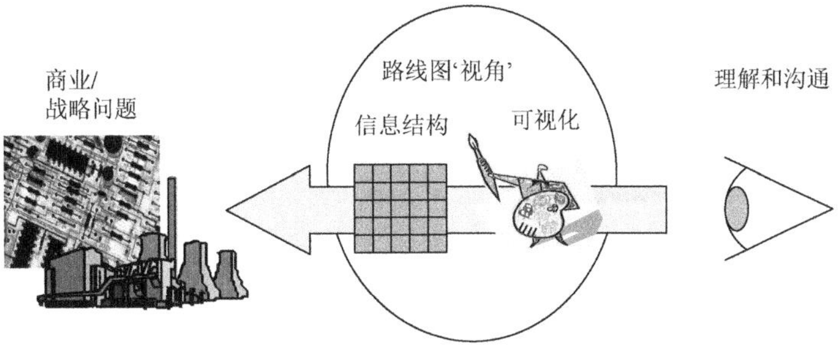

图 8-24　创新与战略视角的路线图

促进沟通交流的路线图的设计具有挑战性，需要具备以下领域的相关知识。

（1）要求掌握一定广度和深度的路线图规划相关知识。

（2）信息科学，总结并整理大量信息。

（3）平面设计，创建最终用于沟通的路线图。

（4）市场营销专业知识和沟通技巧，以促进路线图信息传达。

开发实施促进沟通交流的路线图是一个创造性过程，不能遵循机械式流程。鉴于这一点，制定促进沟通交流的路线图一般需遵循以下几点。

（1）使用第 6 章和第 7 章提倡的多层系统方法开发全景式路线图。该方法适用于涉及多个利益相关者的复杂系统。正如第 6 章所讨论的，路线图通常涉及时间和分析颗粒度的迭代，需要足够的深度和细节，才能开发出适合交流目的可信的全景式路线图。

（2）制定支持可视化路线图的战略叙述，以确保内容和逻辑清晰且适合于文档演示。应当考虑路线图的标题、目的、主要驱动因素、远景、目标、当前情况、关键挑战、前进路线、风险、关键决策点、选项、知识差距、依赖性和关键行动。对当前情况、前进路线、目标和远景的总结通常构成路线图的主干，是简化路线图以进行交流的有用起点。

（3）鉴于路线图旨在传达关键信息，受众者身份，以及他们的沟通需求和偏好，可能有多个不同需求的受众，一个全景式多层路线图可以生成多个子路线图（如高级管理人员、研究团队、客户、供应商和合作伙伴）。

（4）用草图、纸、笔和便利贴探索视觉设计选项，可能需要进行一些迭代，在这个过程中可以多人并行设计，建议采用专业的设计输入。示例路线图可以提供灵感，如图 8-25 所展示的路线图、本书其他地方以及产业与公共领域路线图（附录 C）。

（5）在使用之前，对促进沟通交流的路线图进行测试（如一个试验性演示）。专业的支持可能有助于实现高质量的视觉输出，演示文稿中使用动画可以有效简化复杂叙述。

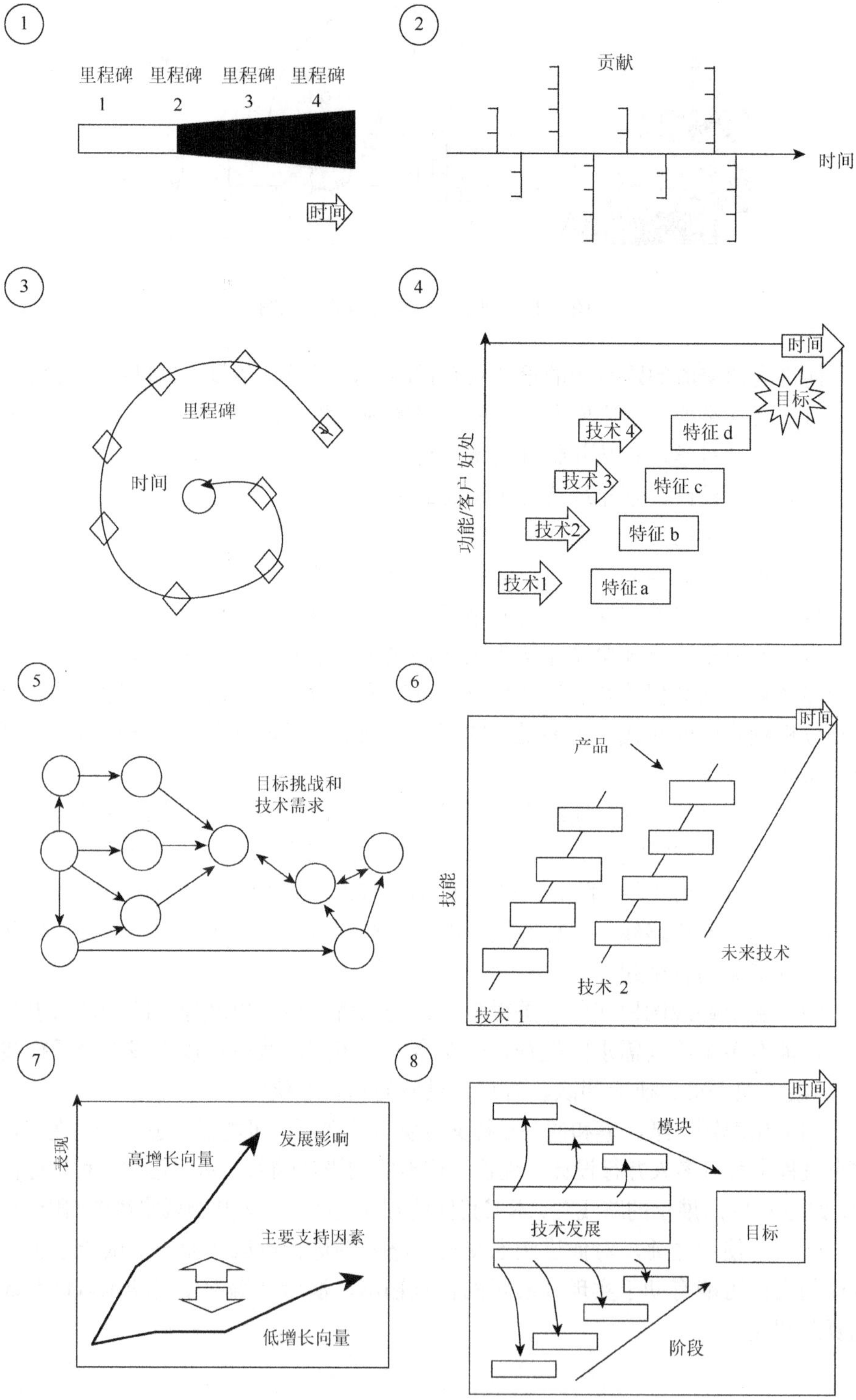
1
里程碑 1
里程碑 2
里程碑 3
里程碑 4
时间
2
贡献
时间
3
里程碑
时间
4
时间
目标
功能/客户 好处
技术4
特征 d
技术3
特征 c
技术2
特征 b
技术1
特征 a
5
目标挑战和
技术需求
6
时间
产品
技能
未来技术
技术 2
技术 1
7
表现
发展影响
高增长向量
主要支持因素
低增长向量
8
时间
模块
技术发展
目标
阶段

⑨

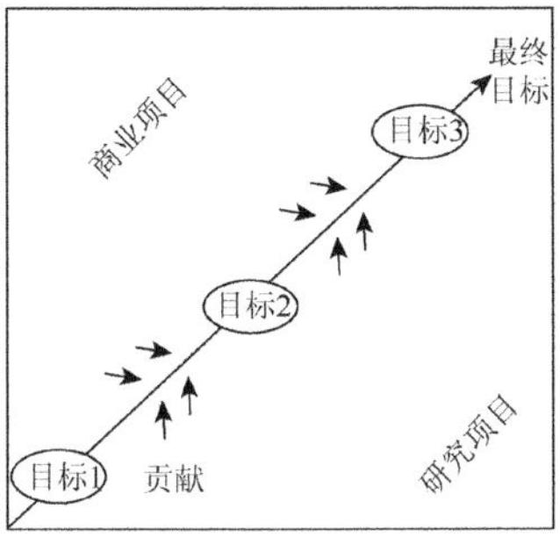
最终
目标
商业项目
目标3
目标2
目标1
贡献
研究项目

⑩

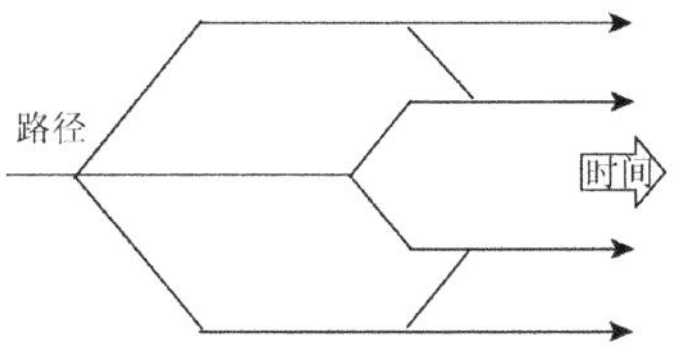
路径
时间

⑪

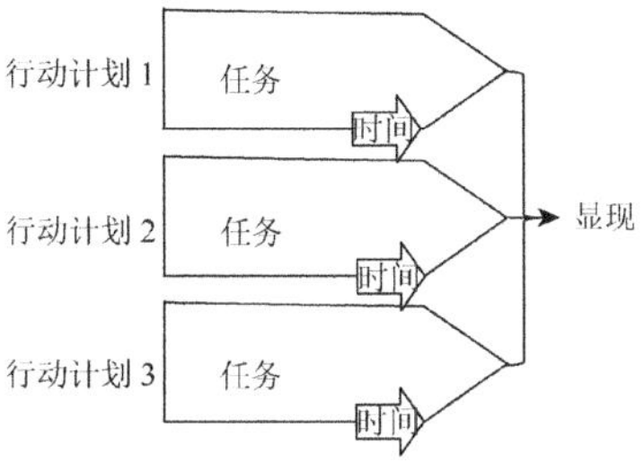
行动计划 1
任务
时间
行动计划 2
任务
时间
行动计划 3
任务
时间
显现

⑫

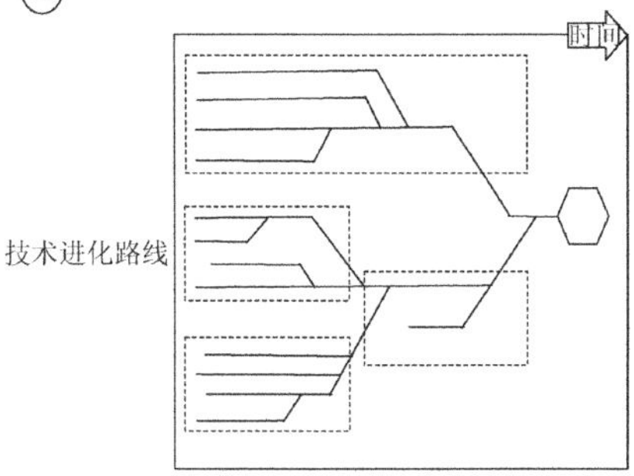
时间
技术进化路线

⑬

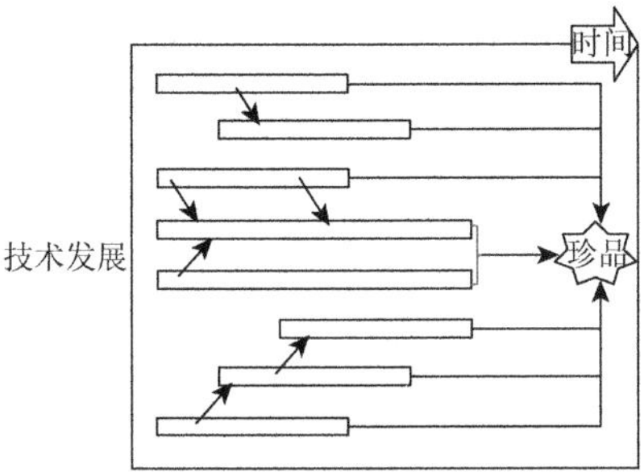
时间
技术发展
珍品

⑭

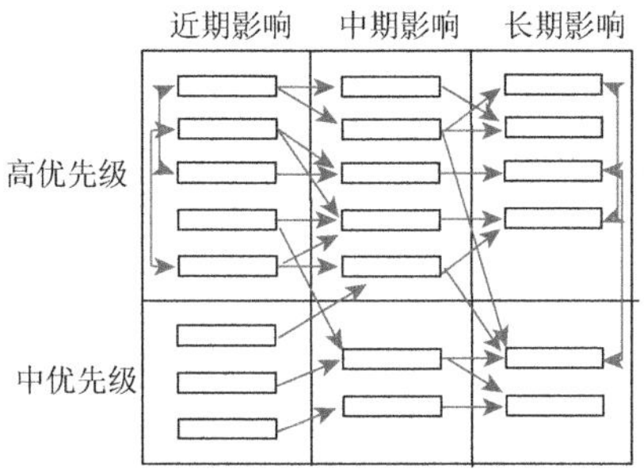
近期影响
中期影响
长期影响
高优先级
中优先级

⑮

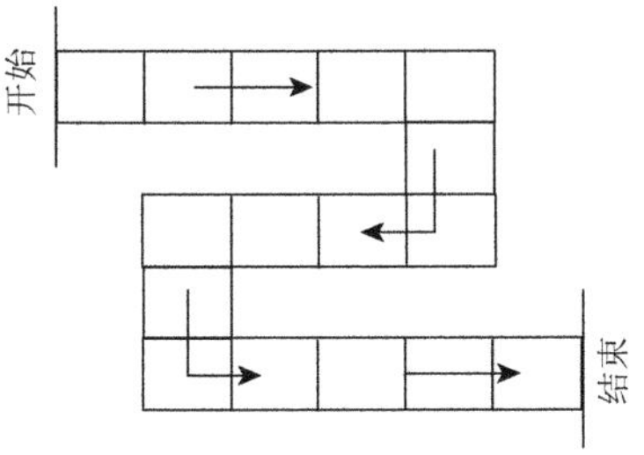
开始
结束

⑯

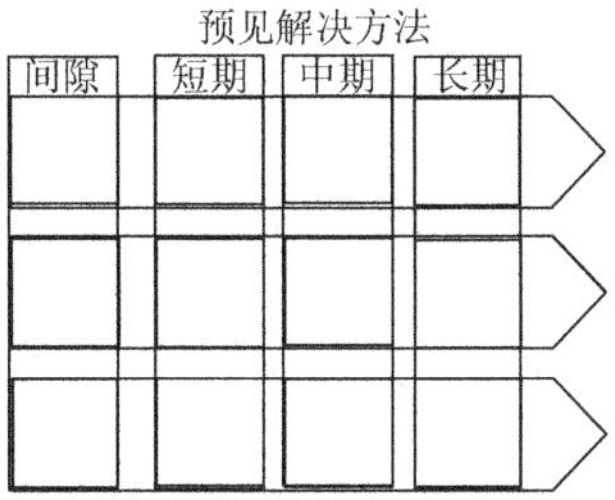
预见解决方法
间隙
短期
中期
长期

⑰

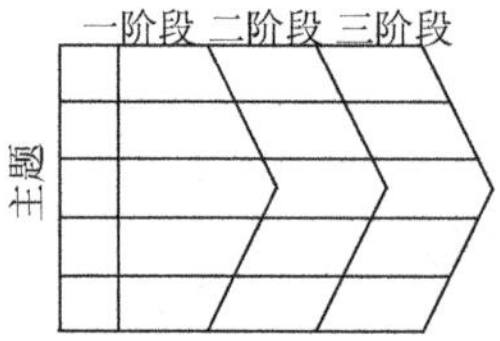
一阶段 二阶段 三阶段
主题

⑱

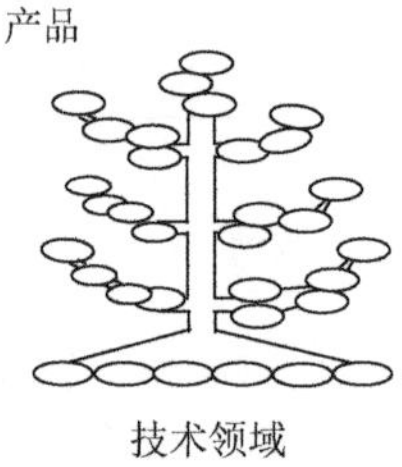
产品
技术领域

⑲

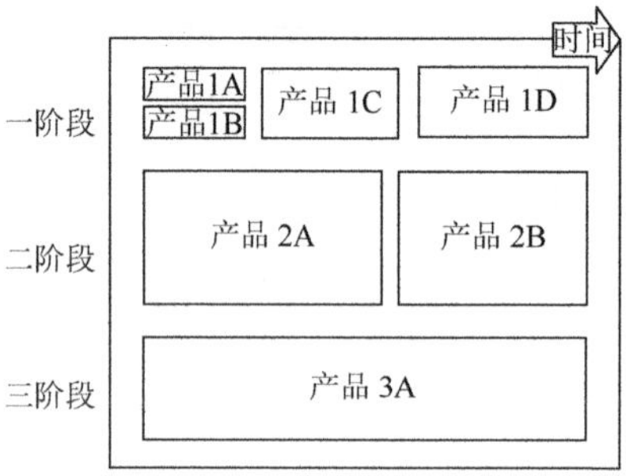
时间
一阶段
二阶段
三阶段
产品1A
产品1B
产品 1C
产品 1D
产品 2A
产品 2B
产品 3A

⑳

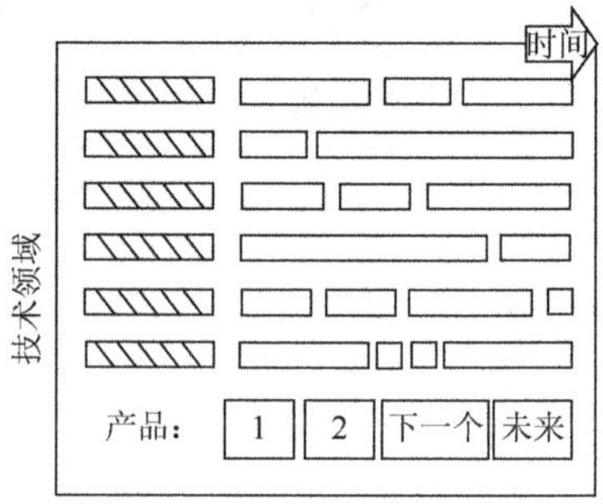
时间
技术领域
产品：
1
2
下一个
未来

㉑

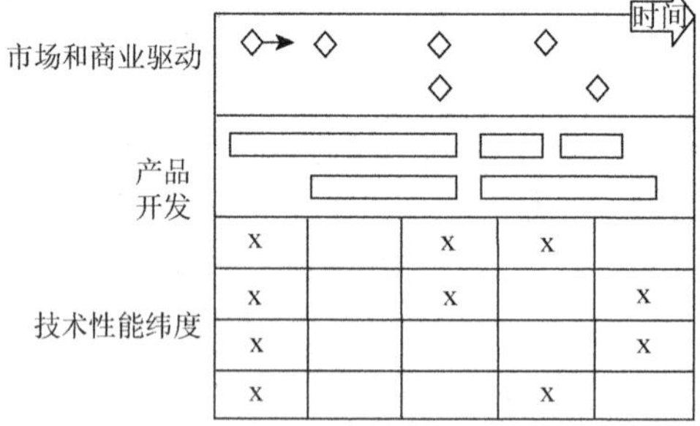
时间
市场和商业驱动
产品
开发
技术性能纬度

㉒

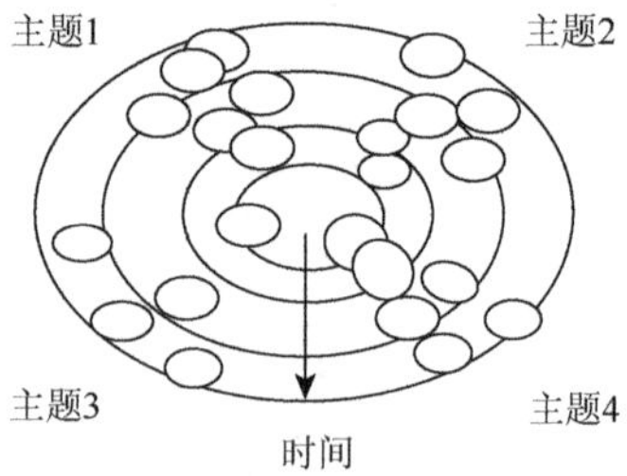
主题1
主题2
主题3
主题4
时间

㉓

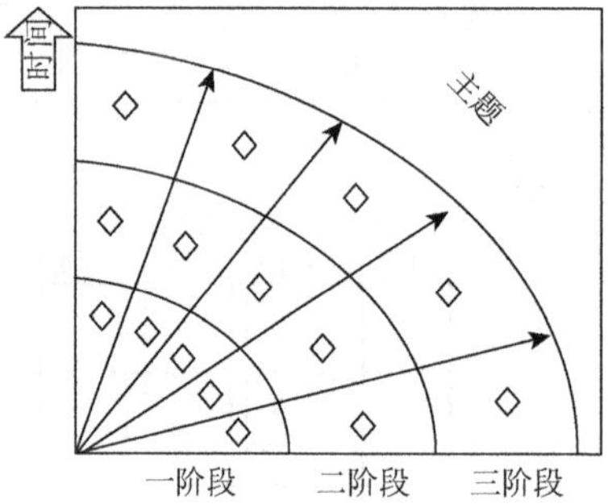
时间
主题
一阶段
二阶段
三阶段

㉔

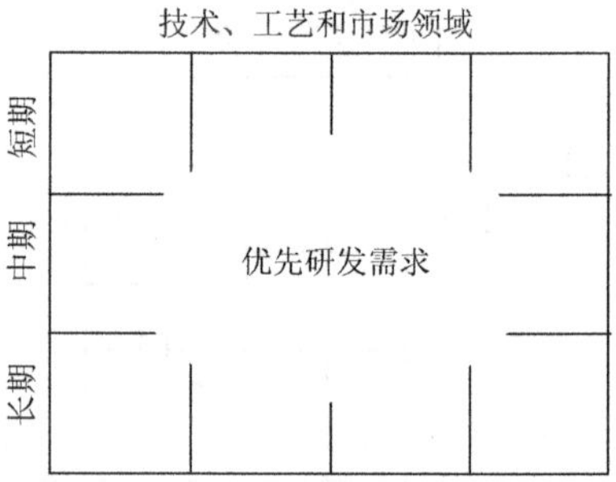
技术、工艺和市场领域
短期
中期
长期
优先研发需求

㉕

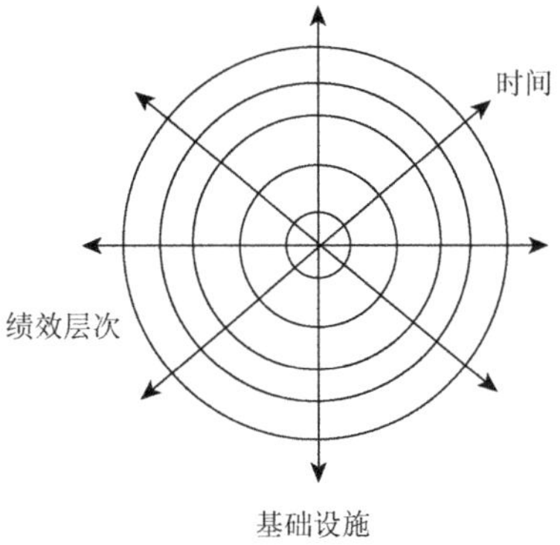
时间
绩效层次
基础设施

㉖

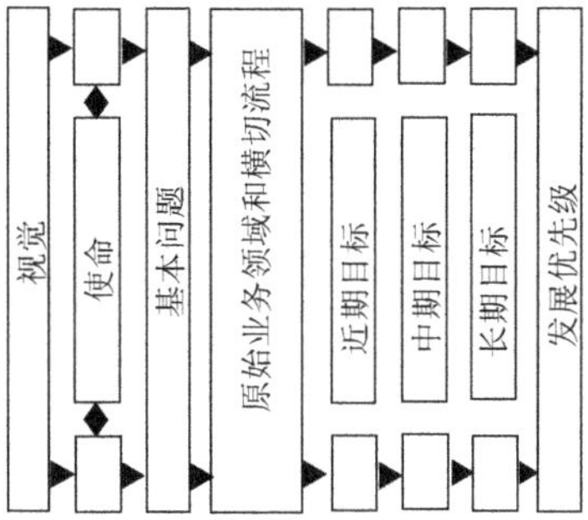
视觉
使命
基本问题
原始业务领域和横切流程
近期目标
中期目标
长期目标
发展优先级

㉗

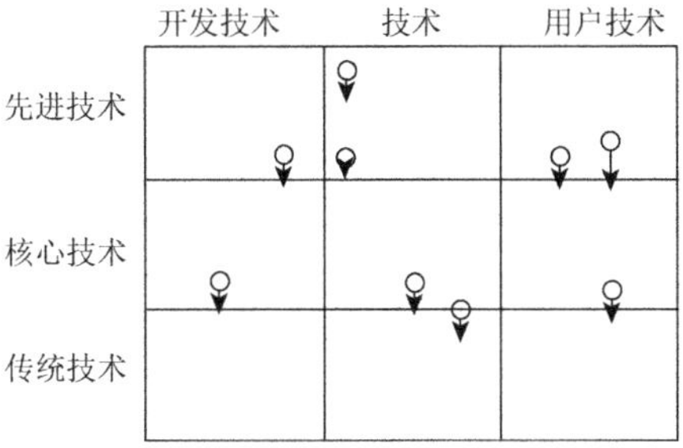
开发技术
技术
用户技术
先进技术
核心技术
传统技术

㉘

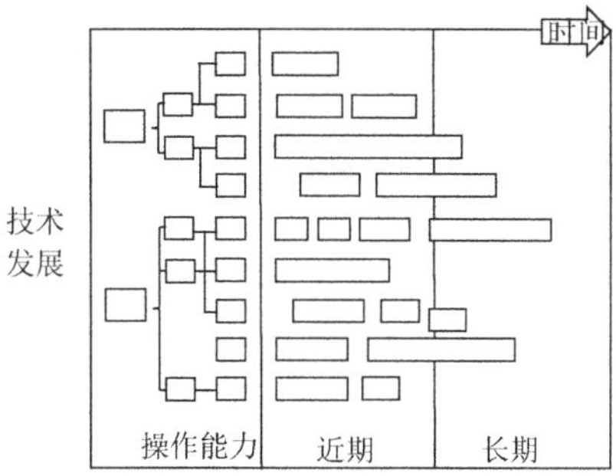
时间
技术
发展
操作能力
近期
长期

㉙

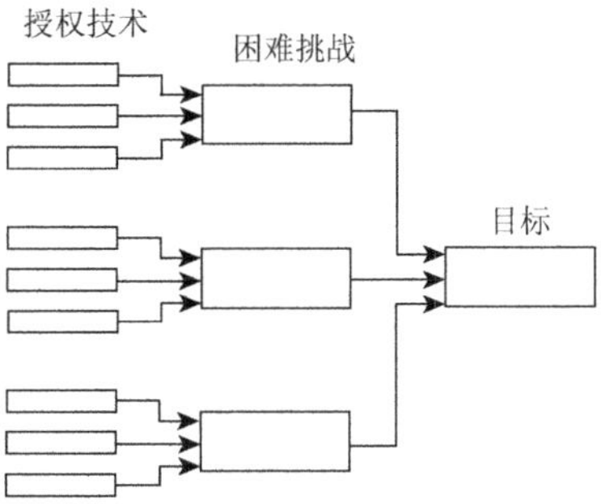
授权技术
困难挑战
目标

㉚

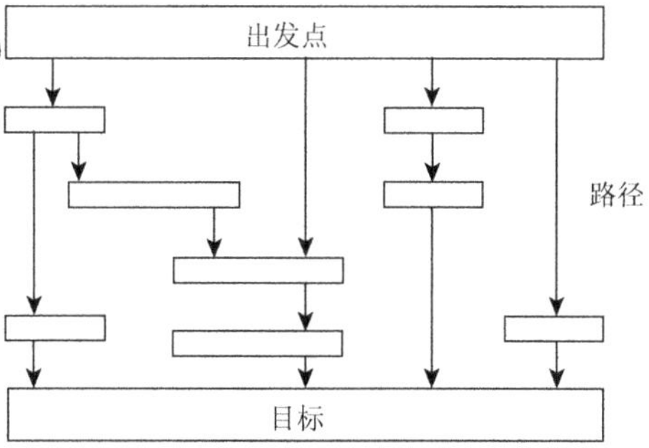
出发点
路径
目标

㉛

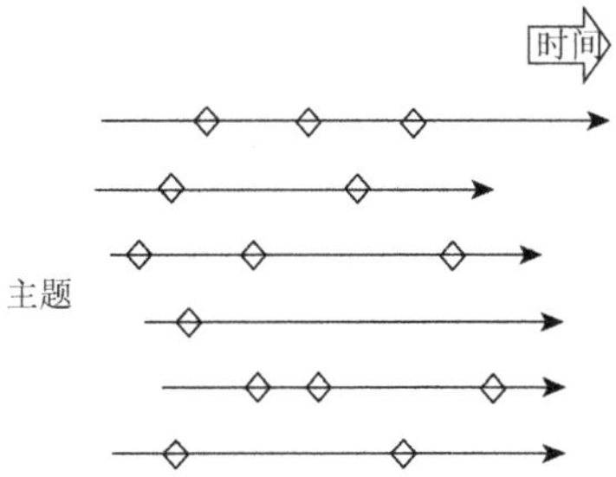
时间
主题

㉜

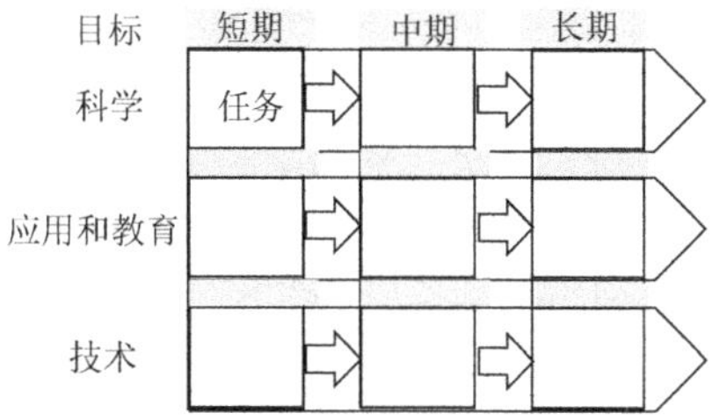
目标
短期
中期
长期
科学
任务
应用和教育
技术

㉝

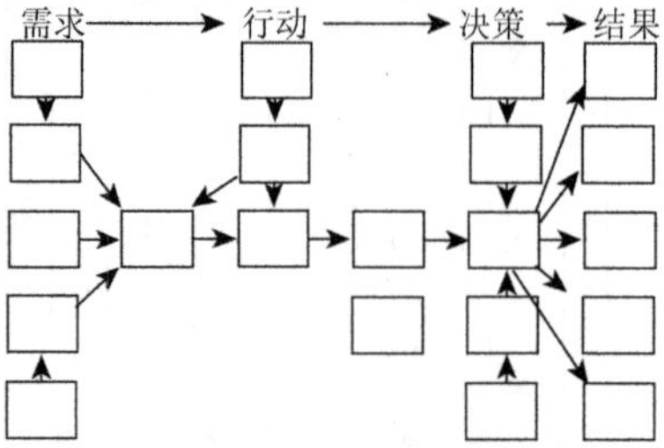
需求
行动
决策
结果

㉞

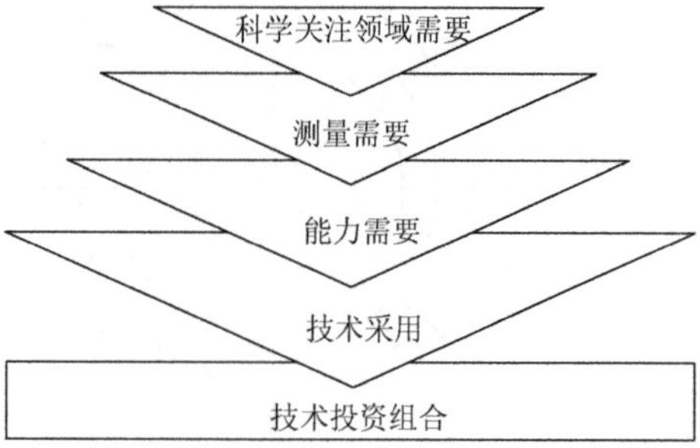
科学关注领域需要
测量需要
能力需要
技术采用
技术投资组合

㉟

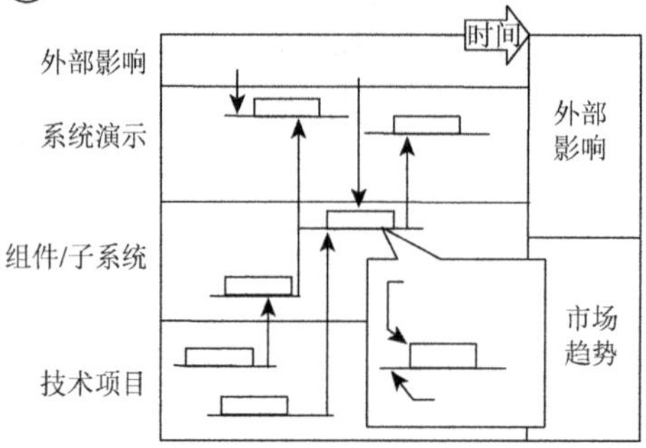
时间
外部影响
系统演示
组件/子系统
技术项目
外部影响
市场趋势

㊱

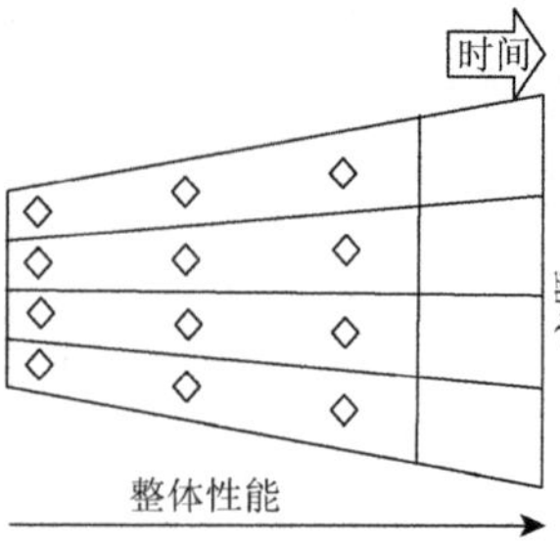
时间
主题
整体性能

㊲

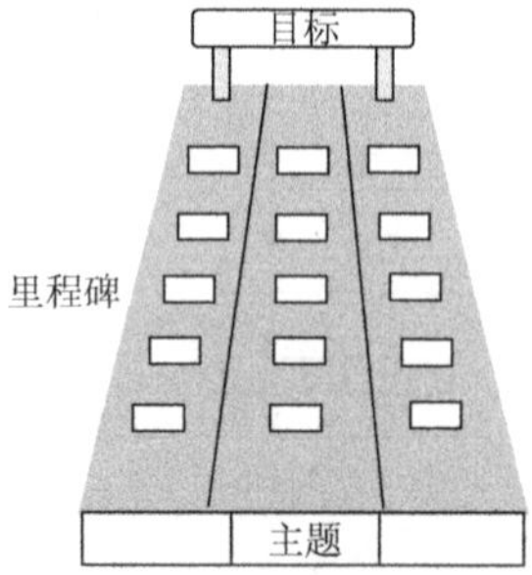
目标
里程碑
主题

㊳

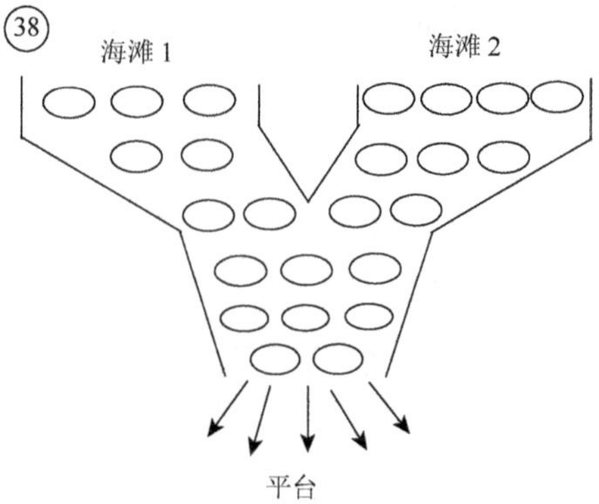
海滩 1
海滩 2
平台

㊴

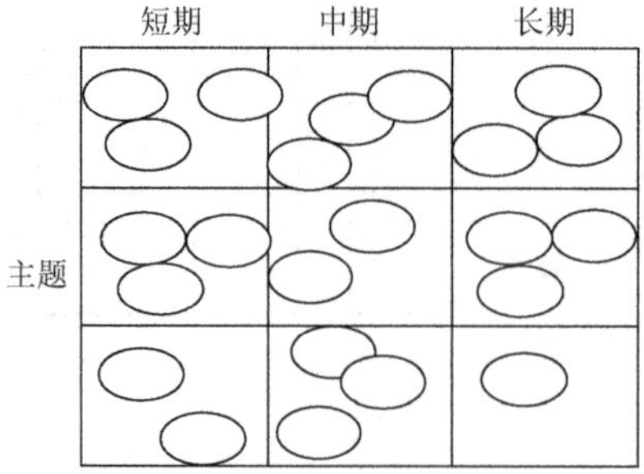
短期
中期
长期
主题

㊵

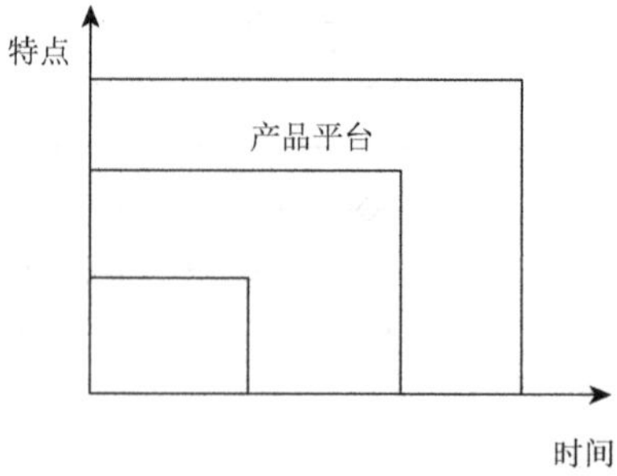
特点
产品平台
时间

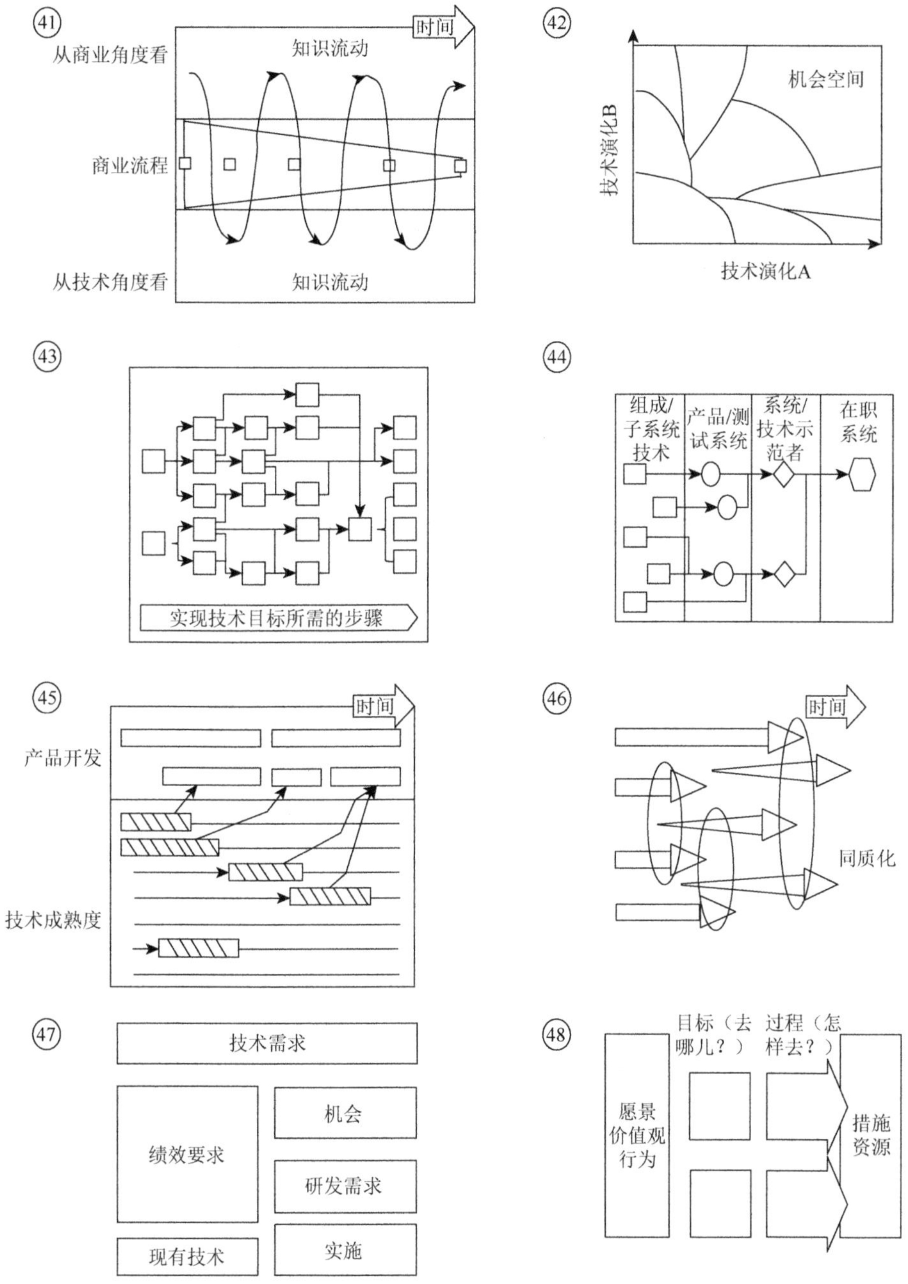

图 8-25　路线图形式（示意图）

8.5 本章小结

路线图的开发实施应该分阶段进行，采用渐进式的、迭代式的（“小步快跑”）方式，各阶段都要尽快实现成果，以鼓舞士气和凝聚动能。在路线图开发实施这一过程中，往往会开展一个或多个研讨会作为开发的关键节点（图 8-26）。同时，路线图的开发实施应该与具体创新领域、管理流程和各种战略建立紧密联系，并在适当的情况下与其他战略、规划保持一致。除了短期目标，路线图设计还应该考虑开发实施的长期可持续性，考虑如何更新和维护路线图，以及如何在更大范围内更为系统地扩散实施路线图。

图 8-26　商业战略研讨会（S-Plan 方法）

路线图的早期研讨会需要考虑以下问题，包括所需的路线图框架类型，整合什么样的管理工具和方法，以及如何推进整个流程。任何研讨会的最后评估和审查阶段，不应该仅仅对路线图本身进行评估，还要总结、反思路线图流程，从而更好地推进路线图的更新和维护。

在研究过程中，路线图常常采用互动式研讨会，以促进参与者之间的交流，这是路线图制定方法的一个关键优势。另外，路线图的可视化特性是成功支持交流的关键，该特征和战略分析的关联及可视化呈现也是路线图本身成功的一大关键。

参考文献

Albright R E, 2003.A unifying architecture for roadmaps frames a value scorecard.IEMC'03 Proceedings.Managing Technologically Driven Organizations: The Human Side of Innovation and Change, IEEE.

Betz F, 2011. Managing Technological Innovation: Competitive Advantage from Change.New Yorks：John Wiley & Sons.

Brown D, 1997.Innovation management tools: A review of selected methodologies.European Commission.

Cavana R Y, 2007. Practical strategy: Structured tools and techniques. System Dynamics Review, 23(4): 475-478.

Cooper R G, 2001.Winning at New Products: Accelerating the Process From Idea to Launch.New York: Perseus.

Cooper R G, Edgett S J, Kleinschmidt E J, 1997.Portfolio management in new product development: Lessons from the leaders—I. Research Technology Management, 40(5): 16-28.

Cosner R R, Hynds E J, Fusfeld A R, et al., 2007.Integrating roadmapping into technical planning. Research Technology Management, 50(6): 31-48.

de Wet G, 1996.Corporate strategy and technology management: Creating the interface.Proceedings of the 5th International Conference in the Management of Technology(IAMOT), Miami.

de Wit B, Meyer R, 2004. Strategy: Process, Content, Context: An International Perspective.London:Thomson.

DoD, 2008. DoD manufacturing readiness level definitions.US Department of Defense.

Dussauge P, Hart S, Ramanantsoa B, 1992. Strategic Technology Management. New Jersey:John Wiley & Sons.

Faulkner T W, 1996. Applying "options thinking" to R&D valuation. Research-Technology Management, 39(3): 50-56.

Floyd C, 1997.Managing Technology for Corporate Success.Aldershot:Gower.

Ford D, Saren M, 1996.Technology Strategy for Business.London: International Thomson Business Press.

Gerdsri N, Vatananan R S, Dansamasatid S, 2009.Dealing with the dynamics of technology roadmapping implementation: A case study. Technological Forecasting and Social Change, 76(1): 50-60.

Goffin K, Mitchell R, 2005.Innovation Management: Strategy and Implementation using the Pentathlon Framework. Basingstoke:Palgrave Macmillan.

Hunt F, Mitchell R, Phaal R, et al., 2004.Early valuation of technology: Real options, hybrid models and beyond. Journal of The Society of Instrument and Control Engineers, 43(10): 730-735.

Johnson G, Scholes K, 1988.Exploring Corporate Strategy. 2nd Ed.New York：Prentice Hall.

Kaplan R S A, Norton D P, 1996.Using the balanced scorecard as a strategic management system. Harvard Business Review, 74(2): 75-85.

Kappel T A, 2001.Perspectives on roadmaps: how organizations talk about the future. Journal of Product Innovation Management, 18(1): 39-50.

Kerr C I V, Mortara L, Phaal R, et al., 2006.A conceptual model for technology intelligence. International Journal of Technology Intelligence and Planning, 2(1): 73-93.

Lager T, 2005.The industrial usability of quality function deployment: A literature review and synthesis on a meta - level. R&D Management, 35(4): 409-426.

Lindsay J, 2000.The Technology Management Audit: the Tools to Measure How Effectively You Exploit the Technological Strengths and Know-How in Your Company. London:Financial Times.

Lloyd B, 1998. Learning from the future: Competitive foresight scenarios. Long Range Planning, 31(6): 948.

Lupini S, 2002.Roadmapping software survey report.White Paper.Cambridge University.

Mankins J C, 1995.Technology readiness levels-a white paper.Advanced Concepts Office, Office of Space Access and Technology, NASA.

Martinich J S, 2008.Production and Operations Management: An Applied Modern Approach. New Jersey:John Wiley & Sons.

Mitchell G, 1989. Managing technology: The strategic view. Journal of Engineering and Technology Management, 6(2):193-195.

MoD, 2006a.Technology readiness levels(TRLs)guidance, Issue 3.0.UK Ministry of Defence.

MoD, 2006b.System readiness levels(SRLs)guidance, Issue 4.1.UK Ministry of Defence.

Moehrle M G, 2004.TRIZ-based technology-roadmapping. International Journal of Technology Intelligence and Planning, 1(1): 87-99.

Mortara L, Kerr C, Phaal R, et al., 2007.Technology Intelligence: Identifying threats and opportunities from new technologies. Institute for Manufacturing,University of Cambridge.

Muller G, 2008.Roadmapping.Eindhoven: Embedded Systems Institute.

Phaal R, O'Sullivan E, Farrukh C, et al., 2009. Developing a framework for mapping industrial emergence.PICMET: Portland International Conference on Management of Engineering and Technology, Proceedings：428-440.

Porter M E, 1980. Competitive strategy: Techniques for analyzing industries and competitors. Social Science Electronic Publishing, (2): 86-87.

Porter M E, 1985.Competitive Advantage: Creating and Sustaining Superior Performance.New York: The Free Press.

Porter M E, Advantage C, 1985.Creating and sustaining superior performance. Competitive Advantage: 167.

Probert D, 1997.Developing A Make or Buy strategy for Manufacturing business. London：Institution of Engineering and Technology.

Roussel P, Saad K, Erickson T, 1991.Third Generation R&D Management. Boston: Harvard Business School Press.

Schuh G, Grawatsch M, 2004.TRIZ-based technology intelligence.16th International Conference on Management of Technology.Anais eletrônicos.Washington: IAMOT, Citeseer.

Smith J D, 2005.An alternative to technology readiness levels for non-developmental item(NDI)software.Proceedings of the 38th Annual Hawaii International Conference on System Sciences, IEEE.

Tidd J, Bessant J R, 2018.Managing Innovation: Integrating Technological, Market and Organizational Change. Chichester: John Wiley & Sons.

Tolfree D, Smith A, 2009. Roadmapping Emergent Technologies-Planning the Future. Leicester:Matador.

Twiss B, 1992.Managing Technological Innovation. 4th Ed. London: Pitman.

Wilk J, 1997. The art of the long view: Planning for the future in an uncertain world. Long Range Planning, 24(6): 110-114.

第三篇　路线图的应用案例

前两篇分别对路线图的理论和方法工具做了深入介绍。本篇由多个路线图的实际案例构成。第 9 章收集整理国外著名企业和机构绘制的路线图,并加以分析总结。第 10 章展示路线图方法在洁净煤产业中的应用。路线图清晰地展示以煤制天然气、煤制油、煤制烯烃和煤基二甲醚为代表的现代煤化工发展方向和关键技术节点。第 11 章详细展示路线图方法在风电产业中的应用。第 12 章全面展示路线图方法在我国智能制造领域的应用，分别分析高档数控机床和工业机器人产业的发展方向。第 13 章直观展示路线图方法在纳米能源领域的应用，分析讨论纳米发电机技术的发展方向和关键技术节点。

第 9 章　国内外路线图应用综述

9.1　国内外路线图应用概况

路线图由基于时间发展的多层次框架组成，是一种采用结构化的框架视觉化呈现战略和创新要素的战略管理工具（Phaal et al.，2010；Jeong and Yoon，2015）。路线图研究在近十年快速增长，包括企业和网络层面（如政府、贸易协会、合作研究项目等）。路线图适用于解决各种问题，可以作为一种整合机制解决复杂的、不确定的战略问题。其通过追踪未来科技创新与发展态势，为各领域的中长期科技发展制定更有效的战略发展政策，将国家、社会和经济的发展与科学技术的发展更紧密地结合起来，实现优化资源配置，争取未来技术发展制高点，赢得科技竞争优势（Pietrobelli and Puppato，2016；Quiroga and Martin，2017）。

近年来，科技创新与产业发展更加迅速，路线图涉及的技术范围日益广泛。伴随着产业范式的重大变革（如工业 4.0、互联网 + 等），科技、经济、社会发生了巨大变化。因此，无论是对于国家战略投资定位、产业发展规划还是企业市场定位，了解路线图对各行各业的发展都具有十分重要的指导意义。

9.1.1　企业层路线图

路线图最早应用于美国的汽车产业（Garcia and Bray，1997）。1970 年后期，摩托罗拉公司为满足制造商要求及更好地定位公司及其产品在市场中的位置，组织了设计师、开发工程师和营销人员，初次绘制了该企业的产品路线图，以预测未来产品所需的技术，该路线图是单层路线图的一个例子，重点关注产品及其特征相关的技术发展（Willyard and McClees，1987；Phaal et al.，2005）。

1980 年初，康宁公司提供了用于描述企业战略的路线图（Probert and Radnor，2003）。之后，路线图在企业层面的应用越来越广泛，主要体现在产品、战略、技术路线图的开发，用于辅助企业进行战略决策与项目开发。但应用于不同场景的路线图在开发、绘制与迭代的过程中遇到的困难各不相同，因此有学者针对此情况提出了许多管理模型和工具，以进一步优化路线图开发流程，适应更多的应用场景。有学者认为企业在做新产品开发时需要考虑自身的竞争能力以及资源掌握程度，建议企业专注于技术发展轨迹，将技术路线图、信息技术和供应链管理结合起来，做出更可持续的新产品开发决策，而不只是依赖于传统的基于财务的决策工具（例如，强调净现值或内部收益率预测）（Petrick and Echols，2004）。为了使企业的商业目标与技术开发相一致，一种适用于企业层面的路线图方法即STAR（situation，task，action，result）方法被提出，用于指导企业项目投资规划（Gindy et al.，2008）。产品路线图通过提供关于产品的早期信息和长期决策来增强产品开发过程，从而在合适的时间将正确的产品交付到正确的市场。然而，关于软件产品路线图开发的实用性经验知识较少，因此，软件产品路线图框架被开发出来用于研究产品路线图过程的关键方面（Suomalainen et al.，2011）。

9.1.2 产业与国家层面路线图

1992 年，为了追上并超越日本的半导体产业，以美国政府主导，美国半导体行业协会（Semiconductor Industry Association，SIA）组织发布了国家半导体产业路线图，这是第一个超过企业范围的产业路线图，它拉开了产业路线图的帷幕，并掀起了欧美等发达国家绘制路线图的热潮（Arden，2003；McCarthy，2003；Cho et al.，2016）。1997 年，欧洲工业研究管理协会起草了一个统一的路线图设计流程，组织了 600 名专家参与美国半导体产业路线图的更新，第二年该路线图演变为由美国、日本、韩国、欧洲和中国台湾等国家和地区的行业协会一起发动的国际半导体产业路线图，这标志着路线图在产业层次得到了应用（Kappel，2001）。之后加拿大、澳大利亚、日本、美国、欧洲、英国、韩国、新加坡等都相继展开了大量产业路线图开发活动（蒋玉涛等，2013；拓晓瑞，2014；Cho et al.，2016）。为缩小产业发展差距，更好地实现产业定位与战略规划，我国近几年结合路线图方法的产业研究也逐渐增多。例如，针对新能源产业，结合生命周期分析工具，有学者针对二甲醚进行了战略规划，提出了路线图框架，促进了我国低碳经济的发展（Zhou et al.，2012）。以中国风电产业为例，有学者开发了一个多维度路线图框架，概括了中国新兴产业出现过程中的一些政策—产业互动模式，更好地分析了中国新兴产业政策与产业增长之间的动态关系（Zhou et al.，2013）。

国家层面路线图倾向在更长的时间跨度内对某一产业或多个产业进行更宏观的战略规划与技术预见。为了寻找可替代能源，挖掘能源领域的新兴技术，早在2008 年美国政府开始在该领域实施技术规划流程，为未来的技术组合进行路线图规划。对此，有学者探究了如何在一个负责管理美国西北部电力传输的联邦机构进行技术规划，实施技术路线图（Daim and Oliver，2008）。日本经济产业省曾积极参与技术路线图的制定，为学术界、工业界和政府的研究人员及商界人士提供广泛的讨论基础，但是在开发这种公共路线图的过程中，并没有促进各部门之间建立紧密的战略合作关系与创新发展。因此，有学者对政府机构的目标、活动细节以及应用路线图的方式进行了详细的解析，目的是在广泛的知识共享中引发关于技术路线图和路线图绘制的实用性及有效性的讨论（Yasunaga et al.，2009）。近年来，我国制定的国家层面的路线图也在逐渐增多，如《中国制造 2025》重点领域技术创新绿皮书，围绕建设制造强国的战略任务和重点，深入研究了新一代信息技术产业、高档数控机床和机器人、航空航天装备等十大重点领域的需求、发展目标、发展重点等，制定了十余份技术路线图，引导市场和社会资源向国家战略重点的有效聚集，并为各级政府部门制定产业创新政策做出了贡献（国家制造强国建设战略咨询委员会，2016）。

9.2　基于文本挖掘的路线图分类

近几年，随着路线图应用领域不断扩大，已有不少学者开始对路线图文本分类进行研究。如采用分类、内容结构化及统计手段对先进公共部门的研发路线图进行分析，并将其分为四类，指出其详细结构和具体内容的异同，使用的研究框架结构为后续的产业路线图研究提供了重要参考（Geum and Park，2013）；有学者对 21 个组织公布的 166 份科技路线图进行调研了与分类，通过人工阅读与总结的方式，挖掘科技路线图内容特征（谢秀芳和张晓林，2017）。也有学者通过人工阅读分析欧盟、日本、美国、中国的机器人路线图报告的文本内容，采用层次分析法、模糊综合评价法等，设计了路线图文本评价方法（杨超和危怀安，2017）。除上述研究外，不少学者采取单个或多个案例研究的方式对路线图中包含的信息进行分类对比分析（李海丽等，2011；Damrongchai et al.，2010；Kajikawa et al.，2008），虽然已经有不少学者对文本内容开展了相关的研究，但目前针对路线图文本内容的研究主要采取人工研读的方式，依赖专家经验，耗用大量时间。而机器学习、文本挖掘等方法对于处理大样本文本信息具有独特优势，可以实现文本的自动化抽取分类研究。本节提出一种基于文本挖掘的路线图分类方法，实现了对全球产业路线图文本框架的信息抽取，将 523 份产业路线图报告分为“强调需求引导”、“强调技术路径”与“强调产业规划与行动计划”三大类。本章主要聚焦于路线图分类，而不是文本挖掘方法，若读者对该方法感兴趣，可参考自然语言处理等相关书籍。

产业与国家层面的路线图越来越体现出重要的战略意义。收集这些已有的路线图报告并挖掘其文本信息，不但可以帮助专家快速有效地对产业路线图进行充分解读，为利益相关者开展相应活动、制定相应的路线图提供参考与指导。还能够把握产业发展方向和趋势，取得许多政治决策、投资决策、合作决策、关键技术决策等决策参考信息。此外，对产业路线图报告进行研究，能够了解各领域产业发展态势，及时发现并抓住产业发展机遇。本节以产业路线图为研究对象，基于文本挖掘方法对产业路线图进行分类，解决产业路线图报告没有统一结构的问题，并提高对路线图的解读效率。

9.2.1 分类方法

本书收集了 523 份路线图并以此为研究对象，使用有监督机器学习方法，对路线图文本进行挖掘。该研究过程分为两部分：首先对 148 份能源领域路线图文本关键词进行统计分类，融入专家知识对强调需求引导、强调技术路径、强调产业规划与行动计划的三类路线图进行案例分析与特征选择提取。一份文件的内容可以用一组相关的关键词概括，因此，将每份路线图用一组关键词向量表示，基于机器学习中的支持向量机（support vector machine，SVM）对处理后的能源领域路线图按 9∶1 进行分类测试，得到路线图分类模型，并使用精确率、召回率、F1 值对分类模型效果进行评估。进一步，用训练好的模型将剩余的 375 份其他领域的路线图进行分类，并对结果进行分析。整个文本分类流程如图 9-1 所示。

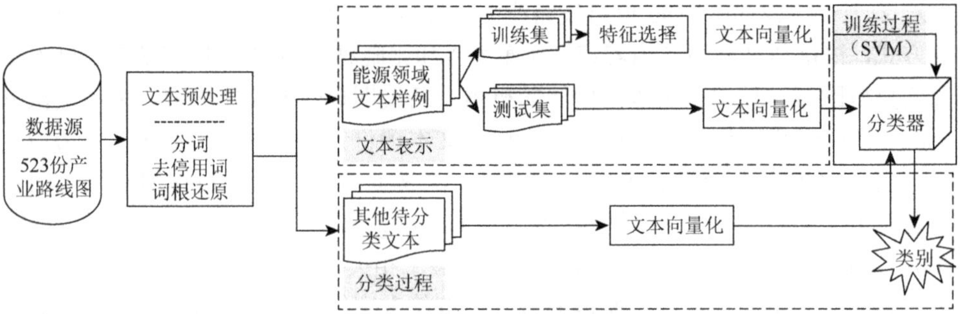

图 9-1 文本分类流程

（1）数据收集：本书的数据主要来自剑桥大学技术管理中心，另有一部分来源于互联网，这些路线图大多数都以 PDF 文档形式存在，可通过搜索文档标题来找到。

（2）文本预处理：将文档经过分词、去停用词、词根还原等处理后获得一组可以表示路线图文档的词。

（3）特征选择：从一组可以表示路线图文档的词中挑选出最有效的特征，从而达到降维的作用。

（4）文本向量化：利用挑选的特征表示相应的路线图文档。

（5）分类器：基于公共领域路线图特征，构建基于支持向量机的路线图分类模型。由于支持向量机具有全局最优、结构简单、推广力强等优点，近几年成为机器学习领域的研究热点并且广泛应用于文本分类等领域（克里斯蒂亚尼尼和沙维-泰勒，2004；顾亚祥和丁世飞，2011）。支持向量机能较好地解决非线性、高维数、局部小样本等实际问题，且通过文献调研发现支持向量机在处理短文本分类问题上有较好的优势，而英文路线图经过预处理后正属于短文本，所以本书选取支持向量机作为实验分类模型。

本节的数据总共包含 523 份路线图报告，包括能源（148 份）、化学（15 份）、建筑（16 份）、电子（14 份）、公共政策（19 份）、科学（83 份）、军民融合（9 份）、机器人（5 份）、卫生保健（8 份）、制造（10 份）、材料（9 份）、纳米技术（11 份）、交通运输（30 份）、软件及计算机（132 份）、工业及商业组织（14 份）15 个领域的产业路线图文件。详细的数据情况见表 9-1。

表 9-1　路线图数据收集情况

领域	数量/份	比例	领域	数量/份	比例
能源	148	27%	卫生保健	8	2%
化学	15	3%	制造	10	2%
建筑	16	3%	材料	9	2%
电子	14	3%	纳米技术	11	2%
公共政策	19	4%	交通运输	30	6%
科学	83	16%	软件及计算机	132	24%
军民融合	9	2%	工业及商业组织	14	3%
机器人	5	1%	—	—	—

9.2.2　路线图特征与结构分析

1. 规范性路线图：强调需求引导

强调需求引导的路线图通常会明确提出一个或多个愿景，甚至基于愿景开展计划，确定目标及技术。该类路线图在结构上相对简单，但由于涉及社会和政治背景下的大规模规划，意义重大。这类路线图，犹如海上的灯塔往往能为利益相关者提供清晰的目标，起到鼓励和引导的作用。例如，由国际能源署可持续能源政策和技术理事会组织制定的《纯电动汽车和插电式混合电动汽车技术路线图》在分析了纯电池电动汽车和插电式混合电动汽车的渗透率影响因素后，重点帮助电动汽车和插电式混合电动汽车行业建立一个宏图愿景，设定了可行的目标及达到该目标需要的技术，为国家政府、研究人员、汽车制造企业和供应商就如何识别制定到 2050 年实现大量电动汽车和插电式混合电动汽车渗透率的路线提供了指引。此外为各利益相关者制定共同的愿景和目标，有利于引导开展技术合作。

强调需求引导的路线图结构如图 9-2 所示。如果使用者想制定简单的路线图，只需要使用愿景层建立。如果想要扩展路线图，则可建立愿景层和目标层。如果想要得到全面的路线图，可将技术、目标和愿景联系起来。

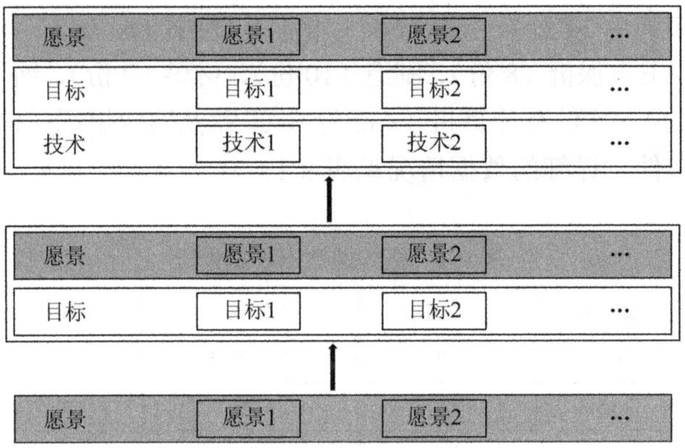

图 9-2　强调需求引导的路线图结构

2. 探索性路线图：强调技术路径

技术路径强调量化的技术性能或具体特征。强调技术路径的路线图，可为利益相关者实现目标提供战略方向的指导，如由国家电子制造创始组织牵头，基于存储技术的发展路径绘制出各存储技术发展路线图，该路线图提出的目标明确，发展路径清晰，可为政府、科研人员等提供指导。

强调技术路径的路线图结构如图 9-3 所示，一份路线图中通常包含多个路径，可以使用多个图来表示多种技术或场景。

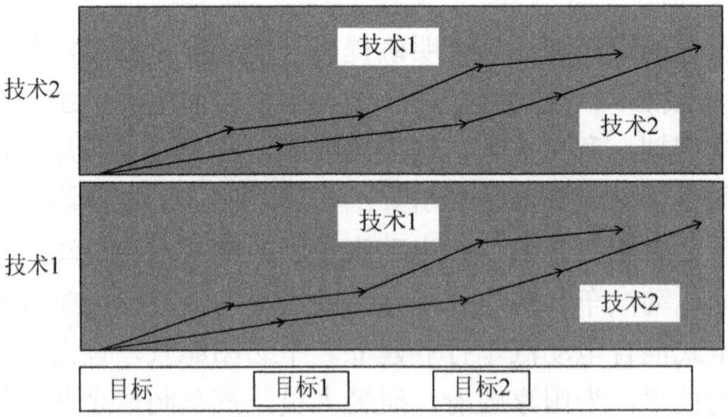

图 9-3　强调技术路径的路线图结构

3. 综合型路线图：强调产业规划与行动计划

强调产业规划与行动计划的路线图主要强调要做什么及如何去做，侧重于行动实施及目标实现。这种路线图通常使用规范性方法制定，路线图制定过程中会给出为实现目标所需要采取的行动或措施，因此在制订行动计划过程中应将驱动和壁垒因素作为重要参考。强调产业规划与行动计划的路线图，可为利益相关者开展相关工作提供行动指导，起到协助与参考的作用，如由国际能源署技术政策司和核能署核发展司组织的《核能技术路线图（2015 版）》全面介绍了当前全球的核电发展进程，分析了核电的减排贡献，研判了核电的投资情况，并从政府、工业界、研究机构、金融部门等不同角度提出了核电发展的行动路线图，为有意保持或发展核能技术的政府提供协助，强调了在未来十年内亟待采取的关键措施和行动，以确保核能技术拥有国家及核电新兴国家发展安全的、公众认可的、经济的核能。

强调产业规划与行动计划的路线图结构如图 9-4 所示。如果使用者想快速创建路线图，则只需要规划行动及实现行动的时间；如果想要扩展路线图，则可将要实现的目标、目标的需求以及实现目标的行动联系起来；如果想要得到全面的路线图，可将要实现的目标、目标驱动因素、实现目标的壁垒、目标的需求及实现目标的行动联系起来。

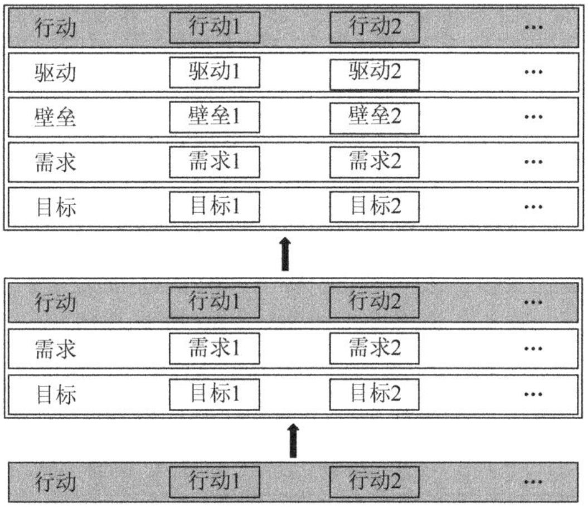

图 9-4　强调产业规划与行动计划的路线图结构

9.2.3　数据处理

1. 文本预处理

文本数据作为非结构化数据，不像结构化的数据便于处理，因此我们需要进行文本预处理，将文本数据表示成计算机能够识别的编码。

通过对大量的产业路线图报告进行分析发现，路线图报告在表达方式上，有的倾向文字描述，有的倾向绘制图表，但更多选择文字和图表相结合的方式，且文字描述占路线图的主要篇幅，图表则更清晰直观地归纳想表达的信息。领域不同主体发布的路线图结构和内容各异，但其中相同信息元素的表达存在一些特定的指示词。这些指示词在语义上独立，不依赖领域知识，不因路线图发布主题及领域而异，甚至在不同语言之间也存在对应的词汇，总结积累各类信息元素的特征指示词，可以辅助文本标注，对提高文本分类的精确率具有十分重要的意义。因此本书将路线图文档转换成图片，并借助谷歌图片识别工具将其转换成包含语义的便于识别的路线图文本，通过对整个文本进行分词、去停用词、词根还原等处理，定量过滤后，确定如表 9-2 所示的文档及图表中的高频关键词及关键词分类。

表 9-2　文档及图表中的高频关键词及关键词分类

分类	关键词
愿景	vision、envisag*、prospects、outlook、perspective、anticipat*、expect*
路径	pathway*、path*、rout*、roadmap*、scenario*、milestone*、timeframe、timeline
措施	action plan、action*、Recommend*、measure*、strateg*、deploy*、plan*、suggest*
需求	need*、requir*、demand*、request*、lack*、call for、necessar*
目标	goal*、object*、target*、aim*、purpos*、achieve*、reach*、quantitative target*
挑战	challeng*、difficult*、issue*、weakness*、hard、insufficient
驱动	drive*、enable*、stimulate*、lead*、speed*、accelerat*、incentive*
障碍	barrier*、constrain*、bottleneck*、limit*、hinder*、hamper*、imped*
政策	Polic*、government、state
技术	tech*、tool*、skill*、method
市场	market、bazar、tekram、rialto、share、scale、mechanism
利益相关者	Stakeholder*、co（-）operat*、collaborat*、part*

2. 特征选择

文本特征选择是对文本进行特征提取，即样本处于一个高维空间中，通过映射（或变换）的方法用低维空间来表示样本，再从一组特征中挑选出一些最有效的特征，以达到降低空间维数的目的。本书的特征选择融入了专家判断，进一步确定并增加高频关键词、删除无意义的关键词。根据产业路线图特点，将路线图分为强调需求引导、强调技术路径、强调产业规划与行动计划三大类，每类路线图的特征（详见表 9-3）和描述如下。

（1）强调需求引导的路线图：会明确提出一个或多个愿景，甚至基于愿景开展计划，确定目标及技术。

（2）强调技术路径的路线图：以量化目标和系统的方法呈现技术详细或特定过程，一份路线图中通常包含多个路径。

（3）强调产业规划与行动计划的路线图：将技术和市场作为主要规划部分。由于公共部门研发的复杂特性及政府政策的脆弱性，通常将政策和利益相关者认为是重要规划因素。

表 9-3　路线图中收集的关键词

路线图类型	文本特征
强调需求引导的路线图	vision*、goal*、tech*
强调技术路径的路线图	pathway*、goal*、tech*
强调产业规划与行动计划的路线图	action plan、need*、goal*、drive*、barrier*

3. 文本向量化

关键词提取后，每个收集的路线图数据被格式化和重组，以供进一步分析。在这项研究中，我们必须确定路线图元素是否实际包含在具体路线图中，然后将所有的路线图数据转换成关键词向量，由此构造一个矩阵，表示路线图文档：

$$\begin{bmatrix} f_{11} & f_{12} & \cdots & f_{1(m-1)} & f_{1m} \\ \cdots & \cdots & \cdots & \cdots & \cdots \\ f_{n1} & f_{n2} & \cdots & f_{n(m-1)} & f_{nm} \end{bmatrix}$$

其中，n 为路线图文件的数量；m 为用于解释路线图的关键词的数量；f_{nm} 为第 n 个文件中的第 m 个关键词向量。列代表从前一步中提取的关键字，而行代表每个路线图文档。

9.2.4　路线图分类结果分析与讨论

本书收集了 523 份产业路线图报告，其中能源领域公共部门路线图占 148 份。按照图 9-1 所示流程进行实验，首先将 148 份能源领域数据按照 9∶1 的比例分为训练集和测试集，分别利用其进行训练与测试，并使用精确率、召回率和 F_1 值对模型的路线图分类结果进行评价，分析结果如表 9-4 所示。由表 9-4 模型评价指标值可知，强调需求引导的路线图有 52 份，其精确率为 0.878，召回率为 0.728，F_1 值为 0.796；强调产业规划与行动计划的路线图有 38 份，精确率为 0.762，召回率为 0.712，F_1 值为 0.736。强调技术路径的路线图有 58 份，精确率为 0.753，召回率为 0.701，F_1 值为 0.726。

表 9-4　基于支持向量机模型的公共部门路线图模型评价指标值

路线图类别	数量	精确率	召回率	F_1 值
强调需求引导的路线图	52	0.878	0.728	0.796
强调产业规划与行动计划的路线图	38	0.762	0.712	0.736
强调技术路径的路线图	58	0.753	0.701	0.726

注：精确率 = 提取出的相关文档条数/检索到的所有文档的条数；召回率 = 提取出的相关文档条数/样本中所有相关文档的条数；F_1 值 = 精确率*召回率*2/(精确率 + 召回率)

（1）由表 9-4 可知，其中强调需求引导的路线图虽然精确率较高（0.878），但召回率相对较低，说明有许多强调需求引导的路线图未被挖掘，存在一定的漏诊。强调产业规划与行动计划的路线图精确率达到 75%以上(0.762)，其召回率(0.712)和精确率基本一致，说明该类路线图分类结果与实际情况较为一致。强调技术路径的路线图在精确率为 0.753 的情况下其召回率（0.701）较好，说明样本能被有效预测，误诊率低。与其他两类路线图相比，强调技术路径的路线图精确率和召回率较低，这可能是数据不均衡造成的。整体来说，随着样本数量的增加，精确率迅速提高。另外，F_1 值在样本数量增加的过程中，变化趋势与精确率的变化趋势基本吻合，表明各类别的预测精确率与总体情况保持一致，各时期的路线图样本都能够被有效地预测，误诊率很低。根据精确率、召回率和 F_1 值三项指标，可以认为基于支持向量机可以得到针对路线图文本分类的有效模型，其中强调需求引导的路线图、强调产业规划与行动计划的路线图、强调技术路径的路线图分类效果较好，对机器学习引入路线图文本处理提供了可能性。

（2）通过比较可以发现，随着数量的下降，各类路线图的精确率和召回率也逐渐下降，这说明两个问题：一是实验构建的文本中各类别的数量存在差异，造成数据库构建不平衡；二是数据的规模对模型的分类效果有非常大的影响，数据库越大，模型的分类效果越好。因此，在今后的研究中，增大数据库的规模是非常有必要的，且在增大数据库的同时要尽量保证数据平衡，避免数据不平衡对有些类别的精确率产生影响。

接下来对剩余的 375 份路线图进行分类，得到如表 9-5 所示的分类情况表。

表 9-5 所有路线图的分类情况

领域	强调产业规划与行动计划的路线图	强调技术路径的路线图	强调需求引导的路线图	合计
化学	2	9	4	15
建筑	2	7	7	16
电子	2	8	4	14
公共政策	1	5	13	19
科学	4	38	41	83
军民融合	1	6	2	9
卫生保健	2	2	4	8
制造	1	6	3	10
材料	2	3	4	9
纳米技术	1	7	3	11
交通运输	1	10	19	30
软件及计算机	3	56	73	132
工业及商业组织	2	7	5	14
机器人	1	2	2	5
合计	25	166	184	375

（1）强调需求引导的路线图数量最多（184 份，占比 49%）。愿景是想象或希望的产物，是一个组织对未来发展蓝图的描绘，这与公共部门谋求社会的公共利益和不以营利为根本目的的特点和目标是相匹配的。但是实际情况中强调需求引导的路线图若单独使用愿景层，可能会遇到实际困难，因为愿景作为对未来发展的期望，它既可能比较模糊，也可能比较具体、明确，所以制定一个基于愿景的路线图应该伴随着补充工作的进行，如目标的定量化等。

（2）强调技术路径的路线图（166 份，占比 44%）数量排名靠前。20 世纪以来，国家与区域发展越来越依靠技术，技术成为国家的重要资源，技术发展状况成为决定国家与区域竞争力的重要影响因素。而公共政策，尤其创新政策是政府促进和控制技术的基本途径，它能影响、规制和激励技术发展，尤其是新兴产业，因此强调产业规划与行动计划的路线图受政府政策影响显著，在实际中以量化和系统的方法呈现技术的详细或特定过程的强调技术路径的路线图也会受政府政策影响，但通常在文本中不会表现出来。

（3）强调产业规划与行动计划的路线图数量最少（25 份，占比 7%）。这说明在公共部门制定路线图中实质性的行动计划相对较少，有待进一步加强。这种现象在软件及计算机领域和科学领域尤为明显。无论是何种类型的路线图，都是以更好地完成公共部门规划、指引利益相关者开展工作而制定的。我们在实际运用中可根据现实情况，适当增加占比较小类型的路线图制定，以便更好地引导该领域的发展。

9.3 路线图应用案例

为了深入研究与学习各个国家的路线图，本书收集了 600 多份产业与公共领域路线图报告（见附录 C），并对其进行了整理与阅读，挑选了部分经典路线图案例展示如下。

9.3.1 英国绿色化学产业路线图

英国的化学产业是其经济的重要组成部分，占国内生产总值的 2%，占制造业总产值的 10%，是英国制造业最大的输出。为了保证未来的发展，化学产业需要减少对环境和人身健康的影响。法拉第合作基金会（The Crystal Faraday Partnership）是一家技术转化公司，提出了一份名为《绿色化学技术路线图（2004 年）》的报告，该报告提出了根据化学工业的发展趋势开发推广绿色化工技术的战略，采用 STEEP 模型将影响行业发展的潮流趋势和推动力因素归纳为五大类，如图 9-5 所示；并提出有八个方面的绿色化学技术领域，用来改进化学工业的可持续发展。

（1）绿色化工产品设计的目的是减轻对环境的影响。

（2）采用可再生原料来替代不可再生原料。

（3）新的反应路线。

（4）新的催化剂。

（5）新的溶剂。

（6）工艺过程改进。

S: Social • 人口结构 • 生活方式和选择 • 工作和休闲模式 • 马斯洛需求层次的要素	E: Economic • 金融管理 • 风险管理 • 全球不同成本结构开发	P: Political • 政策 • 法规 • 立法 • 推动上述的政治进程
T: Technological • 材料处理 • 包装 • 通信 • 新业务模式的变化 • 交付系统 • 运输 • 信息系统	E: Environmental • 资源消耗 • 废物产生和处置 • 生命周期处置 • 环境和健康影响 • 风险	

图 9-5 英国绿色化学产业路线图 STEEP 模型

资料来源：Green chemical technology roadmap，2004（https://miller-klein.com/wp-content/uploads/2016/12/2004Roadmap.pdf）

（7）分离技术。

（8）增效改进技术。

这些领域的开发和应用将产生多方面的效益，包括降低产品和材料的毒性、减少对环境的不利影响、减少原料的消耗和三废的产生、减少能源消耗、减少过程的风险和危害性以及降低制造成本。根据法拉第合作基金会提出的绿色化学 12 原则，构建的包括关键特征和影响因素及其相互作用模型的英国绿色化学产业路线图如图 9-6 所示。

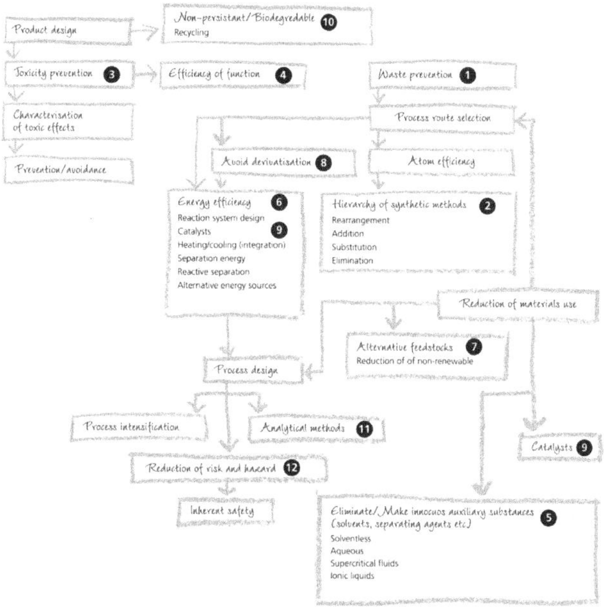

图 9-6　英国绿色化学产业路线图

资料来源：Green chemical technology roadmap，2004

（https://miller-klein.com/wp-content/uploads/2016/12/2004Roadmap.pdf）

9.3.2　能源管理路线图

能源越来越被视为一个战略性的产业。能源企业都会根据其对风险和机会、特定目标、可用资源等方面的感知，制定独特的战略，并结合自身企业文化和管理理念，把握新形势下的能源发展机遇，应对市场挑战。通过增加机会来避免潜在的能源供应、能源效率、能源产品和服务的利益损失。有学者制定了一份能源管理路线图，如图 9-7 所示，该路线图旨在指导企业确定与能源有关的商业机会，并制定实现这些目标的战略框架。

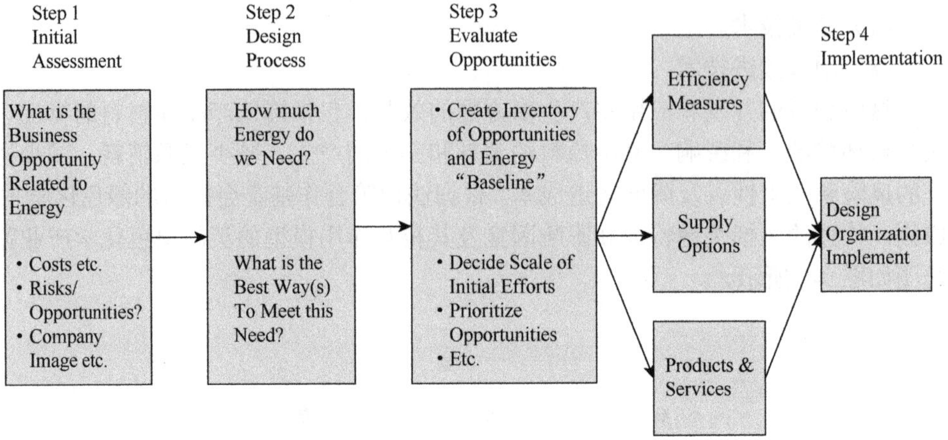

图 9-7　能源管理路线图

资料来源：Navigating Energy Management：A Roadmap for Business，2005（https://www.conference-board.org/publications/publicationdetail.cfm?publicationid=1021）

整个路线图的创建分为初步评估、流程设计、机会评估和实施四个步骤。

（1）初步评估。初步评估是一个全面的、全组织的评估，主要是针对能源对公司的总体需求、风险、目标、形象和声誉，以及与能源有关的产品或服务潜在商业机会的重要性进行评估。评估的正确实施可以为能源规划和管理战略方法的内在潜力提供明确的方向。评估过程中提出的关键问题是：与能源有关的商业机会是什么？该框架提供了评估能源的背景，而不仅仅是运营成本。进行该评估的公司会提出以下一些关于能源的问题：潜在商机？潜在的商业风险？公司的整体定位？由此确定的公司能源管理驱动因素如图 9-8 所示。

（2）流程设计。流程设计需要考虑的关键因素如下。

①应该在多大程度上着手能源管理：单一的设施或部门，还是整个企业？

②有哪些技术和财政资源可用（这与规模问题密切相关）：它们是内部的、外部的还是两者兼而有之？这些资源的竞争重点是什么？

③是否存在现有的程序或流程可与能源管理进行整合？

（3）机会评估。机会分为三类，虽然并不是所有的公司都有关联。

①能源效率降低了所用能源的数量，降低了成本和对环境的影响。

②能源供应管理有助于控制成本和确保可靠性。

③与能源有关的产品和服务可以帮助现有产品在市场上更具竞争力，或创造新的市场。在任何时候，除了能源的成本，一系列因素都会影响到可用的机会。

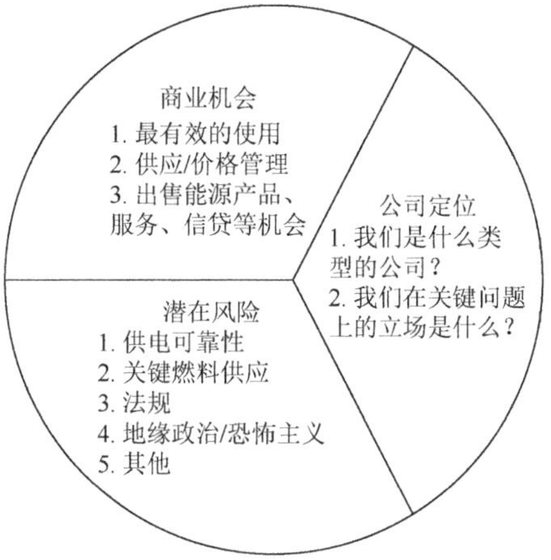

图 9-8　公司能源管理驱动因素

资料来源：Navigating Energy Management：A Roadmap for Business，2005（https://www.conference-board.org/publications/publicationdetail.cfm?publicationid=1021）

（4）创建步骤——实施。该步骤遵循一个经典的管理系统模型，包括确定和设置一个组织结构，确保项目被集成到整个公司管理文化中，并实现新的能源管理目标。这些措施如下。

①公司的领导层对结果有明确的承诺。

②在适当的水平上明确规定的目标和可衡量的目标。

③明确责任人，无论是单个或多个高管。

④有足够的资源以实现目标。

⑤定期审查并更新目标以及可用资源。

⑥认可进展和奖励成果。

9.3.3　英特尔光刻路线图

在过去的 30 年中，光刻设备的成本以接近指数的速度增长。英特尔光刻路线图是英特尔未来几代光刻技术的计划。该路线图回顾了当时战略规划中的驱动力（影响力），并着重强调了 193nm，157nm 和极紫外光刻这些未来光刻技术的发展。最后，还提出解决负担能力的关键问题。通过技术驱动（如光刻分辨率和过程控制）、战略驱动（如新光刻设备的开发计划）、商业驱动（如光刻设备的可负担性）的分析整合来设计每一代集成电路的最小特征。

光刻技术是半导体制造的主要技术，是用于将电路印刷到计算机芯片的技术。其主要工作过程为：首先紫外光通过掩模板照射到附有一层光刻胶薄膜的基片表面，引起曝光区域的光刻胶发生化学反应；再通过显影技术溶解去除曝光区域或未曝光区域的光刻胶（前者称正性光刻胶，后者称负性光刻胶），使掩模板上的图形被复制到光刻胶薄膜上；最后利用刻蚀技术将图形转移到基片上。为了在一枚芯片上安装更多晶体管，半导体制造商必须印刷不断缩小的部件。目前，之所以不断开发光刻技术，是因为预计当前的芯片印刷技术将在未来几年内达到极限。1990 年初，光刻行业担心，行业中无法将 i/g 光刻技术转变为深紫外光（DUV）光刻技术。1995 年，在曝光工具商（掌握从超纯熔融石英制造精密光学元件的技术）、抗蚀剂供应商（开发和商业化化学增强抗蚀剂）、光罩制造商（学习使用新材料）的努力下，克服了所有这些挑战，同时，由于工具产能更高，深紫外光光刻的成本自 1995 年以来实际下降了约 20%，这些使得行业可实现将 i/g 光刻技术转变为深紫外光光刻技术。

半导体制造商遵循两种不同的路线图策略。一些企业非常努力地将现有的、使用中的光刻技术扩展到尽可能多的世代。一些企业则是尽可能迅速地向新一代光刻技术转型。英特尔的策略是将晶体管器件尽快过渡到光刻技术的新一代。对于不太关键的互连层，英特尔策略是重用现有的光刻设备。基于此提出了“英特尔重用瀑布”（Intel reuse waterfall），最初购买用于模式化关键设备层的工具在随后的进程中可重用到更松散的模式层中。图 9-9 所展示的即为英特尔开发的光刻技术路线图。

9.3.4 美国建筑路线图

在美国住房部、城市发展部、政策发展研究部的支持下，PATH 组织（The Partnership for Advancing Technology in Housing）鼓励使用技术提高新的和现有住房的负担能力与价值，并牵头制定了一系列的建筑路线图。PATH 通过技术研究、信息传播和壁垒分析，增加了美国七大关键房屋属性价值：负担能力、节能、环境影响、品质、耐用性和维护性、减轻危害、劳动安全。根据以上七大关键房屋属性价值，PATH 提出了四个总体目标。

（1）消除障碍，促进技术开发和采用。

（2）通过信息传播来改进技术转移、开发和采用。

（3）推进住宅技术研究并促进新技术发展。

（4）通过适当的管理和资源分配来支持该计划。

2000 年，PATH 牵头制订了五个建筑业的技术路线图：①加快和简化家居建筑的信息技术路线图；②整体住宅和建筑工艺再设计路线图；③现有房屋的能源路线图；④高级面板建筑路线图；⑤房屋制造技术路线图。本节展示了其中之一的美国高级建筑面板路线图，如图 9-10 所示。

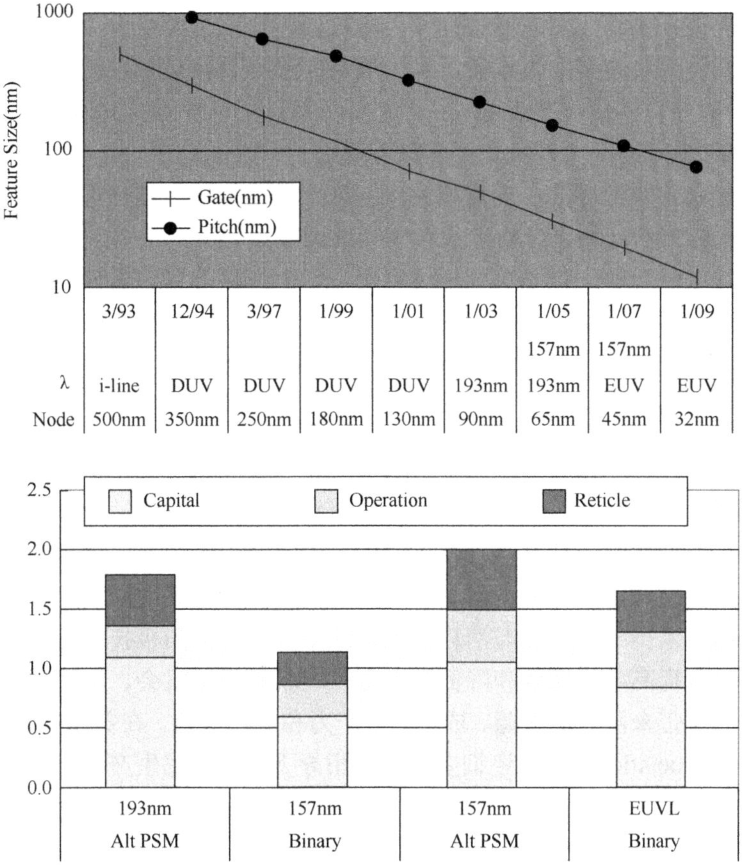

图 9-9　英特尔光刻技术路线图

资料来源：The Intel lithography roadmap，2002
（https：//www.researchgate.net/signup.SignUp.html）

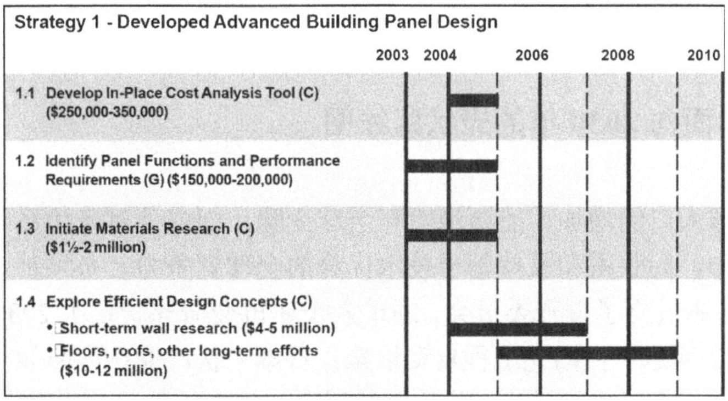

图 9-10　美国高级建筑面板路线图

资料来源：Technology roadmap：advanced panelized construction，2003
（https：//newportpartnersllc.com/PDFs/roadmaps/AdvancedPanelizedConstruction-2003ProgressReport.pdf）

为实现该技术路线图的愿景设计，参与者确定了三项战略。

（1）开发高级建筑面板设计。这个战略的最终目标是开发高效的系统和设计（图中 1.4 部分）供建筑产业使用；四个部分活动需以线性方式进行，其中 1.1、1.2、1.3 需要先完成，1.1、1.2 可同时进行。

（2）建立共同的标准、规范和接口。这个战略的目标是在不同层次上开发性能需求和工程方法，用来分析、设计和详述面板系统。

（3）改进生产、交付系统和现场装配。这个战略的目的是创造一个更加有效的生产、交付和排版建筑系统现场装配工艺。在面板设计和前两个策略所涵盖的标准化方面的技术进步将使这方面的改进成为可能。

9.3.5 惰性阳极路线图

国际铝业界多年来一直致力于开发非消耗性或惰性阳极技术。如果成功，该技术将比传统的碳阳极技术具有明显的优势。铝的电解生产非常耗能，事实上，电力约占生产成本的三分之一，是影响产品承受能力的关键因素之一。提高电解能效最大的技术挑战是开发非消耗性或惰性阳极。惰性阳极技术与稳定的阴极技术相结合，为提高电池能效和降低原铝生产成本提供了机会。惰性阳极技术可以为全球铝行业带来巨大的能源、成本、生产力和环境效益。在美国铝业协会（The Aluminum Association）技术咨询委员会的指导下，北美铝生产商合作制定了一个新型惰性阳极技术发展的路线图框架。在这个框架下，业界就技术的性能特点和发展要求达成共识。在这一框架的制定过程中，铝业公司似乎更能识别其技术性能要求，而学术研究则更善于创造新的技术解决方案。这一路线图框架分为两个主要部分：①技术性能特点；②技术开发与规模化路径。该路线图是按照惰性阳极技术每个开发步骤的关键组成部分及完成每个阶段工作的时间表制定而成的，如图 9-11 所示。

9.3.6 日本面向 2030 年的光伏路线图

随着全球人口的增加、能源消耗和全球变暖，国内外对光伏系统研究的重视程度不断增加。为获得和保持基于技术优势的全球竞争力，必须制定一项长期的研发战略。日本成立了调查委员会，通过六个研讨会研究制定了 2030 年光伏路线图，如图 9-12 所示。自阳光工程启动以来，日本光伏产业在太阳能电池性能和降低成本方面取得了巨大的进步。前五年是创造初始市场阶段，而后续的 25 年是光伏系统市场的形成和全面发展阶段。为了解决能源/环境问题，光伏发电在这一时期获得公众的认同和信心是至关重要的。

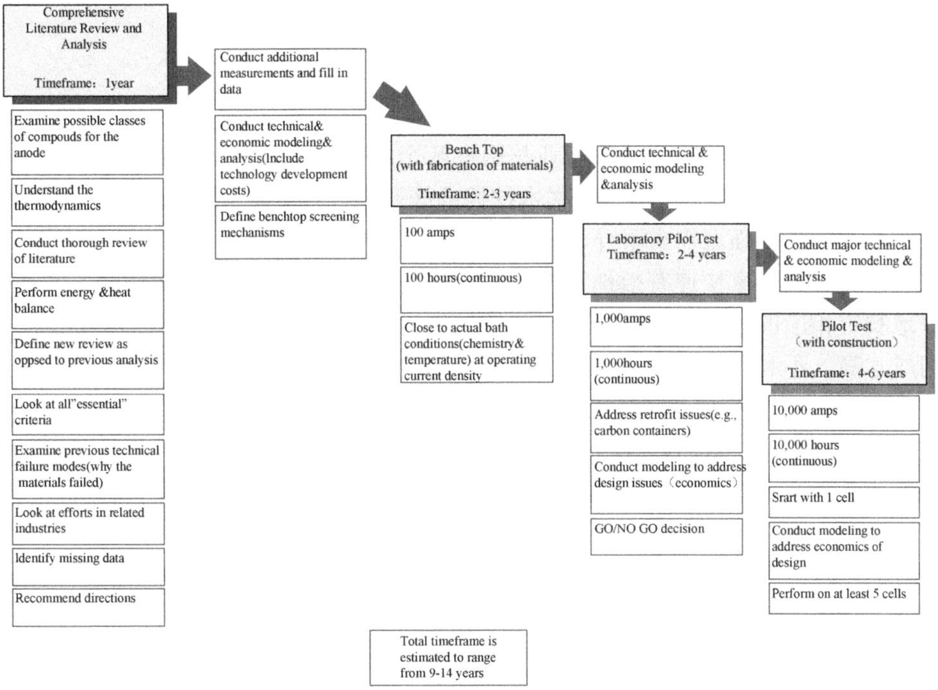

图 9-11 惰性阳极路线图

资料来源：Inert Anode Roadmap，1998（https：//www.energy.gov/sites/prod/files/2013/11/f4/inertroad.pdf）

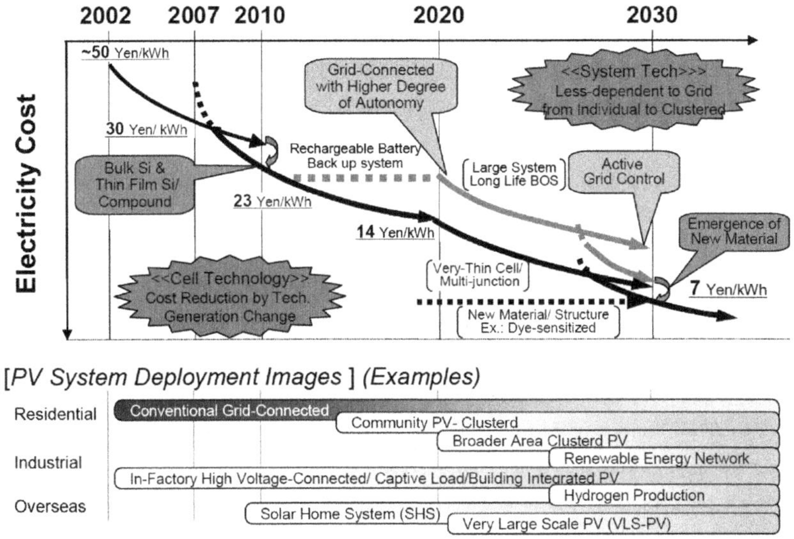

图 9-12 日本面向 2030 年的光伏路线图

资料来源：Overview of PV Roadmap Toward 2030（PV2030），2004
（http://www.ieapvps.org/fileadmin/dam/public/workshop/7th_WCPEC/The_Sunshine_Programme_and_roadmap_activities_in_Japan.pdf）

9.4 本 章 小 结

本章首先从机构与企业、产业与国家两个层面对国内外路线图的应用概况进行了总结，之后提出了一种基于文本挖掘的产业路线图分类方法，将收集到的 523 份路线图分成了强调需求引导、强调技术路径、强调产业规划与行动计划三大类，这有助于帮助专家快速有效地对产业技术路线图进行充分解读，并辅助各产业更好地制定相应的政策和行动计划。传统的技术路线图报告主要依靠专家解读，时间成本高，不利于多案例对比。因此本章将定量文本挖掘方法引入产业技术路线图文本研究中，基于文本聚类分析探索产业技术路线图分类情况，并用文本分类进行验证与推广。最后，在收集到的路线图报告中挑选了 6 份经典路线图案例，以供读者学习，并从其中获取经验和方法，指导产业、企业路线图的开发与绘制。

参 考 文 献

顾亚祥, 丁世飞, 2011. 支持向量机研究进展. 计算机科学, 38(2): 14-17.

国家制造强国建设战略咨询委员会, 2016. 《中国制造 2025》重点领域技术创新绿皮书: 技术路线图. 北京: 电子工业出版社.

蒋玉涛, 汤勇力, 曾路, 等, 2013. 产业技术路线图在我国的应用研究. 广东科技, 22(11): 42-44.

克里斯蒂亚尼尼，沙维-泰勒，2004. 支持向量机导论. 李国正, 王猛, 曾华军,译. 北京：电子工业出版社.

李海丽，李玲，陈静,等，2011. 国内外技术路线图典型案例分析. 科技管理研究,31(22):200-203.

拓晓瑞, 2014. 技术路线图的制定与应用研究. 全球科技经济瞭望, 29(11): 46-51.

谢秀芳，张晓林，2017. 针对科技路线图的文本挖掘研究框架及特征分析. 情报科学, 35(1):121-127, 132.

杨超，危怀安，2017. 中外机器人技术路线图文本评价比较研究. 科学学与科学技术管理, 38(4):24-34.

Arden W, 2003. Review key challenges. Materials Today, 6(5): 40-44.

Cho Y, Yoon S P, Kim K S, 2016. An industrial technology roadmap for supporting public R&D planning. Technological Forecasting and Social Change, 107: 1-12.

Daim T U, Oliver T, 2008. Implementing technology roadmap process in the energy services sector: A case study of a government agency. Technological Forecasting and Social Change, 75(5): 687-720.

Damrongchai N, Satangput P, Tegart G, et al.,2010. Future technology analysis for biosecurity and emerging infectious diseases in Asia-Pacific. Science and Public Policy, 37(1):41-50.

Garcia M L, Bray O H, 1997. Fundamentals of technology roadmapping. Office of Seientific and Technical Information.

Geum Y, Park Y，2013. The state-of-the-art of public-sector technology roadmaps: A taxonomical approach to energy technology roadmaps. Science and Public Policy, 40(3):327-339.

Gindy N, Morcos M, Cerit B, et al., 2008. Strategic technology alignment roadmapping STAR(R)aligning R&D investments with business needs. International Journal of Computer Integrated Manufacturing, 21(8): 957-970.

Jeong Y, Yoon B, 2015. Development of patent roadmap based on technology roadmap by analyzing patterns of patent development. Technovation, 39/40: 37-52.

Kajikawa Y, Yoshikawa J, Takeda Y，et al., 2008. Tracking emerging technologies in energy research: Toward a roadmap for sustainable energy. Technological Forecasting and Social Change, 75(6):771-782.

Kappel T A, 2001. Perspectives on roadmaps: How organizations talk about the future. Journal of Product Innovation Management, 18(1): 39-50.

McCarthy R C, 2003. Linking technological change to business needs. Research Technology Management, 46(2):47-52.

Petrick I J, Echols A E, 2004. Technology roadmapping in review: A tool for making sustainable new product development decisions. Technological Forecasting and Social Change, 71(1/2): 81-100.

Phaal R, Farrukh C, Probert D, 2010. Roadmapping for strategy and innovation. Aligning technology and markets in a dynamic world. TechTrends, 47(3): 30-34.

Phaal R, Farrukh C J P, Probert D R, 2005. Developing a technology roadmapping system. Technology Management: A Unifying Discipline for Melting the Boundaries.IEEE，2005:99-111.

Pietrobelli C, Puppato F, 2016. Technology foresight and industrial strategy. Technological Forecasting and Social Change, 110: 117-125.

Probert D, Radnor M F, 2003. Frontier experiences from industry-academia consortia. Engineering Management Review, 31(3): 28.

Quiroga M C, Martin D P, 2017. Technology foresight in traditional Bolivian sectors: Innovation traps and temporal unfit between ecosystems and institutions. Technological Forecasting and Social Change, 119: 280-293.

Suomalainen T, Salo O, Abrahamsson P, et al., 2011. Software product roadmapping in a volatile business environment. Journal of Systems and Software, 84(6): 958-975.

Willyard C H, McClees C W, 1987. Motorola's technology roadmap process. Research Management, 30(5):13-19.

Yasunaga Y, Watanabe M, Korenaga M, 2009. Application of technology roadmaps to governmental innovation policy for promoting technology convergence. Technological Forecasting and Social Change, 76(1): 61-79.

Zhou Y, Xu G N, Minshall T, et al., 2013. A policy dimension required for technology roadmapping: learning from the emergence of Chinese wind turbine industry. International Journal of Environment and Sustainable Development, 12(1): 3-21.

Zhou Y, Xu G, Zhi Q, et al., 2012. Roadmapping an emerging energy technology: An ex-ante examination of dimethyl ether development in China. International Journal of Product Development, 17(3/4): 296-310.

第 10 章　洁净煤产业应用案例

新兴能源产业长期被视为受严格监管的行业，因此公共政策对其兴起和发展有着深远的影响。此外，新兴能源技术日趋复杂，其发展很大程度上取决于相关技术领域的发展，如化工行业的技术进步推动了洁净煤技术的发展。要制定新兴能源产业的路线图，需要解答以下问题：①新兴能源技术在技术就绪度和低碳经济性方面是否能取代现有技术，如果能，什么时候能取代；②如何依赖现有技术路径推测或预测其发展轨迹。因此，要制定新兴能源的路线图，不仅要考虑新行业本身的崛起轨迹，也要考虑其他先进的低碳工程技术。

路线图方法广泛应用于制定新兴能源行业的能源/国家战略。其目标包括令各个利益相关者取得一致意见、提出共同愿景、为政策制定者和决策者提供指引、建立目标、评估有潜力的替代性技术、辨识市场、差距和障碍、制定克服此类障碍的策略和行动计划、提升技术开发过程中的沟通和协作，最终提升未来可再生资源的贡献（Amer and Daim，2010）。本章通过分析和绘制洁净煤产业的路线图，展示路线图方法在新兴能源产业中的应用。

本章案例分析结构如下：首先，对洁净煤产业的背景进行简单的介绍。其次，以煤制天然气、煤制油、煤制烯烃为例，通过产业资料梳理、专家研讨会、问卷调研和专家意见反馈等多种途径收集数据并深入剖析，从战略目标、市场、技术、资源和政策五个方面绘制现代煤化工产业发展的路线图（2010～2030 年），旨在为中国现代煤化工产业的发展提供科学预测及政策建议。再次，为研究能源产业的特点，还采用了生命周期分析，对新能源和现有能源的技术就绪度及低碳属性进行比较。煤基二甲醚作为一种替代性运输燃料，被选为极具技术发展潜力的关键案例。在该案例分析中，我们深入审视了两种主要支持性工程技术对其的影响，包括碳捕捉和封存（carbon capture and storage，CCS）以及催化精馏技术（catalytic distillation，CDDME）。最后，本章以简短的小结结尾，并基于案例分析提出相应的政策建议。

10.1　案 例 简 介

中国传统煤化工产业长期以来以焦炭/半焦、合成氨、电石和甲醇为主，其产量名列前茅，为国家建设做出了重大贡献。而随着中国经济的发展、产业结构的调整以及能源形势的变化，以煤制天然气、煤制油、煤制烯烃和煤基二甲醚为代表的现代煤化工产业发展势头迅猛。但由于部分技术的成熟度与稳定性不够，尤其是对水资源的过度依赖、能效偏低等因素的影响，对现代煤化工发展前景的争论从未间断（Ni，2007；Lee et al.，2009；刘立麟，2012）。鉴于此，我们利用路线图方法对煤化工技术的发展方向做出科学的分析和判断。

本章对基于工程技术的新能源产业的兴起进行规划和战略性研究。为研究能源产业的特点，本章采用全生命周期分析法（lifecycle analysis，LCA），对新能源和现有能源的技术就绪度和低碳属性进行比较。二甲醚作为一种替代性运输燃料，被选为新兴能源当前潜力和未来发展战略/阶段研究的关键案例。在该案例中，深入审视了两种主要支持性工程技术的影响，即碳捕捉和封存以及催化精馏技术。此外，设计了路线图研讨会以进行数据收集和分析。

10.2　洁净煤案例分析

本案例分析聚焦现代煤化工产业的三个代表领域，按产品类型分别以气体燃料（煤基天然气）、液体燃料（煤直接液化、间接液化、甲醇制汽油、醇醚燃料等）和煤基化学品（煤基乙二醇、煤基烯烃和煤基芳烃）三条线索进行探讨。通过产业资料梳理、专家研讨会、问卷调研及专家意见反馈等途径，运用路线图方法对现代煤化工产业进行 2010～2030 年的分析和预测。

10.2.1　路线图流程方法

本案例路线图的绘制主要分为下列五个步骤。

（1）成立工作组，确定分析框架和整体设计。工作组成员包括技术专家、运营管理人员和路线图专家，通过内部讨论确定路线图分析框架、时间表和工作方案。

（2）开展第一次专家研讨会。参与者主要包括十余位技术专家和企业运营管理人员，由路线图专家主持会议，引导技术专家和企业运营管理人员根据分析框架，对产业发展关键数据做出大致预测。

（3）问卷设计、发放与分析。为了获取关于未来路线图的大样本专家预测数据，围绕第一次专家研讨会对关键数据的预测值，向权威的技术专家和业界专家发放问卷，广泛征询专家意见。

（4）开展第二次专家研讨会。由 30 余位院士、专家、企业家、政府官员参与，在路线图专家的引导下，基于问卷调研结果，对路线图纵轴各维度的未来愿景做进一步深入探讨，直到达成共识。

（5）根据研讨会结果绘制路线图，就其中关键节点和数据作文献验证，并就此再次征求三位权威院士、专家意见，最终定稿成图。

路线图包含横轴和纵轴。其中，横轴为时间轴，本例分为三个时间段：2010～2015 年、2016～2020 年、2021～2030 年。纵轴包括战略目标、市场、技术、资源和政策五个维度：①战略目标为对未来分阶段的行业产量数据预测；②市场包括宏观环境和需求，宏观环境体现为经济、政治等大环境对产业的影响，需求体现为未来各阶段对能源需求量的预测；③技术分为核心技术和补充技术，核心技术为主导产业发展的关键技术，补充技术为产业发展所需的辅助技术；④资源主要包括煤炭、水、环境承载、人才、资金、基础研究等；⑤政策分为核心政策和配套政策，具体分别包括供给型、需求型以及环境型政策（Zhou et al.，2011）。下面分别阐述以上各维度中由产业资深专家探讨研究达成的预测分析结果。

10.2.2　市场预测与战略目标

1. 气体燃料

气体燃料产品选取以煤制天然气为例（图 10-1）。在宏观环境方面，专家讨论认为，未来我国天然气的需求主要受以下市场因素影响：①天然气管道建设；②低碳和环保政策；③水资源的保护；④能源需求高涨；⑤碳税政策应用；⑥页岩气大规模应用。在研讨会召开时，专家预测我国天然气的需求量，2015 年将达到 2500 亿 m^3，2020 年达到 3600 亿 m^3，2030 年达到 5100 亿 m^3。随着能源需求的持续上涨，我国煤制天然气的产量将逐步提升，当时预计 2015 年产能达到 240 亿 m^3，2020 年达到 800 亿 m^3，2030 年达到 1500 亿 m^3。

2. 液体燃料

液体燃料产品选取以煤制油为例（图 10-2）。经专家研讨会分析，煤制油的宏观环境影响因素主要包括：①国家能源局提高进入门槛；②低碳和环保政策；③政策保护水资源；④页岩气大规模应用；⑤能源需求高涨；⑥碳税政策应用。在研讨会召开时，对于未来我国石油的需求量，预计 2015 年将达到 5.7 亿 t，2020 年达到 6.9 亿 t，2030 年达到 8.1 亿 t。随着石油需求的不断增加，煤制油产量将会逐渐上升，当时预计 2015 年产能将达到 350 万 t，2020 年产能将达到 1400 万 t，2030 年产能将达到 2800 万 t。

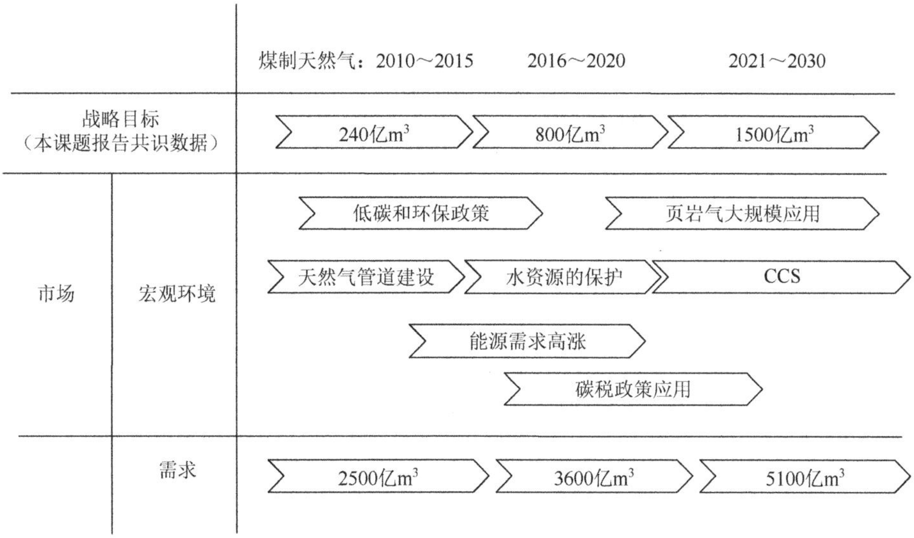

图 10-1　煤制天然气市场预测和战略目标（2010～2030 年）

资料来源：改编自许冠南等（2013）的相关研究

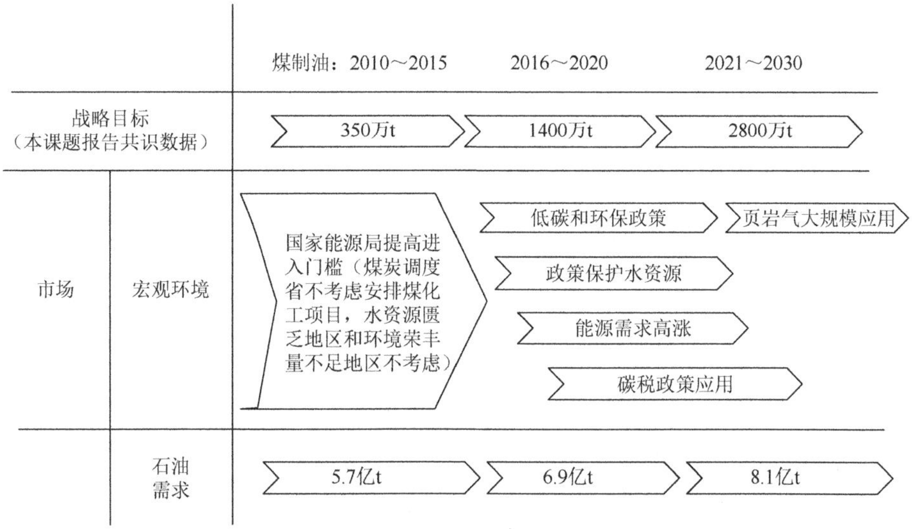

图 10-2　煤制油市场预测和战略目标（2010～2030 年）

资料来源：改编自许冠南等（2013）的相关研究

3. 煤基化学品

煤基化学品选取以煤制烯烃为例（图 10-3）。专家认为，未来我国煤制烯烃产业将受到以下主要因素影响：①低碳和环保政策；②国家能源局提高准入门槛；③国外石油涨价；④水资源的保护；⑤能源需求高涨；⑥碳税政策应用；⑦低成本烯烃应用；⑧国外低价甲醇。经专家预测，未来我国烯烃的需求以及对应阶段内煤制烯烃的战略目标分别为：2015 年 6500 万 t 需求量和 450 万 t 产能，2020 年 7400 万 t 需求量和 800 万 t 产能，2030 年 8600 万 t 需求量和 1200 万 t 产能。

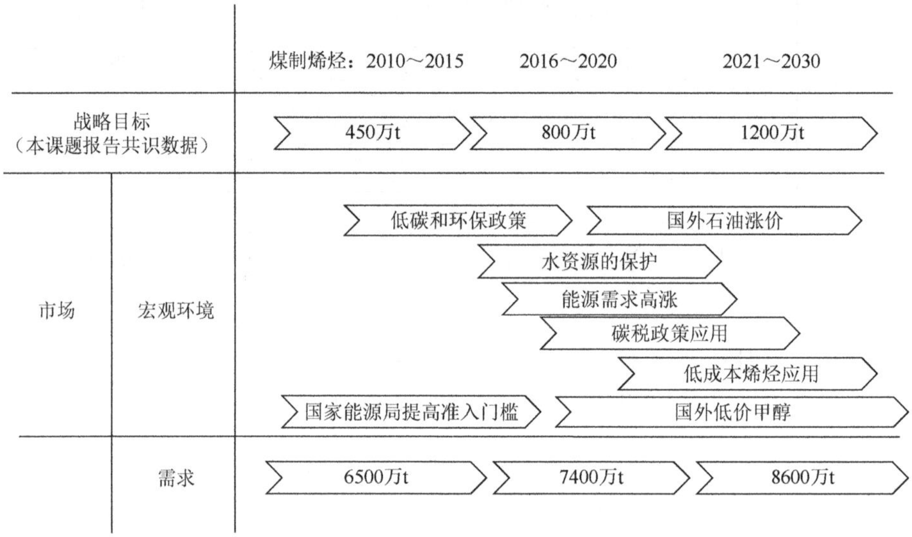

图 10-3　煤制烯烃市场预测和战略目标（2010～2030 年）

资料来源：改编自许冠南等（2013）的相关研究

10.2.3　产业技术与资源预测

1. 替代气体能源

如图 10-4 所示，在当时的研讨会上，专家预测煤制天然气的核心技术各阶段的发展状况为：①鲁奇甲烷化技术，2010～2015 年处于工业示范阶段，2016～2030 年进行商业化应用。②TOPSOE 技术，2010～2015 年处于关键应用技术自主开发与引进阶段，2016～2020 年进行工业示范，2021～2030 年进行商业化应用。③大连化物所甲烷化技术，2010～2015 年处于关键应用技术自主开发与引进阶段，2016～2020 年进行工业示范，2021～2030 年进行商业化应用。④催化加氢甲烷化技术，2016～2020 年处于关键应用技术自主开发与引进阶段，2021～2030 年进行商业化应用。

在补充技术方面：①DAVY 公司的 HICOM 工艺，2010～2015 年主要处于关键应用技术自主开发与引进阶段，2016～2020 年进行工业示范，2021～2030 年进行商业化应用。②酸性甲烷化技术（NICE 甲烷化技术），2010～2015 年处于关键应用技术自主开发与引进阶段。

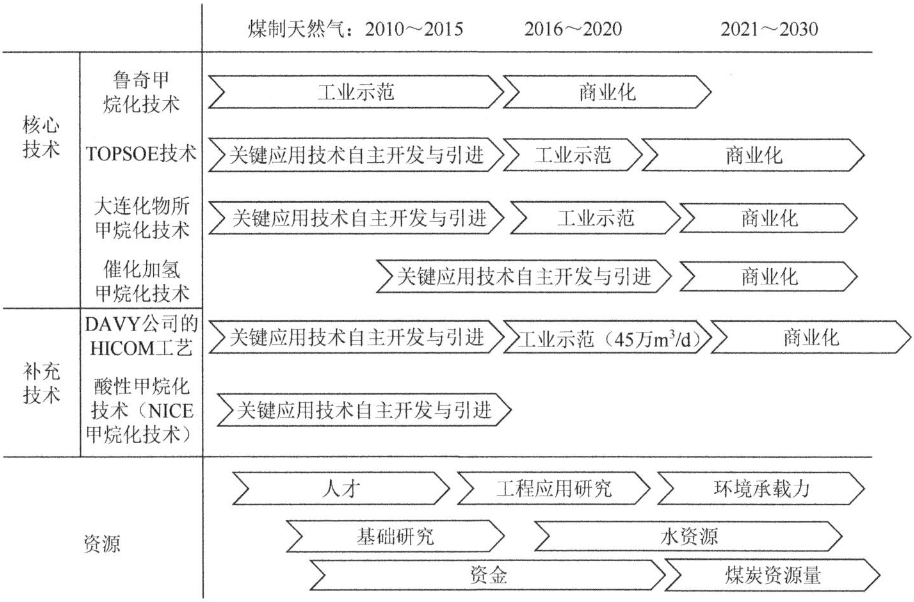

图 10-4　煤制天然气技术和资源预测（2010～2030 年）

资料来源：改编自许冠南等（2013）的相关研究。

煤制天然气产业的发展需要一系列的资源供给。经专家预测，以下资源可能会极大程度地影响煤制天然气产业发展：①人才资源在煤制天然气发展的早期对技术开发和吸收极其关键。②基础研究是技术发展的基础。③煤制天然气产业大规模发展后，水资源可能逐渐成为制约产业发展的关键因素。④资金会极大地影响工业示范和商业化应用。⑤由于煤制天然气产业的发展会对环境产生一定的破坏，所以环境承载力是煤制天然气未来发展的关键约束条件之一。⑥未来煤炭的供给量可能会限制煤制天然气产业的发展。

2. 替代液体能源

如图 10-5 所示，煤制油的核心技术主要包括直接液化技术和间接液化技术，而间接液化技术作为未来煤制油的主流发展趋势具体包括高温浆态床技术、高温费托合成技术、低温费托合成技术。具体分析：①直接液化技术将会经历先工业示范（2010～2018 年）再商业化的阶段（2019～2030 年）。②高温浆态床技术、高温费托合成技术以及低温费托合成技术主要经历关键应用技术自主开发与引进（2010～2015 年）、工业示范（2016～2020 年）以及商业化（2021～2030 年）三个阶段。

补充技术方面：煤炭分质转化利用技术、天然气制油技术（GTL）以及甲醇制油技术（MTG），在未来2010～2015年主要处于工业示范阶段，其商业化应用前景并不明朗。

影响煤制油产业发展的资源因素主要包括：水资源量、工程应用化研究、环境承载力、基础研究、人才、工业化研究、资金等方面。

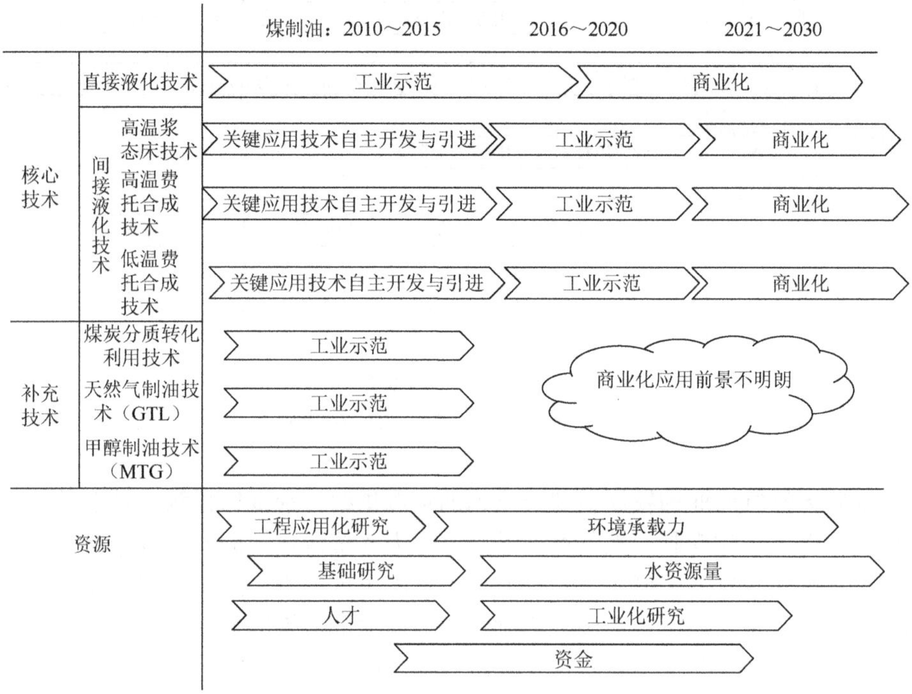

图10-5　煤制油技术和资源预测（2010～2030年）

资料来源：改编自许冠南等（2013）的相关研究

3. 替代化学品

从煤制烯烃路线图（图 10-6）可以看出，其核心技术主要包括五个方面：①DMTO-Ⅱ技术主要经历关键应用技术自主开发与引进（2010～2015年）、工业示范（2016～2020年）和商业化（2021～2030年）三个阶段。②Lurgi公司MTP经历工业示范（2015～2018年）和商业化（2019～2030年）两个阶段。③中石化SMTO经历工业示范（2010～2015年）和商业化（2016～2030年）两个阶段。④UOP/HYDROMTO从2010～2018年经历关键应用技术自主开发与引进阶段，2019～2030年进行工业示范。⑤FMTP技术主要经历工业示范（2010～2018年）和商业化（2019～2030年）两个阶段。

在资源方面，煤制烯烃产业发展主要受到人才、基础研究、水资源量、环境承载力、煤炭资源量、资金、原油价格以及工程研究等因素影响。

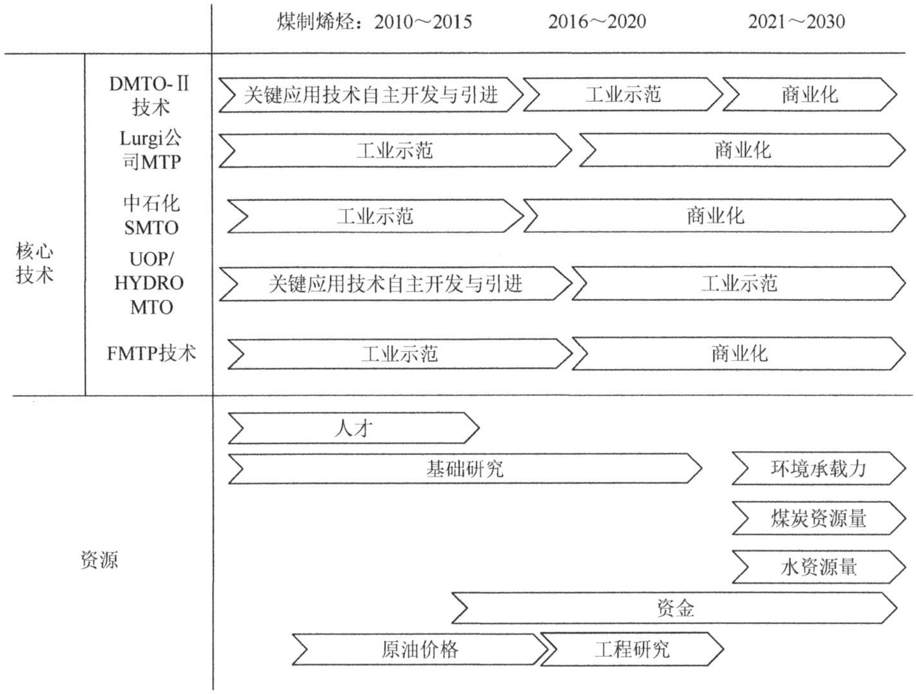

图 10-6　煤制烯烃技术和资源预测（2010～2030 年）

资料来源：改编自许冠南等（2013）的相关研究

10.3　煤基二甲醚案例分析

煤基二甲醚是一种绝好的可替代柴油及汽油的车用燃料，其燃烧特性使其在减少污染气体排放以及能源消耗方面发挥了重要作用（Zhou et al.，2011）。随着科技的不断发展，煤基二甲醚的生产及产出能力日益增强。在研讨会举办之时，全国已有 52 家煤基二甲醚的生产企业，其中已有产能 418 万 t，在建产能 1064 万 t，当时预计到 2012 年，煤基二甲醚的产能将达到 1580 万 t。然而，煤基二甲醚在发展过程中仍然遇到很多困难，主要有以下几方面。

（1）高二氧化碳排放量。尽管煤基二甲醚是一种非常好的新能源，但是煤基二甲醚在其预处理阶段所排放的二氧化碳含量是非常高的。因此，碳捕捉和封存被认为是煤化工合成过程中的重要技术，而我国该技术目前仍然处于初级阶段。

（2）高生产成本。煤基二甲醚作为替代燃料的成本是高昂的。按照平均 1.8t 煤基二甲醚可以替代 1t 柴油的比例计算，2006 年，1t 煤基二甲醚的市价是 3800 元，1t 柴油的市价为 4800 元。由于 1.8t 的煤基二甲醚的价格就是 6840 元，而这就要比 1t 的柴油高出 2040 元。只有当煤基二甲醚的价格低于 2666 元/t 的时候才能够被市场所接受，否则其商业前景是堪忧的。

（3）低能源利用率。我国是以火力发电为主的国家，煤的能源利用率达 55%，然而煤基甲醇的利用率则为 32%～42%，直接和间接煤液化的利用率则分别为 47.7% 和 28.6%。如果再考虑其他的能源消耗以及运输和储存成本，其利用率会更低。

本案例分析将通过综合运用路线图方法和全生命周期分析法等分析工具，以煤基二甲醚产业在我国的发展为例，来阐释新旧技术迭代及产业演进，并进一步推广路线图方法在我国能源产业领域的应用。

10.3.1 路线图流程方法

本书以煤基二甲醚在我国的发展为例，通过专家研讨会的方式，运用路线图和全生命周期分析法，对煤基二甲醚和柴油进行综合比较。在专家研讨会议之前，研究人员通过大量文献收集和整理，准备好相关背景和数据资料，为专家讨论提供支撑。

研讨会邀请了煤炭领域、能源领域、公共政策领域的专家，如谢克昌院士等。专家研讨会分为三个阶段进行，形成本框架的纵轴，确定战略格局，设定二甲醚案例分析场景具体设计如表 10-1 所示。

表 10-1 路线图研讨会

研讨会	目标	专家
第一次	确定路线图框架的分析维度	科技部资深专家、清华大学权威教授
第二次	路线图的初步绘制：煤基二甲醚的产业发展现状及阶段；关键事件、发展动力、障碍；找出未知信息及可能遇到的危机与挑战	中国工程院相关教授、科技部专家、清洁煤领域专家（如神华集团）以及清华大学相关领域教授
第三次	煤基二甲醚和柴油的全生命周期分析	清华大学相关领域权威学者

资料来源：改编自许冠南等（2012）的相关研究

第一次研讨会上，讨论前先做了一个简短的演示，向参与讨论人员简单介绍了制定新兴技术路线图的维度。然后收集专家意见。

第二次研讨会上讨论了三个议题：①主要范围、驱动因素、障碍因素和未来愿景；②中国煤基二甲醚产业发展现状及趋势；③风险及主要挑战或问题（障碍）。

然后，制定了一个先验框架，预备下次研讨会上利用全生命周期分析法对其中一些未知部分进行进一步分析。

第三次研讨会在文献资料和专家意见的支持下，将煤基二甲醚与柴油比较，并在最终框架中加入了两个场景，以及对先验框架中的未知内容进行了解释。

1. 整合路线图和生命周期分析方法

本小节分别讨论第一次和第二次研讨会确立的路线图先验框架，以确定煤基二甲醚是否及何时能够对柴油构成挑战，成为主要运输燃料。该框架为在不同场景下与柴油进行比较，加入了三种要素，即产业发展阶段、关键事件和未知信息及挑战。

1）路线图框架的主要维度（纵轴）

在第一次研讨会上，专家探讨了中国煤基二甲醚产业兴起和发展路线图（规划）的主要课题和维度，其中课题分为四个大类，可作为设计路线图结构时的检查清单（图 10-7）。

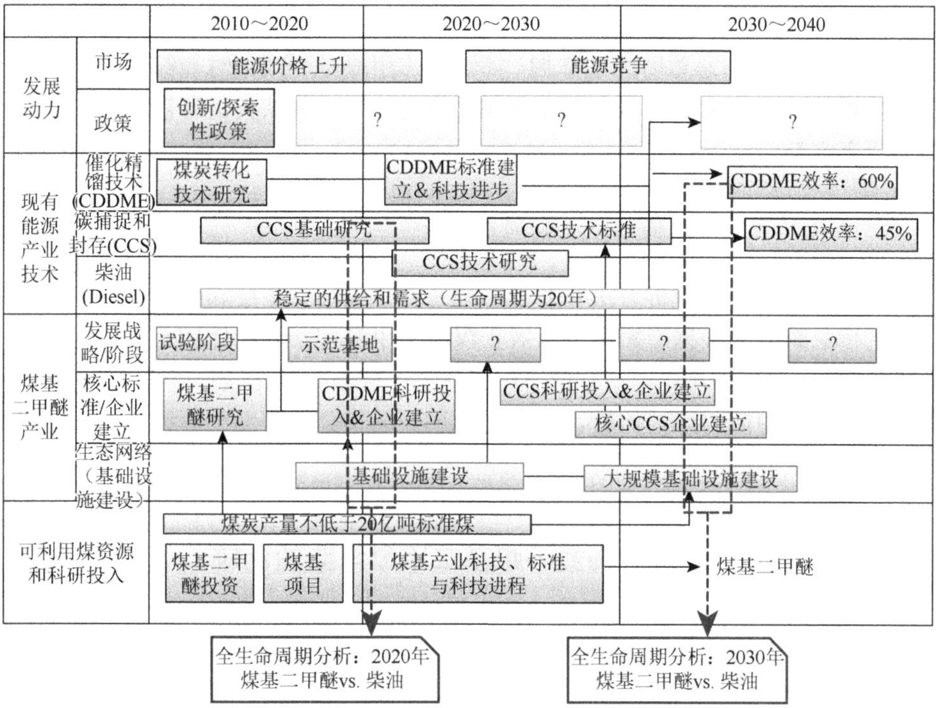

图 10-7　路线图先验框架

资料来源：改编自 Zhou 等（2012）的相关研究

（1）发展动力：产业发展的动力（或障碍）因素，如能源价格、市场规制、标准及政策。

（2）现有能源产业技术：在本案例中，柴油是竞争性能源，煤基二甲醚是替代能源，催化精馏技术以及碳捕捉和封存技术是对煤基二甲醚的关键性补充技术。

（3）煤基二甲醚产业：包括产业发展战略及产业化的关键阶段，产业标准及核心企业的建立，产业生态网络（基础设施建设）等。

（4）可利用煤资源和科研投入：煤基二甲醚产业发展所需的煤资源及科研资金投入。

2）路线图的发展阶段和关键事件

第二次研讨会讨论了煤基二甲醚产业未来发展方向，以及影响发展进程的关键事件（图 10-7）。

（1）产业发展阶段：煤基二甲醚产业发展主要包括理论研究/试验、示范、市场化等阶段。

（2）关键事件：通过讨论确定产业发展中市场、政策、技术等方面的关键事件，并在路线图上标注出来。

（3）未知信息及挑战：在煤基二甲醚与柴油的比较过程中，总会有一些信息遗漏， 或者一些信息暂时无法掌握，如煤基二甲醚是否或何时能够成为柴油的完全替代燃料？在其发展过程中需要哪些政策支持？这些缺失信息需要通过进一步的分析来弥补。

2. 煤基二甲醚与柴油的全生命周期分析

采用全生命周期分析方法有助于解决之前在煤基二甲醚和柴油的比较分析中存在的信息缺失。根据专家讨论，对于煤基二甲醚和柴油的比较可以分为两种场景进行分析：①在 2020 年的背景下将煤基二甲醚与柴油比较；②在 2030 年的背景下将煤基二甲醚与柴油比较。我们希望这一场景分析有助于解答第二次研讨会遗留下的未决问题。

10.3.2 案例分析：两种场景下煤基二甲醚与柴油比较

为了更好地比较煤基二甲醚和柴油，本节采用全生命周期法分析了两种场景，以探究和明确上述路线图先验框架中的未知信息（图 10-7 中的未知方面）。在下面介绍的路线图优化框架（图 10-8）中，将列明煤基二甲醚产业发展战略和主要阶段，以及提出相关政策建议。

1. 目标和基本假设

根据文献梳理和专家讨论，第三次研讨会对以下预测的基本假设达成了共识。

（1）市场需求巨大。到 2030 年，中国每年可能需要进口 8 亿 t 石油。因此，寻找一种替代性燃料（即煤基二甲醚），来替代运输中使用的柴油或汽油已成为当务之急。

（2）煤基二甲醚的互补性技术：碳捕捉和封存技术与催化精馏技术都是煤基二甲醚的关键互补技术。其中，碳捕捉和封存技术是能促进煤基二甲醚快速发展的重要技术，估计在 2020 年就会进入示范阶段，并于 2030 年投产。催化精馏技术正处于示范时期，预期在 2020 年会处于正式的投产阶段。

（3）2030～2050 年，中国煤炭生产量将达到 38 亿 t/a。

2. 场景 1：2020 年煤基二甲醚与柴油比较

专家预估和假设以文献资料为基础，如下所述。

（1）生产过程中的能耗。2020 年，鉴于催化精馏技术仍处于萌芽期，且其能源利用率一直不高，届时煤基二甲醚的能耗将是柴油的五倍。

（2）碳排放。2020 年，碳捕捉和封存技术仍处于起步阶段。届时，煤基二甲醚生产过程中的碳排放将是柴油的两倍。

（3）煤基二甲醚生产成本。2020 年，与柴油价格约 100 美元/桶相比，煤基二甲醚的价格将约为 220 美元/桶。

根据表 10-2，本书认为煤基二甲醚到 2020 年无法对柴油构成挑战，因为其关键性能指标仍将显著落后于柴油。

表 10-2　全生命周期分析：2020 年煤基二甲醚与柴油比较

煤基二甲醚与柴油比较	燃料储备	燃料	车辆	总计
能耗	0.45∶1	5∶1	0.68∶1	1.47∶1
价格	—	—	2.2∶1	2.2∶1
碳排放	1.76∶1	1.53∶1	0.8∶1	2∶1

资料来源：改编自许冠南等（2012）的相关研究

3. 场景 2：2030 年煤基二甲醚与柴油比较

专家预估和假设以文献资料为基础，如下所述。

（1）生产过程中的能耗。2030 年，催化精馏技术的进步将会使能源利用率有所提高，届时煤基二甲醚的能耗是柴油的三倍。

（2）碳排放。2030 年，碳捕捉和封存技术将处于投产阶段。根据其 45%的能源利用率计算，届时煤基二甲醚的碳排放量将是柴油的 1.08 倍。

（3）煤基二甲醚生产成本。如果将碳交易收益（得益于碳捕捉和封存技术的应用）包括在内，煤基二甲醚的价格可能为 135 美元/桶。

从表 10-3 可以看出，到 2030 年煤基二甲醚在一些关键性能指标上几乎与柴油持平。如果在产业策略上进一步扩大份额，那么可以认为煤基二甲醚就具备了成为柴油替代品的相对能力。

表 10-3　全生命周期分析：2030 年煤基二甲醚与柴油比较

煤基二甲醚与柴油比较	燃料储备	燃料	车辆	总计
能耗	0.45：1	3：1	0.68：1	0.918：1
价格	—	—	1.35：1	1.35：1
碳排放	1.13：1	1.2：1	0.8：1	1.08：1

资料来源：改编自许冠南等（2012）的相关研究

4. 路线图框架优化

利用全生命周期分析法分析两种场景，确定了中国煤基二甲醚产业的发展战略和主要阶段，如优化框架所示（图 10-8）。

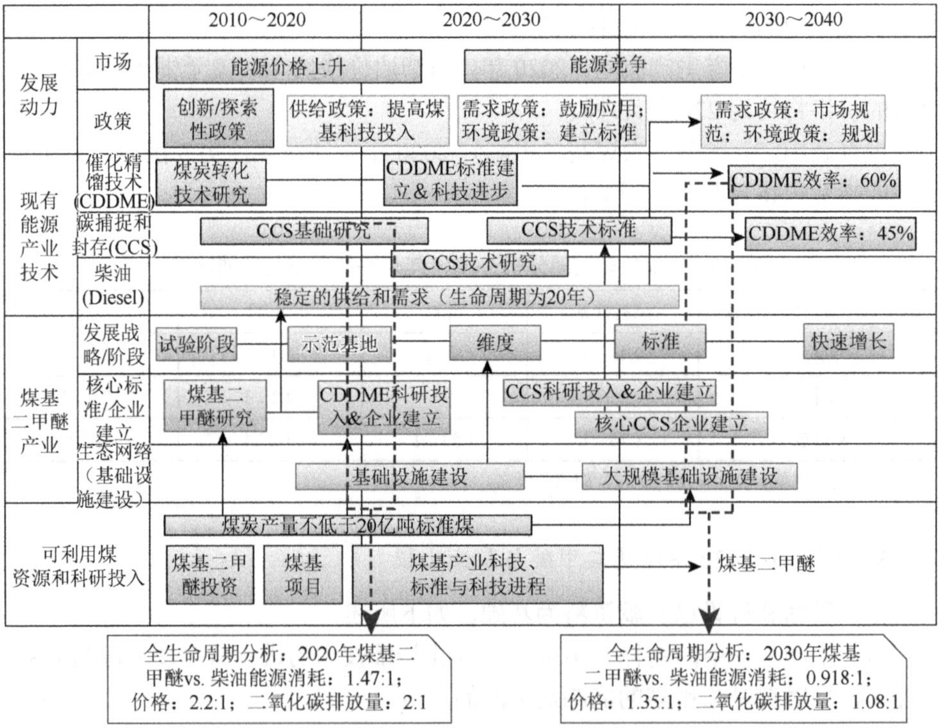

图 10-8　路线图优化框架

资料来源：改编自 Zhou 等（2012）的相关研究

2020 年，政策应主要为供给政策，如提供研发补助、鼓励应用和论证等。2030 年，政策应向市场需求和环境倾斜，如完善产业标准、鼓励市场应用以及进一步规范市场等。

10.4 本 章 小 结

为了支持现代煤化工产业的持续健康发展，本章对技术路线图在清洁煤产业的应用进行了探索，本章分别以煤制天然气、煤制油、煤制烯烃和煤基二甲醚产业为例，绘制了产业发展的路线图，不仅为未来新能源的发展提供了理论和方法上的借鉴，同时也为清洁煤产业在我国的发展提供了路径预测和政策建议。对于路线图方法在新能源产业的应用，本章主要有如下启示。

（1）路线图与全生命周期分析法相结合是研究新能源产业发展的创新趋势。通过全生命周期分析法，可以得出产业在各发展阶段的特有属性及特点，这对于研究新能源，特别是产业替代能源方面大有裨益。

（2）路线图需要从多维度深入分析。无论是科技还是新兴产业的发展过程，都会遇到很多不确定性的影响因素。研究产业发展的关键要素、关键事件及关键指标对于推动产业发展的路径非常重要。

根据本章利用路线图方法对清洁煤产业发展方向的分析，在此提出三条有针对性的核心政策和配套政策建议，具体如下。

（1）煤制天然气。关于核心政策，建议近期侧重于促进技术引进、消化和吸收的政策制定；随后在人力资源培养以及重大科研及工程示范项目方面加大政策强度；随着产业不断发展壮大，要修正并充分发挥产业目标规划的指导作用和加大金融支持以及产业链建设。关于配套政策，建议近期发挥学术前沿学科设置和科研项目引进税收优惠的作用，随后在技术财税补贴、国际化政策、人力资源培养等方面给予政策扶植。

（2）煤制油。关于核心政策，近期应重点加强人才培养和技术引进，然后通过政府采购、产业链构建以及基础设施建设来促进产业发展，在 2020～2030 年加大金融支持和产业规划，发挥国际化政策的作用。关于配套政策，近期主要集中在重大科技项目、学科设置、科技信息支持、技术引进消化再吸收、科技资金投入等方面，随后要出台知识产权保护等方面的政策规范产业发展。

（3）煤制烯烃。关于核心政策，近十年建议主要加强技术引进消化吸收、人才培养、重大科研和工程示范以及科技资金政策的支持力度，之后则应侧重于产业发展目标规划、产业链建设、基础设施建设、金融支持及政府采购。关于配套政策，近期主要有项目引进税收优惠、学科设置、政府研究项目和科技信息支持等，中后期可加强国际化政策和重点技术财税补贴。

参 考 文 献

刘立麟, 2012. 我国现代煤化工发展的影响因素分析. 煤炭经济研究, 32(3): 34-38.

许冠南, 周源, 陈晓红, 2013. 中国现代煤化工产业发展态势预测. 煤炭经济研究, 33(7): 30-35.

许冠南, 周源, 苏竣, 等, 2012. 技术路线图在新能源产业中的应用—以煤基二甲醚产业为例. 煤炭经济研究, 32(7): 41-45.

Amer M, Daim T U, 2010. Application of technology roadmaps for renewable energy sector. Technological Forecasting and Social Change, 77(8): 1355-1370.

Lee S K, Mogi G, Kim J W, 2009. Energy technology roadmap for the next 10 years: The case of Korea. Energy Policy, 37(2): 588-596.

Ni W D, 2007. China's Energy-Challenges and Strategies. Frontiers of Energy and Power engineering in China, 1(1): 1-8.

Zhou Y, Xu G, Minshall T, et al., 2011. A policy dimension required for technology roadmapping: Learning from the development of emerging wind energy industry in China. Picmet 11: Technology Management in the Energy Smart World.

Zhou Y, Xu G N, Zhi Q, et al., 2012. Roadmapping an emerging energy technology: An ex-ante examination of dimethyl ether development in China. International Journal of Product Development, 17(3/4): 296-310.

第 11 章　风电设备产业应用案例

创新政策在我国新兴产业发展过程中发挥着重要作用。现有的政策和行业研究将新兴产业的涌现过程视为一个黑箱，未能理解政策对其变化过程的影响。本章提出一种增加政策维度的路线图工具（包括政策、市场、产品、技术等维度），以中国风电设备产业为例，阐述政策等因素对我国风力发电产业发展的影响。

本章结构如下：首先，简要介绍本章案例背景和主要内容；其次，描述路线图的流程和方法；再次，依据现有研究文献中的相关理论，开发一个具有政策维度的先验路线图框架（policy roadmapping，PRM）；然后，通过实证案例研究和讨论，对这一概念框架进一步细化；最后，对本章的研究成果、理论贡献、相关意义进行了简要总结并提出后续工作建议。

11.1　案 例 简 介

近年来，新兴产业越来越受到关注（Ashford et al.，1985），特别是在试图将其经济从劳动密集型转变为知识驱动型的新兴国家（Bozeman，2000）。与熊彼特的观点一致，现有的研究认为新兴产业是分散的、充满活力的，[①]并由大量的创业公司组成，这些公司在技术、商业模式和价值链定位上展开竞争，而非专注于降低价格或提高运营效率。[②]

新兴产业的发展与主要新技术企业的创新活动密切相关，这些企业掌握平台技术，帮助形成行业标准（Eisenhardt，1989；Daim and Oliver，2008）。这些关键企业和行业的发展可能受到多重因素影响，如经济因素、市场结构、管理体制、关键人物、公共政策等（Fontes and Novais，1998；Forbes and Kirsch，2011）。

20 世纪 70 年代以来，各国政府均积极推动新兴产业的发展，以提升国家和地区的竞争力（Walsh，2004；Torres-Fuchslocher，2010）。学者从不同的视角（如新古典主义经济学、进化经济学和社会学理论）出发，认识到了政府行动（如通过投资或其他政策工具）对产业发展的影响，尤其是在产业全生命周期的转型阶

① 在产业生命周期的早期阶段，新兴技术被视为企业、市场和社会机构中动态创新活动的源泉（Daim and Oliver，2008；Edquist and Chaminade，2006；Eisenhardt，1995）。

② Schumpeter Mark Industry（熊彼特产业早期理论）：对于这个产业来说，一个国家的创新和技术变革来自企业家，或者说野性的精神。

段。在某些情况下，新兴产业的兴起和发展高度依赖于公共政策（Porter，1990；Genus and Coles，2005；Groenveld，2007；Johansson et al.，2007；Inoue and Miyazaki，2008）。例如，从过往经验可以认定，作为政府基本手段的创新政策[①]是影响、监管和推动产业发展的有效工具（Nelson，2002）。

不过，创新政策涉及多个方面，包括科技、教育、商业、金融、税收、监管、市场刺激和采购（Rothwell and Zegveld，1988）。因此，产业与政策之间的相互作用十分复杂。很多现有的政策研究将技术进步和产业发展视为黑箱，专门研究创新政策对他们的总体影响。但很少有研究尝试揭示发展过程中产业与政策之间的相互作用。因此，迫切需要一款分析工具，对过程导向的动态相互作用进行系统性阐述。

虽然有许多研究产业的工具，但在研究产业发展过程的复杂行为模式时，一般认为路线图是一款有效、全面的工具，可以描绘产业的涌现（Phaal et al.，2001，2010）。企业和行业层面均广泛应用路线图来支持创新、战略、政策制定和实施（Phaal et al.，2010）。[②]路线图为制定复杂体系的变迁和发展路线图提供了结构化的方法。例如，Phaal 等（2009）制定出超过 25 种描述产业发展过程的新兴路线图（emergence maps），以支持路线图框架作为历史分析工具的开发和测试。路线图的现有应用展现了该方法的灵活性，可以产生更为通用的战略评估框架。

但是，根据文献综述，现有的路线图工具未对政策与行业之间的相互作用情况给予足够关注。在为数不多的政策与产业相互作用研究中，Phaal 等（2009）假设公共政策与市场（产品）策略等其他维度的因素相互作用，对部分产业的兴起具有重大影响。然而，其研究仅假设此类联系为间接和暗含的联系，并未对政策与行业之间的联系进行详细阐述。

因此，为进一步了解这一过程，作者认为有必要通过详细揭示政策与产业之间的联系，开发出一个路线图工具，从而为中国的政策制定者提供更好的支持，帮助其制定长期创新与产业策略。[③]作者认识到有不同的产业兴起模式，因此政策与产业之间的相互作用方式可能有本质的不同。不过，本书以中国风电制造业的兴起和发展为主要关注点，该产业对中国的能源战略具有重大战略意义。风电是一个受到高度监管的行业，受政府的影响显著，针对特定技术制定明确的国家战略是非常常见的，在中国尤其如此。

① 根据文献调研，创新政策包括科学、技术和产业政策（National Technology Outlook Team，2008）。

② TRM 工具广泛用于研究和规划行业的发展，例如，英国远见汽车路线图（http://www. foresightvehicle.org.uk/tech_roadmap.asp），计算机科学的路线图（http://research.microsoft.com/en-us/um/cambridge/projects/towards2020science/），英国国防部路线图（http://www.aof.mod.uk/aofcontent/tactical/techman/content/rm_ intro.htm）等。

③ 路线图作为一种政策和战略规划工具在中国越来越受欢迎。例如，2010 年和 2011 年，科技部、工业和信息化部在制定“十二五”国家战略规划时广泛使用了路线图工具。

本章有三个主要目标。

（1）开发一套集成的路线图工具，对中国新兴产业的政策与产业动态关系进行具体研究。

（2）更好地了解风电设备产业的发展动态，以便制定政策。

（3）更好地了解中国产业与政策相互作用的特点，尤其在风电制造行业。

本章的实用成果是将政策维度融入路线图框架中，为中国新产业的发展路线图和规划提供支持。

作为探索性研究，本章使用单案例研究法（Rothwell and Zegveld，1985；Robinson and Propp，2008）来探究中国风电制造产业发展的特点。研究方法主要包含两个步骤。

（1）根据文献综述，分析产业发展过程中政策与行业的相互作用关系。

（2）将案例研究与先验知识对比，确定政策与产业在发展过程中的相互作用模式。

本章结构如下：首先，依据文献中的相关理论，开发出一个包含政策维度的路线图先验框架。其次，通过经验性案例研究和讨论，对这一概念性框架进行优化。最后，对研究成果、理论贡献、相关意义和进一步工作的建议进行简要总结。

11.2　路线图流程与方法

11.2.1　研究设计

本章参照已有研究（Eisenhardt，1989；Yin，2003），采用单一案例研究法，尝试在现有的路线图框架中加入新的政策维度。此外，本章选择了一个理论案例（即中国风电设备产业的兴起）进行详细分析，以便对路线图概念框架进行优化。通过一系列研讨会，制定新兴产业发展及其政策变迁的路线图。系列研讨会的设计可帮助提高路线图的结构效度和内部效度。

11.2.2　数据收集与分析：路线图研讨会

本章通过一系列数据收集和分析研讨会制定路线图框架。这一快速研讨会方法以现有实践为依据（Eisenhardt，1989；Bozeman，2000）。

数据收集分为两个维度。首先，文献数据在整个路线图制定过程中具有重要意义。在每次研讨会前，开展文献数据和试点访谈为讨论做准备。其次，开展三次讨论，建立该框架的纵轴，确定战略格局。

这些研讨会也邀请专家贡献宝贵意见（表 11-1）。受邀专家来自中国的核心政府部门和顶尖高校，是风电设备、能源和技术政策等方面的顶尖教授与企业代表。

表 11-1 路线图研讨会

研讨会	目标	参研单位
第一次	确定路线图框架的主要维度和政策	科技部、清华大学
第二次	路线图框架的愿景分析	中国工程院、核心企业（风电设备企业、中航惠腾、金风科技等）、国家电网、清华大学
第三次	政策—产业相互作用、路线图绘制	清华大学

资料来源：改编自 Zhou 等（2013）的相关研究

在第一次研讨会上，在讨论前先做了一个简短的演示，简单陈述了关于新兴技术路线图维度的现有文献。收集了专家意见，确定了纵轴的主要维度和关键政策，然后制定先验框架，一些未知方面留待进一步分析。

在第二次研讨会上，简要阐述这一路线图的现有格局，讨论三个议题。

（1）主要参与者、创新活动范围、驱动因素和阻碍因素的定义。

（2）中国风电设备产业兴起过程中的主要创新活动。

（3）风险和主要挑战（障碍）。

第三次研讨会在文献数据和专家意见的基础上，进一步探讨政策与产业兴起之间的动态关系。

通过规范数据收集过程和专家分析框架，本研究的信度和效度得到了加强。通过多次研讨会和二次数据结果比对，进行三角验证，减少专家偏误。

11.3 路线图分析框架

传统路线图框架有四个垂直维度：市场、产品、技术和所需资源（Rothwell and Zegveld，1988）。路线图可通过系统性地研究这些视角，描述创新的主要驱动因素和阻碍因素方面的发展轨迹。根据发展轨迹分析，路线图有助于确定市场需求、领先产品、关键技术及其相互之间的动态关系。该分析提供技术选择、时机和发展路径方面的建议（Taylor et al.，2005；Su et al.，2007）。

本研究在第一次研讨会的基础上，在传统路线图框架中加入了一个新的政策维度，着眼于创新政策对技术发展的重要影响。这一新增维度有助于开启创新政策行为机制方面的黑箱，探究政策对技术进步的直接和间接影响。

11.3.1　创新政策对产业兴起和发展的影响

在产业兴起过程中，创新政策工具对市场、产品和技术的发展起到重要作用。此外，政策在产业兴起过程中会发生变化，产生不同的影响（Torres-Fuchslocher，2010；Zhou et al.，2011）。

供给政策通过提供人力资源、信息、技术和资本，加强企业的研发投资，引导技术选择。供应政策对技术的影响主要体现为对平台技术或通用技术发展的支持，企业可利用这些技术进行产品开发（Eisenhardt，1989）。此外，供给政策可分配稀缺科技资源。例如，政府构建、提供的科技数据库有助于减少因信息不对称而导致的不必要的民营企业研发活动。

环境政策有助于制定市场法规、改变市场环境（Torres-Fuchslocher，2010）。这些政策以不同的方式影响产业发展。例如，非关税壁垒和技术规范等政策对产品功能设计和技术选择有直接影响，会导致市场偏好变化。环境政策也可通过目标规划、税务偏好和法规，对用户市场产生直接影响。

需求政策可促进新市场的扩张，然后拉动技术创新和产品开发。这些政策可提供某种市场期待，减少进入新市场的不确定性，提升投资者的信心和决心，最终通过新产品的政府采购或价格补贴促进研发。

11.3.2　政策科技路线图先验框架

有多种创新政策工具可以激励科技创新和产业发展。根据文献调研，政策工具可分为三大类：供给政策、环境政策和需求政策（Eisenhardt，1989）。

在新产业兴起的过程中，创新的焦点从研发转移到技术应用，从原型制作转移到大规模推广。根据这些创新特性，专家提出关于产业兴起的创新政策在发展过程中也应遵从该次序。因此，创新过程中的政策依次为供应政策、环境政策、需求政策。

第一次研讨会上制定的 PRM 初步框架如图 11-1 所示。PRM 框架以时间为横轴，以政策、市场、产品、技术维度为纵轴，能够将产业兴起和发展过程中的多学科关键因素纳入其中，审视这些视角之间的相互作用情况。这有助于更好地分析复杂的产业兴起过程，形成产业兴起分析的理论基础。

对于政策制定者而言，如何选择、组合和实施某些创新政策工具仍是一个重要关注点。在不同的产业发展阶段，可采取不同的政策，且这些政策具有区域性和行业性。以下尝试将经验数据与理论进行比较和对比，从而通过研究正在中国兴起的风电产业来优化 PRM 框架。

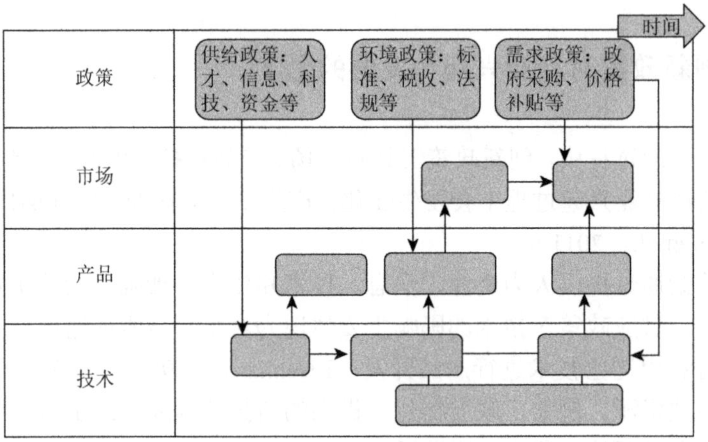

图 11-1 PRM 初步框架

资料来源：改编自 Zhou 等（2013）的相关研究

11.4 中国风电设备产业路线图案例分析

11.4.1 案例研究：中国风电设备产业

近年来，环境污染、全球变暖等问题日益突出，成为主要的经济社会问题。这导致了公众意识的变化，对可再生能源等环保议题越来越关注。可再生能源与不可再生能源相比，能源密度仍相对较低。这说明可再生能源技术的实施和推广仍然面临重大挑战（如经济效率、规模化生产）（Inoue and Miyazaki，2008）。为刺激这些新能源产业的兴起，政府可发挥重要作用，尤其在产业生命周期的萌芽期、培育期和成长期①。

例如，中国的风电产业发展迅速，这就要归功于政府的干预。在以下场景中，我们对中国风电设备产业的发展进行审视，并利用先验框架，探究政策、市场、产品和技术之间的相互作用。

1. 产业兴起和发展：市场、产品和技术

1）市场

相比很多的海外市场，中国国内风电市场起步相对较晚。如图 11-2 所示，1995 年以前，中国风电市场规模很小。大多数风电设备通过进口满足需求，国内制造能力十分欠缺。2003 年起，风电市场开始腾飞和大幅增长。2006 年以后，累

① Phaal 等（2009）将新兴产业的发展过程分为五个阶段：前驱阶段、萌芽阶段、增长阶段、成熟阶段和衰退阶段。

计风电设备装机容量连续三年保持 100%的年增长率。2009 年，中国风电市场位列世界第二，仅次于美国，累计发电量达到 25.8GW。

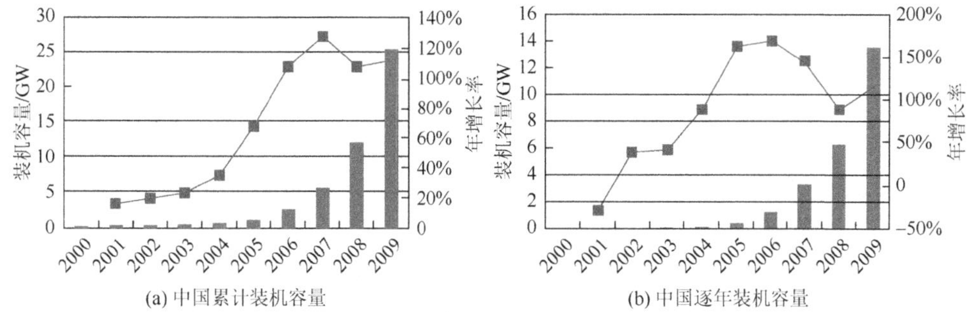

图 11-2　中国风电设备装机容量增长

资料来源：改编自 Zhou 等（2013）的相关研究

2005 年前，中国只有一些规模较小、技术水平较低的风电设备制造商，其风电厂建设大多依靠进口。然而，2005 年后，中国风电制造业开始快速发展，2004～2009 年风电设备制造商数量增加 10 倍。

与此同时，国内企业和合资企业市场份额持续增长。2008 年，在全国新增装机容量中，风电市场份额占 75.6%，累计占 61.8%。

2）产品

随着国内市场需求的增长，中国核心风电产品的性能也在不断改善。2006 年，中国风电设备平均单机容量仅为 931kW，而到 2008 年，中国风电设备平均单机容量达到 1.21MW。2005 年前，中国兆瓦级新装机风电系统占新装机风电系统的 21.5%。到 2007 年，这一比例增加到 51%。到 2009 年底，兆瓦级风电系统成为中国风电产业的主流产品。到 2010 年，中国企业开始生产 3MW 级产品，同时兆瓦级海上风电系统（the MW off-shore wind energy systems）也进入零部件设计阶段。

到 21 世纪初，中国制造系统的大部分零部件都依赖进口。不过，中国的风电系统及其零部件逐渐开始国产化。2009 年，占兆瓦级风电成本 10%的高压变流器也实现了国产化。由于关键零部件实现国产化，单套风电系统的平均价格下降 15%，从而推动了风电的价格的下降。

3）技术

产品进步很大程度上是技术进步的结果。中国的风电产业相对落后；如前所述，20 世纪 90 年代末到 21 世纪初，中国最初的风电技术主要依赖进口或通过逆向工程开发。这一方法可有效帮助企业在短时间内初步进入市场。例如，中国最大的风轮叶片制造商中航惠腾即通过逆向工程获得其最初的 600kW 技术。

随着风电系统越来越大、越来越复杂，安全性、经济性和效率在风电系统中越来越重要。兆瓦级风力发电机的叶片变桨技术和发电机速度恒频技术得到广泛应用。2005 年后，由于国产化制造的期望以及激烈市场竞争，大多数中国制造商依赖引进兆瓦级技术，尤其是通过技术许可获得技术，以便更好地满足市场需求，获得技术优势。

到 2011 年，中国风电技术趋势向更大容量、更高效率、更高的运行可靠性、更优的电网电力技术质量发展。此外，多兆瓦级风电技术也逐渐成熟。随着陆基风电建设逐渐饱和，海上风电系统技术已成为风电发展的下一个方向。

2. 政策对产业兴起的影响

作为新兴可再生能源，风电成本在最初阶段高于传统电力，且面临更激烈的市场竞争。因此，风电的发展高度依赖于良好的政策环境。中国政府实施了大量支持风电的公共政策工具，如《中华人民共和国可再生能源法》、《可再生能源中长期发展规划》和《可再生能源发展“十一五”规划》。中国支持可再生能源发展的创新相关政策工具可分为四类。

1）供给政策

中国政府对通用技术的研发给予大力补贴。此类研发补贴包括乘风计划、国家 863 计划、可再生能源发展专项基金、新能源项目。许多补贴通过企业层面的项目提供，如乘风计划。

2）环境政策

中国政府经常使用税收政策来刺激风电市场。1997～2005 年，为了鼓励设备和技术进口，对风力发电设备免征进口税。2001 年，政府为了推广风电，对风力发电设备减免 50%增值税。2006 年，政府对风力发电设备生产材料免征进口税。2008 年，政府对兆瓦级风电系统的进口税政策进行调整。国内企业在进口 1.2MW 以上风电系统关键部件和原材料时，可申请退还进口关税和进口增值税。这种公共预算的支出可视为国家对新产品研发以及本土创新能力建设的投资。另一项重要措施是对容量低于 2.5MW 的风电系统暂停进口免税政策。

在市场监管政策方面，中国实施了干预，以改变风电设备的产业结构。2003 年，中国政府发布了国产比例要求，要求至少 50%的风电设备应由中国厂商提供。2005 年，该比例增加到 70%。然而，2010 年年初，中国撤销了这一国产比例要求，因为中国风电设备制造商已经能够与海外企业竞争。

3）需求政策

2006 年，为规范价格体系，实施了竞标基础上的政府监管定价。2007 年，政府承诺全面接管包括风电在内的所有可再生能源项目。2009 年，中国政府进一步设立具备地区差异性的风电价格标准，并对风电进行价格补贴。

3. 中国风电产业发展概述

在上述描述和分析的基础上，绘制中国风电设备产业的发展概况，如图 11-3 所示。

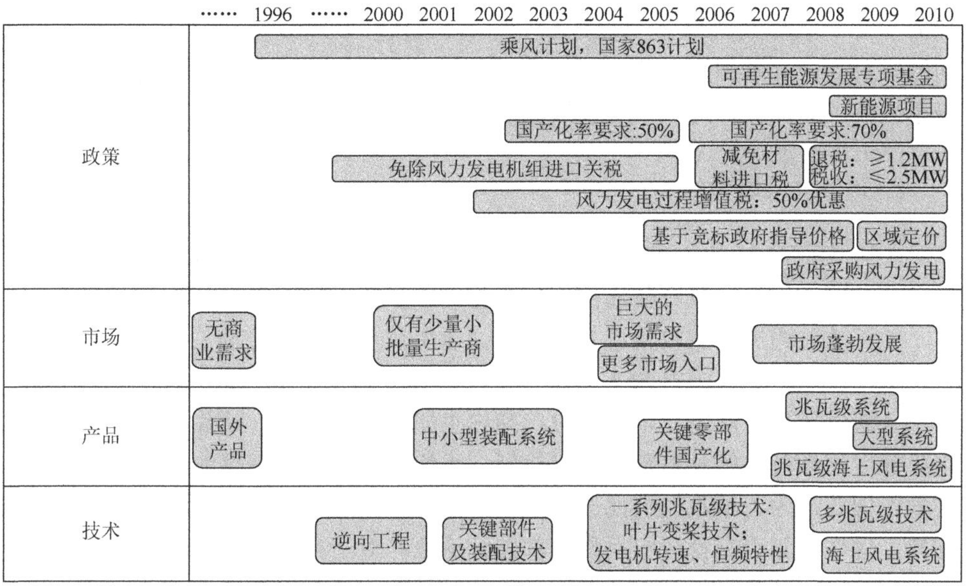

图 11-3　中国风电设备产业兴起过程中的主要创新事件

资料来源：改编自 Zhou 等（2013）的相关研究

11.4.2　案例讨论

1. 行业发展和创新政策

根据不同时期的政策、市场、产品和技术特点，中国风电设备产业的发展可分为四个阶段：先导期、萌芽期、培育期和成长期。

（1）先导期（到 1995 年）。1996 年以前，中国的风电设备几乎全部依赖进口。当时中国对风电几乎没有商用需求，因此中国本土制造商数量十分有限。当时中国的国家电网仍处于试点和论证阶段，主要通过国际双边援助项目得到支持。

（2）萌芽期（1996～2002 年）。1996 年起，中国政府开始关注风电产业。在此期间，中国通过了乘风计划、国家 863 计划和多项风电特许项目，以鼓励风电设备方面的技术进口和技术创新。在这些政策的刺激下，一些中国本土中小型企业进入了市场。这些中国本土企业通过逆向工程掌握了部分关键部件和装配技术，能够制造中小容量系统。

（3）培育期（2003～2005 年）。在这一阶段，中国经济蓬勃发展（因此电力需求飙升），令中国风电市场大幅增长，越来越多的风电设备制造商开始出现在中国市场。中国本土制造商逐渐掌握了一系列兆瓦级技术，如叶片可变桨技术、发电机转速、恒频特性。风电设备的主要零部件开始国产化生产。

（4）成长期（2006～2010 年）。在此时期，中国风电设备产业规模锐增。2006～2009 年，中国累计总装机容量连续三年增长超过 100%。中国企业逐渐赶上了发达国家厂商，并掌握了一些核心技术。中国本土企业开始生产兆瓦级设备，而大规模系统、兆瓦容量海上风电系统也在开发中。

2. 供给政策的影响

中国政府 1996 年以来持续对风电产业实施供给政策。在产业的萌芽期、培育期和成长期，供给政策对鼓励技术开发起到了重要作用。

中国政府通过供应政策工具，对关键通用技术的发展给予了有力支持。过去几年里，乘风计划、国家 863 计划等国家级研发补贴计划为有竞争力的企业提供了重大研发投资，激励风电技术进口和内生式创新。例如，叶片可变桨技术和发电机速度恒频技术的开发需要大量投资，也给企业带来了高度的技术和市场不确定性。因此，为了消除发展此类技术时所面临的风险，国家投资计划为企业提供支持。这些计划也支持风电系统的部署和论证，对于技术和产品开发起到重要作用。中国风电厂商能够利用这些国家计划提供的优势，取得多项技术突破，逐渐赶上了其国际竞争对手。

3. 环境政策的影响

中国政府的环境政策也在风电萌芽阶段中期到成长阶段为风电产业提供了支持。一方面，中国政府实施税收政策，对风电设备产业的发展进行战略性干预。在产业发展之初，对风电设备系统免收进口税，鼓励技术进口，为逆向工程的学习提供了机会。在成长阶段，对生产原料免征进口税，促进了风电设备 2006～2008 年的国产化生产。而 2008 年对进口关税政策进行调整，鼓励大规模系统和海上风电系统的研发。除此之外，2001 年起，对风力发电实行 50%增值税折扣，吸引众多市场参与者，促进了生产国产化。

另一方面，政府在培育和成长阶段对风电设备提出最低国产生产比例要求，加快了风电设备的发展。这些政策直接促进了风电市场建设中的国内设备采购率。由此，风塔、吊舱、叶片和发动机均实现了国产化；主轴轴承、齿轮箱和变频器也部分实现了国产化生产。因此，大量国内供应商涌现和成长，逐渐赶上并能与海外企业竞争，同时国产化生产比例要求被撤销。市场对国产化比例的调整催生了巨大的市场需求，形成了一个保护性的市场竞争环境，加快了中国本土企业的发展。

4. 需求政策的影响

在风电产业的成长阶段，中国政府从需求的角度，大量实施价格政策和政府采购政策。与传统能源相比，风电具有清洁、可再生的优点。然而，由于技术和市场不成熟，风电成本仍高于传统能源，这对于风电的普及是一个重大障碍。为解决这一问题，中国政府实施了指导性的价格政策，并对风电给予相应的价格补贴。此外，政府于 2007 年承诺包销风力产出的所有电力。这些政策促成了中国风电市场近年来的繁荣。

5. 中国风电设备产业 PRM 分析

中国风电设备产业 PRM 分析如图 11-4 所示。我们可以看到三类政策：市场、产品和技术互相作用，共同促进中国风电设备产业的快速发展。

如图 11-4 所示，在先导期几乎没有政策。在萌芽期、培育期和成长期实施供应政策，对技术进步产生了直接影响。从萌芽期到成长期，环境政策对市场、产品和技术产生了重要作用。需求政策主要在成长期发布，促使市场容量扩张。

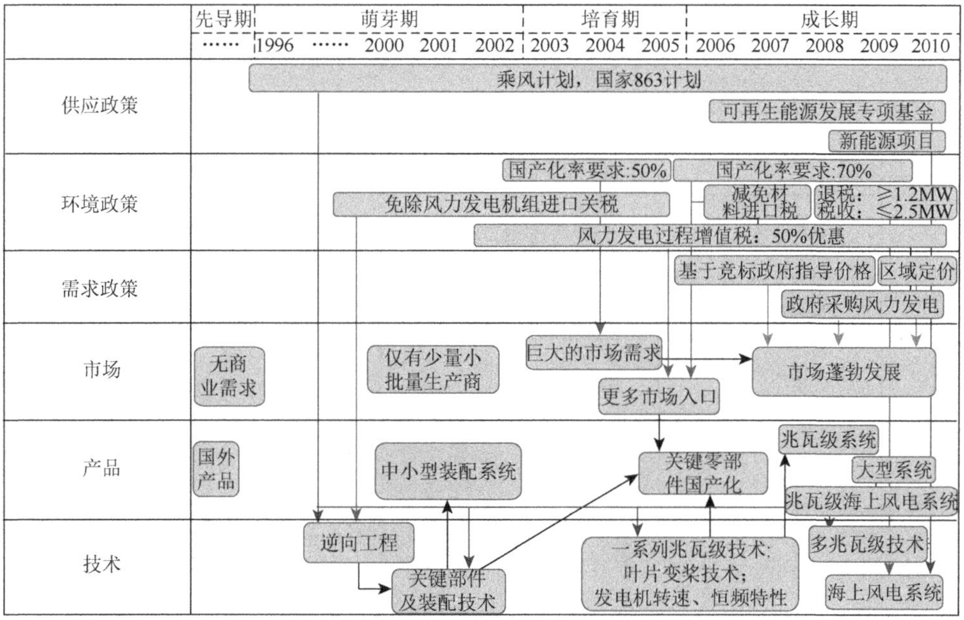

图 11-4　中国风电设备产业 PRM 分析

资料来源：改编自 Zhou 等（2013）的相关研究

11.5 本章小结

很多政策制定者将产业兴起过程视为黑箱过程，因此很难决定用何种政策来促进和规范产业兴起，特别是在产业发展的不同阶段，政策可能会有所不同。本章提出一个 PRM 优化框架（图 11-5），可对新兴产业的发展过程进行全面分析，同时研究政策与其他关键影响因素（如市场、产品、商业模式等）之间的相互作用情况，阐释政策及其在不同阶段对高度监管行业（如新能源产业）兴起的影响。本章分析了中国风电设备产业的兴起过程，探寻不同阶段需要哪些政策工具来影响中国新能源产业的兴起。

本章发现，中国风电设备产业的兴起很大程度上是由政府主导市场拉动的，这一过程与发达经济体中的传统“研发到生产”过程不同。在萌芽阶段，政府战略通过低技术产品进口和逆向工程，刺激本土产业的兴起，有助于产生政府推动的市场。在培育阶段，现有市场下，政府政策为风电设备平台技术提供研发补助，并提供税收激励/法规/标准，培育国内风电设备企业的创新能力，从而赶上发达国家的主流技术。在之后的成长阶段，本土企业可在培育阶段发展出的（更适合中国市场的）特定技术的基础上，开发出更有竞争力的风电设备产品。其产业兴起过程不是传统的技术研发到商业化过程；相反，这一过程从购入的低技术产品起步，再在中国特定国情的基础上，形成自己的技术发展轨迹。

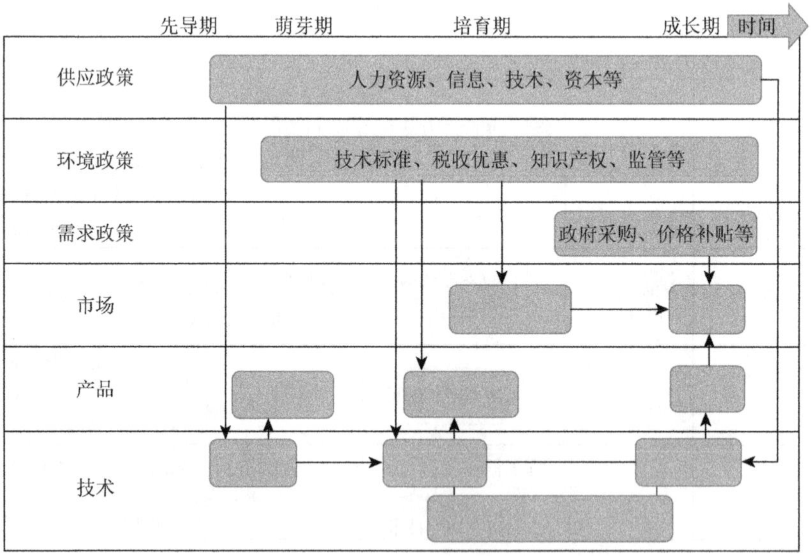

图 11-5　PRM 优化框架

资料来源：改编自 Zhou 等（2013）的相关研究

通过对这一兴起过程的研究，发现需求/环境/供给政策对中国风电设备制造业具有不同影响。需求为导向的政策有助于减少后期阶段的市场不确定性。环境为导向的政策在培育和成长阶段较为活跃，主要形成产业结构、标准、消除外部性。供给为导向的政策一开始有巨大影响，主要通过补助、重新分配资源、减少信息不对称，从而促进技术进步。作者认为，这些政策对产业兴起的影响也存在于中国其他新兴新能源行业。

本章主要做出了以下三个方面的理论贡献。

（1）开发了整合式 PRM 工具，可对各个发展阶段的政策产业动态关系进行具体研究。

（2）更好地理解风电产业的发展动态，以便制定政策。

（3）更好地理解中国政策与产业相互作用的特点，尤其是在风电制造行业。

从实用意义而言，本章在路线图框架中加入了政策维度作为指南，响应了新兴经济体（如中国）对新产业发展制定路线图和规划的需求。

本章也存在局限性。首先，这是一个试点型单案例研究，因此需要对其他新兴行业（如光伏、风力发电厂、清洁煤炭等）开展进一步研究，从而确保 PRM 工具的通用性。其次，本阐释框架的设计目的是分析过往发展轨迹。要将其与其他技术管理工具（如能源生命周期分析工具）相结合，需要进一步研究，从而对发展进行预测或规划。本章可成为未来工作的基础，将分析转化为指导，供从业人员解决创新政策差距，为政策制定和评估提供支持。

参 考 文 献

Ashford N, Ayers C, Stone R F, 1985. Using regulation to change the market for innovation. Harvard Environmental Law Review, 9(2): 419-466.

Bozeman B, 2000. Technology transfer and public policy: A review of research and theory. Research Policy, 29(4/5): 627-655.

Daim T U, Oliver T, 2008. Implementing technology roadmap process in the energy services sector: A case study of a government agency. Technological Forecasting and Social Change, 75(5): 687-720.

Edquist C,Chaminade C，2006. Industrial policy from a systems-of-innovation perspective.EIB Papers, 11(1):108-132.

Eisenhardt K M, 1989. Building theories from case study research. Academy of Management Review, 14(4): 532-550.

Eisenhardt K M，1995. Accelerating adaptive processes:Product innovation in the global computer industry. Administrative Science Quarterly, 40(1):84-110.

Fontes M, Novais A Q, 1998. The conditions for the development of a biotechnology industry in Portugal: The impact of country specific factors. Technology Analysis and Strategic Management, 10(4): 497-509.

Forbes D P, Kirsch D A, 2011. The study of emerging industries: Recognizing and responding to some central problems. Journal of Business Venturing, 26(5): 589-602.

Genus A, Coles A M, 2005. On constructive technology assessment and limitations on public participation in technology assessment. Technology Analysis and Strategic Management, 17(4): 433-443.

Groenveld P, 2007. Roadmapping integrates business and technology. Research Technology Management, 50(6): 49-58.

Inoue Y, Miyazaki K, 2008. Technological innovation and diffusion of wind power in Japan. Technological Forecasting and Social Change, 75(8): 1303-1323.

Johansson B, Karlsson C, Backman M, 2007. Innovation policy instruments. CESIS Electronic.

National Technology Outlook Team, 2008. Implementation suggestion regarding the compilation of national technology roadmap to advance the program. Forum on Science and Technology in China, 5: 3-6.

Nelson R R, 2002. Research and technological progress in industry: An analysis of the American experience. International Symposium on Economic Development Through Commercialization of Science and Technology.

Phaal R, Farrukh C, Probert D, 2001. Technology roadmapping: Linking technology resources to business objectives. Technology Roadmapping: Linking Technology Resources to Business Objectives: 1-18.

Phaal R, Farrukh C, Probert D, 2010. Roadmapping for Strategy and Innovation: aligning Technology and Markets in a Dynamic World. Roadmapping for Strategy and Innovation: Aligning Technology and Markets in A Dynamic World.

Phaal R, O'Sullivan E, Farrukh C, et al., 2009. Developing a framework for mapping industrial emergence. PICMET: Portland International Center for Management of Engineering and Technology, Proceedings.

Porter M E, 1990. The Competitive Advantage of Nations. DOI: 10.2307/20044520.

Robinson D K R, Propp T, 2008. Multi-path mapping for alignment strategies in emerging science and technologies. Technological Forecasting and Social Change, 75(4): 517-538.

Rothwell R, Zegveld W, 1988. An assessment of government innovation policies. Review of Policy Research, 3(3/4): 436-444.

Rothwell R, Zegveld W, 1985. Reindustrialization and Technology. NewYork: MESharpe. Inc.

Su J, Ru P, Du M, et al., 2007. From university-runned enterprises(UREs)to university-owned enterprises(UOEs): A transition of university knowledge industrialization in China. Studies in Science of Science, 25(1): 40-45.

Taylor M R, Rubin E S, Hounshell D A, 2005. Regulation as the mother of innovation: The case of SO_2 control. Law and Policy, 27(2): 348-378.

Torres-Fuchslocher C, 2010. Understanding the development of technology-intensive suppliers in resource-based developing economies. Research Policy, 39(2): 268-277.

Walsh S T, 2004. Roadmapping a disruptive technology: A case study The emerging microsystems and top-down nanosystems industry. Technological Forecasting and Social Change, 71(1/2): 161-185.

Yin R K, 2003. Case Study Research: Design and Methods. Applied Social Research Methods Series 5.

Zhou Y, Xu G N, Minshall T, et al., 2013. A policy dimension required for technology roadmapping: learning from the emergence of Chinese wind turbine industry. International Journal of Environment and Sustainable Development, 12(1): 3-21.

Zhou Y, Xu G N, Su J, et al., 2011. Roadmapping an emerging technology in clean energy industry: A case study of dimethyl ether development in China. IEEE International Conference on Industrial Engineering and Engineering Management.

第12章　智能制造产业应用案例

智能制造（intelligent manufacturing，IM）是21世纪机械行业重点发展的领域之一。随着大数据、人工智能等技术的进一步发展，智能制造将提升制造业整体的技术水平。目前智能制造已成为全球制造业的发展趋势，在未来，智能制造将成为支撑战略性新兴产业发展、提升国际竞争力的核心技术（Kusiak，2017；Zhou et al.，2018）。

过去几十年，对于制造业战略布局的规划而言，路线图方法十分有效。20世纪90年代，路线图方法开始应用于半导体制造产业，为整个半导体产业清晰地描绘出未来的战略布局（Conner et al.，1994）；从21世纪初开始，路线图方法在高端制造业（如汽车、航空航天设备等）领域应用十分广泛。随着智能制造相关产业的不断发展（中国机械工程学会，2011），我们将使用路线图方法分析智能制造相关产业的发展方向。

本章将选取“高档数控机床与基础制造装备”和“机器人”这两个热点产业作为案例，介绍路线图在智能制造产业的应用。首先，本章简单介绍智能制造产业的背景。其次，介绍智能制造产业路线图绘制的一般流程。最后，通过此流程具体分析高档数控机床与基础制造装备产业和机器人产业。

12.1　案例简介

高档数控机床指具有高速、精密、智能、复合、多轴联动、网络通信等功能的数控机床（王太勇等，2011）；而基础制造装备是制造各种机器和设备的装备总称。经过几十年的发展，我国已连续多年成为世界最大的机床装备生产国、消费国和进口国。

机器人是一种半自主或全自主工作的机器，集现代制造技术、新型材料技术和信息控制技术为一体，是智能制造的典型代表产品之一（王田苗和陶永，2014）。近年来，我国机器人市场快速发展，助老助残、救灾救援、公共安全等多种型号服务机器人已经进入示范应用，清洁机器人、两轮自平衡车和消费级无人机等家用服务机器人已经进入消费市场。

选择高档数控机床与基础制造装备产业和机器人产业作为分析案例，原因有以下两个方面。

首先，国家对“高档数控机床与基础制造装备”和“机器人”有较高的战略性需求。未来十年，由于节能与新能源汽车、新一代信息电子、航空航天等重点产业的快速发展，工业互联网、大数据、人工智能等新技术不断进步，数控机床与基础制造装备需要面向更加复杂的生产制造过程，机器人也需要面向更广的使用范围。我们预计，高档数控机床与基础制造装备产业市场年总体需求规模将有望超过 1 万亿元、并保持每年 10%以上的高速增长，而工业机器人销量到 2025 年约达 30 万台，保有量约达 210 万台。

其次，高档数控机床与基础制造装备产业和机器人产业需求多样且复杂。高档数控机床与基础制造装备作为制造业的基础工具，所服务的行业多样，不同行业对高档数控机床与基础制造装备有不同的需求，这使得高档数控机床与基础制造装备产业自身发展面临复杂的市场需求。而机器人由于其用途广泛，与高档数控机床与基础制造装备类似，自身发展同样面临复杂的需求。

12.2　路线图流程与方法

智能制造产业路线图的开发工作主要可以分为下列四个步骤。

（1）成立工作组，收集文献资料，确定路线图基本框架。工作组成员包括技术专家、运营管理人员和路线图专家，基于所得文献资料内部讨论确定路线图分析框架、时间表和工作方案。

（2）开展第一次专家研讨会。需要技术专家、企业运营管理人员以及路线图专家共同参与，研讨的主要内容是分析产业痛点，制定合理的发展目标，形成路线图初步框架。

（3）开展第二次专家研讨会。由多位院士、专家、企业家、政府官员参与，在路线图专家的引导下，深入探讨路线图纵轴各维度的未来愿景，直到达成共识。

（4）根据研讨会结果绘制路线图，就其中关键节点和数据作文献验证，并就此再次征求权威院士、专家意见，最终定稿成图。

12.3　高档数控机床案例分析

12.3.1　高档数控机床与基础制造装备路线图案例

高档数控机床的路线图以 2020 年和 2025 年作为两个时间节点，主要划分为需求、目标、重点产品、增材制造高端装备、数控系统、关键功能部件、关键共性技术、示范应用工程、战略支撑与保障等九个层次。需求层提出了我国对高档数控机床与基础制造装备市场发展的需求。目标层从供给能力、性能指标、发展水平等方面列出发展目标。重点产品层主要针对航空航天装备、节能与新能源汽车、新一代电子信息、医疗装备、新材料等重点产业发展的需要，开发高档数控机床、先进成型装备、增材制造装备、专用短板设备及成组工艺生产线。增材制造高端装备、数控系统和关键功能部件等三层描述该领域重要技术的发展。关键共性技术层主要包括数字化协同设计及 3D/4D 全制造流程仿真技术、精密及超精密机床的可靠性及精度保持技术、复杂型面和难加工材料高效加工及成形技术、轻量化材料精密成形技术、在线精密检测与智能装配技术。示范应用工程层主要强调将新产品、新技术积极投入工业应用当中，并提出七个应用方向。战略支撑与保障层主要包括组建高档数控机床共性技术国家制造业创新中心、建设轻量化材料先进成形工艺与装备国家制造业创新中心、推动组建先进制造技术国家实验室等方面。

高档数控机床与基础制造装备路线图具体内容如图 12-1 所示。

项目		2020年　2025年　2030年
重点产品	电子信息产业高速精密加工装备	3C产品高速钻攻中心：3轴/4轴联动～，3～60 000r/min，移速度60～80m/min，单轴加速度1～2g
		产品五轴联动高速加工中心：3C5轴以上联动，4～80 000r/min，纳米精度轨迹插补技术
		产品基于多工位加工机的3CPSA柔性生产线：输送速度±0.05mm，600片/小时及高速加工、精密在线检测，智能装配的数字化车间，节省现场80%以上的人力，降低产品不良率60%以上
		手机面板等半导体行业激光精细切割装备
		多功能五轴磨抛机
		低温共烧陶瓷（LTCC）与薄膜等先进基板制造成套装备
		表面贴装成套装备
		晶阙电化学沉积（ECD）装备
		高速光通信器件封装设备
	航空航天装备大型结构件及微纳零件精密制造与装配装备	五坐标蒙皮镜像加工机床：加工范围6000mm×2000mm，最小壁厚1.2mm。加工效率提高50%
		大型五坐标翻版锈床：面向铝合金高效加工，主轴功率120kW，最高转速30 000r/min；面向钛合金加工最大主轴扭矩1000N·m。最大加工长度大于6000mm
		束以上碳纤维智能化铺放设备：尺寸大于3 230 000mm×5000mm×300mm具备球形状/椭球形压力容器一体化铺放成型功能
重点产品	航空航天装备大型结构件及微纳零件精密制造与装配装备	2吨级钛合金高效加工热氢处理装备：加热区尺寸1200mm×2500mm×600mm，加工效率提升25%
		200～400级多通道功率电传加载的整机结构承载和疲劳测试装备，整机测试效率提升60%
		大型运载火箭焊装及数字化对接总装装备：直径3~9m，总长30～100m火箭总装对接；定位精度：0.1mm；重复定位精度：0.05mm，控制系统分辨率：0.001mm
		大规格坐标磨床：工作台宽度1000mm，定位精度0.004mm
		三维五轴激光切割设备：实现ϕ2500mm×3000mm三维空间曲面体切割；定位精度小于0.05mm，光纤激光器功率大于6kW
		大型数控三维编制成型装备：实现平面平板渠类/三维回转体轴类/空间三维曲面立体类加工9～24锭可一次性编织3～9层，实现三维全五向编织；设备具有0.05～0.25mm直径的碳纤维、碳化硅纤维、石英纤维、芳纶纤维、玻璃纤维等三维编制功能
		数控飞机蒙皮多单元高效制孔机床，制孔效率：钛合金叠层2～#孔/min，其余材料6～8孔/min
		米级大型运载火箭燃料箱搅拌摩擦焊专用装备，加工范围龙门跨度1 012 000mm，加工高度5400mm，5工位
		飞机起落架加工用重型卧式车铣复合加工中心，最大加工直径φ1200mm，主轴颈直线度0.01mm，主轴颈圆度0.015mm
		跨尺度复杂结构微纳零件
		三维空间精密检测精密制造与装配设备，检测精度±0.05μm，空间线性位置精度优于5μm

项目	2020年	2025年	2030年

重点产品

航空发动机制造装备

- 大尺寸高温合金单品空心叶片精铸成套工艺装备，叶片合格率达到70%以上
- 超快激光微纳成形系列化装备：深径比30：1；10秒/孔(孔深2mm)；高精度：±1m
- 大型飞机发动机轮盘500吨级惯性摩擦焊装备
- 精加工和关键工序加工中的满足率：叶片和盘环叶型轮廓度(单边)大于0.06mm，小于0.15mm，满足率达到70%；叶型轮廓度(单边)大于0.15mm，满足率达到90%，机类件满足率达到80%；整体叶盘叶型轮廓度(单边)大于0.06mm，满足率达到40%，先进热成形装备满足率超过80%
- 叶片、叶盘、机匣数字化集成生产线
- 涡轮盘、叶盘、整体叶片等易疲劳、狭窄工作面喷丸设备
- 多轴高效叶盘摔槽线切割机床
- 发动机高压涡轮盘及发动机钛铝叶片智能挤压设备
- 整体钛电极挤压装备

重点产品

船舶及海洋工程关键制造装备

- 万瓦级激光单面焊双面成形（FCB）平面/曲面只能焊接装备及柔性化分段流水线；焊接速度0.7～1.5m/min，高强度钢材厚度12～30mm，效率提升30%以上
- 船体曲面板多点成形、柔性伺服支撑及激光测量系统，覆盖钢板长×宽（12m×15m）以上，实现手工到自动化智能化加工的转型，加工效率提升3倍以上
- 大型船用低速柴油机机座、机架和汽缸体等关键部件的钻孔及复合加工机床；（20 000+1000）mm；y-轴：6000mm；最大工作高度：5000mm；主轴直径：200mm；主轴最大扭矩：10 000 N·m，MTBF不低于2500小时
- 海上风电大型程控双作用水下液压打桩锤
- 舰船燃气轮机机匣加工用五轴立式铣车复合加工中心：最大车削直径φ1250～2500mm，具备工作台移动和工作台交换功能，可组成生产线满足量产需求
- 多轴高深海水下焊接修复及水下液压驱动的深水作业装备：作业深度不小于1500m，建立水下高压干式焊接舱，承压不小于20MPa。水下暗执行动力采用海水液压驱动（不少于80%），采用高压干式MIG/MAG焊接方法，水下机器人焊接修复，水下机器人切割
- 深海大型工作站大型钛合金高效制造装备及生产线

项目		2020年	2025年	2030年
重点产品	轨道交通关键部件制造装备	铝镁合金/不锈钢车体基于国产10kW以上激光器的智能激光焊接成套装备		
		350km以上高铁重载齿轮箱精密加工及热成形成套装备，主加工设备MTBF不低于2000小时		
		300吨级轴重重载电力机车核心零部件制造装备及高强度车体焊接装备，牵引能力提高约20%		
		移动式大型铁路焊轨设备：最大自行速度120km/h，最大连挂速度150km/h		
		轨道交通行业辙叉加工生产线，综合产能600根/月		
	汽车关键零部件加工成套生产线	年产50万台以上轿车用缸内直喷汽油发动机缸体、缸盖柔性生产线：缸体设备主轴转速≥10 000r/min，缸盖主轴转速≥15 000r/min；定位精度≤0.005mm，重复定位精度≤0.002mm，关键工序能力指数Cpk≥1.67		
		年产100万套ABC/ESP精密加工及100%在线检测、智能装配柔性化生产线		
		年产100万台，180MPa以上压力的柴油高压共轨系统精密加工及100%在线检测智能化装配生产线		
		汽车关键零部件加工成形装备及成套生产线国产化率达到80%，核心设备的MTBF不低于2000小时		
		高性能铝合金铸件挤压铸造成形生产线和真空反重力成形生产线		
		多车型新能源汽车底盘结构件焊接生产线		
		圆柱电芯锂电池包装（Pack）智能生产线		
		动力电池大规模智能创造成套装备		
重点产品	汽车四大工艺总成生产线	40000kN以上，15~20次/分钟大型伺服智能覆盖件冲压生产线		
		20000kN以上，20~35次/分钟，工位数≥5的大型多工位结构件冲压生产线		
		适应5种车型以上，万瓦级激光器示效应用的柔性化车身智能焊接生产线		
		Cpk≥1.67的汽车低成本碳纤维零部件快速树脂传递模压（RTM）成形，连接、涂装成套装备，其中模压工作节拍<6分钟		
		车身钢铝混合板材伺服冲压生产线		
		轻质材料车身涂装工艺技术与装备		
		多种材料合成焊装生产线		
	大容量电力装备及新能源制造装备	百万千瓦级核电主管道、壳体类等关键部件的电渣熔铸—锻透—挤压成形工艺与设备，产品合格率达到80%以上		
		百万千瓦级水轮机转轮等大型件焊接成套装备，智能化焊接率达到70%，降低人工60%以上		
		10MW级大型齿轮箱大规模齿轮加工设备，NTBF不低于2000小时		
		高效晶硅PERC电池用激光消融设备		
		太阳能电池智能化印刷线		

项目		2020年 — 2025年 — 2030年
重点产品	工程及农业机械制造装备	工程机械和农业装备发动机（国5排放标准以上），200～400马力变速箱关键零部件高效低成本加工及自动化装配监测成套装备
		35~50MPa高压聚/阀、马达及高频响电液伺服阀和比例阀，及其精密加工与智能化检测装配生产线，国产化配套率达到80%以上
		工程机械高强钢伸臂大跨度龙门式10kW级激光—电弧复合焊接机器人工作站产业化应用，提高效率100%，节省人工60%
增材制造高端装备		铸造砂型增材制造装备：加工尺寸：：2m×2m×1m，精度±0.1%，效率提升3倍以上
		飞机发动机整体叶盘、涡轮盘的产品开发和小批量制造增材制造装备：最大直径1.5m以上；制造效率：2kg/h；制造精度：0.5mm；连续工作300小时内无故障；变形控制：1mm/300mm
		航空航天大型结构件，3维融覆增材成形装备：梁珩类长度大于3m，框架类投影面积大于$4m^3$，制造效率5kg/h以上；制造精度0.5mm以上，适应高温合金、钛合金等3种难加工材料，成形件强度达到锻件标准，实现航空航天等结构件工程化应用
		航天精密复杂件高精度四光束激光选区熔化增材制造装备：成形材料为钛合金或铝合金，成形精度钛合金优于30μm，铝合金优于40μm；成形件的表面粗糙度可达Ra6～15μm，成形件的相对致密度达到100%，通过装样认证
		高温合金超细粉末等离子旋转雾化制粉设备：粒度5~50μm；效率提升60%
		钛合金增材制造材料：D50＜530μm，粉末流动性＜50/50g，含氧量＜1500ppm
		航天大型结构件双丝双电弧熔丝增材制造装备：最大成形尺寸成效率为3000mm×3000mm×1000mm；成形材料为镁合金、铝合金；成形精度2～3mm，成形效率为0.5～1kg/h
数控系统		开放型数控系统：提供标准化基础平台，允许开发商、不同软硬件模块介入，具有标准接口、模块化、可移植性、可扩展性及可互换性，高伺服带宽，机电耦合模型辨识等功能，支持温度、振动、RFID等传感器接入；具有网络化接口，支持无线与移动互联设备接入；支持DNC管理功能
		智能型数控系统：实现多轴、多通道、纳米插补，超前预读、小线段高速精密插补数控加工技术；具备双轴同步控制、低转矩波动和高过载能力的伺服电机优化、转矩波动抑制、电机损耗和温升抑制、刀具空间长度补偿（RTCP）等功能；具有自适应加工、刀具寿命管理、工作在位测量，虚拟现实加工仿真及自监控、维护、优化、重组等功能
		具备识别危险、自动预防干涉，识别异常自动停止、刀尖跟随高精度补偿功能的数控系统；具备自动化加工过程识别异常（如刀具折断）自动停止功能，RTCP刀尖跟随补偿精度控制在0.005mm内
关键功能部件		系列化铣头，功力头等用高速电主轴：2～40000r/min，功率5～100kW
		滚珠丝杠：运动速度120m/min：DN值＞150 000；精度P1级，精度寿命20 000小时
		高端摆角铣头和回转工作台：摆角定位精度小于5″，转台定位精度小于5″
		攻克主轴、导轨、转台、卡盘、刀库、刀架等精密加工成形成套装备，加工、装配和检测效率提高30%以上
		伺服电机及配套全数字大功率驱动器：最大额定转矩15500N·m，最大峰值输出转矩30000N·m；电机短时过载能力2.5倍；电机转矩脉动＜3%，驱动最大功率800kW；适配多种接口高分辨率编码器
		高速加工机床直线电机传动技术

图 12-1　高档数控机床与基础制造装备路线图

资料来源：改编自国家制造强国建设战略咨询委员会（2016）的相关研究

12.3.2　典型机床企业研究

1. 国外先进企业：行业发展方向

日本、德国、美国等机床制造强国都拥有庞大的机床研发体系，每年不断推出数控机床及功能部件的最新产品，代表了当今世界最先进的机床制造技术，也引领了机床制造技术未来的发展趋势。

选取美国、日本、德国最具代表性的 10 家机床公司的专利申请，对机床专利进行国际专利分类（international patent classification，IPC）技术构成分析，分析国内外知名机床企业的专利数量和技术重点。这些国外代表公司包括德国德玛吉森精机（DMG Mori）、德国通快（TRUMPF）、德国埃马克（EMAG）、德国舒勒（Schuler）、日本山崎马扎克（MAZAK）、日本大隈（OKUMA）、日本新日本工机（SNK）、日本牧野（Makino）、美国格里森（Gleason）、美国哈挺（Hardinge）。

1）国外代表性企业行业发展现状分析

图 12-2 为 1996～2018 年机床行业技术发展趋势图，从中可以看出，机床专利技术发展从 1996～2000 年开始布局，2002～2010 年发展平稳，2010～2018 年发展迅猛，2014 年达到峰值。另外，滚动功能部件、多轴联动控制技术、工业机器人、精度补偿技术、机器学习技术的发展也反映了当前数控机床对控制系统的重视，反映了对加工质量与加工精度的追求，反映了数控机床技术与机器学习相结合的趋势。

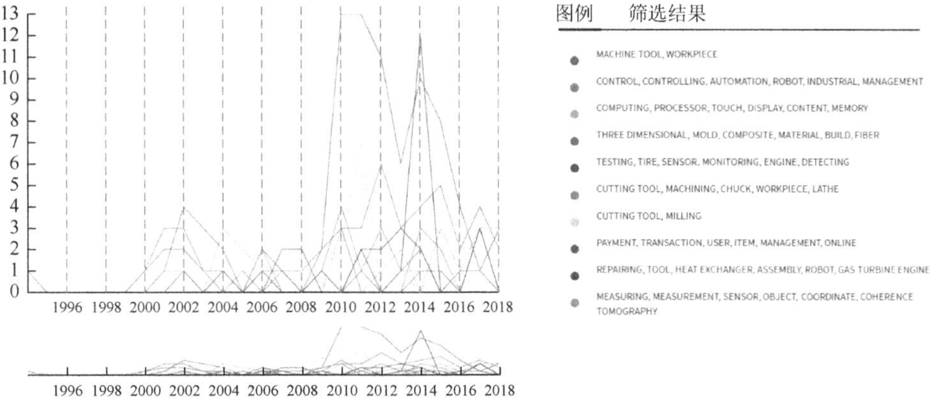

图 12-2　1996～2018 年机床行业代表性企业技术发展趋势

同时对机床专利进行 IPC 技术构成分析（图 12-3）。

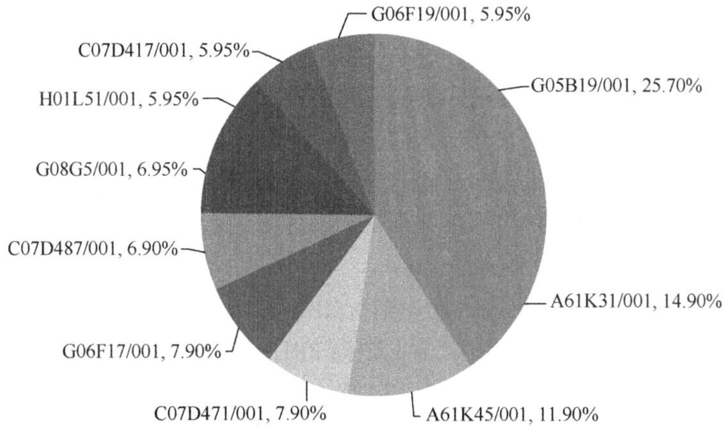

图 12-3　国际数控机床代表企业专利 IPC 小组分析

从图 12-3 可以看出，国际机床类专利热点侧重于电主轴、刀具、测量仪器等关键部件，属于核心生产技术。近年来，智能技术、电子技术飞速发展，促进了机床技术的智能化、电子化。例如，少无切削加工工艺得益于激光、等离子等技术的发展。其他类专利如工程材料类和机械手工类等，所占份额较小。

2）典型代表企业专利地图分析

通过调查分析，在中国数控机床领域申请专利的企业中，外国企业关键技术的专利申请占到了半数以上。日本公司占有绝对优势，德国企业也很强劲，既是强大的竞争对手，也是值得学习的对象。他们围绕自身技术优势，形成专利族重点布局，在专利市场上份额巨大。

德国企业在中国的专利申请分布广泛，如主要涉及机床的工艺和机器控制、工业电气设备领域的西门子公司，专利申请集中在手持小型工具、机床以及工业电气设备控制与传送系统的博世公司，侧重数控机床测试系统专利申请的海德汉公司，在数控机床的精密仪器仪表、一般测试方法等方面有较多的申请。可以看出，德国企业专利优势在于高档数控机床及功能部件，包括数字控制、测量系统以及通用手持工具（如机械手）等领域。

日本企业的专利布局纵横交错，交叉互补，已形成完整的数控机床产业生产线。日本政府不断投入资金以及政策支持，使得其机床产业发展壮大。日本企业不仅生产机床主机，其零部件、功能部件以及数控系统等都形成了专利优势，在中国有大量的专利申请。

总的来说，分析制造强国的代表性机床相关企业的产品可以看出，机床制造技术未来的发展趋势主要体现在高精度加工机床、高效高速加工机床、柔性复合机床、机床智能化、机床绿色化等。

2. 国内企业：自主追赶路径

我国机床制造业在世界机床工业体系和全球机床市场中举足轻重，但目前仍非世界机床制造业强国。与世界机床制造业强国相比，我国的数控机床的质量稳定性和可靠性与国际先进水平仍存在一定的差距。机床早期故障率较高，精度稳定性周期短，工程能力指数（process capability index，CPK）、平均无故障工作时间（mean time between failure，MTBF）等指标都低于国际先进水平。

1）高中档数控机床企业竞争分析

2017 年中国金属加工机床进出口情况如表 12-1 所示。目前，我国机床出口产品中基本上是低附加值和中低档产品。根据 2017 年的出口数据计算，金属加工机床出口 31.7 亿美元，仅占全行业出口的 28.4%，这导致我国机床出口产品附加值较低。海关总署数据显示，2017 年全年，金属加工机床出口量为 911 万台，平均每台出口价值为 348 美元。与此同时，金属加工机床进口额与进口量分别为 86.79 亿美元、8.62 万台，平均每台进口价值达 10 万美元左右。与德日美等世界先进机床制造国家相比，我国机床产品在数控系统、精密加工、操作性能、智能化等高端技术上差距明显。

表 12-1　2017 年中国金属加工机床进出口情况统计表

贸易	总额/亿美元	数量/万台	比值/(美元/台)
出口	31.7	911	348
进口	86.79	8.62	100 684

我国企业自主创新步伐不断加快，开发了一批高速、精密、复合、多轴联动数控机床，以及一批大规格、大吨位、重型和超重型数控机床新产品，国产数控机床在国际市场中占据了一定优势，但在中高端制造装备上与国外企业存在差距。围绕制约机床产业升级和影响产业国际竞争力的基础共性技术的研究与开发，我国应继续加大中央财政资金支持力度，并建立起长效科技投入机制。

2）国内机床企业发展路径

近年来，机床企业日益重视提高产品技术，加强市场观念和技术创新意识。我国数控机床技术取得了显著进步，反映数控机床制造水平的重要技术指标，如主轴最高转速、快速移动速度、换刀速度、切削能力等参数正在接近国际水平，一批关键技术获得重大突破，缩小了与世界先进水平的差距。精密化、复合化、高速化、高效化、重型化、开放式数控化将是我国数控机床企业技术发展的总趋势。通过对相关企业的调研及数据分析，我国机床企业的追赶路径体现在以下几个方面。

（1）主机牵引，加强基础。根据重点产业发展的需要，突破关键主机及成套装备的创新；围绕主机和成套装备发展的需要，确定高性能数控系统、功能部件及其他关键部件的发展重点，加强工艺研究；进而提出重点产品发展所需解决的核心关键技术和基础共性技术，以及相应的创新平台建设。

（2）跟踪跨越，集成创新。通过人才、技术引进及合作生产等途径跟踪国外先进技术，并加大消化吸收再创新的力度，尽快实现从引进消化向自主创新转变，并在一批产品和技术上实现跨越，达到国际领先水平。通过持续的集成创新和技术积累，在一些重点产品上取得原始创新的突破，注重产品向数字化、智能化、网络化方向发展，鼓励逐步增加原创产品和技术所占比重。

（3）培育核心，协同发展。通过开发一批产品，突破一批核心关键技术，加强基础共性技术发展，培育一批具有国际竞争力的大型企业、“专精特”中小企业及国际知名品牌，形成自主创新能力，构筑起能与工业发达国家竞争的以企业为主体、产学研结合的技术创新体系及一支高水平的研究开发和技术创新人才队伍。

3. 总结建议

数控机床目前仍处于快速发展阶段，当前中高档数控机床研究热点集中在高速高精化、信息网络化、控制智能化、功能复合化、绿色化等主题，未来还将继续沿着高速高精化、高效化、智能网络化的方向发展。经过近年来的高速发展，我国中高档数控机床在高速、高精、五轴加工和智能化功能等方面拥有一定竞争力，但重型数控加工机床和数控成形机床等高端装备存在不同层次的缺口，国产装备的可靠性和精度保持性与国外产品仍存在一定差距。

五轴联动机床品种增多，重型机床、高精度机床、特种加工机床、成型机床、数控专机、数控成套设备和柔性生产线等国内急需产品开发成功。但国产中高档数控机床功能部件核心技术与国外相比还存在一定差距，数控机床核心技术短板成为中国数控机床迈向高端的门槛。同时，提升产业基础共性技术，已经成为我国数控机床和成型装备发展的关键所在。在此背景下，本书提出以下几点建议。

（1）加强机床产业技术创新中心与平台建设。盘活现有国家、行业、企业三个层次的机床技术研究开发资源，形成具有自主创新能力的产业技术创新体系。建立数控机床技术创新中心、增材制造创新中心等一批技术研发服务平台，推进跨领域、跨学科的协同创新，推动机床产业全面升级，具体措施如继续完善国家实验室、国家重点实验室、工程技术中心布局，建设新产品示范应用基地等。

（2）着力解决数控机床可靠性水平与精度保持性问题。为实现中高档数控机床的应用价值，必须提高数控机床可靠性水平。数控机床可靠性的提升能够全面提高机床的使用效率，有效改善无法准确判断并全面排除数控机床故障、无法提供完善售后服务的落后局面，提高机床生产技术，促进我国机床制造业稳定发展。但我国数控技术存在设计水平低下、稳定性弱、故障频发、产品粗糙等问题，与国外先进产品仍有较大差距。因此，必须从源头上提升数控机床系统设计的可靠性，保证使用过程的稳定性，降低数控机床维护成本。

开展可靠性设计，加强全面质量管理，保证数控机床的可靠性增长。为了保证数控机床的高可靠性，设计不仅要考虑功能和力学特性，还要考虑可靠性，根据可靠性要求合理分配各组成件的可靠性指标，在配套件采购和制造过程中重视质量要求，加强全面质量管理以求可靠性不断提升。与此同时，为相关企业提供持续支持，重点解决可靠性和精度保持性，实现批量生产。支持其中市场需求大、发展前景好的项目，重点解决精度保持性及可靠性，达到世界先进水平。

（3）加强数控机床领域高技术专业人才的培养。中国机床工业的振兴，数控机床的加速发展，归根到底取决于人员素质的提高。因此，国家要高度重视培养数控机床领域高技术专业人才，优化人才成长与使用环境，着力营造重视数控机床领域高技能人才的文化氛围，嘉奖有突出贡献的人员，以更好地激发他们的创造力和贡献度，进而提升我国数控机床领域的质量和效能。

（4）营造有利于机床行业发展的环境氛围。考虑产业结构、企业水平，并兼顾与资源、环境、社会的和谐发展的要求，以数字化、网络化、智能化成套装备为发展方向，以用户工艺研究和提供全面解决方案为突破口，以全面提升机床制造业质量效益为着力点，推动采购中高档国产数控机床，促进功能部件产业发展，加强机械工程学科建设，推进合作交流，为实现我国机床制造业强国之梦奠定坚实基础。

12.4　机器人案例分析

机器人路线图以 2020 年和 2025 年作为两个时间节点，主要划分为需求、目标、重点产品、关键零部件、关键共性技术、关键材料、关键专用制造装备、应用示范工程、战略支撑与保障建议等九个层次。需求层提出了我国对机器人市场发展的需求，尤其是预测了工业机器人的销量和保有量。目标层从产业体系水平、综合技术指标、各类机器人产品的应用、企业发展等方面列出发展目标。重点产品层主要包括工业机器人、服务机器人。关键零部件层主要包括机器人用高精密摆线针轮减速器、机器人用高精密谐波减速器、高速高性能机器人控制器、伺服驱动器、高精度机器人专用伺服电机、传感器、末端执行器，同时描述了上述关键零部件未来的关键性能指标。关键共性技术层主要包括整机技术、部件技术和集成技术。关键材料层主要包括多材料组合的轻量化结构，这种轻量化的结构可以支撑灵活化与智能化机器人的发展以及仿生机器人的未来发展。关键专用制造装备层主要包括机器人高效自动化装配线、关键部件生产制造装备、检测设备。应用示范工程层主要包括机器人关键零部件研制及应用示范工程、工业机器人核心技术研究及应用示范工程、服务机器人技术研究及应用示范工程、机器人人才培养示范工程。战略支撑与保障建议层主要包括落实重点专项、重大工程，建立创新中心、检测评定中心，加强标准化等方面。

机器人产业路线图具体内容如图 12-4 所示。

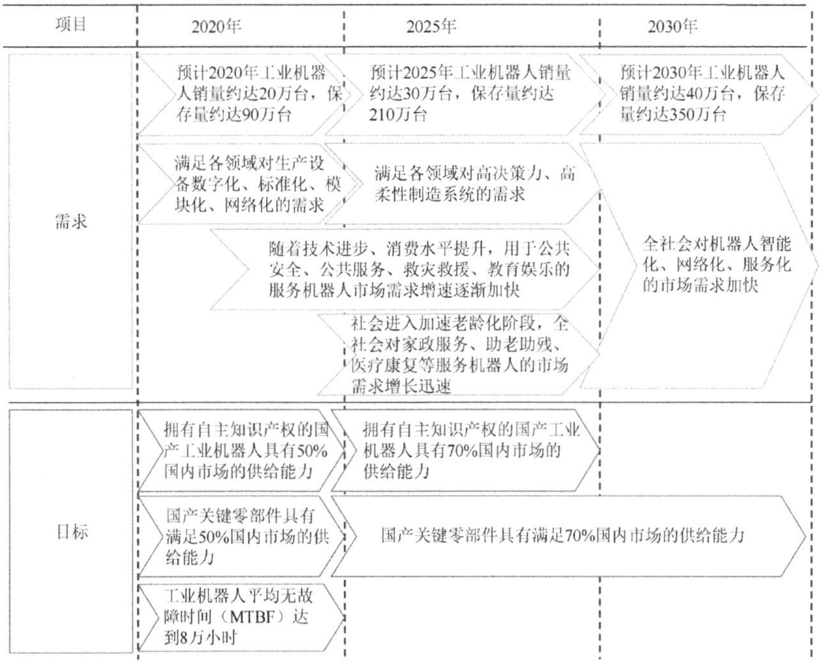

项目		2020年	2025年	2030年
目标		拥有自主知识产权的国产工业机器人实现批量生产及应用	拥有自主知识产权的国产工业机器人实现产业化及普及应用	拥有自主知识产权的国产工业机器人达到国际先进水平
		发展3家以上具有国际竞争力的龙头企业	有1~2家企业进入世界前五名行列	
		综合技术指标达到国际先进水平		主要技术指标达到国家领先水平
		新一代机器人的核心技术取得突破	新一代机器人样机研制成功，进入示范应用	新一代机器人实现小批量生产及应用
重点产品	工业机器人	国产焊接机器人在汽车、工程器械、船舶、石化、农机、新能源等行业大批量应用		国产机器人智能作业技术普遍应用
		国产搬运机器人、自动导引运输车（AGV）在汽车、家电、食品、医药、物流等行业大批量应用	国产搬运机器人实现柔性控制与碰撞检测及人机协同作业；整体小型化、灵活化	
		国产喷涂机器人在汽车、家具、船舶、航空航天等行业实现大批量应用	国产喷涂机器人具备实时检测、自主规划喷涂路径的能力：能够实现工作的无人化、绿色化涂装生产	
		国产加工机器人在航空、汽车、木制品、塑料制品、食品等领域实现批量应用	国产智能加工机器人在制造业实现打磨、抛光、钻削、铣削等工序的广泛应用	
		国产装配机器人在汽车、电气、电子等行业市场占有率达到30%	智能装配、协作装配技术取得突破：国产装配机器人在航空航天、仪器制造等行业市场占有率达到60%	
		国产洁净机器人在IC装备、平板显示领域国内市场占有率达到70%	国产洁净机器人及成套洁净传输生产线占国内市场的一半以上	
重点产品	服务机器人	家庭服务机器人具备家居环境自主认知、自主移动，与互联网及“智能家电”相结合、指令语言理解等功能，可代替人从事简单家务劳动	家庭服务机器人具备移动与多功能手臂结合、灵活安全作业、自主学习、初步自然语言理解等功能，可代替人从事比较复杂的家务劳动	家庭服务机器人具备类人操作、与人共用语言、与人自然交谈（语言）等功能
		智能轮椅、护理床等助老助残机器人逐步产品化，并实现示范应用	多功能手臂与智能轮椅、护理床等结合，可实现生理信号监测、初步自然语言理解，逐步实现规模化应用，可穿戴智能假肢开始实用化	实现完全可穿戴行为辅助、人意图理解、与人自然交互等功能，助老助残机器人逐步产业化
		骨科和腔镜等手术机器人获得临床准入并实现小批量应用：康复机器人逐步产品化	手术机器人实现多模态融合引导下的精准诊疗，实现批量应用：康复机器人进入临床示范应用	手术机器人实现特定模式下的智能化局部自主操作，进入临床常规应用，并实现国际化；康复机器人实现批量应用
		公共安全机器人核心技术与整体解决方案取得突破	反恐防爆、消防、救援救灾机器人实现工程化应用及服务	反恐防爆、消防、救援救灾机器人产业化应用
		公共服务机器人关键技术取得突破，实现小批量生产和示范应用	公共服务机器人形成完整解决方案，在商场、银行、博物馆、酒店等场景实现大规模应用	
		无人驾驶车、无人机等无人系统实现核心技术突破，形成系统试验应用解决方案及示范	无人驾驶汽车、无人机等无人系统核心关键部件突破，建立关键技术、应用环境、安全法规等体系，实现有效应用	无人驾驶车、无人机等无人系统技术、产业与环保的生态链，实现广泛产业化应用

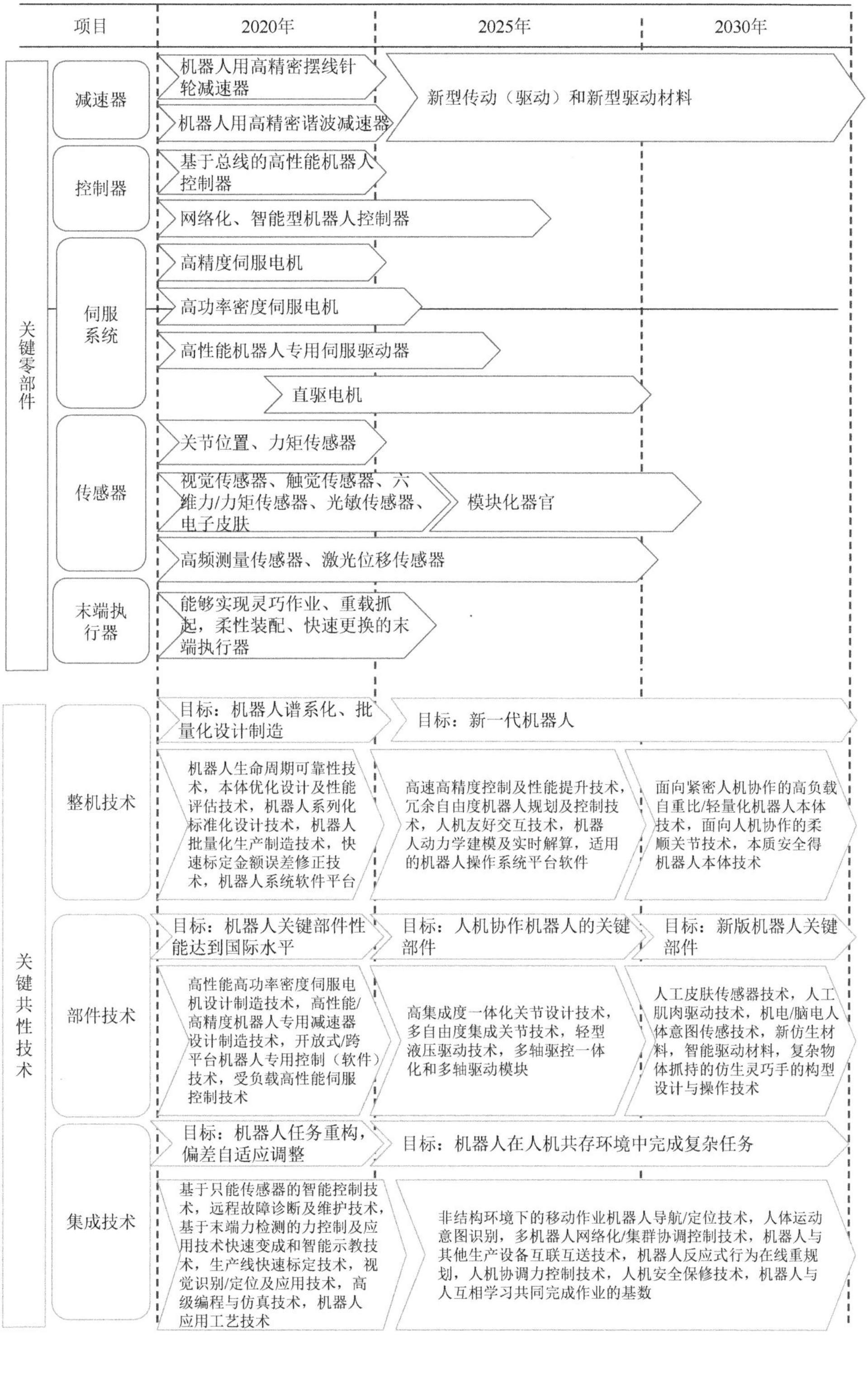
项目
2020年
2025年
2030年
关键零部件
减速器
机器人用高精密摆线针轮减速器
机器人用高精密谐波减速器
新型传动（驱动）和新型驱动材料
控制器
基于总线的高性能机器人控制器
网络化、智能型机器人控制器
伺服系统
高精度伺服电机
高功率密度伺服电机
高性能机器人专用伺服驱动器
直驱电机
传感器
关节位置、力矩传感器
视觉传感器、触觉传感器、六维力/力矩传感器、光敏传感器、电子皮肤
模块化器官
高频测量传感器、激光位移传感器
末端执行器
能够实现灵巧作业、重载抓起，柔性装配、快速更换的末端执行器
关键共性技术
整机技术
目标：机器人谱系化、批量化设计制造
目标：新一代机器人
机器人生命周期可靠性技术，本体优化设计及性能评估技术，机器人系列化标准化设计技术，机器人批量化生产制造技术，快速标定金额误差修正技术，机器人系统软件平台
高速高精度控制及性能提升技术，冗余自由度机器人规划及控制技术，人机友好交互技术，机器人动力学建模及实时解算，适用的机器人操作系统平台软件
面向紧密人机协作的高负载自重比/轻量化机器人本体技术，面向人机协作的柔顺关节技术，本质安全得机器人本体技术
部件技术
目标：机器人关键部件性能达到国际水平
目标：人机协作机器人的关键部件
目标：新版机器人关键部件
高性能高功率密度伺服电机设计制造技术，高性能/高精度机器人专用减速器设计制造技术，开放式/跨平台机器人专用控制（软件）技术，受负载高性能伺服控制技术
高集成度一体化关节设计技术，多自由度集成关节技术，轻型液压驱动技术，多轴驱控一体化和多轴驱动模块
人工皮肤传感器技术，人工肌肉驱动技术，机电/脑电人体意图传感技术，新仿生材料，智能驱动材料，复杂物体抓持的仿生灵巧手的构型设计与操作技术
集成技术
目标：机器人任务重构，偏差自适应调整
目标：机器人在人机共存环境中完成复杂任务
基于只能传感器的智能控制技术，远程故障诊断及维护技术，基于末端力检测的力控制及应用技术快速变成和智能示教技术，生产线快速标定技术，视觉识别/定位及应用技术，高级编程与仿真技术，机器人应用工艺技术
非结构环境下的移动作业机器人导航/定位技术，人体运动意图识别，多机器人网络化/集群协调控制技术，机器人与其他生产设备互联互送技术，机器人反应式行为在线重规划，人机协调力控制技术，人机安全保修技术，机器人与人互相学习共同完成作业的基数

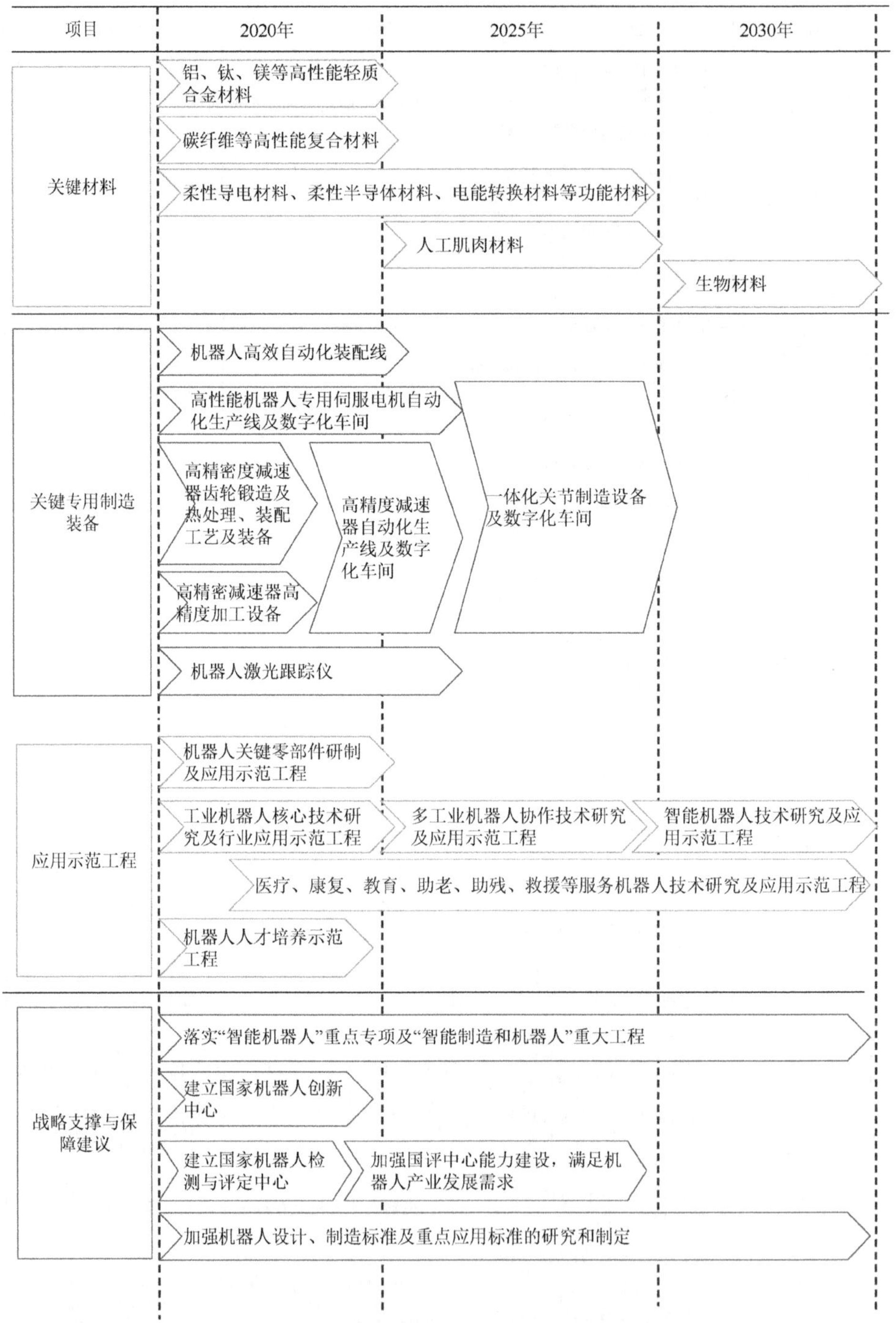

图 12-4　机器人产业路线图

来源：改编自国家制造强国建设战略咨询委员会（2016）的相关研究

12.5 本 章 小 结

本章相关的产业技术数据来源于《〈中国制造 2025〉重点领域技术创新绿皮书：技术路线图》，而本章内容进一步说明了路线图方法在智能制造产业的应用。在本章涉及的两个案例中，通过路线图，我们可以清晰地看到高档数控机床与基础制造装备产业和机器人产业发展的目标、具体需求以及未来的战略布局。

参 考 文 献

国家制造强国建设战略咨询委员会, 2016. 《中国制造 2025》重点领域技术创新绿皮书: 技术路线图. 北京: 电子工业出版社.

王太勇, 乔志峰, 韩志国, 等, 2011. 高档数控装备的发展趋势. 中国机械工程, 22(10): 1247-1252, 1259.

王田苗, 陶永, 2014. 我国工业机器人技术现状与产业化发展战略. 机械工程学报, 50(9): 1-13.

中国机械工程学会, 2011. 中国机械工程技术路线图. 北京: 中国科学技术出版社.

Conner J, Xie Y, Mahmut K, 1994. The national technology roadmap for semiconductors. Semiconductor Industry Association. Asp-dac Conf. DOI: 10.1016/0167-9317(95)00185-9.

Kusiak A, 2017. Smart manufacturing must embrace big data. Nature, 544(7648): 23-25.

Zhou J, Li P G, Zhou Y H, et al., 2018. Toward new-generation intelligent manufacturing. Engineering, 4(1): 11-20.

第 13 章　新兴纳米发电机技术应用案例

近年来，纳米发电机（Nanogenerator，NG）的研究已经取得了快速发展，这一新兴技术的技术重点和发展趋势值得我们深入探索。本章采用文献计量学、专利分析与路线图相结合的集成方法，探索纳米发电机的未来发展。从文献计量学的结果可以看出，自 2013 年以来，我国纳米发电机研究一直走在国际前沿，特别是在摩擦电纳米发电机领域。我们基于量化分析，根据专家意见确定了可能影响纳米发电机产业增长的关键外部因素。最后，我们从技术、产业动态、生产以及市场和应用视角指出了基于纳米发电机的产业在我国的未来发展方向。

13.1　案 例 简 介

受能源危机、金融危机和气候变化等影响，新兴技术和新兴行业正引发全球关注。在新兴技术中，纳米能源被定义为通过纳米材料和纳米设备实现小规模高效能量收集、存储和应用的研究领域（Wang et al.，2015a；Chen and Wang，2017；Wang，2017）。同时，作为新兴纳米能源技术，纳米发电机在众多领域都有着广泛的应用前景，包括但不限于自供电系统、机械能或热能收集以及智能可穿戴设备。在纳米能源中，纳米发电机的兴起除了影响自供电设备，对能源、传感技术、健康监测、生物医学感应、环境保护和国土安全的未来发展也存在深远影响（Cao et al.，2016；Fan et al.，2016；Wen et al.，2017）。

很多学者十分青睐纳米发电机在各类低成本能源生成方面的应用潜力（Wang et al.，2012a；Zi et al.，2015；Dhakar et al.，2016；Ghosh and Mandal，2016；Wen et al.，2016；Zhao et al.，2016）。与此同时，对此类新兴技术的未来发展和产业发展的预测也同等重要，包括在科学、技术、环境、应用和公共市场方面的转型。相关学者通过新颖的阶段式文献计量方法分析了纳米发电机和新兴应用的发展趋势（Li et al.，2017）。他们以可视化的形式呈现研究课题、研究问题、文章和术语，提供了一种理解纳米发电机研究发展的量化方法。也有相关学者将两种摩擦电纳米发电机的性能效率、制造成本和环境影响与其他能量收集技术比较，对其技术生命周期进行了详细评估（Ahmed et al.，2017）。研究人员建议，在摩擦电纳米发电机的研究上，应将研究重点放在提升系统性能、材质优化和延长使用寿命上。另有相关学者利用“技术挖掘”分析摩擦电纳米发电机在传感器领域的潜在应用（Peng et al.，2017）。研究发现，摩擦电纳米发电机最适合在自动化和能源密集型产业中用作传感器。

不过，关于现有科技的发展轨迹和纳米发电机的未来宏观发展趋势，目前尚无系统性的报告，尤其是结合文献计量、专利分析和路线图方法进行研究的报告。与此同时，对从业者和政策制定者而言，寻找和把握机会来发展此类新兴技术也是一个重要关注点。研究人员和学者主要面临两个问题，首先，在当前形势和资源情况下，如何辨识纳米发电机技术的发展机会？其次，纳米发电机技术的兴起和发展会形成新的产业，如何对其进行战略规划？

本章基于对现有科技发展轨迹的理解，同时考虑政策、市场和行业动态方面的未来宏观发展趋势，制定了纳米发电机技术和相关产业未来发展的战略规划框架。本章采用文献计量和专利分析的方法分析纳米发电机的现状，并利用路线图方法对纳米发电机在应用和市场方面的未来发展进行战略规划，同时还确定了关键事件及其对纳米发电机产业发展的影响。

13.2　路线图流程与方法

制定战略路线图的方法很多（Choomon et al.，2009；Porter，2009；Carvalho et al.，2013；Robinson et al.，2013），但是很多技术预测方法都存在局限性，它们在预测新兴技术时无法囊括整个生态体系。因此，本章建议同时采用多种方法。本章首先综述三种公认的方法。

13.2.1　新兴产业路线图方法

相关学者综述了路线图和路线图随时间演变的有关文献，发现大多数相关研究采用定性研究方法（Carvalho et al.，2013）。先前研究（Choomon et al.，2009；Carvalho et al.，2013）认为，路线图方法是一种有效而全面的“新兴科技”产业路线图制定工具，被业界广泛用于支持战略计划和长期计划。公司和行业也广泛采用路线图方法支持创新、战略决策以及政策的制定和实施（Li et al.，2015）。鉴于纳米发电机技术的新兴性和发展快速的特点，本章可将路线图方法用作基本方法。

13.2.2　新兴技术文献计量

根据现有历史数据，文献计量可为新兴技术预测提供有用的数据支撑，包括出版物、关键词、引用网络和热点问题的发展变化。文献计量法只关注科技本身，而路线图方法则积极涵盖更广泛的方面，包括产品、市场、政策和策略。因此，文献计量法可作为构建可靠路线图的重要组成部分。在制定路线图之前，必须妥善解决路线图与文献计量的结合（Kajikawa et al.，2010）。

13.2.3　新兴技术专利分析

专利是国家专利局向企业、公共机构或个人颁发的技术领域发明知识产权证书，它赋予产权人禁止他人在一定年限内将专利发明用于产业目的的权利。专利可用于竞争分析和技术趋势分析，研发项目管理一直通过分析专利评估竞争格局并避免侵权。专利分析也是获取某个行业或某项技术信息的有效手段，此类信息可用于预测目的（Daim et al.，2006；Trappey et al.，2011）。因此，本章融入了针对技术应用的专利分析，以此提高产业全生命周期分析的效度。

研究人员利用客观数据分析解释，路线图方法需要支持工具以辅助战略决策，这表明在运用路线图方法的过程中，可通过其他方法弥补路线图方法的缺点（Daim et al.，2006；Porter，2009；Carvalho et al.，2013；Li et al.，2015）。根据以上文献综述，本章结合文献计量、专利分析和路线图这三种方法建立一个框架，对纳米发电机产业的未来发展进行战略分析和规划。如图 13-1 所示，文献计量用于分析科技现状，专利分析用于分析竞争、技术趋势和应用，利用路线图方法对技术、应用及市场的未来发展路径进行战略性预测。三种方法相结合有助于更好地解释技术、市场、行业背景及其相互作用机制，并充分利用其优势。在战略性路线图方面，需要解答纳米发电机发展的三个重要问题：①目前处于什么阶段？（Where are we now？）②希望朝什么目标发展？（Where do we want to go？）③如何实现目标？（How can we get there？）

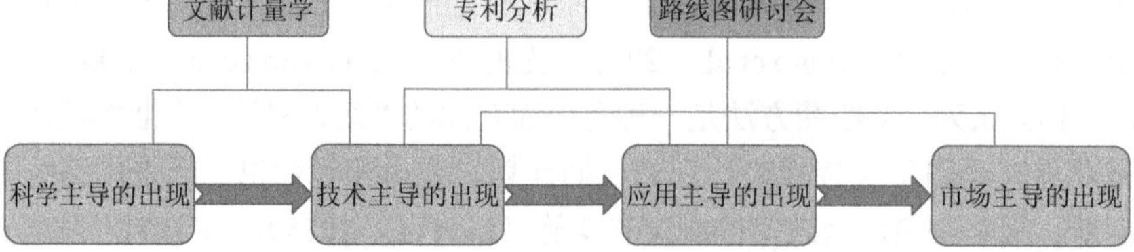

图 13-1　分析方法和产业兴起阶段

资料来源：改编自 Wang 等（2018）的相关研究

为解答这些问题，我们制定了结合文献计量、专利分析和路线图方法的三步框架。由于纳米发电机尚处于胚胎和培育阶段，第一个问题更加侧重科技方面。因此，采用了基于数据的文献计量和专利分析方法。而后两个问题则基于对复杂市场环境、行业背景以及开发特定技术的动态机制的理解。因此，需要学术界、行业专家和政策制定者进行头脑风暴并达成一致意见。这项工作可通过路线图方法完成，以便在可靠的流程中形成有效的规划和战略性预测。路线图方法流程如表 13-1 所示。

表 13-1　路线图框架：文献计量、专利分析与路线图研讨会相结合

方法	目标分析	数据源/研讨会专家
第一步：文献计量和专利分析	科技现状：世界和中国研发活动与主要研发领域分析，中国纳米能源研发现状	数据源：WoS 数据库、DI 数据库
第二步：第一次研讨会	行业背景：市场、政策、行业动态引出可能影响中国纳米能源市场、纳米能源技术产业发展路径的未来宏观事件和背景	参与人员：科技公司专家、政府官员、中国工程院学者、清华大学等院校学者
第三步：第二次研讨会	未来发展：胚胎/培育/成熟阶段纳米发电机相关产业未来发展轨迹路线图；结合宏观背景和过往研发轨迹，讨论宏观背景与技术之间的相互作用，规划中国纳米发电机产业未来发展	参与人员：中国纳米发电机领域的顶尖中国专家，包括王中林教授、张海霞教授等

资料来源：改编自 Wang 等（2018）的相关研究

13.3　新兴纳米发电机路线图案例分析

13.3.1　基于文献计量分析的新兴纳米发电机

本章基于文献计量方法，探讨与纳米发电机研究相关的论文发表数量、研究机构的共现关系、研究热点和国际合作。

事实上，2006 年以后，“纳米发电机”更多地被用来指代不需要磁铁和线圈即能将机械能直接转化为电能的小型设备，这一概念首先被佐治亚理工学院的学者提出（Wang，2017）。因此，根据参考文献检索规则，我们以 nanogenerator 为关键词，搜索 WoS（SCI-EXPANDED）数据库中 2006～2017 年的文献（Li et al.，2017），在数据库中检索到了 2021 篇文献。

2006～2017 年，各地区每年发表的纳米发电机相关文献数量如图 13-2 所示，其中显示出全球纳米发电机文献的增加趋势，主要在中国、美国、韩国和印度等地。各地区的纳米发电机相关 SCI 刊登文献数量如图 13-3 所示。2006～2012 年，美国的 SCI 刊登文献占全球总数的 51%，其次是中国、韩国、中国台湾、印度和意大利等。2013 年以后，中国每年在纳米发电机方面的 SCI 文献数量持续增长，增长速度超过了美国。2013～2017 年，中国的 SCI 文献占全球总数的 42%，其次是韩国、美国、印度和中国台湾等；中国研究人员在纳米发电机研究方面已取得重大进展。事实上，摩擦电纳米发电机的概念在 2012 年由一个研究小组提出（Fan et al.，2012a，2012b；Wang et al.，2012b），该小组在 2012 年后对纳米发电机开展了大量的研究（Li et al.，2017）。

为进一步探究中国在纳米发电机方面的 SCI 文献的计量指标，本书使用了 CiteSpace、Ucinet 和 DDA 这几种分析工具（Chen，2006；Borgatti et al.，2014）。结果展示如下。

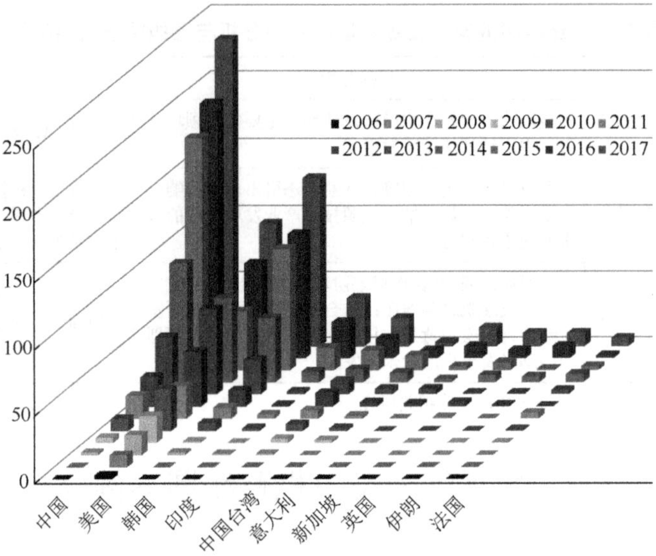

图 13-2　2006～2017 年各地区与纳米发电机相关的年度 SCI 出版物数量

资料来源：改编自 Wang 等（2018）的相关研究

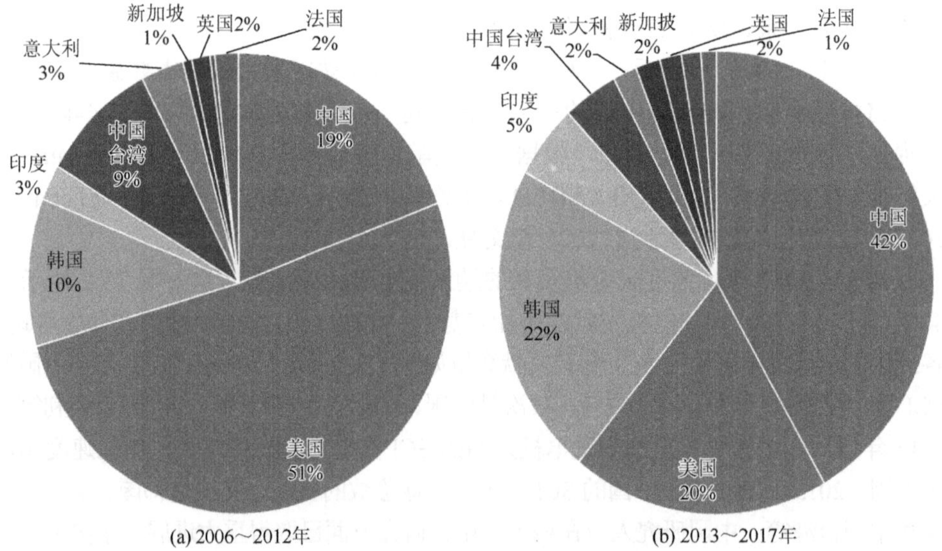

图 13-3　各地区与纳米发电机相关的 SCI 论文数量占比

资料来源：改编自 Wang 等（2018）的相关研究

1. 国际合作分析

首先，将选定的文献保存为文本文件。其次，利用 DDA 软件提取作者国家和国家合作矩阵，然后在清理过的数据基础上构建一个共现矩阵。最后，将数据矩阵导入 Ucinet 软件，结果如图 13-4 所示。在图 13-4 中，不同的节点代表不同的研究地区，节点大小代表论文发表数量的多少，不同节点之间的连线代表各地区之间的合作关系，连线的粗细度代表合作频率。如图 13-4 所示，最大的三个节点分别代表中国、美国、韩国，表明 2006 年以来这三个国家在 SCI 上发表的纳米发电机论文数量最多。该图还表明中国与许多其他国家和地区开展了相当多的合作研究。此外，中国与美国建立了密切合作，中美之间的连线比中国与其他任何地区之间的连线都要粗。如图 13-4 所示，中国与很多其他国家合作研究纳米发电机，表明中国在纳米发电机研究方面开展了高水平的国际合作。

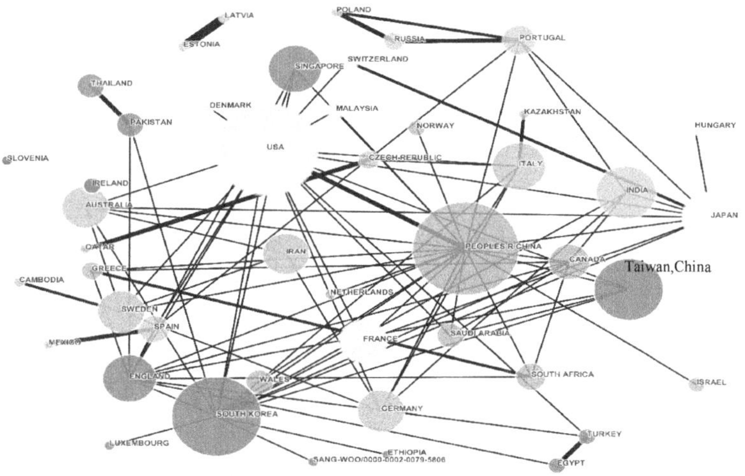

图 13-4 纳米发电机相关国际合作映射知识领域

资料来源：改编自 Wang 等（2018）的相关研究

2. 研究机构共现分析

如图 13-5 所示，最大的五个节点分别代表佐治亚理工学院、中国科学院、重庆大学、北京大学、北京科技大学，表示这五家机构发表的 SCI 论文数量最多。佐治亚理工学院与中国科学院之间的连线最粗，表明这两家机构之间的合作关系非常密切。还有很多中国研究机构与中国科学院之间有连线，如清华大学、重庆大学、北京大学、北京航空航天大学、厦门大学、兰州大学，表明这些院校也开展了纳米发电机研究，并与中国科学院密切合作。纳米发电机领域的前 15 家研究机构如表 13-2 所示。佐治亚理工学院和中国科学院发表的 SCI 论文数量分居前两位。此外，从表中还可以看出，在前 15 家机构中，10 家来自中国，显示出中国在纳米发电机方面的强大研究和创新实力。

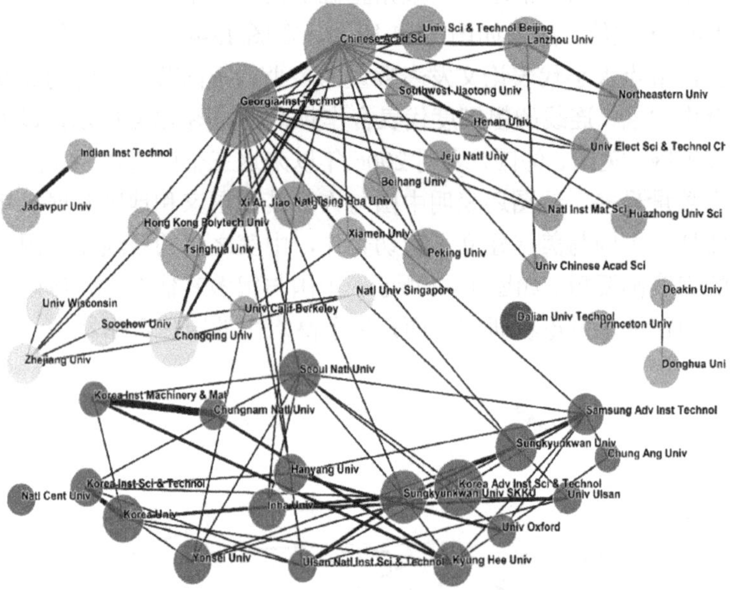

图 13-5　纳米发电机相关研究机构映射知识领域

资料来源：改编自 Wang 等（2018）的相关研究

表 13-2　纳米发电机研发方面前 15 家机构概况

序号	记录数	机构名称	2011 年以来记录数占比	2011 年以来记录数	地区
1	526	佐治亚理工学院	87.26%	459	美国
2	506	中国科学院	98.81%	500	中国
3	77	北京科技大学	100%	77	中国
4	74	北京大学	89.19%	66	中国
5	73	韩国高等科学技术院	98.63%	72	韩国
6	71	重庆大学	98.59%	70	中国
7	57	清华大学	100%	57	中国
8	57	成均馆大学（SKKU）	100%	57	韩国
9	54	兰州大学	92.59%	50	中国
10	48	高丽大学	100%	48	韩国
11	43	迦达浦大学	100%	43	印度

续表

序号	记录数	机构名称	2011 年以来记录数占比	2011 年以来记录数	地区
12	42	国家纳米科学中心（NCNST）	100%	42	中国
13	41	中国科学院大学	100%	41	中国
14	38	华中科技大学	100%	38	中国
15	38	台湾“清华大学”	84.21%	32	中国

资料来源：改编自 Wang 等（2018）的相关研究

3. 研究热点分析

从检索数据中选出 2006～2017 年具有价值的 SCI 论文。然后，将这些发表数据导入 CiteSpace 软件进行关键词共现分析。我们设定了分析界面区的阈值来得出清晰的显示结果，并选择关键词共现分析功能以分析文献。如图 13-6 所示，与纳米发电机相关的最高频关键词包括纳米发电机、传感器、摩擦电纳米发电机、发电机、能源等。前十大高频关键词参见表 13-3。同时，从 2006～2017 年的所有论文中选出中国的 SCI 论文。对全球研究热点进行类似操作，结果如图 13-7 所示，中国前十大高频关键词如表 13-4 所示。显然，在中国，与纳米发电机相关的前五大高频关键词是纳米发电机、摩擦电纳米发电机、发电机、传感器和能源。如图 13-6、图 13-7、表 13-3、表 13-4 所示，中国的纳米发电机研究热点与全球热点类似。

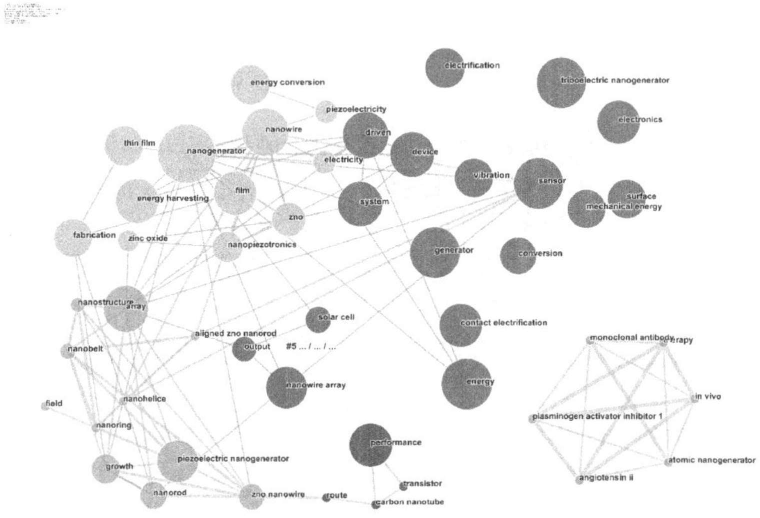

图 13-6　纳米发电机相关全球研究热点映射知识领域

资料来源：Wang 等（2018）的相关研究

表 13-3 全球纳米发电机研究相关的前十大高频关键词

关键词	纳米发电机	传感器	摩擦电纳米发电机	发电机	能源
频率	1036	493	474	455	434
关键词	纳米线	阵列	性能	设备	薄膜
频率	307	306	271	259	257

资料来源：改编自 Wang 等（2018）的相关研究

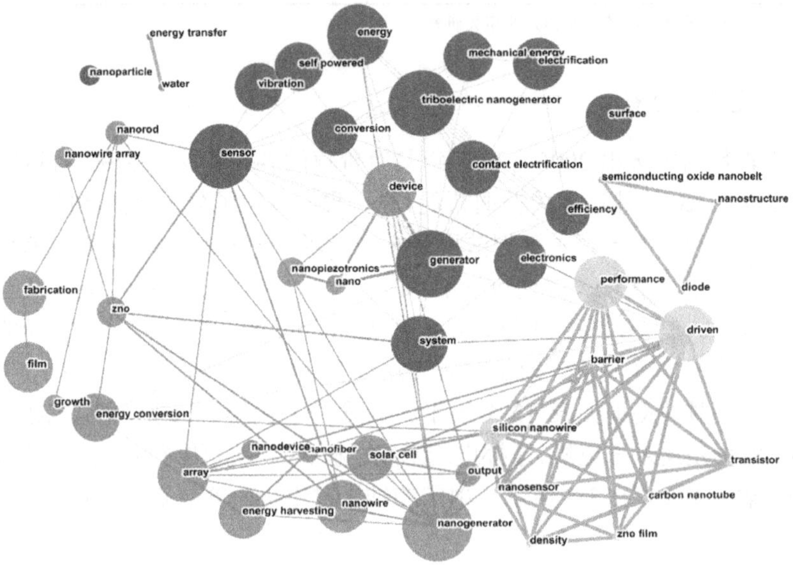

图 13-7 纳米发电机相关中国研究热点映射知识领域

资料来源：Wang 等（2018）的相关研究

表 13-4 中国纳米发电机研究相关的前十大高频关键词

关键词	纳米发电机	发电机	性能	传感器	能源
频率	468	330	157	315	239
关键词	驱动	摩擦电纳米发电机	系统	设备	薄膜
频率	149	352	157	140	129

资料来源：改编自 Wang 等（2018）的相关研究

从上述纳米发电机的国际合作、研究机构共现关系和研究热点分析结果可以发现，近年来这一领域的研究和创新显然十分活跃。2013～2017 年，中国发表的纳米发电机方面的 SCI 论文数量全球第一。在中国，中国科学院贡献的纳米发电机文献数量最多。同时，中国与全球在纳米发电机方面的研究热点类似。结果表明，中国国际合作程度很高，在纳米发电机研究领域也一直处于国际前沿。

13.3.2　纳米发电机专利分析

除文献计量法外，专利分析能揭示纳米发电机创新活动和技术竞争力的另一面。相应地，我们研究了各地和各院校在一段时间内的相关专利申请活动。在这一步，我们建立了一个独特的纳米发电机数据库，收录了德温特创新（Derwent innovation，DI）数据库平台 2006～2016 年的已授权专利。我们以 nanogenerator* 为关键词搜索专利。

图 13-8 所示为近年来纳米发电机专利申请趋势。从图 13-8 可以看出，2011 年以前，纳米发电机专利的申请数量相对较少。2012 年以后，专利申请数量高速增长。由图 13-8 可以看出，中国的纳米发电机专利申请数量自 2009 年以来呈大幅增长趋势。

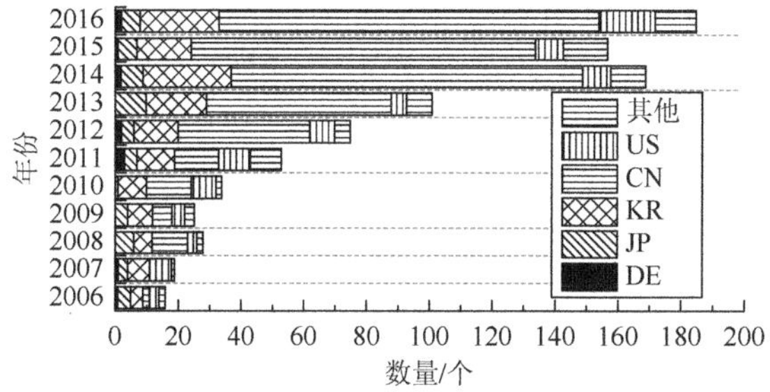

图 13-8　纳米发电机专利申请趋势

资料来源：改编自 Wang 等（2018）的相关研究

为了辨识重要专利，通过 DDA 软件，利用检索出的专利数据生成专利地图。然后，在专利地图中找出集中度最高的专利。表 13-5 列出了前五大集中度最高的专利。通过仔细研究表 13-5，可以看到某些学者引领了开创性工作（Wang et al., 2014，2015b，2015c，2016，2017），包括对推动纳米发电机研究投入市场应用的贡献。由此可推测，摩擦电纳米发电机在未来发展中，尤其是在中国的发展，将更加具有技术竞争力。

表 13-5　集中度最高的专利

序号	授予编号	标题	申请日期
1	US9595894B2	用于可携带电子器件的摩擦电纳米发电机	2013-09-20
2	US20160218640A1	用于收集水能的摩擦电纳米发电机	2016-01-26
3	CN104242723A	单电极摩擦纳米发电机及发电方法与自驱动跟踪设备	2013-06-13
4	CN104283453A	滑动摩擦发电机、发电方法与矢量置换传感器	2013-07-11
5	CN104253561A	滑动摩擦发电机、电能产生方法与矢量置换传感器	2013-06-25

资料来源：改编自 Wang 等（2018）的相关研究

13.3.3　关于中国新兴纳米发电机未来发展的路线图方法

为预测中国新兴纳米发电机技术的发展，我们组织了两次研讨会，专注于讨论宏观背景下的未来事件和中国纳米发电机产业的未来发展。

第一次研讨会确定了影响纳米发电机相关产业的关键外部因素。然后，作者对输出结果进行编译，收集重要信息，以便进行下一步骤。根据专家意见和先前实践（Li et al.，2015），将宏观背景的关键维度设定为行业动态、市场、应用和政策。然后，专家从以上角度进行头脑风暴，引出可能的事件。基于这些事件，作者可再开展一次研讨会，进一步探索、规划中国纳米发电机产业的未来发展轨迹。

第二次研讨会勾画出了中国纳米发电机产业未来发展的路线图，尤其是从技术和应用的角度。在该研讨会中，我们基于上述文献计量和专利分析，邀请了中国纳米发电机领域的著名专家。中国纳米发电机产业的未来发展路线图如图 13-9 所示。

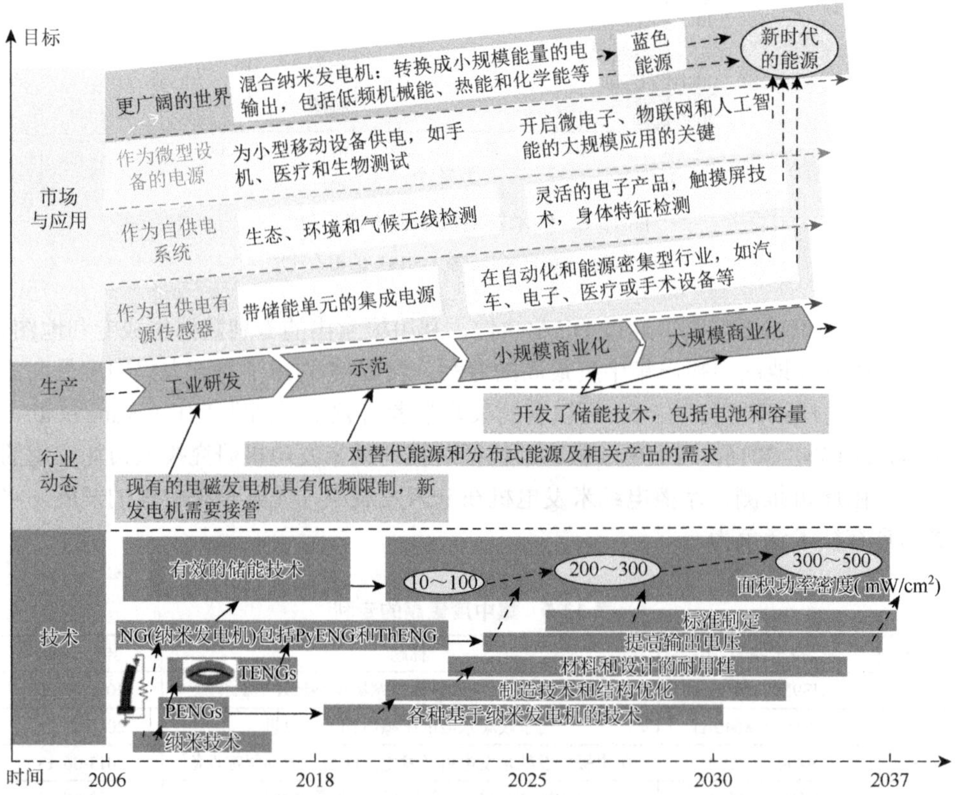

图 13-9　中国纳米发电机产业未来发展路线图

资料来源：改编自 Wang 等（2018）的相关研究

在第二次研讨会上，作者将时间范围设定为 2018～2037 年。最终路线图在第一次研讨会的基础上使用了选定事件。在技术维度，我们尝试根据先前文献计量和专利分析中的当前科技背景预测技术发展轨迹。专家认为，由于中国自 2013 年以来一直是全球纳米发电机创新研究方面的引领者之一，中国能够引领全球的发展步伐。因此，有必要建立起全球层面和国家层面的标准。同时，根据文献计量和专利分析提取出的高频关键词与重要议题，专家预计其中部分关键词和议题可构成未来 20 年的研发重点，如摩擦电纳米发电机、传感器、构造和效率（图 13-9）。

在路线图的市场与应用维度，根据专家意见和潜在行业动态，作者试图预测纳米发电机产业在四个方面的未来发展路径，即工业研发、示范、小规模商业化和大规模商业化。

在该路线图中，纳米发电机技术将在 2020 年前进入研发阶段。预计 2025 年前开始试用，可能在 2030 年左右开始商业化，最后在 2037 年左右开始大规模商业化，这将推动相关产业的发展。根据专家意见、文献计量结果和专利分析，试用和商业化的发展路径主要有几种：作为自供电有源传感器、作为自供电系统、作为微型设备的电源和更广阔的世界。

此外，如路线图所示，到 2030 年左右，纳米发电机的面积功率密度可达到 200～300mW/cm^2。到 2037 年，面积功率密度有望达到 300～500mW/cm^2。较之太阳能、热能和生物化学技术等现有能源生成技术，这一技术具有竞争优势。到 2037 年，纳米发电机技术可能会成为整个能源生成体系中有效而重要的一部分，将小规模能源转换为电力输出，包括低频机械能、热能和化学能等。届时纳米发电机产生的纳米能源将成为真正意义上的新时代能源。这些结果将为政府制定相关行业决策以及为相关企业制定研发战略规划提供重要参考。

13.4　本 章 小 结

本书采用文献计量和专利分析法分析纳米发电机的现状。通过路线图方法对纳米发电机在应用和市场方面的未来发展进行战略性预测。

主要发现和贡献如下。

（1）根据文献计量分析，中国高度参与国际合作，处于纳米发电机研究领域的国际前沿，为中国未来发展纳米发电机产业奠定了坚实基础。

（2）制定了中国纳米发电机产业 2018～2037 年发展的路线图，显示纳米发电机为可行性技术，有潜力引发剧烈变革。本书的路线图旨在为中国和其他国家纳米发电机研究和产业的未来发展提供有价值的参考。

（3）本章提出的框架是一次有意义的尝试，结合了文献计量、专利分析和路线图方法。本章可供纳米发电机相关研究人员参考，亦有助于预见面向未来的颠覆性技术的发展趋势。

如上述结果所示，纳米发电机的发展包含多学科领域，且应用前景广阔。同时，由于存在未知的重大颠覆可能，未来发展路径存在高度不确定性。另外，也可以使用其他方法，如场景规划法、SWOT 分析、系统动态和竞争特性流程，它们都可能成为未来研究的课题。同时，政府、企业和研究机构可深化相关纳米发电机政策研究合作，为决策提供支持。

参 考 文 献

Ahmed A, Hassan I, Ibn-Mohammed T, et al., 2017. Environmental life cycle assessment and techno-economic analysis of triboelectric nanogenerators. Energy and Environmental Science, 10(3): 653-671.

Borgatti S P, Everett M G, Freeman L C, 2014. UCINET. Encyclopedia of Social Network Analysis & Mining. New York: Springer: 2261-2267.

Cao X, Jie Y, Wang N, et al., 2016. Triboelectric nanogenerators driven self-powered electrochemical processes for energy and environmental science. Advanced Energy Materials, 6(2): 1600665.

Carvalho M M, Fleury A, Lopes A P, 2013. An overview of the literature on technology roadmapping(TRM): Contributions and trends. Technological Forecasting and Social Change, 80(7): 1418-1437.

Chen C M, 2006. CiteSpace II: Detecting and visualizing emerging trends and transient patterns in scientific literature. Journal of the American Society for Information Science and Technology, 57(3): 359-377.

Chen J, Wang Z L, 2017. Reviving vibration energy harvesting and self-powered sensing by a triboelectric nanogenerator. Joule, 1(3): 480-521.

Choomon K, Leeprechanon N, Laosirihongthong T, 2009. A review of literature on technology roadmapping: a case study of power line communication(PLC). International Journal of Foresight and Innovation Policy, 5(4): 300-313.

Daim T U, Rueda G, Martin H, et al., 2006. Forecasting emerging technologies: Use of bibliometrics and patent analysis. Technological Forecasting and Social Change, 73(8): 981-1012.

Dhakar L, Gudla S, Shan X, et al., 2016. Large scale triboelectric nanogenerator and self-powered pressure sensor array using low cost roll-to-roll UV embossing. Scientific Reports, 6: 22253.

Fan F R, Lin L, Zhu G, et al., 2012a. Transparent triboelectric nanogenerators and self-powered pressure sensors based on micropatterned plastic films. Nano Letters, 12(6): 3109-3114.

Fan F R, Tang W, Zhong L W, 2016. Flexible nanogenerators for energy harvesting and self-powered electronics. Advanced Materials, 28(22): 4283-4305.

Fan F R, Tian Z Q, Wang Z L, 2012b. Flexible triboelectric generator. Nano Energy, 1(2): 328-334.

Ghosh S K, Mandal D, 2016. Efficient natural piezoelectric nanogenerator: Electricity generation from fish swim bladder. Nano Energy, 28(8): 356-365.

Kajikawa Y, Takeda Y, Matsushima K, 2010. Computer-assisted roadmapping: A case study in energy research. Foresight, 12(2): 4-15.

Li M, Porter A L, Wang Z L, 2017. Evolutionary trend analysis of nanogenerator research based on a novel perspective of phased bibliographic coupling. Nano Energy, 34: 93-102.

Li X, Zhou Y, Xue L, et al., 2015. Integrating bibliometrics and roadmapping methods: A case of dye-sensitized solar cell technology-based industry in China. Technological Forecasting and Social Change, 97: 205-222.

Peng H, Fang X, Ranaei S, et al., 2017. Forecasting potential sensor applications of triboelectric nanogenerators through tech mining. Nano Energy, 35: 358-369.

Porter A L, 2009. Tech mining for future-oriented technology analyses. Futures Research Methodology.

Robinson D K, Huang L, Guo Y, et al., 2013. Forecasting Innovation Pathways(FIP)for new and emerging science and technologies. Technological Forecasting and Social Change, 80(2): 267-285.

Trappey C V, Wu H Y, Taghaboni-Dutta F, et al., 2011. Using patent data for technology forecasting: China RFID patent analysis. Advanced Engineering Informatics, 25(1): 53-64.

Wang B C, Liu Y F, Zhou Y, et al., 2018. Emerging nanogenerator technology in China: A review and forecast using integrating bibliometrics, patent analysis and technology roadmapping methods. Nano Energy, 46: 322-330.

Wang S H, Lin L, Wang Z L, 2012a. Nanoscale triboelectric-effect-enabled energy conversion for sustainably powering portable electronics. Nano Letters, 12(12): 6339-6346.

Wang Z L, 2017. On Maxwell's displacement current for energy and sensors: the origin of nanogenerators. Materials Today, 20(2): 74-82.

Wang Z L, Chen J, Lin L, 2015a. Progress in triboelectric nanogenerators as a new energy technology and self-powered sensors. Energy and Environmental Science, 8(8): 2250-2282.

Wang Z L, Lin Z H, Cheng G, 2016. Triboelectric nanogenerator for harvesting energy from water. US, 20160218640 A1.

Wang Z L, Wang S, Lin L, et al., 2017. Triboelectric nanogenerator for powering portable electronics. US, US20170187307.

Wang Z L, Yang Y, Zhang H L, 2014. Single-electrode friction nanogenerator and generating method and self-driven tracking device. CN, 104242723 A.

Wang Z L, Yang Y, Zhang H L, 2015b. Sliding friction generator, generating method and vector displacement sensor. CN, 104283453 A.

Wang Z L, Zhu G, Yang Y, et al., 2012b. Progress in nanogenerators for portable electronics. Materials Today, 15(12): 532-543.

Wang Z, Yang Y, Zhang H, 2015c. Sliding-friction power generator, power generation method and vector displacement sensor. WO, 2015003497 A1.

Wen Z, Shen Q Q, Sun X H, 2017. Nanogenerators for self-powered gas sensing. Nano-Micro Letters, 9(4): 45.

Wen Z, Yeh M H, Guo H, et al., 2016. Self-powered textile for wearable electronics by hybridizing fiber-shaped nanogenerators, solar cells, and supercapacitors. Science Advances, 2(10): e1600097.

Zhao Z, Pu X, Du C, et al., 2016. Freestanding flag-type triboelectric nanogenerator for harvesting high-altitude wind energy from arbitrary directions. ACS Nano, 10(2): 1780-1787.

Zi Y, Niu S, Wang J, et al., 2015. Standards and figure-of-merits for quantifying the performance of triboelectric nanogenerators. Nature Communications, 6: 8376.

第四篇　大数据支持的路线图

路线图能够以可视化方式支持战略发展规划的制定。近年来，大数据与新一代人工智能的发展为路线图开发的多个环节提供数据分析支持。数据分析能够有效提升路线图的质量。数据分析主要对论文、专利等海量数据，使用机器学习、自然语言处理、文献计量等方法，获取对技术发展现状更全面的认识。数据分析具体可以从技术发展态势分析、新兴技术识别、创新差距分析、基于路径分析的路线图等几个方面支持路线图的绘制。在这些数据与分析方法的基础上，构建了工程科技战略咨询智能支持系统（intelligent support system，iSS）线上平台（网址：iss.ckcest.cn），该线上平台可以支撑读者与研究人员基于大数据及相关分析方法完成路线图绘制，iSS 平台具体使用说明见附录 A。

同时，数据分析支持路线图的绘制过程也遵循发散、收敛的模式。大数据分析支持的路线图绘制流程如下图所示。

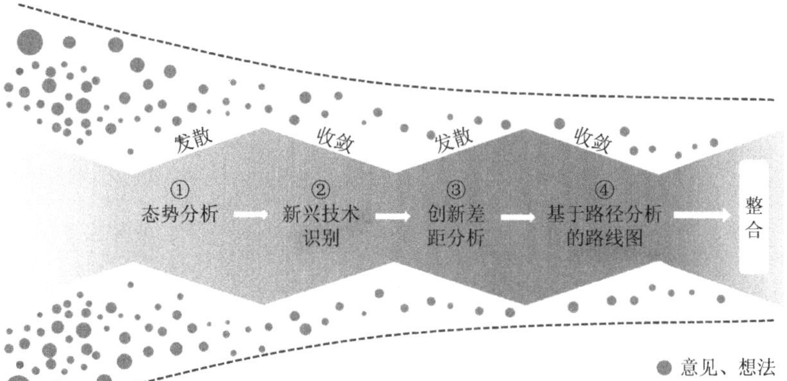

态势分析。该步骤主要使用文献计量学和机器学习等方法，挖掘论文和专利等海量数据中的信息，分析领域发展趋势、各国优劣势和技术热点等。通过对技术发展相关的情景进行全面和系统分析，从而支持技术和创新战略的制定、计划以及决策等。该步骤是一个发散的过程，通过广泛地分析技术领域的多种数据，更全面地分析技术领域的发展现状。

新兴技术识别。该步骤主要基于海量专利与论文数据，融合专家知识，使用机器学习方法探索基础的技术类别划分，使用自然语言处理方法支持专家决策，确定关键技术，最终使用定量指标，识别新兴技术及其发展模式。该步骤是一个收敛的过程，通过海量数据与数据分析方法，从领域内多种技术中识别潜在的新兴技术，帮助专家更聚焦地分析技术的发展方向。

创新差距分析。该步骤主要使用机器学习方法挖掘优质专利，并通过优质专利的属性多视角分析各国创新能力，进而评估技术领域内落后国家与领先国家的创新差距。该步骤是一个发散的过程，通过专利的多属性分析，支持专家获取更多各国间创新差距的信息。

基于路径分析的路线图。该步骤首先使用网络分析与机器学习方法，分析与挖掘技术路径，支持专家更好地认识技术领域的形成与发展过程，帮助专家判断技术未来发展趋势，从而更准确地绘制路线图。该步骤是一个收敛的过程，使用机器学习方法将海量数据转化为领域技术演化路径，专家可以据此路径绘制路线图。

本篇将介绍这些步骤的具体分析方法。第 14 章梳理目前数据分析支持的路线图研究；第 15 章介绍一个基于数据分析与专家交互的新兴技术识别框架；第 16 章介绍一种基于机器学习的创新差距分析方法；第 17 章介绍使用数据分析进行路径分析的方法；第 18 章通过数控机床和工业机器人两个案例介绍使用论文专利数据进行态势分析的方法。

第 14 章　大数据支持路线图新兴研究概述

14.1　数据分析支持的路线图研究概述

路线图作为一种有效地支持技术战略和创新规划的管理工具，广泛应用于政府、行业协会、企业及其他机构。早期的路线图开发主要基于定性的方法，如研讨会、德尔菲法、情景分析等。近年来，随着科技数据的极大丰富和数据分析方法的逐渐强大，数据分析方法逐渐用于支持路线图开发，相关研究越来越多。

2004 年，有学者开始探索使用文本挖掘方法支持路线图的开发。Kostoff 等（2004）使用 TexTosterone 软件基于共现词频从科技文献中挖掘候选的关键技术，以支持专家研讨会上的颠覆性技术识别。Yoon 等（2008）提出了新的路线图工具需要加入智能化的概念，其能够提供专家系统的方法来支持自动化或者半自动化地生成更新路线图。实现路线图智能化的第一步是各种高性能的数据挖掘以及可视化方法的应用，同时要充分利用网络大量可用的相关数据。Phaal 等（2004）还使用文本挖掘的软件从专利文档和产品手册中提取关键字，并使用形态分析的方法分析技术和产品之间的关系，以探索有前景的技术或者产品。此外，Lee 等（2008）进行了专利计量辅助路线图绘制方面的探索。这些早期基于数据支持的路线图开发方法，主要是从数据中提取技术或者产品的关键词，并利用现有软件进行分析；但是，这些研究受限于现有软件，需要拓展。

随着信息技术的发展，数据分析支持路线图的研究逐渐增多，方法上也趋于多样化。文本挖掘技术在路线图领域受到了更多的关注（Jeong and Yoon，2011；Yoon and Phaal，2013；Geum et al.，2015；Kim et al.，2016）。数据挖掘的结果不仅仅是技术或者产品的关键词，还包括一系列被识别出的技术主题，以及关键技术之间、技术与产品之间的关系，这些主题和关系可以帮助我们更好地判断技术（Geum et al.，2015；Kim et al.，2016），这些在路线图的开发过程中都是很重要的信息。另外，使用数据也不仅仅限于论文和专利数据，而是扩展到商业数据和技术产业报告等。在方法上，文本挖掘和引用网络、机器学习等方法的结合也受到关注（Jeong and Yoon，2011；Yoon and Phaal，2013）。

除了文本挖掘技术，计量学方法也开始用于路线图的研究（Carvalho et al.，2013；Putnik et al.，2013；Tzoulaki et al.，2014）。这些研究主要探讨了文献计量方法在路线图开发过程中的应用。也有研究探索了计量方法和路线图方法的结合，

Li 等（2015）提出了一种结合文献计量学和路线图研讨会方法的路线图开发框架，以支持技术战略规划；Wang 等（2018）结合计量学、专利分析和路线图方法为中国新兴纳米发电机技术制定了未来发展的路线图。

随着文本挖掘、机器学习、计量学等数据分析方法越来越多地用于支持路线图的开发，依赖于软件的模式已经不能满足研究和应用的需求，编写程序处理分析数据更加常见。同时除了方法上的多样性，研究问题也开始多样化。Jeong 和 Yoon（2015）基于通用的路线图和专利开发模式提出了专利路线图的概念，他们通过专利数据的分析建立专利的发展模式，以指导专利开发和预测专利发展。Yu 和 Zhang（2019）结合专利分析、专利地图和通用路线图结构，将专利信息和专利策略这两个概念联系起来，建立专利竞争路线图以指导企业专利规划和战略布局。

随着越来越多的数据分析技术应用于技术路线图研究，研究焦点逐渐转移到自动化或者半自动化生成路线图的方法（Zhang et al.，2016；Bildosola et al.，2017）。这些研究集成了文本挖掘、机器学习等数据分析技术，除了分析论文专利数据，还将专家意见作为领域知识或产业经验输入，最后半自动化生成路线图，这也回应了 Phaal 等（2004）提出的新一代路线图方法应当是自动化或者半自动化的设想。可以预见的是，随着功能更加强大的大数据分析技术以及多维数据的使用，未来路线图方法自动化程度会更高，生成的路线图对于战略布局的指导意义也会更强。

14.2 数据分析支持的技术预见方法综述

技术预见作为一种战略管理工具，旨在识别战略研究领域的新兴技术、颠覆性技术和通用技术，在经济和社会发展中起着重要作用。在一定程度上，技术预见的研究目标与路线图研究目标不谋而合，且路线图是融合了技术预见、技术管理和信息管理的集成方法与工具。本节将系统介绍有关技术预见的研究问题以及定量技术预见的研究方法，从而进一步拓宽数据分析支持的路线图研究方法。

14.2.1 问题提出与方法设计

技术预见通过系统地研究科学、技术、经济和社会未来的发展趋势，探索国家未来的技术需要，识别和选择那些有可能给经济和社会带来最大化效益的研究领域或通用新技术（Martin，1995）。我国在 20 世纪 90 年代引入技术预见，但理论研究和实际应用较国外还存在较大差距，虽然相关文献数量在逐年增长，但研究还未进入国际权威期刊阵地，原因包括如缺少对方法的主要贡献、重要的相关工具和实践的描述等（李国秋和龙怡，2014）。随着大数据时代的到来，越来越多的研究者将定量方法应用于技术预见中，以试图弥补定性方法易产生主观偏误性、全面性不足、颗粒度不一致等问题。本章基于文献计量（bibliometrics）、主题模型（topic modeling）、社会网络分析（social network analysis）等数据挖掘方法构建了一种文献综述框架，如图 14-1 所示，具体操作流程如下。

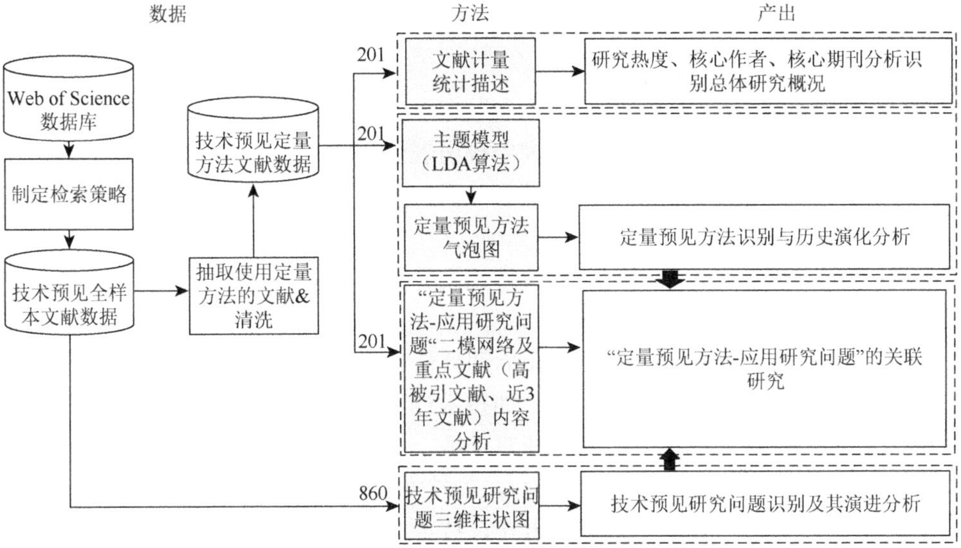

图 14-1　基于主题模型方法的文献综述流程

资料来源：改编自周源等（2017）的相关研究

（1）全样本数据获取。研究所用数据来自 WoS 的核心文集引文索引数据库。检索时间段为所有年份，文献数据下载时间为 2016 年 6 月 7 日，利用检索式‘technolog*foresight*’ or‘technolog*forecast*’获得 860 条数据记录。

（2）定量方法的样本数据抽取。基于全样本源数据，挑出和定量方法相关的关键词，在源数据中二次检索，共获得 241 条记录。通过人工筛选，去除应用综述文章 8 篇、方法综述文章 6 篇、评论 1 篇、不针对方法的相关文章 21 篇、噪声 4 篇，获得定量方法支持技术预见的文献数据 201 条。

（3）技术预见研究问题的识别及演进分析。通过全样本文献关键词统计和文献调研，识别技术预见的研究问题。利用关键词频次随时间的变化分析技术预见的历年演进，并利用三维柱状图进行可视化呈现。

（4）定量方法识别与历史演进分析。基于文献计量分析，对历年发表文献数量、核心作者及其研究机构、核心期刊、核心会议等进行基本的描述性统计分析，识别领域研究的整体概况；然后，基于主题模型中的隐含狄利克雷分布

（latent Dirichlet allocation，LDA）算法进行主题聚类分析，识别主要定量预见方法；最后，根据聚类分析结果回溯各定量方法的源数据，绘制定量方法的气泡图，对其历史演进进行分析。

（5）研究问题-定量方法关联分析。识别了定量预见方法和预见研究问题后，本部分基于内容分析和社会网络分析中的二模网络对二者进行关联分析，旨在深入探析定量方法支持技术预见的现状。

14.2.2 技术预见主要研究问题

从技术预见全样本的文献关键词中挑出表示技术预见研究问题的关键词，然后对关键词进行统计，并结合文献调研分析。技术预见的研究问题主要包括以下几类。

（1）技术活跃度识别，如关键技术识别、共性技术识别、新兴技术识别、空白技术预测、颠覆性技术识别等。

（2）技术生命周期分析，如生命周期评估、技术成熟度预测等。

（3）技术演化轨迹与趋势分析，如技术创新扩散、技术转移、技术替代、技术地图、技术发展路线图、技术演变轨迹等。

（4）技术评估（重要度、可行性），如技术权重排序、技术水平评估等。

（5）技术合作与竞争，如国际合作、技术竞争等。

（6）其他，如市场评估、产品规划、营销战略、研发项目选择、决策支持、政策制定、知识管理、风险管理、技术生态系统等。

根据识别的技术预见问题，将代表预见研究问题的关键词频次进行归类统计，然后构建预见研究问题关键词的历年演变矩阵，并利用 Excel 绘制三维柱状图，如图 14-2 所示。由图 14-2 可知，技术预见的研究热度整体呈现上升趋势，技术主题识别和技术演变是技术预见最关注的两个子领域。

14.2.3 定量预见方法现状与历史演进

1. 总体概况

图 14-3 是定量方法支持技术预见研究的历年文献分布情况。由图 14-3 可知：①20 世纪 90 年代初，定量方法开始在技术预见中应用；②2004 年前，定量方法支持技术预见研究处于缓慢发展的状态，2005 年后呈现快速发展趋势；③2013 年定量方法支持技术预见研究有回落迹象，但 2014 年和 2015 年保持了较高的发展水平。

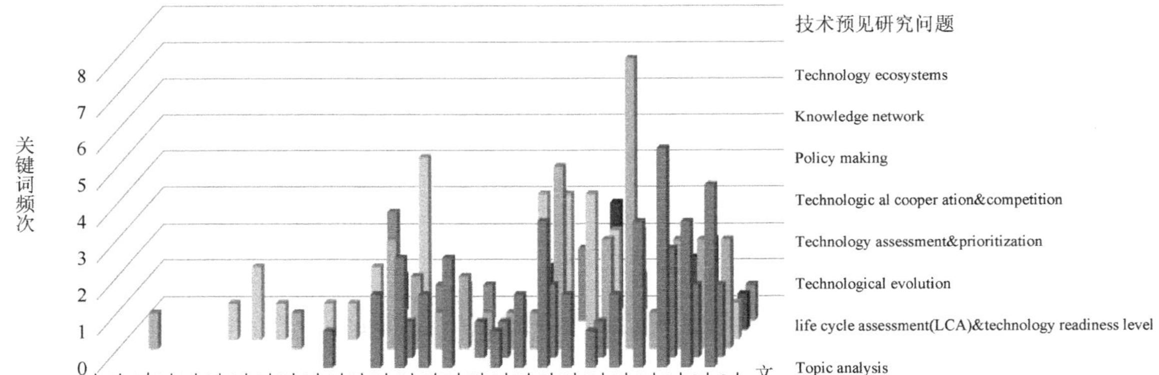

	1991	1992	1993	1994	1995	1996	1997	1998	1999	2000	2001	2002	2003	2004	2005	2006	2007	2008	2009	2010	2011	2012	2013	2014	2015	2016
Topic analysis										1		2	3	2	3		1	2	4	2	1	2	4	6	4	5
Life cycle assessment(LCA)&technology readiness level													1			1	1		2		1			3	2	2
Technological evolution		1						1				3	2	1	2	1	1	1	5		3	8	1	3	3	3
Technological assessment & prioritization					1	2	1		1	1	2		5				1	4	4	4	3	3	1	1	2	1
Technological cooperation & competition																								2		1
Policy making											3	1	1	1	1		1	1	2	1				1		1
Knowledge network											1						1			3	1	1		2		
Technology ecosystems																						1				

图 14-2　技术预见问题关键词历史演变（见彩图）

资料来源：改编自周源等（2017）的相关研究

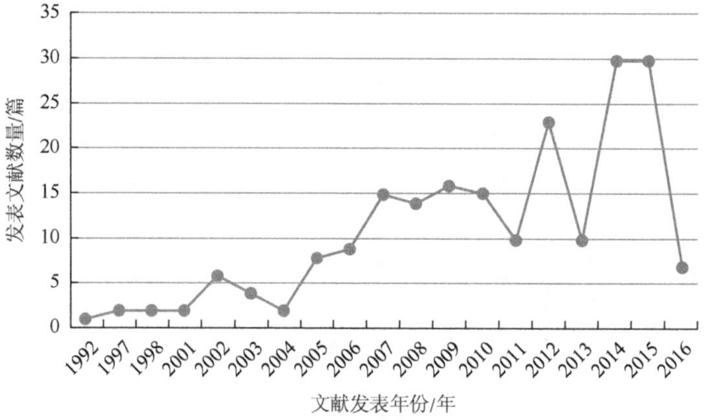

图 14-3 定量方法支持技术预见研究历年发表文献数量分布

资料来源：改编自周源等（2017）的相关研究

2. 核心作者及其研究机构分析

在使用定量方法研究技术预见的学者中，发文量排在前十名的作者及其所在研究机构分析结果如表 14-1 所示，作者机构集中在美国、韩国和中国，其中美国波特兰州立大学的 Anderson 以 13 篇发文量的数量排在首位，中国机构仅有两位学者进入前十名，并且排名相对靠后。

表 14-1 使用定量方法研究技术预见的发文量前十名作者及其所在研究机构

作者	篇数/篇	研究机构	国别
Timothy R A	13	波特兰州立大学	美国
Sunghae J	9	清州大学	韩国
Tugrul U D	7	波特兰州立大学	美国
Sung P S	7	首尔大学	韩国
Byungun Y	7	东国大学	韩国
Joon L D	5	波特兰州立大学	美国
Yongtae P	5	汉城大学	韩国
Charles V T	5	台湾交通大学	中国
Zhu D H	5	北京理工大学	中国
Alan L P	4	佐治亚理工学院	美国

资料来源：改编自周源等（2017）的相关研究

3. 核心期刊和会议

定量方法支持技术预见研究发文量前十名的核心期刊如表 14-2 所示。由表 14-2 可知，*Technological forecasting and social change* 是该领域最为核心的期刊之一，发文量高达 42 篇，占全部发文量的 20.9%；此外，波特兰工程与技术管理国际会议

（PICMET）和 IEEE 创新与技术管理国际会议（ICMIT）是该领域两个重要的国际会议，发文总量为 22 篇，占全部发文量的 10.9%。

表 14-2　定量方法支持技术预见研究发文量前十名的期刊

核心期刊	频次/次
Technological Forecasting and Social Change	42
Revista Gestão Inovacão e Tecnologias	7
Scientometrics	7
Technology Analysis and Strategic Management	6
Expert Systems with Applications	4
Computers and Industrial Engineering	3
Industrial Management and Data Systems	3
IEEE Transactions on Engineering Management	3
Technovation	3
Advanced Engineering Informatics	2

资料来源：改编自周源等（2017）的相关研究

4. 基于主题模型的定量方法识别

利用主题模型进行聚类分析可以识别技术预见中的主要定量方法，而技术预见方法的分类较多（Jantsch，1967；Vanston，1996）。本书根据未来技术分析方法的分类，将识别的定量预见方法分为探索性预见、规范性预见、探索性与规范性组合预见（Saritas and Oner，2004）。探索性预见基于过去到现在所掌握的知识，预言未来的技术发展（Roberts，1969）。探索性预见更加适用于预言某种新技术将沿着确定曲线演变发展的情形，被认为是在描述必然的未来，几乎不可能通过规划来影响或改变未来的发展。规范性预见首先评估未来的目标、需求、任务等，然后回溯到现在，假设要达到所评估的情况，指出实现这些目标的方式（Jantsch，1967）。规范性预见为分配技术实现所需要的资源提供了参考。本章基于主题模型识别技术预见中应用的定量方法，结合气泡图分析，识别各定量方法的演变趋势。

抽取定量文本记录的关键词、标题、摘要字段并进行分词、停词、清洗处理，将处理后的文献字段作为输入。基于主题模型的循环 LDA 算法编写聚类小程序，设定聚类阈值为 5～30，通过专家监督，进行聚类迭代，得到基于文献摘要的一系列高频词主题表。该表展示了文献的结构化处理结果，从中可知摘要中重复次数最多的词语之间的关系，结合回溯的各主题源数据，可对各主题进行命名，阈值设为 15 时的结果最理想（表 14-3）。由表 14-3 可知，主要技术预见方法包括：①探索性预见方法，如增长曲线法、基于数据包络分析的技术预见方法（technical foresight based-on data envelopment analysis，TFDEA）、文献计量、专利分析、社会网络分析、数据挖掘等；②规范性预见方法，如量化改进的形态学

表 14-3　技术预见研究的主题模型分析产出

Topic0	Topic1	Topic2	Topic3	Topic4	Topic5	Topic6	Topic7	Topic8	Topic9	Topic10	Topic11	Topic12	Topic13	Topic14
德尔菲法	TFDEA	文本挖掘	文献计量	系统动力学	数据挖掘	增长曲线法	情景分析法	社会网络分析	技术路线图	形态学分析	层次分析法	交叉影响分析	TRIZ	专利分析
industry	data	science	emerging	system	clustering	diffusion	scenario	univ	innovation	product	Korea	period	China	patent
policy	TFDEA	mining	bibliometric	systems	empirical	market	strategic	technology	characteristics	morphology	factor	cross-impact	evolution	patents
scientific	change	framework	bibliometrics	decision	classification	curve	authors	author	mapping	technical	analytic	quality	TRIZ	data
delphi	market	patterns	indicators	design	published	bass	planning	reprint	national	potential	processing	events	long-term	applications
experts	envelopment	intelligence	databases	trends	selected	learning	purpose	network	roadmap	impacts	properties	relevant	potential	documents
countries	quantitative	text	uncertainty	dynamics	vector	substitution	scenarios	knowledge	country	innovative	evaluated	exploration	companies	citation
survey	complex	semantic	strategies	evaluation	growing	competition	relationships	sci	biotechnology	promising	effects	business	maturity	document
strategy	predict	monitoring	publications	approaches	topic	simulation	integrated	social	roadmaps	cycles	prioritization	organizations	evolutionary	patenting
articles	progress	visualization	publication	planning	mathematical	parameters	quantitative	networks	government	display	analytic	demonstrated	practical	matrix
production	function	tf	developments	dynamic	statistical	services	methodologies	keywords	evidence	properties	evaluated	pattern	factor	USPTO

分析、层次分析法等；③探索性与规范性组合预见方法，如量化改进的德尔菲法、量化改进的情景分析法、交叉影响分析、量化改进的技术路线图等。

5. *历史演进*

由于相关文献数量不多，将 1990 年前各定量方法的源数据量累计在 1990 年上，将其余数据每五年累计，即 1991～1995 年的累计在 1995 年上，依次类推。基于回溯的源数据，绘制定量技术预见方法的时序演变图如图 14-4 所示。

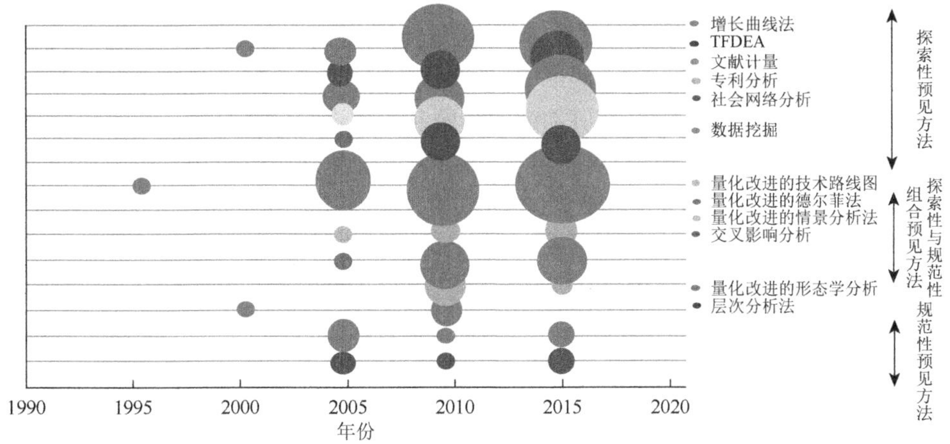

图 14-4　技术预见方法的时序演变

资料来源：改编自周源等（2017）的相关研究

（1）数据挖掘是技术预见研究中最为主流的定量方法，专利分析、文献计量、增长曲线的研究紧随其后且大体相当。

（2）探索性方法逐渐增多，规范性方法增长稳定，且探索性方法相较规范性方法的研究更多，表明目前定量方法支持技术预见的研究主要集中在从已知的过去推测未来的发展，而缺少基于客观数据和未来需求导向结合的规范性预见方法研究。

（3）探索性与规范性组合的预见方法量小且逐渐增多，表明预见方法上的组合创新正成为一种趋势。

14.3　数据分析支持的路线图应用与方法

14.3.1　定量预见方法总结

由 14.2 节可知，定量技术预见方法主要包括三类：探索性定量预见方法、规范性定量预见方法、探索性与规范性组合定量预见方法。其中规范性定量预见方法主要包括量化改进的形态学分析、层次分析法。探索性定量预见方法包括增长曲线法、TFDEA、文献计量、专利分析、社会网络分析以及数据挖掘。

数据挖掘作为近几年的新兴方法，不仅应用于技术预见，还可辅助路线图研究与开发。数据挖掘旨在通过对文献、专利、新闻、报告、经济等数据进行分类、聚类、关联、预测、可视化分析，从主题识别、差距分析、趋势预测等方面抽取有价值的信息和知识。目前研究者主要将专利和文献数据作为主要数据源进行数据挖掘，而引入新闻等网络数据的文献较少，将网络和经济数据引入技术预见研究能够利用市场需求、经济环境变化等信息，更好地发掘技术现状和发展潜力，从而进一步指导企业或行业路线图的开发。目前研究者将数据挖掘主要应用在以下方面。

（1）技术主题识别。Canongia 等（2004）利用聚类分析、模糊逻辑等算法分析不同变量间的关系，对高被引文献的标题和摘要进行内容分析，识别研发趋势和技术趋势。Jun 等（2012）利用非监督学习方法如规则挖掘和自组织地图等进行技术主题分析。Zhu 和 Porter（2002）利用技术地图家族（如主成分地图、关键词地图、机构地图、作者地图、国家地图、来源地图等），将目标技术发展模式可视化呈现，结合创新指标识别技术成熟度、研发环境、潜在市场等。

（2）差距分析（Zhu and Porter，2002；Porter，2005）。Cascini 和 Zini（2008）等利用对比专利成分间的功能交互自动识别专利相似度，用于评估专利间的概念距离，辅助研发分析和决策、专利侵权风险评估和技术预测。Yoon 和 Kim（2011）利用自然语言处理方法，从专利数据中抽取“形容词 + 名词”和“动词 + 名词”二元形式短语，并定义“跳转原因”规则，最后根据专利二元关系和规则二元关系的语义相似度识别技术未来发展趋势。Jun 等（2012）利用专利矩阵地图和基于支持向量机的 K-Medoids 聚类算法识别技术空白点。

（3）趋势预测分析（Sitarz et al.，2012）。Trappey 等（2011）利用专利内容聚类分析识别技术发展现状和趋势，根据技术生命周期识别未来可能的市场机会。Thorleuchter 和 van den Poel（2013）利用网络数据，基于潜在语义索引（latent semantic index，LSI）识别弱信号，预测技术发展趋势。Cascini 等（2009）利用 EMS 模型进行功能分析，并构建技术系统演变趋势网络，对新兴技术及其潜在影响进行分析。未来也可利用数据挖掘方法，结合图像识别、自然语言处理、主题词抽取等方法，将公共领域路线图报告作为数据源，探索路线图潜在知识，用来指导行业发展，或辅助开发路线图管理工具。

14.3.2 定量预见方法在路线图中的应用

单一的探索性预见方法或规范性预见方法都不能发挥其优势，且探索性定量预见方法存在路径依赖的局限性，近年来探索性与规范性相结合的技术预见方法逐渐引起关注。为了深入理解各定量方法的研究内容，需要深入分析定量方法与研究问题的关联发展。本章选取被引频次超过 3 的文献作为高被引文献，选取 2014～2016 年的文献作为新兴文献，用于探索性与规范性相结合的技术预见方法在路线图中的应用分析。

1. 量化改进的技术路线图

路线图作为一种预测和描绘技术发展路径的工具，已广泛应用于企业、产业、国家的技术发展规划中，以减少创新和规划过程中的不确定性（Farrukh et al.，2003；Phaal et al.，2004；Daim et al.，2006；Amer and Daim，2010）。在对路线图已有研究资料的分析基础上可以发现：以德尔菲法、情景分析法为代表的定性分析法是路线图工具在使用过程中用到的主要方法，其制定过程主要还是依赖专家的知识经验。将客观数据分析方法引入技术路线图方法应用中，可以减少技术路线图对专家经验的依赖；同时，这些客观数据分析结果又能为专家决策提供参考，进而可以提高路线图的可靠性和有效性。研究者将改进的技术路线图法主要应用于如下方面。

（1）技术发展路径识别。Lin 等（2008）基于技术挖掘方法，将技术进行分类并形成技术路线图初稿，领域专家基于技术文档分类结果进行探讨，确定技术发展路线。Jeong 和 Yoon（2015）利用专利数据分析构建技术路线图，识别技术发展模式。

（2）新兴技术识别。Poranki 等（2009）基于专利和文献数据分析，并与主流技术创新进行对比，评估技术增长潜力，进而支持专家对新兴技术识别的判断。

（3）颠覆性技术识别。Weissenberger-Eibl 和 Speith（2008）基于专家知识和数据库信息改进技术路线图流程，并结合指标参数进行颠覆性技术预测，辅助专家决策。

2. 量化改进的德尔菲法

德尔菲法是技术预见领域的核心方法，多采用广泛专家咨询方式进行大规模问卷调查，帮助专家形成共识以实现技术预见或预测（Grupp and Linstone，1999）。随着研究技术的发展，大规模的专家调查得以实施，传统定性的德尔菲法逐渐向定性与定量结合方向发展，主要用于以下方面。

（1）关键技术及其影响因素识别。一些学者利用定量的德尔菲法，在多轮专家咨询中采用问卷调查方法有针对性地采集专家意见（Borch and Rasmussen，2002；Celiktas and Kocar，2012）。Halal（2013）采用线上调查方式和统计方法提升德尔菲法的效率及结果分析的科学性。Jun 等（2015）将专利分析结果提供给专家，辅助专家决策。

（2）科技战略与政策制定。部分学者对专家问卷的反馈结果进行编码和聚类分析，将问卷分析结果用于支撑某一技术领域的发展规划与政策制定（Rikkonen and Tapio，2009），对影响技术发展需求的关键影响因素进行识别（Ramasubramanian et al.，2014）。Rohrbeck（2010）在对专家进行访谈的基础上构建了专家网络，对ICT产业的支撑技术进行分析，以此对企业技术管理能力提出建议。Chen等（2011）将专家调查数据与文献和专利数据相结合，利用逻辑增长曲线模型描绘燃料电池行业的技术发展趋势，并据此制定出专利技术发展战略。

（3）未来技术需求预测。Celiktas和Kocar（2010）在德尔菲法之前利用文献计量方法筛选出参与者，并将SWOT分析结果提供给参与者，采用在线问卷调查的方法对土耳其国家未来能源需求进行预见。Ivlev等（2015）从工作经验、解决问题经验、教育水平、学术成就及对特定领域的兴趣等方面制定考核标准，对专家进行线上筛选，提供了系统的专家组专家的筛选方法。

3. 量化改进的情景分析法

情景分析法旨在对相关的某些领域进行关联预测，通过显示各个领域发展趋势和关键事件之间的相互作用，以提供未来技术领域发展的可能的情景。情景分析法通常作为分析框架与其他方法结合使用，用以研究技术发展趋势预测及科技战略制定等问题。

（1）技术发展趋势预测。Contadini等（2002）利用定性的德尔菲调查分析结果与燃料上游能源排放模型得出的技术指标相结合，描绘能源新技术可能的发展曲线，结果证明在单一情景下这种方法是有效的，但在复杂情景下还需要改进。Liu等（2011）利用情景分析法确定未来不同技术需求情景，与定量的德尔菲问卷调查法结合，对中国绿色制造技术的未来发展进行预测。

（2）科技战略制定。Saritas和Oner（2004）将德尔菲调查法与情景分析法相结合，对专家调查结果进行分析并绘制路线图，以此对英国的长期政策和发展战略进行规划，并指出多种技术预见方法相结合要比单一使用情景分析法或德尔菲法更有效。Stelzer等（2015）将情景分析法与文献计量法相结合，对个性化医疗领域的技术发展进行预测，分别在不同情境下进行共引分析和文献耦合分析，对新兴技术进行识别，据此提出辅助该领域利益相关者的战略决策。Alizadeh等（2016）提出了基于全球商业网络的情景分析框架，融合了德尔菲法、PEST分析法和CIA方法，对国家能源领域不同情景下的关键影响因素进行分析，并分别制定战略规划。

4. 交叉影响分析

传统的德尔菲法在技术预见的过程中忽视了未来事件之间的潜在关系，兰德公司的 Gordon 和 Hayward（1968）提出交叉影响分析法，试图通过系统的分析事件与技术发展之间的关系，进而辅助战略决策。Hayashi 等（2006）基于交叉影响分析对社会、技术、经济、环境等事件之间的关系进行交叉分析，并利用情景描述法识别 2050 年的全球发展趋势。但交叉影响分析法没有体现时间对预测事件的影响，Kwon 和 Cho（1997）提出一种改进模型对传统交叉影响分析法进行了修正，该模型在分析事件交叉影响的过程中还评估时间对研发事件完成的影响。

单一地使用定性或定量分析方法进行技术预见都存在自身的缺点，因此，越来越多的研究者采用组合方法开展技术预见活动，旨在通过方法互补，为技术预见提供新的研究视角。常用的组合方法包括定性 + 定性、定量 + 定量、定性 + 定量等，由于本章主要关注定量方法在路线图中的应用，因此主要分析后两种组合方法。

（1）定量 + 定量。Cheng 和 Chen（2008）基于 EI 数据库的文献数据和 USPTO 数据库的专利数据，集成文献计量分析和专利分析识别科学与技术活动的关系，对缺乏历史数据的领域进行技术预测意义重大。Sitarz 等（2012）利用聚类分析识别技术主题，利用文献计量识别技术发展动力模式和发展趋势。Russo 和 Rizzi（2014）基于功能导向过程识别产品或技术关键特征，结合专利分析和文本挖掘识别技术涌入者与发展模式，利用技术可视化地图发现新兴技术、空白技术机会、新市场等。Momeni 和 Rost（2016）指出技术发展是路径依赖的，利用专利分析识别技术发展路径，结合 K 核分析和主题模型分析技术发展趋势，识别可能的颠覆性技术。Liang 等（2009）基于文本挖掘、专利分析和 TRIZ 对产品技术成熟度进行了研究。

（2）定性 + 定量。Zhang 等（2013）集成文献计量和可视化技术生成技术路线图，用于描绘技术演变路径和技术发展现状。Celiktas 和 Kocar（2010，2012）利用文献计量分析技术领域发展趋势，利用 SWOT 分析领域的市场、政策、技术等，并将分析结果作为德尔菲法的参考，进而形成领域综合性全景式的预见。Stelzer 等（2015）结合情景分析和文献计量识别新兴技术，并对各种情景下的颠覆性事件进行描绘，识别各种情景下的新兴技术。Jun 等（2012）利用专利分析改进专家调查技术预见方法，提高对未来技术发展水平评估的准确性。Daim 等（2006）将文献计量和专利分析方法集成到情景分析与增长曲线模型中，利用系统动力学模型模拟技术动态扩散趋势，应用于预测燃料电池、食品安全和光存储技术。

14.4　本 章 小 结

本章首先对数据分析支持的路线图研究做了简要概述，虽然应用于路线图的数据分析支持的定量研究方法较少，但随着大数据时代的到来，传统的定性研究方法已经不能满足现有研究的需要，而结合传统的经典路线图研究方法与数据分析支持的路线图研究方法也将是未来的发展趋势。为了进一步了解有关路线图的定量研究方法，14.2 节对数据分析支持的技术预见方法做了综述研究，借技术预见研究问题与研究方法对比分析路线图研究问题并扩充其研究方法。最后，本章对基于数据分析支持的路线图定量研究方法及其应用进行了总结，为路线图的开发与应用以及学术界的路线图研究提供了方法与思路。

参 考 文 献

李国秋, 龙怡, 2014. 近十年(2004～2013)国际技术预见研究的热点及动向分析. 图书情报知识, (3): 104-116.

周源, 刘怀兰, 廖岭, 等, 2017. 基于主题模型的技术预见定量方法综述. 科技管理研究, 37(11): 185-196.

Alizadeh R, Lund P D, Beynaghi A, et al., 2016. An integrated scenario-based robust planning approach for foresight and strategic management with application to energy industry. Technological Forecasting and Social Change, 104: 162-171.

Amer M, Daim T U, 2010. Application of technology roadmaps for renewable energy sector. Technological Forecasting and Social Change, 77(8): 1355-1370.

Bildosola I, Río-Bélver R M, Garechana G, et al., 2017. TeknoRoadmap, an approach for depicting emerging technologies. Technological Forecasting and Social Change, 117: 25-37.

Borch K, Rasmussen B, 2002. Commercial use of GM crop technology: Identifying the drivers using life cycle methodology in a technology foresight framework. Technological Forecasting and Social Change, 69(8): 765-780.

Canongia C, 2007. Synergy between Competitive Intelligence(CI), Knowledge Management(KM)and Technological Foresight(TF) as a strategic model of prospecting—The use of biotechnology in the development of drugs against breast cancer. Biotechnology Advances, 25(1): 57-74.

Canongia C，de Antunes A，Pereira M D N F，2004. Technological foresight—the use of biotechnology in the development of new drugs against breast cancer. Technovation，24（4）：299-309.

Carvalho M M, Fleury A, Lopes A P, 2013. An overview of the literature on technology roadmapping(TRM): Contributions and trends. Technological Forecasting and Social Change, 80(7): 1418-1437.

Cascini G, Rotini F，Russo D, 2009. Functional modeling for TRIZ-based evolutionary analyses. Proceedings of ICED 09, the 17th International Conference on Engineering Design, USA.

Cascini G, Zini M, 2008. Measuring Patent Similarity by Comparing Inventions Functional Trees. New York: Springer.

Celiktas M S, Kocar G, 2010. Hydrogen is not an utopia for Turkey. International Journal of Hydrogen Energy, 35(1): 9-18.

Celiktas M S, Kocar G, 2012. Foresight analysis of wind power in Turkey. International Journal of Energy Research, 36(6): 737-748.

Chen Y H, Chen C Y, Lee S C, 2011. Technology forecasting and patent strategy of hydrogen energy and fuel cell technologies. International Journal of Hydrogen Energy, 36(12): 6957-6969.

Cheng A C, Chen C Y, 2008. The technology forecasting of new materials: The example of nanosized ceramic powders. Romanian Journal of Economic Forecasting, 9(4): 88-110.

Contadini J F, Moore R M, Mokhtarian P L, 2002. Life cycle assessment of fuel cell vehicles a methodology example of input data treatment for future technologies. The International Journal of Life Cycle Assessment, 7(7): 73-84.

Daim T U, Rueda G, Martin H, et al., 2006. Forecasting emerging technologies: Use of bibliometrics and patent analysis. Technological Forecasting and Social Change, 73(8): 981-1012.

Farrukh C, Phaal R, Probert D, 2003. Technology roadmapping: Linking technology resources into business planning. International Journal of Technology Management, 26(1): 2-19.

Geum Y, Lee H, Lee Y, et al., 2015. Development of data-driven technology roadmap considering dependency: An ARM-based technology roadmapping. Technological Forecasting and Social Change, 91: 264-279.

Gordon T J, Hayward H, 1968. Initial experiments with the cross impact matrix method of forecasting *. Futures, 1(2): 100-116.

Grupp H, Linstone H A, 1999. National technology foresight activities around the globe: Resurrection and new paradigms. Technological Forecasting and Social Change, 60(1): 85-94.

Halal W E, 2013. Forecasting the technology revolution: Results and learnings from the TechCast project. Technological Forecasting and Social Change, 80(8): 1635-1643.

Hayashi A, Tokimatsu K, Yamamoto H, et al., 2006. Narrative scenario development based on cross-impact analysis for the evaluation of global-warming mitigation options. Applied Energy, 83(10): 1062-1075.

Ivlev I, Kneppo P, Barták M, 2015. Method for selecting expert groups and determining the importance of experts' judgments for the purpose of managerial decision-making tasks in health system. Ekonomika a Management, 18(2): 57-72.

Jantsch E, 1967. Technological forecasting in perspective: A framework for technological forecasting, its technique and organisation; a description of activities and an annotated bibliography. Organisation for Economic Co-operation and Development: 29-38.

Jeong Y J, Yoon B U, 2011. Technology planning through technology roadmap: Application of patent citation network. Journal of the Korea Academia-Industrial Cooperation Society, 12(11): 5227-5237.

Jeong Y J, Yoon B U, 2015. Development of patent roadmap based on technology roadmap by analyzing patterns of patent development. Technovation, 39-40: 37-52.

Jun S, Lee S J, Ryu J B, et al. 2015. A novel method of IP R&D using patent analysis and expert survey. Queen Mary Journal of Intellectual Property, 5(4): 474-494.

Jun S, Park S S, Jang D S, 2012. Technology forecasting using matrix map and patent clustering. Industrial Management and Data Systems, 112(5): 786-807.

Kim J, Park Y, Lee Y, 2016. A visual scanning of potential disruptive signals for technology roadmapping: Investigating keyword cluster, intensity, and relationship in futuristic data. Technology Analysis and Strategic Management, 28(10): 1225-1246.

Kostoff R N, Boylan R, Simons G R, 2004. Disruptive technology roadmaps. Technological Forecasting and Social Change, 71(1/2): 141-159.

Kwon C S, Cho K T, 1997. An estimation model for completion times considering the time interval between interdependent R&D events. Computers and Industrial Engineering, 33(3/4): 613-616.

Lee S, Lee S, Seol H, et al., 2008. Using patent information for designing new product and technology: Keyword based technology roadmapping. R&D Management, 38(2): 169-188.

Li X, Zhou Y, Xue L, et al., 2015. Integrating bibliometrics and roadmapping methods: A case of dye-sensitized solar cell technology-based industry in China. Technological Forecasting and Social Change, 97: 205-222.

Liang Y, Gan D, Guo Y, et al., 2009. Computer-aided analysis of patents for product technology maturity forecasting. International Federation for Information Processing: 295-303.

Lin F, Wei C, Lin Y, et al. 2008. Deriving technology roadmaps with tech mining techniques. PACIS 2008 Proceedings.

Liu G F, Chen X L, Riedel R, et al., 2011. Green technology foresight on automobile technology in China. Technology Analysis and Strategic Management, 23(6): 683-696.

Martin B R, 1995. Foresight in science and technology. Technology Analysis and Strategic Management, 7(2): 139-168.

Momeni A, Rost K, 2016. Identification and monitoring of possible disruptive technologies by patent-development paths and topic modeling. Technological Forecasting and Social Change, 104: 16-29.

Phaal R, Farrukh C J P, Probert D R, 2004. Technology roadmapping：A planning framework for evolution and revolution. Technological Forecasting and Social Change, 71(1): 5-26.

Poranki S, Nagarur N, Srihari K, 2009. Mapping Growth of an Emerging Technology: A Case Study of Flexible Electronics.

Porter A L, 2005. QTIP: Quick technology intelligence processes. Technological Forecasting and Social Change, 72(9): 1070-1081.

Putnik G, Sluga A, ElMaraghy H, et al., 2013. Scalability in manufacturing systems design and operation: State-of-the-art and future developments roadmap. CIRP Annals, 62(2): 751-774.

Ramasubramanian V, Kumar A , Prabhu K V, et al. 2014. Forecasting technological needs and prioritizing factors in agriculture from a plant breeding and genetics domain perspective: A review. Indian Journal of Agricultural Sciences, 84(3) :311-316.

Rikkonen P, Tapio P, 2009. Future prospects of alternative agro-based bioenergy use in Finland：Constructing scenarios with quantitative and qualitative Delphi data. Technological Forecasting and Social Change, 76(7): 978-990.

Roberts E B, 1969. Exploratory and normative technological forecasting: A critical appraisal. Technological Forecasting, 1(2): 113-127.

Rohrbeck R, 2010. Harnessing a network of experts for competitive advantage: Technology scouting in the ICT industry. R&D Management, 40(2): 169-180.

Russo D, Rizzi C, 2014. A function oriented method for competitive technological intelligence and technology forecasting. 2014 International Conference on Engineering, Technology and Innovation (ICE), Bergamo, 2014:1-9.

Saritas O, Oner M A, 2004. Systemic analysis of UK foresight results-Joint application of integrated management model and roadmapping. Technological Forecasting and Social Change, 71(1/2): 27-65.

Sitarz R, Heneczkowski M, Kraslawski A, 2012. Trend analysis for studies of knowledge flow in research on polymeric materials. Computer Aided Chemical Engineering, 31: 570-574

Stelzer B, Meyer-Brötz F, Schiebel E, et al., 2015. Combining the scenario technique with bibliometrics for technology foresight: The case of personalized medicine. Technological Forecasting and Social Change, 98: 137-156.

Thorleuchter D, van den Poel D, 2013. Weak signal identification with semantic web mining. Expert Systems with Applications, 40(12): 4978-4985.

Trappey C V, Wu H Y, Taghaboni-Dutta F, et al., 2011. Using patent data for technology forecasting: China RFID patent analysis. Advanced Engineering Informatics, 25(1): 53-64.

Tzoulaki I, Ebbels T M, Valdes A, et al., 2014. Design and analysis of metabolomics studies in epidemiologic research: A primer on-omic technologies. American Journal of Epidemiology, 180(2): 129-139.

Vanston J H, 1996. Technology forecasting: A practical tool for rationalizing the R&D process. New Telecom Quarterly, 4(1): 57-62.

Wang B C, Liu Y F, Zhou Y, et al., 2018. Emerging nanogenerator technology in China: A review and forecast using integrating bibliometrics, patent analysis and technology roadmapping methods. Nano Energy, 46: 322-330.

Weissenberger-Eibl M A, Speith S, 2008. An integrative approach to disruptive technology forecasting in companies. https://doi.org/10.1142/9789812790545_0024.

Yoon B, Phaal R, 2013. Structuring technological information for technology roadmapping: Data mining approach. Technology Analysis and Strategic Management, 25(9): 1119-1137.

Yoon B, Phaal R, Probert D J R, 2008. Morphology analysis for technology roadmapping: Application of text mining. R & D Management, 38(1): 51-68.

Yoon J, Kim K, 2011. An automated method for identifying TRIZ evolution trends from patents. Expert Systems with Applications, 38(12): 15540-15548.

Yu X, Zhang B, 2019. Obtaining advantages from technology revolution: A patent roadmap for competition analysis and strategy planning. Technological Forecasting and Social Change, 145: 273-283.

Zhang Y, Chen H, Zhu D, 2016. Semi-automatic technology roadmapping composing method for multiple science, technology, and innovation data incorporation. Anticipating Future Innovation Pathways Through Large Data Analysis: 211-227.

Zhang Y, Guo Y, Wang X F, et al., 2013. A hybrid visualisation model for technology roadmapping: Bibliometrics, qualitative methodology and empirical study. Technology Analysis and Strategic Management Journal, 25(6): 707-724.

Zhu D H, Porter A L, 2002. Automated extraction and visualization of information for technological intelligence and forecasting. Technological Forecasting and Social Change, 69(5): 495-506.

第 15 章　大数据支持路线图之新兴技术识别

15.1　新兴技术识别方法简介

传统新兴技术识别最常用的方法是德尔菲法，比较常用的有情景分析法、头脑风暴法、需求分析法、路线图法等。这些方法均以定性的规范性方法（normative）为主，理论上能够识别创新路径面临的不确定性，但其主要依靠专家的经验和知识进行技术识别（Martin，1996；Shin，2001），存在专家依赖性（穆荣平等，2006）。因此容易产生知识固化，从而沿既有技术范式进行预测，其客观性、一致性、有效性、全面性越来越受到挑战（Tichy，2004；Liu et al.，2007）。

近年来，随着定量预见方法［如文献计量法、专利分析法、趋势外推法等（Barnes and Mattsson，2016；Cho et al.，2016）］的不断发展，有研究利用论文专利等数据提高技术预见的信度和效度，主要解决新兴技术识别中的技术前沿热点等活跃度识别、技术成熟度与生命周期分析、技术重点及演化路径分析等问题（Yoon and Kim，2011）。这些研究一定程度上可以帮助解决专家主观偏误性问题（Jun，2011；Yeo et al.，2015），但是由于这些方法多为探索性预见方法（explorative），强调技术发展的路径依赖性，难以识别产生范式颠覆的不确定性，所以在新兴技术识别中仍然只是辅助的方法。另外，由于文献计量等方法需要手工提取特征和编码知识，难以从全领域海量数据中进行规模化专业知识获取，越来越难以适应近年来大数据趋势。而且由于缺乏与技术专家的交互，这些方法难以在现有技术预见流程中广泛应用。例如，日本进行的第八次技术预见使用了文献引文分析来确定研究前沿、绘制快速发展领域与关系图谱、开展定标比超（陈峰，2007；左晓利和许晔，2012），但是其文献引文分析与技术领域专家调研平行进行，未能用有效的交互方式支持专家决策对关键技术进行识别与排序。

在信息技术不断进步的背景下，基于机器学习的数据挖掘方法得到了快速发展。由于其可以对论文专利等数据进行文本向量化的批量处理，因此有足够能力处理近年来数量呈指数级增长的新兴技术文献和专利数据（Venugopalan and Rai，2015），进而能够处理某些技术的全领域海量数据（Lehmann et al.，2015）。比较早期的文本挖掘技术重点关注能够反映论文研究主题和技术主题的高频关键词，通过共现词的变化分析（Tseng et al.，2007）、关键词在专利文本中的层次分布关系（Kim et al.，2008），以及主题词的趋势变化（Furukawa et al.，2015），来识别技术主题的演化路径，并基于现有路径预测未来发展趋势。

与关注关键词的早期文本挖掘方法相比，结合自然语言处理的基于语义分析的数据挖掘方法则能考虑更多的文本信息，从而显著提高文本数据挖掘的性能，深度挖掘并提取精度更高的数据特征（Piskorski and Yangarber，2012）。近年来，LDA 和基于主谓宾（subject-action-object，SAO）结构语义分析的数据挖掘等方法开始受到广泛关注。主谓宾结构属于自然语言处理技术，因其可以提取高密度信息并表征技术领域的关键概念，引起研究者的关注（Tsourikov et al.，2000；Bergmann et al.，2008；Moehrle et al.，2005；Choi et al.，2011）。现有研究一般是尝试从论文或专利摘要中提取文本的主谓宾结构，然后基于这些主谓宾结构进行文本相似度计算，并与 K-Means、Orclus 等聚类算法相结合，构建专利相似度矩阵并对聚类结果可视化，从而实现技术簇群的探索性识别（Yoon et al.，2011）。在此研究的基础上，主谓宾结构也与网络分析方法、TRIZ 分析法、主题词簇与路线图方法相结合（Park et al.，2012，2013），用于识别新兴技术演化路径（Zhang et al.，2014）。但是主谓宾结构主要是解决关键信息提取的问题，现阶段难以对海量数据进行深入的内容挖掘及规模化处理，更无法对数据进行强不确定性的隐藏主题识别。而基于自然语言处理方法与机器学习相结合而产生的基于 LDA 的主题模型，能够通过概率模型的形式向量化海量专利论文文档，基于词袋模型来进行主题聚类或文本分类，可以针对性地从海量文本信息中识别不确定的隐藏主题（Wang et al.，2014）。近年来，逐渐有少量前沿研究利用主题模型方法来识别技术的潜在主题，并通过其概率分布预测技术主题发展趋势（Steyvers et al.，2004；Duriau et al.，2007；Ramage et al.，2009；Tantanasiriwong and Haruechaiyasak，2013）。

仅仅依靠上述机器学习算法的现有研究仍然难以识别新兴技术。第一，现有研究仅使用单维数据（单独使用专利或论文）进行分析。仅分析论文数据，难以判断技术在产业中的应用扩散趋势及其成熟度；而仅使用专利数据，则容易忽视科学研究所具有的前瞻性（Wang et al.，2015）。少有研究将论文与专利数据相结合进行综合分析及相互印证的尝试。第二，基于 LDA 的主题模型算法是典型的无监督式机器学习算法，结果存在一定的不可控性（董放等，2017），如果数据处理过程中无法获取具有显著特异性的主题特征，则必须在这一过程中加入有监督式机器学习算法，如分类算法，来提高主题模型算法的信度与效度。第三，目前的少有研究将算法与专家深度结合，仅仅依赖机器学习算法而忽略了专家知识与经验判断的作用，得到的结果必然缺乏专业领域知识的有效嵌入，难以看到未来情景变化导致的技术路径变化和跃迁，从而无法真正识别复杂不确定性环境下的新兴技术。从现有研究梳理可以看出，新兴技术识别仍应该以专家决策为核心，自然语言处理与机器学习可以进行有效的支持但无法取代专家决策。

基于以上研究，本章尝试将新兴技术识别分为以下三个问题进行研究：第一，基于海量专利与论文数据的向量化处理，融合专家小组判断，探索基础的技术类别划分；第二，以基础技术类别划分后的论文专利数据作为分析样本，基于主题建模和专家决策，研究确定关键技术及其二级方向；第三，针对关键技术及其二级方向，提取重要度指标，总结新兴技术及其模式。

15.2　基于主题模型的流程框架

15.2.1　流程框架

基于文献研究，本章提出一种基于机器学习主题模型并融合专家小组决策的新兴技术识别流程框架。

第一，根据技术预见专家组设定的技术领域范围，对技术领域内海量论文与专利数据进行检索、获取与特征提取，并将技术预见专家小组对文本技术领域划分的结果作为先验知识的引入形式，使用机器学习分类算法对数据进行分类，从而得到基础技术类别的论文与专利数据。

第二，再次对分类后的论文与专利数据进行特征提取，使用主题建模算法识别语义主题，并将技术预见专家小组的判断作为后验知识对主题进行修正，从而确定为领域内关键技术及其二级方向。

第三，针对关键技术及其二级方向，计算重要度指标，得到其发展趋势，结合技术预见组专家判断，综合分析并总结其中的新兴技术及其模式。最终构成分类算法—主题建模—指标识别的流程框架，见图 15-1。其中圆角矩形框为主要机器学习算法，菱形框为专家小组知识与判断，六边形框为新兴技术识别产出。

在获取的论文与专利数据基础上，以上三点都由机器学习算法进行处理，并与技术预见专家小组进行交互，融合数据挖掘、领域知识与专业决策，综合判断新兴技术。

15.2.2　基础技术类别划分

使用机器学习算法，结合专家小组先验知识，对技术领域内全样本论文专利数据进行获取与特征提取，以保证技术识别的全面性，采用机器学习分类算法，对论文专利数据进行分类，完成基础技术类别划分，使识别出的新兴技术颗粒度基本一致。

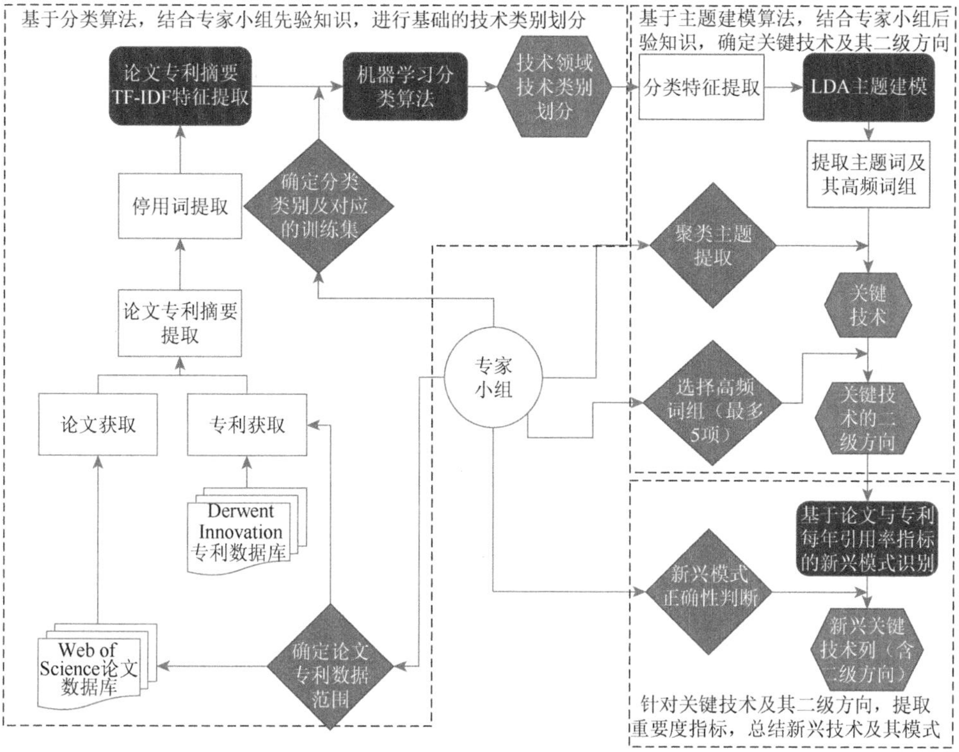

图 15-1　基于机器学习与专家交互的新兴技术识别流程框架

资料来源：改编自周源等（2018）的相关研究

根据专家小组成员提供的技术领域重要期刊和会议列表、关键词、IPC 分类号和主要机构等制定检索式，分别从 WoS 数据库和 DI 数据库获取论文与专利数据，提取其摘要信息。由于摘要信息为文本数据，必须通过文本向量化处理，才能够使用机器学习方法进行后续的分析。在去除停用词后，使用词频-逆文档频率（term frequency-inverse document frequency，TF-IDF）方法对论文专利摘要进行向量化。

TF-IDF 方法为最常用的文本向量化的方法（Hong et al.，2013），能够评估一个词对于语料库中的其中一篇文档的重要程度。词的重要性与它在文档中出现的次数成正比，在语料库中出现的次数成反比，其计算公式为

$$\text{TF-IDF}=\text{TF}\times\text{IDF}=\frac{\text{单词}j\text{在文档}i\text{中出现的频数}}{\text{文档}i\text{单词总数}}\times\log\frac{\text{出现单词}j\text{ 的文档集合}}{\text{文档总数}} \tag{15-1}$$

通过会议方式，根据专家小组的领域知识及研究方向，确定该领域的基础技

术类别划分及对应的论文关键词，将其作为先验知识加入分类算法中，并使用机器学习分类算法对论文专利摘要进行分类。在整个流程框架中，这一过程具有很强的重要性和必要性。因为后续主题建模中的 LDA 算法是无监督的机器学习，得到的结果不可控，所以主题模型的输入就成了影响结果的重要因素。为了提高主题模型的输入数据的质量，首先采用有监督的机器学习分类算法对论文专利摘要进行分类，根据结果确定 LDA 算法的输入。

常用的分类算法有朴素贝叶斯（naive Bayesian，NB）、决策树（decision tree，DT）、随机森林（random forest，RF）、K 近邻法（K-nearest neighbor，KNN）、支持向量机等。其中朴素贝叶斯在小规模的数据上表现很好，适合多分类任务，但对输入特征十分敏感，要求特征间彼此独立，而文本数据，每个词之间往往都有关联，并不相互独立（Jiang et al.，2016）。决策树计算简单、可解释性强，能够处理有属性缺失的样本，但是非常容易过拟合（Panigrahi and Mantri，2015）。随机森林模型泛化能力强，训练速度快，容易实现并行计算，但在某些噪声较大的分类问题上会过拟合（Patri and Patnaik，2015）。K 近邻法理论成熟，可用于非线性分类，对数据没有假设，原生支持多分类，但是对训练样本数量有要求，样本数较少时，结果准确率较低（Dramé et al.，2016）。支持向量机可用于线性、非线性分类，也可以用于回归，泛化误差低，可解释性强，计算复杂度较低，但原始的支持向量机只适用于二分类问题（Haddoud et al.，2016）。根据样本的特点（特征间彼此相互关联，没有缺失值，需要多分类，对过拟合问题容忍度低），本章在支持向量机的基础上对分类策略进行调整，用若干个二分类分类器的组合解决一个多分类问题，即每次对一个目标类别和剩余其他类别的集合进行二分类，通过循环，完成多分类。这一方法虽然时间复杂度高，运算时间长，但分类效果较好。

15.2.3 关键技术及其二级方向确定

将基础技术类别划分的论文专利摘要，按类别进行合并，作为数据集，使用主题模型中的 LDA 算法对其进行主题建模，得到该领域的主题。

LDA 算法认为一篇文章的每个词都是通过以一定概率选择了某个主题，并从这个主题中以一定概率选择某个词语这样一个过程得到的。那么，如果要生成一篇文档，它里面的每个词语出现的条件概率为

$$p(\text{词语}\,|\,\text{文档}) = \sum\nolimits_{\text{主题}} p(\text{词语}\,|\,\text{主题})p(\text{词语}\,|\,\text{文档}) \qquad (15\text{-}2)$$

LDA 方法使生成的文档可以包含多个主题，其概率图模型如图 15-2 所示。

其中，α 代表整个文档集上主题的狄利克雷先验分布；β 代表所有主题上词语

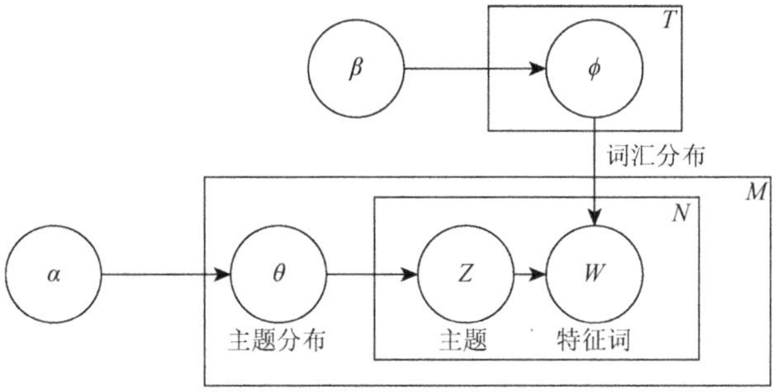

图 15-2　LDA 模型

资料来源：改编自周源等（2018）的相关研究

的狄利克雷先验分布；N 代表词语个数；M 代表整个文档集中的文档数量；T 代表主题个数；ϕ 代表每个主题的词汇分布。

将计算得到的主题、包含的主题词及其相关的高频词组交由专家小组，后验知识以小组会议的形式对主题建模算法进行修正，不断重复主题建模计算过程，直到专家小组的判断收敛时，由专家小组识别热点主题，作为关键技术，并且在每项技术中最多选择五个高频词组作为该技术的二级方向。在这一过程中，算法降低了主观偏误性，结合专家小组的后验知识，提高了主题建模的有效性，并进一步挖掘关键技术的二级方向，为识别出的关键技术提供更有效的支撑。

15.2.4　新兴技术及其模式识别

技术发展具有积累和演化的特征，技术发展的轨迹在一定的时空范围具有前进惯性和方向锁定特性，即由于技术轨道的存在，技术发展过程表现出"路径依赖"特征。因此，可以依据其路径识别新兴技术及其模式。

本章对识别出的关键技术及其二级方向，计算其对应论文专利每年引用率作为重要度指标，识别每项技术可能的新兴模式，通过问卷形式，将新兴模式识别结果发送给专家，由专家对每项技术的新兴模式进行"认同"或"不认同"的判断。从而得到由新兴技术和二级方向组成最终的新兴技术列表。

通过以上分析框架得到的技术识别结果全面性更好，颗粒度更一致，降低了主观偏误性。不仅识别出关键技术，还通过挖掘关键技术包含的二级方向，为关键技术的识别提供更系统有效的支撑。对关键技术及其二级方向，构建论文专利的重要度指标，进一步总结可能的新兴技术及其模式，更加丰富了技术识别预见的产出。机器学习融合专家小组的方法，通过高通量的论文专利数据处理，不再需要大量手工特征提取与知识编码，提升了海量数据处理的能力，加快专家意见对计算结果的反馈，从而提高技术预见的效率。专家小组持续稳定地参与，将专业领域知识更有效地嵌入，提升技术识别预见结果的合理性。相比于传统技术识别预见产出的技术清单，本章提出的分类算法—主题建模—指标识别的方法，形成了“关键技术—二级方向—新兴技术”多层次系统性产出，无论对技术研究、发展规划还是政策制定都提供了更有效的支撑。

15.3 基于主题模型的新兴技术识别方法应用

本章组成的机器人技术预见专家小组，由机器人领域两位院士、六位教授及其研究团队组成，为本章提供机器人技术的权威领域知识，有效嵌入专家知识，提升产出的合理性。另利用 WoS、DI 数据库完成此方法的实证研究。

15.3.1 机器人论文专利特征提取与分类

本章所使用的论文数据由专家小组提供了 19 个机器人领域相关主题的期刊，在 WoS 的检索框中输入期刊名称，选择所有年份，即可获得该期刊所有刊登过的论文。这 19 个期刊合计检索到 21 945 篇文章，其中 A 区 1 个期刊共 1542 篇，B 区 6 个期刊共 6539 篇，C 区 3 个期刊共 3406 篇，D 区 9 个期刊共 10 458 篇。会议论文数据按会议获取。根据专家给出的 11 个机器人领域相关主题的会议，按照会议名称，获取所有年份的会议论文。这 11 个会议合计检索到 20 469 篇文章，其中 ICRA 与 IROS 两个会议共 8993 篇，其他会议共 11 476 篇。专利数据的获取选择根据主题制定检索式获取。根据“机器人”这一主题，制定了包含 336 条德温特手工代码、185 条 IPC 分类号、53 个关键词，并排除 19 条德温特手工代码、95 条 IPC 分类号的检索式，在 DI 的检索框中输入检索式，选择所有年份，即可获得 DI 数据库中包含机器人主题的专利。合计检索到 128 279 篇专利。然后，使用 TF-IDF 方法对所有论文专利摘要进行计算，将文本向量化，作为输入数据供后续方法调用。

机器人领域的基础技术类别划分由专家小组确定。通过专家小组会议讨论，最终共确定 6 大类，41 小类，如表 15-1 所示。

表 15-1 机器人技术领域

技术大类	技术小类
元器件	视觉传感器
	触觉传感器
	力觉传感器
	接近觉传感器

续表

技术大类	技术小类
元器件	距离传感器
	听觉传感器
	特殊传感器
	材料
机器人机构及控制	并联机构
	手臂机构与控制
	手部机构与控制
	双足移动机器人的机构与控制
	多足机器人的机构与控制
	其他移动机器人机构与控制
	水下机器人
	移动机构与控制
智能技术	视觉信息识别
	视觉反馈控制
	触觉和力觉识别
	触觉信息识别
	传感器融合
	传感器高级应用
	学习
	规划
	算法理论与行动规划
	作业规划与偏差校正
	自主移动
系统技术	机器人建模
	智能远程作业系统
	人机交互
	虚拟现实与机器人
	多台机器人协调控制
	机器人与人的共存性
新一代机器人基础技术	拟人机器人的运动控制与动作规划
	微操作
	微机器人系统
	可穿戴机器人
特种机器人	医疗机器人
	手术支援机器人
	助老助残机器人
	空间机器人

资料来源：改编自周源等（2018）的相关研究

将 41 个小类作为机器学习分类算法的先验知识，由专家小组确定最符合每个类别的训练集 30 篇。分别使用朴素贝叶斯、决策树、随机森林、K 近邻法、支持向量机算法对全部论文专利数据进行分类，各算法分类准确率如表 15-2 所示。

表 15-2　分类算法计算准确率

算法	准确率
朴素贝叶斯	66.27%
决策树	62.99%
随机森林	72.65%
K 近邻法	61.54%
支持向量机	81.18%

资料来源：改编自周源等（2018）的相关研究

结果与预期基本一致，支持向量机的准确率最高，为 81.18%。因此，采用支持向量机算法的分类结果作为主题提取的数据输入，分类的部分结果如图 15-3 所示。

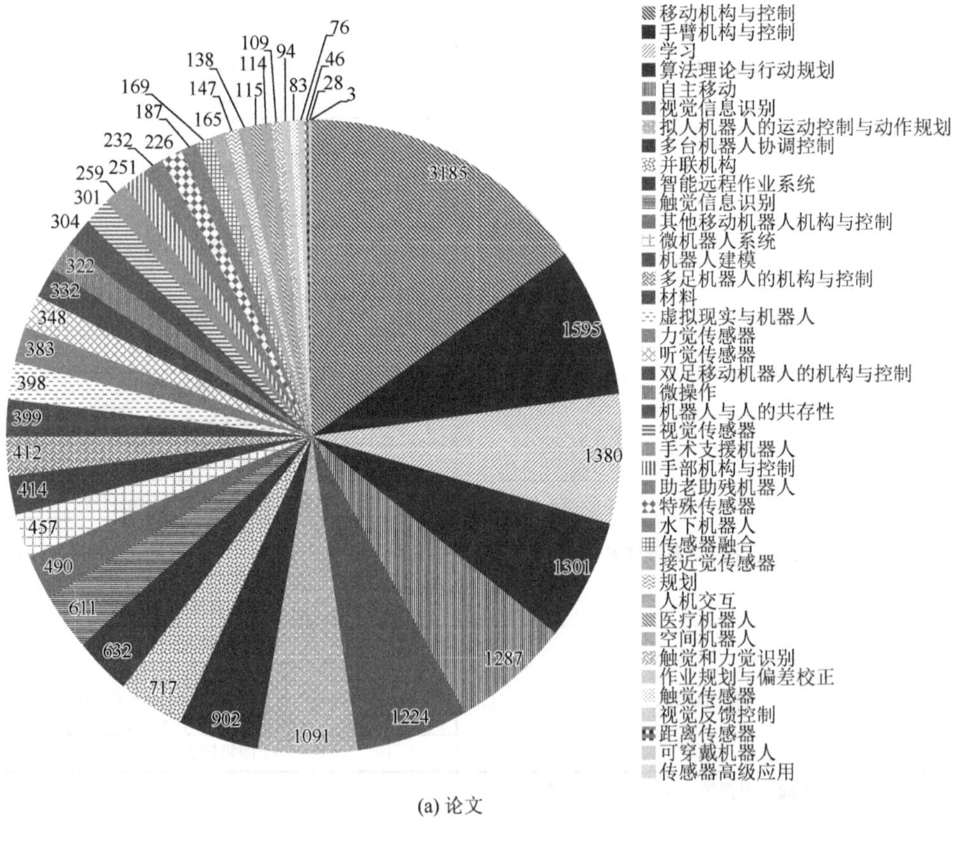

(a) 论文

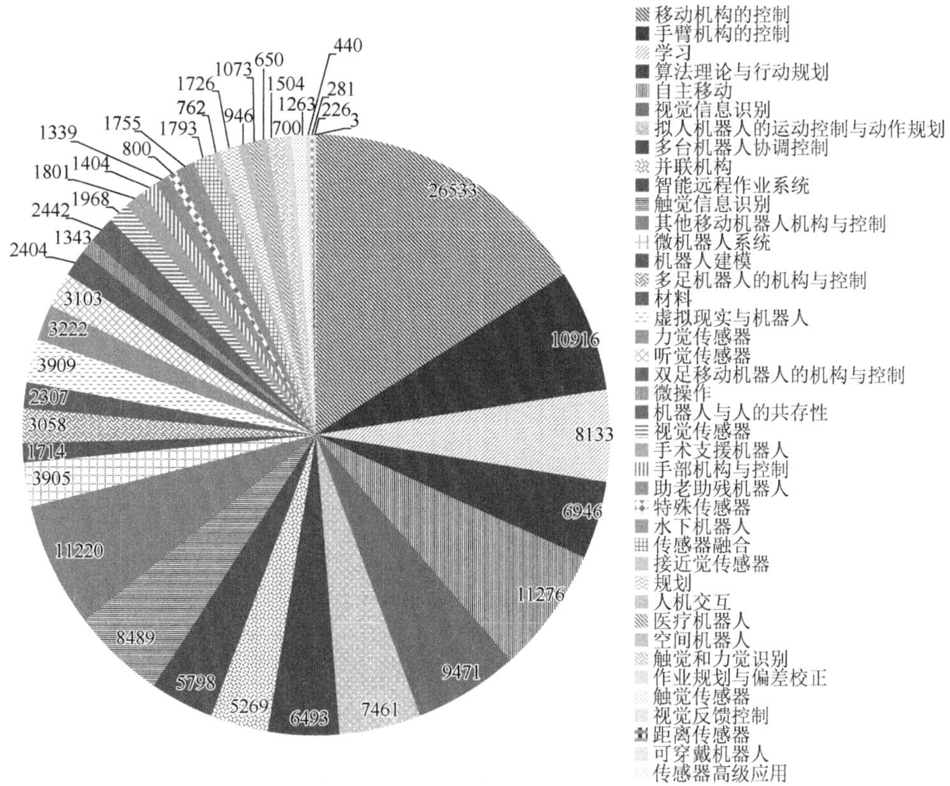

(b) 专利

图 15-3　机器人技术论文专利分类结果（见彩图）

资料来源：改编自周源等（2018）的相关研究。

15.3.2　主题提取与关键技术方向和二级方向确定

在对机器人论文专利数据进行主题提取前，需要对分类数据进行处理，因为主题提取的过程实质上是一个对上述 41 个小类的数据进行无监督聚类的过程，样本不再是一篇篇的论文专利，而是这 41 个小类中每一个类别。因此，需将每个类别中的所有论文专利的摘要合并成一个样本，然后采用 Topic Model 的 LDA 算法进行主题提取。选择的主题词的数量为 10 个，迭代次数为 100 次。Topic 数量定在 10～20，计算结果由专家小组进行判断，认为当 topic 数量为 12 时，聚类的情况最为符合机器人领域的实际情况。主题提取后，从每个 topic 下提取 100 个关键词，每个关键词下有该 topic 属于这个关键词的概率值，部分结果如表 15-3 所示。

表 15-3　基于 Topic Model 的机器人技术主题提取结果

人机共融的工业机器人技术	robot	input	claim	code	mood	means	system	method	information	double
	0.011 446	0.009 758	0.008 994	0.007 643	0.007 341	0.007 110	0.007 057	0.007 021	0.006 826	0.006 293
空间探索机器人技术	device	control	rotor	system	cleaning	ship	robot	motion	connected	claim
	0.012 546	0.012 023	0.011 431	0.010 839	0.009 654	0.009 515	0.008 052	0.007 947	0.007 250	0.006 972
专科手术机器人技术	system	claim	robot	medication	control	distal	method	shaft	position	connected
	0.017 658	0.012 522	0.010 155	0.008 996	0.008 830	0.008 049	0.007 457	0.007 031	0.006 818	0.006 629
基于云计算的机器人技术	robot	method	control	step	claim	system	information	corp	floc	image
	0.018 905	0.014 675	0.010 902	0.010 544	0.009 665	0.007 876	0.007 323	0.007 193	0.007 063	0.006 868
基于脑科学和脑认知的机器人技术	control	module	method	claim	welding	system	robot	time	connected	tool
	0.018 128	0.010 684	0.010 495	0.009 975	0.009 691	0.008 959	0.006 407	0.006 336	0.005 958	0.005 934
极端环境机器人技术	control	system	module	device	method	claim	robot	capillary	vehicle	power
	0.020 921	0.016 277	0.011 828	0.011 243	0.010 658	0.010 228	0.009 136	0.008 745	0.008 199	0.007 262
微纳操作机器人技术	member	finger	support	tool	connected	claim	respective	device	means	contact
	0.016 348	0.013 398	0.013 204	0.012 738	0.008 234	0.008 157	0.007 613	0.007 031	0.006 992	0.006 876
基于生命/机电系统融合的新型感知技术	system	device	claim	method	control	laser	light	position	point	connected
	0.011 055	0.009 203	0.008 308	0.008 267	0.005 338	0.005 053	0.004 836	0.004 524	0.004 361	0.004 293
助老助残机器人技术	joint	claim	optical	module	means	code	gear	bending	reading	turning
	0.016 836	0.010 200	0.009 568	0.009 138	0.009 051	0.008 707	0.008 161	0.007 558	0.007 500	0.007 155
机器人自主行为技术	claim	upper	lower	means	system	output	method	manipulator	body	front
	0.012 358	0.008 999	0.008 070	0.008 049	0.007 669	0.007 162	0.006 338	0.005 472	0.005 324	0.005 282
混合型海洋机器人技术	claim	energy	water	apparatus	robotic	device	power	comprises	sampling	system
	0.011 885	0.007 150	0.006 451	0.006 338	0.005 729	0.005 526	0.005 414	0.005 120	0.005 120	0.005 098
工业多机器人智能协作技术	robot	claim	articles	method	time	gripper	member	means	moving	apparatus
	0.008 763	0.008 024	0.007 114	0.006 773	0.006 318	0.006 261	0.005 976	0.005 920	0.005 749	0.004 953

资料来源：改编自周源等（2018）的相关研究

然后由专家小组对每一个类别进行命名，并选择十个主题词作为该类的关键词，在对应类别的专利论文数据中检索，提取包含这些主题词的词组。将出现频率超过 5 的高频词组提供给专家小组，专家小组选择出最多五个词组作为该关键技术的二级方向。表 15-4 为通过专家小组讨论确定的关键技术清单。

表 15-4　基于主题模型识别的关键技术清单

序号	关键技术	二级方向
1	人机共融的工业机器人技术	人机共融、协作、安全交互、柔性制造系统
2	空间探索机器人技术	空间机器人、遥操作、大时延
3	专科手术机器人技术	高安全裕度、生理信号检测、器械动态跟踪
4	基于云计算的机器人技术	云计算、云服务、开放式控制
5	基于脑科学和脑认知的机器人技术	大脑高级功能、神经网络芯片、脑智
6	极端环境机器人技术	极端环境、环境约束、灾害应对、反恐救援
7	微纳操作机器人技术	微纳操作目标、纳米观测、无线供能、纳米装配
8	基于生命/机电系统融合的新型感知技术	生命机电融合、精确感知
9	助老助残机器人技术	功能重建、运动意图识别、可穿戴、外骨骼机器人
10	机器人自主行为技术	环境认知、行为决策、自主学习、自主移动
11	混合型海洋机器人技术	海洋机器人、水下自主机器人、导航定位和探测、水下环境感知和建模
12	工业多机器人智能协作技术	新一代工业机器人、群体机器人系统、分布规划

资料来源：改编自周源等（2018）的相关研究

15.3.3　新兴技术遴选与模式识别

1. 一级新兴技术方向识别

通过计算这 12 项关键技术的论文和专利引用率每年的变化趋势，引用率 = 引用量/发表篇数，同时比较论文和专利引用率之间的关系，判断这些技术可能的新兴模式，最后由专家小组判断识别出的新兴模式是否正确。每项技术计算出的论文和专利引用率每年变化趋势如图 15-4 所示。

其中，论文引用率在大多数情况下每年都在增长，表明这些技术的科学研究积累越来越充分，向产业转移的可能性越来越高，而专利引用率在近年来呈现下降趋势，表明这些技术在技术层面的新颖性越来越强，与该领域原有技术的差异性越来越大。根据每项技术论文专利每年变化趋势的差异，可以将识别出的新兴技术分为以下三类。

（1）论文引用率高于专利引用率，说明科学研究积累充分，技术开发新颖性强，是潜在的以全新技术驱动的新兴模式，如 1、5、6、9、10、11、12。

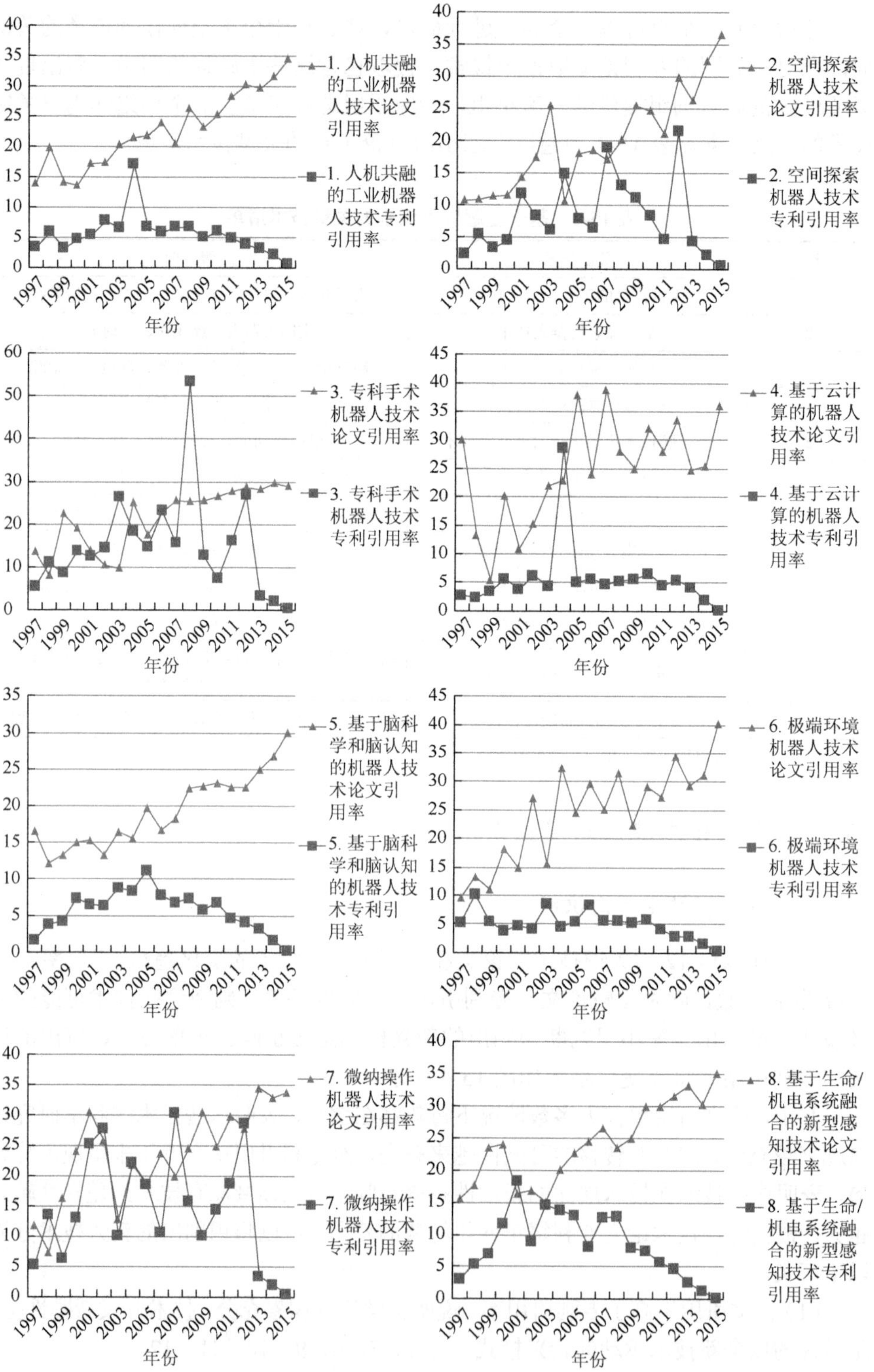
1. 人机共融的工业机器人技术论文引用率
1. 人机共融的工业机器人技术专利引用率
年份
2. 空间探索机器人技术论文引用率
2. 空间探索机器人技术专利引用率
年份
3. 专科手术机器人技术论文引用率
3. 专科手术机器人技术专利引用率
年份
4. 基于云计算的机器人技术论文引用率
4. 基于云计算的机器人技术专利引用率
年份
5. 基于脑科学和脑认知的机器人技术论文引用率
5. 基于脑科学和脑认知的机器人技术专利引用率
年份
6. 极端环境机器人技术论文引用率
6. 极端环境机器人技术专利引用率
年份
7. 微纳操作机器人技术论文引用率
7. 微纳操作机器人技术专利引用率
年份
8. 基于生命/机电系统融合的新型感知技术论文引用率
8. 基于生命/机电系统融合的新型感知技术专利引用率
年份

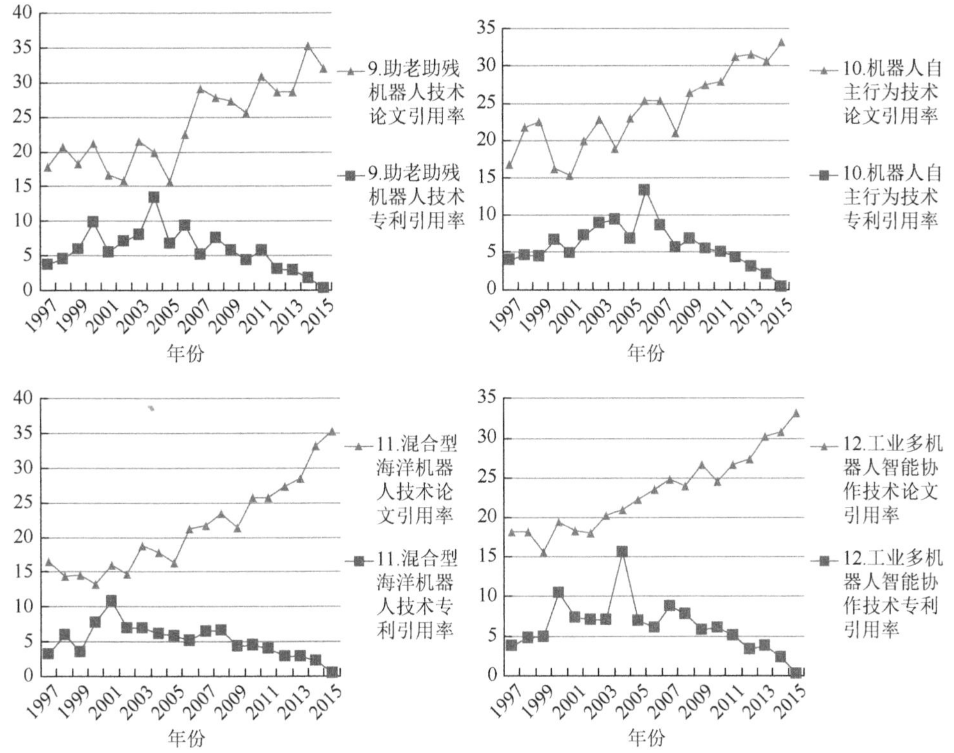

图 15-4　新兴技术论文和专利引用率每年变化趋势

资料来源：改编自周源等（2018）的相关研究

（2）论文引用率与专利引用率涨跌互现，说明科学研究与技术开发相互促进明显，是潜在的通过多种现有技术融合实现的新兴模式，如 2、4、7。

（3）论文引用率峰值低于专利引用率峰值，说明虽然技术在不断进步，但科学研究积累不够充分，技术开发新颖性不够强，通过性能的持续提升推动的渐进式技术，而非新兴技术，如 3。

最终，通过专家小组讨论，认为识别出的新兴模式基本正确。因此，新兴技术关键技术列表去掉专科手术机器人及其三项二级方向，缩减为 11 项。

2. 二级新兴技术方向识别

对所有二级方向进行相同的计算，以分析二级方向的技术发展模式。以空间探索机器人技术为例，获取空间机器人、遥操作、大时延三个方向的论文专利，计算其引用率每年的变化趋势，结果如图 15-5 所示。

空间机器人方向论文引用率的峰值未超越专利引用率峰值，因此判断为模式三，是渐进式关键技术而非新兴技术；遥操作方向专利引用率在早期较高，而论

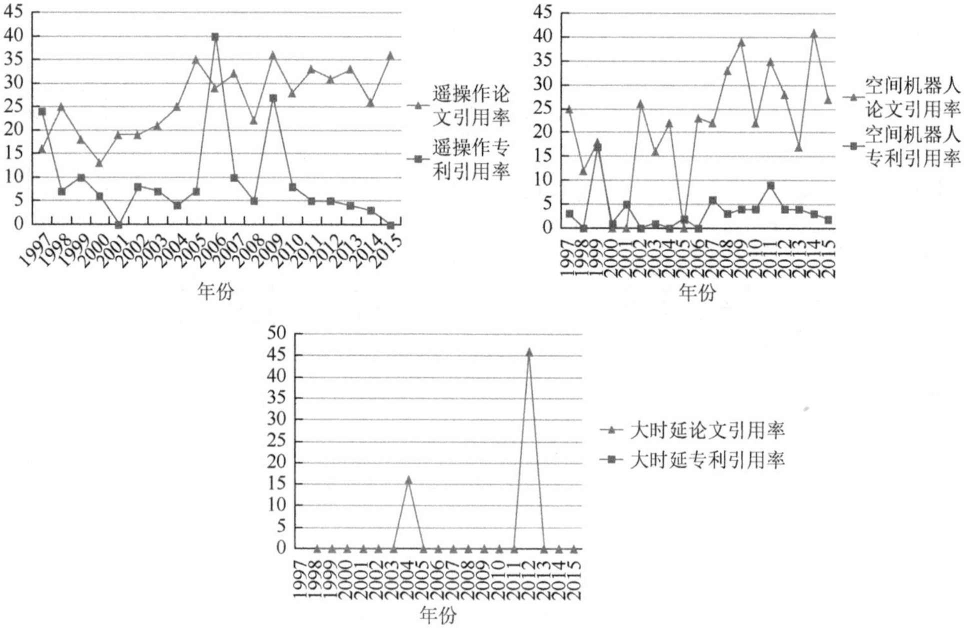

图 15-5　空间机器人论文和专利引用率每年变化趋势

文引用率近年来一直高于专利引用率，因此判断为模式二，是潜在的通过技术融合实现的新兴模式；大时延方向只在论文数据中出现，虽然数量较少，但引用率非常高，而这一技术在专利数据中还未出现，因此判断为模式一，是以全新技术驱动的新兴模式。

3. 小结

通过上述分析，最终共识别出机器人 11 项新兴技术，同时，为这些新兴技术提供了 41 项二级方向。在以空间探索机器人技术为例的二级方向分析中，识别出的二级方向分别为空间机器人、遥操作、大时延，这些二级方向分别从机器人本体、控制、制约技术发展的关键问题等方面为上级新兴技术系统地提供发展方向的支撑。总之，二级方向中有 20 个模式一的新兴技术，有 16 个模式二的新兴技术，有 5 个不是新兴技术。空间探索机器人技术之外的变化趋势图，详见本章附录。通过二级技术方向分析，院士专家小组经过讨论，进一步遴选新兴技术方向，最终选出 36 项新兴技术二级方向。

15.3.4　结果有效性分析

经专家小组评估认定，相比于传统新兴技术识别的结果，本章通过对全领域论文专利的数据挖掘与分析，得到的结果更加全面，也有更多的客观数据作为支撑，分为一级 11 项二级 36 项两层的新兴技术，具有更好的颗粒度一致性，同时，一级方向、二级方向的分析互相支撑，更系统地描述技术未来的发展方向，很好地克服了主观偏误性，以及技术专家依赖性带来的知识固化从而沿既有技术范式进行预测的问题。

在全面深入地分析数据的同时，机器人领域的院士专家组成专家小组持续稳定参与全过程。比较传统德尔菲法所遴选的新兴技术列表，这个技术识别的结果更全面深入与客观，并且突出了可能的新兴模式，为下一步的新兴技术前沿与路径发展趋势分析打好了基础，得到了专家小组的一致认同。

15.4 本章小结

本章提出了一个融合数据挖掘与专家小组决策技术预见的研究框架来识别工程科技领域的新兴技术。语义数据挖掘方法用于识别科学技术领域的主要创新和分析这些创新的历史发展情况，专家小组方法用于识别和判断这些创新成为新兴技术的可能性和潜在的新兴模式。作为实证研究，机器人技术预见项目的执行证明了本章研究框架与方法的有效性和适应性。本章对机器人技术领域的论文专利等文本进行挖掘分析，同时还为新兴技术的识别提供了新方法与新思路。主要总结如下。

第一，本章提出了一个用于工程科技领域新兴技术识别的分类—主题—识别三步骤新流程框架。本章对比了与其他新兴技术识别研究的差异，如表 15-5 所示。相比于其他定量方法，本章有针对性地引入了 Topic Model 主题建模方法，更有效地识别论文专利中的主题。

表 15-5　新兴技术识别研究方法对比

方法	描述
定性方法	通过德尔菲法、情景分析法、路线图法、头脑风暴法、需求分析法等定性方法，仅依靠专家自身有限的领域知识对技术发展进行分析、研究和预测
定量方法	通过文献计量、专利分析法、趋势外推法等定量方法，对技术发展演变、技术发展水平以及技术发展趋势进行分析，但难以批量化地处理数据，而且与专家的结合不够紧密
数据挖掘 + 专家小组	能够处理全领域海量论文专利数据，深度挖掘其文本信息，与专家小组紧密结合，充分发挥文本数据挖掘和专家知识的优势，对新兴技术进行识别，并预测技术的新兴模式

资料来源：改编自周源等（2018）的相关研究

第二，本章基于机器学习算法对全领域海量论文专利进行分析。无论是数据处理的空间复杂度，还是时间复杂度，相比以往的研究都有所突破，随着近年来领域内论文专利等文本数据数量呈指数型增长，对分析的时效性要求也与日俱增，例如，机器人领域论文专利数据已经达到以十万计的数量级别，人工方法处理数据的能力难以跟上数据产生的速度，本章提出的基于机器学习的数据挖掘方法，极大地提高了数据处理的效率，使全领域海量数据用于创新管理与知识管理等领域成为可能。

第三，本章提出将专家小组与机器学习结合的交互机制。将专家小组的知识与判断分别作为先验知识与后验知识融入机器学习过程，从五个方面优化了机器学习的结果：确定论文专利数据范围，提高数据集的质量，减少海量数据中数据噪声；提供高质量训练集，进行基础技术类别划分，提高有监督机器学习算法的结果准确性；确定聚类主题，识别关键技术，提高了无监督机器学习的输出结果的可解释性；选择高频词组作为二级方向，避免机器学习缺乏先验知识造成准确率不高的问题；判断新兴技术及其模式，提高了机器学习对未来预测的有效性。

第四，本章通过对机器人技术全领域论文专利数据进行主题模型识别，并与机器人领域权威专家形成的专家小组结合，有效地识别出多项机器人领域未来可能的新兴技术，并给出潜在新兴模式的判断，为我国机器人技术的政策制定与产业发展提供有效的参考。

参 考 文 献

陈峰, 2007. 日本第八次技术预见方法的创新. 中国科技论坛, (8): 132-135.

董放, 刘宇飞, 周源, 2017. 基于 LDA-SVM 论文摘要多分类新兴技术预测. 情报杂志, 36(7): 40-45.

穆荣平, 任中保, 袁思达, 等, 2006. 中国未来 20 年技术预见德尔菲调查方法研究. 科研管理, 27(1): 1-7.

周源, 刘宇飞, 薛澜, 2018. 一种基于机器学习的新兴技术识别方法: 以机器人技术为例. 情报学报, 37(9): 939-955.

左晓利, 许晔, 2012. 日本第九次技术预测及启示. 全国技术预见学术研讨会.

Barnes S J, Mattsson J, 2016. Understanding current and future issues in collaborative consumption: A four-stage Delphi study. Technological Forecasting and Social Change, 104: 200-211.

Bergmann I, Butzke D, Walter L, et al., 2008. Evaluating the risk of patent infringement by means of semantic patent analysis: The case of DNA Chips. R&D Management, 38(5): 550-562.

Cho Y, Yoon S P, Kim K S, 2016. An industrial technology roadmap for supporting public R&D planning. Technological Forecasting and Social Change, 107: 1-12.

Choi S, Yoon J, Kim K, et al., 2011. SAO network analysis of patents for technology trends identification: A case study of polymer electrolyte membrane technology in proton exchange membrane fuel cells. Scientometrics, 88(3): 863-883.

Dramé K, Mougin F, Diallo G, 2016. Large scale biomedical texts classification: A kNN and an ESA-based approaches. Journal of Biomedical Semantics, 7(1): 1-12.

Duriau V J, Reger R K, Pfarrer M D, 2007. A content analysis of the content analysis literature in organization studies: Research themes, data sources, and methodological refinements. Organizational Research Methods, 10(1): 5-34.

Furukawa T, Mori K, Arino K, et al., 2015. Identifying the evolutionary process of emerging technologies: A chronological network analysis of World Wide Web conference sessions. Technological Forecasting and Social Change, 91: 280-294.

Haddoud M, Mokhtari A, Lecroq T, et al., 2016. Combining supervised term-weighting metrics for SVM text classification with extended term representation. Knowledge and Information Systems, 49(3): 909-931.

Hong T P, Lin C W, Yang K T, et al., 2013. Using TF-IDF to hide sensitive itemsets. Applied Intelligence, 38(4): 502-510.

Jiang L X, Li C Q, Wang S S, et al., 2016. Deep feature weighting for naive Bayes and its application to text classification. Engineering Applications of Artificial Intelligence, 52(C): 26-39.

Jun S, 2011. A forecasting model for technological trend using unsupervised learning. Communications in Computer and Information Science, 258: 51-60.

Kim Y G, Suh J H, Park S C, 2008. Visualization of patent analysis for emerging technology. Expert Systems with Applications, 34(3): 1804-1812.

Lehmann J, Isele R, Jakob M, et al., 2015. DBpedia: A large-scale, multilingual knowledge base extracted from Wikipedia. Semantic Web, 6(2): 167-195.

Liu H Y, Yu J N, Xu J, et al., 2007. Identification of key oil refining technologies for China National Petroleum Co.(CNPC). Energy Policy, 35(4): 2635-2647.

Martin B, 1996. Technology foresight: A review of recent government exercises. OECD STI Review, 17: 15-50.

Moehrle M G, Walter L, Geritz A, et al., 2005. Patent-based inventor profiles as a basis for human resource decisions in research and development. R&D Management, 35(5): 513-524.

Panigrahi S S, Mantri J K, 2015. A text based Decision Tree model for stock market forecasting. The 2015 International Conference on Green Computing and Internet of Things :405-411.

Park H, Ree J J, Kim K, 2012. An SAO-based approach to patent evaluation using TRIZ evolution trends. IEEE International Conference on Management of Innovation and Technology ICMIT. 10.1109/ICMIT.2012.6225873.

Park H, Ree J J, Kim K, 2013. Identification of promising patents for technology transfers using TRIZ evolution trends. Expert Systems with Applications, 40(2): 736-743.

Patri A, Patnaik Y, 2015. Random forest and stochastic gradient tree boosting based approach for the prediction of airfoil self-noise. Procedia Computer Science, 46: 109-121.

Piskorski J, Yangarber R, 2012. Information Extraction: Past, Present and Future. 10.1007/978-3-642-28569-1_2.

Ramage D, Hall D, Nallapati R, et al., 2009. Labeled LDA: A supervised topic model for credit attribution in multi-labeled corpora. Conference on Empirical Methods in Natural Language Processing, 1: 248-256.

Shin T, 2001. Delphi study at the multi-country level: Gains and limitations. NISTEP Study Material, 77: 161-172.

Steyvers M, Smyth P, Rosen-Zvi M, et al., 2004. Probabilistic author-topic models for information discovery. The Tenth ACM SIGKDD International Conference on Knowledge Discovery and Data Mining. New York: ACM Press.

Tantanasiriwong S, Haruechaiyasak C, 2013. Patent citation recommendation based on topic model expansion. The Second Asian Conference on Information Systems: 316-319.

Tichy G, 2004. The over-optimism among experts in assessment and foresight. Technological Forecasting and Social Change, 71(4): 341-363.

Tseng Y H, Lin C J, Lin Y I, 2007. Text mining techniques for patent analysis. Information Processing and Management, 43(5): 1216-1247.

Tsourikov V M, Batchilo L S, Sovpel I V, 2000. Document semantic analysis/selection with knowledge creativity capability utilizing subject-action-object(SAO)structures. U.S. Patent 6. 167. 370.

Venugopalan S, Rai V, 2015. Topic based classification and pattern identification in patents. Technological Forecasting and Social Change, 94: 236-250.

Wang M Y, Fang S C, Chang Y H, 2015. Exploring technological opportunities by mining the gaps between science and technology: Microalgal biofuels. Technological Forecasting and Social Change, 92: 182-195.

Wang Y, Liu J, Qu J S, et al., 2014. Hashtag graph based topic model for tweet mining. IEEE International Conference on Data Mining. ICDM.1025-1030. 10.1109.

Yeo W, Kim S, Park H, et al., 2015. A bibliometric method for measuring the degree of technological innovation. Technological Forecasting and Social Change, 95: 152-162.

Yoon J, Choi S, Kim K, 2011. Invention property-function network analysis of patents: A case of silicon-based thin film solar cells. Scientometrics, 86(3): 687-703.

Yoon J, Kim K, 2011. Identifying rapidly evolving technological trends for R&D planning using SAO-based semantic patent networks. Scientometrics, 88(1): 213-228.

Zhang Y, Zhou X, Porter A L, et al., 2014. How to combine term clumping and technology roadmapping for newly emerging science & technology competitive intelligence: Problem & solution pattern based semantic TRIZ tool and case study. Scientometrics, 101(2): 1375-1389.

本 章 附 录

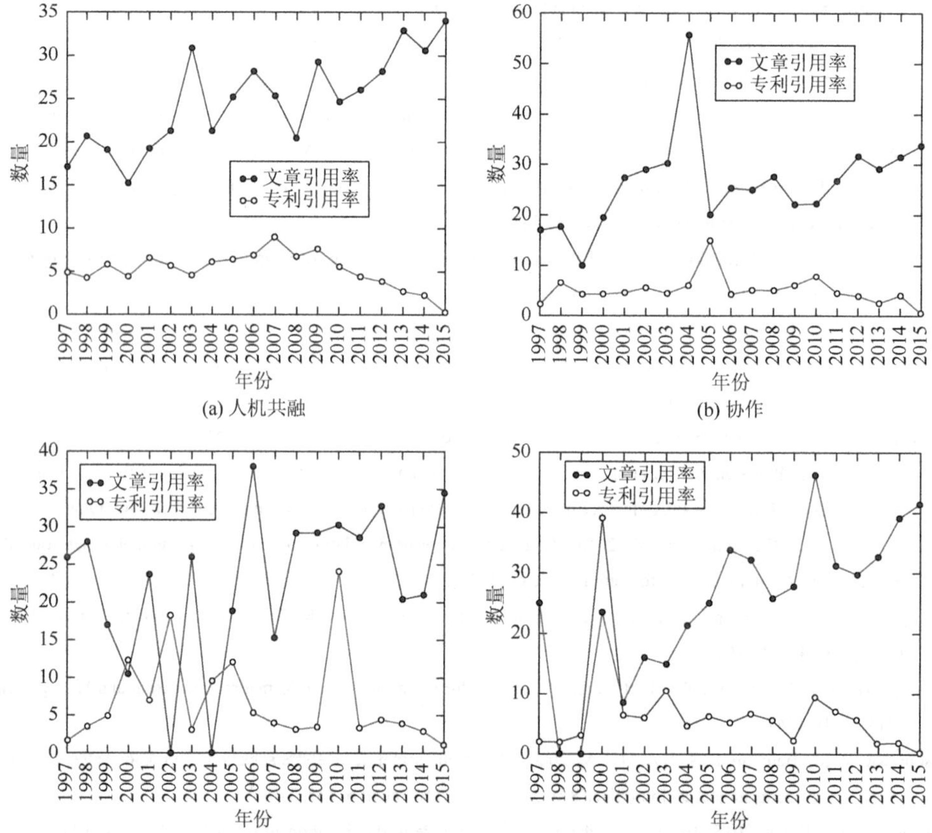

(a) 人机共融　(b) 协作　(c) 安全交互　(d) 柔性制造系统

附图 15-1　人机共融的工业机器人技术二级方向引用率趋势变化图

资料来源：改编自周源等（2018）的相关研究

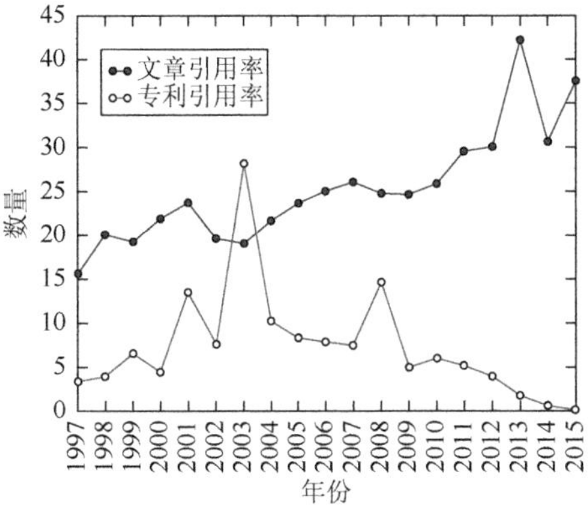

(a) 高安全裕度

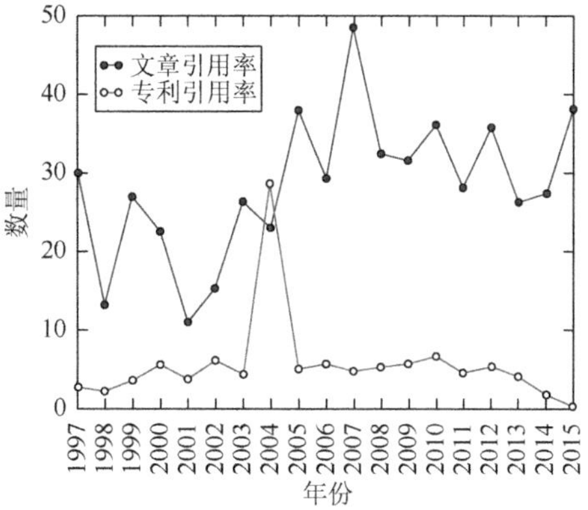

(b) 生理信号检测

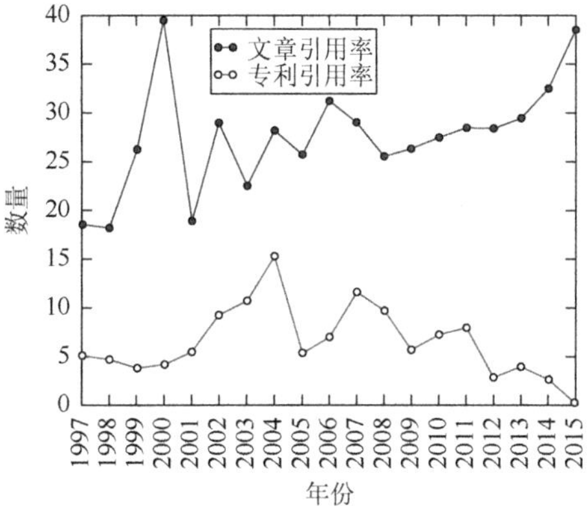

(c) 器械动态跟踪

附图 15-2　专科手术机器人技术二级方向引用率趋势变化图

资料来源：改编自周源等（2018）的相关研究

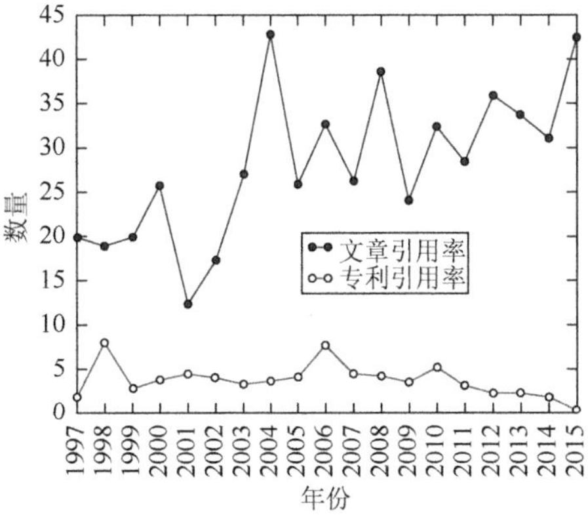

(a) 云计算

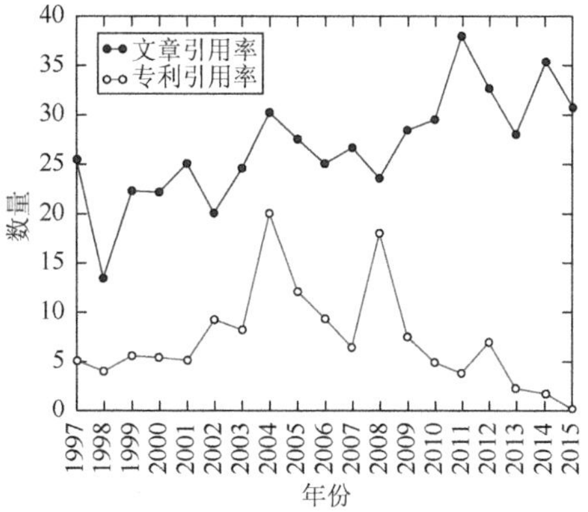

(b) 云服务

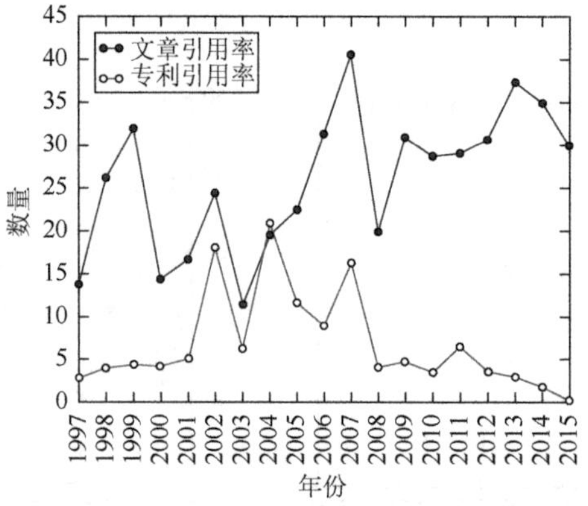

(c) 开放式控制

附图 15-3　基于云计算的机器人技术二级方向引用率趋势变化图

资料来源：改编自周源等（2018）的相关研究

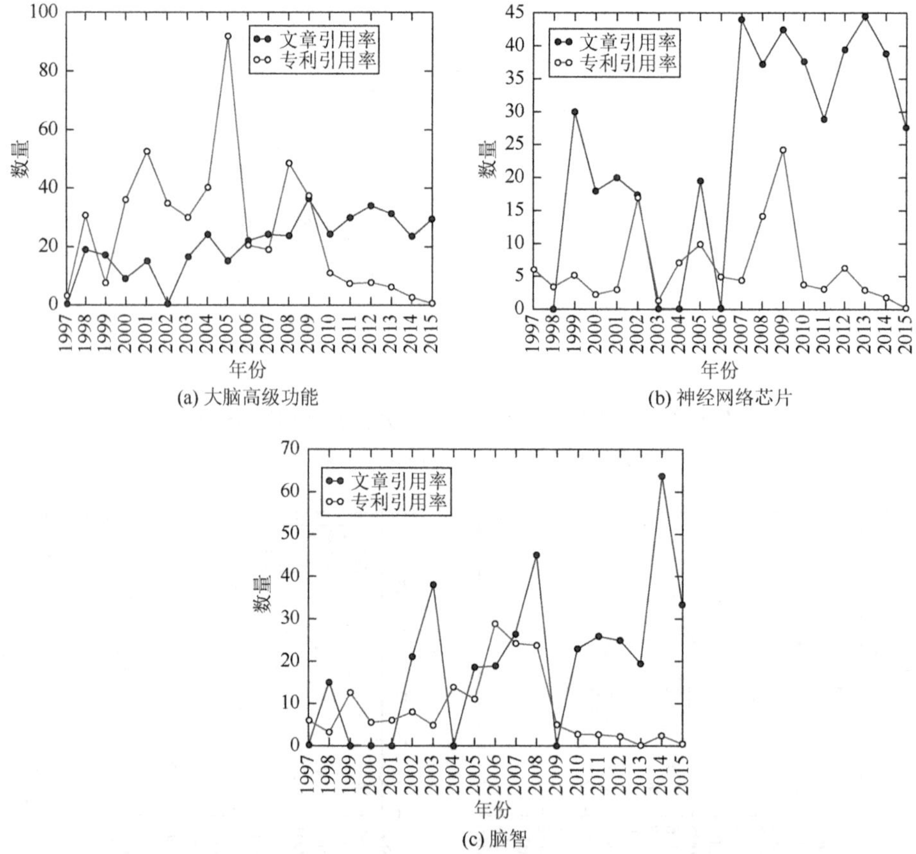

附图 15-4　基于脑科学和脑认知的机器人技术二级方向引用率趋势变化图

资料来源：改编自周源等（2018）的相关研究

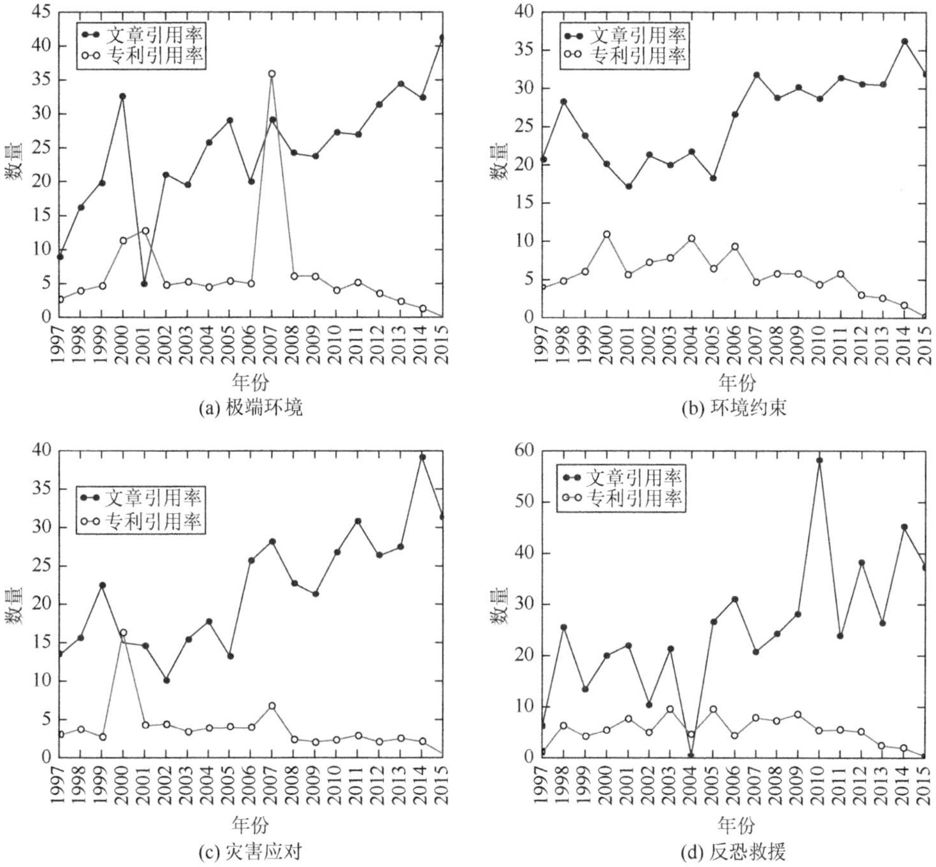

(a) 极端环境　　(b) 环境约束

(c) 灾害应对　　(d) 反恐救援

附图 15-5　极端环境机器人技术二级方向引用率趋势变化图

资料来源：改编自周源等（2018）的相关研究

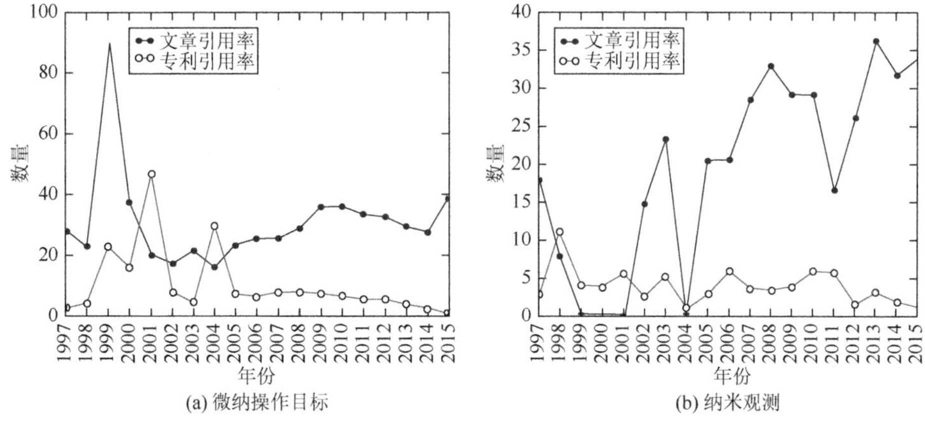

(a) 微纳操作目标　　(b) 纳米观测

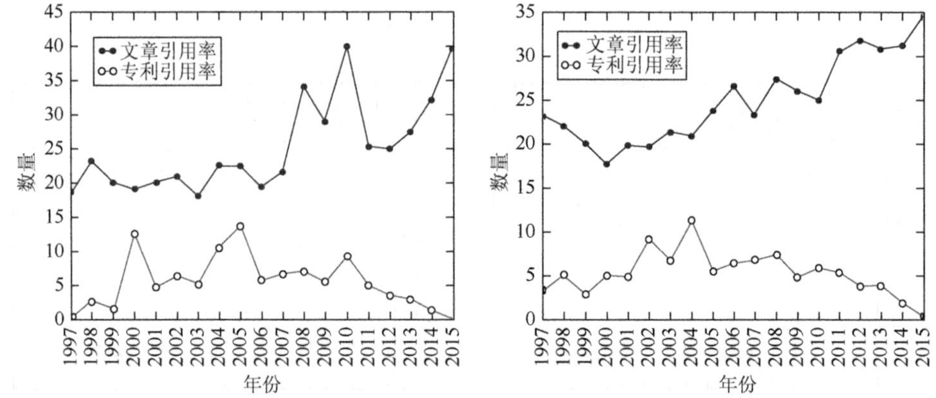

(c) 无线供能　　(d) 纳米装配

附图 15-6　微纳操作机器人技术二级方向引用率趋势变化图

资料来源：改编自周源等（2018）的相关研究

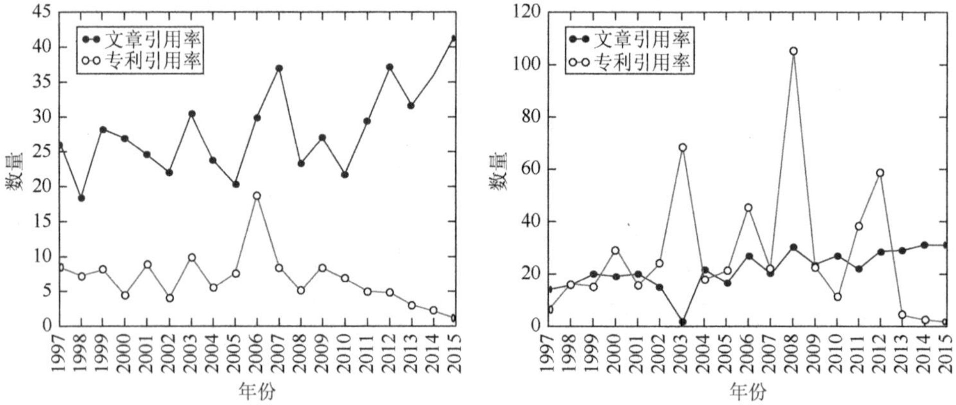

(a) 生命机电融合　　(b) 精确感知

附图 15-7　基于生命/机电系统融合的新型感知技术二级方向引用率趋势变化图

资料来源：改编自周源等（2018）的相关研究

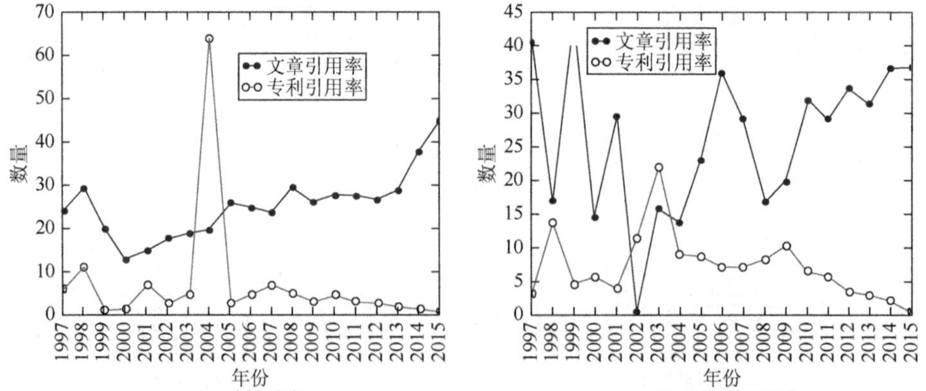

(a) 功能重建　　(b) 运动意图识别

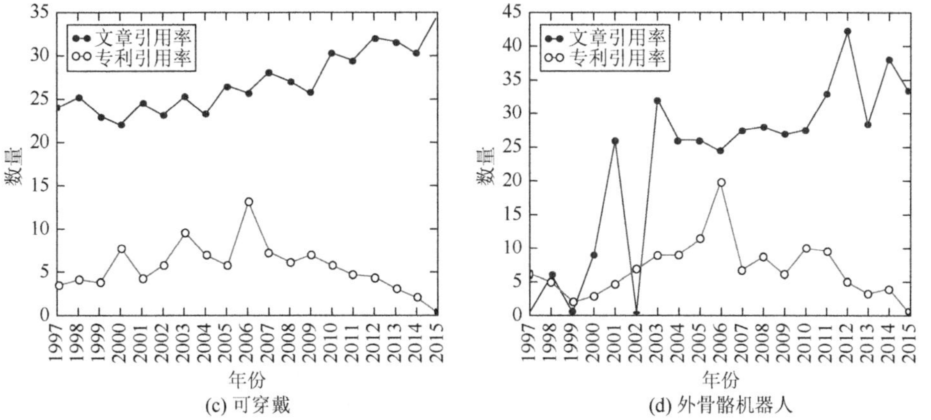

附图 15-8 助老助残机器人技术二级方向引用率趋势变化图

资料来源：改编自周源等（2018）的相关研究

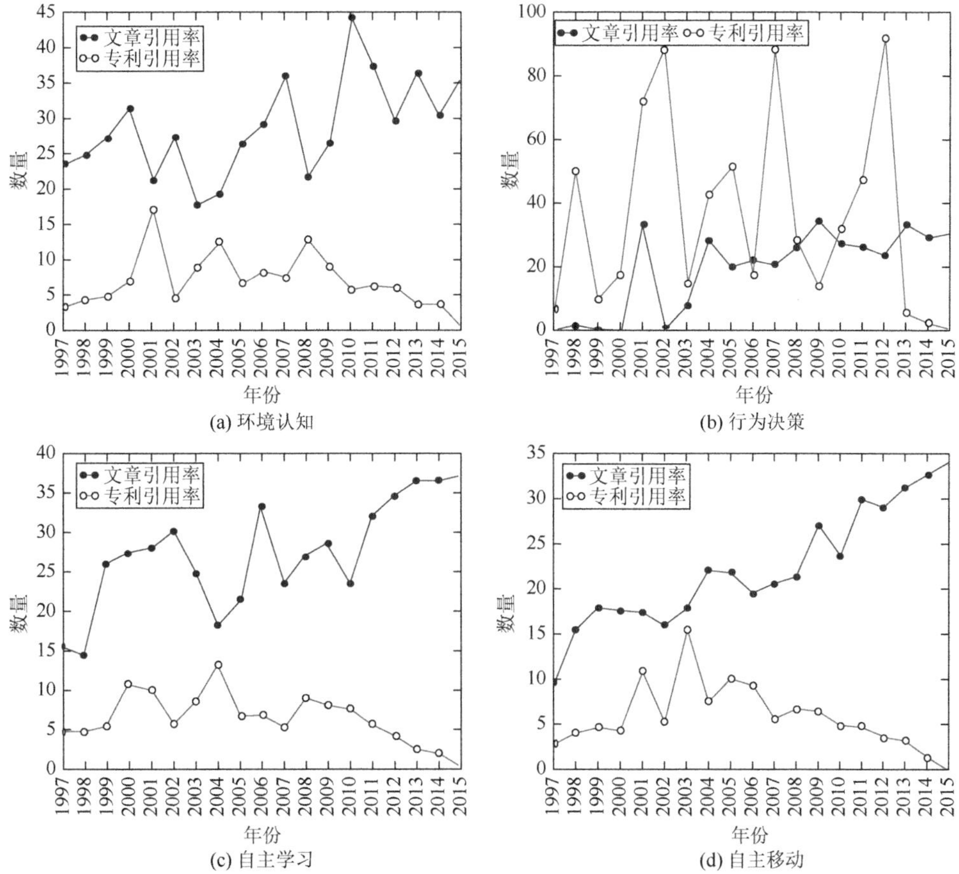

附图 15-9 机器人自主行为技术二级方向引用率趋势变化图

资料来源：改编自周源等（2018）的相关研究

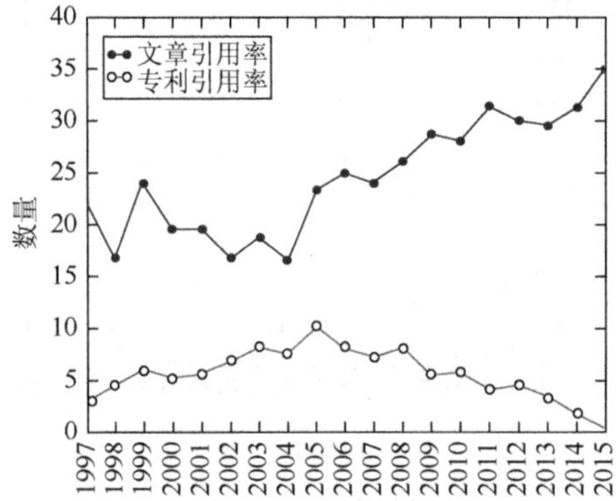

(a) 海洋机器人

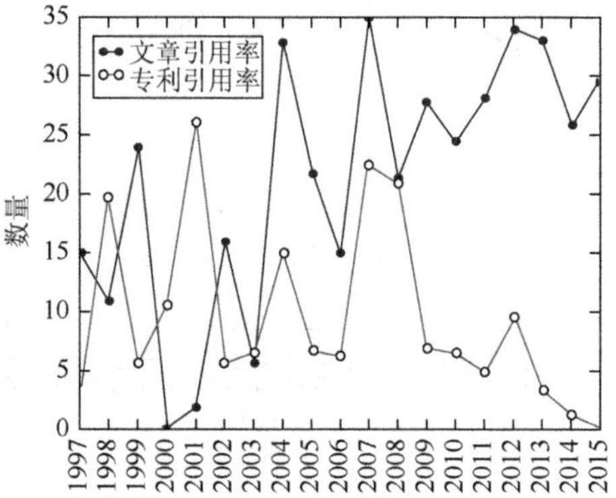

(b) 水下自主机器人

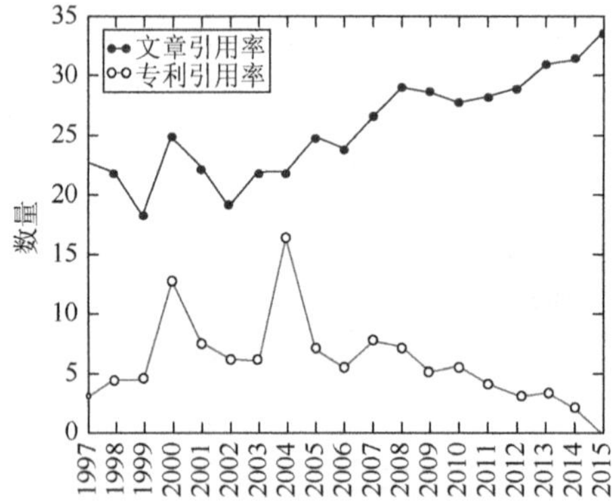

(c) 导航定位和探测

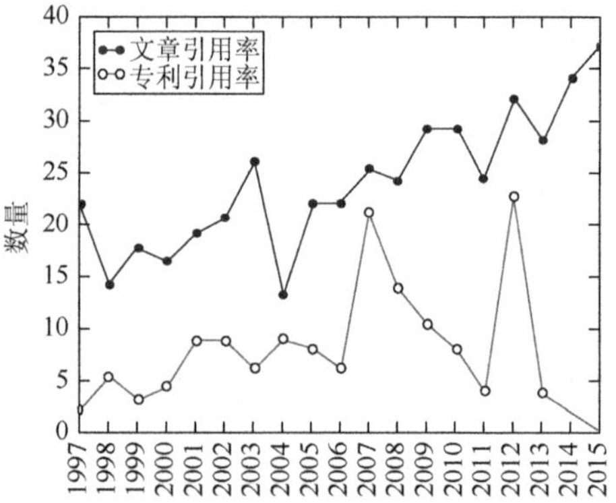

(d) 水下环境感知和建模

附图 15-10　混合型海洋机器人技术二级方向引用率趋势变化图

资料来源：改编自周源等（2018）的相关研究

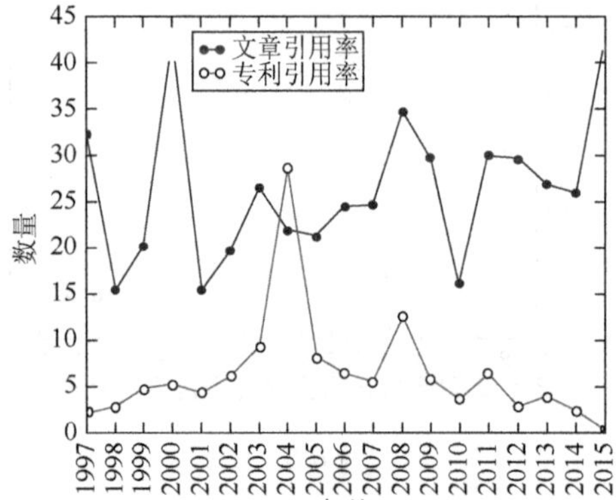

(a) 新一代工业机器人

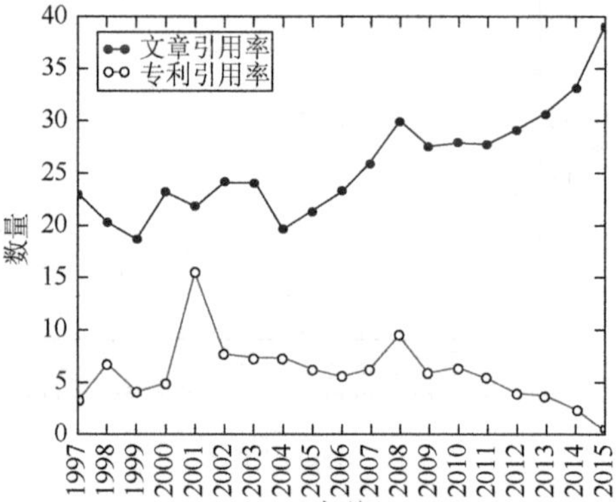

(b) 群体机器人系统

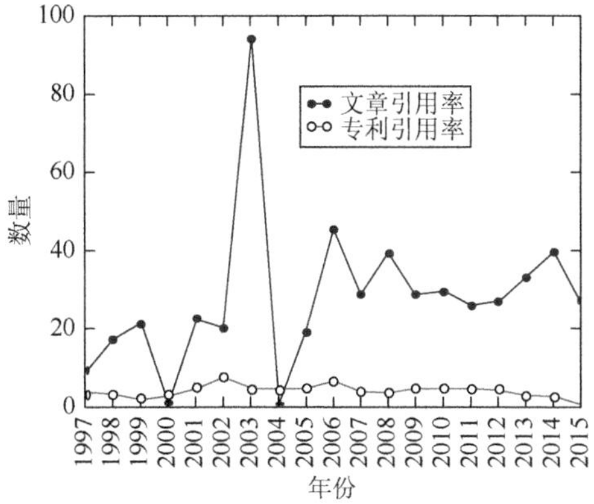

(c) 分布规划

附图 15-11　工业多机器人智能协作技术二级方向引用率趋势变化图

资料来源：改编自周源等（2018）的相关研究

第 16 章　大数据支持路线图之创新差距分析

16.1　创新差距分析方法概述

创新对于“赶超型”国家的发展至关重要（Fan，2006）。后发国家凭借自身优势，紧抓外部机遇，缩小同领先国家的创新差距，我们称为“赶超”。有研究显示，创新是促进发达国家、新兴国家和发展中国家经济增长的重要因素（Pavitt and Walker，1976；Kim，1980；Archibugi et al.，1991；Ernst and Kim，2002；Guan and Chen，2012）。此外，有效扩散创新成果对于处在不同社会经济体制运行时期下的国家的经济发展至关重要（Guan et al.，2005）。在新兴的技术经济范式下，所有国家都处于同一起跑线，创新能力可成为赶超的动力（Schumpeter，1942）。后发国家可通过跨越式发展或技术前沿的直接创新赶超先发国家。

创新是多重因素的综合结果，仅根据单一指标难以评估创新。传统研究通常采用案例研究方法来识别后发国家与先发国家之间的创新能力差距（Joachims，1998；Fan，2006；Fu et al.，2011；Choung et al.，2014；Rogo et al.，2014；Gao，2015；Ernst，2016）。基于问卷调查的量化分析是为评估创新能力及创新差距的另一种有效方法（Vecchi and Brennan，2009；Anderson et al.，2013；Guan and Yam，2015；Wu et al.，2016）。但案例和受访者的选择很容易影响案例研究或问卷调查的结果。另一类量化分析方法则是基于专利、期刊文章、新闻、经济等数据的定量分析，聚焦于创新能力和创新扩散效率（Mellor and Hyland，2005；Fu and Yang，2009；Liu and Zhi，2010；Robinson and Miyazaki，2013；Castellacci and Natera，2016；Oura et al.，2016；Shao and Lin，2016）。

专利数据可有效表示创新绩效，包含对产品、流程和技术创新的描述，远比新产品销售额等替代性衡量指标更为精确（Jaffe et al.，1993；Acs et al.，2002；Fu，2008；Choi et al.，2011；Usai，2011；Hong and Su，2013；Wang and Lin，2013）。先前研究通常选用单一指标来表征各国的创新能力，如引用次数（Harhoff et al.，2003；Guan and Gao，2009；Liu and Zhi，2010）、出版文献数量（Fu and Yang，2009）、权利要求（Tong and Frame，1994；OuYang and Weng，2011）、专利申请国（Harhoff and Hoisl，2007；Ernst and Omland，2011；Meyer et al.，2011）等专利字段数据。这些研究通常假设专利的质量

或数量可用单一维度中的单一指标来指代。然而，专利质量是不同专利特性综合体现的结果。目前的多标准方法，如层次分析法，大多基于专家评估测得的不同指标权重，对各国的创新差距进行定性分析。在专利分析方面，由于专利所属的技术类别、优先权专利的所属国家以及专利发表时间的多样性，导致不同条件下的指标权重不一，无法批量使用大规模的专利数据对创新差距进行评估。

因此，本章提出一种新的方法——基于支持向量机的机器学习方法来辨识优质专利，并基于优质专利评估不同国家的新兴技术产业的创新差距。支持向量机是一种广泛采用的有监督式学习方法，利用算法根据训练集对专利进行分类（Venugopalan and Rai，2015）。根据专家知识，选择一个类别为训练集（包括两类：一个正面类别、一个负面类别）来判定专利类别。正面类别中的所有专利都确保为质量较高的专利，同样，负面类别中的所有专利都确保为质量较低的专利。专家在评判专利是否优质时要考虑多个专利特征，虽然不是每个优质专利都需要专家进行评判，但是专家能够保证划分在正面类别中的优质专利的质量。此外，支持向量机在处理海量数据方面具有绝对优势。

国家创新是一项综合能力，涉及多项属性。本章基于支持向量机的机器学习方法，从平台技术拥有情况（the ownership of platform technologies，OPT）、全球化意愿（globalization intention，GI）、国际知识地位（international knowledge position，IKP）、产学联系（university-industry linkage，UIL）、跨学科技术发展（cross-disciplinary technology development，CTD）五个视角来评估工业机器人领域发展中国家和发达国家的创新差距，通过因子设计分析探究哪些方向更值得关注（Meyer et al.，2011；Beck-Broichsitter et al.，2012）。并回答以下问题。

第一，是否可以使用基于支持向量机的机器学习方法对创新差距进行量化评估？

第二，在工业机器人领域，美国、日本、德国和中国之间是否存在创新差距？差距会有多大？

第三，其创新差距的未来发展趋势是什么？

16.1.1　用于评估创新差距的机器学习方法流程

先前的创新评估研究大多采用多个属性和具体指标来表征创新能力与效率（Fan，2006；Fu and Yang，2009；Forés and Camisón，2016；Shao and Lin，2016）。

本章使用支持向量机方法进行数据挖掘，以专利数据为基础，忽略特定指标的偏差，评估中国与发达国家的创新差距（图 16-1）。

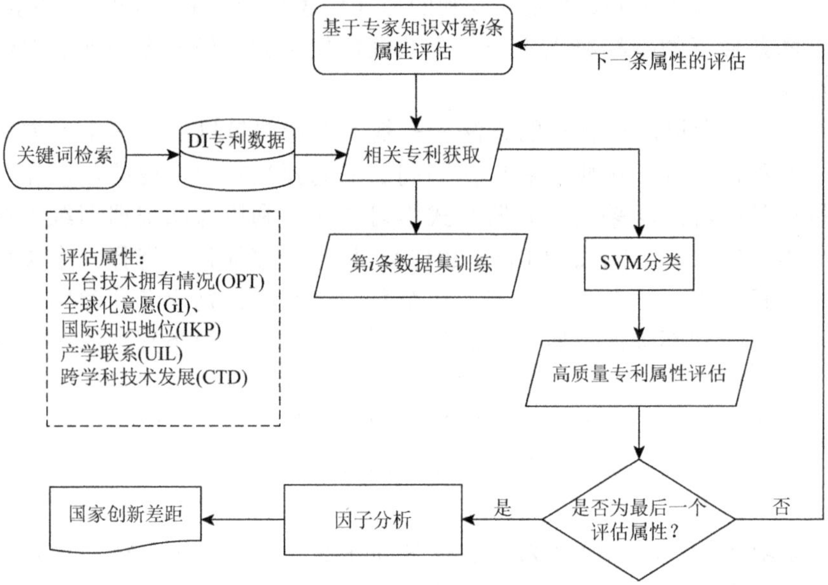

图 16-1　创新差距评估框架

资料来源：改编自 Kong 等（2017）的相关研究

16.1.2　基于支持向量机的机器学习方法

专利活动是创新者保护自身创新成果最主要的方式之一，鉴于申请专利需要花费资源和时间等成本，大家都希望从专利中获得更高商业收益（Pianta and Archibugi，1996）。由于不受保密条款的限制，这些专利信息均可从公开渠道获得。虽然专利数据具有一定的代表性，但并非所有专利都能引发创新（Cohen et al.，2002；Caillaud and Duchêne，2011）。因此，本章利用机器学习方法从专利数据库中分离出对创新贡献更大的专利，以便评估创新差距，本章将这些专利称为优质专利。

机器学习中的支持向量机是一种有监督学习模型，可以对分类分析和回归分析中使用的数据进行分析（Cortes and Vapnik，1995）。与神经网络、二次和线性判别分析或 LDA 等其他机器学习分类器相比，支持向量机在多次分类任务中表现性能更好，专利分类准确度也最高（Joachims，1998；Venugopalan and Rai，2015）。

给定训练样例集（每一个样例都标记到两类中的其中一类，一个正面类别和一个负面类别）下的支持向量机训练算法构建起一个模型，作为非概率二元线性分类器，将新的样例分配到一个类别或另一个类别中。支持向量机模型将样例表示为空间中的点，令各个类别的样例之间显示出明显的差距，这一差距要尽可能大。然后，将新的例子映射入同一空间，根据其属于差距的哪一侧，来预测其所属的类别（Harrington，2012）。

假设特性空间中的训练数据集为

$$T=\{(x_1,y_1),(x_2,y_2),\cdots,(x_N,y_N)\}$$

其中，$x_i\in\chi=R^n$，$y_i\in Y\in\{+1,-1\}$，$i=1,2,\cdots,N$，x_i为第 i 个 x 维度的实向量，y_i为x_i的类别标记。若$y_i=+1$，则x_i为正例；若$y_i=-1$，则x_i为负例。分类器必须发现将 $y_i=+1$ 时的x_i点组与 $y_i=-1$ 时的x_i点组彼此分离的“最大边际超平面”。其目的在于实现超平面与任一组别中最近的x_i点之间距离最大化。超平面可以写成满足以下条件的x_i点集：

$$\omega^*\cdot x+b^*=0$$

其中，ω^*为超平面的（未必归一化）法向量；b^*为截距。相应的分类决策函数可写为

$$f(x)=\text{sign}(\omega^*\cdot x+b^*)$$

16.1.3　新兴产业属性评估

本章基于文献计量等方法，从多个角度评估发达国家与后发国家之间的创新差距以及创新程度，如研发投入（Liu and Zhi，2010；Rogo et al.，2014；Ernst，2016；Wu et al.，2016）、创新能力（Fan，2006；Fu and Yang，2009；Forés and Camisón，2016；Shao and Lin，2016）、创新效率（Fu and Yang，2009；Shao and Lin，2016）。通常研究人员在评估研发投入差距时，往往侧重探究研发投入与创新能力之间的因果关系。本章则专注于国家之间的创新差距，而不考虑研发投入。表 16-1 列出了五大关键属性：平台技术拥有情况（OPT）、全球化意愿（GI）、国际知识地位（IKP）、产学联系（UIL）和跨学科技术发展（CTD）。

表 16-1　用于评估新兴产业创新程度的属性

评估属性	基于案例对创新的研究			基于调查法对创新的研究			基于计量经济学对创新的研究					基于文献计量学对创新的研究						
	Fan (2006)	Rogo 等 (2014)	Gao (2015)	Guan 和 Yam (2015)	Forés 和 Camisón (2016)	Wu 等 (2016)	Corrocher 等(2003)	Fu 和 Yang (2009)	Liu 和 Zhi (2010)	Li 等 (2016)	Castellacci 和 Natera (2016)	Porter 和 Detampel (1995)	Hung 和 Chu(2006)	Srinivasa n(2008)	Bekkers 和 Martinelli (2012)	Wu 和 Mathew s(2012)	Robinson 和 Miyazaki (2013)	Li 等 (2016)
平台技术拥有情况（OPT）	●		●	●				●	●						●	●	●	●
全球化意愿（GI）						●	●			●	●							
国际知识地位（IKP）		●	●		●				●		●	●			●	●	●	●
产学联系（UIL）	●	●	●		●		●	●	●			●	●	●		●	●	●
跨学科技术发展（CTD）		●					●						●	●		●		

资料来源：改编自 Kong 等（2017）的相关研究

16.2　创新差距分析方法应用

16.2.1　工业机器人行业发展趋势分析

本章借助 DI 数据库进行专利检索，建立工业机器人专利数据库，将 155 532 份专利纳入创新差距评估研究。DI 数据库平台收集了全球各地的专利，并且由其员工根据统一标准对专利进行改写。本章以精确度和覆盖率为标准，制定出一套工业机器人搜索策略，并通过 IPC 和德温特世界专利索引（Derwent world patent index，DWPI）编号进行检索。

如图 16-2 所示，工业机器人的专利发展在 20 世纪 80 年代达到了一个小高峰，而另一增长高峰正在形成，总体趋势符合工业机器人行业发展现状。日本 80 年代开始致力于工业机器人的研发，以缓解劳动力短缺的压力（Kumaresan and Miyazaki，1999），而现在日本以智能制造为目标的先进生产策略已经引起了全世界的关注。作为先进制造业的关键抓手，工业机器人行业再次迎来新的发展机遇。由于 DI 数据库从不同国家进行专利数据收集和标准化的周期大约需要 18 个月，因此 2015～2016 年专利数据呈下降趋势。

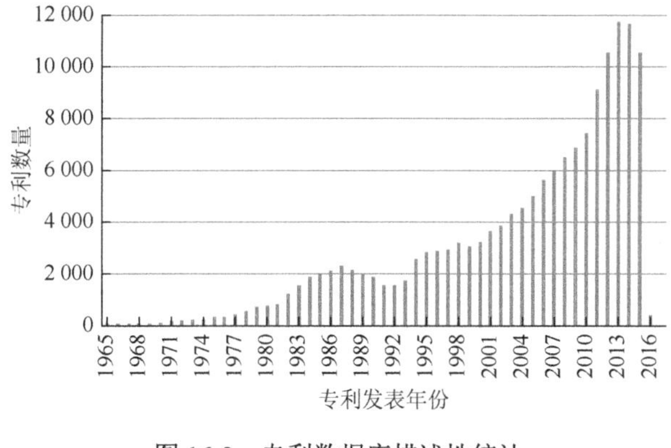

图 16-2　专利数据库描述性统计

资料来源：改编自 Kong 等（2017）的相关研究

根据平台技术拥有情况（OPT）、全球化意愿（GI）、国际知识地位（IKP）、产学联系（UIL）和跨学科技术发展（CTD）五大属性的相关性，本章从专利数据库中选取了 27 个专利字段，包括专利优先权年、专利公开号、权利要求、专利权人/申请人、DWPI 专利权人、专利权人数量、发明人地址、发明人数量、专利手工代码、优先权国家、最早 PCT（专利合作条约，patent cooperation treaty）申请数量、PCT 发布日期、IPC 完整代码、IPC 类别、DWPI 类别、引用的专利数量、引用的非专利数量、施引的专利数量、INPADOC 法律地位编号、再转让日期（美国）、指定州（美国）、诉讼情况（美国）、发表语言、DWPI 专利族成员数量、DWPI 专利族国家数量、专利权人申请国等。

综合考察制造能力水平、对工业机器人的重视程度以及专利数量覆盖率三个方面，本章选择中国（CN）、美国（US）、德国（DE）、韩国（KR）、日本（JP）这五个国家进行专利数量分析，如图 16-3 所示。由图 16-3 可看出，中国的专利数量自 2004 年以来大幅增长，而其他四个国家的专利数自 1980 年以来缓慢增长。同时由于 DI 数据库收集工作的滞后效应，2015～2016 年专利数量呈下降趋势。

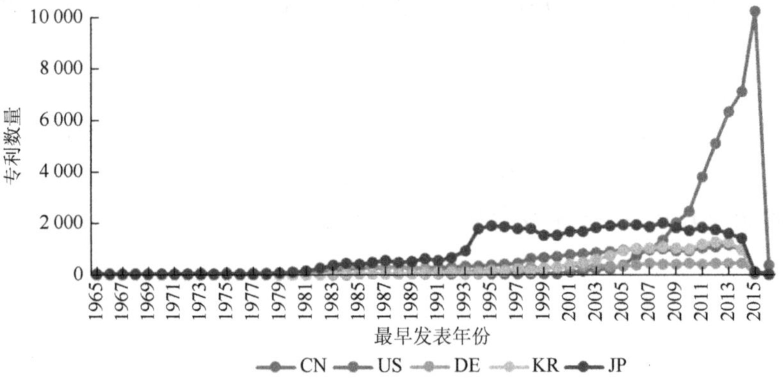

图 16-3　主要国家专利数

资料来源：改编自 Kong 等（2017）的相关研究

16.2.2　基于机器学习方法的专利分类

本章收集了工业机器人领域专家对训练集选择的意见，在此过程中专家审阅 DI 数据库中提供的所有信息，如摘要、文本、引用信息、专利家族信息、法律地位和优先级信息，以此判断专利为正训练样例还是负训练样例。所选择的五个训练集分别代表平台技术拥有情况（OPT）、全球化意愿（GI）、国际知识地位（IKP）、产学联系（UIL）和跨学科技术发展（CTD），并在支持向量机中使用这些训练集，将对工业机器人发展贡献更大的专利从数据库中分离出来。

本章对每种特征进行 50 次迭代实验，以确保算法稳定性，并在每次迭代时将训练集随机划分为两个部分。在训练集中随机挑选的专利中，70%用于训练，30%用于检测学习精度。

如表 16-2 所示，在每一个评估属性中，美国和日本总是拥有最多的优质专利。德国的优质专利数量虽然较少，但其优质专利所占比例显著高于中国和韩国，在跨学科技术发展方面尤其如此。

表 16-2　支持向量机分类器描述性统计结果

评估属性	国家	平均优质专利数	优质专利数占比
平台技术拥有情况（OPT）	中国（中）	1 943	4.70%
	美国（美）	10 067	49.97%
	德国（德）	3 111	31.04%
	韩国（韩）	1 220	8.50%
	日本（日）	12 053	27.52%
全球化意愿（GI）	中国（中）	1 217	2.94%
	美国（美）	15 873	78.78%
	德国（德）	6 279	62.65%
	韩国（韩）	2 841	19.79%
	日本（日）	36 006	82.20%
国际知识地位（IKP）	中国（中）	10 533	25.49%
	美国（美）	13 213	65.58%
	德国（德）	5 185	51.74%
	韩国（韩）	3 876	27.00%
	日本（日）	22 593	51.58%
产学联系（UIL）	中国（中）	10	0.02%
	美国（美）	3 786	18.79%
	德国（德）	999	9.97%
	韩国（韩）	243	1.69%
	日本（日）	2 201	5.03%
跨学科技术发展（CTD）	中国（中）	396	0.96%
	美国（美）	8 824	43.80%
	德国（德）	2 470	24.65%
	韩国（韩）	4 099	28.56%
	日本（日）	26 001	59.36%

1. 平台技术拥有情况（OPT）分析

工业机器人平台关键产品组成包括电力传动装置、电力伺服驱动器、智能传感器和高精度减速器（Kumaresan and Miyazaki，1999）。训练集包含对平台技术创新有价值的 108 个专利，以及被认为对平台技术发展无价值的 502 个专利。基于 50 次迭代的分类训练结果，准确率在 95%置信区间为（0.975，0.981）。表 16-3 所示为不同特性的各自贡献，一种指标的贡献系数不直接决定特征与专利质量之间的因果关系，可能影响该关系的因素包括指标编码、训练样例选择、算法和参数选择等。表 16-3 加入了与平台技术拥有情况（OPT）方面专利质量相关的常见特征，如施引专利数量，系数为 9.237；DWPI 专利族成员数量，系数为 3.989；专利申请国，系数为–2.095；IPC 类别，系数为0.457。

表 16-3　分类专利特性贡献程度

分类结果平均贡献程度		评估属性				
		OPT	GI	IKP	UIL	CTD
DI 数据库中的专利特征	发表文献数量	–0.112	0.028	0.082	–3.555	–0.632
	专利权人/申请人	–0.244	0.035	–0.864	–7.735	0.098
	发表文献类型编号	–0.376	0.139	–1.063	–9.084	–0.798
	发明人地址	–0.567	0.055	–0.173	–5.909	0.023
	DWPI 类别	0.104	–0.187	–0.112	–0.411	0.019
	DWPI 专利权人	–0.038	0.198	–0.388	0.076	–0.286
	发明人数量	–0.655	0.006	–0.386	–5.525	0.244
	专利权人数量	0.256	0.034	–0.348	–1.269	–0.657
	引用的非专利数量	0.154	–0.010	0.083	14.360	–0.106
	施引专利数量	9.237	1.857	33.626	0.013	0.045
	引用的专利数量	–0.016	–0.027	0.615	2.532	0.020
	IPC 类别	0.457	0.092	–0.237	–1.704	–1.070
	IPC 完整代码	–2.022	0.056	–0.164	–6.267	0.982
	优先权国家	–0.688	0.049	–0.514	–4.198	0.921
	PCT 发布日期	0.000	0.000	0.000	0.000	–0.013
	指定州	0.386	0.092	–0.155	2.957	0.147
	申请数量	–0.701	0.255	0.284	1.348	0.031
	专利权人标准化	–0.020	0.198	–0.380	–1.515	–0.269
	专利申请国	–2.095	–2.388	–0.548	0.108	–0.731
	PCT 申请数量	0.000	0.000	0.001	0.000	–0.013
	INPADOC 法律地位编号	–0.555	–0.652	–0.203	–2.201	0.006
	再转让日期	–0.134	0.030	–0.185	–4.254	–0.406
	诉讼情况（美国）	0.002	0.000	0.003	–0.023	0.000
	发表语言	–1.499	0.007	–2.208	–2.202	0.247
	DWPI 专利族成员数量	3.989	0.538	2.713	16.328	0.727
	DWPI 专利族国家数量	–0.129	6.961	–0.069	0.178	–0.033

资料来源：改编自 Kong 等（2017）的相关研究

2. 全球化意愿（GI）分析

本章研究训练集包含 485 个对全球化意愿创新有价值的专利，以及 469 个对全球化发展无价值的专利。基于 50 次迭代的分类训练结果，准确率在 95%的置信区间为（0.982，0.986）。表 16-3 加入了与全球化意愿方面专利质量相关的常见特征，如 DWPI 专利族国家数量，系数为 6.961；专利申请国，系数为–2.388；施引专利数量，系数为 1.857；INPADOC 法律地位编号，系数为–0.652；DWPI 专利族成员数量，系数为 0.538。

3. 国际知识地位（IKP）分析

本章训练集包含了 506 个对国际知识地位有价值的专利，以及 846 个对国际知识地位无价值的专利。基于 50 次迭代的分类训练结果，准确率在 95%的置信区间为（0.982，0.986）。表 16-3 加入了与国际知识地位方面专利质量相关的常见特征，包括施引专利数量，系数为 33.626；DWPI 专利族成员数量，系数为 2.713；发表语言，系数为–2.208；发表文献类型编号，系数为–1.063；引用的专利数量，系数为 0.615。

4. 产学联系（UIL）分析

本章训练集包含了 478 个对产学联系有价值的专利，以及 332 个对产学联系无价值的专利。基于 50 次迭代的分类训练结果，准确率在 95%的置信区间为（0.913，0.926）。表 16-3 加入了与产学联系方面的常见专利质量特性，包括 DWPI 专利族成员数量，系数为 16.328；引用的非专利数量，系数为 14.360；发表文献类型编号，系数为–9.084；专利权人/申请人，系数为–7.735；IPC 完整代码，系数为–6.267。

5. 跨学科技术发展（CTD）分析

本章训练集包含了 376 个对跨学科技术发展有价值的专利，以及 665 个对跨学科技术发展无价值的专利。基于 50 次迭代的分类训练结果，准确率在 95%的置信区间为（0.771，0.797）。表 16-3 加入了与跨学科技术发展方面的常见专利质量特性，如 IPC 类别，系数为–1.070；IPC 完整代码，系数为 0.982；发表文献类型编号，系数为–0.798；DWPI 专利族成员数量，系数为 0.727；专利权人数量，系数为–0.657。

16.2.3　“赶超型”国家与发达国家的创新差距

本章研究利用 Minitab 17 的通用全因子设计分析评估“赶超型”国家与发达

国家之间的创新差距。通过因子层级的不同组合评估工业机器人行业方面的国家创新，通过五个层级来评估创新差距结果：平台技术拥有情况（OPT）、全球化意愿（GI）、国际知识地位（IKP）、产学联系（UIL）、跨学科技术发展（CTD）。本章使用了四个阶段：1985 年以前（标为 1）、1986～2000 年（标为 2）、2001～2010 年（标为 3）、2011 年后（标为 4）。各个阶段边界年份算入该时间段内，根据中国工业机器人产业的发展设定时间段并加入了五个国家层级：中国、美国、德国、韩国、日本，因子设计中有 50 个样本。

本章通过被标识为优质专利中的优先权专利数量来表示创新，因为全球优先权专利数量被证实是为发明活动的有效指标（de Rassenfosse et al.，2013）。此外，优质专利占所有优先权专利的百分比是本研究中的另一个指标，用于中和时间段长度的影响。

1. 各国之间的创新差距

基于优质专利数（高值，表示创新）的因子设计调整后的 R^2 为 95.19%，利用优质专利百分比（百分比）调整后的 R^2 为 92.42%。两次调整后 R^2 均足够大，因子设计结果可接受。方差分析表以及不同因子和相互关系层级在高值与百分比方面差异较大。

在高值分析方面：在第二阶段的百分比上，各国在国际知识地位方面差距不大，P 值为 0.243。此外，美国在各个时间段的产学联系方面差距不大，P 值为 0.173。在百分比分析方面：在第一阶段高值上，各国在全球化意愿和产学联系方面未显示出较大差距，P 值分别为 0.295 和 0.431。韩国在各个时间段的平台技术拥有情况方面差距不大，P 值为 0.386。此外，中国在第二阶段的各项评估属性之间未显示出较大差距，P 值为 0.212。全因子设计分析结果如表 16-4 所示。

表 16-4 通用全因子设计分析结果

一般因子回归: HighValue versus Attributes（属性对优质专利数量的影响），Stage（时间阶段），Country（国家）

Analysis of variance（方差分析）						
Source（来源）		DF	Adj SS	Adj MS	F-value	P-value
Model（模型）		99	46 222 000 029	466 888 889	980.04	0
Linear（线性）		11	26 567 175 516	2 415 197 774	5 069.69	0
Attributes		4	4 842 363 729	1 210 590 932	2 541.12	0
Stage		3	7 928 112 757	2 642 704 252	5 547.24	0
Country		4	13 796 699 029	3 449 174 757	7 240.08	0

续表

2-Way interactions（2 因子交互作用）		40	15 868 203 695	396 705 092	832.71	0
Attributes * Stage		12	1 950 184 480	162 515 373	341.13	0
Attributes * Country		16	6 016 093 540	376 005 846	789.27	0
Stage * Country		12	7 901 925 675	658 493 806	1 382.23	0
3-Way interactions（3 因子交互作用）		48	3 786 620 818	78 887 934	165.59	0
Attributes * Stage * Country		48	3 786 620 818	78 887 934	165.59	0
Error（误差）		4 900	2 334 359 467	476 400		
Total（合计）		4 999	48 556 359 496			
Adjusted R-squared = 0.951 Coef ficients（回归系数） Term（项）	Coef	SE Coef	T-value	P-value	VIF	
Constant（常量） Attributes OPT	1 950.4 −530.7	9.76 19.5	199.81 −27.18	0 0	1.6	
GI	1 160.4	19.5	59.44	0	1.6	
IKP	819.6	19.5	41.98	0	1.6	
UIL	−1 588.4	19.5	−81.36	0	1.6	
Stage 1	−1 551.8	16.9	−91.79	0	1.5	
2	599.2	16.9	35.44	0	1.5	
3	1 725.6	16.9	102.07	0	1.5	
Country CN	−1 245.5	19.5	−63.8	0	1.6	
US	637.8	19.5	32.67	0	1.6	
DE	−1 048.2	19.5	−53.69	0	1.6	
KR	−1 336.5	19.5	−68.46	0	1.6	
Attributes * Stage OPT 1	548.1	33.8	16.21	0	2.4	
OPT 2	210.9	33.8	6.24	0	2.4	
OPT 3	−406.3	33.8	−12.02	0	2.4	
GI 1	−941	33.8	−27.83	0	2.4	
GI 2	333	33.8	9.85	0	2.4	
GI 3	740.3	33.8	21.89	0	2.4	
IKP 1	−671.7	33.8	−19.86	0	2.4	
IKP 2	39.5	33.8	1.17	0.243	2.4	
IKP 3	881.5	33.8	26.07	0	2.4	
UIL 1	1 263.1	33.8	37.36	0	2.4	

续表

UIL 2	−570.5	33.8	−16.87	0	2.4	
UIL 3	−1 367.5	33.8	−40.44	0	2.4	
Attributes * Country OPT CN	311.6	39	7.98	0	2.56	
OPT US	459.4	39	11.76	0	2.56	
OPT DE	406.2	39	10.4	0	2.56	
OPT KR	221.7	39	5.68	0	2.56	
GI CN	−1 561.2	39	−39.98	0	2.56	
GI US	219.7	39	5.63	0	2.56	
GI DE	−492.9	39	−12.62	0	2.56	
GI KR	−1 064.1	39	−27.25	0	2.56	
IKP CN	1 108.8	39	28.4	0	2.56	
IKP US	−104.6	39	−2.68	0.007	2.56	
IKP DE	−425.5	39	−10.9	0	2.56	
IKP KR	−464.7	39	−11.9	0	2.56	
UIL CN	886	39	22.69	0	2.56	
UIL US	−53.2	39	−1.36	0.173	2.56	
UIL DE	935.9	39	23.97	0	2.56	
UIL KR	1 035.3	39	26.52	0	2.56	
Stage * Country 1 CN	847.1	33.8	25.05	0	2.4	
1 US	−206.5	33.8	−6.11	0	2.4	
1 DE	1 034.4	33.8	30.59	0	2.4	
1 KR	938	33.8	27.74	0	2.4	
2 CN	−1 275.4	33.8	−37.72	0	2.4	
一般因子回归：HighValue versus Attributes（属性对优质专利数量的影响），Stage（时间阶段），Country（国家）						
Analysis of variance（方差分析）						
Source（来源）		DF	Adj SS	Adj MS	F-value	P-value
2 US	229.7	33.8	6.79	0	2.4	
2 DE	−186	33.8	−5.5	0	2.4	
2 KR	−986.3	33.8	−29.17	0	2.4	
3 CN	−908.3	33.8	−26.86	0	2.4	
3 US	255.4	33.8	7.55	0	2.4	
3 DE	−1 110.7	33.8	−32.85	0	2.4	
3 KR	−614.7	33.8	−18.18	0	2.4	

续表

Attributes * Stage * Country OPT 1 CN	−329.2	67.6	−4.87	0	3.84	
OPT 1 US	−259.9	67.6	−3.84	0	3.84	
OPT 1 DE	−383.4	67.6	−5.67	0	3.84	
OPT 1 KR	−239.3	67.6	−3.54	0	3.84	
OPT 2 CN	9.6	67.6	0.14	0.887	3.84	
OPT 2 US	469.9	67.6	6.95	0	3.84	
OPT 2 DE	29.7	67.6	0.44	0.661	3.84	
OPT 2 KR	−6	67.6	−0.09	0.929	3.84	
OPT 3 CN	598	67.6	8.84	0	3.84	
OPT 3 US	349.8	67.6	5.17	0	3.84	
OPT 3 DE	203.6	67.6	3.01	0.003	3.84	
OPT 3 KR	23.3	67.6	0.34	0.731	3.84	
GI 1 CN	1 341.6	67.6	19.84	0	3.84	
GI 1 US	−98.7	67.6	−1.46	0.145	3.84	
GI 1 DE	497.4	67.6	7.36	0	3.84	
GI 1 KR	844.5	67.6	12.49	0	3.84	
GI 2 CN	51.1	67.6	0.76	0.45	3.84	
GI 2 US	−459.2	67.6	−6.79	0	3.84	
GI 2 DE	−311.6	67.6	−4.61	0	3.84	
GI 2 KR	−441	67.6	−6.52	0	3.84	
GI 3 CN	−1 105.8	67.6	−16.35	0	3.84	
GI 3 US	17.2	67.6	0.25	0.799	3.84	
GI 3 DE	−298.1	67.6	−4.41	0	3.84	
GI 3 KR	−769.2	67.6	−11.37	0	3.84	
IKP 1 CN	−1 255.9	67.6	−18.57	0	3.84	
IKP 1 US	233	67.6	3.44	0.001	3.84	
IKP 1 DE	496.4	67.6	7.34	0	3.84	
IKP 1 KR	316.6	67.6	4.68	0	3.84	
IKP 2 CN	−1 899.2	67.6	−28.08	0	3.84	
IKP 2 US	242.1	67.6	3.58	0	3.84	
IKP 2 DE	249.3	67.6	3.69	0	3.84	
IKP 2 KR	−294.3	67.6	−4.35	0	3.84	
IKP 3 CN	829.4	67.6	12.26	0	3.84	
IKP 3 US	−177.3	67.6	−2.62	0.009	3.84	
IKP 3 DE	−554.2	67.6	−8.2	0	3.84	

续表

IKP 3 KR	85.9	67.6	1.27	0.204	3.84	
UIL 1 CN	−560.9	67.6	−8.29	0	3.84	
UIL 1 US	−220.3	67.6	−3.26	0.001	3.84	
UIL 1 DE	−932.4	67.6	−13.79	0	3.84	
UIL 1 KR	−710.2	67.6	−10.5	0	3.84	
UIL 2 CN	1 244.8	67.6	18.41	0	3.84	
UIL 2 US	−51.7	67.6	−0.76	0.445	3.84	
UIL 2 DE	227.4	67.6	3.36	0.001	3.84	
UIL 2 KR	916.6	67.6	13.55	0	3.84	
UIL 3 CN	551.6	67.6	8.16	0	3.84	
UIL 3 US	152.8	67.6	2.26	0.024	3.84	
UIL 3 DE	1 009.8	67.6	14.93	0	3.84	
UIL 3 KR	384.7	67.6	5.69	0	3.84	

一般因子回归：Percentage versus Attributes（属性对优质专利占比的影响），Stage（时间阶段），Country（国家）

Analysis of variance（方差分析）					
Source（来源）	DF	Adj SS	Adj MS	F-value	P-value
Model（模型）	99	496.66	5.016 8	616.71	0
Linear（线性）	11	366.98	33.361 4	4 101.12	0
Attributes	4	137.41	34.352 9	4 223.01	0
Stage	3	24.58	8.193 3	1 007.21	0
Country	4	204.98	51.245 9	6 299.67	0
2-Way interactions（2因子交互作用）	40	114.72	2.868 1	352.57	0
Attributes * Stage	12	24.15	2.012 3	247.37	0
Attributes * Country	16	77.58	4.849	596.08	0
Stage * Country	12	12.99	1.082 7	133.1	0
3-Way interactions（3因子交互作用）	48	14.96	0.311 7	38.32	0
Attributes * Stage * Country	48	14.96	0.311 7	38.32	0

一般因子回归：Percentage versus Attributes（属性对优质专利占比的影响），Stage（时间阶段），Country（国家）

Analysis of variance（方差分析）						
Source（来源）		DF	Adj SS	Adj MS	F-value	P-value
Error（误差）		4 900	39.86	0.008 1		
Total（合计）		4 999	536.52			

续表

Adjusted R-squared		0.9242				
Coefficients（回归系数）Term（项）	Coef	SE Coef	T-value	P-value	VIF	
Constant（常量）	0.346 11	0.001 28	271.35	0		
Attributes OPT	−0.062 07	0.002 55	−24.33	0	1.6	
GI	0.201 46	0.002 55	78.97	0	1.6	
IKP	0.145 19	0.002 55	56.91	0	1.6	
UIL	−0.267 59	0.002 55	−104.89	0	1.6	
Stage 1	−0.012 54	0.002 21	−5.68	0	1.5	
2	0.062 2	0.002 21	28.16	0	1.5	
3	0.060 04	0.002 21	27.17	0	1.5	
Country CN	−0.239 61	0.002 55	−93.93	0	1.6	
US	0.287 47	0.002 55	112.69	0	1.6	
DE	0.068 86	0.002 55	26.99	0	1.6	
KR	−0.221 73	0.002 55	−86.92	0	1.6	
Attributes * Stage OPT 1	0.079 51	0.004 42	18	0	2.4	
OPT 2	0.056 3	0.004 42	12.74	0	2.4	
OPT 3	−0.018 92	0.004 42	−4.28	0	2.4	
GI 1	−0.031 98	0.004 42	−7.24	0	2.4	
GI 2	−0.049 04	0.004 42	−11.1	0	2.4	
GI 3	−0.010 96	0.004 42	−2.48	0.013	2.4	
IKP 1	0.004 62	0.004 42	1.05	0.295	2.4	
IKP 2	0.077 3	0.004 42	17.5	0	2.4	
IKP 3	0.074 94	0.004 42	16.96	0	2.4	
UIL 1	−0.003 48	0.004 42	−0.79	0.431	2.4	
UIL 2	−0.058 13	0.004 42	−13.16	0	2.4	
UIL 3	−0.040 07	0.004 42	−9.07	0	2.4	
Attributes * Country OPT CN	0.049 01	0.005 1	9.61	0	2.56	
OPT US	0.061 74	0.005 1	12.1	0	2.56	
OPT DE	0.013 25	0.005 1	2.6	0.009	2.56	
OPT KR	−0.004 43	0.005 1	−0.87	0.386	2.56	
GI CN	−0.260 92	0.005 1	−51.14	0	2.56	
GI US	0.145 94	0.005 1	28.6	0	2.56	
GI DE	0.111 42	0.005 1	21.84	0	2.56	
GI KR	−0.185 92	0.005 1	−36.44	0	2.56	
IKP CN	0.126 56	0.005 1	24.81	0	2.56	
IKP US	0.029 13	0.005 1	5.71	0	2.56	
IKP DE	0.034 22	0.005 1	6.71	0	2.56	

续表

IKP KR	−0.088 18	0.005 1	−17.28	0	2.56	
UIL CN	0.162 21	0.005 1	31.79	0	2.56	
UIL US	−0.143 44	0.005 1	−28.11	0	2.56	
UIL DE	−0.043 73	0.005 1	−8.57	0	2.56	
UIL KR	0.154 53	0.005 1	30.29	0	2.56	
Stage * Country 1 CN	−0.062 53	0.004 42	−14.15	0	2.4	
1 US	0.067 16	0.004 42	15.2	0	2.4	
1 DE	0.070 85	0.004 42	16.03	0	2.4	
1 KR	−0.102 44	0.004 42	−23.18	0	2.4	
2 CN	0.005 52	0.004 42	1.25	0.212	2.4	
2 US	0.023 15	0.004 42	5.24	0	2.4	
2 DE	0.033 46	0.004 42	7.57	0	2.4	
2 KR	−0.024 83	0.004 42	−5.62	0	2.4	
3 CN	0.015 07	0.004 42	3.41	0.001	2.4	
3 US	−0.020 79	0.004 42	−4.7	0	2.4	
3 DE	−0.031 27	0.004 42	−7.08	0	2.4	
3 KR	0.032 88	0.004 42	7.44	0	2.4	
Attributes * Stage * Country OPT 1 CN	−0.097 88	0.008 84	−11.08	0	3.84	
OPT 1 US	0.101 02	0.008 84	11.43	0	3.84	
OPT 1 DE	0.018 68	0.008 84	2.11	0.035	3.84	

一般因子回归：Percentage versus Attributes（属性对优质专利占比的影响），Stage（时间阶段），Country（国家）

Analysis of variance（方差分析）						
Source（来源）		DF	Adj SS	Adj MS	F-value	P-value
OPT 1 KR	−0.022 42	0.008 84	−2.54	0.011	3.84	
OPT 2 CN	−0.034 81	0.008 84	−3.94	0	3.84	
OPT 2 US	0.072 24	0.008 84	8.18	0	3.84	
OPT 2 DE	0.037 56	0.008 84	4.25	0	3.84	
OPT 2 KR	−0.064 04	0.008 84	−7.25	0	3.84	
OPT 3 CN	0.028 71	0.008 84	3.25	0.001	3.84	
OPT 3 US	0.000 42	0.008 84	0.05	0.962	3.84	
OPT 3 DE	−0.027 99	0.008 84	−3.17	0.002	3.84	
OPT 3 KR	−0.001 76	0.008 84	−0.2	0.842	3.84	
GI 1 CN	0.071 45	0.008 84	8.08	0	3.84	
GI 1 US	−0.033 19	0.008 84	−3.76	0	3.84	
GI 1 DE	−0.005 4	0.008 84	−0.61	0.541	3.84	
GI 1 KR	0.007 04	0.008 84	0.8	0.426	3.84	

续表

GI 2 CN	0.007 12	0.008 84	0.81	0.421	3.84	
GI 2 US	−0.034 57	0.008 84	−3.91	0	3.84	
GI 2 DE	0.003 58	0.008 84	0.41	0.685	3.84	
GI 2 KR	0.025 16	0.008 84	2.85	0.004	3.84	
GI 3 CN	−0.021	0.008 84	−2.38	0.018	3.84	
GI 3 US	−0.021 69	0.008 84	−2.45	0.014	3.84	
GI 3 DE	0.022 66	0.008 84	2.56	0.01	3.84	
GI 3 KR	0.003 91	0.008 84	0.44	0.658	3.84	
IKP 1 CN	−0.162 09	0.008 84	−18.34	0	3.84	
IKP 1 US	0.05	0.008 84	5.66	0	3.84	
IKP 1 DE	0.085 16	0.008 84	9.64	0	3.84	
IKP 1 KR	−0.071 03	0.008 84	−8.04	0	3.84	
IKP 2 CN	0.067 14	0.008 84	7.6	0	3.84	
IKP 2 US	−0.041 97	0.008 84	−4.75	0	3.84	
IKP 2 DE	0.008 39	0.008 84	0.95	0.343	3.84	
IKP 2 KR	−0.062 92	0.008 84	−7.12	0	3.84	
IKP 3 CN	0.087 48	0.008 84	9.9	0	3.84	
IKP 3 US	−0.040 3	0.008 84	−4.56	0	3.84	
IKP 3 DE	−0.043 36	0.008 84	−4.91	0	3.84	
IKP 3 KR	0.034 63	0.008 84	3.92	0	3.84	
UIL 1 CN	0.077 43	0.008 84	8.76	0	3.84	
UIL 1 US	−0.082 08	0.008 84	−9.29	0	3.84	
UIL 1 DE	−0.081 02	0.008 84	−9.17	0	3.84	
UIL 1 KR	0.107 13	0.008 84	12.12	0	3.84	
UIL 2 CN	−0.006 84	0.008 84	−0.77	0.439	3.84	
UIL 2 US	−0.007 1	0.008 84	−0.8	0.422	3.84	
UIL 2 DE	−0.017 04	0.008 84	−1.93	0.054	3.84	
UIL 2 KR	0.023 48	0.008 84	2.66	0.008	3.84	
UIL 3 CN	−0.035 69	0.008 84	−4.04	0	3.84	
UIL 3 US	0.030 5	0.008 84	3.45	0.001	3.84	
UIL 3 DE	0.055 93	0.008 84	6.33	0	3.84	
UIL 3 KR	−0.040 37	0.008 84	−4.57	0	3.84	

如图 16-4 所示，无论使用哪个创新指标，评估属性、时间段和国别对创新的主要影响都是类似的。中国和韩国的优质专利数和百分比都低于美国和日本，德国的优质专利数也低于美国和日本，但优质专利占比差距不大。全球化意愿（GI）和国际知识地位（IKP）方面的创新比产学联系（UIL）和平台技术拥有情况（OPT）方面的创新更容易实现。同时可以看出，尤其是 1986～2000 年和 2001～2010 年

时间段，创新能力随时间推移而增强，第三个 10 年阶段优质专利的数量远多于第二个 15 年阶段。

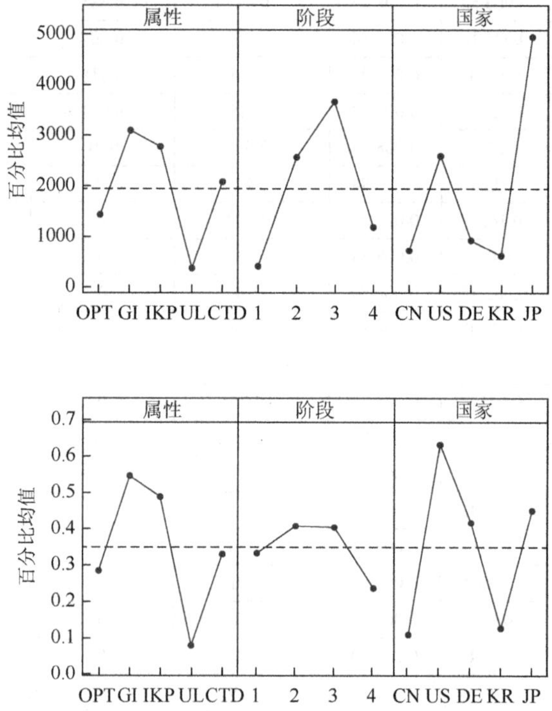

图 16-4　评估属性、阶段、国家对创新的影响

资料来源：改编自 Kong 等（2017）的相关研究

2. 创新差距随时间的变化

本章利用 Z 评分归一化方法对各国创新输出结果进行归一化，包括优质专利数（高值）和优质专利百分比（百分比）。归一化后，数据服从正态分布，均值为 0，标准差为 1。转换函数为

$$y^* = \frac{y-\mu}{\sigma}$$

其中，y^*为归一化数据；y 为初始数据；μ 为样本数据均值；σ 为样本数据标准差。然后，笔者绘制了相互关系图例，评估归一化优质专利数量、归一化优质专利百分比的属性、时间段和国别进行评估。

如图 16-5 所示分别为归一化优质专利数量的评估属性和国别的相互关系，以及不同评估属性下时间段和国别的相互关系。根据图 16-5 中评估属性*国家相互

关系图例可发现，中国与日本在全球化意愿（GI）和跨学科技术发展（CTD）方面差距巨大，这两项属性的差距大于 σ。在产学联系（UIL）方面，中国与其他国家的差距没有其他属性那么大，各个国家的产学联系（UIL）水平不如其他属性那么高。中国与其他国家在平台技术拥有情况（OPT）方面的差距不大于 σ，可以推断出这些差距受到控制。

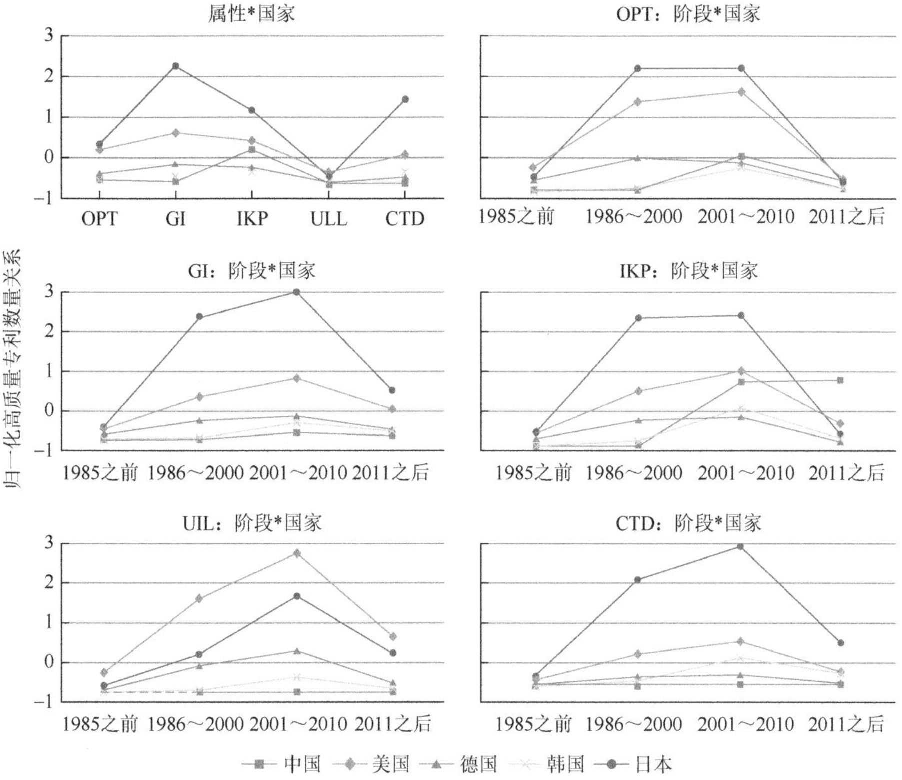

图 16-5　优质专利数量的相互关系图例

资料来源：改编自 Kong 等（2017）的相关研究

如图 16-5 中时间段*国家的相互关系图例所示，从 1986～2000 年到 2001～2010 年，中国与其他国家在平台技术拥有情况（OPT）和国际知识地位（IKP）方面的差距在缩小。由于 DI 数据库收集专利的滞后性，2011 年后的数据显著低于其他时间段。中国在全球化意愿（GI）、产学联系（UIL）和跨学科技术发展（CTD）方面的成绩未随时间推移而大幅改变，而从 1986～2000 年到 2001～2010 年，美国和日本在这些属性方面取得重大进步。中国与发达国家在全球化意愿（GI）、产学联系（UIL）和跨学科技术发展（CTD）方面的差距随时间推移而扩大，中国与日本在全球化意愿（GI）和跨学科技术发展（CTD）方面的差距超过 3σ，在 2001～2010 年，中国与美国在产学联系（UIL）方面的差距增加到 3σ。

图 16-6 所示分别为归一化优质专利百分比的评估属性和国别的相互关系，以及不同评估属性下时间段和国别的相互关系。由图 16-6 评估属性*国别相互关系可知，中国与美国在全球化意愿（GI）方面差距巨大，差距约为 3σ。中国与美国在平台技术拥有情况（OPT）方面的差距、中国与日本在跨学科技术发展（CTD）方面的差距约为 2σ。从优质专利百分比数据统计情况来看，中国与美国和日本在全球化意愿（GI）、平台技术拥有情况（OPT）、跨学科技术发展（CTD）方面的差距也很大。相比其他属性，中国在国际知识地位（IKP）方面的表现较好，并处于平均水平，而中国与美国之间的国际知识地位（IKP）差距仍然远大于 σ。中国在产学联系（UIL）方面与其他国家差距不大，五个国家的产学联系（UIL）水平低于五个评估属性的平均水平。

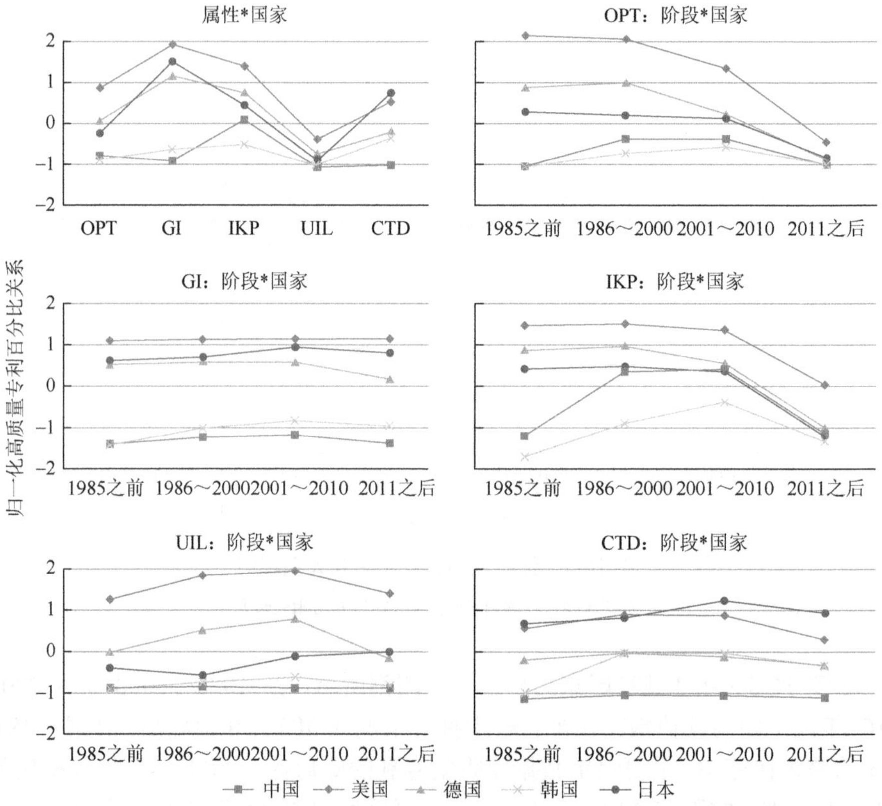

图 16-6 优质专利百分比相互关系图

资料来源：改编自 Kong 等（2017）的相关研究

如图 16-6 的时间段*国别相互关系图例所示，中国与其他国家在平台技术拥有情况（OPT）的差距随时间推移而缩小，从 1985 年以前到 1986～2000 年，中国与美国在国际知识地位（IKP）方面的差距缩小，目前仍保持相近的差距宽度。中国在全球化意愿（GI）、产学联系（UIL）和跨学科技术发展（CTD）方面的成绩比平均水平低大约 σ，且未随时间推移而大幅改变。其他国家在全球化意愿（GI）和跨学科技术发展（CTD）方面也未取得重大进展，中国与全球化意愿（GI）和跨学科技术发展（CTD）方面得分最高的国家之间的差距大约为 2σ。美国的产学联系（UIL）得分随时间推移而提高，不过从 2001～2010 年到 2011 年后略微下降。此外，从 1985 年之前到 2001～2010 年，中国与美国在产学联系（UIL）方面的差距接近 3σ。此外，韩国作为另一个赶超型国家，在跨学科技术发展（CTD）方面的表现较出色，与美国和日本之间的差距仅为 σ。

16.2.4　基于支持向量机的优质专利数验证

目前有几种类型的专利指标可用来评估专利价值（de Rassenfosse et al.，2013），如 USPTO（美国专利及商标局，United States Patent and Trademark Office）授予的专利数量、EPO（欧洲专利局，The official website of the European Patent Office）授予的专利申请、三方同族专利（triadic patent families）、高被引（high forward citations）专利。USPTO 授予专利数量数据在一段时间内被用于各国之间的比较（Merton，1935；Schmookler，1954；Soete and Wyatt，1983）。EPO 授予专利数量不向任何一国倾斜。通常认为 EPO 专利数量的统计比 USPTO 倾向性更小（de Rassenfosse et al.，2013）。三方同族专利数量由经济合作与发展组织提出，是专利族的统计指标。根据定义，三方同族专利族是申请人同时向 EPO 和 JPO（日本专利局，Japan Patent Office）提交，并由 USPTO 授予的专利。高被引用标准是高值专利的另一个重要指标（Harhoff et al.，2003；Guan and Gao，2009；Liu and Zhi，2010）。

如表 16-5 所示，通过基于支持向量机的分类器分离出来的优质专利，其数量与至少一个传统指标密切相关。美国是机器人技术的发源地，也以原创性技术开发和产研结合而知名。因此，USPTO 授予专利数量与平台技术拥有情况（OPT）和产学联系（UIL）方面的优质专利数量相关。大多数应用型和产业化技术创新都提及并引用平台技术。因此，高被引专利数量与平台技术拥有情况（OPT）优质专利数量相关。通过 EPO 专利申请数看出，三方同族专利数量一般对本国倾向性较低，涵盖的专利一般为中高价值专利（de Rassenfosse et al.，2013）。

表 16-5　关联系数

	OPT	GI	IKP	UIL	CTD
USPTO	0.540*	0.349	0.334	0.884**	0.282
EPO	0.773**	0.717**	0.604**	0.605**	0.664**
三方同族专利	0.859**	0.987**	0.839**	0.587**	0.981**
高被引专利	0.539*	0.237	0.280	0.633**	0.189

资料来源：改编自 Kong 等（2017）的相关研究

注：标注**和*的系数的统计学意义分别为 1%和 5%的水平下显著。将正向引用数量超过 50 次的专利定义为高被引专利

16.3　本 章 小 结

本章研究主要基于数据挖掘的方法，提出了一套评估创新差距的方法，分析中国与发达国家在工业机器人创新方面的差距，获得了有效创新评估结果，为相关战略政策的制定提供了依据。

自 21 世纪初以来，中国与发达国家在平台技术拥有情况（OPT）和国际知识地位（IKP）方面的差距逐渐缩小。随着中国经济全面增长，中国一定程度上缩小了与发达国家的创新差距。但实证分析结果表明，中国与发达国家在全球化意愿（GI）方面仍然存在巨大的创新差距。中国已成为全球最大的工业机器人市场，但中国企业目前缺乏特别强烈的全球化意愿，从专利申请即能看出这一点。一国的全球化意愿（GI）水平是评估创新的重要属性，因为该属性反映出企业参与国际竞争的自信度。这一属性显示出创新在国家和国际层面的竞争力，在国家层面评估创新时不能忽略这一点。由于发达国家在进步，中国与发达国家在产学联系（UIL）和跨学科技术发展（CTD）方面的创新差距拉大。美国在公共管理、企业管理、风险投资和科技方面开展了众多研究与实践，以促进高校、研究机构与业界的合作。美国在此类合作方面拥有大量成功经验，在产学联系（UIL）方面的工业机器人创新远远超过中国。在产学联系（UIL）方面的巨大创新差距应促使中国集中精力推进高校、研究机构与业界的合作。此外，工业机器人技术具有跨学科性质，涉及机械、电气、光学和计算机工程以及应用领域。中国科技基础薄弱，缺乏成功的跨学科合作经验，因此在跨学科技术发展（CTD）方面的创新比美国、日本、德国较为低级。

本章研究基于数据挖掘，提出了一套评估“赶超型”国家与发达国家在新兴产业创新方面的差距的方法。本章运用支持向量机算法获取优质专利，分析各国在工业机器人产业的平台技术拥有情况（OPT）、全球化意愿（GI）、国际知识地位（IKP）、产学联系（UIL）和跨学科技术发展（CTD）方面的创新差距，获得了可

靠、有效的创新评估结果，显示出中国与美国、日本之间较大的创新差距，尤其在全球化意愿（GI）、产学联系（UIL）和跨学科技术发展（CTD）方面，创新差距更大。

首先，本章提出的全面系统化的创新差距评估方法弥补了传统单一指标存在严重倾向性的缺陷，赋予传统多属性评估法中的各个属性等权重，同时引用专家知识选择训练样例集，评估其属性，利用基于支持向量机的机器学习分类器对评估属性方面的优质数据进行分类。新兴产业的评估属性为平台技术拥有情况（OPT）、全球化意愿（GI）、国际知识地位（IKP）、产学联系（UIL）和跨学科技术发展（CTD），各属性均从先前的创新评估研究中摘取。本章研究以实证分析的方法分析中国与发达国家（美国、日本、德国）在工业机器人创新方面的差距表明，基于支持向量机的分类器能够可靠地选择优质专利，且每一项评估属性的分类精度均较高。同时，优质专利数与传统创新指标关系密切，能够有效评估创新。

实证分析表明，中国在全球化意愿（GI）、产学联系（UIL）和跨学科技术发展（CTD）方面与美国、日本存在巨大创新差距。此外，这些属性方面的创新差距呈扩大趋势。在平台技术拥有情况（OPT）和国际知识地位（IKP）方面，中国与美国、日本、德国也存在创新差距，不过这些差距随时间推移而缩小。中国在工业机器人方面的资金和技术人才投入取得了一些创新成果。然而，资金和技术人才无法解决所有问题，还需要提升合作意识和机制、增加国际竞争自信度等。中国作为一个“赶超型”国家，需要耐心解决这些问题，同时巩固技术基础，建立积极的合作习惯和机制。

根据本章对工业机器人行业的分析，中国一方面缩小了在平台技术拥有情况（OPT）和国际知识地位（IKP）方面的创新差距，为新技术研发的跨越式发展提供了机会。但在全球化意愿（GI）、产学联系（UIL）和跨学科技术发展（CTD）方面与发达国家的创新差距不断扩大，限制了新技术扩散和产业化跨越式发展的前景。本章建议中国将政策重点放到积累合作经验、技术扩散和产业化等方面。本章提出的创新差距评估法不仅适用于工业机器人行业，同时对其他新兴产业也有良好的适用性和可扩展性。

参考文献

Acs Z J, Anselin L, Varga A, 2002. Patents and innovation counts as measures of regional production of new knowledge. Research Policy, 31(7): 1069-1085.

Anderson E, Naughton T M, Cowhey P, et al., 2013. Measuring the U.S.-China innovation gap: initial findings of the UCSD-Tsinghua Innovation Metrics Survey Project. Study of Innovation and Technology in China: Research Briefs December 2013. (available at SSRN: https://escholarship.org/uc/item/89m2s993)

Archibugi D, Cesaratto S, Sirilli G, 1991. Sources of innovative activities and industrial organization in Italy. Research Policy, 20(4): 299-313.

Beck-Broichsitter M, Schmehl T, Gessler T, et al., 2012. Development of a biodegradable nanoparticle platform for sildenafil: Formulation optimization by factorial design analysis combined with application of charge-modified branched polyesters. Journal of Controlled Release, 157(3): 469-477.

Bekkers R , Martinelli A ,2012. Knowledge positions in high-tech markets: Trajectories, standards, strategies and true innovators. Technological Forecasting and Social Change, 79(7):1192-1216.

Caillaud B, Duchêne A, 2011. Patent office in innovation policy: Nobody's perfect. International Journal of Industrial Organization, 29(2): 242-252.

Castellacci F, Natera J M, 2016. Innovation, absorptive capacity and growth heterogeneity: Development paths in Latin America 1970-2010. Structural Change and Economic Dynamics, 37: 27-42.

Choi S B, Lee S H, Williams C, 2011. Ownership and firm innovation in a transition economy: Evidence from China. Research Policy, 40(3): 441-452.

Choung J Y, Hwang H R, Song W, 2014. Transitions of innovation activities in latecomer countries: An exploratory case study of South Korea. World Development, 54: 156-167.

Cohen W M, Goto A, Nagata A, et al., 2002. R&D spillovers, patents and the incentives to innovate in Japan and the United States. Research Policy, 31(8/9): 1349-1367.

Corrocher N, Malerba F，Montobbio F,2003. How do new technologies emerge? A patent-based analysis of ICT-related new industrial activities. Innovation, 5(2/3): 234-256.

Cortes C, Vapnik V, 1995. Support-vector networks. Machine Learning, 20(3): 273-297.

de Rassenfosse G, Dernis H, Guellec D, et al., 2013. The worldwide count of priority patents: A new indicator of inventive activity. Research Policy, 42(3): 720-737.

Ernst D, 2016. From catching up to forging ahead? China's new role in the semiconductor industry (May 2016). Solid state technology May 2016. available at SSRN: http://ssrn.com/abstract=2769383.

Ernst D, Kim L, 2002. Global production networks, knowledge diffusion, and local capability formation. Research Policy, 31(8/9): 1417-1429.

Ernst H, Omland N, 2011. The patent asset index: A new approach to benchmark patent portfolios. World Patent Information, 33(1): 34-41.

Fan P L, 2006. Catching up through developing innovation capability: Evidence from China's telecom-equipment industry. Technovation, 26(3): 359-368.

Forés B, Camisón C, 2016. Does incremental and radical innovation performance depend on different types of knowledge accumulation capabilities and organizational size? Journal of Business Research, 69(2): 831-848.

Fu X L, 2008. Foreign direct investment, absorptive capacity and regional innovation capabilities: Evidence from China. Oxford Development Studies, 36(1): 89-110.

Fu X L, Pietrobelli C, Soete L, 2011. The role of foreign technology and indigenous innovation in the emerging economies: Technological change and catching-up. World Development, 39(7): 1204-1212.

Fu X L, Yang Q G, 2009. Exploring the cross-country gap in patenting: A stochastic frontier approach. Research Policy, 38(7): 1203-1213.

Gao P, 2015. Government in the catching-up of technology innovation: Case of administrative intervention in China. Technological Forecasting and Social Change, 96: 4-14.

Guan J C, Chen K H, 2012. Modeling the relative efficiency of national innovation systems. Research Policy, 41(1): 102-115.

Guan J C, Gao X, 2009. Exploring the h-lndex at patent level. Journal of the American Society for Information Science and Technology, 60(1): 35-40.

Guan J C, Yam R C M, 2015. Effects of government financial incentives on firms' innovation performance in China: Evidences from Beijing in the 1990s. Research Policy, 44(1): 273-282.

Guan J C, Yam R C M, Mok C K, 2005. Collaboration between industry and research institutes/universities on industrial innovation in Beijing, China. Technology Analysis and Strategic Management, 17(3): 339-353.

Harhoff D, Hoisl K, 2007. Institutionalized incentives for ingenuity-Patent value and the German Employees' Inventions Act. Research Policy, 36(8): 1143-1162.

Harhoff D, Scherer F M, Vopel K, 2003. Citations, family size, opposition and the value of patent rights. Research Policy, 32(8): 1343-1363.

Harrington P, 2012. Machine Learning in Action. New York： Manning Publications.

Hong W, Su Y S, 2013. The effect of institutional proximity in non-local university-industry collaborations: An analysis based on Chinese patent data. Research Policy, 42(2): 454-464.

Hung S C , Chu Y Y,2006. Stimulating new industries from emerging technologies: challenges for the public sector. Technovation, 26(1):100-110.

Jaffe A B, Trajtenberg M, Henderson R, 1993. Geographic localization of knowledge spillovers as evidenced by patent citations. The Quarterly Journal of Economics, 108(3): 577-598.

Joachims T, 1998. Text categorization with support vector machines: Learning with many relevant features. Lecture Notes in Computer Science(including subseries Lecture Notes in Artificial Intelligence and Lecture Notes in Bioinformatics), 1398: 137-142.

Kim L, 1980. Stages of development of industrial technology in a developing country: A model. Research Policy, 9(3): 254-277.

Kong D J, Zhou Y, Liu Y F, et al., 2017. Using the data mining method to assess the innovation gap: A case of industrial robotics in a catching-up country. Technological Forecasting and Social Change, 119: 80-97.

Kumaresan N, Miyazaki K, 1999. An integrated network approach to systems of innovation-The case of robotics in Japan. Research Policy, 28(6): 563-585.

Li J, Strange R, Ning L， et al., 2016. Outward foreign direct investment and domestic innovation performance: Evidence from China. International Business Review ,25(5): 1010-1019.

Liu X L, Zhi T T, 2010. China is catching up in science and innovation: The experience of the Chinese Academy of Sciences. Science and Public Policy, 37(5): 331-342.

Mellor R, Hyland P W, 2005. Manufacturing management programs: Are developing economies bridging the strategic gap？ Technovation, 25(8): 857-863.

Merton R K, 1935. Fluctuations in the rate of industrial invention. The Quarterly Journal of Economics, 49(3): 454-474.

Meyer M, Libaers D, Park J H, 2011. The Emergence of novel science-related fields: Regional or technological patterns? Exploration and exploitation in United Kingdom nanotechnology. Regional Studies, 45(7): 935-959.

Oura M M, Zilber S N, Lopes E L, 2016. Innovation capacity, international experience and export performance of SMEs in Brazil. International Business Review, 25(4): 921-932.

OuYang K, Weng C S, 2011. A new comprehensive patent analysis approach for new product design in mechanical engineering. Technological Forecasting and Social Change, 78(7): 1183-1199.

Pavitt K, Walker W, 1976. Government policies towards industrial innovation: A review. Research Policy, 5(1): 11-97.

Pianta M, Archibugi D, 1996. Innovation surveys and patents as technology indicators: The state of arts. Innovation, Patents and Technological Activities in Industrial Countries: The Analysis of Patent Data, OECD.

Porter A L , Detampel M J,1995. Technology opportunities analysis. Technological Forecasting and Social Change, 49(3):237-255.

Robinson A, Miyazaki K, 2013. Dynamics of scientific knowledge bases as proxies for discerning technological emergence-The case of MEMS/NEMS technologies. Technological Forecasting and Social Change, 80(6): 1071-1084.

Rogo F, Cricelli L, Grimaldi M, 2014. Assessing the performance of open innovation practices: A case study of a community of innovation. Technology in Society, 38: 60-80.

Schmookler J, 1954. The level of inventive activity. The Review of Economics and Statistics, 36(2): 183-190.

Schumpeter J A, 1942. Cost and demand functions of the individual firm. American Economic Review, 32(1): 349-350.

Shao B B M, Lin W T, 2016. Assessing output performance of information technology service industries: Productivity, innovation and catch-up. International Journal of Production Economics, 172: 43-53.

Soete L G, Wyatt S M E, 1983. The use of foreign patenting as an internationally comparable science and technology output indicator. Scientometrics, 5(1): 31-54.

Srinivasan R, 2008. Sources, characteristics and effects of emerging technologies: Research opportunities in innovation. Industrial Marketing Management, 37(6):633-640.

Tong X S, Frame J D, 1994. Measuring national technological performance with patent claims data. Research Policy, 23(2): 133-141.

Usai S, 2011. The Geography of inventive activity in OECD regions. Regional Studies, 45(6): 711-731.

Vecchi A, Brennan L, 2009. A cultural perspective on innovation in international manufacturing. Research in International Business and Finance, 23(2): 181-192.

Venugopalan S, Rai V, 2015. Topic based classification and pattern identification in patents. Technological Forecasting and Social Change, 94: 236-250.

Wang C C, Lin G C S, 2013. Dynamics of innovation in a globalizing China: Regional environment, inter-firm relations and firm attributes. Journal of Economic Geography, 13(3): 397-418.

Wu H, Chen J, Jiao H, 2016. Dynamic capabilities as a mediator linking international diversification and innovation performance of firms in an emerging economy. Journal of Business Research, 69(8): 2678-2686.

第 17 章　大数据支持路线图之路径分析

17.1　路径分析方法概述

当今社会是一个技术驱动的社会。技术演化路径是决策者深入了解技术发展脉络、技术内部活动的重要手段。特别是在当今大数据的社会背景下，如何从海量数据中发现技术演化路径发展规律，变得日益重要。当前对于技术演化路径分析常用的方法可以分三类：基于专利分类号的方法、主路径分析的方法、基于文献文本信息的分析方法。其中，主路径分析的方法是通过主路径算法从引用网络中识别一条或者多条主要路径作为技术演化的路径，而引用网络蕴含大量技术发展的信息，是诸多技术演化路径研究最常用的方式之一。近年来，随着对社会网络的不断研究，有许多优秀的分析方法涌现出来，但鲜有在技术演化分析中的应用。

融合是一种重要的技术演化路径。融合过程可以分为知识融合、技术融合、市场融合、产业融合。在 Curran 提出的技术融合的演化框架中，知识融合是技术融合的前提（Hacklin，2008），驱动了新兴技术的形成和发展（Curran and Leker，2011）。在知识融合的发展过程中，会出现不同于原有科学领域的知识外溢。这种知识外溢往往发生在现有的科学领域之间，随着知识外溢程度的不断加深，新的研究范式出现，原有的科学领域便经知识融合产生新的科学领域以获得新的功能或效率改善，最终导致技术融合的出现（Hacklin，2008；Curran and Leker，2011；Cho et al.，2015）。如融合新兴领域生物信息的形成，生物科学领域起初多采用实验观测法进行研究，但随着观测数据的不断增多，研究者在 19 世纪 70 年代开始将信息科学的知识和方法应用于生物科学领域。随着生物科学与信息科学之间的知识外溢不断加深，并逐渐形成不同于生物科学和信息科学领域研究范式的一种新的研究范式，新的研究范式的出现表明了生物信息领域的产生。

现有知识融合和技术融合的研究多通过预测融合的出现和采用指标对融合现象进行截面研究。一些研究采用定性研究方法来分析融合现象，如赵红州（1981a，1981b）曾提出一种科学发现的采掘模型来解释技术演化过程出现的交叉融合，de Leon 和 Guild（2007）基于专家知识提出了一种预测融合出现的方法。另外 Lee（2007）采用基于数据指标的定量研究方法，如通过计算两种领域之间相似度衡量领域间融合程度，Park 和 Yoon（2014）提出了基于 IPC 分类的各项指标识别分析领域间融合状态的算法。Kim 等（2017）开始采用聚类方法和专利引用网络相结合的方法。现有的研究能够有效地从一个或多个方面识别知识融合和技术融合的状态，然而无法有效地描述和研究知识融合的具体演化过程。

论文是科学知识的载体与交流的媒介（刘先涛等，2014；周秋菊等，2014），论文间的引用过程是在前人知识的基础上进行知识选择、进化、传播和应用的过程（梁永霞等，2010），论文间的相互引用关系则反映了知识的流动过程（王亮和张庆普，2014）。论文引用网络是以论文为节点、论文间的引用关系为连接的网络，能够反映大数据量下复杂的知识流动，是研究知识融合过程中知识流动的有效工具。在对科学领域进行描述时，Sakata 等（2013）指出论文引用网络是一种比语义分析更为有效的方法。根据一些学者的研究结果（Newman，2003；Kajikawa et al.，2007），拓扑聚类的方法可以根据论文引用网络中论文节点的聚集程度将论文引用网络划分为多个簇团，其中每个簇团均对应于一个科学领域，结合网络可视化则能够直观地展示出领域的分布状态和演化过程，是描述科学领域及其变化的有效方法。因此，相比于现有的融合状态描述的方法，本书采用引用网络可视化与拓扑聚类相结合的方法分析了知识融合的整个过程。

本章首先梳理了知识流动和领域描述方面的研究，构建了一个采用论文引用网络表征知识融合过程的理论模型；然后设计了理论模型的验证方法，并在融合新兴领域——生物信息领域进行实证分析；最终根据实证分析结果完成对理论模型的验证和完善。本章所构建的知识融合过程理论模型提供了一种新的研究知识融合过程的方法，能够为科研人员研究融合新兴领域的形成与发展过程提供一定的帮助。

17.2 相关研究工作

1. 技术演化路径的含义

演化不仅仅发生在自然界，也发生在技术领域（Erwin，2004）。关于技术演化的概念，目前尚没有统一明确的定义。从技术创新的角度，无论是通过共生、改进还是重新设计，都可以获得新的功能。而技术的演化就是技术创新的积累（Valverde et al.，2007）。王敏和银路（2008）认为技术本身的概念具有一定的广度和深度，因而技术路径演化的概念也应该根据研究的层次和立足点有所区别。同时将技术看作一个系统，对于某一个领域，技术演化指的是从该领域的技术出现到现阶段，这一技术领域内部所有的技术活动，总体来说，技术演化就是技术随着时间发展变化的过程，而技术演化路径就是要将技术系统发生的各种变化以路径的形式进行归纳和展示。

2. 融合簇团识别

在一些实际的网络中，如引用网络，往往有一定的网络簇团结构。在同一个网络中，同一个簇团之间的节点连接会更加普遍（Chen et al.，2012）。对于复杂的大型网络，其特征难以直接观察，需要采用一定的方法。目前有多个方法应用于融合簇团检测（Costa et al.，2007；Fanghanel and Warren，2006；Small，2006；Kim et al.，2008；Shibata et al.，2008），均取得了一定的研究成果。其中，层次聚类方法较为简单，但是经常遇到合并或分裂点选择困难的问题，缺乏全局优化目标，不能保证全局最优。SOFM 聚类方法则需要一定的先验知识，对于缺乏相关领域知识的研究者来说具有很大的局限性。该方法和 KERNIGHAN-LIN 算法适用于复杂网络聚类，但仍需要先验知识。而 Girvan-Newman 算法（GN 算法）是一种拓扑聚类算法（Girvan and Newman，2002），适用于网络数据的分析处理。模块度函数的提出解决了过度依赖初始解的问题和缺乏全局优化目标的问题，对模块度函数进行优化的 Fast-Newman 算法（FN 算法）（Newman，2004），提高了计算效率，适用的分析网络的节点规模达到 100 万个，符合本章研究的网络规模。因此本章选择了 Fast-Newman 算法。

3. 簇团主题提取

这里网络簇团作为技术路径的节点，其主题提取采用人工阅读总结的方式显然不合适。近几年来备受关注的文本挖掘技术可以帮助我们解决这个问题。LDA 主题模型作为最经典的主题模型之一，广泛应用于文本主题分析。主题模型是一个基于词袋模型的三层贝叶斯概率模型（Blei et al.，2003），可以将文档集合中每篇文章的主题以概率的形式给出，而每个主题下，单词又以概率的形式分布。对于聚类形成的每个网络簇团的文献标题和摘要进行提取，对每个簇团的摘要使用 LDA 主题模型进行主题词提取。

17.3　基于论文引用网络表征的知识融合过程理论模型

17.3.1　知识融合理论概述

技术融合这一概念首次由 Rosenberg（1963）提出，技术融合并非技术层面的单一、孤立的现象，在其产生和发展的过程中，需要相关基础科学、应用科学为技术融合提供重要支持，与社会经济、法律规则等关系密切（Barney et al.，1987；Fagerberg and Verspagen，2002）。技术融合整个过程分为知识融合、技术融合、市场融合和产业融合四个时间阶段，其中知识融合是技术融合的前提（Curran et al.，2010）。在理想的技术融合过程中，知识融合结束，技术融合随之产生并促使新的产品与市场的结合，进而导致市场融合的产生以及企业间合并，最终完成产业融合（Curran and Leker，2011）。

知识融合对应于技术融合存在两种形式，如图 17-1 所示，前一种形式为两种科学领域（A 和 B）融合形成新的科学领域（C），此时原有的科学领域依然存在（简称 A + B = A + B + C）；后一种形式为两种科学领域（A 和 B）融合互补形成新的科学领域并替换掉原有的科学领域（AB）（简称 A + B = AB）（Lee，2007）。本章所构建的采用论文引用网络表征知识融合过程的理论模型只针对 A + B = A + B + C 形式的知识融合。

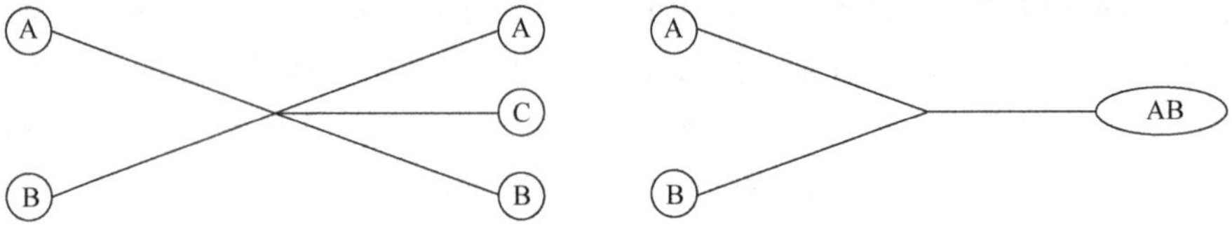

图 17-1　两种不同的知识融合形式

资料来源：改编自周源等（2019）的相关研究

17.3.2　知识融合过程理论模型

知识融合整个过程伴随着活跃的知识流动并会形成新的科学领域，现有的研究指出知识融合过程开始于两个不同科学领域间的知识流动，随着领域间的知识流动逐渐加深，当最终形成新的研究范式时，表明融合领域的形成（Hacklin，2008；Curran and Leker，2011；Cho et al.，2015）。具体来说，知识融合的过程则是从现有科学领域按照各自的研究范式独立发展，到原有的科学领域间出现知识流动，最终形成新的融合领域的过程。因此，本章使用论文引用网络中的不同簇团（科学领域）间的相互引用，测量科学领域间的知识流动，采用论文引用网络经拓扑聚类后簇团的变化表征融合过程中科学领域的变化，最终构建了一个基于论文引用网络表征的知识融合过程的理论模型，如图 17-2 所示。

基于论文引用网络表征的知识融合理论模型将知识融合过程划分为以下三个阶段。

阶段 1：科学领域 A、B 均按照各自的研究范式发展，其中的知识流动为科学领域 A、B 各自领域内的知识流动，此时论文引用网络中的相互引用关系则主要为各自领域内论文间的相互引用，论文引用网络经拓扑聚类划分后的簇团也仅存在领域 A 所对应的簇团和领域 B 所对应的簇团。阶段 1 如图 17-2（a）所示。

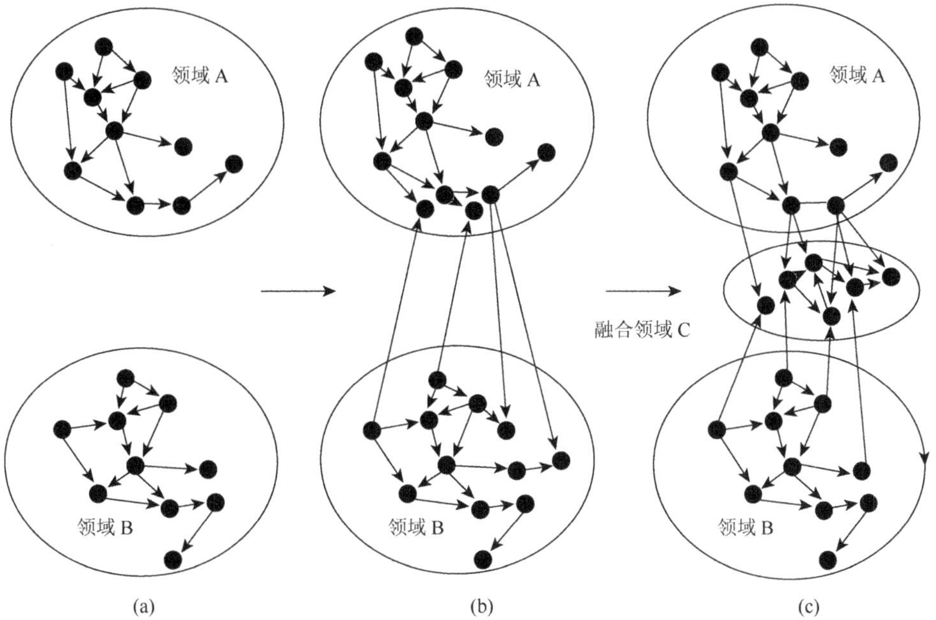

图 17-2　知识融合过程理论模型

资料来源：改编自周源等（2018）的相关研究

阶段 2：科学领域 A、B 研究范式间出现交叉渗透，其中科学领域 A、B 开始出现领域间的知识流动，但在该阶段并未形成新的融合领域，论文引用网络经拓扑聚类划分后的簇团也仅存在领域 A 所对应的簇团和领域 B 所对应的簇团，并未出现融合领域所对应的簇团。阶段 2 如图 17-2（b）所示。

阶段 3：科学领域 A、B 经知识融合开始形成新的研究范式，标志着融合领域的出现，此时论文引用网络经拓扑聚类划分后的簇团除了领域 A、B 所对应的簇团，开始出现融合领域所对应的新簇团，本章称融合领域对应的簇团为融合簇团。阶段 3 如图 17-2（c）所示。

17.4　知识融合过程理论模型验证方法

17.4.1　验证方法总体框架

知识融合过程理论模型验证方法是基于知识融合过程理论模型建立的。知识融合过程理论模型是否符合实际知识融合过程？知识融合过程的理论模型是否完善？这两个问题是该验证方法所要解决的问题。鉴于此，本章建立了一个知识融合过程验证方法的总体框架（图 17-3）。

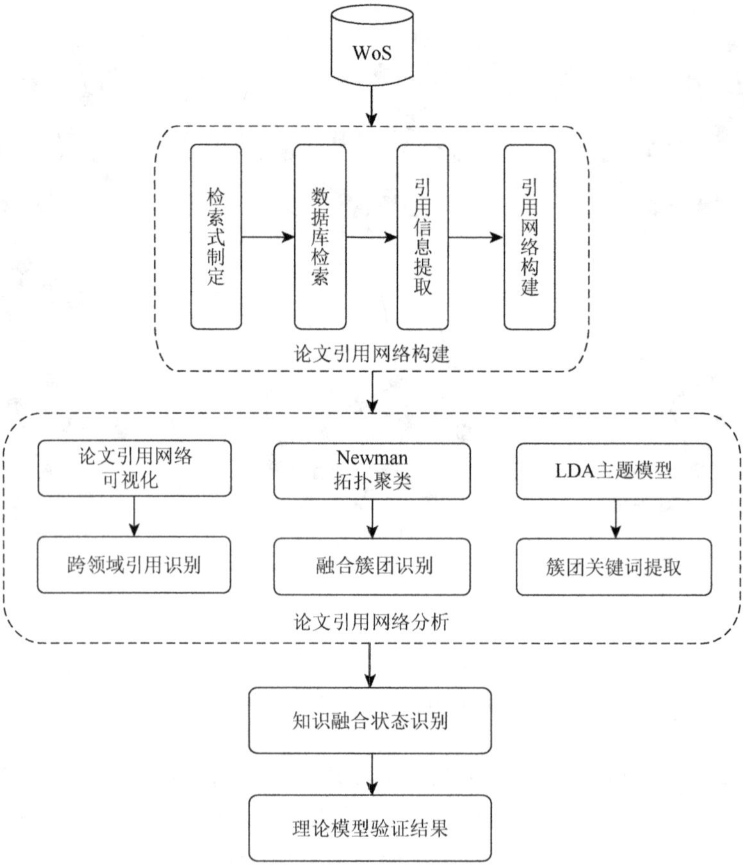

图 17-3　验证方法总体框架

资料来源：改编自周源等（2019）的相关研究

知识融合过程理论模型验证方法总体框架分为以下三个步骤。

步骤 1：论文引用网络构建。首先制定所研究领域的检索式，然后依据检索式从论文数据库中检索出相应的论文数据集，之后提取论文数据集中论文间的直接引用信息，最终完成论文引用网络的构建。

步骤 2：论文引用网络分析。分别采用可视化方法识别跨领域引用，拓扑聚类方法识别融合簇团，LDA 主题模型提取簇团主题词，从跨领域引用、融合簇团、簇团主题词三个方面分析所建立论文引用网络的特征。

步骤 3：知识融合状态识别。根据论文数据集时间区间中每年的论文引用网络在跨领域引用、融合簇团、簇团主题词三个方面的特征，首先划分知识融合过程的阶段，之后识别融合簇团的研究主题，最终完成知识融合过程理论模型的验证和完善。

17.4.2　论文引用网络构建

本章选取汤森路透的 WoS 论文数据库作为论文数据源，数据库具体选择 WoS 中的 SCI-EXPANDED、SSCI、A&HCI 数据库，这三个数据库包含数千种学术期刊且引用信息完备，是进行引用信息提取最有效的数据库（Ittipanuvat et al.，2014）。在进行论文数据检索时，分别选取科学领域 A、B 的若干关键词来表示该科学领域，根据每个领域的关键词制定检索式在 WoS 中检索，从而获得科学领域 A、B 的论文数据集。为了准确地分析科学领域 A、B 知识融合的过程，需确保科学领域 A、B 检索的数据具有相同的终止时间，且重合的时间跨度尽可能长。由于直接引用关系更能反映知识流动和论文的聚集特征（Iwami et al.，2013），所以采用 Java 语言解析科学领域 A、B 全部论文数据集中论文间的直接引用信息，以论文作为节点，直接引用关系为连接构建论文引用网络。

17.4.3　论文引用网络分析

根据知识融合过程的理论模型，知识融合过程在不同的阶段分别在论文引用网络中的跨领域引用数量、是否存在融合簇团以及簇团主题词三个方面表现出不同的特征，因此分析论文引用网络中这三个方面的特征是知识融合状态识别的前提，同时也是验证方法的关键。

1. 跨领域引用识别

跨领域引用识别是对论文引用网络中分别属于不同科学领域论文间的相互引用关系进行识别。不同科学领域论文间的相互引用反映了知识融合过程中领域间的知识流动，本章根据论文引用网络的可视化结果来识别论文间跨领域引用的数量。在可视化显示论文引用网络时，通过不同的颜色来区分引用网络中节点和连接的类别，其中节点根据论文所属科学领域的不同采用两种不同的颜色显示；连接的颜色根据连接两端论文节点的类别确定，当两个节点同属一个科学领域时，节点间连接的颜色与该领域论文节点的颜色相同，当两个节点所属科学领域不同时，节点间连接的颜色显示为白色。基于上述可视化方法开发了论文引用网络可视化（Citation-Network Data Analyzer，CDA）软件，如图 17-4 所示（引用原图为彩色，如有需要，请参考 Zhou 等（2019）的相关研究）。采用 CDA 软件检测论文引用网络中是否存在白色连接，存在白色连接即论文引用网络中存在论文间跨领域引用。

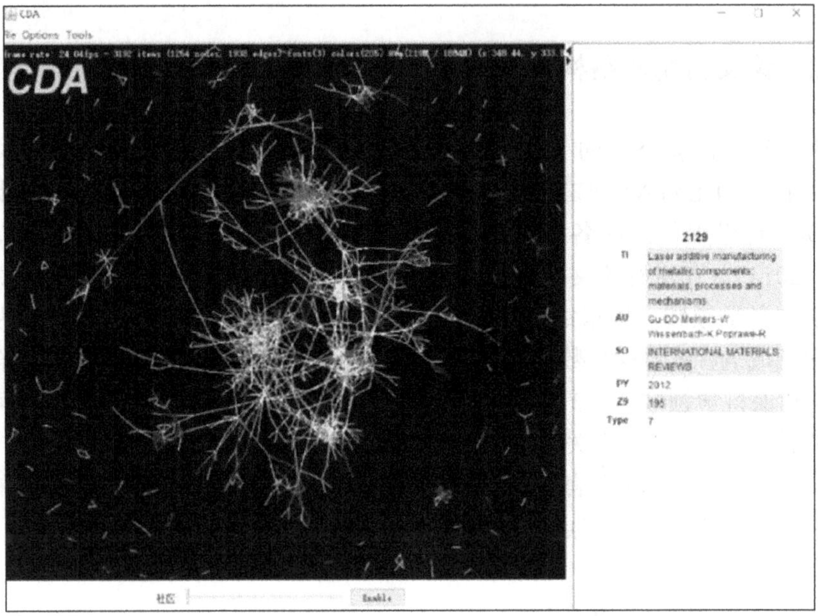

图 17-4　Citation-Network Data Analyzer 界面（见彩图）

资料来源：改编自 Zhou 等（2019）的相关研究

2. 融合簇团识别

融合簇团识别是通过对知识融合形成的新簇团进行识别，从而发现潜在的新科学领域。有学者在综述跨学科研究中的文献计量方法时提出技术多样性的均匀度可以反映学科融合的程度（Rafols and Meyer，2010）。还有学者基于技术多样性的均匀度实证分析了融合产业生物芯片产业的产生（李丫丫和赵玉林，2016），并在以信息技术与电动汽车技术的融合为例综述融合的测度方法时提出了多个基于技术多样性均匀度的融合测度指标（娄岩等，2017）。知识多样性的均匀程度更高的簇团表明其包含的论文更多地来自不同的领域，基于技术多样性的均匀度，本章通过计算簇团中每个领域论文占比快速直观地描述该簇团知识多样性的均匀程度。融合簇团的识别首先采用拓扑聚类的方法提取出论文引用网络中的全部簇团，拓扑聚类能够根据引用网络节点间的聚集特征将网络划分为多个簇团，效果见图 17-5。本章选用 Fast-Newman 聚类算法来实现论文引用网络的拓扑聚类过程，与其他聚类算法相比，该算法无须指定聚类簇的数量，而是按照节点间的聚集特征自动将引用网络划分为最优数量的簇团（Newman，2006）。在提取出全部的簇团之后，分析每个簇团中所包含两个科学领域论文的比例，其中均匀包含两个科学领域的簇团即融合簇团。

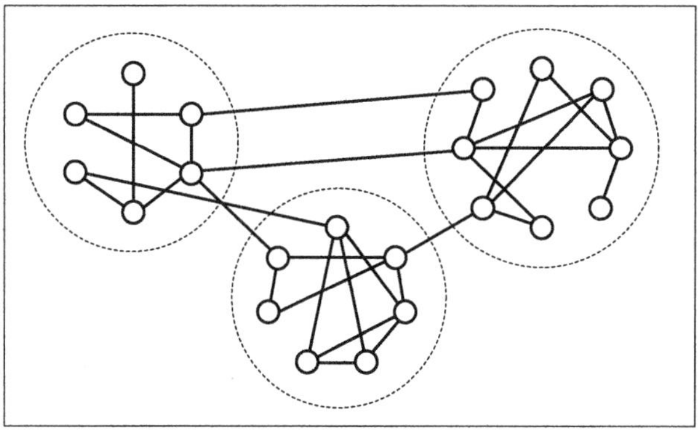

图 17-5　拓扑聚类簇团划分

资料来源：改编自 Zhou 等（2019）的相关研究

3. 簇团主题词提取

融合簇团对应于知识融合所形成的新的融合领域，为了确定该科学领域的研究主题，采用主题词提取的方法提取融合簇团中包含论文的主题词，并通过主题词来描述该科学领域的研究主题。本章采用 LDA 主题模型来实现簇团主题词提取的过程，LDA 主题模型是自然语言处理中一种常用的无监督主题提取方法，其基本思想是描述文档的主题概率分布进而描述单词的主题概率分布。本章采用 LDA 主题模型提取主题词时，不考虑主题词在不同主题下的分布，因此选择主题数为 $K=1$ 的 LDA 主题模型对论文题目进行主题词提取，LDA 主题模型中的先验超参数 α 和 β 选取经验值 $\alpha=50/K$，$\beta=0.01$（即 $\alpha=50$，$\beta=0.01$），迭代次数 1000 次（Griffiths and Steyvers，2004）。

17.4.4　知识融合状态识别

本章所构建的基于论文引用网络表征的知识融合过程理论模型将知识融合过程划分为三个阶段。知识融合状态识别即根据实证案例某一年份论文引用网络中是否存在跨领域引用、是否存在融合簇团、簇团主题词三个方面的特征确定该年份所处知识融合的阶段，如表 17-1 所示。

表 17-1　知识融合过程各阶段融合状态识别

阶段	状态特征
阶段 1	原有领域 A、B 间不存在论文的跨领域引用；簇团均为原有科学领域对应的簇团
阶段 2	原有领域 A、B 间存在论文的跨领域引用；簇团均为原有科学领域对应的簇团
阶段 3	原有领域 A、B 间存在论文的跨领域引用；簇团除了原有科学领域对应的簇团之外存在融合簇团，融合簇团论文主题词属于融合领域

资料来源：改编自周源等（2019）的相关研究

通过识别分析实证案例每年知识融合的状态特征并结合阶段划分结果对所构建的理论模型进行验证。当实证案例按照其每年论文引用网络的特征可以划分为理论模型中的三个阶段且在每个阶段符合上述理论模型中各阶段的状态特征时，说明本章所构建的知识融合过程理论模型符合实际的知识融合过程。本章所构建的理论模型是根据现有的理论推导而来的，实际的知识融合过程要比理论模型复杂得多，因此根据实证案例在知识融合过程各阶段所观察到其他特征对提出的理论模型进行完善。

17.5 知识融合过程理论模型实证分析

生物科学与信息科学是21世纪科学技术发展的制高点，二者经过知识融合形成的生物信息领域具有战略性新兴产业科学技术的显著特征，是一种公认的融合新兴领域。因此，采用生物科学与信息科学经知识融合形成生物信息领域这一知识融合过程作为实证案例来实证分析本章所构建的采用论文引用网络表征的知识融合过程理论模型是最为合适的。

17.5.1 论文引用网络构建

按照方法框架的步骤 1，由若干名相关领域研究人员确认生物科学和信息科学领域的关键词，检索年限设定为1995～2016年，由于生物信息领域最先在美国产生，为了降低数据噪声将检索论文的范围限定在美国。所制定的检索式为TS =（(electrical computing）or（information technology systems）or（engineering electrical electronic）or（engineering industrial）or（software engineering）or（computer artificial intelligence）or（telecommunications）or（computer hardware architecture）or（information technology)）and CU = USA 和 TS =（(biochemistry molecular biology）or（pharmacology pharmacy）or（biochemical research methods）or（genetics biology）or（biochemistry molecular biology）or（biotechnology）or（chemistry medicinal）or（microbiology)）and CU = USA。在 WoS 中的 SCI-EXPANDED、SSCI、A&HCI 论文数据库根据上述检索条件分别进行论文检索，检索结果包含生物科学领域论文 24 319 篇，信息科学领域论文 52 254 篇。提取两个科学领域全部论文数据集中论文间的直接引用信息，分别构建每年的论文引用网络。

17.5.2 实证分析结果

根据理论模型在知识融合不同阶段的状态特征，采用所提出的验证方法对生物科学与信息科学经知识融合形成生物信息领域的过程进行分析并与理论模型进行匹配，完成知识融合过程理论模型的实证分析过程。

在论文引用网络可视化结果中，生物科学的论文节点显示为绿色，信息科学的论文节点显示为红色（引用原图为彩色，如有需要，请参考 Zhou 等（2019）的相关研究）。采用 CDA 软件对每年的论文引用网络拓扑聚类并进行可视化，根据可视化结果，生物科学与信息科学领域在 1998 年之前论文间的引用均为领域内的引用，不存在跨领域引用，拓扑聚类划分的簇团均为生物科学和信息科学领域各自对应的簇团，说明在 1998 年之前生物科学与信息科学领域的知识流动为各自领域内的知识流动。根据可视化结果，在 1998 年开始出现少量的跨领域引用，但经融合簇团识别在 1998 年未出现融合簇团，则说明到了 1998 年开始出现领域间的知识流动，但此时尚未融合形成新的领域，1997 年与 1998 年论文引用网络可视化结果见图 17-6。根据论文引用网络在知识融合过程不同阶段的状态特征，生物科学与信息科学领域间的知识融合过程在 1998 年从知识融合过程的阶段 1 进入阶段 2。

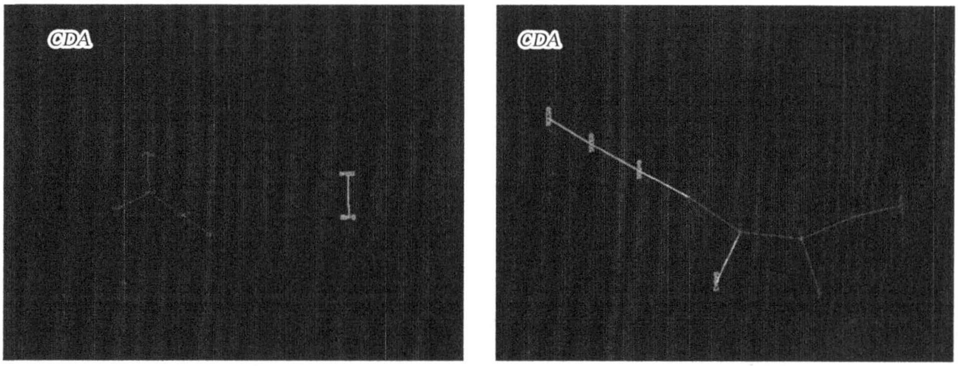

(a) 1997年　　　(b) 1998年

图 17-6　1997 年与 1998 年论文引用网络可视化结果

资料来源：改编自 Zhou 等（2019）的相关研究

采用 CDA 软件对 1998 年之后的论文引用网络拓扑聚类并进行可视化，根据可视化结果，生物科学与信息科学领域在 1998～2003 年，论文间跨领域引用的数量不断增多，2003 年之前拓扑聚类划分的簇团均为生物科学和信息科学领域各自对应的簇团，并未出现融合簇团，说明 1998～2003 年领域间的知识流动程度不断加深，但尚未融合形成新的领域；2003 年，论文间跨领域引用达到一定数量，经融合簇团识别结果，论文引用网络中除了生物科学和信息科学领域各自对应的簇团，开始出现一个包含两种不同科学领域的论文，即融合簇团，说明到了 2003 年生物科学和信息科学经知识融合开始出现新的研究范式并形成新的融合领域。1999 年与 2003 年论文引用网络可视化结果见图 17-7，2003 年出现的融合簇团在可视化结果中圈出。在 2003 年共识别出四个簇团，融合簇团中生物科学领域论文占比 61.3%，其他三个簇团生物科学领域占比分别为 99.9%、0.9%和 1.8%，融合簇团包含两种领域论文的均匀程度远大于其他簇团。

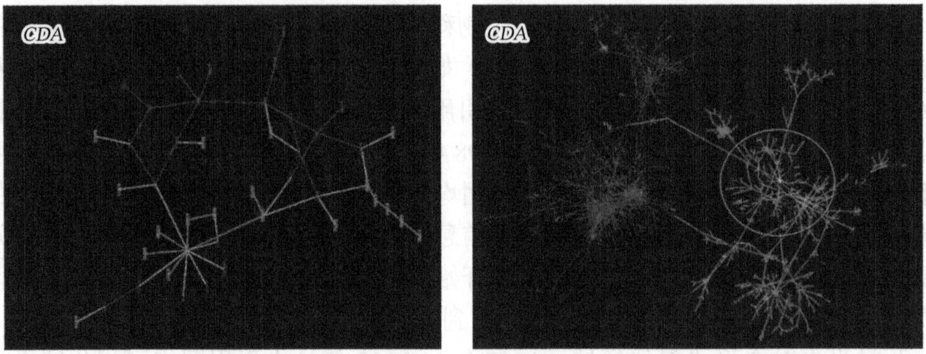

(a) 1999年　　(b) 2003年

图 17-7　1999 年与 2003 年论文引用网络可视化结果（见彩图）

资料来源：改编自 Zhou 等（2019）的相关研究

为了确定融合簇团所对应的科学领域，首先采用拓扑聚类识别 2003 年之后每年论文引用网络中的融合簇团，根据识别结果，2003～2016 年每年的论文引用网络中均识别到 1 个融合簇团，2008 年与 2016 年论文引用网络可视化结果见图 17-8，识别出的融合簇团在图 17-8 中圈出；之后采用 LDA 主题模型提取每年融合簇团中论文的主题词，提取出的主题词见表 17-2；最后结合生物信息领域的主题词分析生物信息领域从形成以来的演化过程。生物信息学的主要研究课题有基因组学、蛋白质组学、生物芯片等。根据生物信息领域的文献综述（Fleischmann et al.，1995；Grau et al.，2006；Hogeweg，2011），生物信息学的兴起始于 20 世纪 70 年代，70 年代初到 80 年代出现了许多生物信息学分析方法和生物信息学数据库。人类基因组计划（human genome project，HGP）于 1990 年启动，在生命科学领域被称为阿波罗登月着陆计划，1995 年完成了第一次细菌基因组测序，

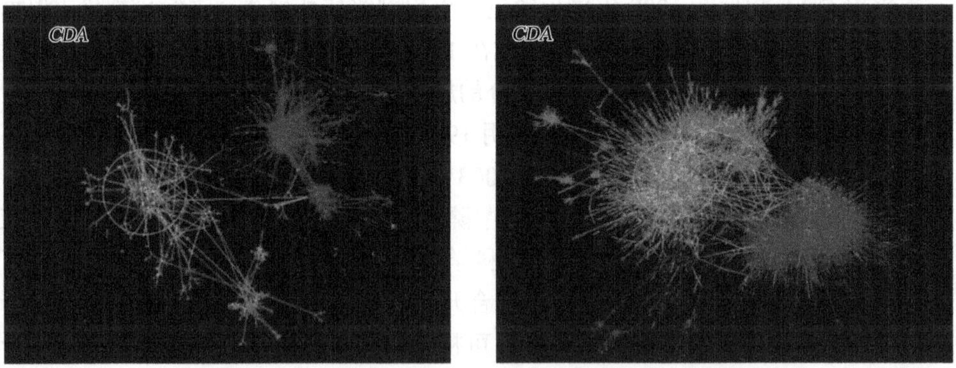

(a) 2008年　　(b) 2016年

图 17-8　2008 年与 2016 年论文引用网络可视化结果（见彩图）

资料来源：改编自 Zhou 等（2019）的相关研究

2000 年 6 月 24 日世界各国参与 HGP 的 6 个国家研究机构同时宣布完成了一份工作草案，与此同时，生物信息学在 HGP 的推动下迅速发展。结合表 17-2 中主题词的识别结果，在 2003 年出现基因芯片相关的主题词（gene，expression，microarray 等）；在 2004 年出现生物信息数据库相关的主题词（database，gene，expression，protein，data 等）；在 2008 年之后开始出现人类基因组测序相关的主题词（gene，human，database，sequencing 等）。主题词的演化过程符合生物信息领域的形成和演化过程，说明融合簇团对应的为融合形成的生物信息领域。根据论文引用网络在知识融合过程不同阶段的状态特征，生物科学与信息科学领域间的知识融合过程在 2003 年从知识融合过程的阶段 2 进入阶段 3。

表 17-2　融合簇团论文题目主题词

年份	融合簇团主题词
2003	gene，expression，analysis，profiling，microarray，discovery，data，protein
2004	database，drug，gene，expression，protein，data，information，microarray
2008	gene，human，database，sequencing，biochemistry，analysis，microarray，protein
2012	gene，human，analysis，sequencing，information，database，proteomics，data
2016	sequencing，data，analysis，genetic，human，database，applications，expression

来源：改编自周源等（2019）的相关研究

根据上述分析结果，生物科学与信息科学的知识融合过程可以划分为知识融合理论模型中的三个阶段，其中，1995～1998 年处于知识融合理论模型的阶段 1，1998～2003 年处于知识融合理论模型的阶段 2，2003 年至今处于知识融合理论模型的阶段 3，同时从 2003 年开始所提取融合簇团的主题词与生物信息领域相对应，并且主题词随年份的变化反映出生物信息领域的形成和演化过程。根据实证分析结果可以得出生物科学与信息科学经知识融合形成生物信息领域这一知识融合过程符合所构建的采用论文引用网络表征知识融合过程的理论模型的描述。

此外，根据实证分析结果，生物科学与信息科学经知识融合形成生物信息领域这一知识融合过程在理论模型的阶段 2 历经 6 年时间，即从发生领域间的知识流动到形成新的科学领域所经历的时间较长。在原有理论模型中未分析融合领域形成经历的时间，实证分析结果中的这一发现从知识融合过程各阶段所经历的时间方面对理论模型进行了完善。

为了更详细地分析生物科学和信息科学的融合过程，在 17.5.1 节检索数据的基础上增加了 2017 年的生物科学和信息科学的论文数据，绘制了 2000～2017 年论文引用网络及聚类簇团，结果如图 17-9 所示。在图 17-9 中，为了直观地显示两个领域之间的融合规律，我们手动将聚类结果标记到引用网络中。在每一年的网络中标记了论文数量排列前十的聚类簇团，这十个簇团的论文数量可占该年网络中论文总数量的 80%以上。每个簇团中包含的论文数量、生物科学领域论文所占的比例以及各簇团的关键词见附表 17-1。

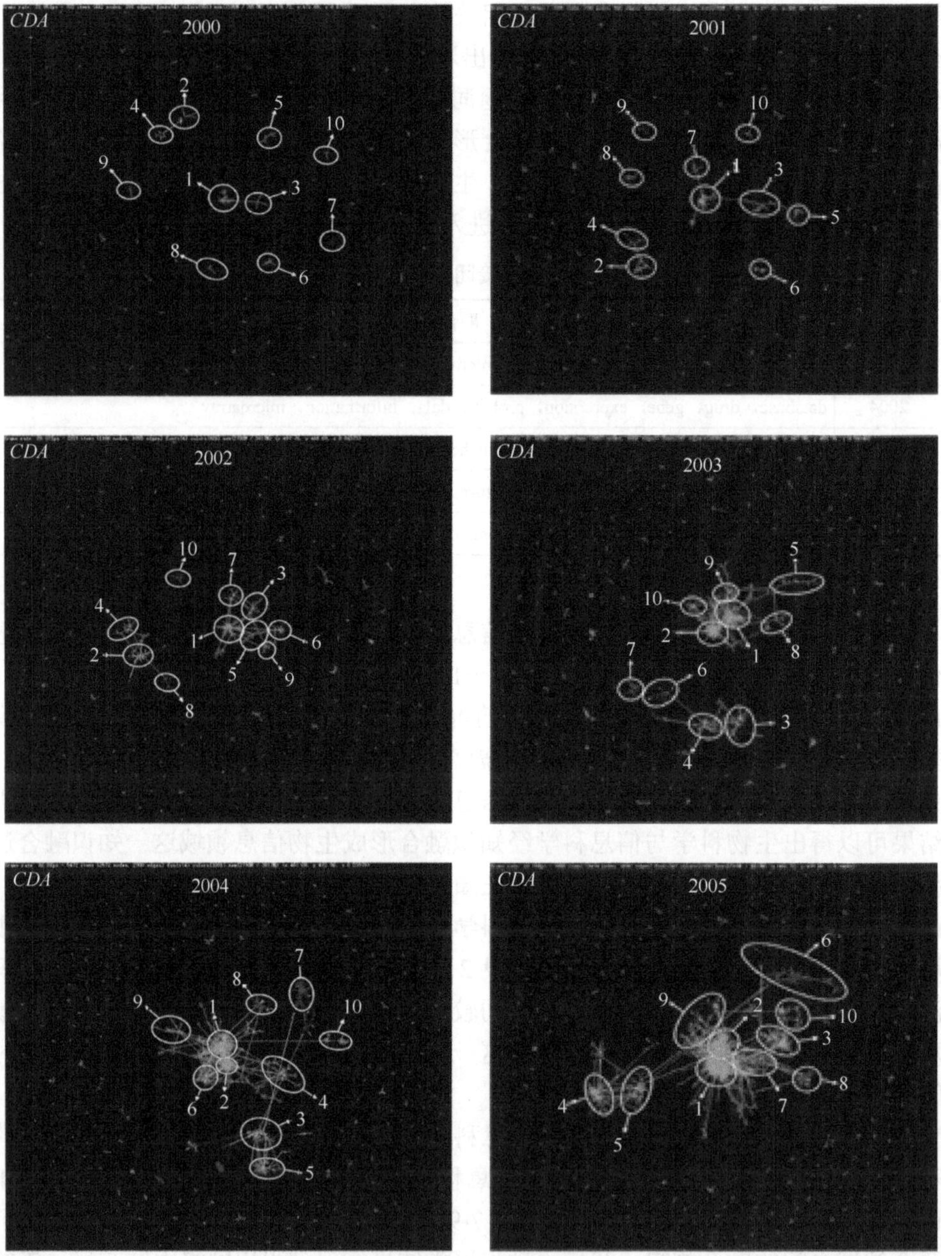

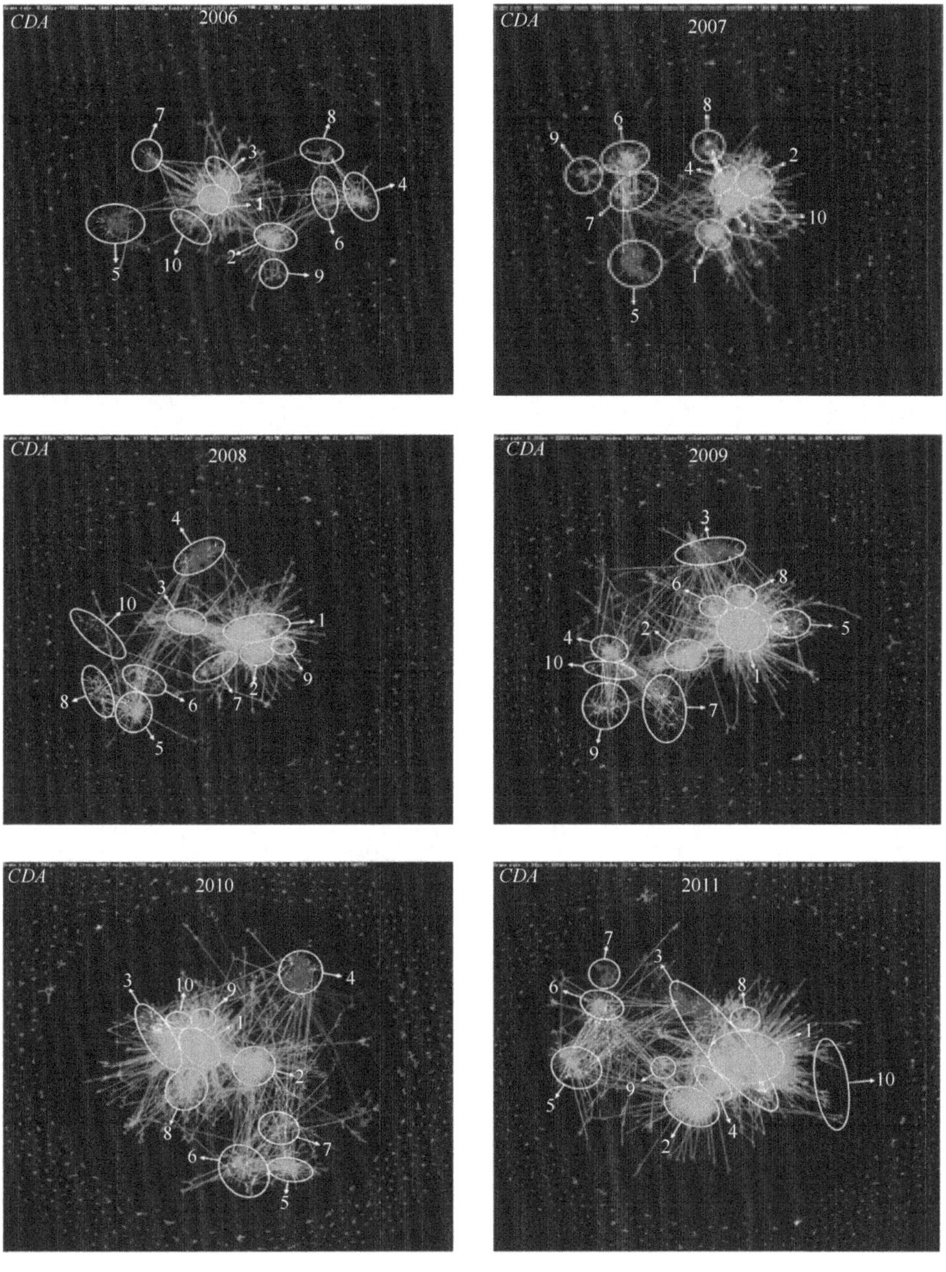
CDA
2006
7
8
3
4
1
6
5
10
2
9
CDA
2007
8
6
9
2
4
10
7
1
5
CDA
2008
4
3
10
1
9
8
6
7
2
5
CDA
2009
3
8
6
5
2
4
1
10
7
9
CDA
2010
4
3
10
9
1
2
8
7
6
5
CDA
2011
7
3
6
8
1
10
9
5
4
2

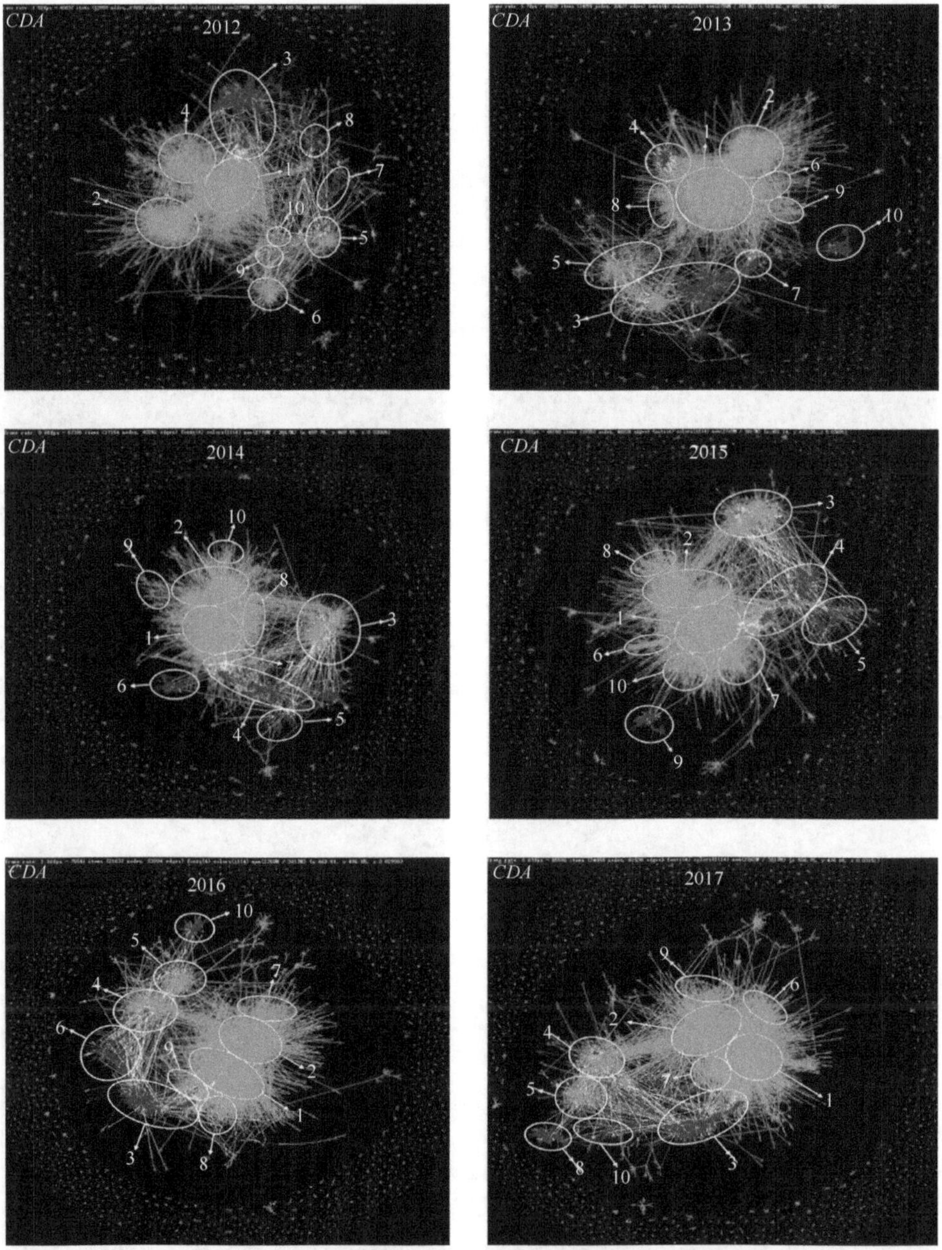

图 17-9　2000～2017 年论文引用网络及聚类簇团（见彩图）

资料来源：改编自 Zhou 等（2019）的相关研究

更详细的分析结果显示，2000～2002 年，生物科学和信息科学之间的引用数量较少，融合簇团不明显；到了 2003 年，两个领域论文间跨领域引用达到一定数量，生物科学和信息科学开始出现较明显的融合；之后两个领域论文间引用数量逐年增多，融合现象更加显著。这些融合规律与前面的分析结果是一致的。

为了更直观地描述生物科学和信息科学领域的融合路径，对 2017 年的引用网络进行了分析，并对演化路径进行了可视化。2017 年论文引用网络及聚类结果如图 17-10 所示，簇团 3 和簇团 4 是识别出的生物信息领域的融合簇团，若需进一步了解演化路径相关信息，可参考 Zhou 等（2019）的相关研究。由这两个融合簇团构成的演化路径如图 17-11 所示，图中小方框中的标号各对应于年份的聚类簇团编号。小方框的颜色代表其所属的科学领域。绿色是生物科学领域，红色是信息科学领域，蓝色是生物信息（引用原图为彩色，如有需要，请参考 Zhou 等（2019）的相关研究）。

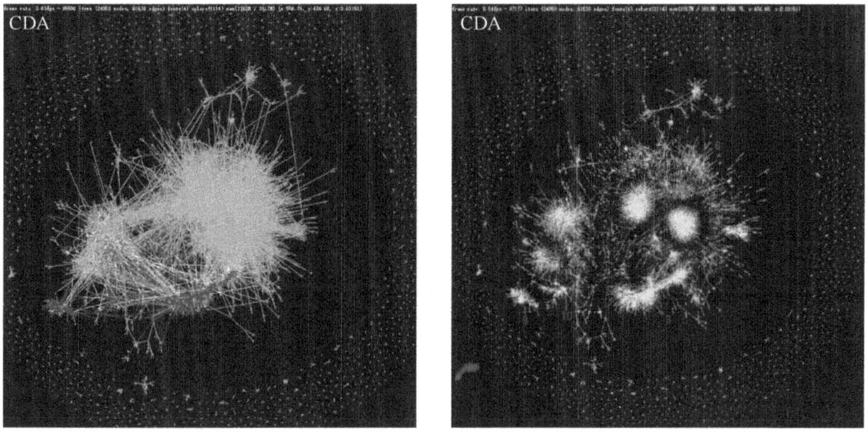

图 17-10　2017 年论文引用网络及聚类结果（见彩图）

资料来源：改编自 Zhou 等（2019）的相关研究

图 17-11　生物科学、信息科学融合演化路径

资料来源：改编自 Zhou 等（2019）的相关研究

如图 17-11 所示，在整个演化路径中仅存在生物科学领域和生物信息领域的簇团，没有信息科学领域的簇团。这说明生物信息领域尚未被整合（并入）到信息科学领域中，但已经多次融入生物科学领域，如 2016 年的簇团 5，2013 年的簇团 3 和簇团 5，2011 年的簇团 5。从生物信息领域的演化路径看，从信息科学领域到生物科学领域发展了两个分支。一个是 2001 年由簇团 4 发展出的蛋白质分析领域，另一个是 2006 年由簇团 8 发展出的基因分析领域。

通过构建生物科学和信息科学领域论文引用网络并聚类，发现了两个领域之间融合的规律，对融合路径的分析，更直观地显示了二者的融合过程。

17.6 本章小结

本章从知识流动和领域描述的角度构建了一个采用论文引用网络可视化与拓扑聚类相结合的验证方法，在融合新兴领域——生物信息领域对构建的理论模型进行了验证。主要得出以下结论。

（1）生物信息领域的实证分析结果证明了本章构建的采用论文引用网络表征的知识融合过程理论模型的有效性。

（2）知识融合过程根据论文引用网络中的表征可以划分为三个阶段，且在每个阶段具有不同的特征。

（3）采用论文引用网络可视化与拓扑聚类相结合的方法能够有效地描述知识融合的过程。需要说明的是，本章主要从科学推动的角度描述新兴科学领域知识融合的过程，但是除此之外，一个领域的形成与发展必然还会受到经济发展、市场需求、国家政策等因素的影响，这些因素如何影响融合型新兴科学领域的形成并不在本章的讨论范围内。

参考文献

李丫丫, 赵玉林, 2016. 基于专利的技术融合分析方法及其应用. 科学学研究, 34(2): 203-211.

梁永霞, 刘则渊, 杨中楷, 2010. 引文分析学的知识流动理论探析. 科学学研究, 28(5): 668-674.

刘先涛, 朱林, 何沙, 2014. 知识流动的综述研究. 北京: 中国科技论文在线.

娄岩, 杨培培, 黄鲁成, 等, 2017. 基于专利的技术融合测度方法——以信息技术与电动汽车技术的融合为例. 现代情报, 37(8): 142-153.

王亮, 张庆普, 2014. 基于引文网络的知识流动过程与机制研究. 哈尔滨工业大学学报(社会科学版), 16(1): 110-116.

王敏, 银路, 2008. 技术演化的集成研究及新兴技术演化. 科学学研究, 26(3): 466-471.

赵红州, 1981a. 论科学发现的采掘模型(上). 科学学与科学技术管理, (2): 3-5.

赵红州, 1981b. 论科学发现的采掘模型(下). 科学学与科学技术管理, (3): 34-38.

周秋菊, 杨立英, 岳婷, 2014. 基于期刊同被引和互引网络的学科结构和知识流动研究. 情报杂志, 33(8): 84-91.

周源，董放，刘宇飞，2019. 融合新兴领域知识融合过程研究——以生物信息领域为例. 图书情报工作，63(8): 127-134.

周源，杜俊飞，刘宇飞，等, 2018. 基于引用网络和文本挖掘的技术演化路径识别. 情报杂志, 37(10): 80-85.

Barney J B, Nelson R R, Winter S G, 1987. An evolutionary theory of economic change. Administrative Science Quarterly, 32(2): 315.

Blei D M, Ng A Y, Jordan M I, 2003. Latent dirichlet allocation. Machine Learning Research Archive, 3: 993-1022.

Chen S H, Huang M H, Chen D Z, 2012. Identifying and visualizing technology evolution: A case study of smart grid technology. Technological Forecasting and Social Change, 79(6): 1099-1110.

Cho Y, Kim E, Kim W, 2015. Strategy transformation under technological convergence: Evidence from the printed electronics industry. Social Science Electronic Publishing, 674(67): 106-131.

Costa L d F, Rodrigues F A, Travieso G, et al., 2007. Characterization of complex networks: A survey of measurements.Advances in Physics, 56(1): 167-242.

Curran C S, Bröring S, Leker J, 2010. Anticipating converging industries using publicly available data. Technological Forecasting and Social Change, 77(3): 385-395.

Curran C S, Leker J, 2011. Patent indicators for monitoring convergence – examples from NFF and ICT. Technological Forecasting and Social Change, 78(2): 256-273.

de Leon E D, Guild P, 2007. Using Expert Knowledge to Envision Future Converging Technologies. Portland International Center for Management of Engineering and Technology.

Erwin D H, 2004. EVOLUTION: Insights into innovation. Science, 304(5674): 1117-1119.

Fagerberg J, Verspagen B, 2002. Technology-gaps, innovation-diffusion and transformation: An evolutionary interpretation. Research Policy, 31(8/9): 1291-1304.

Fanghanel J，Warren D, 2006. Proceedings of the 23rd International Conference on Machine Learning. Fifth Annual Structure in Complexity Theory Conference: IEEE Computer Society Press.

Fleischmann R D, Adams M D, White O, et al., 1995. Whole-genome random sequencing and assembly of Haemophilus influenzae Rd. Science, 269(5223): 496-512.

Girvan M, Newman M E J, 2002. Community structure in social and biological networks. Proceedings of the National Academy of Sciences of the United States of America , 99(12): 7821-7826.

Grau J, Ben-Gal I, Posch S, et al., 2006. VOMBAT: prediction of transcription factor binding sites using variable order Bayesian trees. Nucleic Acids Research 34(suppl-2): W529-W533.

Griffiths T L, Steyvers M, 2004. Finding scientific topics. Proceedings of the National Academy of Sciences of the United States of America, 101(1): 5228-5235.

Hacklin F, 2008. Management of Convergence in Innovation. Heidelberg: Physica-Verlag.

Hogeweg P, 2011. The roots of bioinformatics in theoretical biology. PLoS Computational Biology, 7(3): e1002021.

Ittipanuvat V, de Fujita K, Sakata I, et al., 2014. Finding linkage between technology and social issue: A literature based discovery approach. Journal of Engineering and Technology Management, 32: 160-184.

Iwami S, Mori J, Kajikawa Y, et al., 2013. Comparison of indicators to detect emerging researches using time transition in quasicrystals. 2013 IEEE International Conference on Industrial Engineering and Engineering Management：48-52.

Kajikawa Y, Ohno J, Takeda Y, et al., 2007. Creating an academic landscape of sustainability science: an analysis of the citation network. Sustainability Science, 2(2): 221-231.

Kim D H, Lee H, Kwak J, 2017. Standards as a driving force that influences emerging technological trajectories in the converging world of the Internet and things: An investigation of the M2M/IoT patent network. Research Policy, 46(7):

1234-1254.

Kim Y G, Suh J H, Park S C, 2008. Visualization of patent analysis for emerging technology. Expert Systems with Applications, 34(3): 1804-1812.

Lee K R, 2007. Patterns and processes of contemporary technology fusion: The case of intelligent Robots. Asian Journal of Technology Innovation, 15(2): 45-65.

Newman M E, 2003. The structure and function of complex networks. SIAM Review, 45(2): 167-256.

Newman M E, 2004. Fast algorithm for detecting community structure in networks. Physical Review E, 69(6-2): 066133.

Newman M E, 2006. Modularity and community structure in networks. Proceedings of the National Acade my of Sciences of USA, 103(23): 8577-8582.

Park H, Yoon J, 2014. Assessing coreness and intermediarity of technology sectors using patent co-classification analysis: the case of Korean national R&D. Scientometrics, 98(2): 853-890.

Rafols I, Meyer M, 2010. Diversity and network coherence as indicators of interdisciplinarity: Case studies in bionanoscience. Scientometrics, 82(2): 263-287.

Rosenberg N, 1963. Technological change in the machine tool industry, 1840-1910. The Journal of Economic History, 23(4): 414-443.

Sakata I, Sasaki H, Akiyama M, et al., 2013. Bibliometric analysis of service innovation research: Identifying knowledge domain and global network of knowledge. Technological Forecasting and Social Change, 80(6): 1085-1093.

Shibata N, Kajikawa Y, Takeda Y, et al., 2008. Detecting emerging research fronts based on topological measures in citation networks of scientific publications. Technovation, 28(11): 758-775.

Small H, 2006. Tracking and predicting growth areas in science. Scientometrics, 68(3): 595-610.

Valverde S, Solé R V, Bedau M A, et al., 2007. Topology and evolution of technology innovation networks. Physical Review E Statistical Nonlinear and Soft Matter Physics, 76(5): 056118.

Zhou Y, Dong F, Kong D J, et al., 2019. Unfolding the convergence process of scientific knowledge for the early identification of emerging technologies. Technological Forecasting and Social Change, 144: 205-220.

本章附录

附表 17-1　2000～2017 年各年排名前十的簇团

年份	簇团编号	簇团包含论文数量	生物科学领域论文占比	簇团关键词
2000	1	21	0	research technology perceived study support information communication results model theory
	2	16	0.375	expression analysis gene microarray data technologies information technology cdna human
	3	11	0	information systems user electronic research technology commerce individual content internet
	4	11	0.273	expression gene genes sequence developed potential information data analysis compounds
	5	11	0	model information maintenance research technology software study Elsevier results strategic

续表

年份	簇团编号	簇团包含论文数量	生物科学领域论文占比	簇团关键词
2000	6	9	0	health interactive communication information interventions physical clinical activity technologies media-based
	7	6	1	research private developing genetic rights public evaluation biotechnology resources farmers'
	8	6	0	system information user enterprise quality business survey organizational management paper
	9	5	0	capital impact information returns process output mail data investments sorting
	10	5	0	cross-functional product participants technical knowledge firms collaboration level marketing cooperation
2001	1	44	0	research technology information model perceived acceptance results findings study usage
	2	29	0.379	expression gene genes information microarray analysis data sequence technology molecular
	3	28	0	information food research impact data system business technology results study
	4	15	0.467	information technologies protein fluorescence expression molecular analysis detection gene drug
	5	14	0	information market product alignment organizational business study firms research strategic
	6	13	0	knowledge organizational information research business technology assimilation technologies organizations design
	7	12	0	information research systems user electronic support technology commerce impact individual
	8	11	0	health internet communication information interactive patients medical technology interventions patient
	9	11	1	biomass biotechnology industrial research cost ethanol products biocommodity development cellulosic
	10	8	0	medical internet information ethical technology communication freg e-mail physicians healthcare
2002	1	79	0	research information technology model perceived study results acceptance support findings
	2	58	0.448	expression gene information genes data molecular sequence potential genetic analysis
	3	40	0	information technology organizational research knowledge study organizations paper management organization
	4	39	0.179	mass information protein proteins technologies expression gene analysis molecular proteomics
	5	31	0	technology information study results research firms performance software adoption model
	6	30	0	food information productivity data technology growth impact production real user

续表

年份	簇团编号	簇团包含论文数量	生物科学领域论文占比	簇团关键词
2002	7	29	0	information knowledge communication research paper organizational theory management systems technology
	8	25	0.96	biotechnology public plant transgenic food developing plants research potential issues
	9	22	0	information organizational business market product study research quality systems alignment
	10	21	1	corn metal pollen plant transgenic plants benefits intellectual research rights
2003	1	142	0	information technology study results productivity research data performance organizational model
	2	132	0	technology research information model acceptance results study perceived system adoption
	3	77	0.247	protein proteins information expression mass gene technologies analysis technology proteomic
	4	76	0.434	gene expression information data molecular genes sequence human potential microarray
	5	53	0	information health care technology patients clinical patient medical internet system
	6	48	0.917	plant biotechnology genetic food public research plants transgenic agricultural developing
	7	46	0.978	plant corn plants food pollen transgenic genetically biotechnology benefits genetic
	8	36	0	information technology research firms social addressability organizational search model systems
	9	36	0	information organizational technology research software organizations business paper study knowledge
	10	30	0	information research communication organizational virtual study social results teams theory
2004	1	238	0.008	information technology organizational study results research model business data productivity
	2	160	0	technology research information model acceptance results study system perceived user
	3	112	0.366	gene expression data information genes microarray molecular human analysis genetic
	4	110	0	information health care clinical technology patient systems medical research drug
	5	109	0.11	protein information proteins expression mass gene analysis technologies proteomics technology
	6	100	0	information research knowledge paper systems communication organizational support group study
	7	91	0.945	plant transgenic plants genetic corn biotechnology food gene cotton genes
	8	66	0.864	firms biotechnology research product development scientific alliances technology firm paper
	9	52	0	information technology internet study government research public political organizational content

续表

年份	簇团编号	簇团包含论文数量	生物科学领域论文占比	簇团关键词
2004	10	50	0	health internet information communication technology urban access technologies data support
2005	1	368	0	information research technology model study results systems system paper acceptance
	2	285	0	information technology study model organizational firms business results productivity paper
	3	188	0.043	information care health clinical technology patient medical research systems system
	4	173	0.15	protein information proteins expression mass gene analysis technologies data biological
	5	172	0.419	gene expression information data molecular genes microarray protein analysis drug
	6	164	0.909	plant plants transgenic genetic biotechnology food potential production agricultural research
	7	117	0.009	information technology research organizational study e-government government internet public management
	8	103	0.846	firms research biotechnology technology firm alliances development university scientific public
	9	90	0	product information development research technology firms supply management knowledge study
	10	81	0	health information internet medical care patients technology communication access technologies
2006	1	664	0	information technology research model study results data paper organizational business
	2	349	0	health information care clinical technology medical patient data research systems
	3	288	0	information research knowledge technology organizational systems study communication paper support
	4	256	0.211	protein information proteins mass expression analysis data technologies gene biological
	5	250	0.944	plant plants transgenic food biotechnology genetic potential production genetically crops
	6	218	0.39	gene expression information data genes microarray molecular analysis protein technologies
	7	140	0.829	firms research biotechnology technology firm alliances alliance development knowledge university
	8	95	0.526	data information genome human sequence gene protein analysis database technologies
	9	89	0.461	information research analysis technology imaging molecular nanotechnology results potential development
	10	82	0	product information development supply technology research firms study chain knowledge
2007	1	580	0	information technology research model study results perceived data systems system

续表

年份	簇团编号	簇团包含论文数量	生物科学领域论文占比	簇团关键词
2007	2	438	0.002	information technology study model business performance data research results paper
	3	435	0	information health care technology clinical medical patient data system systems
	4	375	0	information knowledge research organizational technology study systems communication management paper
	5	360	0.928	plant biotechnology genetic food transgenic plants gene production potential research
	6	308	0.195	protein information proteins data expression analysis mass gene technologies biological
	7	249	0.369	gene expression information data microarray genes molecular analysis protein technology
	8	198	0.833	firms research biotechnology knowledge firm innovation technology alliance alliances scientific
	9	107	0.542	data information genome sequence gene human protein database analysis sequencing
	10	105	0.01	information e-government technology study government research public outsourcing internet paper
2008	1	1080	0.172	information technology research study model knowledge results organizational firms paper
	2	639	0.009	information technology study research business performance model firms results data
	3	527	0	information health care clinical technology medical patient system data systems
	4	464	0.901	plant biotechnology food genetic transgenic plants gene research potential agricultural
	5	356	0.233	protein information data proteins expression gene analysis mass biological technologies
	6	240	0.325	gene expression information data genes microarray molecular analysis protein technology
	7	202	0.005	information internet technology study technologies research e-government access public communication
	8	200	0.385	data information gene genome sequence analysis protein human expression sequencing
	9	152	0.046	information product knowledge development technology firms management process study research
	10	138	0.558	imaging molecular information optical applications technology potential materials biological based
2009	1	1318	0	information technology research study model results data organizational systems paper
	2	706	0.003	information health care clinical technology data medical patient system systems
	3	538	0.881	plant biotechnology genetic food transgenic research gene plants potential public

续表

年份	簇团编号	簇团包含论文数量	生物科学领域论文占比	簇团关键词
2009	4	427	0.215	protein information data proteins expression gene analysis technologies biological mass
	5	384	0.612	firms knowledge research technology biotechnology product information innovation firm development
	6	311	0.003	information technology research study internet social organizational knowledge paper technologies
	7	264	0.315	gene information data expression genes microarray molecular analysis protein technology
	8	238	0.017	information technology productivity internet growth data find paper economic rights
	9	223	0.354	data information gene sequence genome sequencing analysis human expression protein
	10	156	0	health information internet patients technology care communication patient research medical
2010	1	1537	0.001	information technology research study model results data paper firms business
	2	1033	0.007	health information care clinical technology patient medical data system systems
	3	858	0.324	information research technology knowledge firms study organizational paper communication results
	4	605	0.881	plant biotechnology genetic food transgenic research gene plants potential crops
	5	404	0.215	protein information proteins data mass expression technologies analysis gene biological
	6	387	0.315	data information gene analysis expression genome genes sequence sequencing human
	7	346	0.425	information gene data expression molecular technology microarray protein genes drug
	8	340	0.009	information internet technology study technologies public social communication research access
	9	169	0.018	information research outsourcing study technology paper project model management process
	10	113	0.027	information security technology firms product systems model management research paper
2011	1	1883	0.001	information technology research study model results data systems paper organizational
	2	1362	0.005	health information care clinical technology patient medical data electronic system
	3	1129	0.772	research biotechnology firms knowledge technology plant information development results study
	4	721	0.012	information technology research study communication organizational knowledge social paper management
	5	567	0.257	protein information data expression gene analysis proteins biological technologies molecular
	6	539	0.356	data information gene genome sequencing sequence expression analysis genetic protein
	7	308	0.62	data protein information gene drug expression development clinical human antibody

续表

年份	簇团编号	簇团包含论文数量	生物科学领域论文占比	簇团关键词
2011	8	164	0.006	information technology internet digital social communication technologies research access study
	9	159	0.006	information data research spatial geographic systems technologies geospatial technology decision
	10	152	0.342	data information soil research technologies technology management genetic agricultural potential
2012	1	2201	0.001	information technology research study model results data systems paper business
	2	1644	0.003	health information care clinical technology data patient medical electronic system
	3	1593	0.569	research knowledge information technology study firms biotechnology paper results organizational
	4	643	0.006	information technology internet research data technologies study social public communication
	5	548	0.286	data information gene sequencing genome sequence analysis expression genetic genes
	6	537	0.201	protein data information proteins analysis technologies mass expression biological gene
	7	447	0.597	protein data gene information expression drug development clinical analysis genes
	8	341	0.683	gene protein information biological molecular expression data synthetic proteins applications
	9	197	0.02	information technology research study systems security model data knowledge decision
	10	189	0.05	information technology supply management research systems chain rfid paper study
2013	1	2530	0.003	information technology research study model results data systems perceived paper
	2	2050	0.004	health information care clinical technology data patient medical electronic patients
	3	1406	0.574	data information gene genetic sequencing genome genes analysis sequence plant
	4	1208	0.315	information research knowledge technology firms study paper organizational results social
	5	866	0.274	information protein data gene expression analysis proteins technologies molecular biological
	6	565	0.005	information technology internet data technologies paper research study social results
	7	360	0.425	information public research social technology political media internet study communication
	8	271	0.015	information technology supply research rfid management model study systems chain
	9	269	0.015	information data research geographic technology technologies systems spatial system study
	10	222	0.959	protein antibody drug assay antibodies clinical development therapeutic immunogenicity proteins

续表

年份	簇团编号	簇团包含论文数量	生物科学领域论文占比	簇团关键词
2014	1	3508	0.004	information technology research study model results data organizational knowledge systems
	2	2768	0.003	health information care technology data clinical patient study electronic medical
	3	1672	0.239	data information gene protein analysis expression sequencing technologies genome genetic
	4	1608	0.74	research biotechnology firms knowledge technology information plant development results study
	5	481	0.632	information protein molecular imaging synthetic gene biological applications cell proteins
	6	357	0.796	protein data drug antibody development clinical assay antibodies therapeutic immunogenicity
	7	346	0.006	information technology data system management systems research paper rfid supply
	8	271	0.03	information data technology research results study internet knowledge social technologies
	9	212	0.024	information social technology research communication study data media results technologies
	10	193	0.01	information health technology social data mobile access internet communication research
2015	1	3809	0.004	information technology research study model results data knowledge organizational systems
	2	3182	0.003	health information care technology data clinical patient study electronic patients
	3	1967	0.25	data information gene analysis expression protein sequencing technologies genetic genome
	4	1830	0.739	research biotechnology technology knowledge firms information plant study results development
	5	519	0.803	protein molecular production synthetic biotechnology biological information gene microbial applications
	6	445	0.016	information social research technology study data media internet communication technologies
	7	378	0.011	information technology data system systems management paper research rfid model
	8	361	0	health information technology care clinical data patients research internet social
	9	308	0.925	protein drug antibody clinical antibodies development immunogenicity assay therapeutic proteins
	10	275	0.015	information data health technology research mobile technologies system development communication
2016	1	4200	0.004	information technology research study model results data knowledge organizational systems
	2	3644	0.003	health information care data technology clinical patient study electronic patients
	3	1955	0.743	research biotechnology firms technology knowledge information plant study development results

续表

年份	簇团编号	簇团包含论文数量	生物科学领域论文占比	簇团关键词
2016	4	1478	0.248	data information sequencing genetic gene genome analysis genomic sequence technologies
	5	934	0.308	information data protein gene expression analysis proteins technologies biological molecular
	6	698	0.774	protein production synthetic biotechnology cell engineering gene metabolic information potential
	7	539	0.002	health information technology care clinical patients mobile study data medical
	8	457	0.013	information social technology data research technologies study communication systems media
	9	387	0.003	information data technology system systems paper model rfid management research
	10	357	0.9	protein drug antibody immunogenicity development clinical antibodies assay therapeutic product
2017	1	4559	0.004	information research technology study model results data knowledge systems organizational
	2	3976	0.003	health information care data technology patient clinical study patients electronic
	3	2454	0.634	research technology firms information biotechnology knowledge plant results development study
	4	1938	0.322	data information sequencing gene genetic genome analysis genomic technologies sequence
	5	984	0.353	protein information data proteins expression gene analysis molecular technologies biological
	6	797	0.02	information data social technology research technologies study systems public health
	7	455	0.007	information technology system data paper systems rfid model research power
	8	396	0.902	protein drug antibody antibodies immunogenicity development clinical assay therapeutic product
	9	390	0	health information technology mobile data social care study internet participants
	10	361	0.839	production microbial protein biotechnology biomass enzymes enzyme potential high process

资料来源：改编自 Zhou 等（2019）的相关研究

第 18 章　大数据支持路线图之态势分析

18.1　态势分析概述

态势分析是分析某行业发展趋势、各国的优劣势和技术热点等的一种方法。态势分析一般是通过调查收集数据，然后用系统分析的思想，把各种因素相互匹配起来加以分析，从中得出相应的结论。这些结论通常用于路线图等方面的战略决策支持。运用这种方法，可以对相关的情景进行全面和系统的分析，从而支持技术和创新战略的制定、计划以及对策等。

本章运用大数据方法，对机床领域和工业机器人领域进行态势分析。18.2 节通过结合论文数据与专利数据，对机床领域的发展趋势、各国之间的对比以及研究热点等进行详细的分析。18.3.1 节对工业机器人传感器领域的技术热点、前沿及发展趋势进行分析与研究。18.3.2 节基于专利文献计量的角度，通过对工业机器人专利数据的分析，较为系统客观地揭示工业机器人领域主要国家和主要机构的竞争与合作格局。18.3.3 节将基于专利数据，利用统计分析的方法从总体发展水平、核心技术发展水平以及创新能力三个方面概述我国工业机器人发展的既有优势以及存在的问题。18.3.4 节把工业机器人技术相关专利作为基础数据库，从企业专利技术的综合价值、核心优势专利技术演变、知识流动网络以及国际化布局演变四个角度对其创新竞争力进行分析。18.3.5 节以机器人技术为研究对象，分析总结技术热点、前沿识别及趋势分析的一般流程与基本思想。

18.2　数控机床的论文专利态势分析

18.2.1　前言

机床（machine tool）是指制造机器的机器，亦称工作母机或工具机。机床在国民经济现代化建设中起着重大作用。数控是数字控制（numerical control，NC）的简称，是 20 世纪中叶发展起来的一种用数字化信息进行自动控制的方法，装备了数控技术的机床称为数控机床。与传统机床相比，数控机床具有加工速度快、加工精度高等优势。数控机床和基础制造装备是装备制造业的工作母机，一个国家的机床行业技术水平和产品质量，是衡量其装备制造业发展水平的重要标志。

世界上第一台数控机床是由美国麻省理工学院于 1952 年首先研制出来的，德国也在 1956 年研制出了本国的第一台数控机床，日本则于 1958 年研制出本国的首台数控机床。中国数控机床的研制是从 1958 年起步的，由清华大学研制出了最早的样机。但是经过 50 多年的发展，2010 年中国已经跃居世界第一大机床生产国。

随着工业技术的不断发展，现代工业对加工质量的要求不断提高，也推动着数控机床技术的不断革新。目前数控机床正朝着高速化、高精度化、复合化、智能化、开放化、网络化、多轴化、绿色化等趋势发展。

数控机床和基础制造装备是中国制造业的必争领域。其主要原因是其对于一国制造业尤其是装备制造业的国际分工中的位置具有关键作用。本节基于数控机床的论文与专利数据，利用统计学的方法从全球总体发展水平、各国发展趋势、关键技术发展趋势等方面进行分析，并指出中国在数控技术上的现状及问题。

18.2.2 数据获取

1. 论文数据获取

SCI 学术论文作为重要科研成果的主要载体，可以反映出该研究领域的研究态势。本节以汤森路透公司的 WoS 数据库作为分析数据源，通过建立检索策略，并利用 DDA 工具进行分析。论文检索式如下。

（CNC-MT 论文检索式）TS =（Machin*tool*or NC machin*or CNC or numerical control or pocket machin*or（tool life and predict*）or（(condition*monitor*and tool wear）or tool condition*monitor*or spindle condition*monitor*or Machin*condition*monitor*or*ing process*monitor*or machin*health monitor*）or Tool* magazine*or Electric*Spindle*or Motor*Spindle* or High Frequency Spindle*or high speed spindle*or Direct Drive Spindle*or FIVE-AXIS*or Thermal error or（(Quality improvement or surface quality or optimiz*）and（Machin*process*or*lling process*））or（(tool path*or toolpath*）and（optimiz*or planning or generation）not（link*or diamond or Additive manufacturing or Incremental form*））or（free-form surface*and machin*）or（(Quality improvement or surface quality or optimiz*）and（Machin* process*or*lling process*））or（(Adaptive-Control or adaptive planning）and*ing Process*）or（Dynamic simulation and machining process）or（EDM and（process*or machine*））or（(three-axis or Triaxial or Three-Axes or multi-axis or multi-axes）and machin*）or（machin*center*or machin*centre*or milling center*or milling centre*or grinding center*or grinding centre*or turing center*or turing centre*）or（precision grinder or precision lathe*）or（Fieldbus and industr*）or（Intelligent motion control or Intelligent process control）or Process knowledge base or（intelligent servo*not Holographic Data Storage System*）or（(Flexible Manufactur*or Machin*Process*or industr*）and（Remote operation or Remote service*or Remote monitor*or Remote control*or Production management or human-machine collaboration or augmented reality or Health protection or Health Care))or（sensor*and Integrat*technology）or（(CAD or CAE）and Integrat*technology）or（Integrat*technology and PLC）or（Integrat*technology and robot*）or（Integrat*technology and network*）or（drilling process*or drilling machin*）or（boring process*or boring machin*）or（reaming process*or reaming machin*）or（slotting process*or slotting machin*）or（broaching process*or broaching machin*）or（gear process*or gear machin*）or（Worm gear and（process*or machin*)）or（screw thread and（process*or machin*)）or rough machin*or Semi-finishing or finishing process*or（forming tool and（process*or machin*)）or digital twin）not TS =（link*or Additive manufacturing or Incremental form*or clinical or NANO*or Agricultur*or Bio*or Cell*or Ecolog*or Chemi*or Medic*or Civil*or Geo*or Energ*or Marine*or Ocean*or Petroleum*or Food*or Photograph*or Physic*or Nuclear or Water*or Transport*or Telecommunication*or Education*or Aerospace or Vehicle*or rock*or Transportation or soccer or air-condition*or Aircraft)and(WC = Automation & Control Systems or WC = Green & Sustainable Science & Technology or WC = Robotics or WC = Engineering）NOT WC =（Agricultur*or Bio*or Cell*or Ecolog*or Chemi*or Medic*or Civil*or Geo*or Energ*or Marine*or Ocean*or Petroleum*or Food*or Photograph*or Metal*or Physic*or Nuclear or Water*or Transport*or Optic*or Telecommunication*or Acoustic*or Education*or Aerospace or Material*or Mathematic*）NOT（WC = Instruments & Instrumentation or WC = Mathematic*or WC = Material*or WC = Business or WC = Management or WC = Planning & Development）

（Smart-MT 论文检索式）TS = Smart machine tool or（TS = Cyber Physical System or TS = CPS）or TS = Internet of Things machine tool or TS = Internet + machine tool or TS = Sensor machine tool or（TS = Big data collection or TS = Big data storage or TS = Bid data analysis and TS = machine tool）or（TS = Remote monitoring and TS = maintenance）or TS = Unmanned factory or TS = MT-connect Machine tools or TS = NC-link Machine tools or TS = Fieldbus Machine tools or（TS = Cloud computing and TS = Machine tools）or（TS = Parallel computing and TS = Machine tools）

（Intelligent-MT 论文检索式）TS = Machine learning and TS = Machine tools or（TS = Machine learning and TS = Machine tools）or（TS = Artificial intelligence and

TS = Machine tools) or (TS = Advanced manufacturing Machine tools) or (TS = Adaptive control and TS = Machine tools)or(TS = Autonomous perception and TS = (Machine tools or Manufacturing)) or (TS = Autonomous learning and TS = (Machine tools or Manufacturing)) or (TS = Autonomous decision-making and TS = (Machine tools or Manufacturing)) or (TS = Self-regulation and TS = (Machine tools or Manufacturing)) or (TS = Machining knowledge and TS = (Machine tools or Manufacturing))

2. 专利数据获取

为全面地了解世界各国在数控机床技术领域专利技术发展的全貌，本节以 DI 数据库平台数据为数据来源，构建了专利检索式如下。

（CNC-MT 专利检索式）ABD = ((machine bed) or ((accuracy or stiffness or vibration adj resistance or thermal adj deformation or low-speed adj motion adj stability) and (machine process)) or (Structural adj process adj design or processing adj technology or assembly adj processability or maintenance adj processability or Support design) or (spindle adj Bearing) or (feed adj system) or (slide adj rail) or (Linear adj Motor) or (Torque adj motor) or (Screw adj nut) or (gear adj rack) or (Turbine and worm)or(Hydraulic adj system)or(Spindle adj lubrication or oil adj mist adj lubrication or grease adj lubrication) or (Chip adj removal) or (Spindle cooling) or (screw adj cooling) or (Tool changer) or (Arc cam) or (Rotary Table or turntable) or (robots integration) or (Networked adj integration) or ((open adj loop) or (closed adj loop) or (semi-closed adj loop) or (half adj closed adj loop)) or (fieldbus or profibus) or (motion adj control adj card) or ((pulse adj string) or (pulse adj train) and (control)) or (Intelligent adj servo) or (Data adj validation) or (optical-electricity adj encoder) or (optical adj encoder) or (linear adj grating) or (MCA-BTA) or (voice adj sensor) or (on-machine adj test) or (on adj machine adj verification) or (OMV) or (slotting adj machine) or (broaching adj machine) or (Gear adj processing) or (Gear adj machining) or (worm-and-worm adj wheel) or (Screw adj Machining) or (rough adj machining) or (fine adj machining) or (fine adj finishing) or (finish adj machining) or (tool adj path adj machining) or (tool adj path adj processing) or (Forming adj tool adj machining) or (Forming adj tool adj processing) or (Computer adj Aided adj Process adj Planning) or (CAPP) or (computer adj simulation adj technology) or (program adj optimization) or (Tool adj path adj generation) or (process adj database) or (workshop and ((video adj monitoring) or (video adj surveillance))) or (CoAP) or (Data Distribution Service) or (MQTT) or (OPC-UA) or (NC-Link) or (Edge adj Computing) or (Fog adj Computing) or (cloud platform) or (data adj compression）or（signal adj source adj separation）or（Distributed Control System）or（feedback control）or（Ethernet）or（internet）or（3G or 4G or 5G）or（wifi）or（wireless network）or（cluster and management）or（hub and management）or（workflow and management）or（(data process*or data access*or data deliver*or time-domain or frequency-domain）and service）or（distribut*adj comput*）or（user interface）or（data adj analy*）or（Dynamic adj visualization））and IC =（(B23）or（G05B001918））and AD> =（19970101）or abd =（(Machine design technology）or（spindle adj system）or（Electric adj Spindle）or（Motor adj Spindle）or（high adj speed adj spindle)or(High adj Frequency adj Spindle)or(Direct adj Drive adj Spindle）or（Mechanical adj spindle）or（Hydraulic adj spindle）or（Pneumatic adj spindle）or（Tool adj magazine）or（(fieldbus）and（protocols））or（compound）and（(3-axis）or（three-axis））and（(5-axis）or（five-axis））or（(edge）and（intelligent adj module））or（MACHINE adj TOOL*）or（CNC）or（numerical adj control machine）or（FIVE-AXIS*）or（machining adj center）or（machining adj centre）or（milling adj center）or（milling adj centre）or（grinding adj center）or（grinding adj centre）or（turing adj center）or（turing adj centre））and IC =（(B22F）or（B23）or（B24B）or（B26F）or（F16F）or（G01B）or（G01M）or（G01N）or（G01P）or（G01R）or（G01S）or（G02B）or（G03F）or（G05B）or（G06F）or（G06T）or（G08C）or（H02K）or（H03M）or（H04J）or（H04L））and AD> =（19970101）

（Smart-MT 专利检索式）ALLD =（Machine adj tool*）and ALLD =（Cyber Physical System or Internet Of Things or Sensor or Big data or Remote monitoring and maintenance or Unmanned factory or MT-connect or NC-link or Fieldbus or Cloud computing or Parallel computing）

（Intelligent-MT 专利检索式）ALLD =（Machine adj tool*）and ALLD =（Machine adj learning or Artificial adj intelligent adj 2.0 or Advanced adj manufacturing or Adaptive adj control or Autonomous adj perception or Autonomous adj learning or Autonomous adj decision-making or Self-regulation or Machining adj knowledge）

18.2.3　全球分析

1. 全球研究趋势分析

如图 18-1 所示，机床技术全球研究呈现总体上升趋势。其中，数控机床（CNC machine tool）的全球研究发展比较早，在 2011 年达到峰值，并在 2011～2013 年保持，在 2014～2015 年研究热度有一定的回落，然后 2016～2017 年较 2014～2015 年小幅增长，研究热度有所回升；网络化数控机床（smart CNC

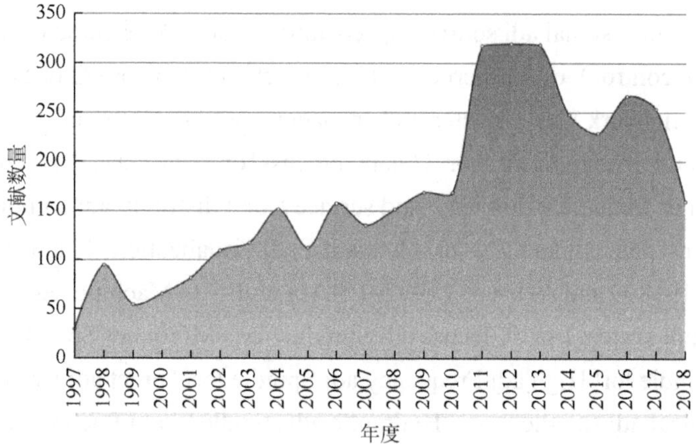

(a) 数控机床

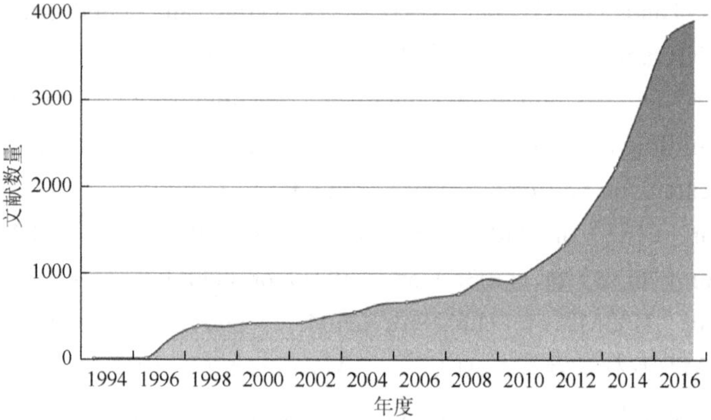

(b) 网络化数控机床

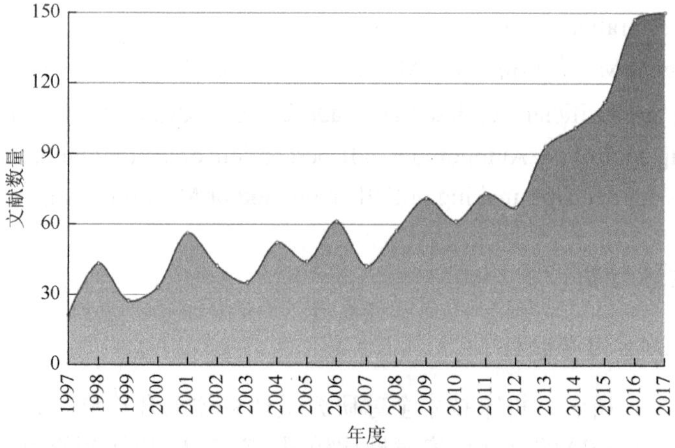

(c) 智能化数控机床

图 18-1　全球研究趋势

machine tool）的起步时间比较晚，1994～1996 年仍处于起步阶段，发文量相对较少，论文数量每年不足 10 篇，1998～2012 年稳步增长，2012 年至今，发文数量增长速率逐年上升；智能化数控机床（intelligent CNC machine tool）的全球研究，在 1997～2012 年呈现波动上升的趋势，在 2012 年后大幅上升并达到峰值，目前没有出现回落。

2. 全球开发趋势分析

对在 DI 专利数据库中检索到的专利数据进行专利申请数量分析，图 18-2 是 1989～2018 年全球每年的数控机床专利申请量结果。从图中可以看出数控机床技术全球专利申请量呈现总体上升趋势，且数控机床、网络化数控机床、智能化数控机床专利申请量的增长趋势大致相同，1989～2009 年专利申请数量呈稳定上升的趋势，2009 年至今专利申请数量呈快速上升的趋势。数控机床的专利申请量在

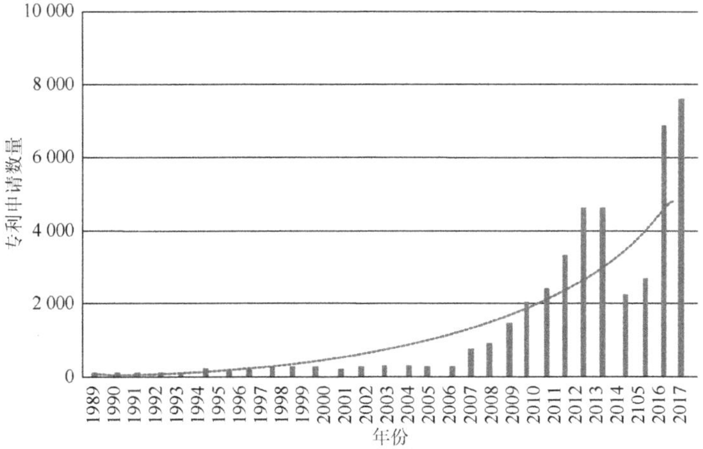

(a) 数控机床

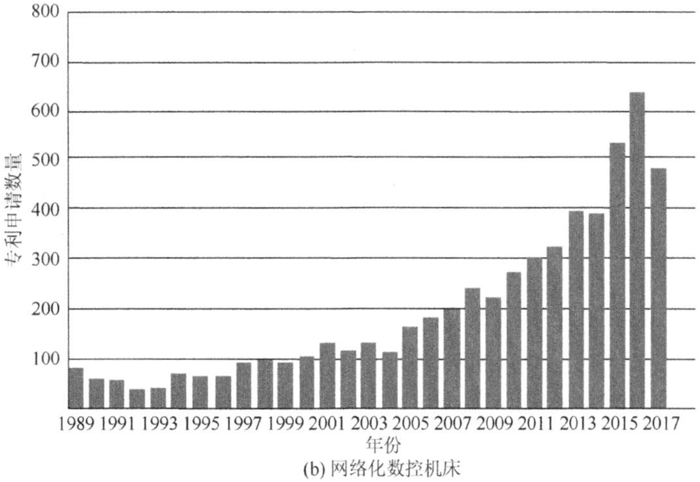

(b) 网络化数控机床

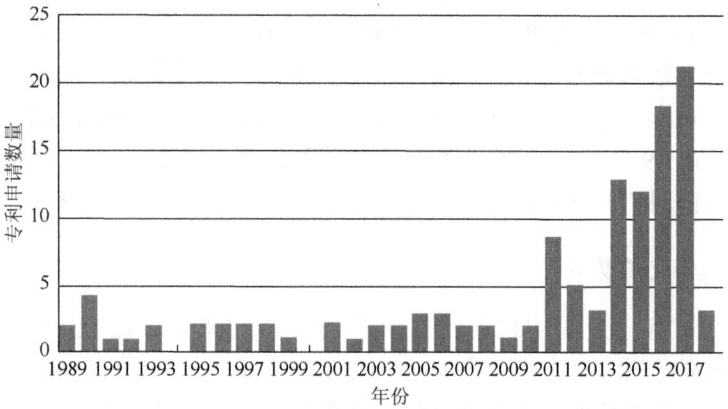

(c) 智能化数控机床

图 18-2 全球开发趋势

2013 年左右出现一定程度的回落，但是随后立即回复至较高水平。从专利申请数量的角度来分析，数控机床的年专利申请数量最多，且远远多于其余两个领域的专利申请数量，峰值达到了年申请约 8000 件，智能化数控机床专利申请数量最少，峰值仅有 22 件。

18.2.4 各国分析

1. 各国研究趋势分析

对近 20 年发文量前五的国家每一年的发文量进行分析，结果如图 18-3 所示。

从图 18-3 可以看出，在三个领域中，论文发表数量最多的两个国家为中国和美国，其中中国以较小的优势领先。数控机床领域中，世界其他国家自 1998 年以来的发文量均比较稳定，但是数量比较少，中国在此领域的研究起步比较晚，但是发展快。2002 年中国的发文量首次超越美国跃居榜首。此后，中国数控机床领域论文发表数量实现了快速增长，2011 年达到了峰值。经过这段时间的快速增长，中国数控机床领域的论文发表数量已经明显和其他国家拉开了差距，取得了数量上的优势。在网络化数控机床领域中，中国和美国的发文量一直呈稳步增长的势头，且在数量上远远领先于其他国家。2014 年，中国的发文数量超越美国，位列榜首。2014～2017 年中国在网络化数控机床领域发文数量领先美国，且逐步扩大差距，这可能与“中国制造 2025”的提出有关。经过这段时间的快速增长，中国每年的网络化数控机床领域发文数量已经明显同其他国家拉开了差距，取得了数量上的优势。在智能化数控机床领域，发文量前几的国家均呈现出一种波动上升的趋势。中国在该领域表现出的特点是，起步时间更晚，波动的趋势更稳定，上升的趋势更加明显，这也与中国的创新发展趋势持续向上有关。

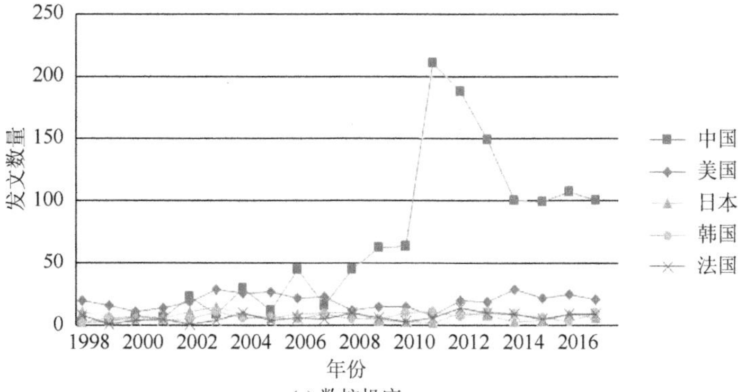

(a) 数控机床

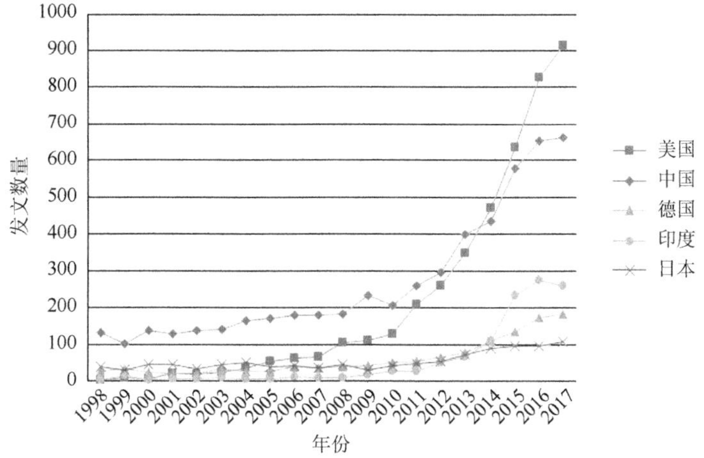

(b) 网络化数控机床

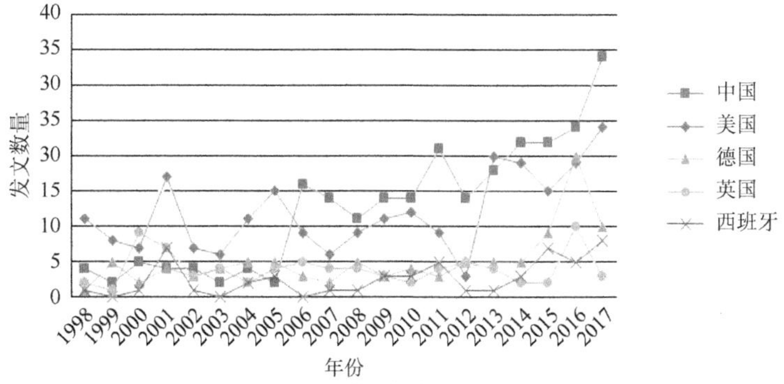

(c) 智能化数控机床

图 18-3　各国研究趋势分析

2. 各国开发趋势分析

对各国的专利总数进行分析，结果如图 18-4 所示。在三个领域中专利申请量最多的两个国家分别为中国和日本，其中中国在数量上具有极大的优势。在数控机床领域中，中国的专利申请数量最多为 36 934 项，占总专利数的 70.9%，在专利申请数量上占绝对优势，其次是日本和美国分别以 7017 项和 2388 项专利分列第二、第三位。德国和韩国专利总数分别占总量的 2.71%和 2.52%。排名前五的国家专利总数共占全球总量的 94.2%，说明数控机床领域的技术主要集中在少数国家手中并进行了全面的布局，其他国家很难突破技术壁垒在激烈竞争中取得一席之地。

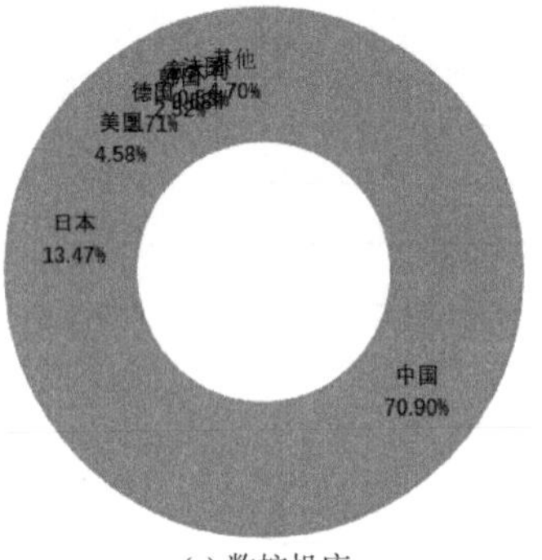

(a) 数控机床

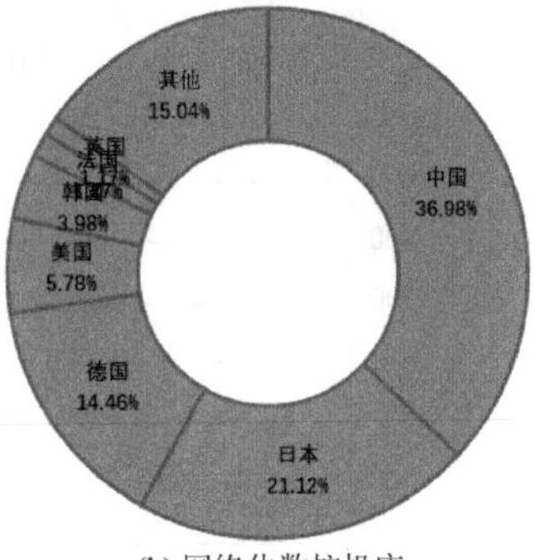

(b) 网络化数控机床

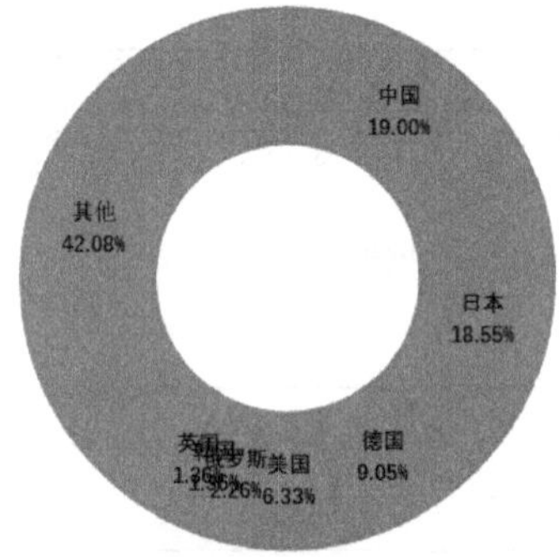

(c) 智能化数控机床

图 18-4　各国开发趋势分析

在网络化数控机床领域中，中国的专利申请数量最多，占总专利申请数量的 36.98%，在专利申请数量上占较大优势；其次是日本和德国分别以占比 21.12%和 14.46%分列第二、第三位。排名前五的国家专利总数共占全球总量的 82.33%，说明在网络化数控机床领域，关键技术主要掌握在少数国家手中，其他国家很难突破技术壁垒在激烈竞争中占据优势。

在智能化数控机床领域中，中国的专利申请数量最多为 42 项，占总专利数量的 19.00%，其次是日本，以 41 项专利数位居第二，中国和日本的专利申请总量十分接近。然后是美国和德国分别以 20 项和 14 项专利数排在第三和第四位。排名前四的国家专利总数共占全球总量的 52.93%，说明智能数控机床领域的技术主要集中在少数国家手中并进行了全面的布局，第三代数控机床技术还是主要掌握在个别国家手中。

18.2.5 机构分析

1. 机构研究能力分析

对数控机床论文按照发文机构进行统计分析得到图 18-5。从图中可以看出，三个领域里排名前十的机构基本上都是世界各地的高校，这说明在数控机床领域，各大高校是研究的主力。同时排名前十的机构多数都属于中国，这说明中国在机床领域的科研参与度较高。

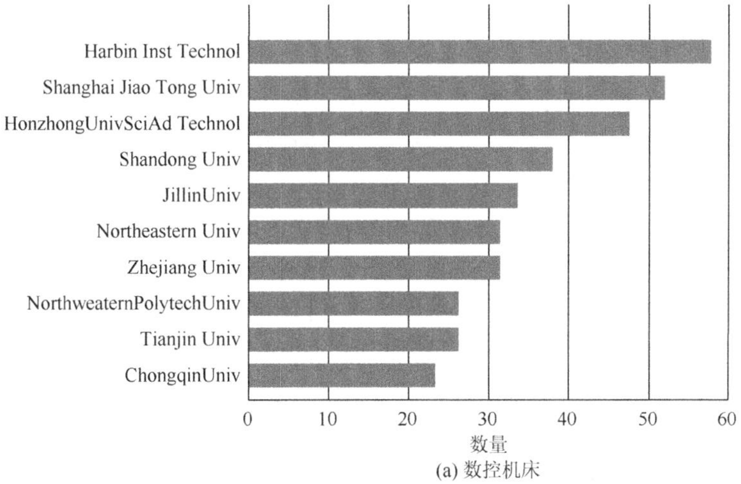

(a) 数控机床

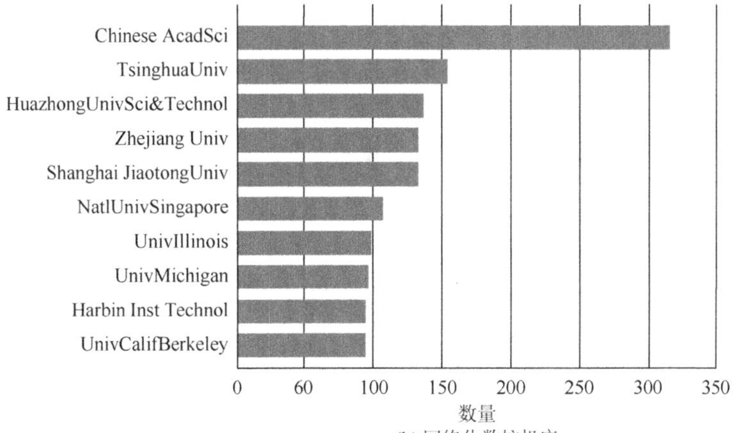

(b) 网络化数控机床

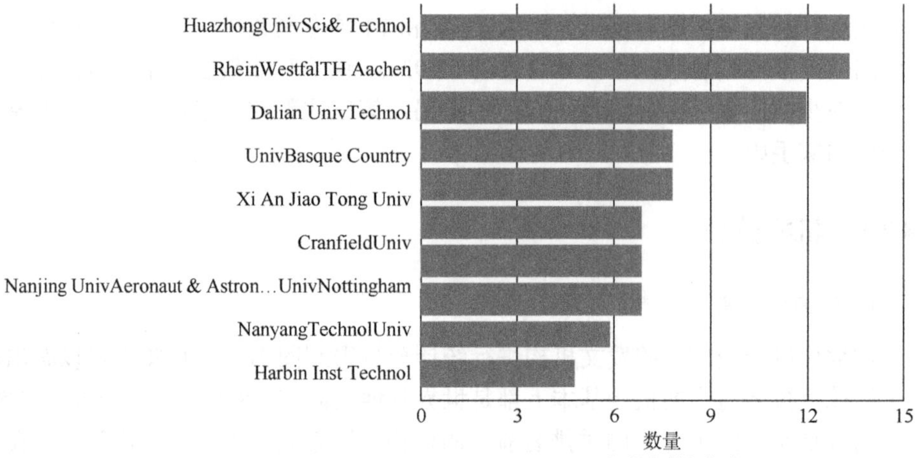

(c) 智能化数控机床

图 18-5 机构研究能力分析

2. 机构开发趋势分析

对专利申请人进行统计分析，分析结果如图 18-6 所示。在数控机床领域中，专利申请量排名前十的专利权人均为企业。按所属国家统计，排名前十的国家中日本企业有六家，美国和德国各有两家，说明日本、德国、美国是数控机床技术强国，并且日本在专利技术应用上更占优势。在网络化数控机床领域中，专利申请量排名前 20 的均为企业。按照所属国家进行统计，日本企业有 13 家，德国有 3 家，说明日本、德国是网络化数控机床技术强国，并且日本在专利技术应用上更占优势。在智能化数控机床领域中，专利申请量排名前十的包含企业、高校和个人。按照所属国家进行统计，排名前十的机构多为日本机构。从上述数据可以看出，在数控机床技术领域，开发的主力已经不再是各个高校，而是企业。说明高校注重理论研究，而企业更加注重实际应用。同时，排名靠前的机构又以日本机构为主，而机床技术专利申请量最多的中国却仅有几家机构进入表单。这说明国内的机床技术相关企业与日本、美国、德国的企业在技术创新与应用上还有所欠缺。虽然目前中国是数控机床产量最高的国家，但是要从数控机床生产大国变为生产强国，还需要国家和企业加大研发力度，增加企业的专利所有量。

18.2.6 研究热点分析

了解智能机床技术领域的研究热点有助于我们更好地把握其发展趋势，做出发展策略上的调整，更早地在关键领域进行布局。我们对网络化数控机床论文和智能化数控机床论文进行关键词词频分析，其中出现频次排名前 20 的词汇如表 18-1 和表 18-2 所示。热点技术词云见图 18-7。

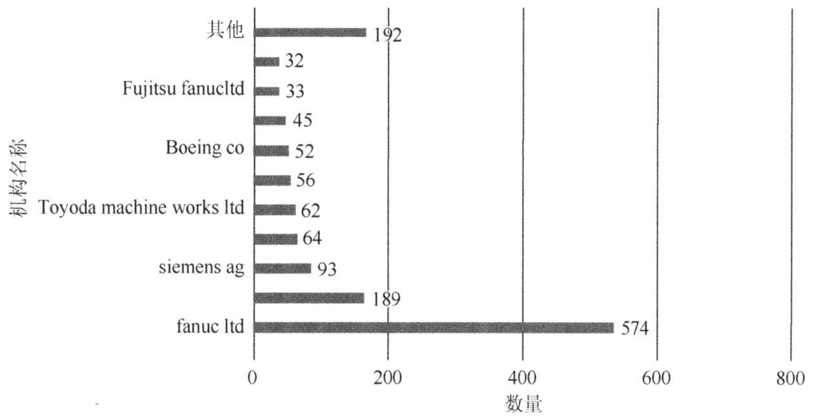

(a) 数控机床

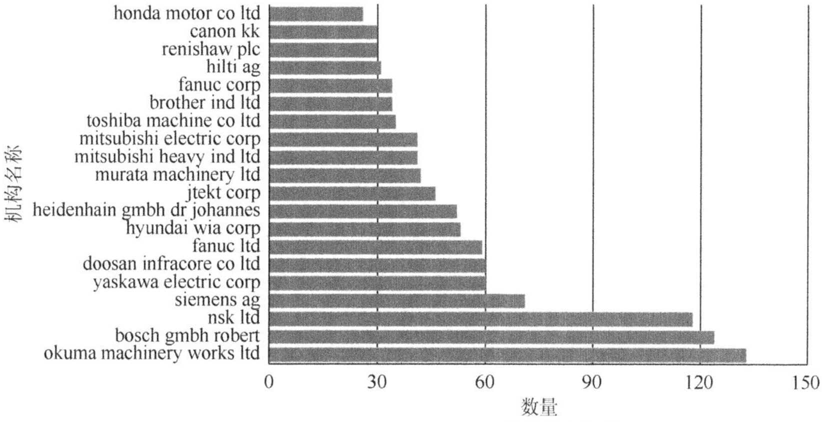

(b) 网络化数控机床

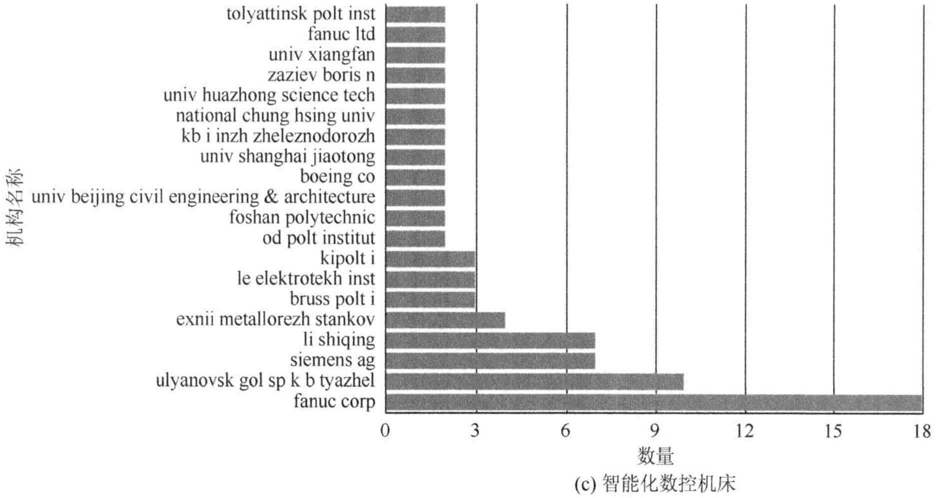

(c) 智能化数控机床

图 18-6　机构开发趋势分析

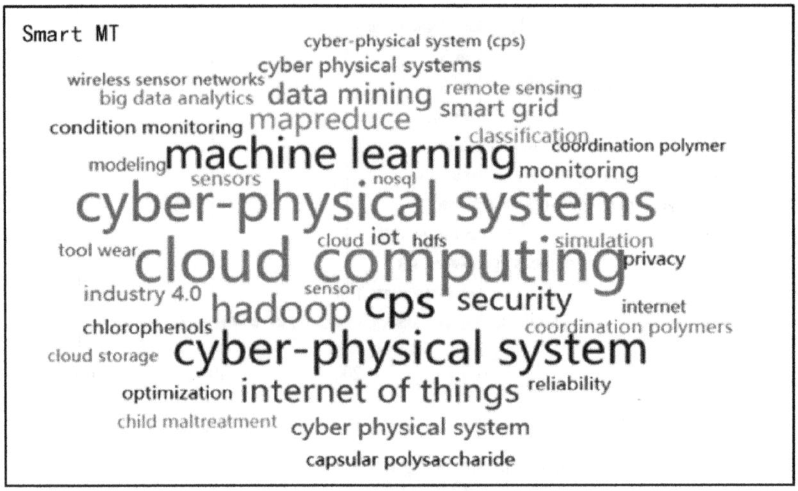

(a) 网络化数控机床

(b) 智能化数控机床

图 18-7　热点技术词云

表 18-1 中，信息物理系统排名第一，频次远远高于其他词，可以看出信息物理系统和网络化数控机床有很高的关联度；云计算、机器学习、数据挖掘、大数据分析等词汇显示出了数据处理相关技术在该领域的重要性；可以看到隐私一词也出现在了高频词表内，说明机床数据的保密方法得到了研究重视。

表 18-2 中，排名靠前的数控、自适应控制、运动控制等词凸显了数控机床的控制系统的重要性。车削、磨、表面粗糙度、工具磨损、钻孔等与加工相关的词则表现出数控机床对于加工质量与加工精度的追求。近年来火热的神经网络、人

工智能、机器学习等也出现在了高频词表内，说明现在数控机床技术与机器学习的结合日趋紧密。

表 18-1　网络化数控机床词频分析结果

排序	关键词	关键词中译	频次
1	cyber-physical systems（cps）	信息物理系统	1472
2	cloud computing	云计算	536
3	internet of things（iot）	物联网	396
4	machine learning	机器学习	350
5	hadoop	*一种编程模型，与分布式计算相关	305
6	security	安全	227
7	mapreduce	*一种编程模型，与分布式计算相关	217
8	data mining	数据挖掘	203
9	smart grid	智能电网	155
10	monitoring	监控	138
11	industry 4.0	工业 4.0	126
12	sensors	传感器	111
13	classification	分类	110
14	simulation	模拟	108
15	condition monitoring	状态监测	103
16	reliability	可靠性	101
17	big data analytics	大数据分析	98
18	optimization	优化	97
19	remote sensing	遥感	96
20	privacy	隐私	95

表 18-2　智能化数控机床词频分析结果

排序	关键词	关键词中译	频次
1	machine tools	机床	63
2	machining	机械加工	35
3	simulation	仿真	28
4	cnc	数控	22
5	surface roughness	表面粗糙度	21
6	adaptive control	自适应控制	19
7	machine learning	机器学习	19

续表

排序	关键词	关键词中译	频次
8	milling	磨	16
9	turning	车削	16
10	optimization	优化	16
11	tool wear	工具磨损	15
12	control	控制	15
13	self-regulation	自我调节	13
14	artificial intelligence	人工智能	13
15	step-nc	计算机数控系统标准	13
16	drilling	钻孔	12
17	motion control	运动控制	12
18	cad/cam	计算机辅助设计/制造	12
19	neural networks	神经网络	24
20	sustainability	可持续性	11

18.2.7　数控机床态势分析小结

机床技术作为决定一个国家装备制造业水平的核心领域，对国家的发展具有重要的战略意义。本节通过对数控机床领域、网络化数控机床领域、智能化数控机床领域的论文和专利数据进行对比分析，得到了以下结论。

第一，智能数控机床技术现在正处于快速发展阶段。从全球智能数控机床的论文与专利数量来看，均呈现出明显的上升趋势，且近年来逐年加快。从 20 世纪 90 年代到 2010 年这段时间内处于发展初期，论文与专利增长较为平缓。从 2011 年至今则处于快速发展的时期，这可能与各国提出的工业发展战略（如德国工业 4.0、中国制造 2025、美国工业互联网等）有关。

第二，中国在论文和专利数量上占有优势，但需做好理论向应用转化工作。从国家分析层面上来看，中国在经过快速的发展之后，无论是发文数量还是专利申请数量目前都处于领先地位。但是论文发文量前十的机构均多为中国高校，而专利申请量前十的机构却均为外国企业。一方面这体现出中国与国外研究方式的差异，另一方面也说明中国在把理论转化为实际应用方面还较为薄弱，需要加强这方面的工作。

18.3　工业机器人领域态势分析

18.3.1　基于专利的工业机器人传感器技术热点、前沿识别及发展趋势分析

1. 引言

工业机器人已成为制造业十分重要的生产加工工具。随着对工业机器人自动化、智能化要求的不断提升，工业机器人传感器已成为工业机器人研究的重要领域。因此，及时识别工业机器人传感器领域的技术热点和前沿以及发展趋势，对于中国布局工业机器人传感器的研发具有重要意义。

在这一技术发展需求以及应用的背景下，本节旨在以 DI 数据库中收录的工业机器人传感器相关专利数据为分析样本，以分析关键词词频与 Burst 值的方法对工业机器人传感器领域的技术热点、前沿及发展趋势进行分析与研究。

2. 数据来源与研究方法

1）数据来源

本节的研究数据来源于 DI 数据库。DI 数据库除了收录 DWPI 数据，还收录来自全球 90 多个国家和地区的 8000 万篇专利信息，包含题录信息、PDF 全文、法律状态信息等专利信息深加工的数据和原始数据，另外还有 INPADOC 法律状态和美国 Re-assignment 数据库。DI 数据库集全球最全面的国际专利与业内最强大的知识产权分析工具于一身，可提供全球专利信息。使用 DI 数据库作为数据来源，能够保证数据的充分性与可靠性。

因为传感器技术具有通用性，所以本节用机器人中的传感器专利来研究工业机器人领域的技术热点、前沿技术以及传感器技术的发展趋势，以主题 =（robot or manipulatorandsensor or transducer）为检索表达式，时间跨度 = 所有年份，检索时间是 2015 年 11 月 19 日，在 DI 数据库中共检索出 1879 条数据。本节以 1879 条题录数据为数据源，每条题录中包含标题、专利权人、摘要、公开时间、施引专利等信息。

2）研究方法

本节采用自主构建叙词表，计算关键词频和 Burst 值的方法来对机器人传感器技术进行热点与前沿分析。在分析时，关键词出现频率反映对应传感器技术的技术成熟度，而 Burst 值则反映了这一技术的研究热度。研究的过程大致分以下三步。

（1）构建叙词表：遍历所有专利信息，搜索关键词 sensor 或 transducer，搜索到之后，将 sensor 或 transducer 前的词记录到叙词表中，并剔除一些如 the、a 等没有实际意义的词，每个词只会在叙词表中出现一次。

（2）计算词频：遍历所有专利信息，将每一个词与叙词表中的词对应，如果匹配到，将该词出现的频次加 1，并记录该词出现所在专利的公开时间、优先权国家和专利优先权人。

（3）计算 Burst 值：如果一个研究方向在某一时段研究数量突然增多，可以认为它在该时段成为一个研究热点。为了分析某一研究方向是否在特定时段成为技术热点，我们设定了一个指标，即 Burst 值来衡量。将一个词在某一个时间段出现的时间除以上个时间段出现的时间，并取这些比例中最大的值当作这一关键词代表的研究方向的 Burst 值，如计算 Pressure 词在 2001 年前出现的次数 N_1，2002～2005 年出现的次数 N_2，2006～2010 年出现的次数 N_3，则

$$\text{Burst} = \text{Max}\left((N_2/N_1), (N_3/N_2)\right)$$

Burst 值反映了某一研究方向专利突然增多的程度，Burst 值越大，说明两时间段该方向的专利数量比例越大，反映了该方向专利研究的热度。

3. 工业机器人传感器专利分布

1）时间分布

图 18-8 所示的是在 DI 数据库中检索的工业机器人传感器的 1879 条相关专利的时间分布情况，可以看出，从 1984 年开始出现少量专利，随着时间的变化，专利数量逐步增多，至 1998 年出现下跌，1999～2002 年发展平缓，2003～2007 年发展迅速，2008 年至今发展减缓。总的来说，关于工业机器人传感器的专利总体处于上升趋势。

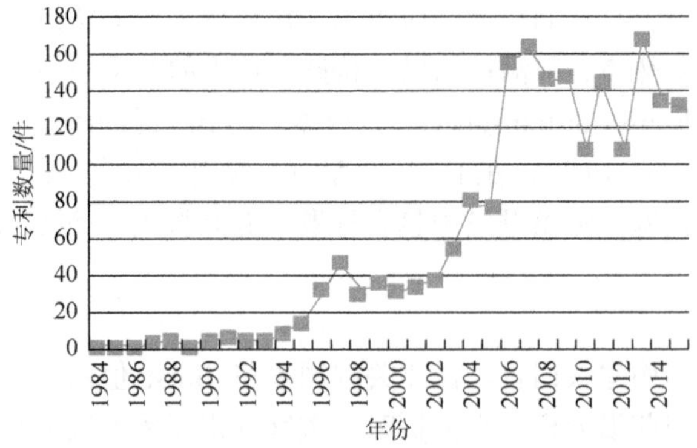

图 18-8　工业机器人传感器相关专利的时间分布

2）地域及专利优先权国家分布

表 18-3 给出了全球工业机器人传感器领域专利数量排名靠前的企业，拥有最多专利的是韩国的 SAMSUNG，但是日本企业数量较多，日本的总专利数较大，在工业机器人传感器领域的研发力量占有较大优势；韩国仅次于日本，在工业机器人传感器领域也具有较强的实力。

表 18-3 全球工业机器人传感器地域分布

专利数量/件	专利权人	所属国家
407	SAMSUNG	韩国
324	SEIKO	日本
245	TOYOTA	日本
186	YASKAWA	日本
150	LG	韩国
151	SONY	日本
147	FANUC	日本
142	HONDA	日本

4. 工业机器人传感器领域技术热点、前沿识别及趋势分析

1）技术领域总览

了解工业机器人传感器领域的研发热点，有助于对整个工业机器人研发动向的把握，使研发人员及企业明确工业机器人传感器的技术发展态势，以更好地布局技术研发。

某一领域的关键词出现的频次反映了这一领域拥有的专利数量，反映了这一领域的技术的成熟度以及研究的热点。工业机器人传感器技术领域关键词总的词频与 Burst 值如表 18-4 所示。

表 18-4 工业机器人传感器技术领域关键词词频及 Burst 值

关键词	频次	Burst 值
force	256	4
image	178	4
pressure	127	22
velocity	80	6
visual	68	6
gyro	65	14
inertial	59	8
acceleration	56	6

续表

关键词	频次	Burst 值
position	46	4
laser	43	11
magnetic	43	2
distance	39	4
temperature	35	3
angle	35	5
optical	34	6
speed	34	11
contact	33	5
vision	30	3
torque	29	10

从表 18-4 可以看出，机器人传感器专利中 force 出现的频次最高，有较多的相关专利，可以认为相关研究领域已经有了一定的技术成熟度。紧随其后的热点词是 image，代表工业机器人图像传感器。pressure 关键词出现频次居于第三，它所代表的是压力传感器。这两个领域的专利数量也比较多，它们各自领域的技术也趋于成熟。还有一些其他的关键词频次较高的技术领域，包括 velocity、gyro 等，它们各自领域的技术成熟度还可以进一步提高。

2）不同时间段技术领域研究变化

我们以五年为分片标准将 1995～2014 年分为四片，分别研究每个时间片段内关键词频率的分布情况，结果如表 18-5 所示。

表 18-5　工业机器人传感器技术领域分片分析

1995～1999 年			2000～2004 年		
关键词	频率	与上片时间段相比顺序改变情况	关键词	频率	与上片时间段相比顺序改变情况
laser	23	New	visual	23	+3
power	18	New	acceleration	20	New
force	10	New	pressure	14	New
visual	9	New	position	10	+2
angle	6	New	ultrasonic	7	New
position	6	New	contact	5	New
torque	4	New	gyro	5	New
displacement	4	New	emitting	4	New
touch	4	New	touch	4	New

续表

2005～2009 年			2010～2014 年		
关键词	频率	与上片时间段相比顺序改变情况	关键词	频率	与上片时间段相比顺序改变情况
force	71	New	force	141	-
image	49	New	image	101	-
pressure	36	–1	pressure	69	+ 1
gyro	30	+ 2	velocity	66	New
vision	22	New	inertial	49	New
position	20	–5	speed	29	New
photoelectric	19	New	magnetic	27	New
mapping	16	New	gyro	27	–3

由表 18-5 可以看出机器人传感器行业的一些发展趋势。

（1）force，image 和 pressure 传感器从 2005 年开始研究热度一直较高，相关专利总数不断升高，这些方向是从 2005 年开始的研究热点，而且它们的专利数量较多，可以认为这些方向已经有了一定的技术成熟度。这一类技术是工业机器人传感器比较基础的技术，是从工业机器人传感器诞生起就被关注的技术，从增长的趋势来看，它们仍是工业机器人传感器技术发展的前沿关注点，未来在这些方面的研究仍会有所增长。这类技术的研究由于需要一定的基础，故适合在工业机器人方面有比较深厚基础的企业重点关注。

（2）velocity 与 inertial 传感器在 2010 年后才出现，但刚出现已经有了大量的专利，是新兴的研究热点。这类技术近年来刚开始浮现，但是关注度非常高，是未来工业机器人传感器重点关注的新技术。这类技术会造成工业机器人传感器产业结构的重大变化，需要企业重点研发与突破，一旦掌握了该领域核心技术，将会给企业带来高回报。

（3）gyro 传感器后三个时间片段排名都比较靠前，专利数量不算太多，但是一直受到关注，尽管如此仍有较多空白的技术领域。这类传感器仍有不错的潜力。如果企业想快速创新实现差异化产品策略，尽早掌握该类核心技术，应重点关注。

3）高频次研究领域随时间变化的关系

为了分析高频次关键词对应的技术领域随着时间变化的关系，我们选取了五个频次最高的关键词，绘制了图 18-9 高频次研究领域随时间变化的曲线图。

由图 18-9 可以看出，force、image 和 pressure 传感器专利数量随时间变化的趋势大致和总专利数量的变化趋势一致，可以认为这些技术领域是工业机器人领域的较基础的领域，发展趋势反映了工业机器人传感器整体的发展情况。velocity 传感器在 2011 年之前发展平缓，在 2011 年之后专利数量突然升高，可以认为是近年来的热门研究领域。visual 传感器从 1985 年开始有专利产生，在 2005 年专利数量有所提升，但总的来说发展平缓。

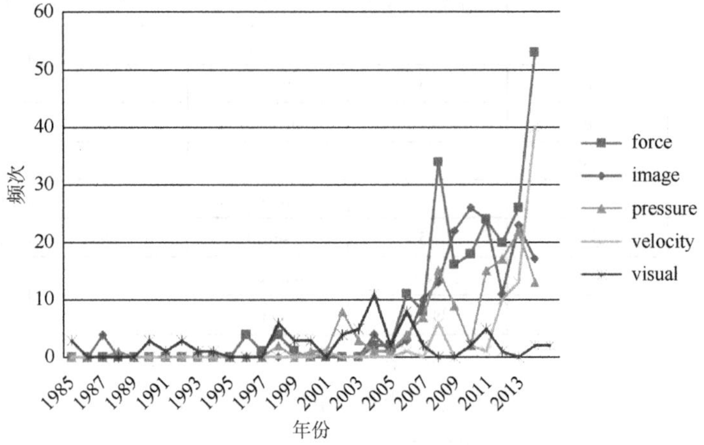

图 18-9　高频次研究领域随时间变化曲线图

4）高频次研究领域专利权人分布

为了分析高频次关键词对应的技术领域都掌握在哪些企业中，我们选取了 6 个频次最高的关键词统计得到表 18-6 高频次研究领域专利权人分布表。

表 18-6　高频次研究领域专利权人分布

force		image		pressure	
企业	专利数量	企业	专利数量	企业	专利数量
SEIKO	76	SAMSUNG	114	TOYOTA	46
HONDA	61	LG	18	SEIKO	41
CANON	54	CANON	14	HONDA	14
FANUC	22	HONDA	11	SAMSUNG	8
YASKAWA	22	SONY	5	CANON	7
YASKAWA	22	YASKAWA	4	SONY	6
velocity		gyro		visual	
企业	专利数量	企业	专利数量	企业	专利数量
SEIKO	71	SEIKO	37	FANUC	39
SONY	3	SONY	11	YASKAWA	11
CANON	2	SAMSUNG	5	CANON	8
YASKAWA	1	LG	3	HONDA	6
TOYOTA	1	HONDA	2	TOYOTA	4
SAMSUNG	1				

由表 18-6 可以看出，掌握这些基础技术与热点技术的企业大多是日本的企业，如 SEIKO、HONDA、CANON、TOYOTA 等，可见日本企业不仅掌握了工业传感器的基础技术，也对热点技术进行了深入的研究，是机器人传感器方面的专利大国。韩国的企业，如 SAMSUNG、LG 等也有较多的专利，主要集中在 image 传感器的研究上，可以看出韩国是机器人传感器研究的先驱，但是对近年来的热点技术的研究相比日本仍有距离。进一步证明了日本在工业机器人传感器领域的研发力量占有较大优势，韩国仅次于日本，在工业机器人传感器方面也具有较强的实力。

5. 工业机器人领域小结

本节基于关键词频次与 Burst 值分析法，对 DI 数据库中公布的工业机器人传感器相关专利（1984～2015 年）进行统计后，得到如下结论。

第一，从时间分布上来看，工业机器人传感器整体呈稳步发展态势；根据关键词的频次与时间的关系，由时间切片与热点关键词随时间变化的规律分析了工业机器人传感器领域的 force、image、pressure 等较为基础的技术，velocity 与 inertial 等新兴热点技术，以及 gyro 和 detection 等仍有较大提升空间的技术领域。

第二，从地区分布来说，工业机器人传感器相关技术主要集中在日本、韩国的一些工业机器人企业手中，其中日本在工业机器人传感器领域的研发力量占有较大优势，韩国在工业机器人传感器方面也具有较强的实力。

第三，对既是热点又是前沿的技术进行了汇总分类，找出相对成熟的技术 force、image、pressure，新兴的热点技术 velocity 与 inertial，以及仍有较大潜力的技术 gyro 和 detection，并就这三类技术对企业布局何种技术研发进行了浅显的分析。

为了更好地识别工业机器人传感器领域的技术热点与前沿，未来还可以基于 WoS 数据库中的文献数据进行分析。同时与现有结果对照，可能会对企业布局研发更有指导性。

18.3.2　全球工业机器人专利技术的竞争与合作

1. 前言

机器人是制造业皇冠顶端的明珠，其研发、制造、应用是衡量一个国家科技创新和高端制造业水平的重要标志。近年来，全球机器人市场需求、技术创新与产业应用呈现出新的发展态势，欧、美、日等发达工业化国家和地区正凭借既有的技术优势展开新一轮的战略布局，抢占机器人产业发展制高点。如美国实施再工业化战略和先进制造伙伴计划（advanced manufacturing partnership，AMP）中明确要通过发展工业机器人重振美国制造业，并凭借信息网络技术的优势，投资 28 亿美元开发旨在实现移动互联的新一代智能机器人。欧盟通过第七框架计划投入 6 亿美元用于机器人的研发，并拟在 2020 地平线项目中投入 9 亿美元用于机器人制造。日本制定了机器人技术长期发展战略，将机器人产业作为新产业发展战略中七大重点扶持的产业之一加大投入，仅在类人机器人领域就计划 10 年投资 3.5 亿美元，并于 2015 年 10 月启动了新机器人战略。韩国制定了《智能机器人基本计划》，发布了机器人未来战略展望 2022，将政策焦点放在了扩大韩国机器人产业并支持国内机器人企业进军海外市场方面。中国也结合《中国制造 2025》重点领域技术路线图，制定了机器人产业“十三五”发展规划。

本节基于专利文献计量的角度，通过对工业机器人专利数据的分析，较为系统客观地揭示工业机器人领域主要国家和主要机构的竞争与合作格局。

1）研究内容

（1）国际主要专利权人分析。包括专利总量、增长趋势，各国各地区分布状况、主要专利研发机构的分布和技术方向等。

（2）国际主要专利权人合作与进展分析。根据第一部分分析的情况，重点对专利权人的竞争与合作进行分析。包括专利技术布局、研究开发的热点、专利权人合作等。

2）数据来源与研究方法

包含本节涉及专利数据的来源及检索时间。构建数据集的方法和分析工具。

（1）数据来源。分析数据由 DI 数据库提供。分析时间范围：1974～2015 年。分析指标集构建：根据分析整体架构，将构建两个层面的指标集，即国家及地区层面指标集、机构层面指标集，分别揭示工业机器人专利技术在上述不同层面的研发态势和竞争合作特点。所采用的分析方法包括统计分析、文献计量、比较分析及系统综述。

（2）分析工具。拟采用 DDA 和 DI 数据库分析平台、Excel 以及美国分析技术企业的 UCINET 社会网络分析软件。

2. 工业机器人技术竞争与合作分析

1）工业机器人技术专利整体概况分析

（1）全球专利数量的年度变化。利用 DI 数据库采用 ABD＝（（robot or manipulator）and（transducer or sensor or servomechanism or controller or reducer or retarder or decelerator））检索式进行检索，共检索到 24 614 件专利。其专利增长情况如图 18-10 所示。

从专利数量的年际变化来看，总体符合指数增长趋势。说明机器人目前正处于高速发展期。另外从图中可看出，从 1995 年以后尤其是 2000 年后，研发明显加快，形成快速增长期，并有进一步保持快速增长的趋势。

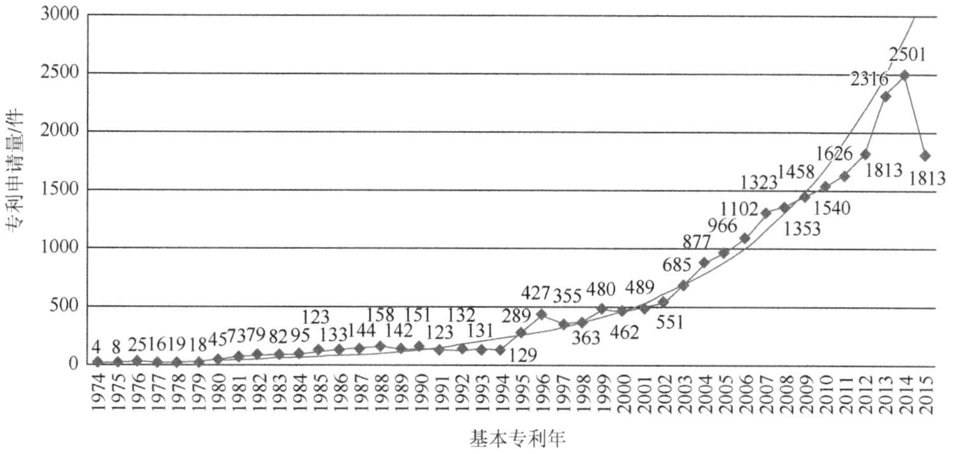

图 18-10　全球工业机器人专利数量的年际变化

（2）全球专利数量的研发与产业市场布局。利用 DDA 分析工业机器人专利的基本专利和同族专利国家布局，可间接反映工业机器人的研发和产业市场布局。目前全球工业机器人专利无论基本专利还是同族专利均主要集中在日本、中国、美国、德国，通过两图的对比可以得出各国都注重机器人技术的研发与应用市场，这说明各国均重视机器人技术与市场，与其他向第三世界国家转移的产业相比，机器人还处于技术高端与发展期。

（3）专利技术主题分布。为了解全球工业机器人技术专利状况及相关研究主题，利用专利软件平台 DI 的 Theme Map 功能绘制了专利研发布局图。

根据此专利研发布局图，可以发现全球工业机器人技术主要有七个研发主题：①应用技术；②控制系统；③电力供应与控制系统；④交互系统；⑤关节；⑥图像感知；⑦运动系统。

（4）专利技术应用主题的年际变化。为了解全球工业机器人技术专利主题的时间变化，利用 DDA 清洗数据后用 Excel 绘制了全球专利申请最多的前十个 IPC 分类技术主题的年际变化图，见图 18-11。从图中可看出排名前十位的 IPC 主题为：B25J：机械手（机器人业务部分）；B23K：钎焊或脱焊；G05B：控制或调节系统；B65G：运输或储存装置；B23Q：机床的零部件；F16H：传动装置；G05D：非电变量的控制或调节系统；B23P：金属的其他加工；B29C：塑料的成型或连接；B05B：喷射装置。从图中可以看出机械手一直是机器人研究的热点，此外其他领域的研究略有变化，如在 2005～2009 年，研究热点为控制或调节系统的研发，2010～2014 年转为钎焊或脱焊系统。

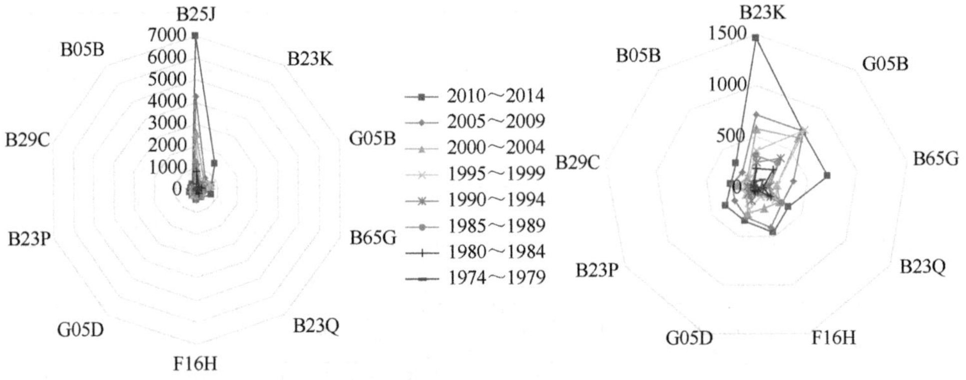

图 18-11　全球工业机器人技术专利主要主题的年际变化图

2）工业机器人技术专利国家层面的竞争与合作分析

（1）典型国家专利数量的年度变化。按照专利申请量，挑选了排名前八的专利申请国。从图 18-12 对比发现，日本的专利申请量最多，典型发展期在 20 世纪末，中国的专利申请量在 1995 年前一直空白，从 2005 年后开始剧增。美国、韩国、德国、俄罗斯等也处在发展期，但发展速度明显低于中国。

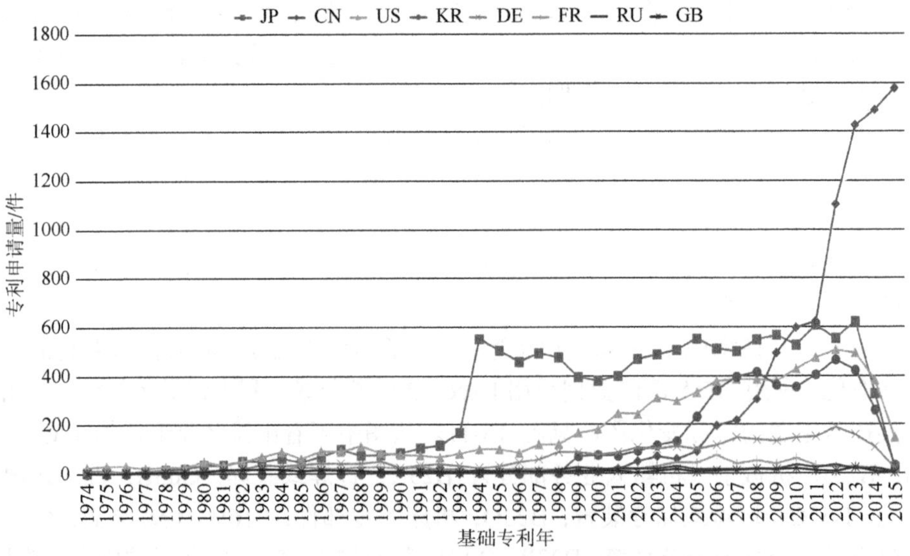

图 18-12　典型国家工业机器人专利数量的年际变化

（2）典型国家的研究主题对比。通过研究主题的国家对比（图 18-13）研究发现，除机械手外，日本发展平衡较为偏重控制和计量相关，中国发展不平衡且较为偏重电子控制和钎焊或脱焊，美国较为重视控制器，韩国较为重视钎焊相关技术，德国总量较少但发展相对平衡。另外与全球关键技术年度研究重点对比，中国的专利申请的重点偏向于世界 2005～2009 年专利申请的重点，如控制或调节系统领域，这可能与中国现阶段电子设备与集成电路技术和工业迅猛发展相关。

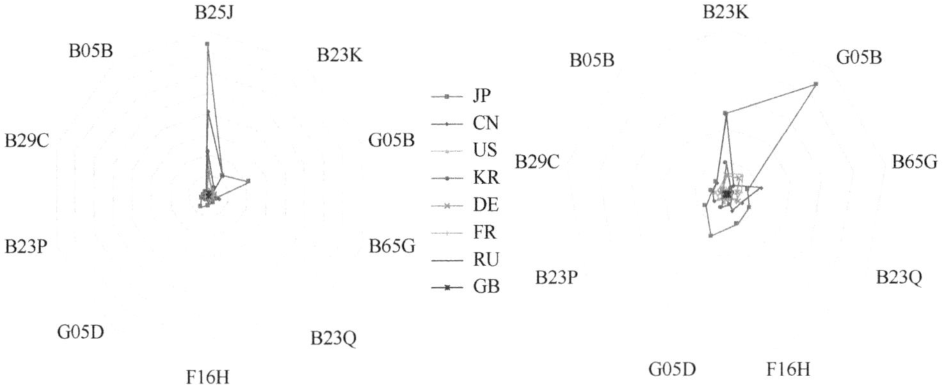

图 18-13　优先权国间专利申请主体的引用网络图①

（3）典型国家专利申请主体的年际变化。按照专利申请量，挑选了排名前五的专利申请国。从图 18-14 对比发现，B25J 机械手为各国重视领域。除此之外，

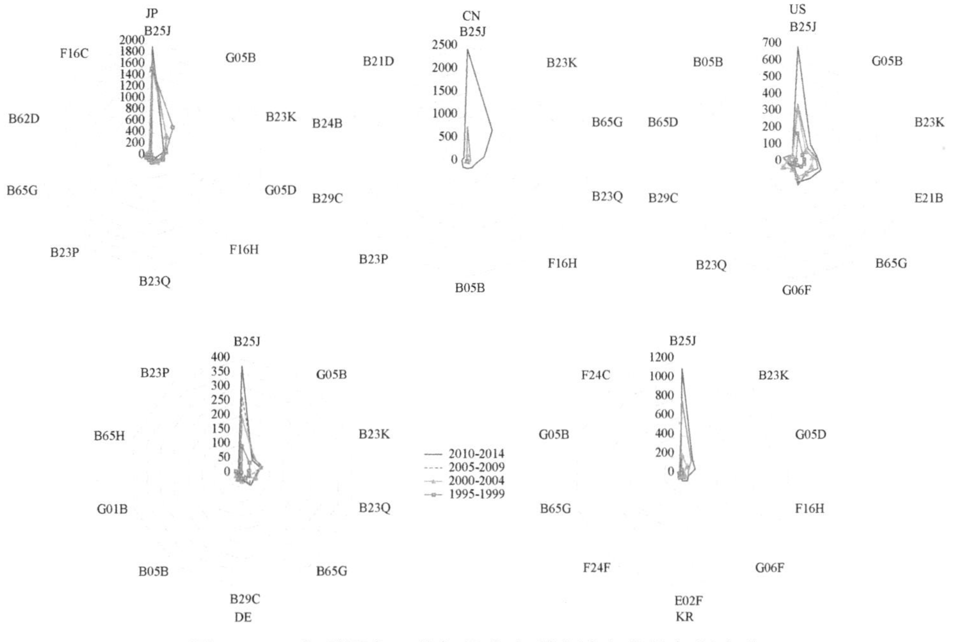

图 18-14　典型国家工业机器人专利申请主体的年际变化

① 其中东德（图中 DD）未纳入德国中考虑。

可以看出中国、韩国的主题研究较为不均衡，而日本、美国、德国的研究主题相对均衡，此外与其他国家各主题专利稳步增长不同，中国的专利申请于近十年才开始起步，且迅速发展。

（4）典型国家的合作关系网络。专利优先权国一般反映技术的起源，专利应用国一般体现技术的转移。利用其做出的相关图谱如图 18-15 所示，可以看出在专利技术的起源发明中是以美国为核心，在专利的转化应用中，美国、日本、德国、加拿大、英国、澳大利亚等构成了核心网络。而中国，无论技术起源还是转化应用都被排除在外。这说明中国的机器人技术在起源和转化应用上有被边缘化的可能。

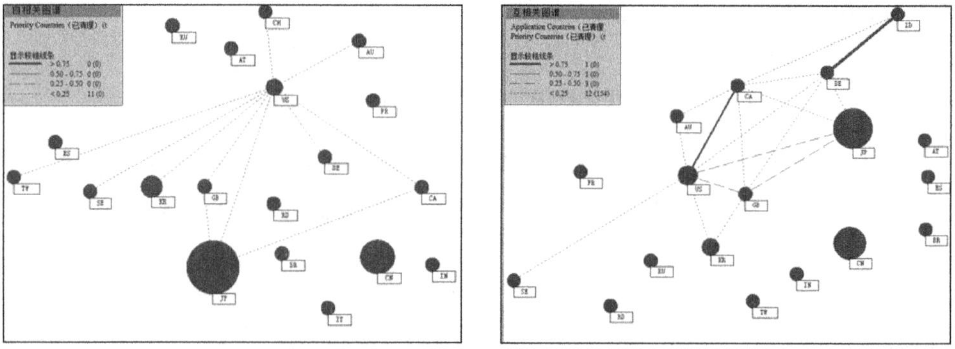

图 18-15　典型国家工业机器人专利技术合作情况

（5）典型国家的竞争网络。通过引用关系可获得专利技术的扩散与竞争网络，本节通过 DI 数据库中数据的引证分析获得图 18-16，可以看出美国、日本、德国等的合作和竞争较为充分。中国专利大多引用他国专利，而被他国引用较少。说明中国处于后发追赶者阶段，原始创新有待提高。

（6）典型国家的专利全球地位。通过近五年专利申请数量占总量的比值以及专利申请量可间接反映近年来该国家发展潜力在国际中所处的地位。如图 18-17 所示，横坐标为专利申请量、纵坐标为近五年专利申请数量占总量的比值，气泡大小表示近五年的申请量，原点为这些国家专利申请平均水平与近五年占比平均水平的交点。从图中可以看出中国处于典型的第一象限，即近年来申请量大占比大，历史积累薄弱，发展速度迅猛，日本处于典型的第四象限，即历史积累较充分，近年来申请量落后于世界平均增速；美国也位于第四象限，但仍保持较大的增量；韩国位于第一象限，靠近原点；德国、俄罗斯、法国、英国位于第三象限，即近年来申请量低于平均水平，总量也有待提升。

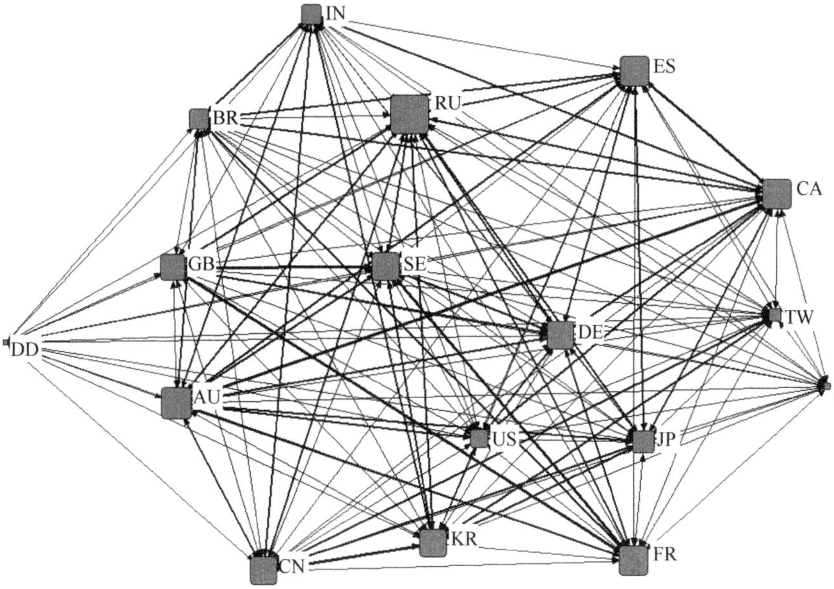

图 18-16　优先权国间的引用网络图①

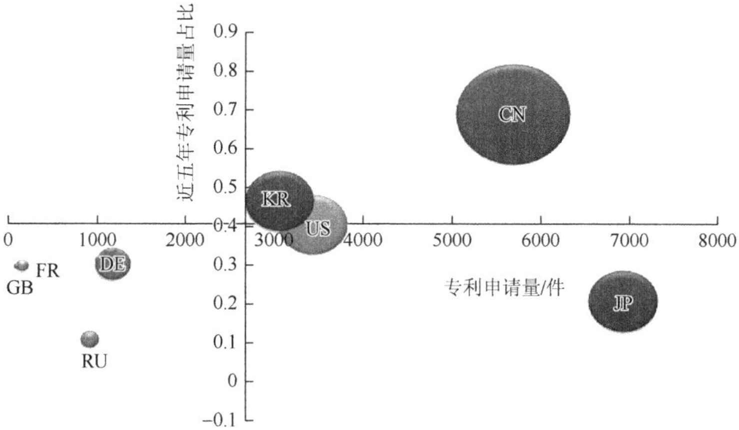

图 18-17　典型国家近五年专利申请量占比的全球分布象限图

另外，基本专利转化为同族专利的记录数和频次体现了该基本专利的重要性以及全球扩散程度。表 18-7 展示了基本专利申请量前五名国家的基本专利扩散情况，从表中可以看出，美国和德国的专利拥有较大的世界影响力，国际扩散程度均超过 100%，而中国国际扩散程度过低，仅为 1%左右，对工业机器人的国际贡献率过低。

① 其中东德（图中 DD）未纳入德国中考虑。

表 18-7 基本专利的全球扩散情况（详细数据见附表 18-1）

国别	总记录扩散度	国际记录扩散度	总频次扩散度	国际频次扩散度
日本	108.11%	8.11%	146.43%	12.64%
中国	100.91%	0.91%	120.60%	1.18%
美国	202.42%	102.42%	302.51%	156.71%
韩国	103.73%	3.73%	144.62%	5.04%
德国	208.65%	108.65%	276.17%	151.54%

3）工业机器人技术专利机构层面的竞争与合作分析

（1）全球工业机器人专利申请数量机构的概览。全球工业机器人专利申请量见表 18-8。从中可以看出，在国别上大多属于日本的企业，在行业上汽车企业、电子企业偏多，专业从事机器人制造的安川电机、发那科公司、ABB 公司、库卡机器人公司也榜上有名。国内的企业以大学居多，其中国家电网、山东鲁能集团和沈阳新松机器人公司在中国企业中位列前茅。

表 18-8 全球机构工业机器人专利申请量

申请量排名	专利权人（中文）	专利权人（英文）	基础专利数
1	三星集团	SAMSUNG CO LTD	834
2	安川电机	YASKAWA ELECTRIC CorP	713
3	丰田汽车公司	TOYOTA MOTor CO LTD	583
4	松下电器	MATSUSHITA DENKI SANGYO KK	426
5	发那科公司	FANUC LTD	419
6	精工爱普生公司	SEIKO EPSON CorP	418
7	索尼公司	SONY CorP	377
8	日立集团	HITACHI LTD	345
9	三菱集团	MITSUBISHI KK	317
10	本田汽车公司	HONDA MOTor CO LTD	295
11	LG 电子集团	LG ELECTRONICS INC	279
12	东芝公司	TOSHIBA KK	248
13	现代集团	HYUNDAI HEAVY IND CO LTD	240
14	ABB 公司	ABB RES LTD	223
15	佳能集团	CANON KK	198
16	富士康公司	FUJITSU LTD	184
17	电装公司	DENSO WAVE KK	134

续表

申请量排名	专利权人（中文）	专利权人（英文）	基础专利数
18	西门子公司	SIEMENS AG	134
19	库卡机器人公司	KUKA ROBOTER GMBH	124
20	大宇集团	DAEWOO CO LTD	121
21	北京理工大学	UNIV BEIJING TECHNOLOGY	119
26	上海交通大学	UNIV SHANGHAI JIAOTONG	115
31	哈尔滨工业大学	HARBIN INST TECHNOLOGY	108
34	国家电网	STATE GRID CorP CHINA	101
38	清华大学	UNIV QINGHUA	88
39	东南大学	UNIV SOUTHEAST	81
42	浙江大学	UNIV ZHEJIANG	73
46	华南理工大学	UNIV SOUTH CHINA TECHNOLOGY	68
48	沈阳自动化所	SHENYANG AUTOMATION INST CAS	67
51	哈尔滨工程大学	UNIV HARBIN ENG	65
53	山东鲁能公司	SHANDONG LUNENG INTELLIGENT TECHNOLOGY C	62
57	北京航空航天大学	UNIV BEIJING AERONAUTICS & ASTRONAUTICS	59
60	沈阳新松机器人公司	SHENYANG SIASUN ROBOT & AUTOMATION CO LT	53

（2）典型机构专利数量的年度变化。将全球工业机器人前 20 的专利权人按主营业务的汽车、机器人、电子三个行业划分，每个行业专利权人的平均申请量年际变化如图 18-18 所示，从图中可以看出，在工业机器人领域，汽车、电子和机器人行业专利申请的变化存在较大的相关性，且电子行业的变化在时间上优先于机器人行业和汽车行业，机器人行业也优先于汽车行业。另外电子行业的专利在 2000 年左右开始全面超越其他两个行业。

（3）典型机构专利技术主题对比。将全球工业机器人前 20 的专利权人申请的专利按 IPC 分类号分类，可得到图 18-19。从图中可以看出机械手（IPC 号 B25J）的专利几乎是所有企业的必争领域，另外 LG 在 A47L 即清洁领域机器人拥有差异化优势，发那科公司和安川电机在机器人控制系统有较大优势，三星在半导体上有优势。另外从图中也可看出除 LG 公司外，其他企业的工业机器人专利技术主题布局上还未呈现出传统产业专利出现的主流优势技术企业，这说明了工业机器人产业和专利还未经历传统产业经历的优胜劣汰的阶段。

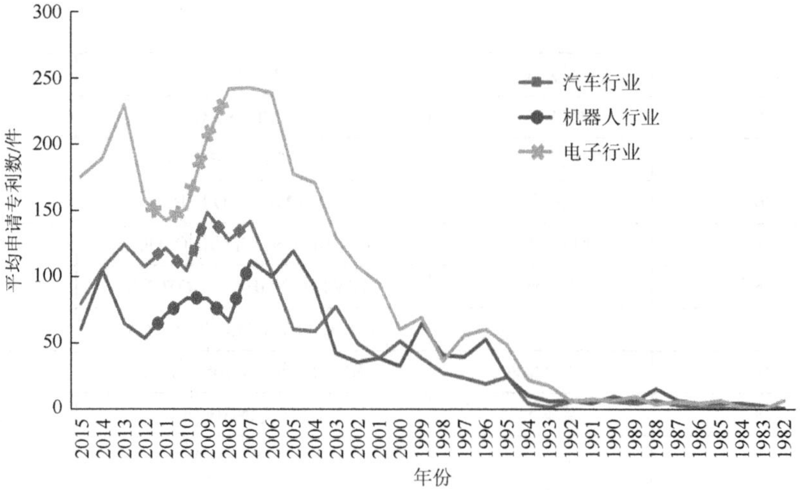

图 18-18　全球排名前 20 专利权人的行业平均申请专利量年际变化

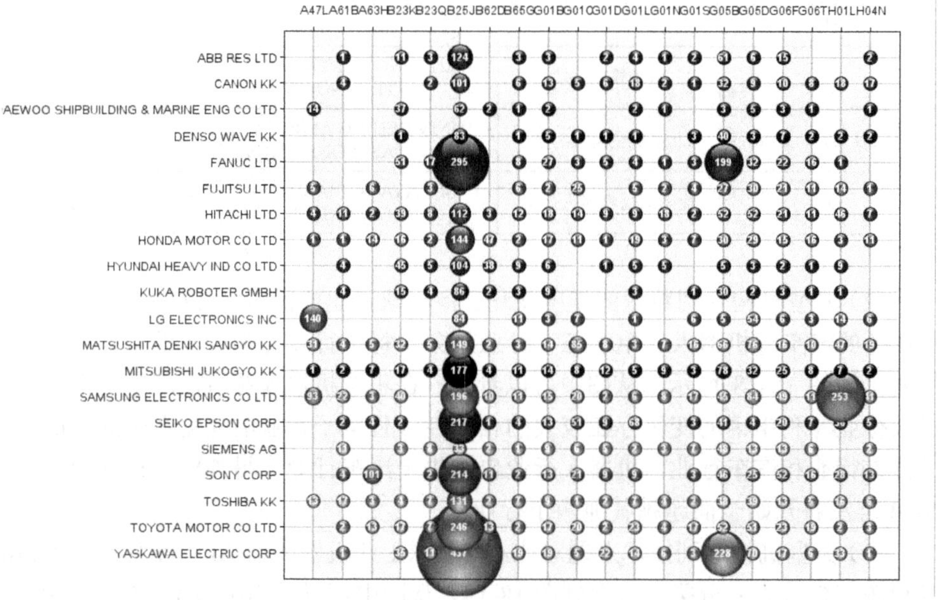

图 18-19　典型机构申请专利数量的年际变化

（4）典型机构的竞争与合作关系网络。通过专利应用关系可间接反映专利权人的竞争与合作关系。从工业机器人主要专利权人的引用网络（图 18-20）中可以发现，发那科、安川、精工爱普生、索尼、三星等位于网络的核心地位，且之间的相互引用也较为频繁，而中国的专利权人大多为高校与科研院所，位于网络的边缘，几乎只为引用别人的专利，不被别人引用。从侧面反映出中国专利合作少，竞争力差，或不具备原始创新性。

（5）典型专利权人的地位分析。结构洞可以用来分析机构在产业网络中的地位。通过工业机器人全球前 30 名机构和中国前 15 名机构，构建网络进行结构洞分析。从表 18-9 可以看出发那科、三星、安川、丰田、本田、索尼、日立、Irobot、库卡属于领导者；精工爱普生、LG、松下、东芝、佳能、电装、川崎属于调整者；现代、DAIHEN、富士康、浙江大学、东南大学、山东大学等属于追随者；ABB、哈尔滨工程大学等属于补缺者。

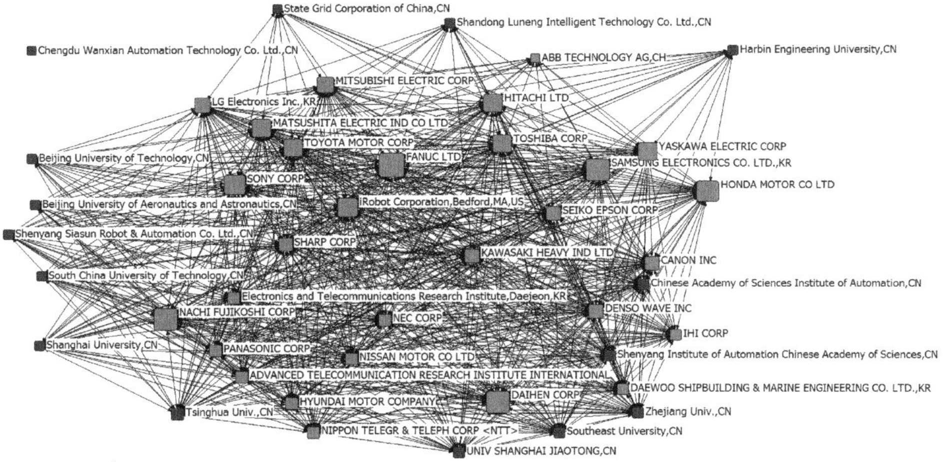

图 18-20　典型工业机器人专利权人专利的引用网络

表 18-9　全球 top30 及中国 top15 专利权人的结构洞指标测量表

专利权人	度	有效规模	效率	限制度	等级度	密度
Samsung Electronics Co. Lted., Kr	43	14.966	0.348	0.532	0.914	0.004
Yaskawa Electric Corp	43	21.02	0.489	0.612	0.946	0.004
Toyota Motor Corp	43	22.213	0.517	0.624	0.948	0.004
Fanuc Ltd	43	11.687	0.272	0.492	0.893	0.004
Seiko Epson Corp	42	28.3332	0.675	0.728	0.976	0.004
Sony Corp	43	17.414	0.405	0.558	0.926	0.004
Matsushita Electric Corp	43	21.756	0.506	0.618	0.948	0.004
Hitachi Ltd	43	21.868	0.509	0.619	0.949	0.004
Mitsubishi Electric Corp	43	24.503	0.57	0.662	0.961	0.004

续表

专利权人	度	有效规模	效率	限制度	等级度	密度
Honda Motor Co Ltd	43	15.534	0.361	0.546	0.919	0.004
Lg Electronics Inc., Kr	43	26.882	0.625	0.698	0.970	0.004
Toshiba Corp	43	21.548	0.501	0.614	0.947	0.004
Hyundai Motor Co Ltd	39	31.406	0.805	0.832	0.991	0.005
Denso Wave Inc	41	27.717	0.676	0.721	0.971	0.005
Canon Inc	42	27.752	0.661	0.717	0.974	0.004
Daewoo Shipbuilding & Maring Engineering Co. Ltd., Kr	34	29.493	0.867	0.884	0.996	0.006
Kawasaki Heavy Ind Ltd	41	28.613	0.698	0.744	0.979	0.005
Dathen Corp	39	30.591	0.784	0.805	0.855	0.005
Electronics And Telecommunciations Research Institute, Daejeon, Kr	39	31.493	0.808	0.835	0.992	0.005
Sharp Corp	41	29.53	0.72	0.764	0.983	0.005
Panasonic Corp	39	31.538	0.809	0.836	0.992	0.005
Irobot Corporation,Bedford, Ma, Us	43	18.652	0.434	0.577	0.933	0.004
Machi Fujikoshi Corp	39	30.216	0.775	0.794	0.854	0.005
Nec Corp	39	30.135	0.773	0.802	0.988	0.005
Nissan Motor Co Ltd	39	30.563	0.784	0.811	0.989	0.005
Ihi Corp	34	29.493	0.867	0.884	0.996	0.006
Southeast University, Cn	36	30.624	0.851	0.872	0.995	0.006
Advanced Telecommunication Research Institute International	39	31.622	0.811	0.838	0.991	0.005
Tsinghua Univ., Cn	39	31.944	0.819	0.847	0.993	0.005
Nippon Telegr &Teleph Corp<Ntt>	39	30.398	0.779	0.808	0.989	0.005
State Grid Corporation of China, Cn	13	12.487	0.961	0.977	0.996	0.016
Zhejiang Univ., Cn	35	29.887	0.854	0.873	0.995	0.006
Univ Shanghai Jiaotong,Cn	37	30.926	0.836	0.856	0.994	0.005
Shenyang Institute of Automation Chinese Academy of Science, Cn	33	28.9	0.876	0.892	0.996	0.007
Shandong Luneng Intelligent Technology Co. Ltd., Cn	18	17.019	0.946	0.962	0.999	0.012
South China University of Technology, Cn	31	27.883	0.899	0.914	0.998	0.007
Shenyang Siasun Robot & Automation Co. Ltd, Cn	29	26.29	0.907	0.919	0.998	0.008

续表

专利权人	度	有效规模	效率	限制度	等级度	密度
Beijing University of Aeronautics And Astronautics, Cn	28	25.589	0.914	0.926	0.998	0.008
Beijing University of Technology, Cn	28	25.536	0.912	0.924	0.998	0.008
Chengdu Wanxian Automation Technology Co. Ltd., Cn	0	0				1
Shanghai University , Cn	30	27.064	0.902	0.915	0.998	0.007
Harbin Engineering University, Cn	18	16.939	0.941	0.958	0.999	0.012
Abb Technology Ag, Ch	15	14.299	0.953	0.971	1	0.014
Chinese Academy of Sciences Institute of Automation, Cn	33	29.007	0.879	0.895	0.997	0.006

3. 小结

1）主要结论

根据以上分析，得出有关工业机器人专利竞争与合作态势的主要结论。

（1）自20世纪70年代到21世纪初，工业机器人技术专利呈指数增长，1995年后尤其是2000年后，研发明显加快，专利量剧增，且未来有保持快速发展的趋势。

（2）国际上，工业机器人技术专利主要国家有日本、美国、中国、德国、韩国、俄罗斯等。其中日本、美国、德国、韩国具有明显的主导优势。在专利技术保护策略与布局方面，各研发主体对专利技术的保护主要在本国市场。美国和德国在时间范围内基本专利衍生的同族专利具有明显的国际扩散能力和竞争力，即原始创新能力强。

（3）在专利技术保护策略与布局方面，各研发主体对专利技术的保护主要在本国市场。

（4）从竞争合作上看，美国、日本、德国、加拿大、英国、澳大利亚等构成了核心网络，中国在网络边缘。

（5）在技术主题上主要集中在机械手、控制器和传感器方面，中国现今专利主题变化趋势与美国、日本、韩国、德国五年前左右类似。

（6）在专利权人方面，中国主要以高校和科研院所为主，国外以企业为主，且高校和科研院所在国际合作引用网络上不具优势，处于网络边缘。在竞争的核心位置上发那科、三星、安川、丰田、本田、索尼、日立、Irobot、库卡属于领导者；精工爱普生、LG、松下、东芝、佳能、电装、川崎属于调整者；现代、DAIHEN、富士康、浙江大学、东南大学、山东大学等属于追随者；ABB、哈尔滨工程大学等属于补缺者。可看出中国专利大多属于追随型或边缘化优势的补缺型。

2）启示与建议

（1）关于国际技术竞争。就国际竞争而言，在以 IPC 分类的热门技术中，前几项技术依次是机械手、控制或调节系统、半导体器件与传感器，其中中国在机械手、控制系统和半导体上虽处于追随型，但有后发优势。且中国的专利权人多为高校、科研院所，要发挥国际合作和前沿原始创新的优势。

（2）关于国内技术发展。国内工业机器人专利技术起步较晚，发展较为迅速，且多为高校和科研院所，总量上虽位居第二，但专利权人过多、较为分散，平均专利申请量少，相互间合作少。建议国内进行产学研合作，发挥技术转化作用。在产业应用上，发挥制造大国优势，研发机械手以及半导体制造业的优势，发挥产业应用技术优势。

18.3.3 中国工业机器人专利技术发展现状及国际对比分析

1. 研究背景

根据国际标准化组织的定义，工业机器人是一种能自动控制、可重复编程、多功能、多自由度的操作机，能搬运材料、工件或操持工具来完成各种作业。工业机器人集现代制造技术、新型材料技术和信息控制技术为一体，是智能制造的代表性产品。其涉及的学科和领域包括机械、电子、控制、计算机、人工智能、传感器、通信与网络等，工业机器人是多种高新技术发展成果的综合集成。当今，工业机器人正在逐渐向高速、高精、重载、轻量化和智能化的方向发展，逐渐将拥有行走能力、多种感知能力、较强的对作业环境的自适应能力。

据国际机器人联合会的统计，2014 年工业机器人销量约为 23 万台，较 2013 年增加了 35%。工业机器人销售额同比增长 13%，达到 107 亿美元。目前，全球工业机器人的安装量约为 150 万台，比 2013 年增长 11%。加上集成、配件、外设、软件和系统工程等配套服务，2014 年相关产业销售额约为 320 亿美元。国际机器人联合会在 2014 全球工业机器人统计报告发布会上提到，到 2018 年，全球工业机器人市场年复合增长率约为 15%，预计年销售台数将翻倍达到 40 万台。实际上，2018 年全球工业机器人市场年销售台数达到 38.4 万台，增长 23%，基本符合预期。

中国工业机器人市场同样呈现着蓬勃发展的产业姿态，已经成为亚洲第一大机器人市场。从 2010 年开始中国工业机器人需求量激增，2015 年中国市场上服役的机器人已占全球总量的 9%左右，市场上工业机器人达 75 000 台，同比增长 36.6%。数据显示，2015 年上半年共销售国产工业机器人 11 275 台，同比增长 76.8%，是 2014 年全年销售量的 66.5%。2020 年，全球工业机器人市场需求仍将加速增长，国内市场规模进一步扩大，预计将突破 60 亿美元，国产机器人厂商亟须在 2020 年做出改变。

从 20 世纪 80 年代中期至今，中国工业机器人历经了 30 多年的发展，已经进入产业化初期阶段，取得了多项令人鼓舞的成果，同时面临着许多值得思考的问题。如何抓住中国对工业机器人需求量激增的机遇，中国具有哪些既有优势以及存在着哪些具体问题，是值得研究的。

全球各技术创新主体最重视在所属地申请专利。本节基于专利数据，利用统计分析的方法从总体发展水平、核心技术发展水平以及创新能力三个方面概述中国工业机器人发展的既有优势以及存在的问题。

2. *总体发展水平*

工业机器人（不含服务机器人和特种机器人）全领域的专利申请量总体呈现逐步上扬、伴有阶段性回落的态势。从技术发展的角度上说，可以分为示教机器人时期（1954～1980 年）、感知机器人时期（1981～1990 年）、智能机器人时期（1991 年至今）。

通过工业机器人全领域专利申请量的主要国家或地区专利分布（表 18-10）分析可见，日本是工业机器人技术的第一大来源国。日本、德国、韩国的技术创新主体都将美国作为除本国/地区以外最重要的专利申请国，美国市场对各主要国家仍然具有巨大的吸引力。德国作为机械制造业的传统强国，其专利申请量仅次于日本、美国以及作为新兴市场的中国，特别是其在日本、美国的申请量远远多于中国在日本、美国的申请量，可见其在工业机器人领域的技术实力远强于中国。此外，中国、韩国、德国主要在自己国家申请，专利技术以自用为主；在美国、德国申请的外来专利数量较多，表明其国家技术开放程度较高。

表 18-10　工业机器人全球专利目标国/来源国数据统计（截至 2013 年 8 月 30 日）（单位：项）

来源国	目标国				
	日本	中国	美国	德国	韩国
日本	31 506	11	563	302	59
中国	558	9 276	118	84	29
美国	2 727	61	5 204	649	217
德国	1 412	68	1 237	2 569	124
韩国	845	7	198	92	3 382

1）专利技术规模

截至 2016 年 3 月 3 日，DI 数据库中收录的全球工业机器人专利技术申请量达到 129 693 项（此数据为本报告中分析的基本数据库），如图 18-21 所示。其中，中国的申请量已超过 3 万件，成为专利申请量第一大国。值得注意的是，过万件专利申请中几乎90%以上是国内申请，在其他主要国家的申请量均为数十件。这一方面说明中国在工业机器人领域的广阔市场已得到世界主要技术国家的认可，各主要技术国家已经开始为将自己的核心技术转移到中国而做事先的专利布局，以求得专利保护；另一方面也说明，国内创新主体已经具备相当的专利保护意识，但是值得向外国申请专利的真正有价值的技术少之又少，侧面引证了中国在工业机器人领域核心技术的缺失。

DI数据库中全球专利记录量基本保持指数增长，同时表明工业机器人的专利技术发展仍然有很大潜力。

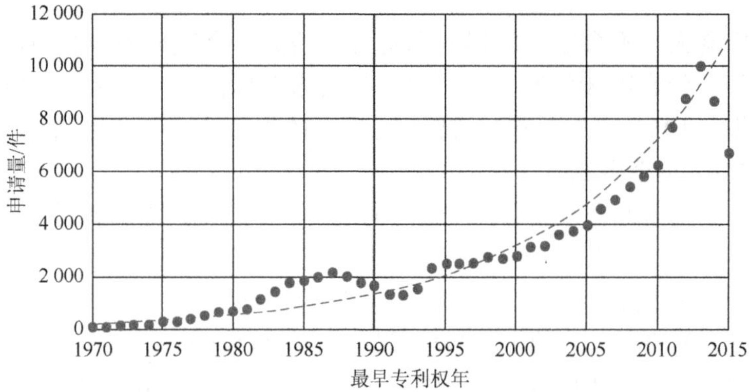

图18-21　DI数据库全球工业机器人专利收录量

对比中国与其他工业发达国家地区的工业机器人专利持有人类型发现，中国的工业机器人专利的研究和申请主体是高校与研究院所，而工业发达国家的工业机器人专利主要为企业持有，这样更有利于实现专利的商业化价值。在中国排名前20位的专利权人中仅有两家企业，分别是国家电网（第一位）和山东鲁能智能技术有限公司（第八位），如表18-11所示。

表18-11　原始数据库中各国专利申请量排名前20位的专利权人构成

机构数量	企业	高校	研究院所
中国	2	15	3
美国	19	0	1（US ARMY）
日本	20	0	0
韩国	14	1	5
德国	19	0	1
世界知识产权组织	20	0	0

通过对比中国、美国、日本、韩国、德国的专利申请量随着最早优先权年的变化趋势可以发现，中国的工业机器人技术起步较晚，近年来呈指数增长，然而，现在的增长势头有减缓的趋势。其他四国的工业机器人技术发展较早，一致呈现较为平稳的发展态势。近年来美国、日本、韩国、德国的专利申请绝对数量与中国相差较大，与中国较大的国内生产总值体量相关，如图 18-22 所示。

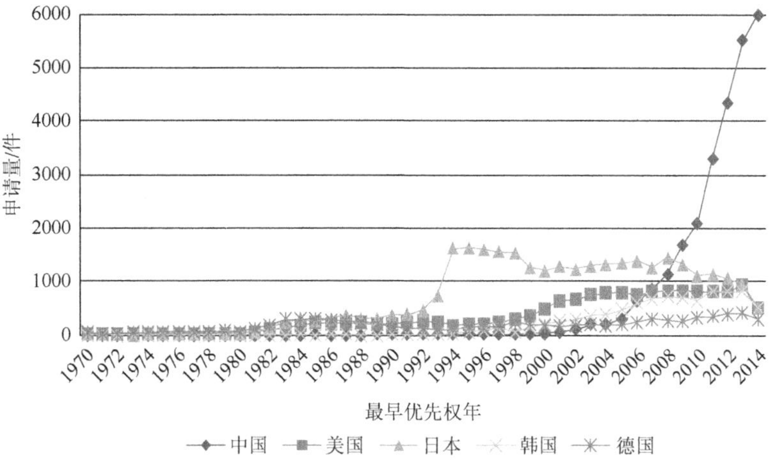

图 18-22　DI 数据库工业机器人专利收录量与优先权国家

为了排除国内生产总值体量的影响，测算了单位国内生产总值对应的专利申请量，即当年的专利申请量/当年的国内生产总值，如图 18-23 所示。对比发现：日本、韩国、德国的单位国内生产总值专利量均存在一个波峰，德国和日本的波峰开始时间较早（约 1980 年），韩国的波峰开始时间稍晚（约 1990 年）；而日本的波峰持续的时间较长，这与其多年来一直致力于机器人的研究密不可分；美国的单位国内生产总值专利量一直持续在一个较低的位置，表示美国并没有热衷于工业机器人的应用发展；中国的单位国内生产总值专利量从 2000 年左右开始持续增长，这个增长起点大概比韩国滞后 10 年，比日本和德国滞后 20 年。

2）专利相对产出率

本节使用专利相对产出率（某专利权人在某一领域的专利申请量/全部竞争者的申请量）判断专利权人的竞争位置，产出率越高，竞争力越强。如中国 2014 年在工业机器人领域申请专利 5995 件，全部竞争者的申请量（即全球申请量）为 8664 件，则中国 2014 年在工业机器人领域的专利相对产出率为 69.19%。

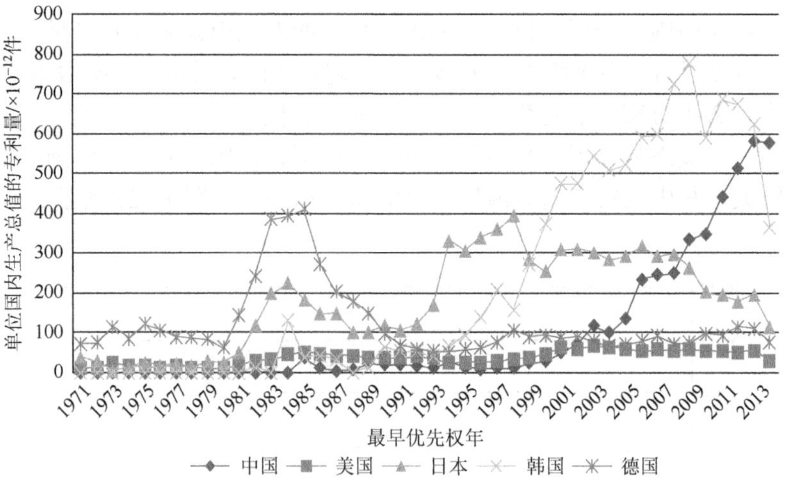

图 18-23　单位国内生产总值对应的工业机器人专利申请量

通过比较中国与美国、日本、韩国、德国工业机器人专利相对产出率可以看出，机器人技术发展初期（1974～1988 年），美国和日本的竞争力较强，并持续处于胶着状态；1989～1992 年，美国的工业机器人竞争力明显高于日本；从 1993 年开始，日本工业机器人获得了长足有效发展，其竞争力持续处于世界霸主地位；随着韩国和中国工业机器人的发展，日本的竞争力近年来有所回落。从专利申请的角度来看，中国工业机器人的发展从 2001 年开始，持续了五年的发展平稳期，类似于日本和美国工业机器人的发展初期（1974～1992 年）；随着国内机器人需求的增加以及全球范围内机器人关注度的提高，从 2006 年开始，中国工业机器人竞争力保持稳步提升，其产出率在近年超过了日本、美国和韩国，如图 18-24 所示。

3）平均专利引证指数

本节使用平均专利引证指数（某专利被后继专利引用的绝对总次数）表示该国家/地区专利是否属于基础性或领先性技术，如果引证次数较高，代表该专利处于核心技术地位或者位于技术交叉点。DI 数据库中存在施引专利字段集，此指标使用字段集中的施引专利计数字段，按照相应特征求和。平均专利引证指数则通过测算该特征专利施引专利计数之和与该特征专利量的比值得到。

通过比较中国与美国、日本、韩国、德国工业机器人的平均专利引证指数（图 18-25）可以看出，美国专利具有绝对的核心和基础地位；日本 1973 年的专利具有极高的核心和基础地位；德国和韩国的平均专利引证指数均在 10 以下，处于较低水平；中国的平均专利引证指数水平也较低。

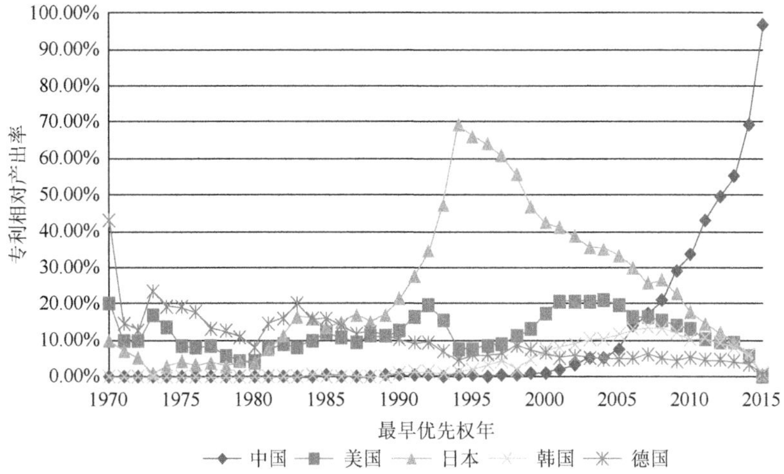

图 18-24　工业机器人专利相对产出率

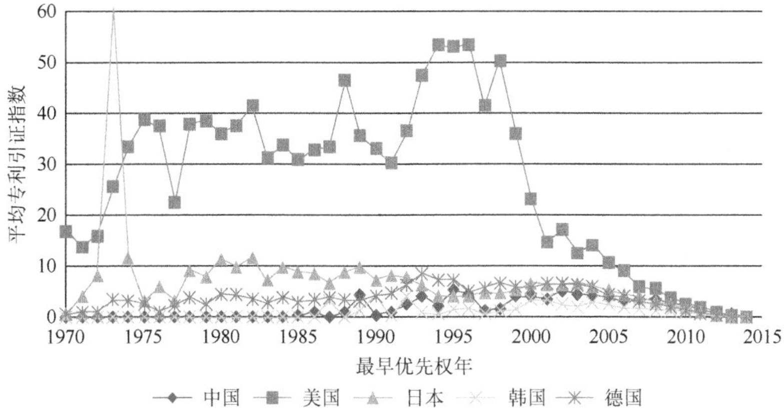

图 18-25　工业机器人平均专利引证指数

4）小结

综合来看，美国工业机器人的专利体量虽然不大，但是质量极高；日本工业机器人的专利申请体量很大，有一部分位于核心地位的专利技术；中国工业机器人专利总体水平和竞争力近年来取得了极大进步，不过由于起步较晚，专利技术的基础性和核心性地位仍然不高；同时，与其他四个工业较发达的国家相比，中国工业机器人的专利申请与实现其商业价值的距离较远。

3. 核心技术发展水平

1）精密减速器技术

从全球减速器专利技术发展规模角度来看，其专利申请量呈指数增长，仍然颇具发展潜力，如图 18-26 所示。

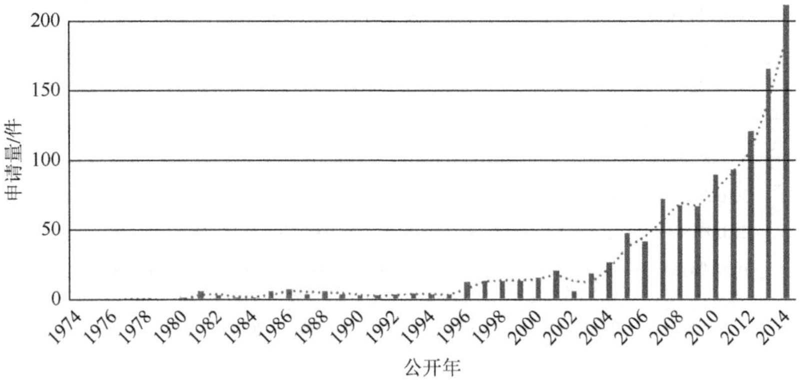

图 18-26 DI 数据库全球工业机器人减速器专利申请量

通过比较中国与美国、日本、韩国、德国历年来单位国内生产总值对应的减速器专利申请量变化趋势（图 18-27）可以发现，中国与日本、韩国比较看重减速器技术的专利发展。日本在减速器技术领域的专利优势出现较早（大约从 1985 年开始），中国与韩国从 2000 年左右开始看重减速器技术的专利发展。

通过比较中国、德国、日本、韩国、美国减速器专利相对产出率（图 18-28）可以看出：1974～1984 年，五国的专利相对产出率基本为零；从 1985 年起，日本的减速器专利相对产出率呈现大幅增长，竞争力持续表现为世界最强；2007 年以来，日本专利相对产出率呈下降趋势。中国减速器专利 2000 年出现，经过 2000～2005 年的平稳期（图线形状类似于日本 1984～1995 年的发展时期），从 2006 年开始持续上升，并于近年来趋于高水平稳定（图线形状类似日本 1996～2000 年的发展时期）。

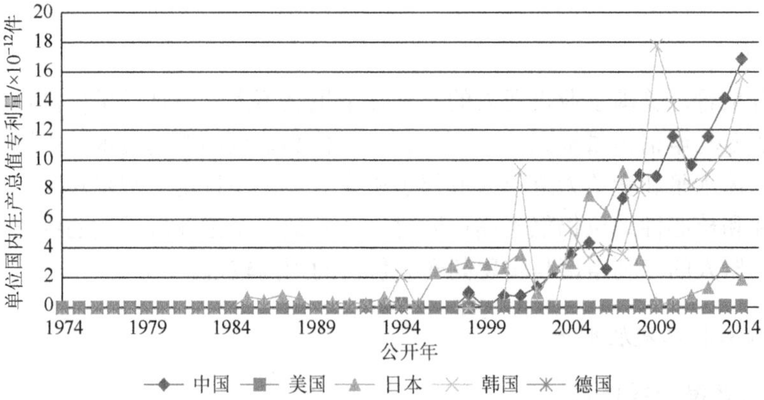

图 18-27 单位国内生产总值对应的减速器专利申请量

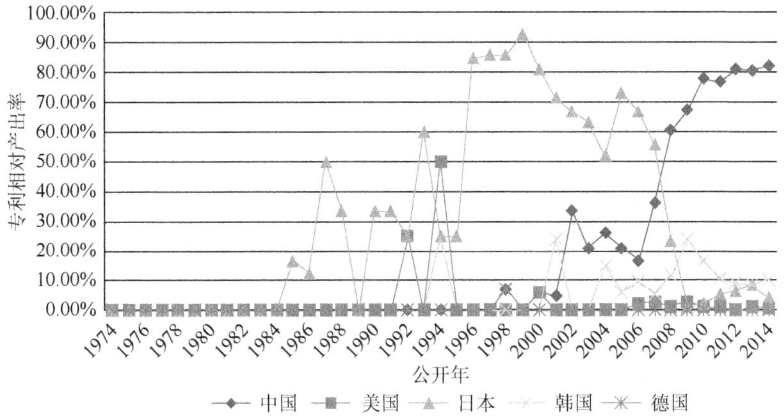

图 18-28　工业机器人减速器技术专利相对产出率

比较中国、德国、日本、韩国、美国减速器技术平均专利引证指数（图 18-29）可以发现，长期以来，日本减速器专利技术质量较高；美国 1992 年、1994 年和 2000 年的专利具有极高的核心和基础地位；一直以来，中国工业机器人减速器技术的核心和基础地位比较低。

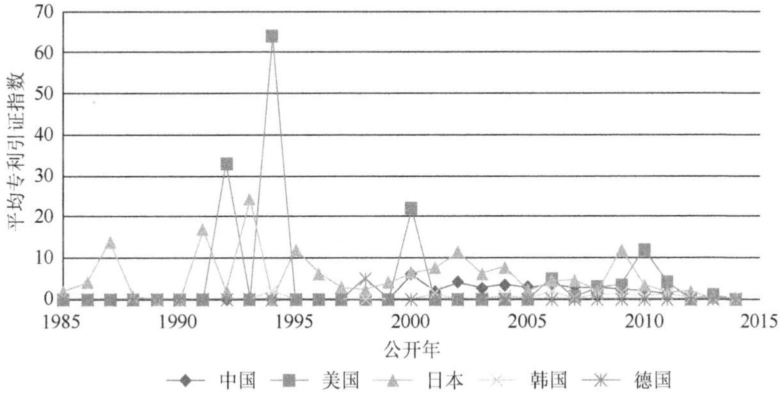

图 18-29　工业机器人减速器技术平均专利引证指数

总体而言，中国减速器专利技术近年来在规模上取得了极大提高，但专利质量仍然有待提高。

2）伺服系统

从全球伺服系统专利技术发展规模角度来看，其专利申请量呈指数增长，仍然颇具发展潜力，如图 18-30 所示。

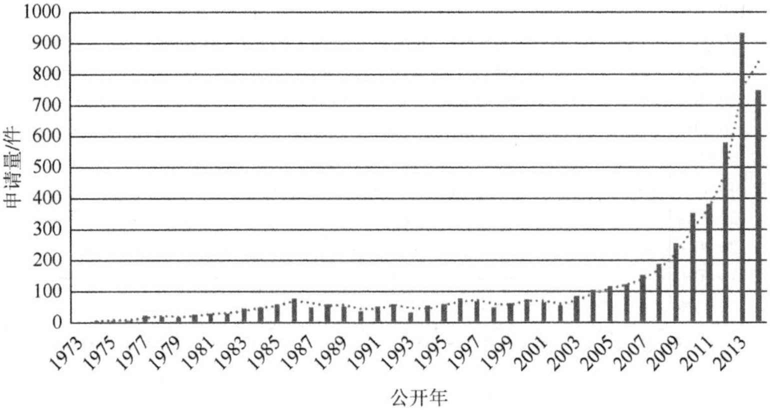

图 18-30 DI 数据库全球工业机器人伺服系统专利申请量

通过比较中国与美国、日本、韩国、德国历年来单位国内生产总值对应的伺服系统专利申请量变化趋势（图 18-31）可以发现，中国与日本、韩国比较看重伺服系统技术的专利发展，日本在伺服系统领域的专利优势出现较早（大约从 1980 年开始），韩国从 1990 年左右开始看重伺服系统的专利发展，而中国从 2000 年左右才开始伺服系统的专利发展。

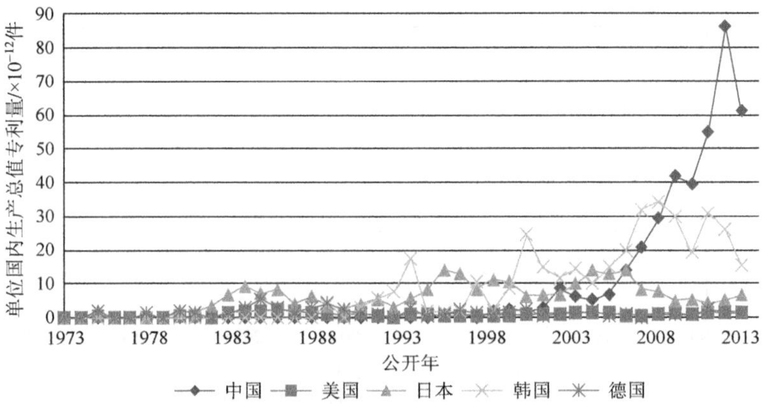

图 18-31 单位国内生产总值对应的伺服系统专利申请量

比较中国、德国、日本、韩国、美国伺服系统专利相对产出率（图 18-32）可以看出，日本的伺服系统专利相对产出率具有明显优势，全球竞争力极强；美国和德国的专利相对产出率持续维持在稳定状态；韩国的专利相对产出率 1990 年以后呈现持续稳定发展；2005 年以来，日本、美国、德国、韩国专利相对产出率呈下降趋势。中国工业机器人伺服系统由 1998 年左右开始发展，经过 1998～2005 年的平稳发展阶段（图线形状类似于日本 1979～1990 年的发展阶段），从 2006 年开始出现大幅度增长，并在近两年有平缓的趋势（图线形状类似于日本 1991～1997 年的发展阶段）。

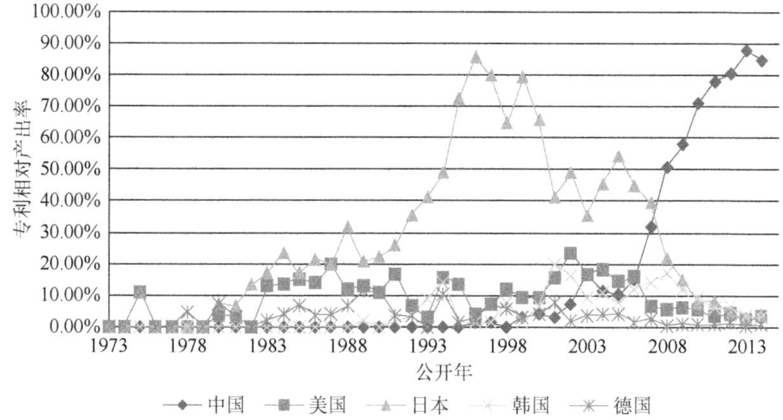

图 18-32　工业机器人伺服系统专利相对产出率

比较中国、德国、日本、韩国、美国伺服系统平均专利引证指数（图 18-33）可以发现，美国伺服系统专利技术具有绝对的核心和基础地位，1979～2005 年，其平均专利引证指数约为 30，并在 1980 年和 1998 年的平均专利引证指数高达 120；此外，德国和日本的伺服系统专利技术也具有一定的核心和基础地位；一直以来，中国工业机器人伺服系统专利技术的核心和基础地位比较低。

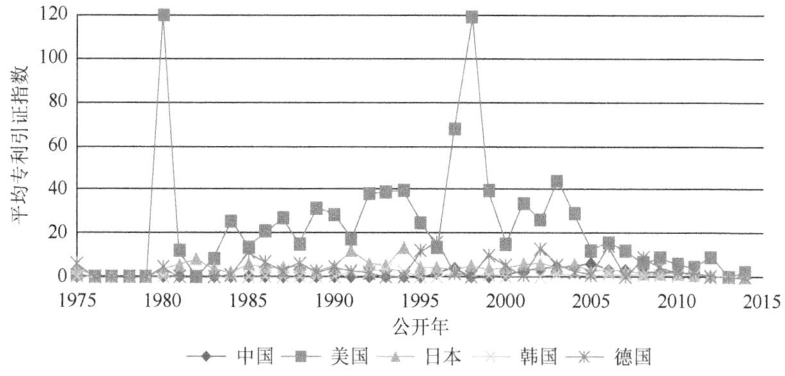

图 18-33　工业机器人伺服系统平均专利引证指数

总体而言，中国工业机器人伺服系统在近年来得到一定程度的发展，但仍处于起步阶段，专利技术的基础和核心地位无法与美国、德国、日本相比。

3）控制器

从全球控制器专利技术发展规模角度来看，其专利申请量呈指数增长，仍然颇具发展潜力，如图 18-34 所示。

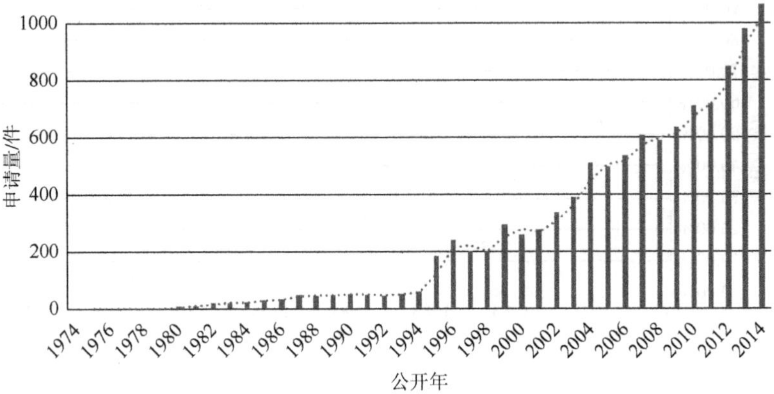

图 18-34　DI 数据库全球工业机器人控制器专利申请量

比较中国与美国、日本、韩国、德国历年来单位国内生产总值对应的控制器专利申请量变化趋势（图 18-35）发现，日本和韩国比较看重控制器的专利发展，日本从 1994 年起就显示出其在控制器领域的专利发展势头，韩国从 2000 年左右开始才显示出重视，而中国从 2005 年左右开始重视控制器的专利发展，还没有表现出显著优势。

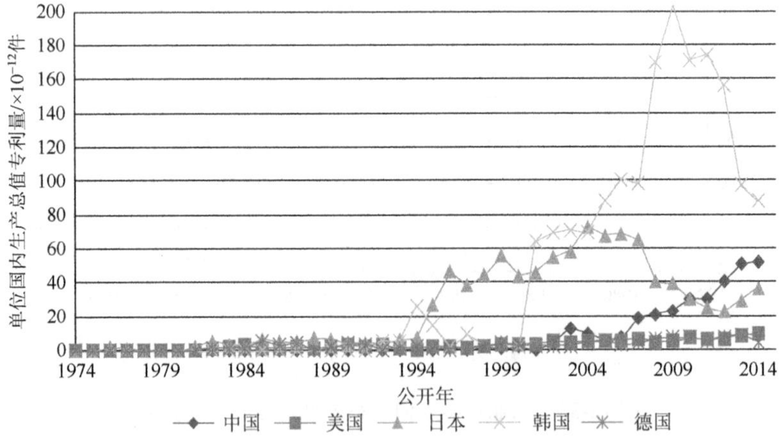

图 18-35　单位国内生产总值对应的控制器专利申请量

通过比较中国、德国、日本、韩国、美国控制器专利相对产出率（图 18-36）

可以看出，日本的控制器专利相对产出率持续稳定处于较高水平，具有较高水平的全球竞争力；美国和德国在发展初期的专利相对产出率处于较高水平；韩国的专利相对产出率 2000 年以后呈现持续稳定发展。中国工业机器人控制器专利技术 2000 年开始发展，到 2005 年一直处于较低水平，2005 年以后控制器专利技术得到真正发展，专利相对产出率获得持续提升，然而距离日本的顶峰时期（1995～2005 年）仍然有较大差距。

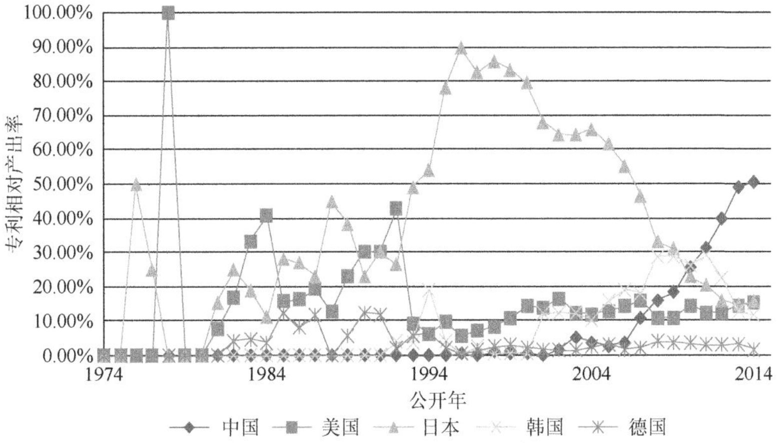

图 18-36　工业机器人控制器专利相对产出率

比较中国、德国、日本、韩国、美国控制器领域平均专利引证指数（图 18-37）可以发现，美国控制器专利技术具有绝对的核心和基础地位，1987～2000 年，其平均专利引证指数约为 50，并在 1988 年、1991 年和 1992 年的平均专利引证

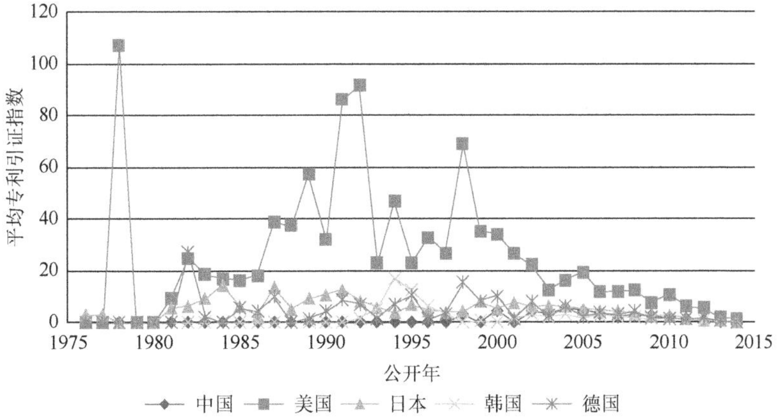

图 18-37　工业机器人控制器平均专利引证指数

指数均高于 80；此外，德国、日本、韩国的控制器专利技术也具有一定的核心和基础地位；而中国工业机器人控制器专利技术的核心和基础地位一直处于较低水平。

总体而言，中国工业机器人控制器专利技术近年来才开始受到重视（2005 年以后），在质量上还无法与其他国家的发展水平相比。

4）传感器

从全球传感器专利技术发展规模角度来看，其专利申请量呈指数增长，颇具发展潜力，如图 18-38 所示。

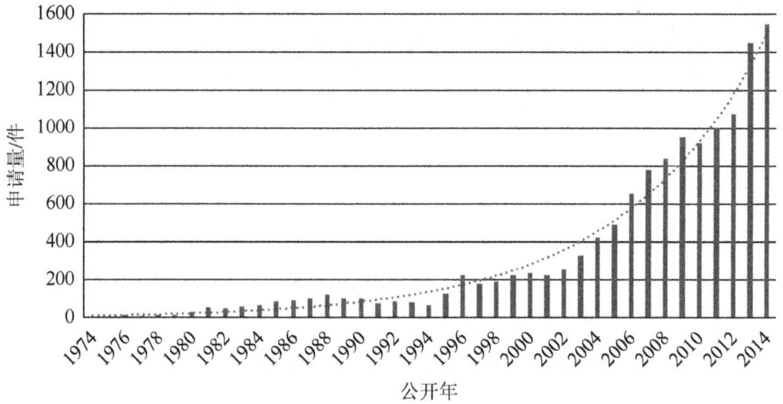

图 18-38　DI 数据库全球工业机器人传感器专利申请量

比较中国与美国、日本、韩国、德国历年来单位国内生产总值对应的传感器专利申请量变化趋势（图 18-39）发现，日本和韩国比较看重传感器的专利发展；日本从 1995 年起就显示出其在传感器领域的专利发展势头；韩国从 2000 年左右才开始显示出重视，并且一直维持在极高的水平；而中国从 2005 年左右开始重视传感器的专利发展，还没有表现出显著优势。

通过比较中国、德国、日本、韩国、美国传感器专利相对产出率（图 18-40）可以看出，日本传感器的专利相对产出率持续稳定处于较高水平，具有较高水平的全球竞争力；美国和德国在发展初期的专利相对产出率处于较高水平；韩国的专利相对产出率 1990 年以后呈现持续稳定发展。中国工业机器人传感器专利技术 2000 年开始发展，到 2006 年一直处于较低水平，2007 年以后其专利相对产出率获得持续提升，然而距离日本的顶峰时期（1995～2000 年）仍然有较大差距。

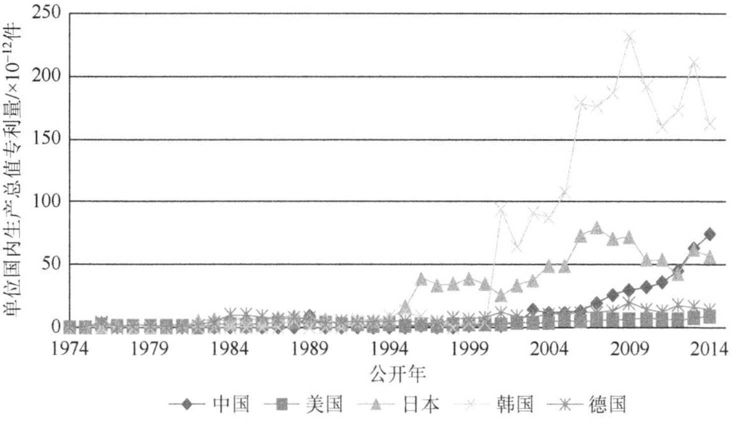

图 18-39　单位国内生产总值对应的传感器专利申请量

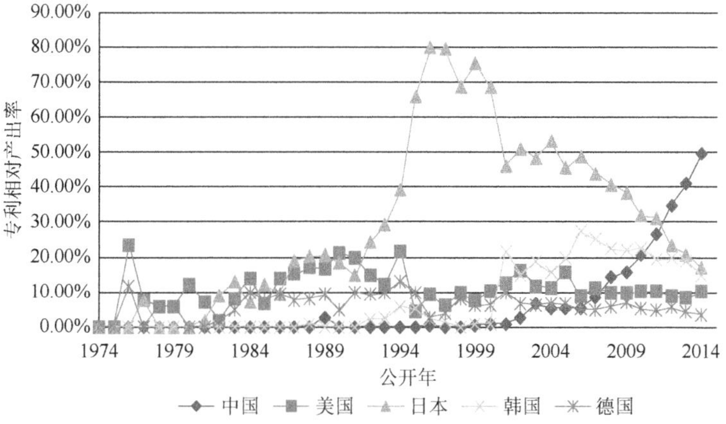

图 18-40　工业机器人传感器专利相对产出率

比较中国、德国、日本、韩国、美国传感器领域平均专利引证指数（图 18-41）可以发现，美国和日本在传感器领域的专利技术具有绝对的核心和基础地位，尤其是日本，其在 1977 年的平均专利引证指数高达 1681；此外，德国的传感器专利技术也具有一定的核心和基础地位；而中国工业机器人控制器专利技术的核心和基础地位一直处于较低水平。

总体而言，中国工业机器人传感器专利技术近年来才开始受到重视（2005 年以后），在质量上还无法与其他国家的发展水平相比。

5）小结

通过比较发现：美国、日本和德国在减速器、伺服系统、控制器和传感器领域的专利技术发展起步较早（20 世纪 80 年代），韩国在各领域的发展大概自 1995 年左右起步，而中国在各领域的发展起步均较晚（在 2005 年左右）；美国在各专利技术群的专利申请量不高，但是其专利质量位于世界引领地位；日本在各技术领域的专利申请量很高，其专利具有一定的核心和基础地位，这四个领域中专利质量处于优势的是减速器和传感器；德国在这四个技术领域中的专利申请量不高，但是其专利均具有一定的核心和基础地位；2000 年以来，韩国在这四个技术领域中的专利申请量很高，然而其专利的质量一般；2005 年以来，中国在这四个技术领域的专利申请量也保持较高水平，尤其是在减速器和伺服系统领域，不过专利的质量水平仍有待提高。

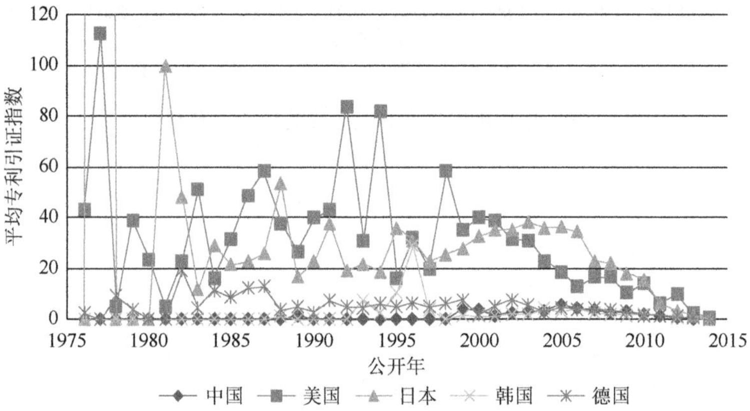

图 18-41　工业机器人传感器平均专利引证指数

4. 创新能力发展水平

本节主要通过专利成长率和科学关联性来说明国家/地区技术应用的创新能力水平。

1）专利成长率

使用专利成长率（某专利权人在某段时间获得的专利数量/上一阶段的专利数量）用以计算当前较前阶段增减的幅度。

通过比较中国与美国、日本、韩国、德国、全球工业机器人专利成长率（图 18-42）发现：全球工业机器人的专利成长率基本维持在 1 左右；美国、德国、日本的专利成长率也维持在 1 左右，并与全球专利成长率的波动基本保持一致，说明其一直保持在工业机器人专利技术发展的引领地位；而中国与韩国的专利成长率在 1985 年以前是基本不存在的，在 1990 年前后均出现过一次幅度很高的增长（中国为 4，1989 年；韩国为 6，1990 年），并于 1995 年、2000 年出现过浮动。中国的工业机器人专利成长率的浮动较其他四个国家剧烈，专利成长的稳定性有待提高。

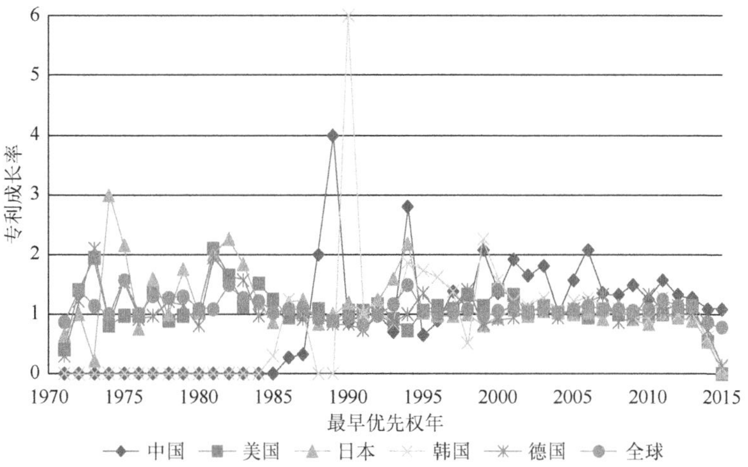

图 18-42　专利成长率变化趋势

2）科学关联性

使用科学关联性（某项专利引证的科研学术论文或研究报告数量）用以衡量专利技术与前沿科学研究的关系。

通过比较中国与美国、日本、韩国、德国工业机器人平均科学关联性（图 18-43）发现：美国工业机器人专利引证科研学术论文或者研究报告的数量水平较高，1996～2011 年，基本维持在每项专利引证 4 篇科研学术论文或者研究报告；德国和日本的工业机器人专利平均科学关联性水平也较高，日本 1980 年前后的专利的平均科学关联性在 1 左右，德国 1990～2005 年的专利平均科学关联性一直维持在 1 左右；中国和韩国工业机器人专利的平均科学关联性较低（不足 1），说明中国和韩国的工业机器人专利技术与前沿科学研究的关系较小，创新性较低。

3）小结

中国工业机器人技术的创新能力近年来获得了一定程度的增长，不过仍有待进一步稳定和加强。

5. 结语

中国工业机器人专利技术在近年来有持续发展，然而由于起步较晚，整体规模和水平仍有待进一步提高。

从核心技术专利的角度来看，中国工业机器人在减速器领域已有重大突破，在伺服系统领域中正在发力，而在控制器和传感器领域距离日本、美国、德国仍有较大差距。日本的优势领域主要为减速器和传感器；美国在诸领域的专利技术质量水平均极高；德国虽然专利申请量不大，不过其专利均具有一定的核心和基础地位。

中国工业机器人技术应用创新的能力水平仍有待进一步稳定和提高。

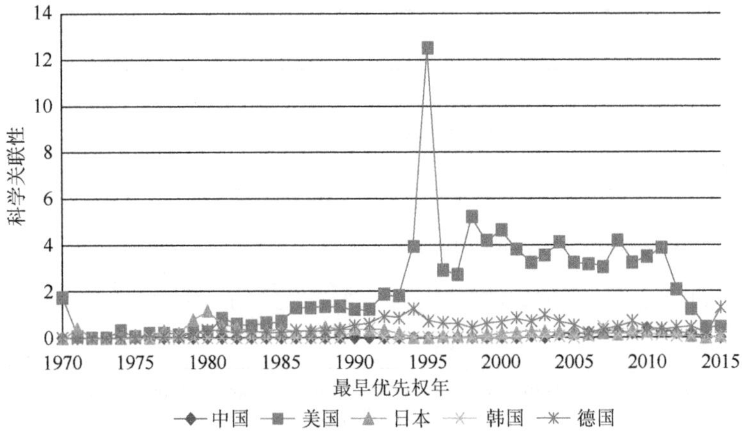

图 18-43　科学关联性（专利）变化趋势

值得注意的是：美国、日本、德国工业机器人发展较早的国家的专利基本掌握在企业手中；韩国的主要专利权人也是企业，不过还有部分科研院所和高校掌握着较多专利；而中国的工业机器人专利基本掌握在高校手中，此外还有部分科研院所和个别企业的专利量较多。

18.3.4　基于专利的企业创新竞争力

本节数据源是 DI 专利数据库，根据检索手册操作规则报告使用工业机器人技术相关专利 129 693 项作为基础数据库，分别清洗专利权人 43 个（排名前 35 位的专利权人以及特别关注的 8 个工业机器人企业）、关键技术 12 项（根据 IPC 分类号进行划分）、时间发展阶段 4 个［根据最早优先权年进行划分，每十年一个时间段，1985 年（含）之前和 2006 年（含）之后为第一阶段和第四阶段］。本节将从企业专利技术综合价值、核心优势专利技术演变、知识流动网络以及国际化布局演变四个角度对其创新竞争力进行分析，如图 18-44 所示。

1. 企业专利技术综合价值分析

本部分将使用主成分分析评估企业专利技术的综合价值，并根据企业专利技术特征对其进行分类。

1）专利技术综合价值评估

利用专利申请量、存在同族的专利数量、同族比率、平均专利族数量、平均科学关联性、平均专利权利要求、平均专利被引次数构建主成分分析指标，评估专利技术的综合价值，反映企业专利技术的综合竞争力，如表 18-12 所示。

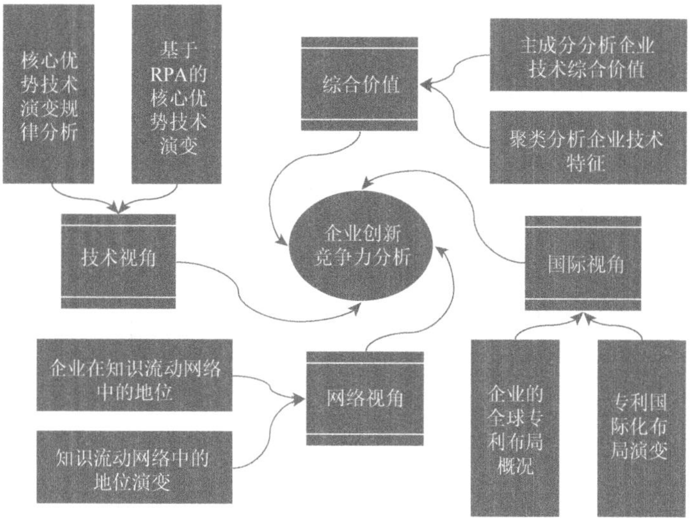

图 18-44　企业创新竞争力分析框架

表 18-12　43 家目标企业专利技术综合价值评估

企业名称	专利申请量	存在同族的专利数量	同族比率	平均专利族数量	平均科学关联性	平均专利权利要求	平均专利被引次数	综合价值得分	排名
应用材料	452	366	0.81	5.83	3.71	13.55	13.63	1.01	1
安川	2016	1064	0.53	4.29	0.18	5.48	3.21	1.00	2
本田	1378	1025	0.74	4.74	0.88	4.04	5.47	0.88	3
FANUC	1510	1085	0.72	5.06	0.48	2.74	4.19	0.87	4
IBM	449	311	0.69	3.67	2.70	10.76	15.38	0.72	5
丰田	1689	849	0.50	3.53	0.23	4.87	3.47	0.68	6
日立	1784	737	0.41	3.63	0.19	3.68	4.77	0.66	7
松下	1640	729	0.44	4.28	0.18	4.56	4.33	0.65	8
三菱	1798	720	0.40	3.51	0.20	3.85	4.18	0.63	9
西门子	997	705	0.71	4.50	0.97	5.31	4.83	0.52	10
波音	206	143	0.69	4.86	3.02	13.08	10.86	0.52	11
索尼	770	417	0.54	5.35	0.99	6.64	6.76	0.41	12
ABB	902	541	0.60	5.44	0.60	4.28	4.62	0.36	13
东芝	1163	466	0.40	3.35	0.29	4.40	5.28	0.27	14
精工爱普生	1139	449	0.39	3.98	0.18	6.44	1.59	0.20	15
富士通	786	432	0.55	3.65	0.65	4.15	5.61	0.17	16
KUKA	523	386	0.74	5.14	0.60	5.53	4.09	0.11	17
佳能	747	317	0.42	3.83	0.32	7.05	4.17	0.08	18

续表

企业名称	专利申请量	存在同族的专利数量	同族比率	平均专利族数量	平均科学关联性	平均专利权利要求	平均专利被引次数	综合价值得分	排名
弗朗霍夫	265	186	0.70	4.13	1.35	8.34	5.63	0.02	19
GOOGLE	56	11	0.20	2.55	2.30	18.84	2.55	–0.01	20
柯马	105	92	0.88	7.21	0.61	5.09	6.93	–0.02	21
川崎	601	390	0.65	3.41	0.18	4.70	3.74	–0.05	22
阿海珐	229	202	0.88	5.27	1.34	6.58	3.10	–0.05	23
日本电装	743	394	0.53	2.84	0.07	3.96	3.43	–0.07	24
日产	540	273	0.51	3.20	0.12	4.04	3.93	–0.18	25
日本电气	136	75	0.55	5.64	0.45	6.05	4.35	–0.21	26
戴姆勒	447	143	0.32	4.17	0.39	4.86	2.87	–0.23	27
日本精工	662	167	0.25	3.93	0.21	3.22	1.56	–0.27	28
德国博世	258	179	0.69	4.13	0.39	4.92	2.59	–0.29	29
鸿海	365	296	0.81	3.07	0.04	4.35	1.65	–0.33	30
神户制钢	368	211	0.57	3.40	0.07	2.38	3.37	–0.35	31
IHI	451	236	0.52	2.68	0.10	3.58	2.32	–0.35	32
小松	305	118	0.39	3.63	0.09	2.86	4.52	–0.36	33
尼康	271	104	0.38	2.99	0.07	6.35	3.42	–0.37	34
日本电信电话	369	119	0.32	2.70	0.19	4.53	3.43	–0.38	35
OTC	78	75	0.96	4.05	0.23	3.38	3.44	–0.46	36
新松	145	24	0.17	2.08	0.19	1.36	0.76	–0.76	37
埃夫特	96	19	0.20	2.11	0.10	0.88	0.74	–0.80	38
埃斯顿	33	7	0.21	2.43	0.21	0.45	0.58	–0.82	39
广数	13	3	0.23	2.00	0.15	0.62	1.46	–0.82	40
三星	6	5	0.83	2.40	0	1.33	0.17	–0.85	41
大疆	5	0	0	0	0.20	6.00	0.20	–0.85	42
博实	8	5	0.63	2.00	0	0.50	0.75	–0.87	43

排名靠前的企业的成立时间均较早(大部分成立于20世纪50年代以前)，在工业机器人技术萌芽的时期（20世纪80年代前后）均已从事与工业机器人相关产业。排名前10位的企业中有7家日本企业、2家美国企业、1家德国企业，这与多年来日本的国情以及对机器人发展的高度重视关系密切。排名较高的美国企业应用材料和IBM在工业机器人领域申请的专利数量大概是排名前10的日本企业的1/3，是德国西门子的1/2，然而综合评估排名分别是第一和第五，这与其专利的高质量关联密切（较高的平均科学关联性、较高

的平均权利要求数量、较高的平均专利被引次数）。

2）专利技术特征分类

本节将专利按照其 IPC 分类号划分入 12 个技术类别，分别为机械手与本体、控制系统、驱动系统、化工处理、铸造、机械加工、通信控制系统、测量及其相关、机械传动、电气元件相关、输送包装、非工业用途。根据表 18-12 中 43 家企业在不同技术类别中申请的专利数量计算其专利优势（patent advantage，RPA），计算方式如下：

$$\begin{cases} \mathrm{RPA}_{ij} = 100 \times \tanh\left(\ln\left(\dfrac{P_{ij} \Big/ \sum_j P_{ij}}{\sum_i P_{ij} \Big/ \sum_i \sum_j P_{ij}}\right)\right), & P_{ij} \neq 0 \\ \mathrm{RPA}_{ij} = -100, \quad P_{ij} = 0 \end{cases} \tag{18-1}$$

式中，P_{ij} 为第 i 家企业在第 j 个技术类别上申请的专利数量。

利用 IBM SPSS Statistics 软件的 K-平均值聚类将 43 家企业按照技术专利优势分为七类（表 18-13）。

表 18-13　基于专利优势的企业聚类

类别编号	综合排名	企业名称	至聚类中心的距离
1	2	安川	112.646
1	4	FANUC	132.295
1	13	ABB	76.130
1	15	精工爱普生	148.473
1	24	日本电装	110.777
1	28	日本精工	157.304
1	30	鸿海	116.474
1	37	新松	135.496
1	39	埃斯顿	178.226
2	5	IBM	111.202
2	7	日立	142.243
2	8	松下	110.322
2	12	索尼	133.894
2	16	富士通	100.090
2	18	佳能	104.995
2	20	GOOGLE	171.103
2	26	日本电气	177.574
2	34	尼康	153.190
2	35	日本电信电话	149.265

续表

类别编号	综合排名	企业名称	至聚类中心的距离
3	14	东芝	122.196
3	40	广数	122.196
4	3	本田	77.773
4	6	丰田	123.310
4	9	三菱	158.446
4	11	波音	170.124
4	17	KUKA	126.241
4	19	FRAUNHOFER	127.047
4	21	柯马	114.192
4	22	川崎	79.707
4	25	日产	113.849
4	27	戴姆勒	109.349
4	31	日本神户制钢	128.962
4	32	IHI	138.280
4	33	小松	100.185
4	36	OTC	130.624
4	38	埃夫特	101.482
5	10	西门子	92.662
5	23	阿海珐（AREVA）	120.839
5	29	德国博世	127.688
5	42	大疆	191.623
6	1	美国应用材料	127.075
6	43	博实	127.075
7	41	三星	0.000

第一类企业主要是以机器人为主营产品的，优势技术集中于与机器人直接相关的技术；第二类企业主要是以信息通信为主业的，优势技术集中在通信控制技术；第三类企业的优势技术集中于数控系统；第四类企业以从事重工业和汽车、飞机制造的企业为主，优势技术集中于机械加工和处理的相关机器人技术；第五类企业主要从事电气工程，优势技术集中于输变电相关的机器人技术；第六类企业的优势技术集中于机器人所需材料或者集成；第七类企业仅有三星企业一家，难以直接判断其优势。

2. 基于核心优势专利技术演变的企业分析

本部分使用优势专利（RPA）分析方法，构建专利优势指数，分析企业的在不同时间段的优势专利技术及其演变路径。利用式（18-2）分别计算不同企业的专利优势，P_{kj} 指该企业在第 k 个时间段第 j 个技术类别上申请的专利数量。RPA_{kj} 为专利优势指数，当某个时间段某个技术的专利申请数量为 0 时，对应的专利优势指数 PRA_{kj} 为–100。

$$\begin{cases} \mathrm{RPA}_{kj} = 100 \times \tanh\left(\ln\left(\dfrac{P_{kj}/\sum_j P_{kj}}{\sum_k P_{kj}/\sum_k\sum_j P_{kj}}\right)\right), P_{kj} \neq 0 \\ \mathrm{RPA}_{kj} = -100, P_{kj} = 0 \end{cases} \tag{18-2}$$

1）企业优势专利技术分析

本部分重点分析综合排名前五的企业（应用材料、安川、本田、FANUC、IBM）和 ABB、KUKA、新松在不同时期的核心技术，如图 18-45 所示。其中横坐标为不同技术，纵坐标为根据式（18-2）计算得到的专利优势指数。

美国应用材料企业早期的专利技术优势在于机械手与本体、铸造、输送包装，第二个阶段的优势在于驱动系统、机械传动、输送包装、控制系统，第三个阶段的优势在于控制系统、输送包装，第四个阶段的优势在于通信控制系统、加工、处理、测量、非工业用途。

安川公司早期的专利技术优势在于加工、处理以及通信控制系统，第二个阶段的优势在于加工、处理、测量、非工业用途，第三个阶段的优势在于驱动系统、控制系统、通信控制系统，第四个阶段的优势转向了非工业用途、输送包装、机械传动、电气元件相关机械手与本体。

本田公司早期的专利技术优势在于驱动系统、处理、加工，第二个阶段的优势在于加工、处理、输送包装，第三个阶段的优势在于非工业用途、电气元件相关、输送包装、控制系统、测量，第四个阶段的优势在于通信控制系统、机械传动、测量、机械手与本体。

FANUC 早期的专利技术优势主要在于非工业用途和通信控制系统，第二个阶段的优势在于驱动系统、处理、加工、控制系统，第三个阶段的优势在于非工业用途、机械传动、驱动系统、电气元件相关、测量，第四个阶段的优势则在于输送包装、测量、机械手与本体。

IBM 早期的专利技术优势主要在于加工、处理、铸造、机械手与本体，第二个阶段的优势在于机械传动、驱动系统、控制系统、电气元件相关、输送包装，第三个阶段的优势在于通信控制系统、非工业用途、测量，第四个阶段的优势在于非工业用途、输送包装、测量。

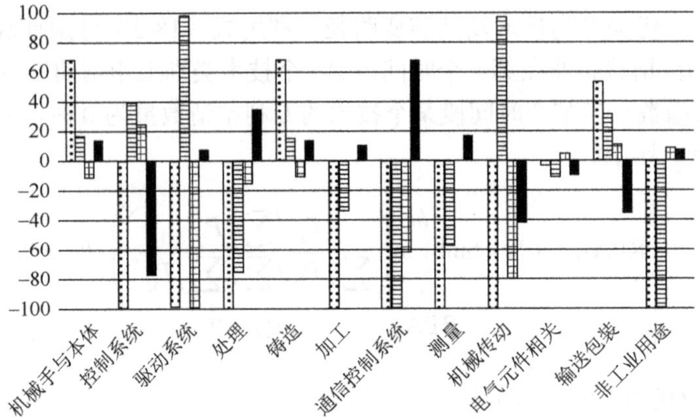

(a) 应用材料

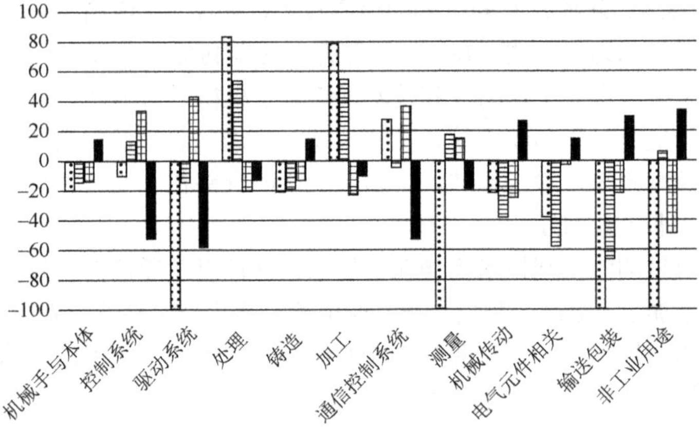

(b) YASKAWA (安川)

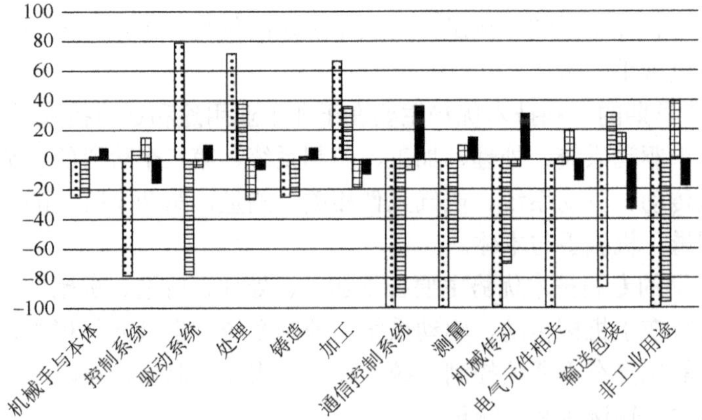

(c) 本田

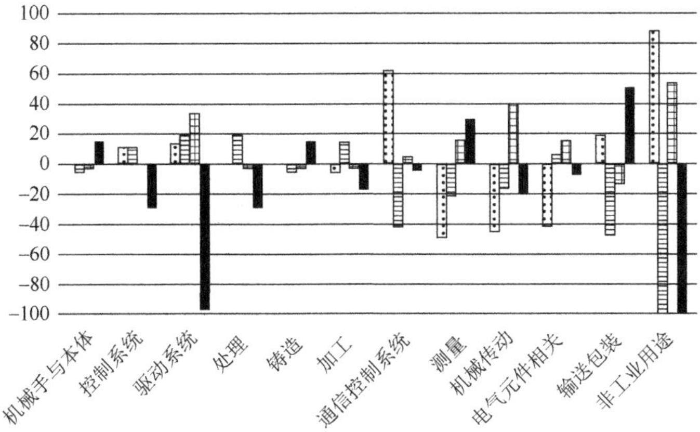

(d) FANUC

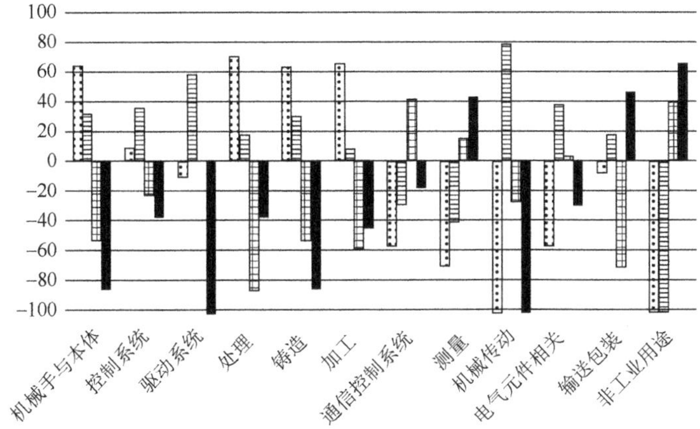

(e) IBM

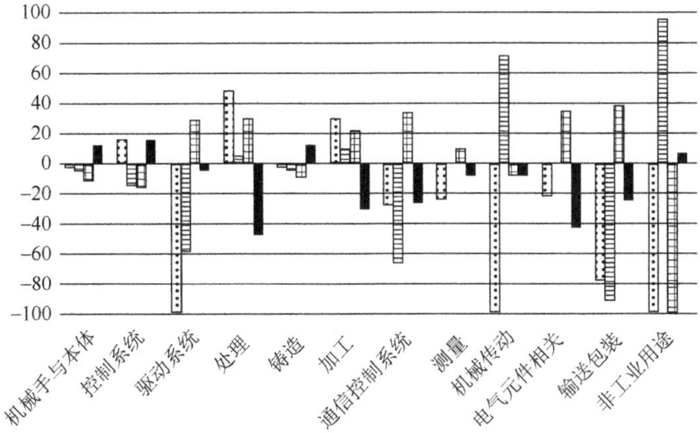

(f) ABB

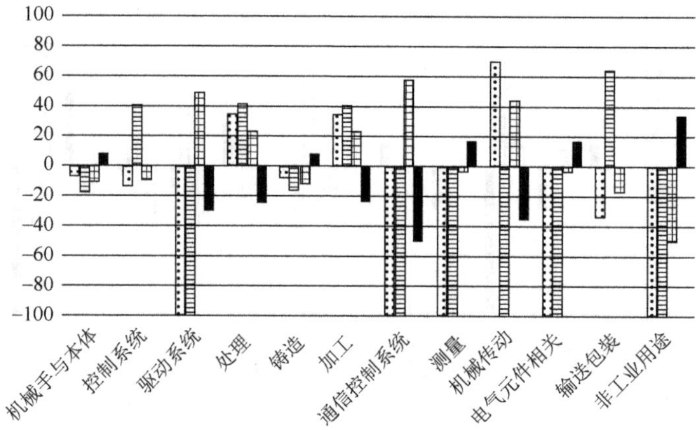

(g) KUKA

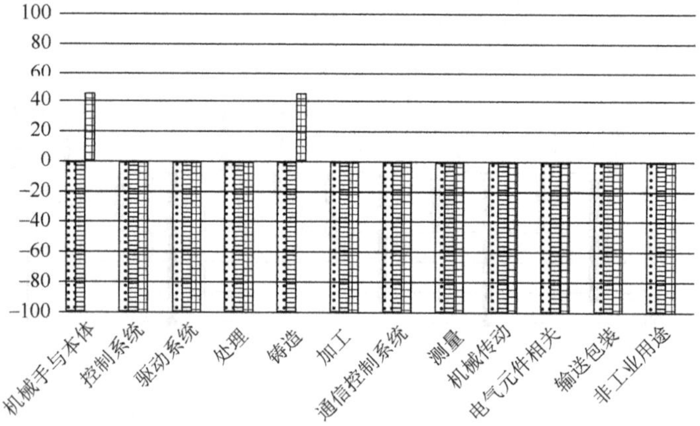

(h) 新松

1985年以前　1986～1995年　1996～2005年　2006年以后

图 18-45　八家工业机器人企业核心技术图示

ABB 早期的专利技术优势主要在于处理、加工、控制系统，第二个阶段的优势在于非工业用途和机械传动，第三个阶段的优势在于电气元件相关、输送包装、通信控制系统、处理、加工、驱动系统、测量，第四个阶段的优势主要在于控制系统、机械手与本体、非工业用途。

KUKA 早期的专利技术优势在于机械传动、处理、加工，第二个阶段的优势在于输送包装、处理、加工、控制系统，第三个阶段的优势在于通信控制系统、驱动系统、机械传动、加工、处理，第四个阶段的优势在于非工业用途、电气元件相关、测量。

沈阳新松公司与其他企业相比，起步较晚；1996～2005 年，技术优势体现在机械手与本体、铸造；2005 年以后，其专利技术优势分布在各个研究领域，没有明显的技术优势。

2）企业优势专利技术演变分析

综合分析 43 家企业在这四个时间段的优势专利技术（图 18-46）可以看出：工业机器人专利技术是由处理、加工过程中的使用开始发展的；到第二个阶段驱动系统和机械传动逐渐受到重视，尤其受到综合排名靠前的企业的重视；第三个阶段，企业的专利技术优势主要集中在通信控制系统、输送包装、控制系统、测量、非工业用途等；第四个阶段，企业的优势专利技术转移到测量、通信控制系统、非工业用途等，综合排名靠前的企业还较为重视电气元件相关和输送包装的相关技术。

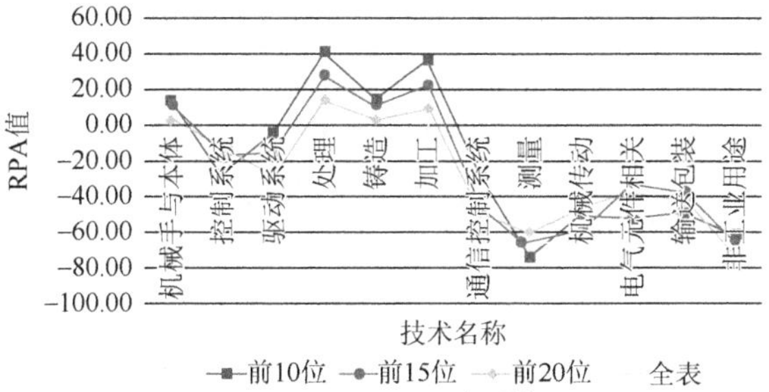

(a) 1985年以前

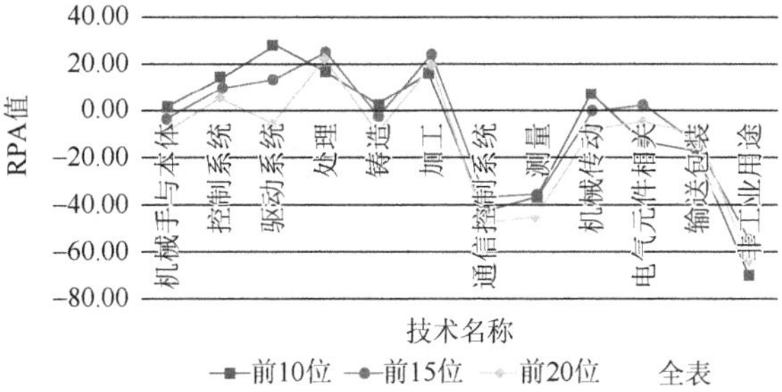

(b) 1986～1995年

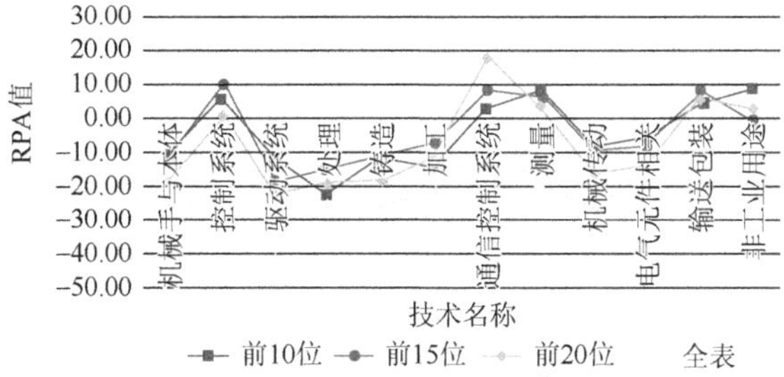

(c) 1996～2005年

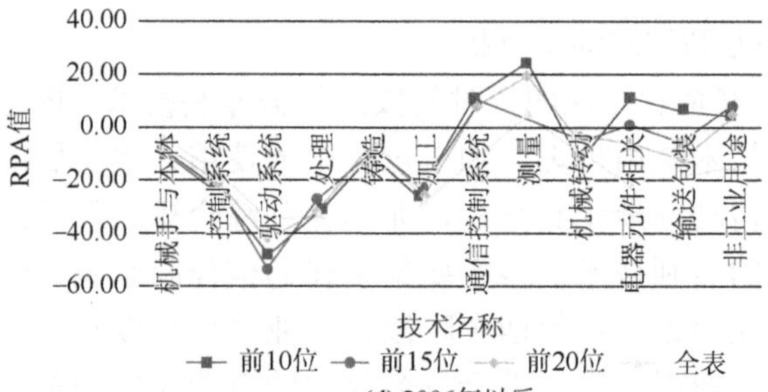

(d) 2006年以后

图 18-46　43 家企业核心技术演变

3. 基于知识流动网络的企业分析

本部分将从企业之间的合作、知识流动网络中的企业地位及其地位演变三个方面对其进行分析。

1）企业合作网络

利用申请专利的专利权人共现构建企业之间的合作网络（图 18-47），可以了解企业之间的技术合作情况。

从图 18-47 可以看出，合作关系比较紧密的主要包括 FANUC（日本）与富士通（日本）之间、丰田（日本）与日本电装公司之间、西门子（德国）与德国博世之间、KUKA（德国）与戴姆勒（德国）之间，处于这些合作关系的企业均源自同一个国家。

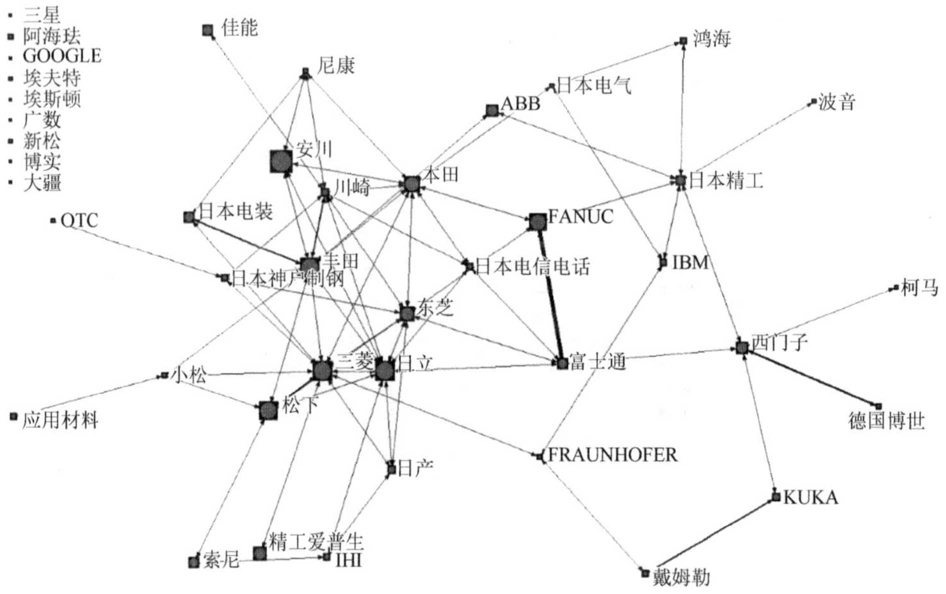

图 18-47　43 家企业的专利技术合作网络

分析 43 家企业合作网络中的中心度（表 18-14）可以看出：比较其点度中心度，富士通和 FANUC 在这个合作网络中处于核心位置，与其他企业的合作最为紧密；比较其中间中心度，三菱在这个合作网络中的地位至关重要，是连接这个合作网络的重要环节；专利技术综合排名靠前的应用材料和安川在合作网络中没有处在最为关键的位置；排名第三的本田点度中心度不高，而中间中心度较高，说明其与其他企业的合作关系一般，但是在整个网络的构建上处于较为重要的位置。

表 18-14　43 家企业在合作网络中的中心度

综合排名	企业名称	点度中心度	中间中心度
1	应用材料	6	0
2	安川	21	3.828
3	本田	23	71.349
4	FANUC	101	29.666
5	IBM	4	14.033
6	丰田	87	76.306
7	日立	21	73.484
8	松下	30	32.826
9	三菱	29	122.516
10	西门子	44	89.994
11	波音	2	0
12	索尼	3	0.9
13	ABB	6	22.477
14	东芝	16	64.51
15	精工爱普生	1	0
16	富士通	109	74.946
17	KUKA	28	7.9
18	佳能	1	0
19	FRAUNHOFER	3	46.75
20	GOOGLE	0	0
21	柯马	2	0
22	川崎	38	46.426
23	阿海珐（AREVA）	0	0
24	日本电装	32	3.8
25	日产	5	5.864
26	日本电气	6	23.499
27	戴姆勒	25	10.983

续表

综合排名	企业名称	点度中心度	中间中心度
28	日本精工	9	72.886
29	德国博世	36	0
30	鸿海	4	3.167
31	日本神户制钢	11	33.91
32	IHI	4	4.583
33	小松	17	32
34	尼康	8	3.452
35	日本电信电话	10	6.946
36	OTC	2	0
37	新松	0	0
38	埃夫特	0	0
39	埃斯顿	0	0
40	广数	0	0
41	三星	0	0
42	大疆	0	0
43	博实	0	0

2）基于施引关系的知识流动网络中的企业地位

利用专利的专利权人及其施引专利的第一专利权人共现构建企业之间的知识流动网络（图 18-48），可以了解企业之间的知识流动情况。

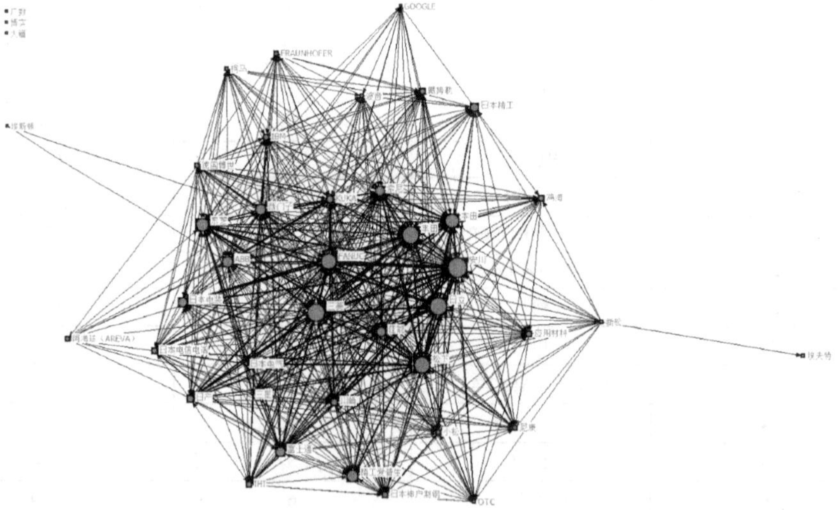

图 18-48　基于施引关系的 43 家企业的专利知识流动网络

由图 18-48 可以看出，位于知识流动网络中心位置的主要是日本的企业，包括 FANUC、三菱、丰田等。

分析 43 家企业在基于施引关系的知识流动网络中的中心度（表 18-15）可以看出：比较其点度中心度，安川、FANUC、本田、三菱在这个知识流动网络中处于核心位置（点度中心度均大于 500），对于知识流动网络的原始贡献较高；比较其中间中心度，FANUC 在这个知识流动网络中的地位至关重要，是连接这个合作网络的重要环节；专利技术综合排名靠前的应用材料和 IBM 在知识流动网络中没有特别重大的贡献；排名前十位的其他 8 家企业的点度中心度（出度）均较高，在 200 以上，说明其对这个知识流动网络的贡献较大，此外其在连接这个知识流动网络上也有重要作用。

表 18-15　43 家企业在知识流动网络中的中心度

综合排名	企业名称	点度中心度（出度）	中间中心度
1	应用材料	48	5.447
2	安川	744	45.396
3	本田	530	23.236
4	FANUC	675	107.018
5	IBM	69	21.726
6	丰田	443	22.105
7	日立	373	23.398
8	松下	396	21.267
9	三菱	516	34.626
10	西门子	218	47.217
11	波音	37	13.797
12	索尼	270	36.133
13	ABB	217	40.916
14	东芝	320	23.079
15	精工爱普生	0	0
16	富士通	196	8.301
17	KUKA	281	18.211
18	佳能	237	13.21
19	FRAUNHOFER	35	1.762
20	GOOGLE	20	0.587
21	柯马	41	1.47
22	川崎	180	17.525
23	阿海珐（AREVA）	5	0.063
24	日本电装	74	3.538
25	日产	118	8.628
26	日本电气	222	5.378

续表

综合排名	企业名称	点度中心度（出度）	中间中心度
27	戴姆勒	67	4.574
28	日本精工	26	4.452
29	德国博世	148	4.499
30	鸿海	29	6.029
31	日本神户制钢	132	3.657
32	IHI	74	1.503
33	小松	51	3.399
34	尼康	24	1.859
35	日本电信电话	0	0
36	OTC	75	1.88
37	新松	33	35.114
38	埃夫特	0	0
39	埃斯顿	0	0
40	广数	0	0
41	三星	294	0
42	大疆	0	0
43	博实	0	0

3）基于施引关系的知识流动网络演变

分析不同时期的基于施引关系的知识流动网络（表 18-16），可以了解知识流动网络的演变情况。

表 18-16　不同时期的知识流动网络

时期	基于施引关系的知识流动网络
1985 年以前	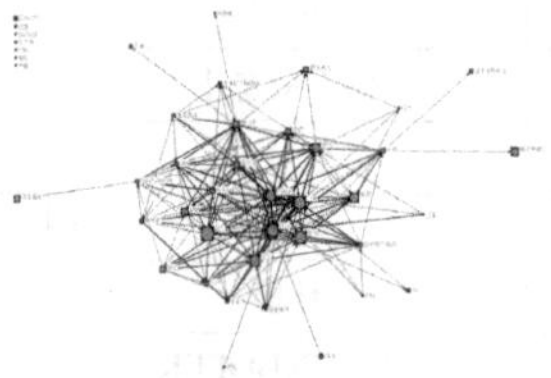
1986～1995 年	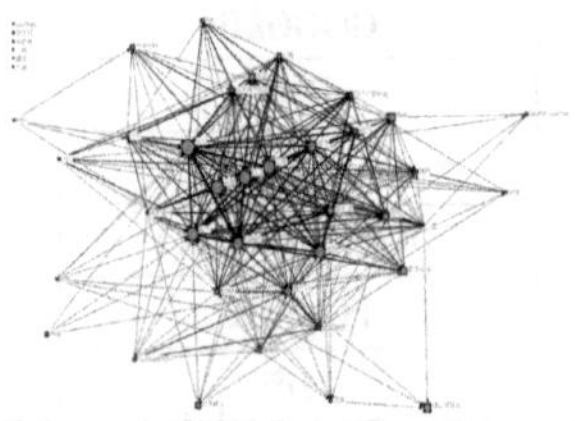

续表

时期	基于施引关系的知识流动网络
1996～2005 年	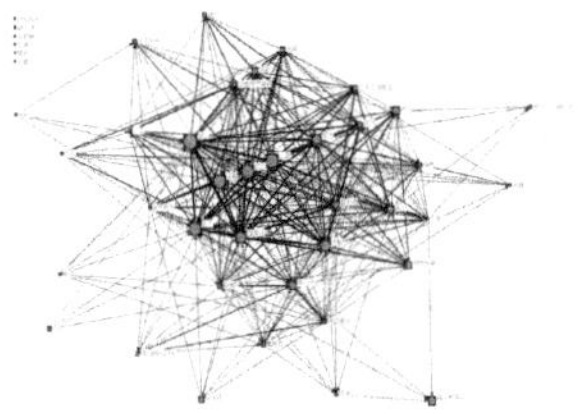
2006 年以后	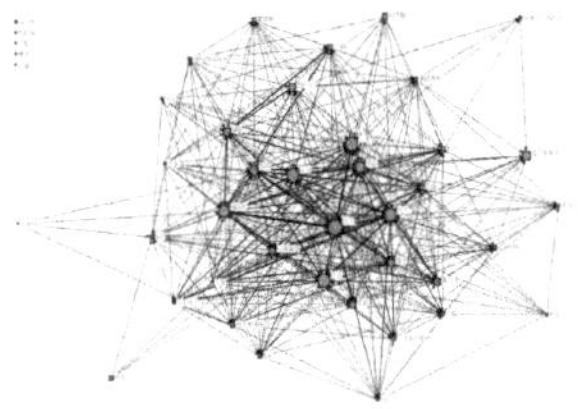

随着时间的推移，知识流动网络变得逐渐复杂，参与企业的数量越来越多。然而，位于知识流动网络中心位置的企业一直以日本企业为主。

分析 43 家企业在基于施引关系的知识流动网络中不同时期的中心度（表 18-17）可以看出：比较其点度中心度，在 1985 年（含）以前、1986～1995 年（含）、1996～2005 年（含）这三个时间段，43 家企业的点度中心度（出度）均逐渐增长，知识流动网络逐渐稳定，向 2006 年以后过渡的阶段，部分企业的点度中心度（出度）有降低的趋势，企业之间的竞争逐渐激烈；比较其中间中心度，1985 年以前专利构建的知识流动网络存在关键的连接点（日立，208；三菱，149；西门子，112），1986～1995 年（含）、1996～2005 年（含）两个时间段专利构建的知识流动网络不存在明显重要的连接点，网络更加稳定，2006 年以后的专利构建的知识流动网络又出现了明显重要的连接点（安川，159；FANUC，126），然而关键连接点与 1985 年以前的知识流动网络不同；排名前十位的企业从 1985 年以前就在知识流动网络中处于极重要的位置，发展工业机器人专利技术的时间较长，积淀较厚，而应用材料则从 1986 年以后的知识流动网络中才占据较重要的位置。

表 18-17　不同时期 43 家企业在知识流动网络中的中心度

综合排名	企业名称	点度中心度				中间中心度			
		1985 年以前	1986～1995 年	1996～2005 年	2006 年以后	1985 年以前	1986～1995 年	1996～2005 年	2006 年以后
1	应用材料	0	12	24	12	0	2	8	5
2	安川	26	163	304	251	18	48	77	159

续表

综合排名	企业名称	点度中心度				中间中心度			
		1985 年以前	1986～1995 年	1996～2005 年	2006 年以后	1985 年以前	1986～1995 年	1996～2005 年	2006 年以后
3	本田	28	122	273	107	38	35	50	53
4	FANUC	56	172	295	152	61	91	49	126
5	IBM	12	12	27	18	12	2	16	17
6	丰田	17	95	226	105	52	44	18	57
7	日立	39	83	158	93	208	49	24	67
8	松下	32	137	205	22	50	68	34	15
9	三菱	49	144	214	109	149	54	101	71
10	西门子	28	64	76	50	112	84	26	43
11	波音	0	6	25	6	0	1	7	11
12	索尼	15	56	153	46	1	52	20	38
13	ABB	17	44	106	50	25	31	19	70
14	东芝	30	70	168	52	53	44	40	21
15	精工爱普生	0	0	0	0	0	0	0	0
16	富士通	9	39	105	43	8	9	14	19
17	KUKA	32	60	109	80	5	9	9	45
18	佳能	11	50	87	89	4	15	17	40
19	FRAUNHOFER	10	8	11	6	52	2	3	0
20	GOOGLE	0	0	4	16	0	0	0	5
21	柯马	3	3	25	10	0	0	1	2
22	川崎	17	61	75	27	65	22	30	9
23	阿海珐（AREVA）	1	2	2	0	2	0	0	0
24	日本电装	0	15	39	20	0	2	15	8
25	日产	3	33	66	16	1	4	13	1
26	日本电气	7	53	123	39	3	4	1	4
27	戴姆勒	8	20	17	22	11	14	2	23
28	日本精工	0	4	15	7	0	0	1	6
29	德国博世	10	44	55	39	5	10	6	4
30	鸿海	1	4	3	21	0	0	0	21
31	日本神户制钢	9	50	57	16	7	9	4	7
32	IHI	1	17	35	21	0	1	2	3
33	小松	6	16	24	5	0	25	4	2
34	尼康	0	6	14	4	0	6	1	2
35	日本电信电话	0	0	0	0	0	0	0	0

续表

综合排名	企业名称	点度中心度				中间中心度			
		1985 年以前	1986～1995 年	1996～2005 年	2006 年以后	1985 年以前	1986～1995 年	1996～2005 年	2006 年以后
36	OTC	4	21	33	17	0	0	2	2
37	新松	1	4	17	11	0	0	0	0
38	埃夫特	0	0	0	0	0	0	0	0
39	埃斯顿	0	0	0	0	0	0	0	0
40	广数	0	0	0	0	0	0	0	0
41	三星	6	55	130	103	0	0	0	0
42	大疆	0	0	0	0	0	0	0	0
43	博实	0	0	0	0	0	0	0	0

4. 基于国际化布局演变的企业分析

本部分将从企业专利的国际化布局概况、国际化布局评估及其演变过程两个部分对其进行分析。使用 IS 评估专利族的国际布局价值，IS 由两部分构成：IS_a 和 IS_b，IS_a 的评估方式如表 18-18 所示，IS_b 的评估方式如式（18-3）。

表 18-18　某一族专利的 IS_a 评估方式

同一族专利布局的国家地区数量	IS_a 赋值
美国	0.1
1～2 个欧洲国家	0.1
＞2 个欧洲国家或者 EPO	0.2
1～2 个除欧洲和美国以外的国家	0.1
3～4 个除欧洲和美国以外的国家	0.2
5～6 个除欧洲和美国以外的国家	0.3
＞6 个除欧洲和美国以外的国家	0.4

$$IS_b = \begin{cases} 0.3, \text{EPO \& USPTO \& JPO/ PCT} \\ 0, \text{其他} \end{cases} \tag{18-3}$$

$$IS = IS_a + IS_b \tag{18-4}$$

1）企业专利技术的国际化布局概况

通过分析 43 家企业的专利技术国际化布局指标 IS（图 18-49），柯马（0.33）、阿海珐（0.28）、应用材料（0.25）的国际化水平分值在 0.25（含）以上，FANUC、ABB、KUKA、波音、西门子、日本电气的国际化水平评估值在 0.2～0.25，其他企业在工业机器人领域的专利技术国际化水平在 0.2 以下。

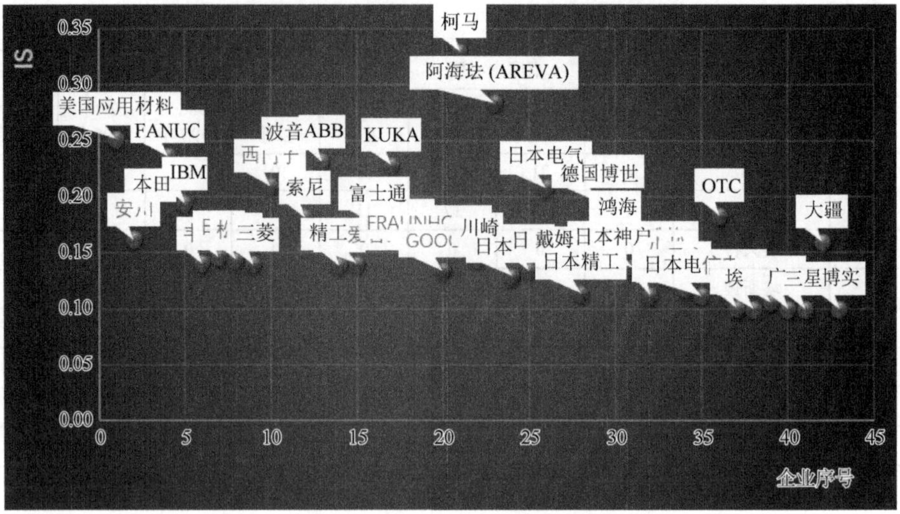

图 18-49　43 家企业专利技术的国际化布局

2）企业专利技术的国际化布局评估及其演变

通过比较 43 家企业在不同时间段的专利技术的国际化水平（图 18-50）发现：KUKA、IBM、富士通、FANUC 的早期专利具有更高的国际化水平；OTC、日本电气、应用材料、戴姆勒则在第二个时间段的专利具有更高的国际化水平；1996～2005 年和 2006 年以后的专利国际化水平没有明显优势；柯马、阿海珐在四个时间段内的专利申请的国际化水平评估分值十分均衡且在较高水平。

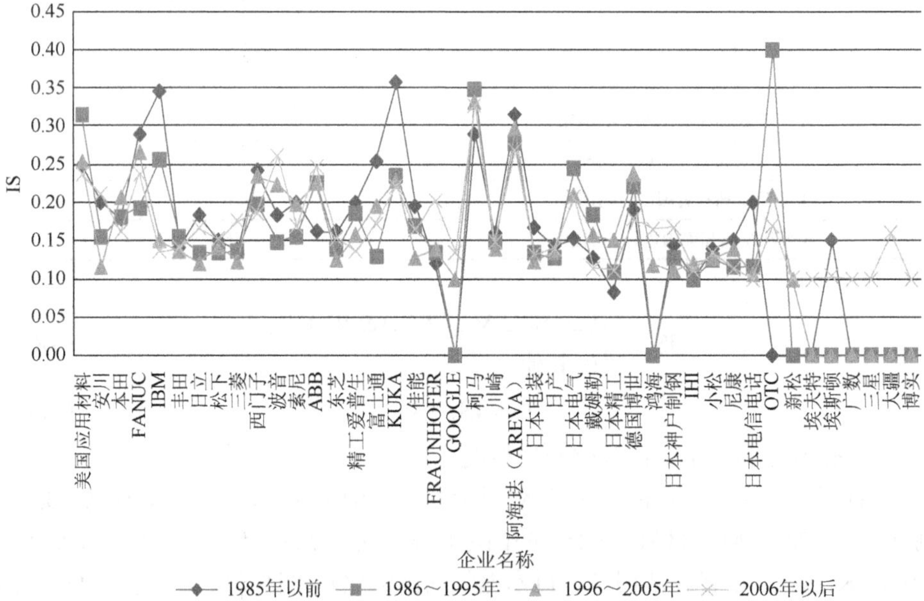

图 18-50　43 家企业专利技术的国际化布局演变

18.3.5　技术热点、前沿识别支持的 2035 技术清单调整方法——以机器人为例

1. 技术热点与前沿识别概述

2015 年，国家自然科学基金委员会与中国工程院联合开展的中国工程科技 2035 发展战略研究项目启动会在工程院召开，拟开展自上而下的系统性研究，广泛吸纳科技界、产业界、经济界和相关管理部门的集体智慧，凝聚中国产业升级和经济社会发展的战略需求，扫描重大共性技术和关键科学问题，提出推动与支持中国工程科技发展的政策工具及管理措施（孙粒和龚旭，2015）。技术预见作为世界各国普遍采用的技术发展战略评估方法，对 2035 技术清单的提出与技术产业布局有着十分重要的影响。

技术预见是一种系统的评估方法，其评估对象是对产业竞争力、社会发展和民众生活质量提高能产生强烈影响的科学技术（Georghiou，1996）。它旨在更准确分析科技未来的发展趋势，为区域及产业内的科技发展制定更合理的战略规划，将国家、社会及经济等多方面的发展和科学技术的发展更紧密地结合起来，优化资源配置，赢得科技竞争优势（Pietrobelli and Puppato，2016）。在整个过程中，对热点技术、前沿技术的识别，对技术发展趋势的预测，是技术预见最为关心的问题，引起了国内外学者的广泛关注与研究（Pietrobelli and Puppato，2016）。

本节以机器人技术为研究对象，分析总结技术热点、前沿识别及趋势分析的一般流程与基本思想，分析的思想与流程对技术预见中的相关问题的发展有较强的促进作用和借鉴意义。

当前技术预见中的热点、前沿识别与趋势分析，主要针对专利数据，通过引证分析或聚类分析等方法，运用到一些指标来判定众多技术点中哪些是热点和前沿技术，并对这些技术进行趋势分析。如侯剑华和郡佳妮（2015）用关键词共现与被引量关系分析以风力涡轮机技术中的热点技术，栾春娟（2009）基于高频次提取与专利数量统计分析波音公司技术分布，黄鲁成等（2014）用 CiteSpace 做专利共引聚类并根据关键词频率、Burst 值等指标分析家用空调发展的技术热点与前沿。常见的技术热点、前沿识别与趋势分析的指标如下（刘宇飞等，2016）。

（1）专利数量。一个技术点包含的专利数量，描述该技术产业的发明活动情况。数量越大，说明该技术产业的发明活动越丰富（Lee et al.，2009）。

（2）技术成熟系数 α。$\alpha = a/(a+b)$，a 为当年发明专利申请量；b 为当年实用新型专利申请量。实用新型专利申请量比例的增多，说明技术趋于成熟（李文静，2014）。

（3）技术衰老系数 β。$\beta=（a+b）/（a+b+c）$，a 为当年发明专利申请量，b 为当年实用新型专利申请量，c 为当年外观设计专利或商标申请量。外观设计专利或商标申请量比例的增多，表示技术发展趋于停滞（李文静，2014）。

（4）发明专利率。发明专利率 = 技术点发明专利量/技术点所有专利量，用于衡量技术发展水平。该指标与技术成熟度系数的差异在于不用考虑时间变化，对整体发展水平进行评价（马廷灿等，2012）。

（5）技术生长率。技术生长率 = 该技术当年发明专利数量/该技术追溯五年的发明专利数量。技术生长率可以用来衡量技术活动发展的变化状况，反映技术创新随时间的变化是迅速还是迟缓（Chen et al.，2012）。

（6）美国授权量。优先权国家个数是美国的专利总量，由于在美国申请专利的程序复杂，费用较高，只有较高水平且能够产生与其经济成本相匹配的技术成果才会在美国申请专利，故该指标反映了该技术的技术含量（张静和赵蕴华，2014）。

（7）当前影响指数。当前影响指数 = 该企业现行年前五年的专利平均每件被现行年专利引用的比率/所有专利被引用的比率。当前影响指数反映了该技术的技术实力及其技术领先程度。指标越大，说明该技术相应的研究机构与企业的技术实力越强，领先程度越高（Park and Yoon，2014）。

（8）技术影响力指标。技术影响力指标 =（某年专利位居被引用次数前 10%的最具影响力专利件数/当年专利量）/（所有专利位居最具影响力的专利件数/技术点所有专利量），比当前影响指数更能体现一个企业的技术领先程度。指标越大，说明该技术相应的研究机构与企业的技术实力越强，领先程度越高（Karki，1997）。

（9）技术力量。在引入专利引用指标之后，把当前效应指数和专利数量的乘积作为技术力量的指标。该指标越高，则说明技术力量越强（杨中楷和孙玉涛，2005）。

（10）技术独立性。技术点专利自引次数/技术点专利总被引次数，反映了该技术点与其他技术点依赖程度与研发自主性水平。指标越高，说明该技术与其他技术的依赖性越低，研发自主性水平越高（孙振嘉和张向先，2015）。

（11）前向引文量。该专利被后期专利引用的次数，衡量该专利对后来技术发展的影响程度。某一专利被后续专利引用的次数可以反映此专利的重要程度，因为一项重要的专利出现以后，会伴随出现大量的改进专利，这项重要专利会被改进专利重复引用。指标越高，说明该技术点越基础或重要（Brinn et al.，2003）。

（12）科学关联度。引用科学文献的平均数量，反映技术点所涉及的技术领域与科学的联系程度（用来考察技术与最新科技发展的关联程度，体现技术进步中科学的作用）。该数量大，说明研发活动和技术创新紧跟最新科技的发展（赵志耘和雷孝平，2012）。

（13）Burst 值。将一个词在某一个时间段出现的时间除以上个时间段出现的时间，并取这些比例中最大的值当作这一关键词代表的研究方向的 Burst 值，如计算 Pressure 词在 2001 年前出现的次数 N_1，2002～2005 年出现的次数 N_2，2006～2010 年出现的次数 N_3，则 Burst = Max（(N_2/N_1)，(N_3/N_2)）；Burst 值反映了某一研究方向专利突然增多的程度，Burst 值越大，说明在这两个时间段该方向的专利数量比例越大，反映了该方向专利研究的热度。

除了使用指标评价技术发展，现有技术预见研究通常采用德尔菲法，本节技术预见 2035 备选技术清单第一轮制定时便采用的德尔菲法。但是单纯地使用专家知识进行决策存在明显的问题，如果技术专家知识有局限，容易在一开始便形成错误观点、预期或假设等证实性偏差，结果可能使预见分析难以收敛，导致最终无法有效支持决策。所以，在专家分析与预见时，给专家提供可靠的如技术发展指标的数据支持，是十分必要的。

上述指标往往针对单一问题，如专利数量对应的技术发明活动的丰富程度及生长率对应的技术发展速度，都有一定的描述问题的能力。但是这些指标往往只能反映某一方面的特征，使得以往的研究缺乏对多方面特征的综合性的、系统性的分析。所以，本节综合常用的反映技术发展的多项指标，形成表征技术发展水平的指标体系，综合多方面的因素来识别技术热点与技术前沿，并对热点、前沿技术的发展趋势做进一步的分析，将技术发展的现状更加全面地展现在专家面前，使专家在进行技术分析与预见时有更丰富详细的参考，做出更准确的判断。

2. *研究方法*

为了使分析的结果能够对技术预见 2035 备选技术清单中技术的重要性提供支持与参考，并给予专家一定的启发，本节采用了自主构建叙词表、统计关键词频等一系列专利分析指标的方法来对机器人传感器的技术进行热点与前沿分析。在分析时，用专利数量、当前影响指数、技术影响力指标、美国授权量、技术力量等指标来反映对应机器人技术的研究热度，用技术生长率、技术成熟度系数、发明专利数量等指标来反映这一技术的前沿性。研究的过程大致分以下三步：数据采集、技术主题划分、技术热点/前沿识别与趋势分析。研究方法流程见图 18-51。

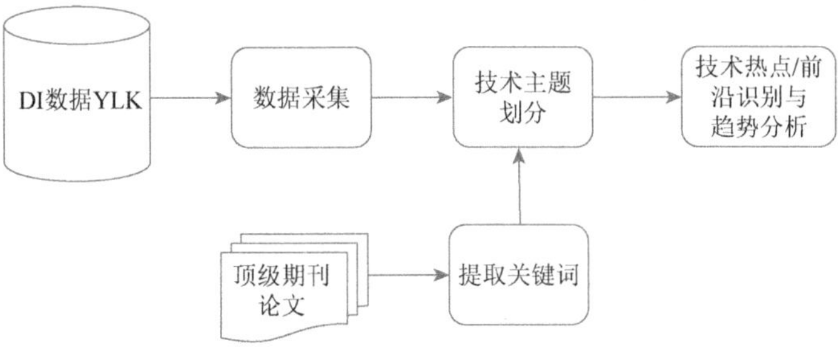

图 18-51　研究方法流程图

资料来源：改编自林亨等（2017）的相关研究。

1）数据采集

本节的研究数据来源于 DI 数据库，DI 数据库收录了包括 DWPI 数据的来自全球 90 多个国家和地区的 8000 万篇专利信息，包含题录信息、PDF 全文、法律状态信息等专利信息深加工的数据和原始数据，同时还收录了 INPADOC（International Patent Documentation Center）法律状态和美国 Re-assignment 数据库。DI 数据库集全球最全面的国际专利与业内最强大的知识产权分析工具于一身，可提供全球专利信息。使用 DI 数据库作为数据来源，能够保证数据的充分性与可靠性。

本节根据机器人这一主题，制定了包含 336 条德温特手工代码，185 条专利分类号，53 个关键词，并排除 19 条德温特手工代码，95 条 IPC 分类号的检索式，在 DI 数据库的检索框中输入检索式，选择所有年份，即可获得 DI 数据库中包含机器人主题的专利。合计检索到 128 279 篇文章，检索日期为 2016 年 3 月 15 日。

2）技术主题划分方法

在专利分析中，往往采用专利分类号的方式划分专利的技术主题。但专利分类号的划分标准与待研究问题的划分标准容易出现偏差，如机器人关节的相关专利很难与机器人领域的某一具体技术联系在一起。故本节采用自主构建叙词表的方式划分机器人领域的技术主题。根据 2015 年中国科学院最新 SCI 杂志 JCR（*Journal Citation Reports*）分区手册，选取了机器人领域相关主题的唯一在 A 区的期刊 *The International Journal of Robotics Research*，遍历该期刊所有论文关键词，根据词频高低与技术宽泛程度人工挑选了包含 118 个关键词的技术主题叙词表。

在人工挑选的技术主题叙词表的基础上，遍历所有专利信息，如果在专利的德温特摘要中出现了叙词表中的词，那么则认为这条专利讲述的内容和这个词相关，主要内容为描述这个词对应的技术点，那么这个技术点下的专利加一，同时记录下该词出现所在专利的公开时间、优先权国家和专利优先权人等信息，供下一步的分析使用。

3）热点、前沿识别及趋势分析

（1）整体概况。通过在 128 279 条专利中查找是否包含关键词，找到 33 220 条包含叙词表中关键词的专利，之后的分析均是基于这 33 220 条专利。图 18-52 所示的是这 33 220 条相关专利的时间分布情况，可以看出，从 1985 年开始出现少量专利，随着时间的变化，专利数量逐步增多，在 1993 年前发展平缓，1993～2009 年稳步上升，2009～2013 年增长较快，直到 2013 年专利数量达到顶峰，开始下降。由于专利有三年的公示期，所以 2013 年后的专利数量是否下降仍有待进一步考察。总的来说，关于机器人的专利总体处于上升趋势。

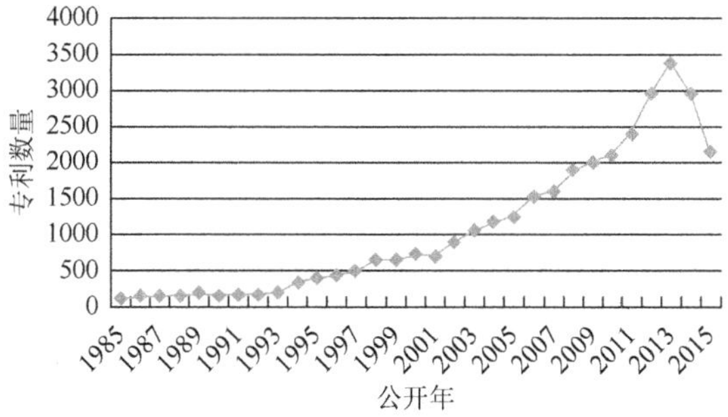

图 18-52　机器人领域相关专利的时间分布

资料来源：改编自林亨等（2017）的相关研究

（2）热点识别。了解机器人领域的研发热点，有助于对整个机器人研发现状的把握，使研发人员及企业明确机器人的技术发展现状，以更好地布局技术研发。

机器人技术领域的专利数量、美国授权量、当前影响指数、技术力量、技术影响力指标、前向引文量、科学关联度反映了这一领域的技术成熟度以及研究的热度。对所有技术点的各项指标按专利数量排序取前 20 得到表 18-19。

表 18-19　热点技术前 20 项技术的各个指标

技术点	专利数量	美国授权量	当前影响指数	技术力量	技术影响力指标	前向引文量	科学关联度
motion control	4 315	1 051	1.973	8 512.942	0.004	22 138	1.644
mobile robot	3 511	452	2.808	9 859.703	0.003	21 933	1.857
remote control	2 917	365	1.884	5 495.639	0.003	14 860	1.155
robot hand	2 214	80	0.320	708.314	0.002	8 172	0.209
laser scanner	2 013	325	0.338	679.788	0.002	9 725	0.551
flexible arm	1 333	332	0.213	284.307	0.001	7 052	0.157
motor control	1 056	147	0.711	750.758	0.001	4 295	0.452
position control	1 036	86	0.196	202.548	0.001	5 325	0.261
walking robot	918	21	1.138	1 044.236	0.001	2 686	0.365
humanoid robot	900	87	0.604	543.873	0.001	2 799	1.049
user interface	806	473	0.196	157.581	0.001	10 880	4.362
underwater robot	756	15	1.226	927.143	0.001	1 086	0.278
force sensor	755	103	0.498	375.734	0.001	3 386	0.706
service robot	644	52	2.577	1 659.701	0.001	1 497	0.475
climbing robot	612	10	1.831	1 120.378	0.001	772	0.248
parallel robot	427	11	0.906	387.056	0.000	1 157	0.330

续表

技术点	专利数量	美国授权量	当前影响指数	技术力量	技术影响力指标	前向引文量	科学关联度
neural network	414	151	0.249	103.016	0.000	4 350	2.222
artificial muscle	408	64	0.231	94.271	0.000	2 139	0.814
robot manipulator	368	68	0.000	0.000	0.000	2 710	0.717
ultrasound	362	189	0.018	6.434	0.000	4 713	2.367

资料来源：改编自林亨等（2017）的相关研究

从表 18-19 可以看出，机器人专利中 motion control 出现的频次最高，有较多的相关专利，其各项指标均较高，可以认为相关研究领域已经有了一定的技术成熟度。紧随其后的热点词是 mobile robot，代表最近研究火热的移动机器人。remote control 技术点下的专利居于第三，它所代表的是远程控制。这两个领域的专利数量也比较多，它们各自领域的技术也趋于成熟。还有一些其他的关键词频次较高的技术领域，如 robot manipulator、artificial muscle 等，包含的专利较多，但技术影响力指标却较低，各自领域的技术成熟度还有待进一步提高。

（3）前沿识别。了解机器人领域的研发前沿，有助于对整个机器人研发动向的把握，使研发人员及企业明确机器人的技术发展态势，以更好地布局技术研发。

机器人技术领域的专利增长率、生长率、成熟系数、发明专利率等指标反映了这一领域的技术的发展状态，从而可以得知技术领域的前沿与发展趋势。对所有技术点的各项指标按 Burst 值排序取前 19 得到表 18-20。其中为了减少公示期专利没有统计的干扰，生长率等指标均按 2013 年计算。

表 18-20　前沿技术前 19 项技术各指标

技术点	2013 年生长率	2013 年成熟系数	2013 年专利增长率	发明专利率	Burst
autonomous robot	0.007	−1.333	1.150	0.968	6
dexterous hand	0.026	−0.600	1.333	0.852	6
pneumatic system	0.000	0.000	1.667	0.805	6
torque control	0.002	0.800	0.529	0.938	6
robot sensing	−0.014	0.000	0.000	0.667	5.5
biped robot	−0.002	1.100	1.000	0.838	5
range finder	−0.005	3.800	0.963	0.891	5
sensor fusion	−0.009	0.000	1.500	0.786	5
visual odometry	0.000	0.000	0.500	1.000	5
wheeled robot	−0.003	−0.600	0.800	0.917	5
minimally invasive surgery	0.013	0.100	1.100	0.939	4.5

续表

技术点	2013 年生长率	2013 年成熟系数	2013 年专利增长率	发明专利率	Burst
adaptive control	0.011	0.000	1.400	0.961	4
data fusion	0.035	−0.667	3.250	0.881	4
formation control	0.022	−1.400	1.000	0.844	4
image registration	0.000	0.000	0.200	0.971	4
impedance control	0.000	0.000	0.833	1.000	4
inertial measurement unit	0.032	0.000	1.889	0.950	4
inertial navigation	0.019	−1.467	1.000	0.874	4
linear programming	0.029	0.000	3.000	1.000	4

资料来源：改编自林亨等（2017）的相关研究

从表 18-20 可以看出，机器人专利中 autonomous robot 的 Burst 值最高，研究关注度增加较快，其各项指标均反映出该技术仍处在发展阶段，可以认为相关研究领域是较前沿的领域。紧随其后的热点词是 dexterous hand 与 pneumatic system，这两个领域的 Burst 值也比较高，指标均反映出这些技术仍处在发展阶段，它们各自领域的技术也是较前沿的领域。还有一些 Burst 值较高的技术领域，如 range finder、biped robot 等，它们虽然 Burst 值较高，但生长率和专利增长率都不高，成熟系数高，说明这些技术曾经是技术前沿，但如今已经发展趋于成熟，不再是技术前沿。

（4）高频次研究领域趋势分析。为了分析高频次关键词对应的技术领域随着时间变化的关系，我们选取了五个频次最高的关键词，根据专利数量随时间变化、生长率随时间变化分别绘制了图 18-53 和图 18-54。

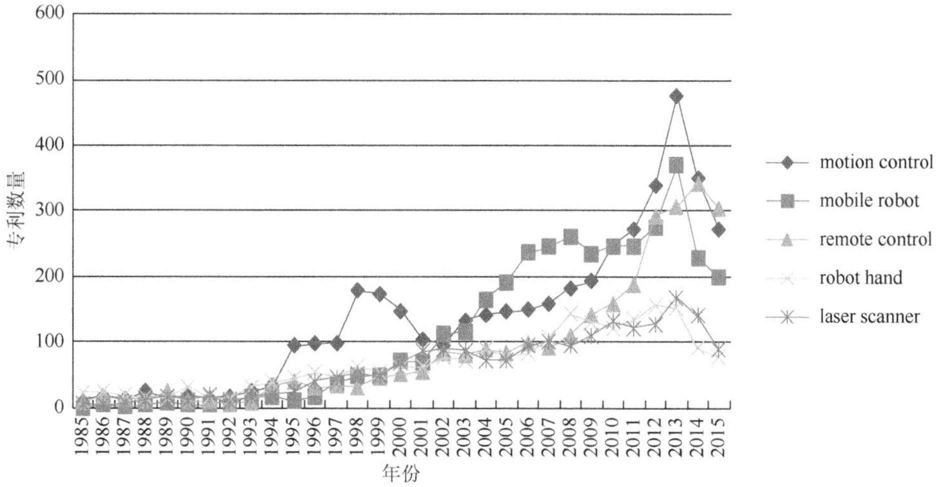

图 18-53　高频次研究领域专利数量随时间变化曲线图

资料来源：改编自林亨等（2017）的相关研究

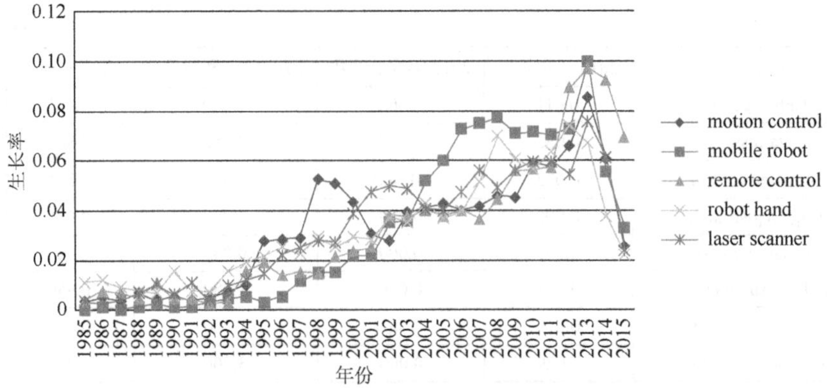

图 18-54　高频次研究领域生长率随时间变化曲线图

资料来源：改编自林亨等（2017）的相关研究

由图 18-53 可以看出，motion control、mobile robot 和 remote control 技术领域专利数量随时间变化的趋势大致和总专利数量的变化趋势一致，可以认为这些技术领域是机器人领域的较基础的领域，发展趋势反映了机器人技术整体的发展情况。robot hand 和 laser scanner 技术从 1985 年开始有专利产生，总体来说发展平缓。这些结论与（1）中的结论相一致，进一步证明了这些结论的合理性。

（5）高频次研究领域专利权人分布。为了分析高频次关键词对应的技术领域都掌握在哪些企业手中，我们选取了五个频次最高的关键词统计得到表 18-21。

由表 18-21 可以看出，掌握这些基础技术与热点技术的企业大多是日本的企业，如 YASKAWA、HONDA、CANON、TOYOTA 等，可见日本企业不仅掌握了机器人的基础技术，也对热点技术进行了深入的研究，是机器人方面的专利大国。韩国的企业，如 SAMSUNG、LG 等也有较多的专利，主要集中在 mobile robot、remote control 的研究上。这一结果证明了日本在机器人领域的研发力量占有较大优势，韩国仅次于日本，在工业机器人方面也具有较强的实力。

表 18-21　高频次研究领域专利权人分布

技术	企业	专利数
motion control	YASKAWA	78
	SONY	48
	MITSUBISHI	46
	CANON	41
	MATSUSHITA	39
mobile robot	HONDA	162
	TOYOTA	137
	SAMSUNG	112
	LG	81
	SONY	77

续表

技术	企业	专利数
remote control	SAMSUNG	44
	LG	38
	MITSUBISHI	26
	TOSHIBA	22
	HITACHI	19
robot hand	SEIKO	115
	TOYOTA	108
	FANUC	61
	MITSUBISHI	48
	KAWASAKI	44
laser scanner	CANON	130
	KYOCERA	41
	RICOH	39
	MINOLTA	28
	KONICA	25

资料来源：改编自林亨等（2017）的相关研究

3. 机器人领域技术分析对 2035 技术清单提出的支持

本节对机器人领域专利分析的结果交予中国工程科技 2035 发展战略研究技术预见组专家参考，得到专家的认可与支持。在技术预见备选技术清单的修改过程中，将本节的分析结果作为重要的参考依据，为专家的分析判断提供了数据支持，这种支持主要体现在两个方面。

一方面，本节的分析结果对备选技术清单中技术的重要性提供了支持与参考。通过技术热点、前沿识别分析识别出的与专科手术机器人技术高度相关的 minimally invasive surgery 技术，与水下自主机器人技术高度相关的 underwater robot 技术，与机器人自主行为技术高度相关的 autonomous robot、adaptive control 技术，与基于生命/机电系统融合的新型感知技术 artificial muscle 等技术点不仅对原本清单中的备选技术的合理性提供了有力的支持，而且识别了相关技术点下可能的子技术热点、前沿，为专家进一步做出技术点下技术发展的描述与技术布局提供了参考。

另一方面，本节的分析结果启发了专家对备选技术清单进行补充与调整。本节方法识别出的与空间探索机器人技术高度相关的技术热点 mobile robot、remote control、walking robot 与技术前沿 biped robot、adaptive control 等技术点，充分说明了空间探索机器人技术发展的必要性与可行性；识别出的与基于脑科学和脑认知的机器人技术高度相关的技术热点 humanoid robot、neural network 和技术前沿 sensor fusion 等也对基于脑科学和脑认知的机器人技术的发展前景提供了较好的数据支持。受此启发，专家在制定第二轮清单时将空间探索机器人技术与基于脑科学和脑认知的机器人技术加入备选技术清单中。表 18-22 是两轮备选技术清单的详细情况。

由此可见，本节的分析成果对技术预见 2035 备选技术清单的制定有较强的借鉴意义，为专家的分析判断提供了有力的数据支持。

表 18-22　机器人两轮备选技术清单

第一轮	第二轮
人机共融机器人技术	人机共融的工业机器人技术
专科手术机器人技术	专科手术机器人技术
助老助残机器人技术	助老助残机器人技术
混合型海洋机器人技术	混合型海洋机器人技术
水下自主机器人技术	水下自主机器人技术
极端环境机器人技术	极端环境机器人技术
机器人自主行为技术	机器人自主行为技术
基于生命/机电系统融合的新型感知技术	基于生命/机电系统融合的新型感知技术
面向医疗应用的微纳操作机器人技术	微纳操作机器人技术
面向制造的微纳操作机器人技术	
下一代工业机器人技术	基于云计算的机器人技术
网络化智能协作式工业机器人系统	基于脑科学和脑认知的机器人技术
面向电力系统的机器人自动化技术	空间探索机器人技术

资料来源：改编自林亨等（2017）的相关研究

4. 技术热点与前沿识别小结

本节基于指标体系分析法，综合运用多重指标，对 DI 数据库中公布的机器人近 30 年的相关专利（1985～2015 年）进行统计分析，识别了机器人技术中的技术热点、技术前沿，并对热点前沿技术进行了趋势分析，形成了技术热点、前沿识别与趋势分析的一般化流程，对相关领域的研究有较好的促进作用。本节研究的结果交予中国工程科技 2035 发展战略研究技术预见组专家参考，得到了专家的认可与支持。在技术预见备选技术清单的修改过程中，将本节的分析结果作为重要的参考依据，与领域专家的经验相结合，对第一轮备选清单做出了调整。本节提出的分析的思想与流程对技术预见中的相关问题的发展有较强的促进作用和借鉴意义，分析的结果对专家提出 2035 备选技术清单、规划产业战略布局提供了有力的支持。

在对机器人领域专利分析的过程中，得到如下结论。

（1）从时间分布上来看，机器人整体呈稳步发展态势；根据专利数量与时间的关系以及指标体系分析了机器人领域的 motion control、mobile robot 等较基础的技术，autonomous robot、dexterous hand 等新兴热点技术与 robot manipulator、artificial muscle 等仍有较大提升空间的技术领域。

（2）从地区分布来说，机器人相关技术主要集中在日本、韩国的一些工业机器人企业，其中日本在机器人领域的研发力量占有较大优势，韩国在机器人方面也具有较强的实力。

（3）对既是热点又是前沿的技术进行了汇总分类，找出相对成熟的技术 motion control、mobile robot，新兴的热点技术 autonomous robot 与 dexterous hand，以及仍有较大潜力的技术 robot manipulator、artificial muscle，并就这三类技术对企业布局何种技术研发进行了浅显的分析。

为了更好地识别技术热点与前沿，未来还可以基于 WoS 等论文数据库中的文献数据，网络新闻、网络博客等网络数据与专利数据进行对比分析，得出不同层面技术发展现状的差异与联系，可能会对国家战略制定、企业布局研发更有指导性。

18.4　本章小结

本章以数控机床领域和工业机器人领域的案例为例，介绍了态势扫描在把握行业趋势和研究热点发掘等方面的重要作用。本章结合大数据知识的态势分析的数据来源主要是论文或者专利数据，因为论文和专利数据的领域性比较强，领域间的边界划分比较明显，同时论文和专利的权威性也比较高。态势分析方法包括整体趋势分析、研究热点分析、地域分析和知识流动分析。运用态势分析的方法，可以对研究对象所处的情景进行全面、系统、准确的研究，从而根据研究结果制定相应的发展战略、计划以及对策等。

参考文献

侯剑华, 都佳妮, 2015. 基于专利计量与信息可视化的技术热点监测分析——以风力涡轮机技术领域为例. 现代情报, 35(2): 67-72, 86.

黄鲁成, 王凯, 王亢抗, 2014. 基于 CiteSpace 的家用空调技术热点、前沿识别及趋势分析. 情报杂志, 33(2): 40-43.

李文静, 2014. 长三角地区专利情报对比分析研究. 现代情报, 34(7): 93-99.

林亨, 周源, 刘宇飞, 2017. 技术热点、前沿识别支持的 2035 技术清单调整方法——以机器人技术为例. 中国工程科学, 19(1): 124-132.

刘宇飞, 周源, 廖岭, 2016. 大数据分析方法在战略性新兴产业技术预见中的应用. 中国工程科学, 18(4): 121-128.

栾春娟, 2009. 基于专利计量与可视化手段的技术前沿探测——以波音公司为例. 情报理论与实践, 32(8): 68-71.

马廷灿, 李桂菊, 姜山, 等, 2012. 专利质量评价指标及其在专利计量中的应用. 图书情报工作, 56(24): 89-95.

孙粒，龚旭, 2015. 中国工程科技 2035 发展战略研究正式启动. 中国科学基金, 29(3): 235-245.
孙振嘉，张向先, 2015. 面向技术创新的企业专利水平测度研究. 情报杂志, 34(3): 71-76.
杨中楷，孙玉涛, 2005. 基于专利引用的国家技术力量指标比较. 科学学与科学技术管理, 26(10): 11-14.
张静，赵蕴华, 2014. 以美国授权专利为视角浅析中国大陆创新能力. 全球科技经济瞭望, 29(11): 21-25.
赵志耘，雷孝平, 2012. 我国生物科技领域技术创新与基础研究关联分析——从专利引文分析的角度. 情报学报, 31(12): 1283-1289.
Brinn M W, Fleming J M, Hannaka F M, et al., 2003. Investigation of forward citation count as a patent analysis method. IEEE Systems and Information Engineering Design Symposium：2003.
Chen S H, Huang M H, Chen D Z, 2012. Identifying and visualizing technology evolution: A case study of smart grid technology. Technological Forecasting and Social Change, 79(6): 1099-1110.
Georghiou L, 1996. The UK technology foresight programme. Futures, 28(4): 359-377.
Karki M M S, 1997. Patent citation analysis: A policy analysis tool. World Patent Information, 19(4): 269-272.
Lee S, Yoon B, Park Y, 2009. An approach to discovering new technology opportunities: Keyword-based patent map approach. Technovation, 29(6/7): 481-497.
Park H, Yoon J, 2014. Assessing coreness and intermediarity of technology sectors using patent co-classification analysis: the case of Korean national R&D. Scientometrics, 98(2): 853-890.
Pietrobelli C, Puppato F, 2016. Technology foresight and industrial strategy. Technological Forecasting and Social Change, 110(3): 117-125.

本 章 附 录

附表 18-1　典型国家的基本专利转化为同族专利情况

国家	记录数量	频次	国家	记录数量	频次	国家	记录数量	频次
日本基本专利扩散			美国基本专利扩散			德国基本专利扩散		
JP	6933	9276	US	3433	5005	DE	1133	1412
US	238	398	JP	945	1581	US	307	432
CN	88	142	KR	580	823	EP	174	281
KR	71	118	CN	539	779	WO	169	214
WO	56	56	EP	441	733	JP	155	241
TW	36	51	WO	315	478	CN	140	179
DE	28	37	DE	205	288	KR	53	72
EP	27	49	TW	194	286	FR	30	31
AU	7	8	CA	91	115	GB	29	55
CA	5	6	AU	62	98	IT	29	30
SE	5	9	IN	22	24	CA	22	24
GB	1	2	GB	19	43	ES	18	21

续表

国家	记录数量	频次	国家	记录数量	频次	国家	记录数量	频次
中国基本专利扩散			RU	14	16	SE	18	28
CN	5685	6789	SG	13	21	IN	12	14
WO	21	21	BR	10	10	RU	11	16
US	13	22	ES	10	10	AT	8	12
KR	5	7	MX	9	15	TW	8	12
TW	5	7	FR	8	10	CH	7	7
JP	3	3	NO	7	8	AU	6	8
GB	2	4	SE	7	12	BR	5	5
DE	1	1	IL	6	7	MX	5	6
FR	1	1	HK	4	8	CZ	4	6
IN	1	1	NL	4	4	DK	3	3
韩国基本专利扩散			ZA	3	3	HK	3	4
KR	3057	4267	CH	2	2	NO	3	3
US	37	55	IT	2	2	IL	2	2
WO	33	42	AR	1	1	NL	2	2
CN	19	22	BE	1	1	SG	2	3
JP	13	19	DK	1	1	ZA	2	2
EP	5	8	LU	1	1	BE	1	1
DE	2	3				CS	1	1
RU	2	2				FI	1	1
TW	2	2				HU	1	1
HK	1	1						

附表 18-2　专利申请量 Top25 IPC 分类号含义中英文对照表

IPC 分类号	英文含义	中文含义
B25J	Performing Manipulators; Chambers Provided With Manipulation Devices	机械手
G05B	Control Or Regulating Systems In General; Functional Elements Of Such Systems; Monitoring Or Testing Arrangements For Such Systems Or Elements	控制或调节系统
G05D	Systems For Controlling Or Regulating Non-Electric Variables	非电变量的控制或调节系统

续表

IPC 分类号	英文含义	中文含义
H01L	Semiconductor Devices；Electric Solid State Devices Not Otherwise Provided For	半导体器件
B23K	Soldering Or Unsoldering；Welding；Cladding Or Plating By Soldering Or Welding；Cutting By Applying Heat Locally，E.G. Flame Cutting；Working By Laser Beam	钎焊或脱焊
G06F	Electric Digital Data Processing	电子字数据处理
G01B	Measuring Length，Thickness Or Similar Linear Dimensions；Measuring Angles；Measuring Areas；Measuring Irregularities Of Surfaces Or Contours	物体尺寸或角度或面积的测量
G01C	Measuring Distances，Levels Or Bearings；Surveying；Navigation；Gyroscopic Instruments；Photogrammetry Or Videogrammetry	测量距离、水准或者方位，摄影测量或视频测量
A61B	Diagnosis；Surgery；Identification	诊断或鉴定技术
A47L	Domestic Washing Or Cleaning；Suction Cleaners In General	洗涤或清扫
B62D	Motor Vehicles	机动车
G01L	Measuring Force，Stress，Torque，Work，Mechanical Power，Mechanical Efficiency，Or Fluid Pressure	测量力、应力、转矩、功、机械功率、机械效率或流体压力
B65G	Transport Or Storage Devices，E.G. Conveyors For Loading Or Tipping，Shop Conveyor Systems Or Pneumatic Tube Conveyors	运输或储存装置
A63H	Toys，E.G. Tops，Dolls，Hoops，Building Blocks	玩具
G01N	Investigating Or Analysing Materials By Determining Their Chemical Or Physical Properties	借助测定材料的化学或物理性质来测试或分析材料
H04N	Pictorial Communication，E.G. Television	图像通信
G01S	Radio Direction-Finding；Radio Navigation；Determining Distance Or Velocity By Use Of Radio Waves；Locating Or Presence-Detecting By Use Of The Reflection Or Reradiation Of Radio Waves；Analogous Arrangements Using Other Waves	无线电定向；无线电导航；采用无线电波测距或测速；采用无线电波的反射或再辐射的定位或存在检测；采用其他波的类似装置
B23Q	Details，Components，Or Accessories For Machine Tools，E.G. Arrangements For Copying Or Controlling；Machine Tools In General，Characterised By The Construction Of Particular Details Or Components；Combinations Or Associations Of Metal-Working Machines，Not Directed To A Particular Result	机床的零件、部件或附件，如仿形装置或控制装置；以特殊零件或部件的结构为特征的通用机床；不针对某一特殊金属加工用途的金属加工机床的组合或联合
G06T	Image Data Processing Or Generation，In General	一般的图像数据处理或产生
G01D	Measuring Not Specially Adapted For A Specific Variable；Arrangements For Measuring Two Or More Variables Not Covered By A Single Other Subclass；Tariff Metering Apparatus；Transferring Or Transducing Arrangements Not Specially Adapted For A Specific Variable；Measuring Or Testing Not Otherwise Provided For	非专用于特定变量的测量；不包含在其他单独小类中的测量两个或多个变量的装置；计费设备；未列入其他类目的测量或测试
G01P	Measuring Linear Or Angular Speed，Acceleration，Deceleration Or Shock；Indicating Presence Or Absence Of Movement；Indicating Direction Of Movement	线速度或角速度、加速度、减速度或冲击的测量；运动的存在、不存在或方向的指示

续表

IPC 分类号	英文含义	中文含义
H02P	Control Or Regulation Of Electric Motors，Electric Generators Or Dynamo-Electric Converters；Controlling Transformers，Reactors Or Choke Coils	电动机、发电机或机电变换器的控制或调节；控制变压器、电抗器或扼流圈
F16H	Gearing	传动装置
B23P	Other Working Of Metal；Combined Operations；Universal Machine Tools	金属的其他加工；组合加工；万能机床
G01R	Measuring Electric Variables；Measuring Magnetic Variables	测量电变量；测量磁变量

附录 A　路线图绘制工具介绍

附录 A 首先对路线图绘制工具进行简要介绍，并详细阐述战略咨询智能支持系统的路线图绘制工具的主要功能以及具体使用流程，最后给出了一些操作过程中常见问题的解决方案。

A.1　路线图绘制工具简介

战略咨询智能支持系统（iSS）为依托于中国工程科技知识中心，由中国工程院战略咨询中心、清华大学、华中科技大学、湖南大学和浪潮集团共同建设，为工程科技战略咨询提供数据智能支持服务的线上系统。该系统的特色应用之一路线图绘制工具提供了多样化的模板以及辅助绘图工具，用户可通过多种方式生成具有优良展现效果的路线图。

以下主要针对 iSS 平台开发的路线图绘制工具的功能以及使用流程进行介绍，作为一种结构化的战略规划方法：纵向上，它将需求、目标、技术、战略支撑与保障四个层面紧密联系起来，并明确彼此的关系和属性；横向上，它可以将过去、现在和未来统一起来，既描述现在，又能一定程度预测未来。

A.2　路线图绘制工具功能描述

路线图绘制工具主要包含三大功能模块，分别为路线图信息、新建路线图以及生成路线图。路线图绘制工具采用辅助绘制和自动生成两种方式，能够实现路线图的在线绘制、在线保存，且用户能够自定义导入模板的颜色，提升路线图的展现效果。

进入系统后单击导航菜单工具集—路线图，路线图信息模块主界面展示路线图列表，用户通过编辑、查看、删除按钮维护已生成路线图，也可通过新建路线图模块进行路线图生成。

新建路线图功能即以手动方式创建新的路线图，在单击导入生成或手动创建时须先输入路线图的基本信息，包括课题名称、承担单位、课题介绍以及立项分析等。文档模板为用户提供了可选择的路线图绘制模板，此外也可在路线图绘制页面中通过文件菜单选项导入模板数据。用户可以使用文档上传功能将本次路线图规划所准备的文件上传至系统。

完成路线图的基本信息以及文档模板选择后，即可通过生成路线图功能模块跳转至在线路线图绘制页面。在路线图绘制界面中可通过左侧的图形工具栏拖动添加矩形、箭头等各种图形，进行颜色和边框调整以及文本输入。上侧工具栏可进行页面的缩放、图形的上下层调整以及操作的撤回，连接按钮可在图形之间设置连接线，其下拉菜单提供了多种箭头形式。同时有便捷的插入行操作按钮，下拉菜单提供了插入文本、图片和链接等多种选项，还可选择插入行的布局模板（水平树状、垂直树状、径向树、圆形布局和力引导布局等）。

A.3　路线图绘制工具使用流程

A.3.1　系统登录

战略咨询智能支持系统（iSS）可通过中国工程科技知识中心战略咨询智能支持平台（http://iss.ckcest.cn/）进入。战略咨询智能支持系统登录界面如图 A-1 所示，注册账号后输入用户名和密码，即可进入系统主界面（图 A-2）。单击页面右上方的技术路线图进入路线图系统。

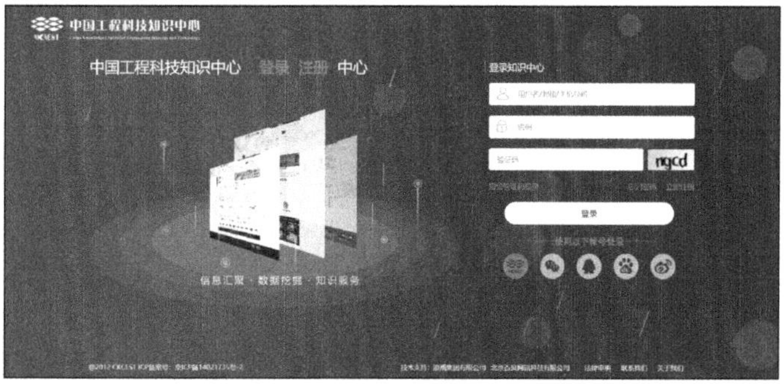

图 A-1　战略咨询智能支持系统登录界面

图 A-2　战略咨询智能支持系统主界面

A.3.2 系统操作指南

路线图的创建主要包括创建技术路线图、制作技术路线图和导出技术路线图三个步骤（图 A-3）。其中，创建技术路线图包括课题信息维护、文档模板管理及下载、过程文档上传三项功能。制作技术路线图功能包括三种方式：①基于标准模板手工绘制路线图；②基于标准模板导入并生成技术路线图；③基于其他个性化模板绘制路线图。最终绘制完毕的路线图支持多种格式导出。

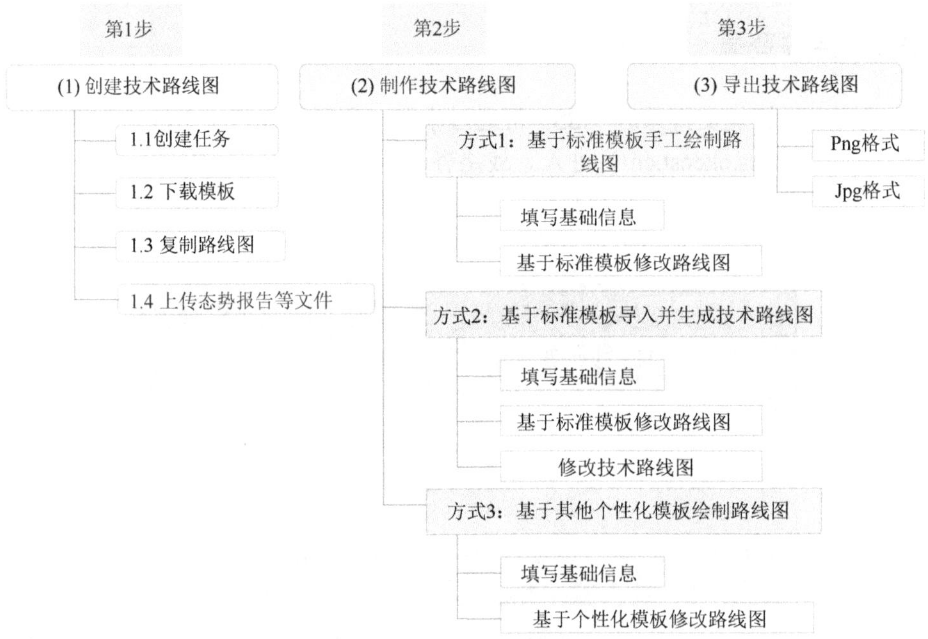

图 A-3 路线图创建步骤

1. 路线图信息

“我的路线图”展示当前用户已经创建的路线图（图 A-4），用户可以单击路线图、基本信息等按钮进行操作。单击路线图按钮，进入路线图制作界面；单击删除按钮，删除已经存在的路线图信息。单击复制按钮，对现有路线图进行复制，形成新版本；单击基本信息按钮，修改路线图基本信息。

2. 创建路线图

单击新建路线图，进入新建路线图界面后，用户需要完善本课题的基础信息，

图 A-4　路线图信息模块

下载系统自带的各种文档模板，或上传课题组的各种成果文档。

1）基础信息

路线图基础信息填写页面如图 A-5 所示，完成课题名称、承担人、承担单位、经费、开题时间、预计结题时间、路线图大小、课题介绍、立项分析（背景及现状）等输入。其中，路线图大小目前有四种选项，分别为 A4 纸横向、A4 纸纵向、A3 纸横向、A3 纸纵向。如果路线图的计划跨度年不太多（10 年以内），建议选择 A4 纸纵向，如果超过 10 年，建议选 A4 纸横向。

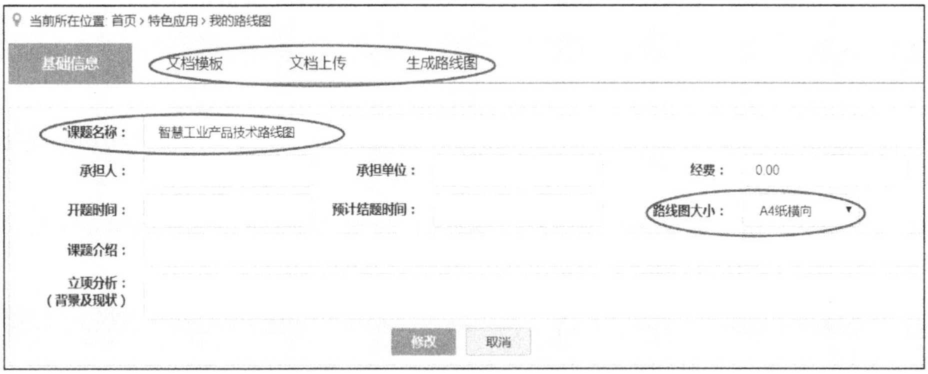

图 A-5　路线图基础信息填写

2）文档模板

系统提供的文档模板包括：会议议程；制定路线图现场讨论表；会议纪要；

技术路线图总报告格式范例；技术路线图 Excel 模板。

用户下载模板后即可查看文档的具体内容，其中路线图 Excel 模板要求用户必须按照规则填写。

3）路线图报告及其他文档上传

用户通过文档上传功能，将路线图报告和制定过程中的 PPT（PowerPoint，由微软公司推出的一款图形演示文稿软件）、会议纪要等文档上传到系统中。

3. 生成路线图

路线图的绘制有三种方式：①通过线下编辑 Excel 数据，完成路线图基本数据，导入系统后自动生成路线图，然后在此基础上，再次进行完善、优化；②基于模板修改路线图，在选择模板之后，用户根据自己的路线图进行调整；③自行绘制路线图。

1）方式一：基于标准模板手工绘制路线图

（1）在图 A-4 所示的路线图功能首页面单击新建路线图。

（2）弹出图 A-5 所示的新建路线图详细页面，输入课题名称等信息，注意路线图的名称直接读取课题名称。

（3）单击保存之后，系统弹出路线图的默认模板，如图 A-6 所示。

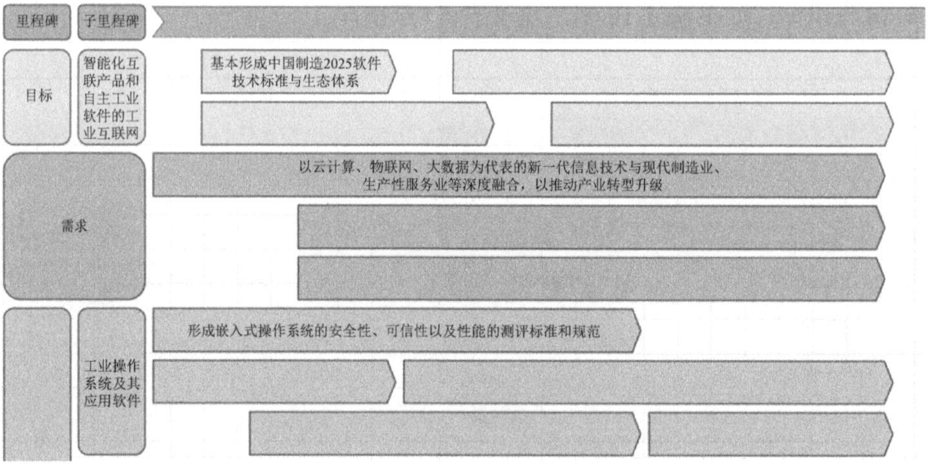

图 A-6　路线图默认模板

2）方式二：基于标准模板导入并生成技术路线图

（1）路线图模板说明。在路线图 Excel 模板中（图 A-7），包括六个数据项：

里程碑、子里程碑、任务、子任务、开始时间、结束时间。在填写时，细化到每一个子任务。开始时间、结束时间指的是子任务的开始时间和结束时间。

里程碑	子里程碑	任务	子任务	开始时间	结束时间
目标	智能化互联产品和自主工业软件的工业互联网	任务一	基本形成中国制造2025软件技术标准与生态体系	2016	2020
目标	智能化互联产品和自主工业软件的工业互联网	任务一	绝大部分核心技术取得突破，形成自主可控的操作系统与工业软件及其标准体系	2021	2030
目标	智能化互联产品和自主工业软件的工业互联网	任务二	中低端市场占有率超过30%	2016	2022
目标	智能化互联产品和自主工业软件的工业互联网	任务二	自助工业软件市场占有率超过50%	2023	2030
需求		任务一	以云计算、物联网、大数据为代表的新一代信息技术与现代制造业、生产性服务业等深度融合，以推动产业转型升级	2015	2030
需求		任务二	应对发达国家把控传统操作系统与工业软件核心技术，主导国际工业竞争话语权的现状	2018	2030
需求		任务三	利用中国互联网生态与应用的全球领先者地位，紧紧抓住新工业革命提供的历史机遇，推动自主操作系统与工业软件的跨越发展，实现弯道超车	2018	2030

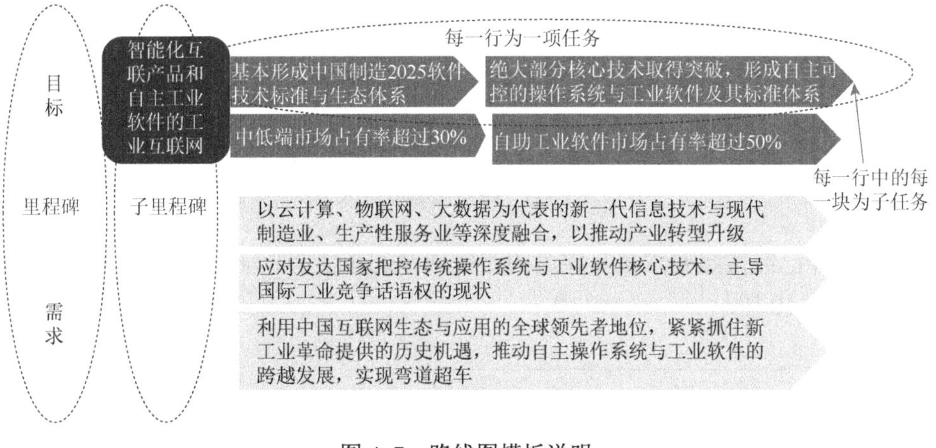

图 A-7　路线图模板说明

每个课题可以有多个里程碑，每个里程碑有 0～n 个子里程碑，如果里程碑没有子里程碑，则里程碑直接分解为 1～n 项任务，如果有子里程碑，则子里程碑直接分解为 1～n 项任务。每项任务又可分解为多项子任务。同一任务的多个子任务，开始时间和结束时间不能交叉。

（2）路线图自动生成。

①在路线图功能首页单击新建路线图。

②弹出新建路线图详细页面，输入课题名称等信息，注意路线图的名称直接读取课题名称。

③单击保存之后，系统弹出路线图的默认模板。

④返回到路线图功能首页，单击路线图的基本信息，在基本信息中单击生成路线图（图 A-8）。

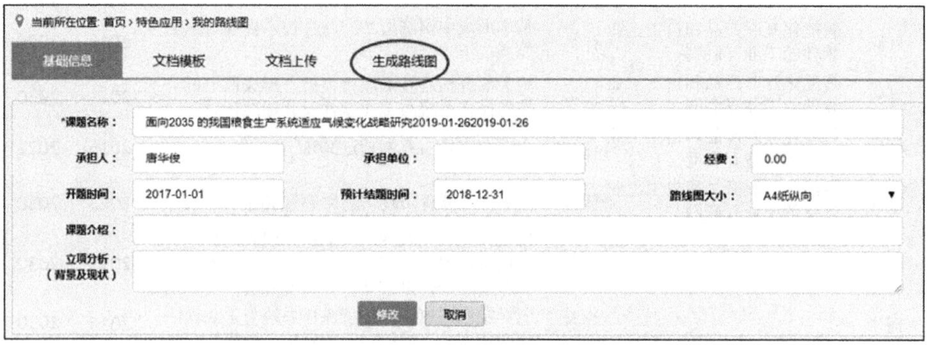

图 A-8　在路线图基本信息中选择生成路线图

⑤在图 A-9 中单击导入路线图，注意导入路线图模板从模板下载处下载。

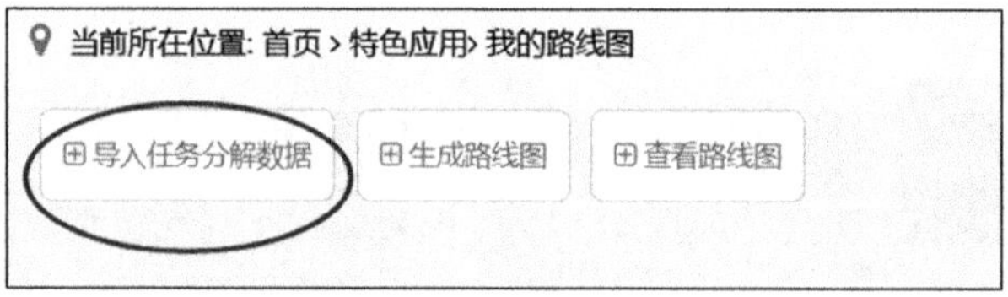

图 A-9　路线图模板导入

⑥选择已经按照要求填写完成的路线图 Excel 文件，上传到系统中，上传成功后如图 A-10 所示。

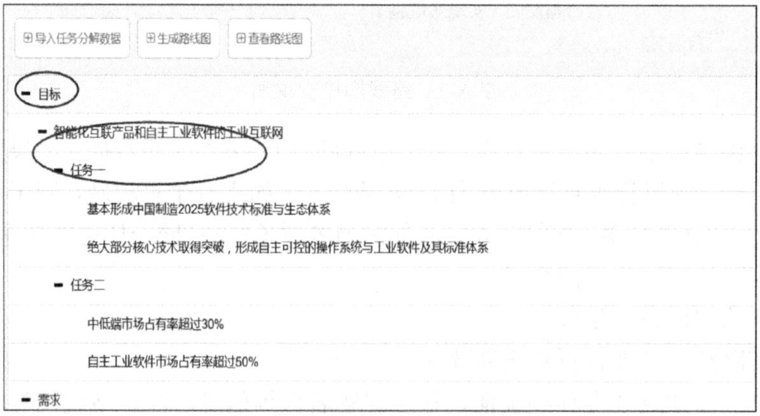

图 A-10　路线图 Excel 文件示例

⑦单击生成路线图，自动生成路线图。（注意：自动生成路线图之后，如果对路线图进行手工修改，则再次生成时，会覆盖此路线图。）

⑧图 A-11 即为根据 Excel 自动生成的路线图，用户可基于此图进行进一步调整。

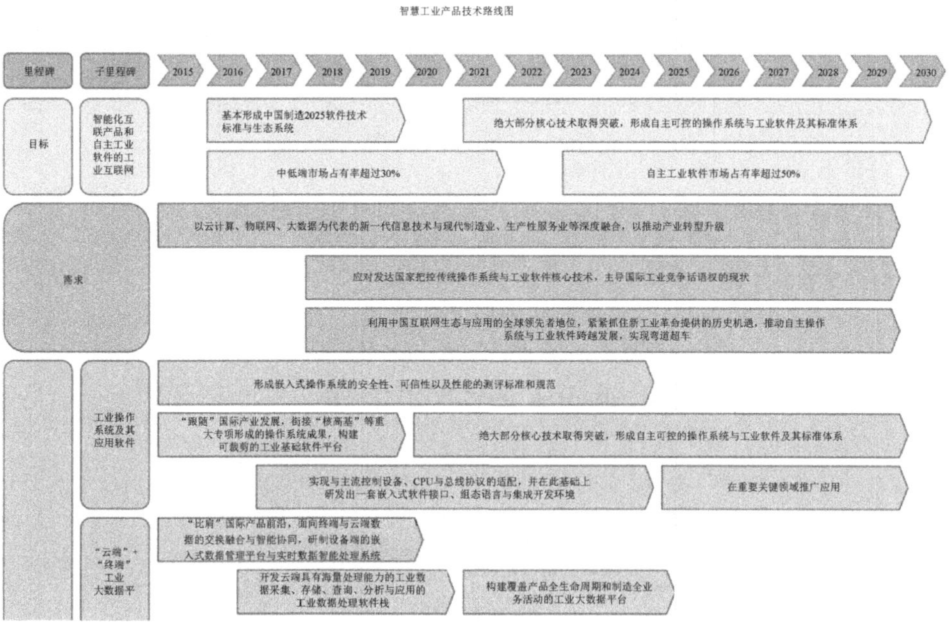

图 A-11　自动生成的路线图

3）方式三：基于其他个性化模板绘制路线图

（1）在路线图功能首页面单击新建路线图。

（2）弹出新建路线图详细页面，输入课题名称等信息，注意路线图的名称直接读取课题名称。

（3）单击保存之后，系统弹出路线图的默认模板。

（4）在路线图绘制界面，选择“文件-新增”选项，系统弹出个性化模板选择界面，单击创建更换路线图个性化模板（图 A-12）。

（5）在创建的个性化模板基础上进一步修改路线图，如图 A-13 所示，屏幕右侧部分是参数设置区域，可以设置文字的大小、素材、图形的大小和颜色。

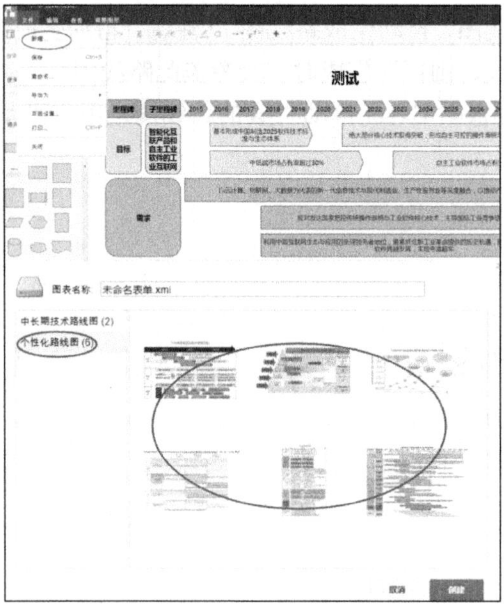

图 A-12　路线图个性化模板

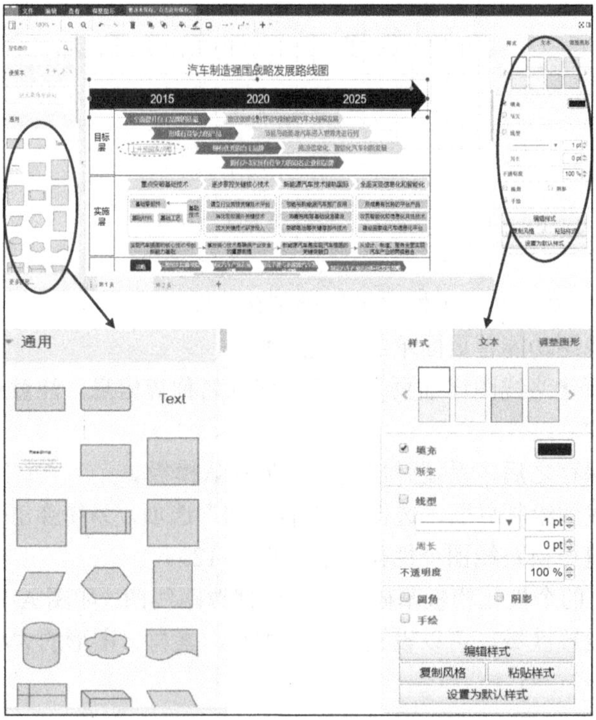

图 A-13　路线图参数设置

4. 导出路线图

首先打开需要导出的路线图文件，选择“文件-导出为”选项，下级菜单中有 PNG、JPEG、PDF、HTML 和 XML 等多种格式可供选择（图 A-14）。

图 A-14 路线图导出格式选择

5. 常见问题

1）常见问题 1：如何统一调整字体

操作：通过鼠标拖动，批量选择，然后调整字体大小，系统中 12 或其他字号，主要系统中 12 指的是像素，并非 12 号字（图 A-15）。

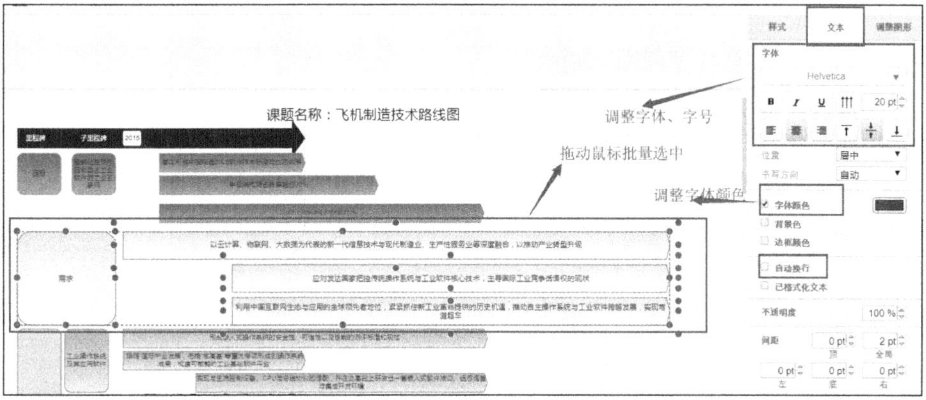

图 A-15 字体调整示例

2）常见问题 2：如何统一调整背景颜色

操作：通过鼠标拖动，批量选择，调整背景颜色（图 A-16）。

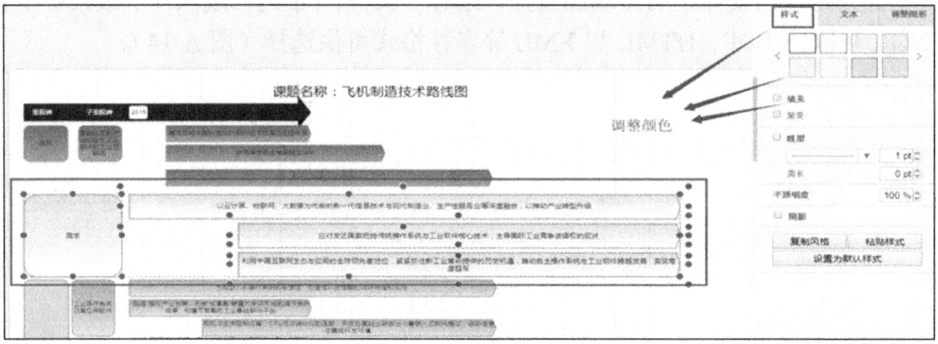

图 A-16　背景调整示例

3）常见问题 3：如何统一调整文本框大小

操作：通过鼠标拖动，批量选择，先进行组合，然后拖动组合框进行调整大小（图 A-17）。注意：通过组合调整大小时，背景色和边框不要选择，否则会有背景色。

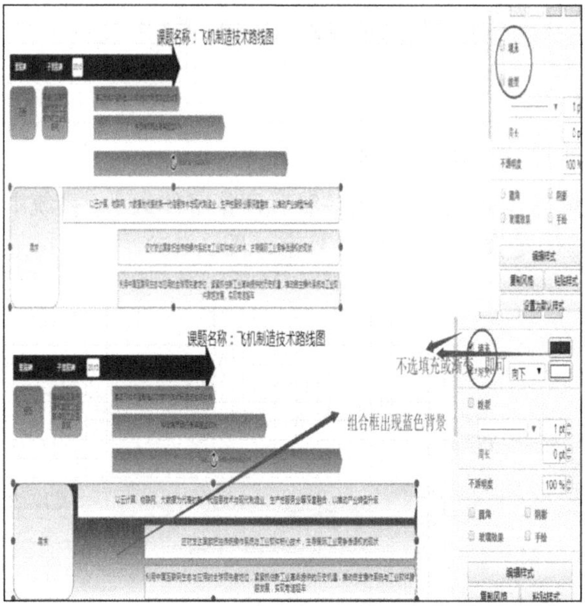

图 A-17　文本框调整示例

4）常见问题 4：如何增加一行

操作：单击上方工具栏的插入行按钮，或通过左侧工具栏手动添加图形，也可直接复制图中已有形状达到添加行的目的（图 A-18）。

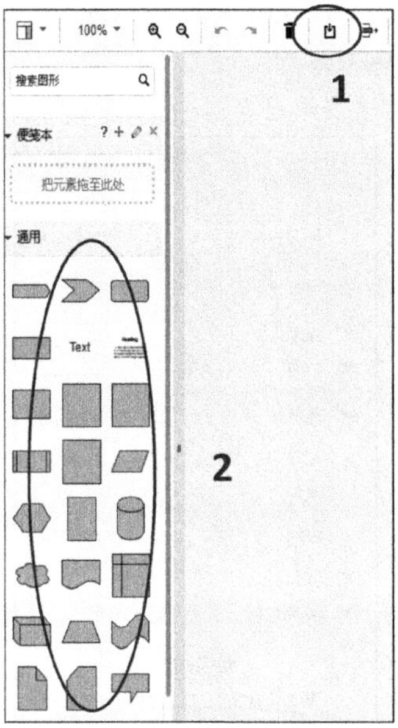

图 A-18 增加行示例

5）常见问题 5：如何粘贴样式

操作：选择一个样式后，单击复制样式，然后选择目标，单击粘贴样式（图 A-19）。

图 A-19 粘贴样式示例

6）常见问题 6：如何设置默认样式

操作：选择一个样式后，单击设置为默认样式，系统会把该样式的颜色、字体等设置为默认样式（图 A-20）。

图 A-20　默认样式设置示例

7）常见问题 7：路线图大小问题

建议：尽量按照系统给定大小，保证不超出边界（图 A-21）。

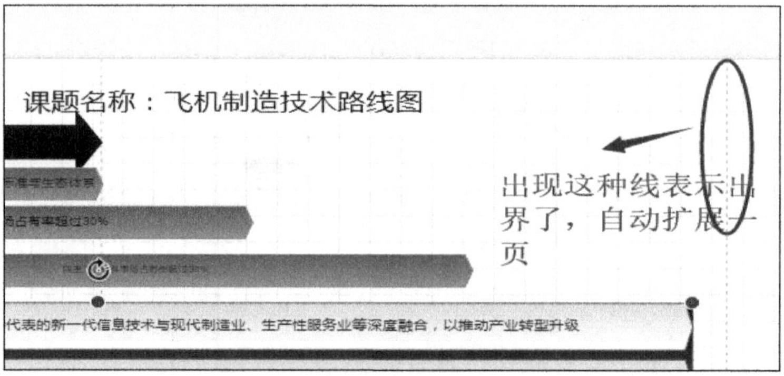

图 A-21　路线图内容超出边界

8）常见问题 8：如何绘制箭头连线

操作：将鼠标放在箭头开始的对象上，不用选择该对象，出现蓝色圆圈后，直接拖动至另外一个对象，如图 A-22 所示。

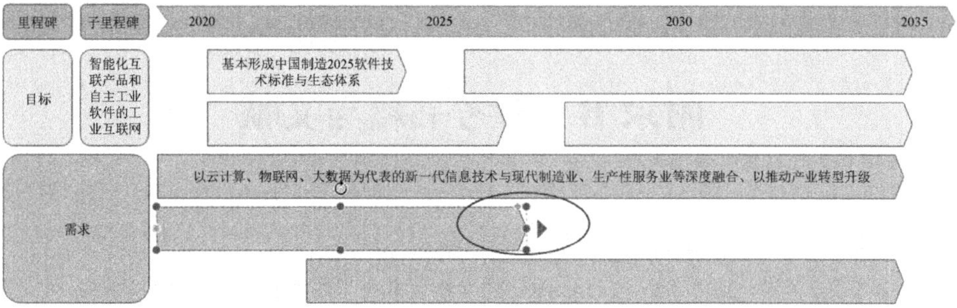

图 A-22　绘制箭头连线示例

附录B　参考书籍与文献

陈峰，2007. 日本第八次技术预见方法的创新. 中国科技论坛，（8）：132-135.

董放，刘宇飞，周源，2017. 基于LDA-SVM论文摘要多分类新兴技术预测. 情报杂志，36（7）：40-45，133.

顾亚祥，丁世飞，2011. 支持向量机研究进展. 计算机科学，38（2）：14-17.

国家制造强国建设战略咨询委员会，2016.《中国制造2025》重点领域技术创新绿皮书：技术路线图. 北京：电子工业出版社.

侯剑华，都佳妮，2015. 基于专利计量与信息可视化的技术热点监测分析——以风力涡轮机技术领域为例. 现代情报，35（2）：67-72.

黄鲁成，王凯，王亢抗，2014. 基于CiteSpace的家用空调技术热点、前沿识别及趋势分析. 情报杂志，33（2）：40-43.

蒋玉涛，汤勇力，曾路，等，2013. 产业技术路线图在我国的应用研究. 广东科技，22（11）：42-44.

克里斯蒂亚尼尼，沙维-泰勒，2004. 支持向量机导论. 李国正，王猛，曾华军，译. 北京：电子工业出版社.

李国秋，龙怡，2014. 近十年（2004—2013）国际技术预见研究的热点及动向分析. 图书情报知识，（3）：104-116.

李海丽，李玲，陈静，等，2011. 国内外技术路线图典型案例分析[J]. 科技管理研究，31（22）：200-203.

李文静，2014. 长三角地区专利情报对比分析研究. 现代情报，34（7）：93-99.

李丫丫，赵玉林，2016. 基于专利的技术融合分析方法及其应用. 科学学研究，34（2）：203-211.

梁永霞，刘则渊，杨中楷，2010. 引文分析学的知识流动理论探析. 科学学研究，28（5）：668-674.

林亨，周源，刘宇飞，2017. 技术热点、前沿识别支持的2035技术清单调整方法——以机器人技术为例. 中国工程科学，19（1）：124-132.

刘立麟，2012. 我国现代煤化工发展的影响因素分析. 煤炭经济研究，32（3）：34-38.

刘先涛，朱林，何沙，2014. 知识流动的综述研究. 北京：中国科技论文在线：6-11.

刘宇飞，周源，廖岭，2016. 大数据分析方法在战略性新兴产业技术预见中的应用. 中国工程科学，18（4）：121-128.

娄岩，杨培培，黄鲁成，等，2017. 基于专利的技术融合测度方法——以信息技术与电动汽车技术的融合为例. 现代情报，37（8）：142-153.

栾春娟，2009. 基于专利计量与可视化手段的技术前沿探测——以波音公司为例. 情报理论与实践，32（8）：68-71.

马廷灿，李桂菊，姜山，等，2012. 专利质量评价指标及其在专利计量中的应用. 图书情报工作，56（24）：89-95，59.

穆荣平，任中保，袁思达，等，2006. 中国未来20年技术预见德尔菲调查方法研究. 科研管理，27（1）：1-7.

孙粒，龚旭，2015. 中国工程科技2035发展战略研究正式启动. 中国科学基金，29（3）：235-245.
孙振嘉，张向先，2015. 面向技术创新的企业专利水平测度研究. 情报杂志，34（3）：71-76.
拓晓瑞，2014. 技术路线图的制定与应用研究. 全球科技经济瞭望，29（11）：46-51.
王亮，张庆普，2014. 基于引文网络的知识流动过程与机制研究. 哈尔滨工程大学学报，35（1）：110-116.
王敏，银路，2008. 技术演化的集成研究及新兴技术演化. 科学学研究，26（3）：466-471.
王太勇，乔志峰，韩志国，等，2011. 高档数控装备的发展趋势. 中国机械工程，22（10）：1247-1252，1259.
王田苗，陶永，2014. 我国工业机器人技术现状与产业化发展战略. 机械工程学报，50（9）：1-13.
谢秀芳，张晓林，2017. 针对科技路线图的文本挖掘研究框架及特征分析. 情报科学，35（1）：121-127，132.
许冠南，周源，陈晓红，2013. 中国现代煤化工产业发展态势预测. 煤炭经济研究，33（7）：30-35.
许冠南，周源，苏竣，等，2012. 技术路线图在新能源产业中的应用：以煤基二甲醚产业为例. 煤炭经济研究，32（7）：41-45.
杨超，危怀安，2017. 中外机器人技术路线图文本评价比较研究. 科学学与科学技术管理，38（4）：24-34.
杨中楷，孙玉涛，2005. 基于专利引用的国家技术力量指标比较. 科学学与科学技术管理，26（10）：11-14.
张静，赵蕴华，2014. 以美国授权专利为视角浅析中国大陆创新能力. 全球科技经济瞭望，29（11）：21-25，45.
赵红州，1981a. 论科学发现的采掘模型（上）. 科学学与科学技术管理，2（2）：3-5.
赵红州，1981b. 论科学发现的采掘模型（下）. 科学学与科学技术管理，2（3）：34-38.
赵志耘，雷孝平，2012. 我国生物科技领域技术创新与基础研究关联分析——从专利引文分析的角度. 情报学报，31（12）：1283-1289.
中国机械工程学会，2011. 中国机械工程技术路线图. 北京：中国科学技术出版社.
周秋菊，杨立英，岳婷，2014. 基于期刊同被引和互引网络的学科结构和知识流动研究. 情报杂志，33（8）：84-91.
周源，董放，刘宇飞，2019. 融合新兴领域知识融合过程研究——以生物信息领域为例. 图书情报工作，63（8）：127-134.
周源，杜俊飞，刘宇飞，等，2018a. 基于引用网络和文本挖掘的技术演化路径识别. 情报杂志，37（10）：76-81.
周源，刘怀兰，廖岭，等，2017. 基于主题模型的技术预见定量方法综述. 科技管理研究，37（11）：185-196.
周源，刘宇飞，薛澜，2018b. 一种基于机器学习的新兴技术识别方法：以机器人技术为例. 情报学报，37（9）：939-955.
左晓利，许晔，2012. 日本第九次技术预测及启示. 全国技术预见学术研讨会.
Acs Z J，Anselin L，Varga A，2002. Patents and innovation counts as measures of regional production of new knowledge. Research Policy，31（7）：1069-1085.

ADISR，2001.Technology planning for business competitiveness-a guide to developing technology roadmaps.Australian Department of Industry，Science and Resources，Emerging Industries Section.

Agrell E，Karlsson M，Chraplyvy A R，et al.，2016. Roadmap of optical communications. Journal of Optics，18（6）：063002.

Aharonovich I，Neu E，2014. Diamond nanophotonics. Advanced Optical Materials，2（10）：911-928.

Ahmed A，Hassan I，Ibn-Mohammed T，et al.，2017. Environmental life cycle assessment and techno-economic analysis of triboelectric nanogenerators. Energy and Environmental Science，10（3）：653-671.

Akyildiz I F，Jornet J M，Han C，2014. Tera Nets：Ultra-broadband communication networks in the terahertz band. IEEE Wireless Communications，21（4）：130-135.

Albright R E，2003.A unifying architecture for roadmaps frames a value scorecard.IEMC'03 Proceedings.Managing Technologically Driven Organizations：The Human Side of Innovation and Change，IEEE.

Albright R E，Kappel T A，2003. Roadmapping in the corporation. Research-Technology Management，46（2）：31-40.

Alizadeh R，Lund P D，Beynaghi A，et al.，2016. An integrated scenario-based robust planning approach for foresight and strategic management with application to energy industry. Technological Forecasting and Social Change，104：162-171.

Amer M，Daim T U，2010. Application of technology roadmaps for renewable energy sector. Technological Forecasting and Social Change，77（8）：1355-1370.

Amorim F，Pina A，Gerbelová H，et al.，2014. Electricity decarbonisation pathways for 2050 in Portugal：A TIMES（The Integrated MARKAL-EFOM System）based approach in closed versus open systems modelling. Energy，69：104-112.

Anderson E，Naughton T M，Cowhey P，et al.，2013. Measuring the U.S.-China innovation gap：initial findings of the UCSD-Tsinghua Innovation Metrics Survey Project. Study of Innovation and Technology in China：Research Briefs December 2013.（available at SSRN：https：//escholarship.org/uc/item/89m2s993）

Archibugi D，Cesaratto S，Sirilli G，1991. Sources of innovative activities and industrial organization in Italy. Research Policy，20（4）：299-313.

Arden W，2003. Review key challenges. Materials Today，6（5）：40-44.

Ashford N，Ayers C，Stone R，1985. Using regulation to change the market for innovation. Harvard Environmental Law Review，9（2）：419-466.

Barnes S J，Mattsson J，2016. Understanding current and future issues in collaborative consumption：A four-stage Delphi study. Technological Forecasting and Social Change，104：200-211.

Beck-Broichsitter M，Schmehl T，Gessler T，et al.，2012. Development of a biodegradable nanoparticle platform for sildenafil：Formulation optimization by factorial design analysis combined with application of charge-modified branched polyesters. Journal of Controlled Release，157（3）：469-477.

Beeton D A，2007. Exploratory Roadmapping for Sector Foresight. Cambridge：University of

Cambridge.

Bekkers R，Martinelli A，2012. Knowledge positions in high-tech markets：Trajectories，standards，strategies and true innovators. Technological Forecasting and Social Change，79（7）：1192-1216.

Bergmann I，Butzke D，Walter L，et al.，2008. Evaluating the risk of patent infringement by means of semantic patent analysis：The case of DNA Chips. R&D Management，38（5）：550-562.

Betz F，2011. Managing Technological Innovation：Competitive Advantage from Change. New Yorks：John Wiley & Sons.

Bildosola I，Río-Bélver R M，Garechana G，et al.，2017. TeknoRoadmap，an approach for depicting emerging technologies. Technological Forecasting and Social Change，117：25-37.

Blei D M，Ng A Y，Jordan M I，2003. Latent dirichlet allocation. Machine Learning Research Archive，3：993-1022.

Bodawy A M，2004.Open Innovation：The new imperative for creating and profiting from technology. Journal of Engineering and Technology Management，21（3）：241-244.

Borch K，Rasmussen B，2002. Commercial use of GM crop technology：Identifying the drivers using life cycle methodology in a technology foresight framework. Technological Forecasting and Social Change，69（8）：765-780.

Borgatti S P，Everett M G，Freeman L C，2014. UCINET. Encyclopedia of Social Network Analysis & Mining. New York：Springer：2261-2267.

Bower J L，Christensen C M，1996.Disruptive technologies：Catching the wave. Journal of Product Innovation Management，13（1）：75-76.

Bozeman B，2000. Technology transfer and public policy：A review of research and theory. Research Policy，29（4/5）：627-655.

Brinn M W，Fleming J M，Hannaka F M，et al.，2003. Investigation of forward citation count as a patent analysis method. IEEE Systems and Information Engineering Design Symposium：2003.

Brown D，1997.Innovation management tools-a review of selected methodologies.European Commission.

Bui N，Castellani A P，Casari P，et al.，2012. The Internet of energy：A web-enabled smart grid system. IEEE Network，26（4）：39-45.

Burgleman R A，Maidique M A，Wheelwright S C，1996. Strategic Management of Technology and Innovation.2nd Ed. Chicago：Irwin.

Caillaud B，Duchêne A，2011. Patent office in innovation policy：Nobody's perfect. International Journal of Industrial Organization，29（2）：242-252.

Canada I，2007a.Evaluating technology roadmaps – a framework for monitoring and measuring results，Industry Canada.

Canada I，2007b.Technology roadmapping in Canada – a development guide，Industry Canada.

Canongia C，2007. Synergy between Competitive Intelligence（CI），Knowledge Management（KM）and Technological Foresight（TF）as a strategic model of prospecting — The use of biotechnology in the development of drugs against breast cancer. Biotechnology Advances，25（1）：57-74.

Cao X，Jie Y，Wang N，et al.，2016. Triboelectric nanogenerators driven self-powered electrochemical

processes for energy and environmental Science. Advanced Energy Materials，6（2）：1600665.
Carvalho M M，Fleury A，Lopes A P，2013. An overview of the literature on technology roadmapping（TRM）：Contributions and trends. Technological Forecasting and Social Change，80（7）：1418-1437.
Cascini G，Rotini F，Russo D，2009. Functional modeling for TRIZ-based evolutionary analyses. Proceedings of ICED 09，the 17th International Conference on Engineering Design，USA.
Cascini G，Zini M，2008. Measuring Patent Similarity by Comparing Inventions Functional Trees. New York：Springer.
Castellacci F，Natera J M，2016. Innovation，absorptive capacity and growth heterogeneity：Development paths in Latin America 1970-2010. Structural Change and Economic Dynamics，37：27-42.
Celiktas M S，Kocar G，2010. Hydrogen is not an utopia for Turkey. International Journal of Hydrogen Energy，35（1）：9-18.
Celiktas M S，Kocar G，2012. Foresight analysis of wind power in Turkey. International Journal of Energy Research，36（6）：737-748.
Ceyhan A，Naeemi A，2013. Cu interconnect limitations and opportunities for SWNT interconnects at the end of the roadmap. IEEE Transactions on Electron Devices，60（1）：374-382.
Checkland P B，1981.Systems Thinking，Systems Practice. Chichester，UK：John Wiley & Sons Ltd.
Chen C M，2006. CiteSpace II：Detecting and visualizing emerging trends and transient patterns in scientific literature. Journal of the American Society for Information Science and Technology，57（3）：359-377.
Chen J，Wang Z L，2017. Reviving Vibration Energy Harvesting and Self-Powered Sensing by a Triboelectric Nanogenerator. Joule，1（3）：480-521.
Chen S H，Huang M H，Chen D Z，2012. Identifying and visualizing technology evolution：A case study of smart grid technology. Technological Forecasting and Social Change，79（6）：1099-1110.
Chen Y H，Chen C Y，Lee S C，2011. Technology forecasting and patent strategy of hydrogen energy and fuel cell technologies. International Journal of Hydrogen Energy，36（12）：6957-6969.
Cheng A C，Chen C Y，2008. The technology forecasting of new materials：the example of nanosized ceramic powders. Romanian Journal of Economic Forecasting，4：88-110.
Cheng M N，Wong J W K，Cheung C F，et al.，2016. A scenario-based roadmapping method for strategic planning and forecasting：A case study in a testing，inspection and certification company. Technological Forecasting and Social Change，111：44-62.
Cho Y，Kim E，Kim W，2015. Strategy transformation under technological convergence：Evidence from the printed electronics industry. Social Science Electronic Publishing，674（67）：106-131.
Cho Y，Yoon S P，Kim K S，2016. An industrial technology roadmap for supporting public R&D planning. Technological Forecasting and Social Change，107：1-12.
Choi S B，Lee S H，Williams C，2011. Ownership and firm innovation in a transition economy：Evidence from China. Research Policy，40（3）：441-452.
Choi S，Yoon J，Kim K，et al.，2011. SAO network analysis of patents for technology trends

identification：A case study of polymer electrolyte membrane technology in proton exchange membrane fuel cells. Scientometrics，88（3）：863-883.

Choomon K，Leeprechanon N，Laosirihongthong T，2009. A review of literature on technology roadmapping：a case study of power line communication（PLC）. International Journal of Foresight and Innovation Policy，5（4）：300-313.

Choung J Y，Hwang H R，Song W，2014. Transitions of innovation activities in latecomer countries：An exploratory case study of South Korea. World Development，54：156-167.

Chun K C，Zhao H，Harms J D，et al.，2013. A scaling roadmap and performance evaluation of in-plane and perpendicular MTJ based STT-MRAMs for high-density cache memory. IEEE Journal of Solid-State Circuits，48（2）：598-610.

Cocolin L，Alessandria V，Dolci P，et al.，2013. Culture independent methods to assess the diversity and dynamics of microbiota during food fermentation. International Journal of Food Microbiology，167（1）：29-43.

Cohen W M，Goto A，Nagata A，et al.，2002. R&D spillovers，patents and the incentives to innovate in Japan and the United States. Research Policy，31（8/9）：1349-1367.

Conner J，Xie Y，Mahmut K，1994. The national technology roadmap for semiconductors. Semiconductor Industry Association. Asp-dac Conf. DOI：10.1016/0167-9317（95）00185-9

Connolly D，Lund H，Mathiesen B V，2016. Smart energy europe：The technical and economic impact of one potential 100% renewable energy scenario for the European Union. Renewable and Sustainable Energy Reviews，60：1634-1653.

Contadini J F，Moore R M，Mokhtarian P L，2002. Life cycle assessment of fuel cell vehicles a methodology example of input data treatment for future technologies. The International Journal of Life Cycle Assessment，7（2）：73-84.

Cook A，1997. Revolutionizing product development-quantum leaps in speed，efficiency，and quality. R&D Management，24（3）：298-300.

Cooper R G，2001.Winning at New Products：Accelerating the Process from Idea to Launch. 3th Ed. New York：Basic Books. https://doi.org/10.1057/jors.1990.30.

Cooper R G，2006.Managing technology development projects. Research Technology Management，49（6）：23-31.

Cooper R G，Edgett S J，Kleinschmidt E J，1997.Portfolio management in new product development：Lessons from the leaders-I. Research-Technology Management，40（5）：16-28.

Corrocher N，Malerba F，Montobbio F，2003. How do new technologies emerge? A patent-based analysis of ICT-related new industrial activities. Innovation：Management，Policy and Practice，5（2/3）：234-256.

Cortes C，Vapnik V，1995. Support-vector networks. Machine Learning，20（3）：273-297.

Cosner R R，Hynds E J，Fusfeld A R，et al.，2007.Integrating roadmapping into technical planning. Research-Technology Management，50（6）：31-48.

Costa L D F，Rodrigues F A，Travieso G，et al.，2007. Characterization of complex networks：A survey of measurements.Advances in Physics，56（1）：167-242.

Courtney H，Kirkland J，Viguerie P，1997.Strategy under uncertainty. Harvard Business Review，

75（6）：66.

Coyle G，2004.Practical Strategy：Structured Tools and Techniques. Harlow：Prentice Hall.

Curran C S，Bröring S，Leker J，2010. Anticipating converging industries using publicly available data. Technological Forecasting and Social Change，77（3）：385-395.

Curran C S，Leker J，2011. Patent indicators for monitoring convergence – examples from NFF and ICT. Technological Forecasting and Social Change，78（2）：256-273.

Daim T U，Oliver T，2008. Implementing technology roadmap process in the energy services sector：A case study of a government agency. Technological Forecasting and Social Change，75（5）：687-720.

Daim T U，Rueda G，Martin H，et al.，2006. Forecasting emerging technologies：Use of bibliometrics and patent analysis. Technological Forecasting and Social Change，73（8）：981-1012.

Damrongchai N，Satangput P，Tegart G，et al.，2010.Future technology analysis for biosecurity and emerging infectious diseases in Asia-Pacific. Science and Public Policy，37（1）：41-50.

de Laat B，McKibbin S，2003.The effectiveness of technology road mapping：Building a strategic vision，Dutch Ministry of Economic Affairs. Research Management Association，Paris，Working Group Report，52.

de Leon E D，Guild P，2007. Using Expert Knowledge to Envision Future Converging Technologies. Management of Engineering & Technology，Portland International Center for.

de Rassenfosse G，Dernis H，Guellec D，et al.，2013. The worldwide count of priority patents：A new indicator of inventive activity. Research Policy，42（3）：720-737.

de Wet G，1996.Corporate strategy and technology management：Creating the interface.Proceedings of the 5th International Conference in the Management of Technology（IAMOT），Miami.

de Wit B，Meyer R，2004.Strategy：Process，Content，Context：An International Perspective.London：Thomson.

Deng S，Wang R Z，Dai Y J，2014. How to evaluate performance of net zero energy building-A literature research. Energy，71：1-16.

Dhakar L，Gudla S，Shan X，et al.，2016. Large scale triboelectric nanogenerator and self-powered pressure sensor array using low cost roll-to-roll UV embossing. Scientific Reports，6：22253.

Divakaruni A S，Paradyse A，Ferrick D A，et al.，2014. Analysis and Interpretation of Microplate-Based Oxygen Consumption and pH Data. Methods in enzymology. Academic Press：309-354.

DoD，2008.DoD manufacturing readiness level definitions.US Department of Defense.

DoE，2000.Applying science and technology roadmapping in environmental management.Office of Environmental Management，US Department of Energy.

DoE，2004. National electric delivery technologies roadmap-transforming the grid to revolutionalise electric power in North America.US Department of Energy，Office of Electric Transmission and Distribution.

Dramé K，Mougin F，Diallo G，2016. Large scale biomedical texts classification：A kNN and an ESA-based approaches. Journal of Biomedical Semantics，7（1）：1-12.

Duriau V J，Reger R K，Pfarrer M D，2007. A content analysis of the content analysis literature in organization studies：Research themes，data sources，and methodological refinements. Organizational Research Methods，10（1）：5-34.

Dussauge P，Hart S，Ramanantsoa B，1992.Strategic Technology Management. New Jersey：John Wiley & Sons.

Edquist C，Chaminade C，2006. Industrial policy from a systems-of-innovation perspective.EIB Papers，11（1）：108-132.

EIRMA，1997.Technology roadmapping-delivering business vision.Working Group Report.Paris，European Industry Rescarch Management Association.No.52.

Eisenhardt K M，1989. Building theories from case study research. Academy of Management Review，14（4）：532-550.

Eisenhardt K M，Tabrizi B N，1995. Accelerating adaptive processes：Product innovation in the global computer industry. Administrative Science Quarterly，40（1）：84-110.

Ernst D，2016. From catching up to forging ahead? China's new role in the semiconductor industry（May 2016）. Solid State Technology May 2016. Solid state technology May 2016. available

Ernst D，Kim L，2002. Global production networks，knowledge diffusion，and local capability formation. Research Policy，31（8/9）：1417-1429.

Ernst H，Omland N，2011. The patent asset index：A new approach to benchmark patent portfolios. World Patent Information，33（1）：34-41.

Erwin D H，2004. Evolution. Insights into innovation. Science，304（5674）：1117-1119.

Fagerberg J，Verspagen B，2002. Technology-gaps，innovation-diffusion and transformation：An evolutionary interpretation. Research Policy，31（8/9）：1291-1304.

Fan F R，Lin L，Zhu G，et al.，2012. Transparent triboelectric nanogenerators and self-powered pressure sensors based on micropatterned plastic films. Nano Letters，12（6）：3109-3114.

Fan F R，Tang W，Wang Z L，2016. Flexible Nanogenerators for Energy Harvesting and Self - Powered Electronics. Advanced Materials，28（22）：4283-4305.

Fan F R，Tian Z Q，Zhong L W，2012. Flexible triboelectric generator. Nano Energy，1（2）：328-334.

Fan P L，2006. Catching up through developing innovation capability：Evidence from China's telecom-equipment industry. Technovation，26（3）：359-368.

Fanghanel J，Warren D，2006. Proceedings of the 23rd International Conference on Machine Learning. Fifth Annual Structure in Complexity Theory Conference：IEEE Computer Society Press.

Farrukh C，Fraser P，Hadjidakis D，et al.，2004.Developing an integrated technology management process. Research Technology Management，47（4）：39-46.

Farrukh C，Phaal R，Probert D，2003. Technology roadmapping：Linking technology resources into business planning. International Journal of Technology Management，26（1）：2-19.

Faulkner T W，1996.Applying "options thinking" to R&D valuation. Research-Technology Management，39（3）：50-56.

Fenwick D，Daim T U，Gerdsri N，2009. Value Driven Technology Road Mapping（VTRM）process integrating decision making and marketing tools：Case of Internet security technologies. Technological Forecasting and Social Change，76（8）：1055-1077.

Fleischmann R D，Adams M D，White O，et al.，1995. Whole-genome random sequencing and

assembly of Haemophilus influenzae Rd. Science，269（5223）：496-512.
Floyd C，1997.Managing Technology for Corporate Success. Aldershot：Gower.
Fong K F，Lee C K，2012. Towards net zero energy design for low-rise residential buildings in subtropical Hong Kong. Applied Energy，93：686-694.
Fontes M，Novais A Q，1998. The conditions for the development of a biotechnology industry in Portugal：The impact of country specific factors. Technology Analysis and Strategic Management，10（4）：497-509.
Forbes D P，Kirsch D A，2011. The study of emerging industries：Recognizing and responding to some central problems. Journal of Business Venturing，26（5）：589-602.
Ford D，Saren M，1996.Technology Strategy for Business.London：International Thomson Business Press.
Forés B，Camisón C，2016. Does incremental and radical innovation performance depend on different types of knowledge accumulation capabilities and organizational size? Journal of Business Research，69（2）：831-848.
Fu X L，2008. Foreign direct investment，absorptive capacity and regional innovation capabilities：Evidence from China. Oxford Development Studies，36（1）：89-110.
Fu X L，Pietrobelli C，Soete L，2011. The role of foreign technology and indigenous innovation in the emerging economies：Technological change and catching-up. World Development，39（7）：1204-1212.
Fu X L，Yang Q G，2009. Exploring the cross-country gap in patenting：A stochastic frontier approach. Research Policy，38（7）：1203-1213.
Fukuda K，Watanabe M，Korenaga M，et al.，2008.The progress of the strategic technology roadmap of METI（Ministry of Economy，Trade and Industry of Japan）：Practical business cases and sustainable manufacturing perspective.Portland International Conference on Management of Engineering and Technology：2102-2114.
Furukawa T，Mori K R，Arino K，et al.，2015. Identifying the evolutionary process of emerging technologies：A chronological network analysis of World Wide Web conference sessions. Technological Forecasting and Social Change，91：280-294.
Galvin R，1998. Science roadmaps. Science，280（5365）：803a-803.
Gao P，2015. Government in the catching-up of technology innovation：Case of administrative intervention in China. Technological Forecasting and Social Change，96：4-14.
Garcia M L，Bray O H，1997. Fundamentals of technology roadmapping. Distribution. https：//doi.org/10.1109/LPT.2009.2020494
Gaynor G H E，1996. Handbook of Technology Management.New York：McGraw-Hill.
Genus A，Coles A M，2005. On constructive technology assessment and limitations on public participation in technology assessment. Technology Analysis and Strategic Management，17（4）：433-443.
Georghiou L，1996. The UK technology foresight programme. Futures，28（4）：359-377.
Gerdsri N，Kocaoglu D F，2007. Applying the Analytic Hierarchy Process（AHP）to build a strategic framework for technology roadmapping. Mathematical and Computer Modelling，46（7/8）：1071-1080.

Gerdsri N, Vatananan R S, Dansamasatid S, 2009.Dealing with the dynamics of technology roadmapping implementation: A case study. Technological Forecasting and Social Change, 76 (1): 50-60.

Geum Y, Lee H, Lee Y, et al., 2015. Development of data-driven technology roadmap considering dependency: An ARM-based technology roadmapping. Technological Forecasting and Social Change, 91: 264-279.

Geum Y, Park Y, 2013. The state-of-the-art of public-sector technology roadmaps: A taxonomical approach to energy technology roadmaps. Science and Public Policy, 40 (3): 327-339.

Ghosh S K, Mandal D, 2016. Efficient Natural Piezoelectric Nanogenerator: Electricity Generation from Fish Swim Bladder. Nano Energy, 28 (8): 356-365.

Gindy N, Morcos M, Cerit B, et al., 2008. Strategic technology alignment roadmapping STAR (R) aligning R&D investments with business needs. International Journal of Computer Integrated Manufacturing, 21 (8): 957-970.

Girvan M, Newman M E J, 2002. Community structure in social and biological networks. Proceedings of the National Academy of Sciences of the United States of America, 99 (12): 7821-7826.

Goffin K, Mitchell R, 2005.Innovation Management: Strategy and Implementation Using the Pentathlon Framework. Basingstoke: Palgrave Macmillan.

Gonzalez-Salazar M A, Venturini M, Poganietz W R, et al., 2016. Development of a technology roadmap for bioenergy exploitation including biofuels, waste-to-energy and power generation & CHP. Applied Energy, 180: 338-352.

Goodrich A, Hacke P, Wang Q, et al., 2013. A wafer-based monocrystalline silicon photovoltaics road map: Utilizing known technology improvement opportunities for further reductions in manufacturing costs. Solar Energy Materials and Solar Cells, 114: 110-135.

Gordon T J, Hayward H, 1968. Initial experiments with the cross impact matrix method of forecasting *. Futures, 1 (2): 100-116.

Grau J, Ben-Gal I, Posch S, et al., 2006. VOMBAT: prediction of transcription factor binding sites using variable order Bayesian trees. Nucleic Acids Research, 34 (Suppl-2): W529-W533.

Gregory M J, 1995.Technology management: A process approach. Proceedings of the Institution of Mechanical Engineers, Part B: Journal of Engineering Manufacture, 209 (5): 347-356.

Griffiths T L, Steyvers M, 2004. Finding scientific topics.Proceedings of the National Academy of Sciences of the United States of America, 101 (1): 5228-5235.

Groenveld P, 2007. Roadmapping integrates business and technology. Research-Technology Management, 50 (6): 49-58.

Grossman D S, 2004. Putting technology on the road. Research-Technology Management, 47 (2): 41-46.

Grupp H, Linstone H A, 1999. National technology foresight activities around the globe: Resurrection and new paradigms. Technological Forecasting and Social Change, 60 (1): 85-94.

Guan J C, Chen K H, 2012. Modeling the relative efficiency of national innovation systems. Research Policy, 41 (1): 102-115.

Guan J C，Gao X，2009. Exploring the h-lndex at patent level. Journal of the American Society for Information Science and Technology，60（1）：35-40.

Guan J C，Yam R C M，2015. Effects of government financial incentives on firms' innovation performance in China：Evidences from Beijing in the 1990s. Research Policy，44（1）：273-282.

Guan J C，Yam R C M，Mok C K，2005. Collaboration between industry and research institutes/universities on industrial innovation in Beijing，China. Technology Analysis and Strategic Management，17（3）：339-353.

Hacklin F，2008. Management of Convergence in Innovation. Heidelberg：Physica-Verlag.

Haddoud M，Mokhtari A，Lecroq T，et al.，2016. Combining supervised term-weighting metrics for SVM text classification with extended term representation. Knowledge and Information Systems，49（3）：909-931.

Halal W E，2013. Forecasting the technology revolution：Results and learnings from the TechCast project. Technological Forecasting and Social Change，80（8）：1635-1643.

Harhoff D，Hoisl K，2007. Institutionalized incentives for ingenuity-Patent value and the German Employees' Inventions Act. Research Policy，36（8）：1143-1162.

Harhoff D，Scherer F M，Vopel K，2003. Citations，family size，opposition and the value of patent rights. Research Policy，32（8）：1343-1363.

Harrington P，2012. Machine Learning in Action.New York：Manning Publications Co.

Hayashi A，Tokimatsu K，Yamamoto H，et al.，2006. Narrative scenario development based on cross-impact analysis for the evaluation of global-warming mitigation options. Applied Energy，83（10）：1062-1075.

Hayward G，1998. Managing innovation：Integrating technological，market and organizational change. Technovation，18（5）：369-370.

Hazen R M，Bundy F D，2000. The diamond makers. Physics Today，53（11）：58-59.

Hillier W，2001.The manufacturing business audit. University of Cambridge：Manufacturing Leaders' Programme.

Hofmann D C，Roberts S，Otis R，et al.，2014. Developing gradient metal alloys through radial deposition additive manufacturing. Scientific Reports，4：5357.

Hogeweg P，2011. The roots of bioinformatics in theoretical biology. PLoS Computational Biology，7（3）：e1002021.

Hong T P，Lin C W，Yang K T，et al.，2013. Using TF-IDF to hide sensitive itemsets. Applied Intelligence，38（4）：502-510.

Hong W，Su Y S，2013. The effect of institutional proximity in non-local university-industry collaborations：An analysis based on Chinese patent data. Research Policy，42（2）：454-464.

Hung S C，Chu Y Y，2006. Stimulating new industries from emerging technologies：challenges for the public sector. Technovation，26（1）：104-110.

Hunt F，Mitchell R，Phaal R，et al.，2004.Early valuation of technology：Real options，hybrid models and beyond. Journal of The Society of Instrument and Control Engineers，43（10）：730-735.

Inoue Y，Miyazaki K，2008. Technological innovation and diffusion of wind power in Japan. Technological Forecasting and Social Change，75（8）：1303-1323.

ITRS，2007.International technology roadmap or semiconductors. Semiconductor Industry Association. http://www. itrs. net

Ittipanuvat V，de Fujita K，Sakata I，et al.，2014. Finding linkage between technology and social issue：A literature based discovery approach. Journal of Engineering and Technology Management，32(2)：160-184.

Ivlev I，Kneppo P，Barták M，2015. Method for selecting expert groups and determining the importance of experts' judgments for the purpose of managerial decision-making tasks in health system. Ekonomika a Management，18（2)：57-72.

Iwami S，Mori J，Kajikawa Y，et al.，2013. Comparison of indicators to detect emerging researches using time transition in quasicrystals. 2013 IEEE International Conference on Industrial Engineering and Engineering Management：48-52.

Jaffe A B，Trajtenberg M，Henderson R，1993. Geographic localization of knowledge spillovers as evidenced by patent citations. The Quarterly Journal of Economics，108（3)：577-598.

Jain N，Hudait M K，2014. III-V multijunction solar cell integration with silicon：Present status，challenges and future outlook. Energy Harvesting and Systems(Materials，Mechanisms，Circuits and Storage)，1（3-4)：121-145.

Jantsch E，1967. Technological forecasting in perspective：A framework for technological forecasting，its technique and organisation；a description of activities and an annotated bibliography. Organisation for Economic Co-operation and Development：29-38.

Jeon J，Lee H，Park Y，2011. Implementing technology roadmapping with supplier selection for semiconductor manufacturing companies. Technology Analysis and Strategic Management，23（8)：899-918.

Jeong Y J，Yoon B U，2011. Technology planning through technology roadmap：Application of patent citation network. Journal of the Korea Academia-Industrial Cooperation Society，12（11)：5227-5237.

Jeong Y，Yoon B，2015. Development of patent roadmap based on technology roadmap by analyzing patterns of patent development. Technovation，39/40：37-52.

Jiang L，Li C，Wang S，et al.，2016. Deep feature weighting for naive Bayes and its application to text classification. Engineering Applications of Artificial Intelligence，52：26-39.

Joachims T，1998. Text categorization with support vector machines：Learning with many relevant features. Lecture Notes in Computer Science（including subseries Lecture Notes in Artificial Intelligence and Lecture Notes in Bioinformatics)：137-142.

Johansson B，Karlsson C，Backman M，2007. Innovation policy instruments. CESIS Electronic.

Johne A E，1982. Innovation，Organization and the Marketing of High Technology Products.

Johnson G，Scholes K，1988. Exploring Corporate Strategy. 2nd Ed.New York：Prentice Hall.

Jun S，2011. A forecasting model for technological trend using unsupervised learning. Communications in Computer and Information Science，258：51-60.

Jun S，Lee S J，Ryu J B，2015. A novel method of IP R&D using patent analysis and expert survey.Queen Mary Journal of Intellectual Property，5（4)：474-494.

Jun S，Park S S，Jang D S，2012. Technology forecasting using matrix map and patent clustering.

Industrial Management and Data Systems，112（5）：786-807.

Kajikawa Y，Ohno J，Takeda Y，et al.，2007. Creating an academic landscape of sustainability science：an analysis of the citation network. Sustainability Science，2（2）：221-231.

Kajikawa Y，Takeda Y，Matsushima K，2010. Computer-assisted roadmapping：A case study in energy research. Foresight，12（2）：4-15.

Kajikawa Y，Yoshikawa J，Takeda Y，et al.，2008. Tracking emerging technologies in energy research：Toward a roadmap for sustainable energy. Technological Forecasting and Social Change，75（6）：771-782.

Kaplan R S A，Norton D P，1996.Using the balanced scorecard as a strategic management system. Harvard Business Review，74（2）：75-85.

Kappel T A，2001. Perspectives on roadmaps：How organizations talk about the future. Journal of Product Innovation Management，18（1）：39-50.

Karki M M S，1997. Patent citation analysis：A policy analysis tool. World Patent Information，19（4）：269-272.

Karvonen M，Kässi T，2013. Patent citations as a tool for analysing the early stages of convergence. Technological Forecasting and Social Change，80（6）：1094-1107.

Kerr C I V，Mortara L，Phaal R，et al.，2006.A conceptual model for technology intelligence. International Journal of Technology Intelligence and Planning，2（1）：73-93.

Kerssens-van Drongelen I C，Cooke A，1997.Design principles for the development of measurement systems for research and development processes. R&D Management，27（4）：345-357.

Kim D H，Lee H，Kwak J，2017. Standards as a driving force that influences emerging technological trajectories in the converging world of the Internet and things：An investigation of the M2M/IoT patent network. Research Policy，46（7）：1234-1254.

Kim E，Cho Y，Kim W，2014. Dynamic patterns of technological convergence in printed electronics technologies：patent citation network. Scientometrics，98（2）：975-998.

Kim J，Park Y，Lee Y，2016. A visual scanning of potential disruptive signals for technology roadmapping：Investigating keyword cluster，intensity，and relationship in futuristic data. Technology Analysis and Strategic Management，28（10）：1225-1246.

Kim L，1980. Stages of development of industrial technology in a developing country：A model. Research Policy，9（3）：254-277.

Kim Y G，Suh J H，Park S C，2008. Visualization of patent analysis for emerging technology. Expert Systems with Applications，34（3）：1804-1812.

Kong D J，Zhou Y，Liu Y F，et al.，2017. Using the data mining method to assess the innovation gap：A case of industrial robotics in a catching-up country. Technological Forecasting and Social Change，119：80-97.

Kostoff R N，Boylan R，Simons G R，2004. Disruptive technology roadmaps. Technological Forecasting and Social Change，71（1/2）：141-159.

Kostoff R N，Eberhart H J，Toothman D R，1998. Database tomography for technical intelligence：A roadmap of the near-earth space science and technology literature. Information Processing and Management，34（1）：69-85.

Kostoff R N，Schaller R R，2001. Science and technology roadmaps. IEEE Transactions on Engineering Management，48（2）：132-143.

Kumar L，Jain S，2014. Electric propulsion system for electric vehicular technology：A review. Renewable and Sustainable Energy Reviews，29：924-940.

Kumaresan N，Miyazaki K，1999. An integrated network approach to systems of innovation-The case of robotics in Japan. Research Policy，28（6）：563-585.

Kusiak A，2017. Smart manufacturing must embrace big data. Nature，544（7648）：23-25.

Kwon C S，Cho K T，1997. An estimation model for completion times considering the time interval between interdependent R&D events. Computers and Industrial Engineering，33（3/4）：613-616.

Lager T，2005.The industrial usability of quality function deployment：A literature review and synthesis on a meta - level. R&D Management，35（4）：409-426.

Lee C，Song B，Park Y，2015. An instrument for scenario-based technology roadmapping：How to assess the impacts of future changes on organisational plans. Technological Forecasting and Social Change，90：285-301.

Lee H，Geum Y，2017. Development of the scenario-based technology roadmap considering layer heterogeneity：An approach using CIA and AHP. Technological Forecasting and Social Change，117：12-24.

Lee J H，Phaal R，Lee S H，2013. An integrated service-device-technology roadmap for smart city development. Technological Forecasting and Social Change，80（2）：286-306.

Lee K R，2007. Patterns and processes of contemporary technology fusion：The case of intelligent Robots. Asian Journal of Technology Innovation，15（2）：45-65.

Lee S K，Mogi G，Kim J W，2009. Energy technology roadmap for the next 10 years：The case of Korea. Energy Policy，37（2）：588-596.

Lee S，Lee S，Seol H，et al.，2008. Using patent information for designing new product and technology：Keyword based technology roadmapping. R&D Management，38（2）：169-188.

Lee S，Mogi G，Lee S，et al.，2011. Prioritizing the weights of hydrogen energy technologies in the sector of the hydrogen economy by using a fuzzy AHP approach. International Journal of Hydrogen Energy，36（2）：1897-1902.

Lee S，Yoon B，Lee C，et al.，2009a. Business planning based on technological capabilities：Patent analysis for technology-driven roadmapping. Technological Forecasting and Social Change，76（6）：769-786.

Lee S，Yoon B，Park Y，2009b. An approach to discovering new technology opportunities：Keyword-based patent map approach. Technovation，29（617）：481-497.

Lehmann J，Isele R，Jakob M，et al.，2015. DBpedia：A large-scale，multilingual knowledge base extracted from Wikipedia. Semantic Web，6（2）：167-195.

Li J，Strange R，Ning L T，et al.，2016. Outward foreign direct investment and domestic innovation performance：Evidence from China. International Business Review，25（5）：1010-1019.

Li M N，Porter A L，Wang Z L，2017. Evolutionary trend analysis of nanogenerator research based on a novel perspective of phased bibliographic coupling. Nano Energy，34：93-102.

Li X，Zhou Y，Xue L，et al.，2015.Integrating bibliometrics and roadmapping methods：A case of dye-sensitized solar cell technology-based industry in China. Technological Forecasting and Social Change，97：205-222.

Liang Y，Gan D，Guo Y，et al.，2009. Computer-aided analysis of patents for product technology maturity forecasting. International Federation for Information Processing：295-303.

Lin F，Wei C，Lin Y，2008. Deriving technology roadmaps with tech mining techniques. PACIS 2008 Proceedings.

Lindsay J，2000.The Technology Management Audit：The Tools to Measure How Effectively You Exploit the Technological Strengths and Know-how in your Company. London：Financial Times.

Liu G F，Chen X L，Riedel R，et al.，2011. Green technology foresight on automobile technology in China. Technology Analysis and Strategic Management，23（6）：683-696.

Liu H Y，Yu J N，Xu J，et al.，2007. Identification of key oil refining technologies for China National Petroleum Co.（CNPC）. Energy Policy，35（4）：2635-2647.

Liu L，Lu Y，Guo J，2013. On monolayer MoS_2 field-effect transistors at the scaling limit. IEEE Transactions on Electron Devices，60（12）：4133-4139.

Liu X L，Zhi T T，2010. China is catching up in science and innovation：The experience of the Chinese Academy of Sciences. Science and Public Policy，37（5）：331-342.

Lloyd B，1998. Learning from the future：competitive foresight scenarios. Long Range Planning，31（6）：948.

Lupini S，2002. Roadmapping software survey report. White Paper. Cambridge University.

Mankins J C，1995. Technology readiness levels-a white paper. Advanced Concepts Office，Office of Space Access and Technology，NASA.

Martin B，1995. Foresight in science and technology. Technology Analysis and Strategic Management Journal，7（2）：139-168.

Martin B，1996. Technology foresight：A review of recent government exercises. OECD STI Review，17：15-50.

Martinich J S，2008.Production and Operations Management：An Applied Modern Approach. New Jersey：John Wiley & Sons.

Massel M S，1945. Reappraisal of depreciation and obsolescence. Harvard Business Review，24（1）：85-96.

Matthews W H，1992.Conceptual framework for integrating technology into business strategy. International Journal of vehicle Design，13（5/6）：524-532.

McCarthy R C，2003. Linking technological change to business needs. Research-Technology Management，46（2）：47-52.

McCollough C H，Chen G H，Kalender W，et al.，2012. Achieving routine submillisievert CT scanning：Report from the summit on management of radiation dose in CT. Radiology，264（2）：567-580.

McDowall W，Eames M，2006. Forecasts，scenarios，visions，backcasts and roadmaps to the hydrogen economy：A review of the hydrogen futures literature. Energy Policy，34（11）：1236-1250.

McMillan A，2003.Roadmapping-agent of change. Research Technology Management，46（2）：40-47.

Mellor R，Hyland P W，2005. Manufacturing management programs：Are developing economies

bridging the strategic gap? Technovation，25（8）：857-863.
Merton R K，1935. Fluctuations in the rate of industrial invention. The Quarterly Journal of Economics，49（3）：454-474.
METI，2006.Strategic technology roadmap（energy sector）-energy technology vision 2100，tentative translation.Japan，Ministry of Economy，Trade and Industry.
Meyer M，Libaers D，Park J H，2011. The Emergence of novel science-related fields：Regional or technological patterns? Exploration and exploitation in United Kingdom nanotechnology. Regional Studies，45（7）：935-959.
Mills J，Neely A，Platts K，et al.，1998. Manufacturing strategy：A pictorial representation. International Journal of Operations & Production Management，18（11）：1067-1085.
Mintzberg H，1994.The Rise and Fall of Strategic Planning.New York：The Free Press.
Mitchell G，1989. Managing technology：the strategic view. Journal of Engineering and Technology Management，6（2）：193-195.
MoD，2006a.Technology readiness levels（TRLs）guidance，Issue 3.0.UK Ministry of Defence.
MoD，2006b.System readiness levels（SRLs）guidance，Issue 4.1.UK Ministry of Defence.
Moehrle M G，2004.TRIZ-based technology-roadmapping. International Journal of Technology Intelligence and Planning，1（1）：87-99.
Moehrle M G，Walter L，Geritz A，et al.，2005. Patent-based inventor profiles as a basis for human resource decisions in research and development. R&D Management，35（5）：513-524.
Momeni A，Rost K，2016. Identification and monitoring of possible disruptive technologies by patent-development paths and topic modeling. Technological Forecasting and Social Change，104：16-29.
Moore G A，1998. Crossing the Chasm-marketing and Selling Technology Products to Mainstream Customers.2nd Edition.North Mankato，MN：Capstone
Moore G E，1998. Cramming more components onto integrated circuits. Proceedings of the IEEE，86（1）：82-85.
Mortara L，Kerr C，Phaal R，et al.，2007.Technology Intelligence：Identifying threats and opportunities from new technologies. Institute for Manufacturing，University of Cambridge.
Muller G，2000.Positioning the system architecture process. http://www. extra. research. philips. com/natlab/sysarch/index. html.
Muller G，2008.Roadmapping.Eindhoven：Embedded Systems Institute.
National Technology Outlook Team，2008. Implementation suggestion regarding the compilation of national technology roadmap to advance the program. Forum on Science and Technology in China，5：3-6.
Neely A，Mills J，Gregory M，et al.，1996.Getting the measure of your business.UK：Works Management.
Nelson R R，2002. Research and technological progress in industry：An analysis of the American experience. International Symposium on Economic Development Through Commercialization of Science and Technology.
Nelson R R，Winter S G，1982. An evolutionary theory of economic change. Social Science

Electronic Publishing，32（2）.

Newman M E J，2003. The structure and function of complex networks. SIAM Review，45（2）：167-256.

Newman M E J，2006. Modularity and community structure in networks. PNAS，103（23）：8577-8582.

Newman M E，2004. Fast algorithm for detecting community structure in networks. Physical Review E，69（6-2）：066133.

Ni W D，2007. China's energy–challenges and strategies. Frontiers of energy and power engineering in China，1（1）：1-8.

Oliveira M G，Rozenfeld H，2010. Integrating technology roadmapping and portfolio management at the front-end of new product development. Technological Forecasting and Social Change，77（8）：1339-1354.

Oura M M，Zilber S N，Lopes E L，2016. Innovation capacity，international experience and export performance of SMEs in Brazil. International Business Review，25（4）：921-932.

OuYang K，Weng C S，2011. A new comprehensive patent analysis approach for new product design in mechanical engineering. Technological Forecasting and Social Change，78（7）：1183-1199.

Pan C，2005. Science and Technology Policy in the Era of Globalization.

Panda D，Tseng T Y，2013. Growth，dielectric properties，and memory device applications of ZrO_2 thin films. Thin Solid Films，531：1-20.

Panigrahi S S，Mantri J K，2015. A text based Decision Tree model for stock market forecasting. The 2015 International Conference on Green Computing and Internet of Things：405-411.

Park H，Ree J J，Kim K，2012. An SAO-based approach to patent evaluation using TRIZ evolution trends. IEEE International Conference on Management of Innovation and Technology ICMIT. 10.1109/ICMIT.2012.6225873.

Park H，Ree J J，Kim K，2013. Identification of promising patents for technology transfers using TRIZ evolution trends. Expert Systems with Applications，40（2）：736-743.

Park H，Yoon J，2014. Assessing coreness and intermediarity of technology sectors using patent co-classification analysis：the case of Korean national R&D. Scientometrics，98（2）：853-890.

Patri A，Patnaik Y，2015. Random forest and stochastic gradient tree boosting based approach for the prediction of airfoil self-noise. Procedia Computer Science，46：109-121.

Pavitt K，Walker W，1976. Government policies towards industrial innovation：A review. Research Policy，5（1）：11-97.

Peng H S，Fang X D，Ranaei S，et al.，2017. Forecasting potential sensor applications of triboelectric nanogenerators through tech mining. Nano Energy，35：358-369.

Petrick I J，Echols A E，2004. Technology roadmapping in review：A tool for making sustainable new product development decisions. Technological Forecasting and Social Change，71（1/2）：81-100.

Petrick I J，Provance M，2005. Roadmapping as a mitigator of uncertainty in strategic technology choice. International Journal of Technology Intelligence and Planning，1（2）：171-184.

Phaal R，Farrukh C J P，Probert D R，2001a. T-Plan：The fast-start to technology roadmapping-planning your route to success.Institute for Manufacturing，University of

Cambridge.
Phaal R，Farrukh C J P，Probert D R，2004a. A framework for supporting the management of technological knowledge. International Journal of Technology Management，27（1）：1-15.
Phaal R，Farrukh C J P，Probert D R，2004b. Technology roadmapping：A planning framework for evolution and revolution. Technological Forecasting and Social Change，71（1）：5-26.
Phaal R，Farrukh C J P，Probert D R，2005. Developing a technology roadmapping system. Technology Management：A Unifying Discipline for Melting the Boundaries.IEEE，2005：99-111.
Phaal R，Farrukh C J P，Probert D R，2007.Strategic roadmapping：A workshop-based approach for identifying and exploring strategic issues and opportunities. Engineering Management Journal，19（1）：3-12.
Phaal R，Farrukh C J P，Probert D R，2010a. Roadmapping for Strategy and Innovation：Aligning Technology and Markets in a Dynamic World. Cambridgeshire：Institute for Manufacturing.
Phaal R，Farrukh C，Probert D R，2013. Technology management and roadmapping at the firm level. Technology Roadmapping for Strategy and Innovation. Berlin，Heidelberg：Springer.
Phaal R，Farrukh C，Probert D，2001b. Technology roadmapping：Linking technology resources to business objectives. Technology Roadmapping：Linking Technology Resources to Business Objectives：1-18.
Phaal R，Farrukh C，Probert D，2010b. Roadmapping for strategy and innovation. Aligning technology and markets in a dynamic world. Techtrends，47（3）：30-34.
Phaal R，Mitchell R，Probert D，2008a. T-Plan and S-Plan fast-start roadmapping approaches. Introduction and Application of Roadmapping in R&D Management：73-89.
Phaal R，Muller G，2007.Towards visual strategy：An architectural framework for roadmapping. Portland International Conference on Management of Engineering and Technology：1584-1592.
Phaal R，Muller G，2009. An architectural framework for roadmapping：Towards visual strategy. Technological Forecasting and Social Change，76（1）：39-49.
Phaal R，O'Sullivan E，Farrukh C，et al.，2011. Developing a framework for mapping industrial emergence.PICMET：Portland International Center for Management of Engineering and Technology，Proceedings：428-440.
Phaal R，O'Sullivan E，Routley M，et al.，2009.A framework for mapping industrial emergence. Technological Forecasting and Social Change，78（2）：217-230.
Phaal R，Simonse L，Ouden E D，2008b. Next generation roadmapping for innovation planning. International Journal of Technology intelligence and Planning，4（2）：135-152.
Pianta M，Archibugi D，1996. Innovation surveys and patents as technology indicators：The state of arts. Innovation，Patents and Technological Activities in Industrial Countries：The Analysis of Patent Data，OECD.
Pietrobelli C，Puppato F，2016. Technology foresight and industrial strategy. Technological Forecasting and Social Change，110（3）：117-125.
Piskorski J，Yangarber R，2012. Information Extraction：Past，Present and Future. 10.1007/978-3-642-28569-1_2.

Poranki S，Nagarur N，Srihari K，2009. Mapping Growth of an Emerging Technology：A Case Study of Flexible Electronics.

Porter A L，2005. QTIP：Quick technology intelligence processes. Technological Forecasting and Social Change，72（9）：1070-1081.

Porter A L，2009. Tech mining for future-oriented technology analyses. Futures research methodology.

Porter A L，Detampel M J，1995. Technology opportunities analysis. Technological Forecasting and Social Change，49（3）：237-255.

Porter M E，1980. Competitive strategy：Techniques for analyzing industries and competitors. Social Science Electronic Publishing，（2）：86-87.

Porter M E，1985.Competitive Advantage：Creating and Sustaining Superior Performance. New York：The Free Press.

Porter M E，Advantage C，1985.Creating and sustaining superior performance. Competitive advantage：167.

Powell D M，Winkler M T，Goodrich A，et al.，2013. Modeling the cost and minimum sustainable price of crystalline silicon photovoltaic manufacturing in the United States. IEEE Journal of Photovoltaics，3（2）：662-668.

Prieto V C，de Carvalho M M，2011. Strategic alignment and performance：Brazilian companies in the medical diagnostics sector. The Service Industries Journal，31（9）：1405-1427.

Probert D，1997.Developing A Make or Buy Strategy for Manufacturing Business. London：Institution of Engineering and Technology.

Probert D，Radnor M，2003. Frontier experiences from industry-academia consortia. Research Technology Management，46（2）：27-30.

Putnik G，Sluga A，ElMaraghy H，et al.，2013. Scalability in manufacturing systems design and operation：State-of-the-art and future developments roadmap. CIRP Annals，62（2）：751-774.

Quiroga M C，Martin D P，2017. Technology foresight in traditional Bolivian sectors：Innovation traps and temporal unfit between ecosystems and institutions. Technological Forecasting and Social Change，119：280-293.

Rafols I，Meyer M，2010. Diversity and network coherence as indicators of interdisciplinarity：case studies in bionanoscience. Scientometrics，82（2）：263-287.

Ramage D，Hall D，Nallapati R，et al.，2009. Labeled LDA：A supervised topic model for credit attribution in multi-labeled corpora. Conference on Empirical Methods in Natural Language Processing，1：248-256.

Ramasubramanian V，Kumar A，Prabhu K V，2014. Forecasting technological needs and prioritizing factors in agriculture from a plant breeding and genetics domain perspective：A review. Indian Journal of Agricultural Sciences，84（3）：311-316.

Richey J M，Grinnell M，2004. Evolution of roadmapping at Motorola. Research Technology Management，47（2）：37-41.

Rikkonen P，Tapio P，2009. Future prospects of alternative agro-based bioenergy use in Finland：Constructing scenarios with quantitative and qualitative Delphi data. Technological Forecasting and Social Change，76（7）：978-990.

Roberts E B，1969. Exploratory and normative technological forecasting：A critical appraisal. Technological Forecasting，1（2）：113-127.

Robinson A，Miyazaki K，2013. Dynamics of scientific knowledge bases as proxies for discerning technological emergence-The case of MEMS/NEMS technologies. Technological Forecasting and Social Change，80（6）：1071-1084.

Robinson D K R，Huang L，Guo Y，et al.，2013. Forecasting Innovation Pathways（FIP）for new and emerging science and technologies. Technological Forecasting and Social Change，80（2）：267-285.

Robinson D K R，Propp T，2008. Multi-path mapping for alignment strategies in emerging science and technologies. Technological Forecasting and Social Change，75（4）：517-538.

Rogers E M，2003.Diffusion of Innovations. 5th Edition. New York：The Free Press.

Rogo F，Cricelli L，Grimaldi M，2014. Assessing the performance of open innovation practices：A case study of a community of innovation. Technology in Society，38：60-80.

Rohrbeck R，2010. Harnessing a network of experts for competitive advantage：Technology scouting in the ICT industry. R&D Management，40（2）：169-180.

Rosenberg N，1963. Technological change in the machine tool industry，1840-1910. Journal of Economic History，23（4）：414-443.

Rothwell R，Zegveld W，1984. An assessment of government innovation policies. Review of Policy Research，3（3/4）：436-444.

Rothwell R，Zegveld W，1985. Reindustrialization and Technology. New York：MESharpe. Inc.

Roussel P，Saad K，Erickson T，1991. Third Generation R&D Management. Boston：Harvard Business School Press.

Rubin E S，Mantripragada H，Marks A，et al.，2012. The outlook for improved carbon capture technology. Progress in Energy and Combustion Science，38（5）：630-671.

Russo D，Rizzi C，2014. A function oriented method for competitive technological intelligence and technology forecasting. 2014 International Conference on Engineering，Technology and Innovation（ICE），Bergamo，2014：1-9.

Saad R，Rizkallah M R，Aziz R K，2012. Gut Pharmacomicrobiomics：The tip of an iceberg of complex interactions between drugs and gut-associated microbes. Gut Pathogens 4.

Sakata I，Sasaki H，Akiyama M，et al.，2013. Bibliometric analysis of service innovation research：Identifying knowledge domain and global network of knowledge. Technological Forecasting and Social Change，80（6）：1085-1093.

Saritas O，Aylen J，2010. Using scenarios for roadmapping：The case of clean production. Technological Forecasting And Social Change，77（7）：1061-1075.

Saritas O，Oner M A，2004. Systemic analysis of UK foresight results-Joint application of integrated management model and roadmapping. Technological Forecasting and Social Change，71（1/2）：27-65.

Schmookler J，1954. The level of inventive activity. Review of Economics and Statistics，36（2）：183-190.

Schuh G，Grawatsch M，2004.TRIZ-based technology intelligence.16th International Conference on

Management of Technology.Anais eletrônicos.Washington：IAMOT，Citeseer.
Schumpeter J A，1942. Cost and demand functions of the individual firm. American Economic Review，32（1）：349-350.
Schwery A，Raurich V F，2004. Supporting the technology-push of a discontinuous innovation in practice. R & D Management，34（5）：539-552.
Shao B B M，Lin W T，2016. Assessing output performance of information technology service industries：Productivity，innovation and catch-up. International Journal of Production Economics，172：43-53.
Shibata N，Kajikawa Y，Takeda Y，et al.，2008. Detecting emerging research fronts based on topological measures in citation networks of scientific publications. Technovation，28（11）：758-775.
Shin T，2001. Delphi study at the multi-country level：Gains and limitations. NISTEP Study Material，77：161-172.
Siebelink R，Halman J I M，Hofman E，2016. Scenario-Driven Roadmapping to cope with uncertainty：Its application in the construction industry. Technological Forecasting and Social Change，110：226-238.
Sitarz R，Heneczkowski M，Kraslawski A，2012. Trend analysis for studies of knowledge flow in research on polymeric materials. Computer Aided Chemical Engineering，31：570–574
Small H，2006. Tracking and predicting growth areas in science. Scientometrics，68（3）：595-610.
Smith A，2007.Technology roadmapping-an opportunity for the environment？.UK Environment Agency.
Smith J D，2005.An alternative to technology readiness levels for non-developmental item（NDI）software.Proceedings of the 38th Annual Hawaii International Conference on System Sciences，IEEE.
Soete L G，Wyatt S M E，1983. The use of foreign patenting as an internationally comparable science and technology output indicator. Scientometrics，5（1）：31-54.
Srinivasan R，2008. Sources，characteristics and effects of emerging technologies：Research opportunities in innovation. Industrial Marketing Management，37（6）：633-640.
Stacey G S，Ashton W B，1990.A structured approach to corporate technology strategy. International Journal of Technology Management，5（4）：389-407.
Stelzer B，Meyer-Brötz F，Schiebel E，et al.，2015. Combining the scenario technique with bibliometrics for technology foresight：The case of personalized medicine. Technological Forecasting and Social Change，98：137-156.
Steyvers M，Smyth P，Rosen-Zvi M，2004. Probabilistic author-topic models for information discovery. The Tenth ACM SIGKDD International Conference on Knowledge Discovery and Data Mining. New York：ACM Press.
Strauss J D，Radnor M，2004. Roadmapping for dynamic and uncertain environments. Research Technology Management，47（2）：51-58.
Su J，Ru P，Du M，et al.，2007. From university-runned enterprises（UREs）to university-owned enterprises（UOEs）：A transition of university knowledge industrialization in China. Studies in

Science of Science，25（1）：40-45.

Suh J H，Park S C，2009. Service-oriented Technology Roadmap（SoTRM）using patent map for R&D strategy of service industry. Expert Systems with Applications，36（3）：6754-6772.

Suomalainen T，Salo O，Abrahamsson P，et al.，2011. Software product roadmapping in a volatile business environment. Journal of Systems and Software，84（6）：958-975.

Sutou Y，Kamada T，Sumiya M，et al.，2012. Crystallization process and thermal stability of $Ge_1Cu_2Te_3$ amorphous thin films for use as phase change materials. Acta Materialia，60（3）：872-880.

Tantanasiriwong S，Haruechaiyasak C，2013. Patent citation recommendation based on topic model expansion. The Second Asian Conference on Information Systems. ACIS. 2013：316-319.

Taylor M R，Rubin E S，Hounshell D A，2005. Regulation as the mother of innovation：The case of SO_2 control. Law and Policy，27（2）：348-378.

Technology Futures Analysis Methods Working Group，2004. Technology futures analysis：Toward integration of the field and new methods. Technological Forecasting and Social Change，71（3）：287-303.

Thorleuchter D，van den Poel D，2013. Weak signal identification with semantic web mining. Expert Systems With Applications，40（12）：1978-1985.

Tichy G，2004. The over-optimism among experts in assessment and foresight. Technological Forecasting and Social Change，71（4）：341-363.

Tidd J，Bessant J R，2018.Managing Innovation：Integrating Technological，Market and Organizational Change. Chichester：John Wiley & Sons.

Tolfree D，Smith A，2009.Roadmapping emergent technologies-planning the future. Wellington，NewZealand：Troubador Publishing Ltd.

Tong X S，Frame J D，1994. Measuring national technological performance with patent claims data. Research Policy，23（2）：133-141.

Torres-Fuchslocher C，2010. Understanding the development of technology-intensive suppliers in resource-based developing economies. Research Policy，39（2）：268-277.

Trappey C V，Wu H Y，Taghaboni-Dutta F，et al.，2011. Using patent data for technology forecasting：China RFID patent analysis. Advanced Engineering Informatics，25（1）：53-64.

Tseng Y H，Lin C J，Lin Y I，2007. Text mining techniques for patent analysis. Information Processing and Management，43（5）：1216-1247.

Tsourikov V M，Batchilo L S，Sovpel I V，2000. Document semantic analysis/selection with knowledge creativity capability utilizing subject-action-object（SAO）structures. U.S. Patent 6，167，370.

Twiss B C，1992.Managing Technological Innovation. 4th Edition. London：Pitman Publishing.

Tzoulaki I，Ebbels T M D，Valdes A，et al.，2014. Design and analysis of metabolomics studies in epidemiologic research：A primer on-omic technologies. American Journal of Epidemiology，180（2）：129-139.

Usai S，2011. The Geography of inventive activity in OECD regions. Regional Studies，45（6）：711-731.

Uzuner H，Bauer R，Fan T P，et al.，2012. Traditional Chinese medicine research in the post-genomic era：Good practice，priorities，challenges and opportunities. Journal of Ethnopharmacology，140（3）：458-468.

Valverde S，Solé R V，Bedau M A，et al.，2007. Topology and evolution of technology innovation networks. Physical Review E，76（5）：056118.

Vanston J H，1996. Technology forecasting：A practical tool for rationalizing the R&D process. New Telecom Quarterly，4（1）：57-62.

Vecchi A，Brennan L，2009. A cultural perspective on innovation in international manufacturing. Research in International Business and Finance，23（2）：181-192.

Venugopalan S，Rai V，2015. Topic based classification and pattern identification in patents. Technological Forecasting and Social Change，94：236-250.

Vishnevskiy K，Karasev O，Meissner D，2016. Integrated roadmaps for strategic management and planning. Technological Forecasting and Social Change，110：153-166.

Walsh S T，2004. Roadmapping a disruptive technology：A case study The emerging microsystems and top-down nanosystems industry. Technological Forecasting and Social Change，71（1/2）：161-185.

Wang B C，Liu Y F，Zhou Y，et al.，2018. Emerging nanogenerator technology in China：A review and forecast using integrating bibliometrics，patent analysis and technology roadmapping methods. Nano Energy，46：322-330.

Wang C C，Lin G C S，2013. Dynamics of innovation in a globalizing China：Regional environment，inter-firm relations and firm attributes. Journal of Economic Geography，13（3）：397-418.

Wang M Y，Fang S C，Chang Y H，2015. Exploring technological opportunities by mining the gaps between science and technology：Microalgal biofuels. Technological Forecasting and Social Change，92：182-195.

Wang S H，Lin L，Wang Z L，2012. Nanoscale triboelectric-effect-enabled energy conversion for sustainably powering portable electronics. Nano Letters，12（12）：6339-6346.

Wang Y，Liu J，Qu J S，et al.，2014. Hashtag graph based topic model for tweet mining. IEEE International Conference on Data Mining. ICDM.1025-1030. 10.1109.

Wang Z L，2017. On Maxwell's displacement current for energy and sensors：the origin of nanogenerators. Materials Today，20（2）：74-82.

Wang Z L，Chen J，Lin L，2015a. Progress in triboelectric nanogenerators as a new energy technology and self-powered sensors. Energy and Environmental Science，8（8）：2250-2282.

Wang Z L，Lin Z H，Cheng G，2016. Triboelectric nanogenerator for harvesting energy from water. US，20160218640 A1.

Wang Z L，Wang S，Lin L，et al.，2017. Triboelectric nanogenerator for powering portable electronics. US，US20170187307.

Wang Z L，Yang Y，Zhang H L，2014. Single-electrode friction nanogenerator and generating method and self-driven tracking device. CN，104242723 A.

Wang Z L，Yang Y，Zhang H L，2015b. Sliding friction generator，generating method and vector displacement sensor. CN，104283453 A.

Wang Z L, Zhu G, Yang Y, et al., 2012. Progress in nanogenerators for portable electronics. Materials Today, 15（12）: 532-543.

Wang Z, Yang Y, Zhang H, 2015c. Sliding friction generator, power generating method and vector displacement sensor. WO, 2015003497 A1.

Weissenberger-Eibl M A, Speith S, 2008. An integrative approach to disruptive technology forecasting in companies. https://doi.org/10.1142/9789812790545_0024.

Wen Z, Shen Q Q, Sun X H, 2017. Nanogenerators for self-powered gas sensing. Nano-Micro Letters, 9（4）: 1-19.

Wen Z, Yeh M H, Guo H, et al., 2016. Self-powered textile for wearable electronics by hybridizing fiber-shaped nanogenerators, solar cells, and supercapacitors. Science advances, 2（10）: e1600097.

Whipp R, 1991.Managing technological changes: Opportunities and pitfalls. International Journal of Vehicle Design, 12（5/6）: 469-477.

Wilk J, 1991. The art of the long view: planning for the future in an uncertain world. Long Range Planning, 24（6）: 110-114.

Willyard C H, McClees C W, 1987. Motorola's technology roadmap process. Research Management, 30（5）: 13-19.

Wu H, Chen J, Jiao H, 2016. Dynamic capabilities as a mediator linking international diversification and innovation performance of firms in an emerging economy. Journal of Business Research, 69（8）: 2678-2686.

Yasunaga Y, Watanabe M, Korenaga M, 2009. Application of technology roadmaps to governmental innovation policy for promoting technology convergence. Technological Forecasting and Social Change, 76（1）: 61-79.

Yeo W, Kim S, Park H, et al., 2015. A bibliometric method for measuring the degree of technological innovation. Technological Forecasting and Social Change, 95: 152-162.

Yin R K, 2003. Case Study Research: Design and Methods. Applied Social Research Methods Series 5.

Yoon B, Phaal R, 2013. Structuring technological information for technology roadmapping: Data mining approach. Technology Analysis and Strategic Management, 25（9）: 1119-1137.

Yoon B, Phaal R, Probert D, 2008. Morphology analysis for technology roadmapping: Application of text mining. R& D Management, 38（1）: 51-68.

Yoon J, Choi S, Kim K, 2011. Invention property-function network analysis of patents: A case of silicon-based thin film solar cells. Scientometrics, 86（3）: 687-703.

Yoon J, Kim K, 2011a. An automated method for identifying TRIZ evolution trends from patents. Expert Systems with Applications, 38（12）: 15540-15548.

Yoon J, Kim K, 2011b. Identifying rapidly evolving technological trends for R&D planning using SAO-based semantic patent networks. Scientometrics, 88（1）: 213-228.

Yu X, Zhang B, 2019. Obtaining advantages from technology revolution: A patent roadmap for competition analysis and strategy planning. Technological Forecasting and Social Change, 145: 273-283.

Zeng N, Li S S, Chen Z, et al., 2016. Technology road map drawing of Cloud-based Payment based on bibliometrics approach from mining the patent and literature. 2016 IEEE International

Conference on Cloud Computing and Big Data Analysis（ICCCBDA）.

Zhang Y，Chen H S，Zhu D H，2016. Semi-automatic technology roadmapping composing method for multiple science，technology，and innovation data incorporation. Anticipating Future Innovation Pathways Through Large Data Analysis：211-227.

Zhang Y，Guo Y，Wang X，et al.，2013. A hybrid visualisation model for technology roadmapping: Bibliometrics，qualitative methodology and empirical study. Technology Analysis and Strategic Management，25（6）：707-724.

Zhang Y，Zhou X，Porter A L，et al.，2014. How to combine term clumping and technology roadmapping for newly emerging science & technology competitive intelligence：Problem & solution pattern based semantic TRIZ tool and case study. Scientometrics，101（2）：1375-1389.

Zhao Z F，Pu X，Du C H，et al.，2016. Freestanding Flag-Type Triboelectric Nanogenerator for Harvesting High-Altitude Wind Energy from Arbitrary Directions. ACS Nano，10（2）：1780-1787.

Zheng C，Kammen D M，2014. An innovation-focused roadmap for a sustainable global photovoltaic industry. Energy Policy，67：159-169.

Zhou J，Li P G，Zhou Y H，et al.，2018. Toward new-generation intelligent manufacturing. Engineering，4（1）：11-20.

Zhou Y，Dong F，Kong D J，et al.，2019. Unfolding the convergence process of scientific knowledge for the early identification of emerging technologies. Technological Forecasting and Social Change，144：205-220.

Zhou Y，Phaal R，Minshall T，et al.，2017. Engineering and Technology Management. Value Creation through Engineering Excellence Cham：Springer International Publishing：11-48.

Zhou Y，Xu G N，Minshall T，et al.，2011a. A policy dimension required for technology roadmapping：Learning from the development of emerging wind energy industry in China. Picmet 11：Technology Management in the Energy Smart World.

Zhou Y，Xu G N，Minshall T，et al.，2013. A policy dimension required for technology roadmapping：learning from the emergence of Chinese wind turbine industry. International Journal of Environment and Sustainable Development，12（1）：3-21.

Zhou Y，Xu G N，Su J，et al.，2011b. Roadmapping an emerging technology in clean energy industry：A case study of dimethyl ether development in China. IEEE International Conference on Industrial Engineering and Engineering Management.

Zhou Y，Xu G N，Zhi Q，et al.，2012. Roadmapping an emerging energy technology：An ex-ante examination of dimethyl ether development in China. International Journal of Product Development，17（3/4）：296-310.

Zhu D N，Porter A L，2002. Automated extraction and visualization of information for technological intelligence and forecasting. Technological Forecasting and Social Change，69（5）：495-506.

Zi Y，Niu S，Wang J，et al.，2015. Standards and figure-of-merits for quantifying the performance of triboelectric nanogenerators. Nature Communications，6：8376.

附录 C　公共路线图

政府机构、贸易组织、研究网络和其他一些组织已经出版了超过 1500 份公共的路线图文档，覆盖了众多的人类活动领域，包括化学、建筑业、国防、电子、能源、卫生、行业/企业和其他组织机构的问题、制造业、材料、纳米科技、政策/政府和社区问题、科学、软件/计算机/信息和通信技术、交通运输等领域。

这些路线图为战略决策和创新提供了一个有效的技术和市场情报来源。为说明此主题的覆盖范围，按照时间顺序列出了与能源相关的路线图，包含电力（表 C-1)、化石燃料（表 C-2)、氢气和燃料电池（表 C-3)、核能（表 C-4)、可持续能源系统（表 C-5)、其他能源路线图（表 C-6)。

表 C-1　电力

年份	主题（标题）	来源
2000	加拿大电能技术路线图—预测	加拿大工业局，战略
2002	PIER 研究路线图—加州鸟类撞击电线	加州能源委员会，公共利益能源研究项目
2002	PIER 研究路线图—加州鸟类撞击风力涡轮机	加州能源委员会，公共利益能源研究项目
2002	PIER 研究路线图—加州鸟类受电线电击	加州能源委员会，公共利益能源研究项目
2003	电网 2030—国家电力的百年展望	美国能源部，电力输送办公室
2003	电力技术路线图：2003 年年度总结—电力输出和市场	电力研究所（EPRI)，帕洛阿尔托
2003	电力技术路线图—面对 21 世纪的严峻挑战：2003 年年度总结	电力研究所（EPRI)，帕洛阿尔托
2004	国家电力输送技术路线图—北美地区从改进电网到电能革新	美国能源部，电力传输办公室
2004	意大利监管路线图—意大利分布式发电监管路线图	SUSTELNET 计划报告 欧盟委员会第五 RTD 框架计划
2004	德国监管路线图—为集中式发电厂和分布式发电厂营造同等的运营环境	SUSTELNET 计划报告 欧盟委员会第五 RTD 框架计划
2004	欧洲推进分布式发电方案路线图	DG-FER 计划，欧盟 ALTENER 项目
2004	整合分布式发电和可持续电力网络的政策和监管路线图	SUSTELNET 计划报告，欧盟委员会第五 RTD 框架计划
2004	分布式能源—现状与未来路线图	电力研究所（EPRI)，帕洛阿尔托
2004	配电—多年期研究，发展，实例，应用技术路线图计划：2005—2009	美国能源部，电力输送办公室

续表

年份	主题（标题）	来源
2005	电网多年期计划	美国能源部，电力输送办公室
2006	输送技术路线图	博纳维尔动力部门，俄勒冈州
2006	澳大利亚国家电力市场的需求响应路线图	国际能源机构，澳大利亚组报告

表 C-2　化石燃料

年份	主题（标题）	来源
2000	石油工业技术路线图	美国石油协会
2000	丙烷的愿景和技术路线图	美国丙烷教育研究委员会/国家能源技术研究室
2000	天然气基础设施可靠性—提升诚信、可靠性和供应能力的途径	美国能源部，化石能源办公室/国家能源技术实验室
2002	油加热器产业路线图	美国能源部，国家油加热器研究联盟/国家能源技术实验室
2002	煤炭和动力系统：现存发电厂路线图的创新—清洁能源的知识与技术产品	美国能源部，化石能源办公室/国家能源技术实验室
2004	油砂技术路线图—解锁潜力	阿尔伯特省资源商会
2004	天然气配送可靠性路线图—路线图第二次更新—研讨会论文集	美国能源部，化石能源办公室/国家能源技术实验室
2004	加州炼油厂能源效率路线图	加州能源委员会，Energetics Incorporated（能源策略合并？）
2005	赢得石油的终极较量（石油残局制胜）—利润、工作和安全创新	卡罗拉洛基山学会，洛文斯等学者
2005	煤炭的未来路线图—化石燃料的零排放技术	国际能源机构，化石燃料工作组/煤产业咨询委员会
2006	煤炭和动力系统：现有发电厂路线图的创新—技术路线图和项目计划	美国能源部，化石能源办公室/国家能源技术实验室
2006	EPA 液化天然气监管路线图	美国环保机构
2013	欧洲 2030 年储能技术发展路线图	欧洲能源储存协会，欧洲能源研究联盟
2018	风力发电项目发展路线图	丹麦能源署
2018	2018 年能源安全路线图	美国国际开发署
2019	太阳能引领能源转型报告	太阳能工业协会

表 C-3　氢气和燃料电池

年份	主题（标题）	来源
2002	美国转变到氢经济的国家愿景—至 2030 年及以后	美国能源部
2002	可再生路线图中燃料电池在能源独立中所扮演的角色	卡曼，美国众议院，科学能源委员会附属委员会，听证会
2002	国家氢能源路线图	美国能源部

续表

年份	主题（标题）	来源
2002	建筑和固定设备用燃料电池路线图研讨会	美国能源部，能源技术办公室
2003	加拿大燃料电池商业化路线图	加拿大工业部，普华永道/加拿大燃料电池
2003	燃料电池国会报告	美国能源部
2004	氢能源计划—综合研究、发展和演示方案	美国能源部
2004	欧洲氢能路线图	HyNet 计划报告，欧盟委员会第五 RTD 框架项目
2004	俄亥俄州燃料电池路线图	俄亥俄州发展部，技术处
2004	预见、方案、愿景、回测和氢经济路线图：为 UK-SHEC 审阅关于氢气未来的文献	McDowall 和 Eames，政策研究机构，伦敦
2004	北欧国家氢气路线图	Anderson 等，Risø 国家实验室
2004	氢气和燃料电池—国家 R&D 项目的评价	国际能源机构/经济合作与发展组织
2004	指明方案—加拿大转向氢经济的项目路线图	加拿大工业部，氢气和燃料电池委员会
2005	南卡罗来纳州氢经济：将该州 R&D 资产资本化	南卡罗来纳州氢同盟/南卡罗来纳州能源办公室，Concurrent 科技公司
2005	纽约州氢能路线图	纽约州能源研究和发展局/纽约电力局，长岛电力局，能量公司
2005	激情、目标和合作伙伴—发展中国家氢气路线图	de Scheemaker，联合国大学马斯特里赫特国际会议
2005	储氢技术路线图	US Freedom Car Fuel Partnership
2005	氢存储技术路线图	美国能源部
2005	韩国燃料电池和氢 R&D 目标和基金：开放燃料电池商业化	Adamson，Fuel Cell Today
2005	加拿大燃料电池创新研究所技术路线图和资源分配方法	Sparrow 和 Whittaker，论文，西蒙弗雷泽大学
2005，2007	氢气输送技术路线图	美国 FreedomCAR & Fuel 合作组织
2008	澳大利亚氢经济发展科学路线图—澳大利亚能源研究出版物和资金的研究	澳大利亚科学院
2008	HyWays-欧洲氢路线图	HyWays 项目报告，欧盟委员会第六 RTD 框架

表 C-4　核能

年份	主题（标题）	来源
1998	聚变能路线图讨论稿	美国等离子物理学会，会议报告
1999	开发加速器核废料嬗变（ATW）技术路线图：目标—再生区技术	洛斯阿拉莫斯国家实验室/美国民用放射性废物管理办公室
1999	发展废弃物加速转化（ATW）技术的路线图	美国能源部，国会报告

续表

年份	主题（标题）	来源
2001	至2010年部署美国内部新核电站的路线图	美国能源部，核能、科学与技术办公室
2001	欧洲开发核废物焚化的加速器驱动次临界系统（ADS）路线图	欧洲ADS技术工作组
2001	放射性废物（材料）包的气体产生问题程序化解决方法的集成路线图	美国能源部，国家运输项目
2002	放射性废物（材料）包的气体产生问题的解决方法路线图：现状报告	Luke和Hamp，艾奥瓦州国家机械和环境实验室
2002	印度涉及创新性核反应堆技术的项目	Sinha和Kakodkar，印度核学会会议
2002	第四代核能系统技术路线图	美国能源部，核能研究咨询委员会/第四代技术国际论坛
2002	第四代路线图—跨领域燃料循环R&D潜力报告	核能研究咨询委员会/第四代技术国际论坛
2004	轻水反应堆研究和发展的战略规划	美国能源部/核动力工业
2005	可持续核能的途径—先进燃料循环的基本研究和应用研究机会	美国能源部，工作组报告
2008	工程和技术路线图—减小EM项目技术风险和不确定性	美国能源部，环境管理办公室

表 C-5 可持续能源系统

日期	主题（标题）	来源
1999	抛物槽式技术路线图：可持续商业发展的途径和抛物槽式的应用	美国能源部，电力技术办公室，关注太阳能项目（CSP）
1999	美国光伏产业—光伏技术路线图研讨会	美国光伏国家中心（NCPV），Energetics Incorporated
2000	建筑热电联产和电力技术路线图	美国能源部，电力技术办公室，BCHP项目
2001	国家热电联产（CHP）路线图—至2010年美国热电联产容量翻倍	美国热电联产协会
2001	清洁城市路线图—发展、应用和维持清洁城市计划的资源	美国能源部，能源效率和可持续能源办公室，清洁城市网络/替代燃料数据中心
2002	美国小型风机产业路线图	美国风能协会
2002	可再生能源技术路线图	澳大利亚工业、旅游和资源部
2002	电力合作技术解决方案—灵活的战略路线图	美国国家农村电力合作协会，合作研究网络
2002/3	可持续路线图：生物燃料能源；嵌入式发电；燃料电池；地热能；氢气；海上风能；内陆风能；光能转化；光电能；被动式太阳能设计；潮汐能；波能	英国贸易与工业部
2003	太阳能电力—美国光伏产业路线图	美国光伏产业，国家光伏国家中心（NCPV）

续表

日期	主题（标题）	来源
2003	热激活技术路线图—开发新的使用热能的方式以满足家庭、办事单位、工厂和社区的能量需求	美国能源部，能源效率和可持续能源办公室
2003	微热电联产技术路线图—满足21世纪住宅区能源需求	美国能源部，能源效率和可持续能源办公室，能源传输项目
2004	技术路线图：现有房屋的能源效率，第二卷：策略定义	美国住房与城市发展署，政策发展和研究办公室，住房先进技术合伙NAHB研究中心
2004	技术路线图：现有房屋的能源效率，第三卷：优先行动计划	美国住房与城市发展署，政策发展和研究办公室，住房先进技术合伙NAHB研究中心
2004	至2030年光伏路线图综述	新能源产业技术综合开发机构（NEDO），日本
2004	澳大利亚光伏产业路线图	澳大利亚可持续能源商业理事会（BCSE）
2004	技术路线图—工业能源系统的节能减损	美国能源部，能源效率和可持续能源办公室，能源公司
2004	我们的太阳能的未来—2030年及以后的美国光伏产业路线图	美国能源部，能源效率和可持续能源办公室，太阳能技术项目
2004	2004光电项目报告—研究，太阳电池生产和光伏市场应用	欧盟委员会联合研究中心，环境和可持续学会，可再生能源组
2004	欧洲光电R&D路线图—清洁电力的发电产品	PVNET项目报告，欧盟委员会第五RTD框架项目，欧盟委员会联合研究中心
2004	清洁城市—2004路线图	美国能源部，能源效率和可持续能源办公室
2004	欧洲光伏产业协会（EPIA）路线图	Jager-Waldau，现状报告，欧盟委员会联合研究中心
2004	泰国成功使用乙醇汽油的历史，路线图	Tantithumpoosit，PTT研究和技术学会，第二届亚洲汽油技术讨论会项目
2005	欧洲集中式太阳能路线图	ECOSTAR项目报告，欧盟委员会第六RTD框架项目
2005	可持续城市能源计划—研究和基金路线图	兰茨贝格，咨询报告，加州能源委员会，公共利益能源研究计划
2005	墨西哥湾CHP路线图研讨会流程和墨西哥湾CHP行动计划	墨西哥湾区域CHP应用中心，休斯敦高级研究中心
2005	开发英国海洋可再生能源技术研究路线图	Mueller和Wallace，工作论文，英国能源研究中心
2005	PVT路线图：欧洲PVT技术发展和市场推广指南	Zondag等，20世纪欧洲光伏太阳能会议
2005	太阳能高效加热—技术路线图，2005；水加热技术20年产业计划	美国能源部，能源效率和可持续能源办公室，太阳能技术项目/建筑技术项目
2005	威尔士能源：一个清洁、低碳、更有竞争力的未来威尔士路线图	咨询文件，威尔士议会政府
2006	英国海洋可再生能源研究路线图	Mueller和Wallace，工作文件，英国能源研究中心

续表

日期	主题（标题）	来源
2006	大弗雷斯诺地区清洁能源路线图	战略能源创新/大峡谷中心/区域就业项目，加州公共工程委员会/加州能源效率项目
2006	香港至 2020 年风电代替煤电路线图：绿色和平组织对香港第二阶段咨询的电力市场的未来发展的回应	绿色和平组织
2006	生物燃料战略路线图	StrathKirn 公司，区域商会和成长协会/唐纳德植物科学中心
2006	突破对纤维素乙醇的生物限制障碍：一项联合研究议程——一份来源于生物量研讨会的研究路线图	美国能源部，能源效率和可持续能源办公室/科学办公室
2006	能源效率技术路线图	博纳维尔电力局，俄勒冈州
2006	可再生能源技术路线图（风力，海洋，波浪，流潮和太阳能光伏）	博纳维尔电力局，俄勒冈州
2007	国家太阳能技术路线图：敏化太阳能电池	美国能源部，能源效率和可持续能源办公室，太阳能技术项目
2007	可再生能源技术路线图—21 世纪可再生能源：创建一个可持续的未来	欧洲共同体委员会
2007	能源革命——一个可持续世界能源展望	欧洲可再生能源委员会/欧洲共同体委员会
2007	纽约太阳能路线图——一个纽约州能源可靠性、安全性、环境适应性和经济发展的计划	纽约太阳能启动计划
2008	低碳能源：一个路线图	Flavin，报告，世界观察研究所
2008	澳大利亚地热产业技术路线图	澳大利亚工业、旅游和资源部

表 C-6　其他能源路线图

年份	主题（标题）	来源
1999	中美洲能源产业路线图	美国能源部/美国国际开发署（USAID）
2002	需求侧资源和区域电力市场：FERC 路线图	Cowart，RTO 特征：区域电力工作组，联邦能源管理委员会（FERC）
2002	弗吉尼亚州能源路线图 2001—2020：我们创建新能源经济的途径	西弗吉尼亚州长的能源工作组
2002	工业燃烧系统技术路线图	美国工业燃烧共同体，美国能源部，能源公司
2003	20 年基础能源科学设施路线图	美国能源部，科学办公室，基础能源科学咨询委员会
2004	德国电力供应系统管理框架转型的监管路线图	SUSTELNET 项目报告，欧盟第五 RTD 框架项目
2004	纽约市能源政策：电力资源路线图	纽约市能源政策工作组
2005	美国能源安全—建立通向能源独立和可持续能源未来的桥梁	南方各州能源董事会（SSEB），佐治亚

续表

年份	主题（标题）	来源
2005	战略技术路线图（能源部门）—能源技术愿景2010	日本经济产业省
2005	APEC2030 综合燃料技术路线图	亚太经合组织（APEC）
2005	21 世纪的商业和能源—战略能源规划和管理	Bennett 和 Whiting，世界大型企业联合会
2006	能源部门安全控制系统路线图	美国能源部门/美国国土安全部，Energetics Incorported
2006	能源研究	新西兰研究与科技部（MoRST）
2007	物理安全技术路线图	博纳维尔电力局，俄勒冈州

后　　记

路线图作为一种可以运用到组织、产业和国家多个层次的综合性分析工具，已经在多个领域积累了丰富的应用经验与研究成果。路线图的内涵逐渐丰富，相关技术不断完善，应用的场景也越来越丰富，从早期应用于商业组织，到目前政府部门和科研机构的逐步采纳。路线图不仅有助于确立技术发展的路线，为决策提供支持；绘制路线图的过程也为各个部门提供了良好的沟通机制，促进了各方的合作。本书相信，对路线图的持续深入研究将对创新研究、战略研究和政策研究等多个研究领域做出贡献。

当下，路线图的发展需要更好地回应新技术和新时代要求。大数据的兴起为技术发展和产业转型提供了前所未有的发展机遇，路线图的绘制和研究将获得更加海量、多样化的数据支持，极大地解决了路线图绘制中的信息不对称问题；专利挖掘、文本分析、机器学习等技术的引入使得异构数据能够互相融合，解决了多源大数据之间难以互通的问题，从而推动决策向更加科学化、系统化的方向发展。路线图如何与大数据和人工智能技术更好地结合，如何持续吸收新的技术元素为己所用，将成为未来研究的重点。

同时，路线图的绘制需要与更大范围的技术变革与组织变革相结合，才能发挥出应有的价值。技术路线图的制定需要建立包容、高效的沟通交流平台，也需要长效的合作和协调机制实现目标、资源的整合。对于战略和发展路线中的薄弱环节，需要集中精力协同攻关，还通过共性技术研发和平台推广实现科技资源的高效配置。这不仅需要科学决策的支撑，还需要组织和治理方式的调整与变革，这样才能使创新和战略规划落到实处。

最后，需要强调的是，虽然“方法先行”对于创新和战略规划意义重大，但是不同领域的学者在应用路线图时，仍然需要注意将路线图与特定领域的知识、与社会和时代背景进行融合。路线图是联系当下与未来的桥梁，路线图的绘制必须建立在对现实有着清晰和客观认识的基础上；同时基于路线图做出的战略规划必须符合人民的福祉、符合社会的长远利益，以此达到工具理性与价值理性的平衡。因此，对于国际上流行的技术路线图制定方法，需要进行谨慎的消化、吸收和再创新，使其为我国的创新和战略决策做出贡献。

纸上得来终觉浅，绝知此事要躬行。要对路线图的知识进行理解和领悟，最好的方法是亲身去应用与实践，只有这样才能真正感受到路线图在战略规划中的作用，也才能意识到其中仍然存在的问题与局限。我们期待能有更多的学者加入到对于路线图的研究中来，共同推动我国路线图研究的进步与发展！

彩　　图

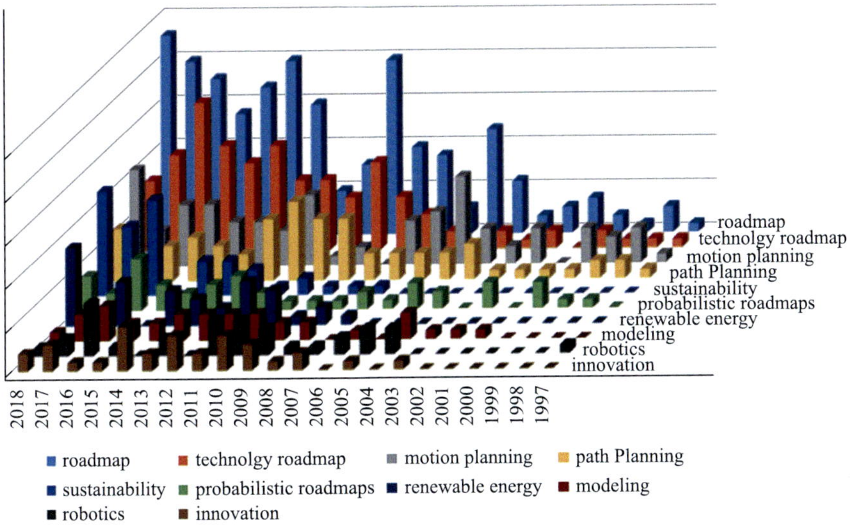

图 4-1　关键词主题年份图

图 6-18　日本经济产业省的产业路线图

资料来源：改编自 METI（2006）的相关研究

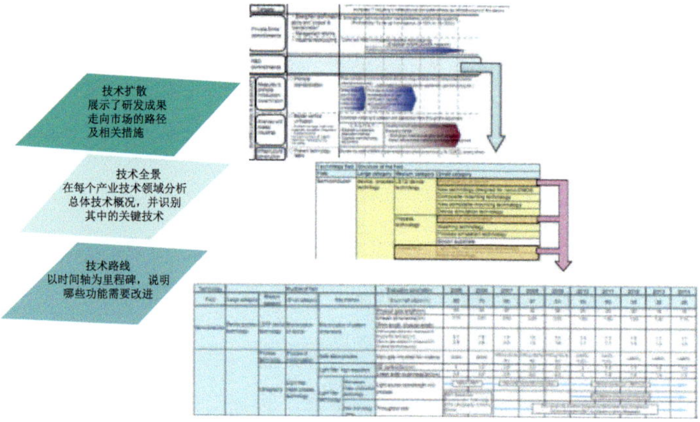

图 6-19　日本经济产业省的三层路线图框架和方法（信息和通信领域）

资料来源：改编自 Yasunaga 等（2009）的相关研究

图 6-20　METI 未来生活的视觉图解示例

资料来源：改编自 Yasunaga 等（2009）的相关研究

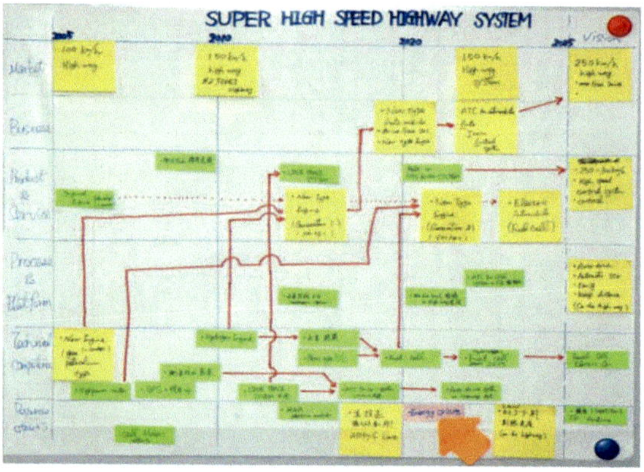

图 6-26　路线图-个人视角（培训研讨会）

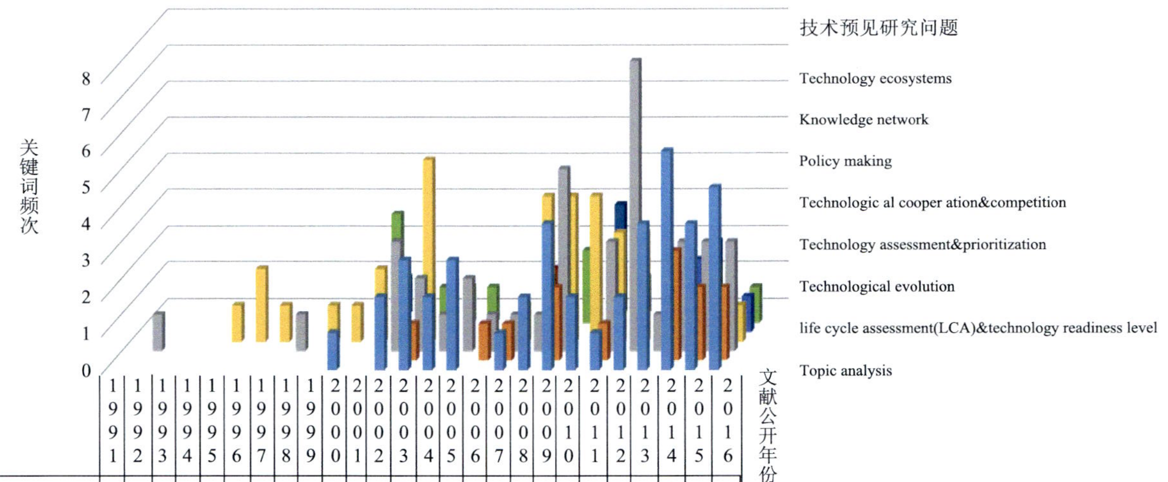

	1991	1992	1993	1994	1995	1996	1997	1998	1999	2000	2001	2002	2003	2004	2005	2006	2007	2008	2009	2010	2011	2012	2013	2014	2015	2016
Topic analysis										1		2	3	2	3		1	2	4	2	1	2	4	6	4	5
Life cycle assessment(LCA)&technology readiness level													1			1	1		2		1			3	2	2
Technological evolution		1						1				3	2	1	2	1	1	1	5		3	8	1	3	3	3
Technological assessment & prioritization					1	2	1		1	1	2		5				1	4	4	4	3	3	1	1	2	1
Technological cooperation & competition																								2		1
Policy making											3	1	1	1	1		1	1	2	1				1		1
Knowledge network											1						1			3	1	1		2		
Technology ecosystems																						1				

图 14-2　技术预见问题关键词历史演变

资料来源：改编自周源等（2017）的相关研究

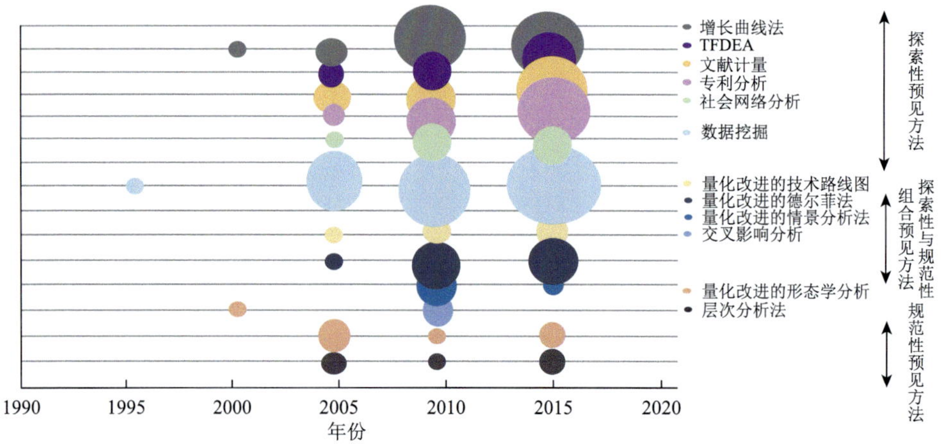

图 14-4　技术预见方法的时序演变

资料来源：改编自周源等（2017）的相关研究

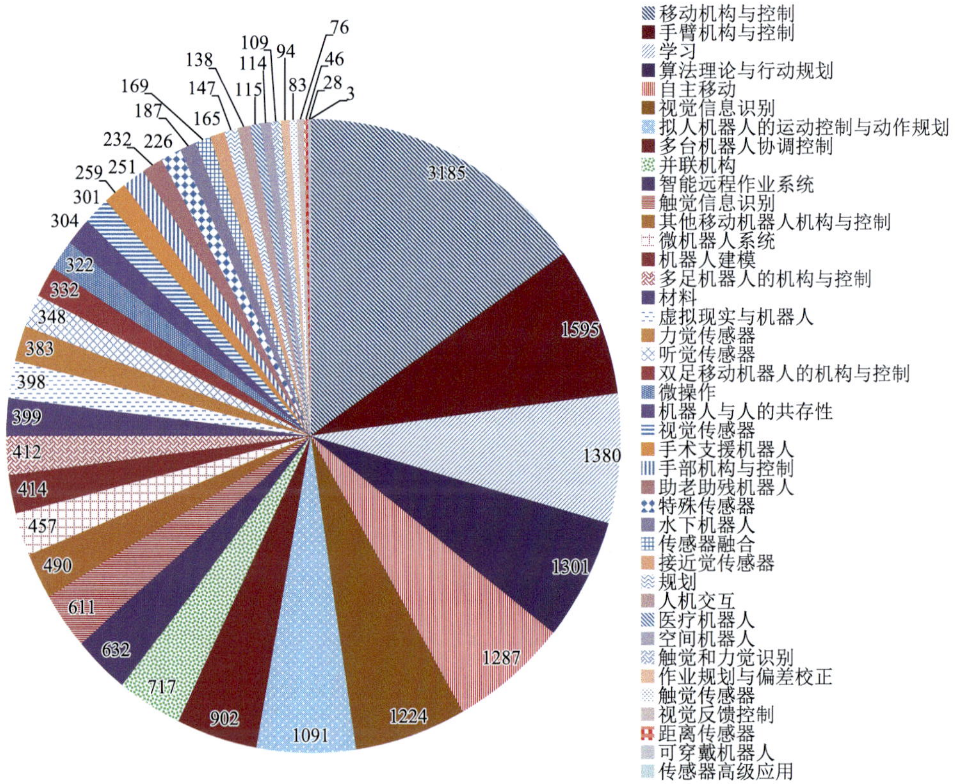

(a) 论文

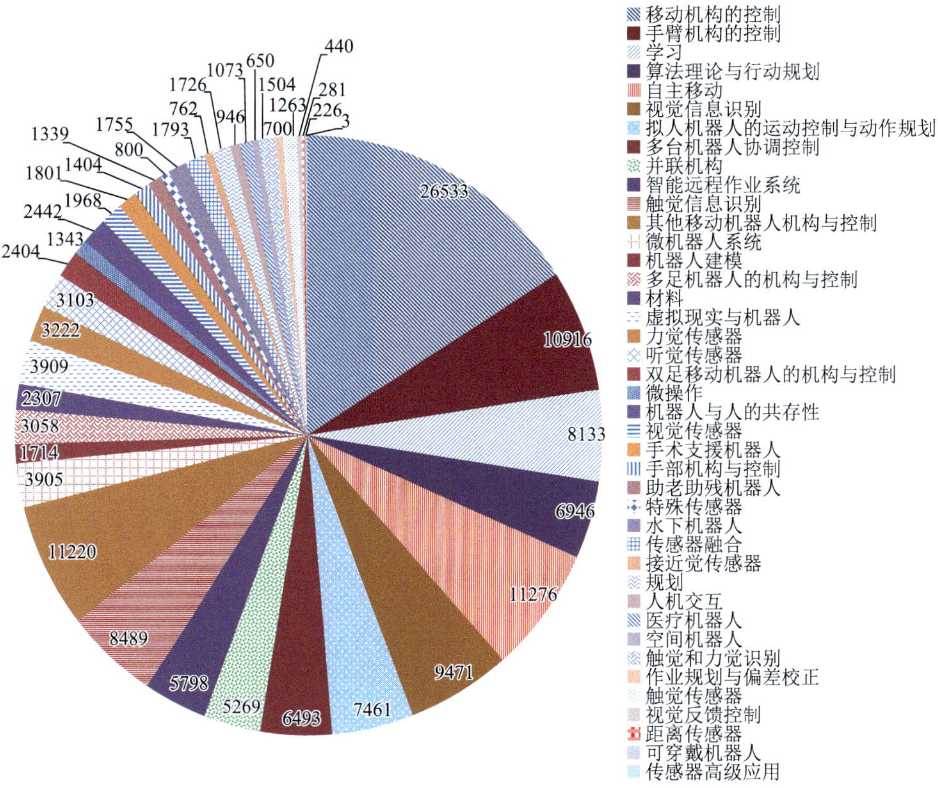

(b) 专利

图 15-3　机器人技术论文专利分类结果

资料来源：改编自周源等（2018）的相关研究。

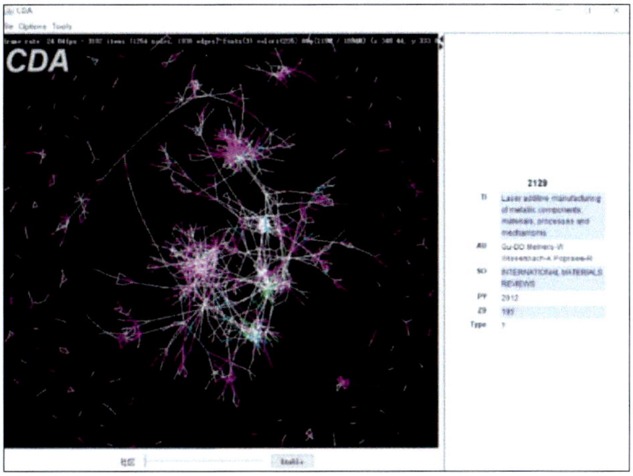

图 17-4　Citation-Network Data Analyzer 界面

资料来源：改编自 Zhou 等（2019）的相关研究

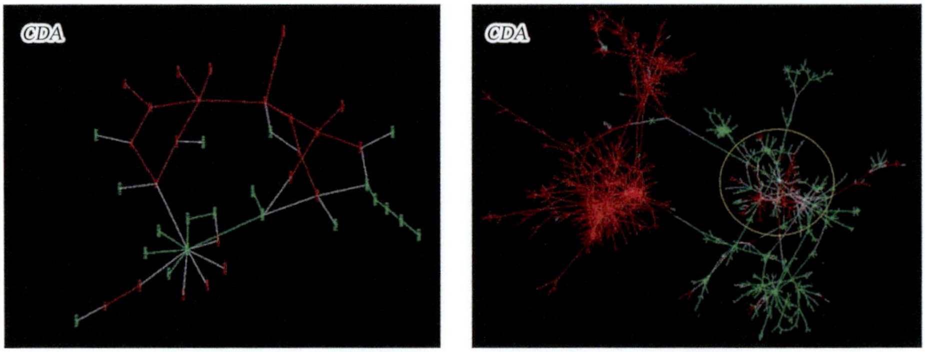

(a) 1999年　　(b) 2003年

图 17-7　1999 年与 2003 年论文引用网络可视化结果

资料来源：改编自 Zhou 等（2019）的相关研究

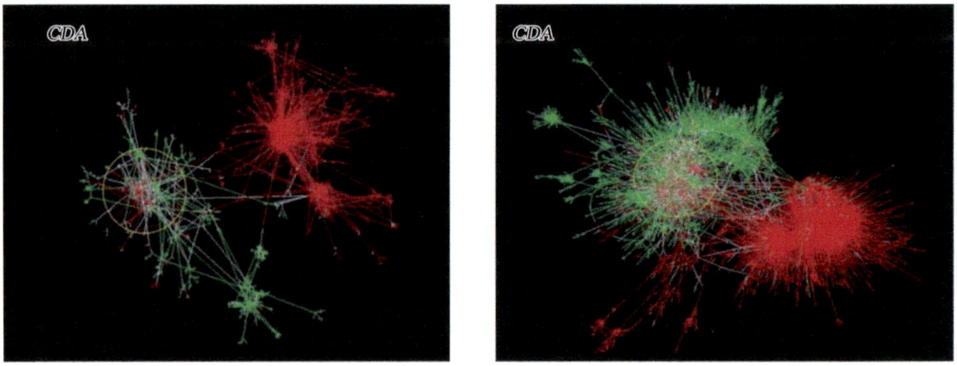

(a) 2008年　　(b) 2016年

图 17-8　2008 年与 2016 年论文引用网络可视化结果

资料来源：改编自 Zhou 等（2019）的相关研究

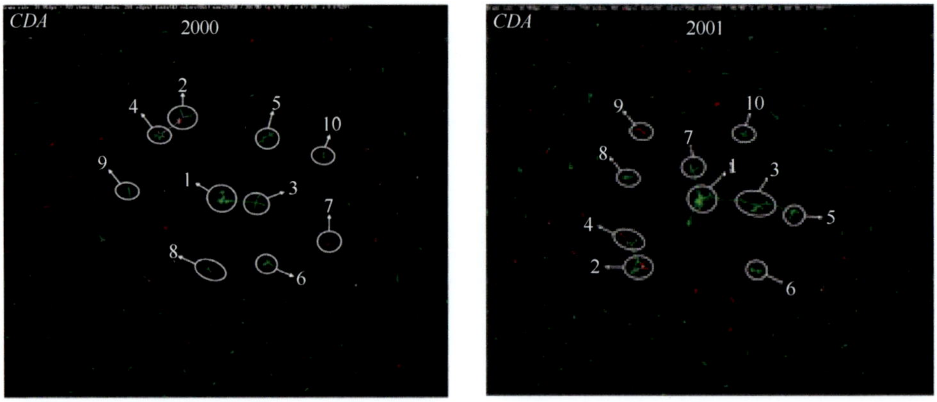

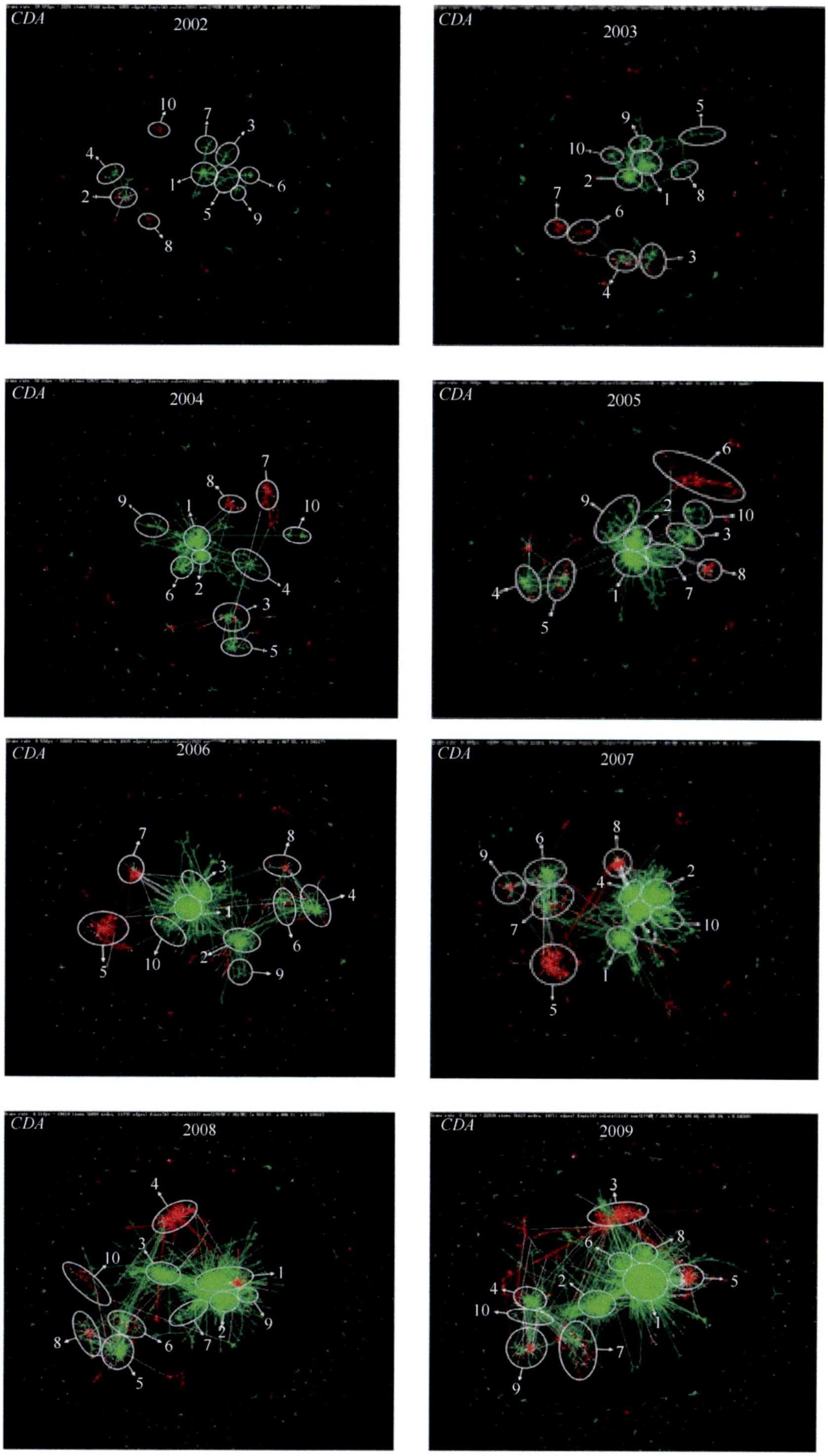
CDA
2002
CDA
2003
CDA
2004
CDA
2005
CDA
2006
CDA
2007
CDA
2008
CDA
2009

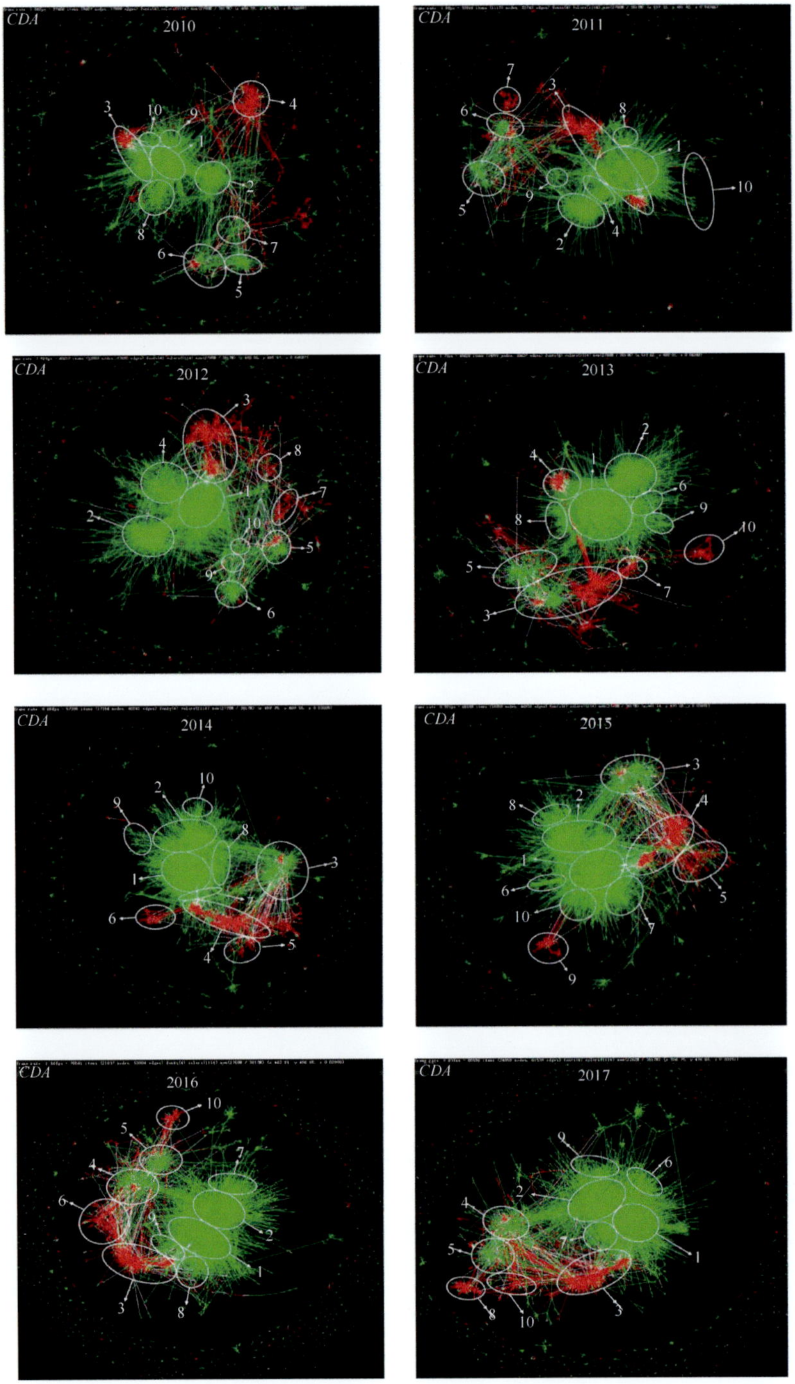

图 17-9　2000～2017 年论文引用网络及聚类簇团

资料来源：改编自 Zhou 等（2019）的相关研究

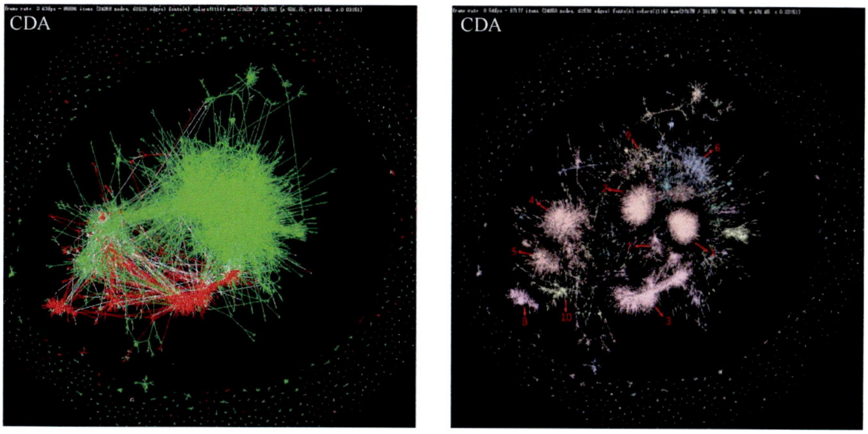

图 17-10　2017 年论文引用网络及聚类结果

资料来源：改编自 Zhou 等（2019）的相关研究